Grundschule von A bis Z

Dietlinde H. Heckt
Uwe Sandfuchs (Hg.)

westermann

Das Titelbild gestaltete Angelika Schuberg.

1. Auflage Druck 8 7 6 5 4
Herstellungsjahr 2001 2000 1999 1998 1997

Lektorat: Gudrun Storm
Druck und Bindung: westermann druck GmbH, Braunschweig

ISBN 3-14-**16 2016**-4

Inhalt

Vorwort

Grundschule und Grundschulpädagogik haben in den vergangenen 25 Jahren eine bemerkenswerte Entwicklung durchgemacht. Das hat viele Gründe; einige wenige seien hier angedeutet:

- Die Grundschule verändert sich durch eine Reform von unten bzw. von innen; dabei reagiert sie auf Wandlungsprozesse von Kindern, Eltern und Lebenswelt und beharrt zugleich auf ihrem spezifischen Auftrag und Selbstverständnis: Die Grundschule ist der Ort, an dem alle Kinder ihre grundlegende Bildung erwerben.
- In Verbindung mit dem internen Reformprozeß hat sich die Grundschulpädagogik als eigenständige Disziplin der Ausbildung und Fortbildung von Lehrerinnen und Lehrern sowie als Forschungsbereich aus der Schulpädagogik und einer Reihe von Fachdidaktiken differenziert.
- In den neuen Bundesländern wird der Weg von der Unterstufe (deren Lehrer und Lehrerinnen an Fachschulen ausgebildet wurden) zur Grundschule beschritten, die Ausbildung des Nachwuchses erfolgt nun an Universitäten.

Die mit diesen Tendenzen verbundenen Fragestellungen, Probleme, Reformansätze und Forschungsergebnisse sind im weitverstreuten grundschulpädagogischen Schrifttum dokumentiert. Es fehlt jedoch an Möglichkeiten des schnellen Zugangs zu kompakten Informationen, zu Sachfragen und zu aktueller weiterführender Literatur.

Der Band „Grundschule von A bis Z“ enthält Beiträge, die die Diskussion der letzten Jahre – wie sie sich etwa in den Fachzeitschriften spiegelt – wiedergeben, und ermöglicht damit Lehrerinnen und Lehrern, Studierenden und Lehrerbildnern eine Orientierung.

„Grundschule von A bis Z“ ist im Sinne einer theoriegeleiteten Praxis konzipiert. Die Autorinnen und Autoren des Bandes haben die pädagogische Entwicklung an Schulen und Hochschulen ein Stück weit mitgetragen und sind meist langjährige Mitarbeiter der Zeitschriften Grundschule und Praxis Grundschule.

In diesem Sinne ist der Band Ausdruck von und Beitrag zur Professionalisierung der Arbeit in der Grundschule. Denn je kleiner die Kinder sind, desto größer ist die Verantwortung der Pädagoginnen und Pädagogen.

Dietlinde H. Heckt/Uwe Sandfuchs

Aggression: Zunehmende Aggressionen von Kindern untereinander, im Unterricht, gegen Lehrerinnen und Lehrer gerichtet, in den Pausen und auf dem Schulweg werden seit den 80er Jahren nicht nur von Pädagoginnen und Pädagogen als schwerwiegendes schulisches Problem angesehen. Dem wissenschaftlichen Blick stellt sich Aggression zunächst als Grundverhaltensform dar, die dem individuellen und kollektiven Überleben von Menschen (und Tieren) dient. Aggressionen haben vielfältige Ursachen, Auslöser und Erscheinungsformen. Zu beobachten sind offen gezeigte oder verdeckte, körperliche oder verbale, aktiv-ausübende oder passiv-erfahrende, gegen andere oder gegen sich selbst, gegen Personen oder gegen Sachen gerichtete Aggressionen. Der Umgang mit eigenen Aggressionen und mit denen anderer zählt zu den lebenslangen und -notwendigen Anpassungsleistungen des Menschen an seine soziale Umwelt. Da aggressives Verhalten durch Lernerfahrungen entscheidend verstärkt oder vermindert wird, ist es immer auch ein gesamtgesellschaftliches Phänomen.

Kinder entwickeln anhand der vorgefundenen Modelle im Elternhaus, in den Medien, in der Schule oder in ihrer peer group sowie durch positive oder negative Erfahrungen im Umgang mit eigenen und fremden Aggressionen ihre diesbezüglichen Ausdrucksformen. So kann die Duldung aggressiven Verhaltens durch Eltern oder Lehrer, das ständige Rezipieren von Gewalt im Fernsehen oder ein allzu gleichförmiger, selbständiges Lernen verhindernder Unterricht sowie eine übertriebene Konkurrenz- und Leistungsorientierung von Eltern kindliche Aggressionen fördern, kann das Gefühl der Akzeptanz durch Eltern, Lehrer/innen und Mitschüler, ein motivierender, die Kinder einbeziehender Unterricht oder das gemeinsame Lösen klasseneigener Konflikte Aggressionen eindämmen. Aggressives Verhalten von Kindern und Jugendlichen dient nicht zuletzt der Identitätssicherung. Heranwachsende sollten Vertrauen darin entwickeln können, daß sie in den Augen anderer etwas gelten, aber auch darin, daß sie dafür nicht jede Erwartung erfüllen müssen. Die für Entwicklung und Verhaltenssteuerung notwendigen Grenzsetzungen erfordern gerade für ein aggressives Kind ein Klima der Zuwendung und der Kompetenzerfahrung. Es ist grundlegend für die Fähigkeit, Spannungen oder Mißerfolge zu ertragen. Um den sozial und personal Schwachen solche persönlichkeitsstabilisierenden – und die Notwendigkeit aggressiven Verhaltens eingrenzenden – Kompetenzerfahrungen zu ermöglichen, ist der nach dem Familienleben für die Kinder prägendste Lebensbereich, die Schule, in der Pflicht, eine entsprechend offene, differenzierende, sozial-integrative und von Empathie getragene Lernkultur zu entwickeln. Zugleich steht allerdings schon die Grundschule in der paradoxen gesellschaftlichen Erwartung, zu fördern und zu selektieren, zu integrieren und auszusondern. In der schulischen Situation treffen individuelle und gesellschaftsstrukturelle Fehlentwicklungen aufeinander und führen zum Phänomen der zunehmenden Aggressivität von Heranwachsenden. Eine frustrations- und aggressionsfreie Schule gehört zu den pädagogischen Illusionen. Gleichwohl muß sie ein Ort sein, an dem Kinder und Lehrer lernen, konstruktiv mit Konflikten umzugehen.

Herbert A. Zwergel/Dietlinde H. Heckt

Literatur: *Gratzer, W.:* Mit Aggressionen umgehen. Braunschweig 1993 • *Hacker, F.:* Aggression. München 1971 • *Oestreich, G.:* Kinder zwischen Angst und Leistung. Frankfurt/M. [2]1980

Alleinerziehende: Seit Beginn der 60er Jahre hat sich der Anteil der alleinerziehenden Eltern mehr als verdoppelt: 1961 – 5,1 %; 1985 – 12,6 %. Jedes 8. bis 9. Kind wächst derzeit bei einem alleinerziehenden Elternteil auf – davon allerdings mehr als 80 % bei der Mutter. Die Bezeichnung „Alleinerziehende“ oder auch „Eineltern-Familie“ schließt viele verschiedene biographische und soziale Ausprägungen dieser Familienform ein, die das Selbstverständnis einer solchen Familie und damit auch das Binnenklima erheblich beeinflussen.

Neben den Witwen-Familien, deren Anteil an den alleinerziehenden Familien in den letzten Jahren konstant geblieben ist, gibt es Scheidungs-Familien, die ledigen Mutter- bzw. Vater-Familien, die (vorläufig) getrennt lebenden Familien, die mit einem Lebenspartner (vorübergehend) oder in einer Wohngemeinschaft lebenden alleinerziehenden Mütter oder Väter. Zugenommen haben in den letzten Jahrzehnten aufgrund der gestiegenen Scheidungsraten die Scheidungs-Familien, aber auch die vorübergehend getrennt lebenden sowie die ledigen Eineltern-Familien.

Die gestiegenen Anteile der Alleinerziehenden sind nicht zuletzt auf eine Liberalisierung gesellschaftlicher Normen über die Formen des Zusammenlebens von Generationen und Geschlechtern zurückzuführen. Traditionelle, durch Staat (und Kirche) kodifizierte Formen der Eltern-Familien stellen zwar nach wie vor das gesellschaftliche Leitbild für das Zusammenleben von Eltern und nicht-erwachsenen Kindern dar, doch werden andere Lebensformen zumindest in den städtischen Regionen nicht mehr tabuisiert und diskriminiert. Insbesondere die ledige Eineltern-Familie ist durch diese Entwicklung deutlich entlastet.

Dadurch können auch die Kinder unter weniger diskriminierenden moralischen Zwängen aufwachsen. Auch wenn vor allem die ledige, emanzipierte, bewußt alleinerziehende Frau die neue Akzeptanz für diese Lebensform geschaffen hat, so sieht doch die Realität der Alleinerziehenden so aus, daß die meisten ledigen Mütter nur über ein geringes Einkommen verfügen und fast die Hälfte (46,5 %) unter der Armutsgrenze lebt.

Ebenso wie Einzelkinder sind auch die Kinder Alleinerziehender häufig einem Vorurteil ausgesetzt. Ihnen wird leicht ein sozial-emotionales Entwicklungsdefizit unterstellt, und damit werden negative und defizitäre Erwartungen über das Verhalten und an die weitere Entwicklung dieser Kinder verbunden.

Die Alleinerziehenden selber – insbesondere die jüngeren unter ihnen – erleben die Situation des Allein-Lebens im Vergleich zu unharmonischen Ehebeziehungen eher als entlastend. Eine besondere Belastung im Alltag der Alleinerziehenden ist die Kinderbetreuung, insbesondere bei den berufstätigen Müttern und Vätern. Die Abhängigkeit von den sehr begrenzten Öffnungszeiten der Kindertagesstätten und Horte erschwert ganz erheblich die Organisation und Bewältigung der drei Aufgaben: Beruf, Kindererziehung und Haushalt.

Die Einrichtung von ganzen Halbtagsschulen, von Horten an den Schulen sowie von Ganztagsschulen kommt daher insbesondere den Alleinerziehenden zugute. Die Belastungen bei der Bewältigung des Alltags führen dazu, daß alleinerziehende Eltern mit zahlreichen Lebensaspekten oft unzufriedener sind als verheiratete Mütter oder Väter. Sie empfinden das Leben insgesamt als schwieriger und beklagen den Mangel an Zeit, die ihnen für die Familie zur Verfügung steht.

Die Zufriedenheit mit dem Kind aber unterscheidet sich nicht von den verheirateten Eltern. Die Schwierigkeit, Beruf,

Familie und Haushalt organisatorisch und kräftemäßig angemessen zu bewältigen, dürfte der Hauptgrund dafür sein, daß in fast Dreiviertel der Eineltern-Familien nur ein Kind aufwächst. Von 100 ledigen alleinerziehenden Müttern haben 88 % nur ein Kind.

Maria Fölling-Albers

Literatur: *Gutschmidt, G.*: Kind und Beruf. Alltag alleinerziehender Mütter. München 1986 • *Holtappels, H.-G./Zimmermann, P.*: Wandel von Familie und Kindheit – Konsequenzen für die Grundschule. In: *Rolff, H. G.* u. a. (Hg.): Jahrbuch der Schulentwicklung. Bd. 6: Daten, Beispiele und Perspektiven. München 1990 • *Lang, S.*: Lebensbedingungen und Lebensqualität von Kindern. Frankfurt/New York 1985 • *Napp-Peters, A.*: Eineltern-Familien. Soziale Randgruppe oder neues familiales Selbstverständnis? München 1985 • *Swietek, Ch.*: Alleinerziehende – Familien wie andere auch? Zur Lebenssituation von Ein-Eltern-Familien. Bielefeld 1984 • *Wagner-Winterhager, L.*: Erziehung durch Alleinerziehende. In: Zeitschrift für Pädagogik 5/1988

Allgemeinbildung: Wegen der Vieldeutigkeit des Begriffes Bildung und wegen der Schwierigkeit, die Inhalte von Allgemeinbildung zu bestimmen, angesichts eines weltanschaulichen Pluralismus und der Komplexität der Lebensaufgaben, glaubte man lange Zeit, auf den Bildungsbegriff verzichten zu müssen und zu können. Indes ist deutlich geworden: Auf die zentrierende Kategorie oder regulative Idee von Bildung als Allgemeinbildung kann gerade wegen der angesprochenen Komplexität nicht verzichtet werden. Wenn pädagogische Arbeit ohne leitende Gesichtspunkte bliebe, würde sie in neben- oder gegeneinander wirkende Aktivitäten zerfallen.

Ursprünglich war Allgemeinbildung gedacht als Abgrenzung gegen eine Berufsbildung, die lediglich unmittelbar verwendbare Kenntnisse und Fertigkeiten bezweckte. Allgemeinbildung dagegen zielte (und zielt nach wie vor) auf den ganzen Menschen; die polemische Wendung gegen die Berufsbildung jedoch hat keinen Bestand mehr.

Der Begriff Allgemeinbildung wird heute in vier Bedeutungsnuancen verwandt: Allgemeinbildung ist allgemein, insofern jeder Mensch Anspruch darauf hat (demokratisches Motiv); sie allseitig und umfassend gedacht wird; sie sich auf alle grundlegenden menschlichen Fähigkeiten richtet: kognitive, handwerklich-technische, emotionale, soziale, ästhetische und ethische Fähigkeiten; sie grundlegende Kenntnisse, Fähigkeiten und Einsichten vermittelt; sie die Menschen gemeinsam angehende, die in dieser Welt allen gemeinsamen Probleme in Gegenwart und Zukunft zum Inhalt hat.

Vor diesem Hintergrund hat W. Klafki die aufklärerischen Momente des Bildungsbegriffes herausgearbeitet und versteht Bildung als

- Fähigkeit zur Selbstbestimmung der je eigenen zwischenmenschlichen, beruflichen, ethischen und religiösen Lebensbezüge;
- als Fähigkeit zur Mitbestimmung der kulturellen, gesellschaftlichen und politischen Verhältnisse;
- als Fähigkeit zur Solidarität, als Einsatz gegen Unterprivilegierung.

Die Fähigkeiten zur Selbst- und Mitbestimmung sowie zur Solidarität ergänzen und begrenzen einander. Besondere Aufmerksamkeit hat Klafkis Vorschlag einer Konzentration auf epochaltypische Schlüsselprobleme von gesamtgesellschaftlicher, meist gar globaler Bedeutung gefunden. Solche Schlüsselprobleme sind die Friedensfrage; „Sinn und Problematik des Nationalitätsprinzips" und „Kulturspezifik und Interkulturalität"; die Umweltfrage; das Wachstum der Weltbevölkerung; die gesellschaftlich produzierte Ungleichheit; die Gefahren und Möglichkeiten technischen Fortschritts; die Probleme von Ich-Du-Beziehungen. Der Katalog ist ausdrücklich nicht vollständig und zudem ständiger Erneuerung bedürftig. Schüler/innen bzw. junge Menschen sollen exemplarisch in wenigstens einige dieser Probleme eindringen, sich ein Urteil bilden und ihre eigene Mitverantwortung erkennen. K. Klemm, H.-G. Rolff, K.-J. Tillmann haben fünf Merkmale eines Verständnisses von Allgemeinbildung herausgearbeitet:

- Die Welt ist gestaltbar, darum: Historisch-politische Zusammenhänge aufzeigen.
- Die Welt ist prinzipiell durchschaubar darum: Wissenschaftsorientierung und Erkenntniskritik fördern.
- Der Mensch ist ein sinnliches Wesen, darum: Zu Eigentätigkeit anregen und Erfahren mit Erleben verbinden.
- Das Leben ist ein Ganzes, darum: Den Zusammenhang der Lebenspraxis verständlich machen.
- Menschen brauchen Solidarität, darum: Beschränkungen abbauen und die Schüler stärken.

Auch dieser Entwurf zeigt: Allgemeinbildung läßt sich nicht gegen Berufsbildung ausspielen; sie ist auf eine offene Zukunft hin zu richten; sie ist im Kern historisch-politische Bildung, die an demokratischen Werten und den Menschenrechten sich orientiert.

Der Beitrag der Grundschule zur Allgemeinbildung wird als „grundlegende Bildung" bezeichnet. Die oben genannten Bedeutungsnuancen von Allgemeinbildung bestimmen in diesem Sinne Organisation; Selbstverständnis, Ziele, Inhalte und Methoden der Grundschule: Sie ist die gemeinsame Schule für alle Schulpflichtigen. Ihre Aufgabe ist die gemeinsame Vermittlung einer allen gemeinsamen grundlegenden Bildung für alle sechs- bis zehn- bzw. zwölfjährigen Kinder. Sie will neben gemeinsamer Sozialerziehung eine ausgleichende (kompensatorische) Erziehung leisten und möglichst gleiche Startchancen für alle Grundschüler/innen erreichen.

Uwe Sandfuchs

Literatur: *Schorch, G.* (Hg.): Grundlegende Bildung. Erziehung und Unterricht in der Grundschule. Bad Heilbrunn 1988 • *Klafki, W.*: Neue Studien zur Bildungstheorie und Didaktik. Weinheim [2]1991 • *Klemm, K./ Rolf, H.-G./ Tillmann, K.-J.*: Bildung für das Jahr 2000. Bilanz der Reform, Zukunft der Schule. Reinbek 1985 • *Sandfuchs, U.*: Unterrichtsinhalte auswählen und anordnen. Vom Lehrplan zur Unterrichtsplanung. Bad Heilbrunn 1987

Alternativschulen: Unter diesem Begriff werden Schulen zusammengefaßt, die ein betont anderes pädagogisches Konzept vertreten als die staatlichen Regelschulen. Sie sind überwiegend als Privatschulen organisiert (Pr), können aber auch öffentliche Versuchsschulen sein (öV). Der Begriff „alternativ" bezieht sich einmal auf die Wahlmöglichkeit des Schulbesuchs vor Ort (z. B. Regel- oder Waldorfschule), zum anderen auf Modelle zur Umgestaltung der Grundschule bzw. des Grundschulunterrichts (Grundschulreform) auf Landes-, Schul- oder auch Klassenebene (vgl. Richtlinien, Schulprofil, Unterrichtsformen). Historisch lassen sich dabei folgende Entwicklungsebenen unterscheiden: Zurückliegende, aber didaktisch fortwirkende Schulversuche der Reformpädagogik, wie z. B.

- Berthold Ottos Hauslehrerschule (Pr), in der Schüler/innen erstmals ihre Lernprozesse selbst- bzw. mitbestimmten im freien Gesamtunterricht, z. T. mit Themenwahl für den Fachunterricht, jahrgangsübergreifender Gruppenarbeit, Freiwilligkeit des Schulbesuchs und Schülerselbstverwaltung (1901–1933);

• die Schulen des Leipziger Lehrervereins (öV), sie entwickelten in behördlich genehmigter Autonomie fächerübergreifende Lehrpläne und Unterrichtskonzepte nach den Prinzipien der Arbeitsschule (Vorhaben/Projekte) vor allem für einen kindgemäßen Schulanfang (1910–1927);
• die Dorfschul-Projekte von Johannes Kretschmann („Natürlicher Unterricht") und Adolf Reichwein (Modellversuch Tiefensee, „Schaffendes Schulvolk") integrierten freien Gesamtunterricht, fächerübergreifende Vorhaben (Projekte) mit fachlichem, z. T. spielorientierten „Training" (um 1930 bzw. 1933–1944);
• Helen Parkhursts Daltonplanschulen (öV), die freie Arbeit und kooperatives soziales Lernen im Sinne John Deweys ermöglichten durch vertraglich vereinbarte Jahres-, Monats- und Wochenpläne („contract jobs", eingeführt 1920 in Mass., USA, fortbestehend u. a. in Voorburg, Niederlande).

Reformpädagogisch begründete und weiterbestehende Modelle, so etwa
• Montessori-Schulen (Pr), sie wollen die Kinder nach den Prinzipien der Montessori-Pädagogik zu selbständiger Arbeit befähigen mithilfe eines didaktisch strukturierten Materialangebots, das methodische Einübung mit Sinnesschulung und sachlichen Einsichten verbindet (seit 1907);
• Peter Petersens Jenaplan-Schulen (öV), die das Primat sozialer Erziehung realisieren in jahrgangsübergreifenden Stammgruppen (anstelle der Jahrgangsklassen), in einem reichen Schulleben mit Gesprächen, Festen, Feiern und Gruppenarbeit mit weitgehender Selbst- statt Fremdbeurteilung (Zeugnisse) – (seit 1924);
• Rudolf Steiners Waldorfschulen (Pr), die ersten deutschen Gesamtschulen mit frühem Epochalunterricht, einem vielfältigen und musisch-praktisch akzentuierten Lehrplan, Verbal- statt Ziffernzeugnissen, Repetitionsverzicht und konsequentem Klassenlehrerprinzip (seit 1919);
• Celestine Freinets „Ecole Moderne" (öV); sie verbindet geistige und praktische Arbeit an der Druckerei (Schriftspracherwerb, freie Texte, Korrespondenzen) und in materialgestützten Lehrangeboten („Ateliers", vgl. Freinet-Pädagogik, Klassenraum), eingebunden in Schülerselbstverwaltung und Wochenplanarbeit (seit 1920);
• Paul Geheebs und Herrmann Lietz' Landerziehungsheime (Pr), die inmitten natürlicher Umgebung eine ganzheitliche Bildung über intensives Gemeinschaftsleben, musische Betätigung und asketische Lebensführung erstreben (seit 1898).

Aktuelle Alternativmodelle unter dem Einfluß von Alexander S. Neills Summerhill-Schule (Pr) und vor allem der englischen Primary-Schools (öV), wie etwa
• die von Hartmut v. Hentig begründete Laborschule Bielefeld (öV), deren Primarstufe anfangs von Elke Calliess geleitet wurde; Eingangsstufe, offene und fächerübergreifende Curricula, Situationen selbstbestimmten und selbstentdeckenden Lernens in alters- wie leistungsheterogenen Gruppen suchen das Kind zu befähigen, „Agent seiner eigenen Lernprozesse" (Plowden Report) zu werden (seit 1974);
• die auf eine Bürgerinitiative zurückgehende und von Oskar Negt wissenschaftlich begleitete Glocksee-Schule in Hannover (öV) mit sechsjähriger Grundschule; in gemeinsamer Planung mit den Lehrkräften sollen die Kinder ihre Lernprozesse selbst bestimmen und ihr Sozialverhalten selbst regulieren, unterstützt durch projektorientierte Lernangebote, den Verzicht auf Schulbesuchszwang, Tests und Noten sowie enge Zusammenarbeit mit den Eltern (seit 1972);
• Freie Schulen aufgrund von Bürgerinitiativen entstanden nach dem Vorbild

der Glockseeschule weiterhin in Bremen, Frankfurt, Bochum, Rottenburg und Berlin (seit ca. 1979); ihr Bestand war bzw. ist teilweise durch Genehmigungsunsicherheit gefährdet.
Über das Angebot an Freien und Privatschulen (incl. Waldorfschulen) informiert die Arbeitsgemeinschaft Freier Schulen, Am Schlachtensee 2, 14163 Berlin; über Modellversuche oder Alternativangebote der Regelschulen geben die örtlichen Schulämter oder zuständigen Kultusministerien Auskunft. Bei allem positiven Einfluß, den sämtliche hier aufgeführten Schulmodelle auf die Grundschulreform – mehr oder weniger – ausgeübt haben, darf nicht übersehen werden, daß eine bewußt demokratische Erziehung angestrebt wird lediglich in den Konzepten von Reichwein (Tiefensee), Parkhurst (Daltonplan), Freinet (Ecole Moderne) sowie den aktuellen Free-School-Projekten von v. Hentig/Calliess (Laborschule Bielefeld), Negt (Glocksee) und anderen Freien Schulen. Alternative Schulen und Schulkonzepte sind daher nicht nur den Leistungsstandards der öffentlichen Schulen verpflichtet (vgl. Privatschulen), sondern auch den in den Länderverfassungen, Schulgesetzen und Richtlinien festgelegten Demokratiezielen.

Dieter Haarmann

Literatur: *Arbeitsgemeinschaft Freier Schulen* (Hg.): Handbuch Freie Schulen. Reinbek ²1993 • *Brinkmann, G./Friedrich, L. u. a.* (Hg.): Theorie der Schule – Schulmodelle. Kronberg 1974 • *Zudeick, P.:* Alternative Schulen. Frankfurt 1982 • *Karsen, F.:* Deutsche Versuchsschulen der Gegenwart und ihre Probleme. Leipzig 1923

Anfangsunterricht: Unter Anfangsunterricht versteht man den in spezifischer Weise gestalteten Unterricht für Schulanfänger. Seine Dauer wird in der Regel mit dem ersten Schuljahr gleichgesetzt. Der Begriff hat in der pädagogischen Literatur eine lange Tradition (Meiers 1981) und wird ebenso häufig wie unscharf gebraucht. Teilweise synomym werden die Begriffe „Schulanfang“, „Erstunterricht“ oder auch „Anfangsphase“ bzw. „Schuleingangsphase“ verwendet. Stets wird die pädagogisch-didaktische Dimension hervorgehoben. Von der besonderen Situation der ersten Begegnung des schulpflichtig gewordenen Kindes mit der Institution Schule leiten sich die spezifischen pädagogischen und didaktischen Anforderungen an Inhalt und Gestaltung dieses ersten Unterrichts her. So kommt ihm „in besonders hohem Maße die Funktion des Anbahnens, Vorbereitens und Herausforderns zu“ (Meiers 1981). Es gilt, der Initiations-Situation in der Weise gerecht zu werden, daß ein tragfähiges Fundament für das weitere Leben und Lernen in der Schule geschaffen wird und gleichzeitig jedes einzelne Kind eine Weiterentwicklung seiner individuellen Persönlichkeit und seiner Begabungen erfährt. Erwartungsvolle Schulneulinge sollen zu erfolgreichen und zufriedenen Schülerinnen und Schülern werden. Fähigkeiten, Fertigkeiten, Einstellungen, Techniken, Arbeitsformen und Lerninhalte sollen so grundgelegt werden, daß schulisches Lernen der folgenden Stufen solide darauf aufbauen kann. Diese Aufgaben verlangen eine sorgfältige und durchdachte Planung. Drei Arbeitsprinzipien lassen sich für die Gestaltung des Anfangsunterrichts unter dem Gesichtspunkt des Ausbalancierens von Ansprüchen der einzelnen Kinder und Ansprüchen des Systems Schule zusammenfassen.
Das Prinzip Kontinuität steht für das Anknüpfen an Bekanntem, für das Weiterentwickeln bereits angelegter Prozesse. Es vermeidet Brüche und baut viel-

mehr Brücken von einem Setting zum andern. Vorschulisches Lernen wird behutsam in schulisches Lernen übergeführt, vorschulische Erfahrungen dienen als Anknüpfungspunkte für neue Erfahrungen. Zwischen den beteiligten Erziehungsinstitutionen (Familie, Kindergarten und Schule) sind Absprache und Kooperation nötig (vgl. Staatsinstitut 1985 und Hacker 1992). Besondere Bedeutung kommt dabei dem Spiel zu. Es wird als bekannte und erprobte Form der Auseinandersetzung mit der äußeren und inneren Wirklichkeit im Anfangsunterricht besonders gepflegt.

Das Prinzip Strukturierung dient der besseren Bewältigung der neuen Situation für Kinder und Eltern. Es erleichtert das Zurechtfinden im neuen Setting, indem klare und einsichtige Muster und Regeln angeboten werden. Sie schaffen Sicherheit und damit ein notwendiges Gefühl der Geborgenheit. Schulanfänger können sich umso leichter mit ihrer neuen Schüler-Rolle identifizieren, je besser sie die Erwartungen kennen. Daß im Morgenkreis frei erzählt werden kann, in der Übungsphase konzentriertes und fortschreitendes Arbeiten verlangt ist, sind Beispiele für erwartetes Verhalten. Die Einführung in Regeln des Lernens, des Miteinander, des Tagesrhythmus, der Raumaufteilung und -nutzung geschieht sinnvollerweise unter ernsthafter Beteiligung aller Betroffenen, um den Prozeß der Aneignung der neuen Umgebung wirkungsvoll zu unterstützen.

Im Prinzip der Herausforderung schließlich werden die Erwartungen der Schulanfänger an ihre neue Rolle gebündelt: Sie sind als Schüler gefordert, bestimmte Dinge zu lernen, die jeder, der an Kultur teilhaben möchte, können soll und die zur Definition von Schule überhaupt gehören – eben Lesen, Schreiben und Rechnen. Schule fordert sie in ihrem Streben nach mehr Selbständigkeit und Autonomie, indem sie die zeitweise Loslösung aus der Familie verlangt und der eigenständigen Auseinandersetzung mit der Welt neue Instrumente zur Verfügung stellt. Insofern stellt der Anfangsunterricht die entwicklungsgemäße Herausforderung an das Kind dar. Voraussetzung für deren Annahme und positive Bewältigung durch das Kind ist die notwendige Passung von Anforderung und Möglichkeit. Auch wenn die meisten Kinder mit hoher Anfangsmotivation in die Schule kommen, so unterscheiden sie sich doch hinsichtlich ihrer Möglichkeiten, die mit dem Lernen verbundenen Anstrengungen auch zu meistern. Der Anfangsunterricht muß in besonderer Weise auf die individuelle Ausgangslage der Kinder Rücksicht nehmen, um Mißerfolge auszuschließen. Von der erfolgreichen Bewältigung der ersten Anforderungen des Systems Schule hängt nicht nur die zukünftige Einstellung zur Schule, sondern auch die zukünftige eigene Leistungserwartung und damit ein wichtiger Faktor des Schulerfolgs mit ab.

Die Entwicklungsunterschiede zu Schulbeginn können ein Spektrum von bis zu drei Jahren kindlichen Entwicklungsalters umfassen. Variierend wirken nicht nur körperliche und geistige Dispositionen, sondern vor allem die unterschiedlichen Erfahrungen, die Kinder bis zum Schuleintritt gemacht haben und die sie auch weiterhin machen werden und verarbeiten müssen. Die Lebenswelten, in denen Kinder heute aufwachsen, unterscheiden sich nicht nur von Stadt zu Land oder von Stadtteil zu Stadtteil. Sie sind so vielfältig wie die Familien, in denen Kinder aufwachsen. So können Lehrerinnen und Lehrer heute weniger denn je von einem fiktiven Durchschnittsschüler ausgehen. Anforderungen sind so zu stellen, daß sie jedes

Kind erreichen und ihm die Bewältigung ermöglichen. So sind sie zum einen auf die Ausgangslage hin zu spezifizieren, zum andern aber auch in der Schrittweite so zu bemessen, daß Erfolg erwartet werden kann. In Zweifelssituationen müssen Unterstützung und Hilfe gewährleistet sein. Anfangsunterricht ist in hohem Maße differenzierender Unterricht.

Einerseits gilt es, der „Verschiedenheit der Köpfe" (Herbart) Rechnung zu tragen; andererseits sind Gemeinsamkeiten zu beachten, um Gemeinschaft erlebbar werden zu lassen. Die Spannung von Individualität und Sozialität erfordert Gestaltung. Kinder sind als einzelne Persönlichkeiten und als soziale Wesen auf Unterstützung angewiesen, um wachsen und sich entwickeln zu können. Mit dem Eintritt in die Schule entsteht ein neues und neuartiges Geflecht von sozialen Beziehungen, das ausbalanciert werden muß. Jeder muß seinen Platz darin erst finden. Die Lehrerin/der Lehrer hat Sorge dafür zu tragen, daß nicht nur die ohnehin durchsetzungsfähigeren Kinder zu ihrem Recht kommen. Sozialerziehung ist integraler Bestandteil des Anfangsunterrichts. Der Erfolg des Anfangsunterrichts ist in besonderer Weise von der sensiblen und verstehenden Beobachtung der einzelnen Kinder durch die Lehrerin/den Lehrer abhängig. Sie/er liefert die entscheidenden Daten, um in der konkreten Situation pädagogisch und didaktisch angemessen und verantwortungsvoll handeln zu können.

Angelika Speck-Hamdan

Literatur: *Hacker, H.:* Vom Kindergarten zur Grundschule. Bad Heilbrunn 1992 • *Meiers, K.:* Anfangsunterricht. Eine Einführung. In: *Meiers, K.* (Hg.): Schulanfang, Anfangsunterricht. Bad Heilbrunn 1981 • Staatsinstitut für Frühpädagogik: Vom Kindergarten zur Schule. Erprobte Wege der Zusammenarbeit von Erziehern und Lehrern. Freiburg/Basel/Wien 1985

Arbeitsblatt: Das Arbeitsblatt gehört zu den am häufigsten eingesetzten und am wenigsten erforschten Arbeitsmitteln bzw. Unterrichtsmedien. Seine Beschaffenheit ändert sich mit seiner jeweiligen Aufgabe im Unterricht sowie der Ausrichtung des Unterrichts. Häufig werden Arbeitsblätter von Lehrerinnen und Lehrern – im Frontalunterricht wie in offenen Lernsituationen – zum Üben eingesetzt. Die Schülerinnen und Schüler können mit Hilfe solcher Arbeitsblätter bereits Gelerntes anwenden und sich einprägen, indem sie etwa einen Lückentext ausfüllen oder Rechenergebnisse eintragen. Die Aufgabenstellung kann, den unterschiedlichen Lernständen der Kinder in einer Klasse entsprechend, variiert werden.

Anders strukturiert sind Arbeitsblätter, die es Schülerinnen und Schülern ermöglichen, sich einen Sachverhalt oder ein Lösungsverfahren selbst zu erarbeiten. Derartige Arbeitsblätter werden von den Lehrenden – etwa im Wochenplanunterricht – mit dem Ziel bereitgestellt, Kindern ein möglichst selbständiges Lernen zu ermöglichen. Sie können Anleitungen zum Experimentieren oder für künstlerische Techniken, zur Beobachtung von Natur- oder zur Auseinandersetzung mit Rechtschreibphänomenen enthalten.

Eine dritte Gruppe von Arbeitsblättern enthält Informationen, die die Kinder für die Arbeit an einem Projekt oder in einer Unterrichtsreihe benötigen.

In den letzten Jahren sind die – in Mappen oder Heftern gesammelten und nach Sachzusammenhängen geordneten – Arbeitsblätter der Kinder zum Rechtschreiben, zum Sachrechnen, zur Umwelterziehung usw. durch käufliche und auch durch von Lehrern und Schülern selbst hergestellte Karteien ergänzt bzw. ersetzt worden.

Ob als Übungs-, Beobachtungs- oder

Informationsblatt: Arbeitsblätter sollten ein im Kontext des jeweiligen Unterrichts sinnvolles und altersangemessenes Angebot enthalten. Sie sollten – wo immer möglich – das Ziel der Selbsttätigkeit verfolgen und Individualisierungs- wie Kontrollmöglichkeiten für die Kinder berücksichtigen. Arbeitsblätter sollten ästhetisch ansprechend, didaktisch-methodisch dem zeitgemäßen Wissensstand entsprechend und für Schülerinnen und Schüler motivierend gestaltet sein. Sie sollten eindeutige, altersentsprechend formulierte, aber keine überflüssigen Arbeitsanweisungen enthalten. Aufgaben- bzw. Textmenge, -präsentation und -schwierigkeit sollten auf den Lernstand der jeweiligen Kinder und auf die zur Verfügung stehende Bearbeitungszeit abgestimmt sein.
In einem gut strukturierten Unterricht – gleich welcher Organisationsform – werden Arbeitsblätter oft den individuellen Lernständen der Kinder entsprechend und in differenzierender Absicht eingesetzt. Sie können – sorgfältig bearbeitet und gesammelt – zu schüler- oder klasseneigenen Lern- und Lehrwerken werden.

Dietlinde H. Heckt

Literatur: *Boeckmann, K./Heymen, N.:* Unterrichtsmedien selbst gestalten. Handbuch für Schule und Unterrichtspraxis. Neuwied und Frankfurt/Main 1990 • *Odenbach, K.:* Studien zur Didaktik der Gegenwart. Braunschweig 1970

Arbeitskreis Grundschule:

1968 wurde der Arbeitskreis Grundschule e.V. von Erwin Schwartz gegründet, als es galt, die Notwendigkeit einer längst überfälligen Reform der Grundschule im öffentlichen Bewußtsein durchzusetzen. Daher ist es der satzungsgemäße Zweck dieses Vereins, in dem Studierende, Pädagoginnen und Pädagogen aus Grundschule und Kindergarten, aus Hochschule und Schulverwaltung wie auch Eltern zusammengeschlossen sind, „die pädagogisch begründeten Ansprüche der Kinder dieser Schulstufe zu vertreten, die Grundschulpädagogik weiterzuentwickeln und die Stellung der Grundschule im öffentlichen Bildungswesen zu verbessern. Dazu wird die Reform der Grundschule in Theorie und Praxis gefördert" (§ 2, 1).
Der Frankfurter Grundschulkongreß im Herbst 1969 war die erste bedeutende Veranstaltung des Arbeitskreises mit Tausenden von Teilnehmern. Seit diesem Ereignis mit überregionaler Ausstrahlung nahm die Zahl der Mitglieder – selbst aus dem deutschsprachigen Ausland – stetig zu, so daß sich der Arbeitskreis Grundschule, der sich 1991 den Untertitel „Der Grundschulverband" gab, bald zu einer einflußreichen Vereinigung profilieren konnte. Heute werden etwa 10.000 Mitglieder, darunter 2.100 Schulen, von der Frankfurter Zentrale aus betreut, wobei das Wirken in den neuen Bundesländern gegenwärtig besonders akzentuiert wird. Seinem Auftrag entsprechend konzentrierten sich von Beginn an die Aktivitäten des Arbeitskreises auf bildungspolitische Ziele zum Abbau der Vernachlässigung dieser Schulstufe und zur Verbesserung der Situation ihrer Schüler und Lehrer (Schüler-Lehrer-Relation, Klassengröße, Unterrichtszeit, -raum und -material). Flankierend erfolgte die Fortführung der Diskussion zur Neu- und Ausgestaltung des Unterrichts, verbunden mit verstärkten Kontakten zum Kindergartenbereich. Diese Schwerpunkte haben bis zur Gegenwart ihre Bedeutung behalten, um Fortschritte zu verteidigen bzw. auszubauen. Dem Frankfurter Kongreß schlossen sich in den 70er Jahren regionale Kongresse in vielen Bundesländern und Fachtagungen zu speziellen Themen

an. Hervorzuheben sind weiterhin häufige Gespräche in den Kultusministerien. In jüngster Zeit stehen überall von den Ländergruppierungen organisierte Grundschultage mit praxisbezogenen Arbeitsgruppen bei breiter Resonanz im Vordergrund.
Die vielfältigen Initiativen des Arbeitskreises fanden und finden ihren Niederschlag in den Veröffentlichungen, die die Mitglieder regelmäßig erhalten. Die „Beiträge zur Reform der Grundschule" (weit über 100 Bände) erscheinen mehrmals im Jahr, dazu vierteljährlich die Mitteilungen „Arbeitskreis aktuell".
Hans Arno Horn

Arbeitstechniken: Technik ist im weitesten Sinne die Kunst, ein Ziel oder eine Leistung mit den zweckmäßigsten und sparsamsten Mitteln zu erreichen. Als Arbeitstechniken (oder Lerntechniken) bezeichnen wir jene grundlegenden Fertigkeiten, die das Lösen komplexerer Lernaufgaben vorbereiten, unterstützen und erleichtern. Sie sind die inhaltsneutrale Basis der selbständigen Erarbeitung fachlicher und überfachlicher Lerninhalte und Lernziele. Insofern können sie nicht unabhängig von konkreten Inhalten und Zielen gelehrt und gelernt werden. Ihre vorbereitende, unterstützende, entlastende und ordnende Funktion können sie nur erfüllen, wenn sie weitgehend automatisiert sind. Arbeitstechniken lassen sich nach ihrem Zweck ordnen (vgl. Bönsch 1989):

- Arbeitstechniken zur Gewinnung und Sammlung von Informationen: Arbeiten mit Texten aller Art: Unterstreichungen („Lesen mit dem Bleistift", Anfertigen von Gliederungen und Exzerpten, Bibliographieren; Beschreibung und Analyse von Bildern, Filmen, Tonaufnahmen; „Lesen" (Entschlüsseln, Dekodieren) von Landkarten, Atlanten, Tabellen, Nachschlagewerken; sachgerechter Umgang mit schulischen Arbeitsmitteln (Selbstbildungsmitteln); Benutzung von Bibliotheken, Befragung von und Interviews mit Experten und anderen Personen usw.
- Arbeitstechniken zur Verarbeitung von Informationen: Gesprächsführung, Arbeitsplanung, Notizen machen und Protokolle anfertigen, Berichte abfassen, Probleme und Fragestellungen erkennen, Fakten und Meinungen unterscheiden usw.
- Arbeitstechniken zur Darstellung: Berichten; Referieren; Anfertigen von Tabellen, Skizzen; Zeichnungen, Karten, Modellen, Reliefs; Filmen, Fotografieren; Führung von Arbeitsheften und -mappen.

Dieser Versuch einer Systematik läßt erkennen, daß einerseits die aufgelisteten Techniken grundsätzlich und auch in verschiedenen Situationen schulischen Lernens unterschiedlich bedeutsam sind und daß sie andererseits der fachlichen Präzisierung bedürfen.
W. Menzel/J. Henze (1977) haben die Arbeitstechniken den Lernbereichen des Deutschunterrichts zugeordnet. Sie unterscheiden: Techniken im Umgang mit Texten, Techniken des mündlichen Sprachgebrauchs und Techniken des schriftlichen Sprachgebrauchs.
Den Beitrag von „grundlegenden Lern- und Arbeitsweisen" für die grundlegende Bildung hebt u. a. G. Schorch (1988) hervor und weist auf die notwendige Kleinarbeit des Schulalltags hin. Er unterscheidet Verhaltens- und Umgangsformen als Bedingungen von Schulleben und Unterricht, sachgerechten Umgang mit Arbeitsmaterialien, die Lern- und Arbeitstechniken selbst und schließlich die komplexeren Arbeitsweisen.
Obwohl seit der Reformpädagogik die Bedeutung von Arbeitstechniken für das

Lernen des Lernens immer wieder betont wird und z. B. im Strukturplan (1970) Arbeitstechniken wegen des raschen Veraltens von Fakten und Einsichten für bedeutsamer denn je gehalten werden, ist Unterricht vom ersten Schuljahr an nach wie vor bestimmt vom Primat der Kenntnisvermittlung. Dabei wird deklaratives Wissen (gewußt was) höher bewertet als prozeduales Wissen (gewußt wie). Doch nur wer gelernt hat, wie man lernt, kann den Transfer von Erkenntnissen und Einsichten auf neue Lerninhalte selbständig vollziehen.

Uwe Sandfuchs

Literatur: *Bönsch, M:* Unterricht in kritisch-aufklärerischer Perspektive. Unterrichtskonzepte und Arbeitsformen. In: Die Deutsche Schule 2/1989 • *Menzel, W./Henze, J.:* Arbeitstechniken. In: Praxis Deutsch 21/1977 • *Sandfuchs, U.:* Arbeitstechniken – Grundlage selbständigen Lernens. In: Praxis Schule 5–10. 2/1990 • *Schorch, G.* (Hg.): Grundlegende Bildung. Erziehung und Unterricht in der Grundschule. Bad Heilbrunn 1988 • Strukturplan für das Bildungswesen. Empfehlungen der Bildungskommission. Hg. v. Deutschen Bildungsrat. Stuttgart 1970

Aufnahmeverfahren für Sonderschulen: Der schon aus der Kaiserzeit stammende Begriff Aufnahmeverfahren, synonym auch Zuweisungs-, Umschulungs- oder auch Überweisungsverfahren genannt, beschreibt den verwaltungsrechtlichen Vorgang, durch den Schüler, in der Regel aus der Grundschule, in die Sonderschule überwiesen werden. Die Grundschule meldet einen ihr auffällig erscheinenden Schüler über die Schulaufsichtsbehörde für eine sonderpädagogische Überprüfung an. Ein/e für das von der Grundschule vermutete Störungsbild qualifizierte/r Sonderschullehrer/in nimmt die Überprüfung mittels Anamnese, Unterrichtsbeobachtung, standardisierter und informeller sprachfreier sowie sprachgebundener Testverfahren vor. Die an der Fragestellung der Grundschule orientierte sonderpädagogische Überprüfung stellt im Rahmen eines Fördergutachtens fest, ob, und wenn ja, in welchem Umfang sonderpädagogischer Förderbedarf vorliegt und wie dieser möglicherweise realisiert werden könnte. Ein Förderplan gibt Hinweise auf Förderschwerpunkte, deren Anwendung zu einer Verminderung der möglichen Beeinträchtigungen führen könnten. Die Empfehlungen des Sonderschullehrers werden durch die Schulaufsichtsbehörde überprüft und durch diese, bei Übereinstimmung, legitimiert. Die ebenfalls stattfindende schulärztliche Untersuchung verfolgt den Zweck, organische und körperlich nachweisbare Beeinträchtigungen festzustellen. Durch die hier benannte Verfahrensweise, die in den meisten Bundesländern zur Anwendung kommt, ist die Einflußnahme durch die Erziehungsberechtigten in diesem für die Schülerbiographie wesentlich prägenden Vorgang kaum gegeben.

In einigen Bundesländern (u. a. Berlin, Saarland, Rheinland-Pfalz) wird das Verfahren durch einen Förderausschuß koordiniert. In diesem Gremium, häufig durch die Grundschule geleitet, sind mit gleichen Stimmrecht die Erziehungsberechtigten sowie der zuständige Sonderschullehrer und Schulpsychologe beteiligt. Das diagnostische Vorgehen und die Interpretation der Ergebnisse der Untersuchung werden gemeinsam bestimmt, die abschließende Empfehlung soll einstimmig gefaßt werden. Wegen der administrativ nicht abgesicherten schulorganisatorischen Seite der Arbeit der Förderausschüsse kann die primäre Zielsetzung einer ausführlichen Falldiskussion häufig nicht erreicht werden.

Tendenziell ist festzustellen, daß es zu besonders vielen Anträgen seitens der

Grundschule zur Überprüfung des sonderpädagogischen Förderbedarfes kommt, wenn deren Ressourcen für individuelle Förderung gering und die Erfüllung des leistungsorientierten Anforderungsprofils für alle Schüler/innen als primär verbindlich angesehen wird. Bei 40 % der Schüler, die von der Grundschule zur sonderpädagogischen Überprüfung gemeldet werden, kann kein sonderpädagogischer Förderbedarf festgestellt werden. Dies weist auf die Notwendigkeit einer Kooperation von Grundschulen mit den entsprechenden Sonderschulen hin, um ein Grundverständnis darüber herstellen zu können, wann tatsächlich ein sonderpädagogischer Förderbedarf angezeigt sein könnte.
Thomas Hofsäss

Literatur: *Bundschuh, K.:* Einführung in die sonderpädagogische Diagnostik. München ^{2}1984 • *Füssel, H.-P.:* Elternrecht und Sonderschule. Berlin 1987 • *Hofsäss, T.:* Die Überweisung von Schülern auf die Hilfsschule und die Schule für Lernbehinderte in Deutschland seit 1918. Berlin 1992 (Diss.)

Ausgangsschriften: Ausgangsschriften sind nicht das Ziel eines Lehrgangs, sondern sollen den Lehrgang selbst möglichst einfach und ökonomisch gestalten. Sie sind in den Lehrplänen der einzelnen Bundesländer verbindlich vorgeschrieben. Als Ausgangsschriften für den Leselehrgang werden unterschieden: die Gemischtantiqua (große und kleine Druckbuchstaben), die Schreibschrift und die Großantiqua (am Anfang des Lehrgangs nur Großbuchstaben). Durchgesetzt hat sich die Gemischtantiqua, die auch in den meisten Lehrplänen ausdrücklich erwähnt wird. Die Schreibschrift ist als Leseschrift in unserer Umwelt kaum anzutreffen und ist auch in Leselehrgängen stark rückläufig, weil sie eng mit der ganzheitlichen Leselernmethode verbunden ist. Die Großantiqua (auch Steinschrift genannt) ist neu in die Diskussion gekommen.

Als Ausgangsschriften für den Schreiblehrgang haben wir neben der Druckschrift drei verschiedene verbundene Schriften: die lateinische Ausgangsschrift (LA) von 1953, die vereinfachte Ausgangsschrift (VA) von 1973 und die Schulausgangsschrift der ehemaligen DDR (SAS) von 1968. Die Zahl der Bundesländer, die in ihren Lehrplänen das Druckschreiben nahelegen bzw. als Möglichkeit erwähnen, ist in den 90er Jahren gestiegen. Danach schreiben die Kinder jeden Buchstaben, den sie lesen lernen, in Druckschrift, können also sehr schnell schreiben, ohne ein zweites Schriftsystem zu lernen. Das Druckschreiben unterstützt den Leselehrgang im Motorischen und läßt sich vom Schreibanfänger leichter erlernen als das verbundene Schreiben. Die Einstellung der Lehrpläne zu den verbundenen Schriften ist heterogen. Während einige an der LA bzw. SAS festhalten, stellen andere zwei Schriften gleichberechtigt nebeneinander, weitere lassen die VA auf Antrag und nach Einverständnis der Erziehungsberechtigten zu. Eine Vereinheitlichung ist nicht in Sicht. Die lateinische Ausgangsschrift wurde sowohl in der alten Bundesrepublik als auch in der ehemaligen DDR in Untersuchungen als schwer schreibbar analysiert; viele Drehrichtungswechsel und Deckstriche sowie komplizierte Großbuchstaben legen die Entwicklung von Verformungen nahe. Die Form des einzelnen Buchstabens ist abhängig von den umgebenden Buchstaben. Die SAS nähert die Großbuchstaben der Druckschrift an und erreicht durch einen spitzeren Duktus die Reduzierung der deckenden Buchstabenteile. Die Form des einzelnen Buchstabens ist aber auch hier abhängig von den umgebenden Buchstaben. Die VA ist eine umfassend untersuchte Schrift. Die Großbuchstaben sind denen der Druckschrift angeglichen. Die Kleinbuchstaben bestehen nicht aus Anstrich, Grundform und Endstrich, sondern nur aus der Grundform und einem Verbindungsstrich zum nächsten Buchstaben, der an der Oberkante des Mittelbandes endet. Von daher ergibt sich eine starke Rhythmisierung der Schrift. Der Buchstabe ist unabhängig vom Umfeld immer identisch. Die Schreibbewegung endet am Buchstabenende, d.h. Bewegungs- und Buchstabenstruktur sind identisch.

Ulrike Jürgens

Literatur: Arbeitsgemeinschaft Schreiberziehung (Hg.): Schreiben will gelernt sein. Perspektiven und Wege der Schriftvermittlung. Hannover 1988 • *Grünewald, H.:* Vereinfachte Ausgangsschrift. Ein Workshop-Film der Arbeitsgemeinschaft Schreiberziehung. Hannover 1992 • *Kästner, E./Tost, R.:* Schreibunterricht. Berlin 1990 (zur SAS)

Ausländerkinder: Ausländische Kinder sind infolge der internationalen Arbeits- und Flüchtlingsmigration integraler Bestandteil der deutschen Schule. Sie unterliegen der deutschen Schulpflicht und haben die gleichen Rechte und Pflichten wie deutsche Schüler und Schülerinnen. Lediglich in einigen Bundesländern sind Kinder von Asylbewerbern noch von der Schulpflicht ausgenommen. In den sechziger Jahren betrug ihr Anteil an der Schülerschaft weniger als ein Prozent, bis 1982 erhöhte er sich auf 8,6% an allgemeinbildenden Schulen (720.700) und 4,7% an berufsbildenden Schulen. Nach zwischenzeitlichem Rückgang der Zahlen bis 1985 ist seither bis 1990 ein leichter Anstieg zu verzeichnen: auf 780.000 Schüler an allgemeinbildenden Schulen (11,3%) und auf 187.000 an berufsbildenden Schulen. (Alle Zahlen gelten für die alten Bundesländer, Zahlen für die neuen Bundesländer liegen noch nicht vor.)

Fast die Hälfte aller ausländischen Schüler/innen, nämlich 361.000 oder 46% sind türkischer Herkunft. Ansonsten sinkt der Anteil der Schüler aus den traditionellen Anwerbeländern. Zahlen zu den Schülern aus „sonstigen" Herkunftsländern liegen derzeit nicht vor.

Die meisten Ausländerkinder besuchen Grundschulen: 295.000 (fast 38%), das sind 13,9% aller Grundschüler, es folgt die Hauptschule mit 211.000 (27%).

Die Schulsituation ausländischer Kinder hat sich permanent verbessert. Die Schulerfolgsquote (vor allem der Anteil der Hauptschulabschlüsse) und die Beteiligung an höherer Schulbildung steigen. Von Chancengleichheit kann jedoch noch nicht gesprochen werden. In vorschulischen Einrichtungen an Realschulen und Gymnasien sind Ausländerkinder unterrepräsentiert, an Haupt- und Sonderschulen eindeutig überrepräsentiert. Ohne Hauptschulabschluß bleiben immer noch 22% aller ausländischen Schulabgänger. Den Abstand zu den deutschen Schulabgängern haben die ausländischen Schüler nicht verringern können, da auch deren Schulabschlußquoten sich verbessern. Beim Übergang in die Berufsausbildung haben ausländische Jugendliche, vor allem Mädchen, ebenfalls noch geringere Chancen.

Die Ursachen für mangelnden Schulerfolg liegen teils außerhalb, teils innerhalb der Schule. Mit Blick auf die ausländische Familie lassen sich drei außerschulische Ursachenkomplexe ausmachen:

- Die durch die Herkunftskultur geprägten Strukturen und Funktionen der ausländischen Familie sowie ihre Erziehungsvorstellungen unterscheiden sich z.T. grundlegend von denen des Aufnahmelandes.

• Nur wenige Familien können gemeinsam migrieren. Die langen, z.T. wiederholten Trennungen haben gravierende soziale und psychische Folgen.

• Die soziale und rechtliche Randlage, hervorgerufen durch reservierte bis feindliche Haltung der deutschen Bevölkerung, familienfeindliche Ausländerpolitik, Unsicherheit über die Zukunft der Familie, ungünstige Beschäftigungs- und Wohnsituation wirkt in hohem Maße belastend, so daß zusammenfassend von einer instabilen Familiensituation gesprochen werden muß. In der Familie entscheidet sich aber auch das schulische Schicksal der Kinder. Ausländische Familien haben hohe Bildungsaspirationen für ihre Kinder, es fehlen ihnen jedoch die Möglichkeiten, diese zu erreichen.

Die Schule ist in ihren Zielen, Inhalten und Methoden noch zu einseitig auf die deutschen Schüler und Schülerinnen ausgerichtet und erwartet höhere Anpassungsleistungen, als Schüler und Eltern erbringen können. Sie berücksichtigt Herkunftskultur und Muttersprache nicht genügend. Teils überfordert sie durch undifferenzierten Unterricht, teils unterfordert sie durch Nichtbeachtung. Förderunterricht wird konzeptionslos betrieben, Elternarbeit wird vernachlässigt, die Möglichkeiten der einschlägigen Erlasse werden zu selten genutzt, die ausländischen Lehrer sind vielfach nicht in das Kollegium integriert.

Die stete Verbesserung der Schulsituation ausländischer Kinder wäre jedoch nicht möglich gewesen ohne die langjährige kompetente und engagierte Arbeit vieler Lehrer/innen. Die Grundschule spielt dabei grundsätzlich und praktisch eine besondere Rolle. Ihr bildungspolitischer Anspruch, die Schule der Integration aller Kinder zu sein, war und ist für viele Grundschullehrer/innen Herausforderung genug, vielfältige Formen und Methoden ausgleichender und interkultureller Erziehung zu entwickeln und zu praktizieren.

Uwe Sandfuchs

Literatur: *Glumpler, E.:* Schullaufbahn und Schulerfolg türkischer Migrantenkinder. Rissen 1985 • Grundschule 10/1989, Themenheft: Ausländische Kinder bei uns

Aussiedlerkinder: Aussiedler sind Deutsche, die nach dem Zweiten Weltkrieg aus Ostblockstaaten in die Bundesrepublik eingereist sind, um hier ihren ständigen Aufenthalt zu nehmen. Als Aussiedler anerkannt werden bis heute Personen, die die deutsche Staatsbürgerschaft durch Geburt erworben haben, weil mindestens ein Elternteil Deutsche/r war, oder Personen, die Volksdeutsche beziehungsweise Statusdeutsche im Sinne des Artikels 116 des Grundgesetzes sind, weil sie sich in ihrer Heimat „zum deutschen Volkstum bekannt“ haben und dies durch bestimmte Merkmale wie Abstammung, Sprache, Erziehung oder Kultur belegen können. Ihr Rechtsstatus ist durch das Bundesvertriebenen- und Flüchtlingsgesetz geregelt. Aussiedlerkinder erleben die Wanderung ihrer Familien vielfach als Trennung von einer vertrauten Umgebung, als Abschied von Freunden und Nachbarn und in vielen Fällen als Verlust der eigenen Sprachkompetenz. Während die Eltern- und vor allem die Großelterngeneration noch über deutsche Sprachkenntnisse verfügt, sind die Kinder meist in einer Umgebung aufgewachsen, in der die deutsche Sprache im öffentlichen Leben unterdrückt wurde. Für die aufnehmenden deutschen Grundschulen ergeben sich aus der besonderen Lebenssituation von Aussiedlerkindern eine Reihe von Anforderungen: Sprachprobleme müssen rasch diagnostiziert werden, damit entsprechende Fördermaßnahmen eingeleitet werden können. Schulergänzende Spiel- und Freizeitangebote und Hausaufgabenhilfen sollten mindestens solange organisiert werden, wie die Lebens- und Lernbedingungen der Kinder und Jugendlichen durch einen Lageraufenthalt beeinträchtigt sind. Aussiedlerkinder, die ein Ausreisetrauma erlitten haben und unter psychosomatischen Störungen leiden, werden unter Umständen therapeutische Hilfe benötigen. Zweisprachiges Lehr- und Betreuungspersonal, das in der Schule sowohl sprachstandsdiagnostische als auch Dolmetscherfunktionen übernehmen kann, ist deshalb in der ersten Eingliederungsphase eine wichtige Stütze. In den alten Bundesländern wird die schulische Integration von Aussiedlerkindern durch die Zuweisung zusätzlicher Personal- und Sachmittel gefördert. Länderspezifische Regelungen bestehen hinsichtlich der Frage, ob diese zusätzliche Förderung exklusiv für Aussiedlerkinder oder für alle Migranten- und Flüchtlingskinder mit Sprach- und Eingliederungsproblemen zur Verfügung gestellt wird.

Edith Glumpler

Literatur: *Glumpler, E./Sandfuchs, U.* u. a.: Mit Aussiedlerkindern lernen. Braunschweig 1992

Begabung: Dem Begabungsbegriff wuchs in den 60er Jahren eine Schlüsselrolle im Zusammenhang mit den damaligen reformerischen Maßnahmen und Bemühungen zu, weil – unter Führung von Heinrich Roth – dieser Begriff inhaltlich eine Wende erfuhr. Der Band „Begabung und Lernen" (erstmals 1968) gilt bis heute als die beste Darstellung des gesamten Problemzusammenhangs. Auf dem Grundschulkongreß 1969 in Frankfurt gehörte er neben den Begriffen „Curriculum" und „ausgleichende Erziehung" zu den zentralen Begriffen, die die grundschulreformerischen Bemühungen markierten.

Unterschiedlich beantwortet wird bis heute die Frage, ob Begabung eher eine Anlage, d. h. genetisch oder erblich determiniert, oder ob sie das Produkt von Umwelteinflüssen sei? Die Bejahung der ersten Frage führt im Extrem zu einem statischen Begabungsbegriff (Wittmann, Müller, Schenk-Danzinger), der das Erbgut als entscheidend ansieht und damit völkisch-rassistischen Ideologien Tür und Tor öffnet.

Demgegenüber führt die zweite Frage zu einem milieutheoretischen Begabungsbegriff, der den Menschen als tabula rasa ansieht und den Glauben an dessen Formbarkeit und letztlich Machbarkeit einschließt (Pawlow; Watson). Revolutionäre Bewegungen, die sich gegen aristokratisch verfestigte Gesellschaftsordnungen wenden, tendieren zu dieser Auffassung.

Da keine der extremen Auffassungen ihre Richtigkeit nachweisen konnte, wird heute (von wenigen Ausnahmen abgesehen) ein dynamischer Begabungsbegriff vertreten, wie er wesentlich von Roth mitformuliert worden ist: „Begabung bedeutet immer auch begaben … Vielfach beginnen sich Begabungen erst dann zu entfalten, wenn sie von einem Lehrer, Meister, Regisseur usw. entdeckt und gefördert werden." Mit der Konsensfähigkeit des dynamischen Begabungsbegriffs sind jedoch weder die theoretischen noch praktischen Probleme gelöst. So wird noch heute darum gerungen, welcher Anteil Umwelt und Erziehung einerseits und genetischen Determinanten andererseits in einer sich zeigenden Begabung zukommt. Der Begriff Begabung ist immer wieder neu in

Relation zu seinen benachbarten Begriffen (Intelligenz, Entwicklung, Lernen, Leistung, Leistungsbereitschaft, Bildung, Bildsamkeit) zu setzen. Auch das Phänomen der Hoch- und Sonderbegabungen und deren präzise Beschreibung ist bisher nicht zum Abschluß gebracht worden.

Allerdings hat der dynamische Begabungsbegriff die Reformbemühungen um 1970 zusammen mit den Thesen von B. S. Bloom zur Bedeutung der frühen Kindheit für die Entfaltung der Intelligenz, J. Bruners kühner Hypothese (daß jeder Inhalt jedem Kind in intellektuell redlicher Weise vermittelt werden könne) und der sozial motivierten kompensatorischen Erziehung wesentlich mitgeprägt.

Die um 1960 begonnene Suche nach ausschöpfbaren Begabungsreserven und deren Nutzung im Interesse der Volkswirtschaft und G. Pichts Klage über den Bildungsnotstand in der BRD wurden durch den neuen Begabungsbegriff verstärkt, weil die Machbarkeit von Begabung in den Bereich des Möglichen rückte.

Die Vorschulerziehung mit allen spezifischen Angeboten – Ballett, musikalische Frühförderung, Spiel- und Denktraining – erhielt ebenfalls einen deutlichen Auftrieb, und die Grundschule reklamierte in der Öffentlichkeit eine Besserstellung in finanzieller und personeller Hinsicht, um der hier zu leistenden und später nicht mehr zu kompensierenden Begabungsförderung nachkommen zu können. Die drei Dokumentationsbände des Grundschulkongresses 1969 legen davon ebenso Zeugnis ab wie die Schrift von L. Jochimsen „Hinterhöfe der Nation. Die deutsche Grundschulmisere".

Als relativ gesichert kann gelten, daß ohne den dynamischen Begabungsbegriff die Entwicklung der Grundschule hin auf ihren derzeitigen Status mit den Merkmalen Offenheit, freie Arbeit, lernen ohne Notendruck, Kooperation mit Kindergarten und weiterführender Schule nicht denkbar wäre.

Auch das Verständnis für eine Dynamisierung der Gesellschaft durch Bildung (Begabung) wurde in die Schule hineingetragen, weil die zufällige Zugehörigkeit zu einer sozialen Schicht nicht mehr als determinierend angesehen wurde. Bis heute und sicher auch noch für die nächste Zukunft kommt deshalb allen Bemühungen, die mit Begriffen wie Fördern, Chancen eröffnen, Verbesserung individueller Lernchancen, Steigerung der Selbstlernkompetenz umschrieben sind, eine für die Weiterentwicklung der Schule perspektivische Funktion zu. Auch wenn der Begabungsbegriff in den Publikationen der letzten Jahre selten verwendet wird, verringert das nicht seine Bedeutung.

Kurt Meiers

Literatur: *Roth, H.* (Hg.): Begabung und Lernen. Gutachten und Studien der Bildungskommission, Bd. 4. Stuttgart ^{3}1969 • *Schlüter, J.:* Begabung, Bildsamkeit, Leistung. In: *Speck, J./Wehle, G.* (Hg.): Handbuch pädagogischer Grundbegriffe. München 1970 • *Skowronek, H.:* Begabung. In: *Kochan, B./Neuhaus-Siemon, E.* (Hg.): Taschenlexikon Grundschule. Königstein 1979 • *Schwartz, E.* (Hg.): Begabung und Lernen im Kindesalter. Bericht des Grundschulkongresses 1969. Bd. 1. Frankfurt/M. 1970

Behinderte Kinder: Behinderte Kinder sind in erster Linie Kinder, nicht „Behinderte". Jedes Kind, ob behindert oder nicht, ist ein einmaliges Individuum mit besonderen persönlichen Merkmalen. Die Behinderung bzw. die ihr zugrundeliegende (organische) Schädigung ist nur ein Merkmal unter vielen, die ein bestimmtes Kind aufweist.

Daß das Merkmal Behinderung in der Schule so stark beachtet wird, hängt unter anderem mit den unterschiedlichen Lernschwierigkeiten zusammen, die Behinderungen mit sich bringen. In Deutschland und einigen anderen Ländern sind deshalb, beginnend vor 200 Jahren, eigene Schulen für behinderte Kinder gegründet worden, getrennt nach einzelnen Behinderungsarten. Die Gliederung nach Behinderungsarten (Körperbehinderung, Sprachbehinderung, Verhaltensstörung, chronische Krankheit) und zusätzlich nach Schweregraden (Blindheit/Sehbehinderung; Gehörlosigkeit/Schwerhörigkeit; geistige Behinderung/Lernbehinderung) entsprach dem früher verbreiteten Bedürfnis nach Homogenisierung von Schulklassen. Kinder mit mehreren Behinderungen (mehrfach behinderte Kinder) sollten in diesem gegliederten Sonderschulwesen diejenige Schule besuchen, die ihrer schwerwiegenderen Behinderung entspricht.

Für Kinder mit Behinderungen eigene Schulen zu errichten, war eine schulorganisatorische, aber keine pädagogisch-didaktische Antwort auf das Problem der unterschiedlichen schulischen Lernschwierigkeiten. Der Deutsche Bildungsrat hat daher schon 1973 die „Selektions- und Isolationstendenz im Schulwesen" als Irrweg angeprangert und stattdessen weitestmögliche gemeinsame Unterrichtung behinderter Kinder in allgemeinen Schulen gefordert.

Wann ist ein Kind behindert? „Als behindert im erziehungswissenschaftlichen Sinne gelten alle Kinder, Jugendlichen und Erwachsenen, die in ihrem Lernen, im sozialen Verhalten, in der sprachlichen Kommunikation oder in den psychomotorischen Fähigkeiten so weit beeinträchtigt sind, daß ihre Teilhabe am Leben der Gesellschaft wesentlich erschwert ist" (Deutscher Bildungsrat 1973). Übertragen auf das Schulalter bedeutet diese verbreitete Definition, daß von einer Behinderung dann zu sprechen ist, wenn die Beeinträchtigung so weit geht, daß die Teilnahme am Leben und Lernen der allgemeinen Schule wesentlich erschwert ist. Im konkreten Einzelfall ist dies oft nicht eindeutig und zweifelsfrei feststellbar, sondern in einem breiten Grenzbereich vom subjektiven Eindruck der beurteilenden Pädagogen und Diagnostiker abhängig.

Mit anderen Worten: Zwischen behinderten und nichtbehinderten Kindern gibt es keine wissenschaftlich haltbare Abgrenzung, sondern fließende Übergänge. Die Möglichkeiten eines behinderten Kindes, am Leben und Lernen der allgemeinen Schule teilzunehmen – wesentlicher Bestandteil der o. a. Definition –, hängen, konkret gesehen, auch von der betreffenden allgemeinen Schule ab. Eine Grundschule mit nicht zu hohen Klassenfrequenzen, mit kompetenten und warmherzigen Lehrerinnen und Lehrern, mit einem beträchtlichen Anteil von binnendifferenziertem und offenem Unterricht bietet viel bessere Möglichkeiten für die Teilnahme behinderter Kinder als eine Grundschule ohne diese Merkmale. Wie weit die o. a. Definition von Behinderung also auf den Einzelfall zutrifft, hängt auch von den Gegebenheiten des schulischen Umfeldes ab. Behinderung ist somit ein relativer Begriff, kein absolutes Persönlichkeitsmerkmal. Die (organische) Schädigung eines Kindes mag unveränderlich sein; die von ihr ausgehende Behinderung wird jedoch in erheblichem Ausmaß durch die personalen, sozialen und materialen Umfeldgegebenheiten mitbestimmt. So gesehen kann ein integrationsorientiertes Schulwesen Behinderungen mildern oder abbauen.

Die Zahl der Kinder mit Behinderungen bzw. Schädigungen, die in Regelschulen statt in Sonderschulen unterrichtet werden, nimmt seit Mitte der 70er Jahre stetig zu. Für ihre spezifische Förderung

werden Sonderschullehrer und -lehrerinnen eingesetzt, die im Unterricht der Regelschulklassen mitarbeiten (Zwei-Pädagogen-System). Aus solchen Klassen wird oft berichtet, daß die behinderten Kinder nicht diejenigen sind, die die größte pädagogische Mühe bereiten; nichtbehinderte Mitschüler/innen mit Problemen bereiten häufig mehr Arbeit. Denn Schulklassen sind auch ohne Anwesenheit behinderter Kinder keine homogenen Lerngruppen, und durch die Integration eines oder einiger behinderter Kinder muß sich die ohnehin vorhandene Heterogenität nicht wesentlich erweitern.
Behinderte Kinder werden in Grundschulen „zielgleich" (nach demselben Lehrplan wie die übrige Klasse) oder „zieldifferent" (nach einem individuellen Förderplan, der anderen Zielen folgt) unterrichtet. In der Praxis benötigen viele Kinder in einigen Fächern zieldifferenten, in anderen zielgleichen Unterricht. Eine solche individuelle Zielsetzung wäre auch für viele nichtbehinderte Kinder pädagogisch sinnvoll.
Alfred Sander

Literatur: Deutscher Bildungsrat. Empfehlungen der Bildungskommission: Zur pädagogischen Förderung behinderter und von Behinderung bedrohter Kinder und Jugendlicher. Bonn 1973 • *Muth, J.:* Tines Odyssee zur Grundschule. Essen 1991 • *Sander, A.:* Behinderungsbegriffe und ihre Konsequenzen für die Integration. In: *Eberwein, H.* (Hg.): Behinderte und Nichtbehinderte lernen gemeinsam. Weinheim ^{3}1993 • *Sander, A.:* Behinderte Kinder – gesondert oder integriert fördern? In: *Haarmann, D.* (Hg.): Handbuch Grundschule. Bd. 1. Weinheim 1992

Bewegungserziehung: Bewegung ist nicht nur eine Verhaltensweise unter vielen, sie ist vielmehr ein „existenzielles Phänomen", ist unaufhebbarer Teil der Lebenswirklichkeit, ist grundlegende Lebensäußerung und Kommunikationsform des Menschen. Für das Kind ist sie zudem Basis der Selbst- und Welterschließung, mit ihrer Hilfe lernt es sich selbst, seine soziale und materiale Umwelt kennen und zu beherrschen. Demzufolge sind Individuen, die ihr Motorium nicht optimal nutzen können, von vielen Erfahrungs- und Handlungsmöglichkeiten ausgeschlossen.
Die Konsequenz daraus, Leibesübungen als Ziel und Medium der Erziehung zu berücksichtigen, wurde schon vor 200 Jahren gefordert und führte – vornehmlich aus medizinisch begründeter Sorge um die Volksgesundheit – Mitte des 19. Jahrhunderts dann zur Aufnahme in den Fächerkanon der Schule. Tatsächlich brauchen Kinder nicht allein zum Ausgleich des von der Schule selbst verursachten Bewegungsmangels, sondern mehr noch für eine gesunde Entwicklung Bewegung, und zwar je jünger, desto mehr! Die biologischen Systeme des Menschen entwickeln sich nicht allein nach genetischen Programmen, sondern bedürfen ebenso ihrer angemessenen Inanspruchnahme. Was im Umkehrschluß aber auch besagt, daß nicht angemessen beanspruchte Organsysteme unterentwickelt bleiben bzw. sich gar zurückentwickeln, unökonomischer arbeiten und störanfälliger, d. h. in hohem Maße gesundheitsgefährdet sind. Es gilt als Verdienst der Philanthropen, die Bedeutung der Leibesübungen nicht allein in deren biologisch definiertem Gesundheitswert erkannt zu haben, sondern gleichermaßen als allgemein erzieherischen Beitrag zur Entwicklung des gesunden, vernünftigen und glücklichen Menschen. Die darin schon aufscheinende Sicht „psycho-physischer Gesundheit" (im Sinne der berühmten Weltgesundheitsorganisation-Definition) und erst recht deren als „Kehrseite der Industrialisierung" bezeichnete akute Gefähr-

dung haben seitdem jedoch nicht an Aktualität eingebüßt.
Besonders deutlich zeigte sich diese Situation als Folge der sogenannten Wirtschaftswunder-Zeit nach dem Zweiten Weltkrieg, welche in den 60er Jahren einen umfassenden gesellschaftlichen Wertewandel auslöste, der auch die Bewegungskultur nachhaltig mit einbezog.
Als mit der Ablösung bildungstheoretischer durch curriculum- bzw. lerntheoretische Didaktik-Konzeptionen dann die „Leibes"-Erziehung ihre Akzeptanz verlor, bot sich der gleichzeitig weltweit Anerkennung gewinnende Sport mit seinen nahezu ideal zu operationalisierbaren und empirischer Wissenschaft zugänglichen Inhalten (Sportarten wie Leichtathletik, Turnen, Schwimmen oder die großen Ballspiele bzw. deren Bewegungstechniken) als Ersatz geradezu an.
Diese „Versportlichung" der schulischen Bewegungserziehung hat ihrerseits heftige Kritik ausgelöst und zahlreiche didaktische Entwürfe initiiert (bspw. soziales Lernen, freie Lerngelegenheiten, Körpererfahrung, Bewegungsbaustelle usw.). Auf die einseitig enge Ausrichtung von Erlassen, Richtlinien und Lehrplänen für den Sportunterricht (der Regelschulen) einerseits wie auch dessen Alltagspraxis mit „Bundesjugendspielen" und „Jugend trainiert für Olympia" andererseits hat dies jedoch keinen nachhaltigen Einfluß genommen.
Erst in allerjüngster Zeit gewinnen Einsichten sichtbar an Bedeutung, im Wege einer Schulreform den Erziehungs- und Bildungsauftrag an sogenannten „Kernproblemen", wie Gesundheit und Freizeit, Gleichberechtigung, Integration und Frieden sowie Ökologie, neu zu bestimmen und durch offenen und fachübergreifenden Unterricht, praktisches und projektorientiertes Lernen usw. zu realisieren. Vor diesem Hintergrund rückt die Bewegung als didaktischer Schlüsselbegriff wieder in den Vordergrund und tritt dem „Alleinvertretungsanspruch des Sports" zunehmend entgegen, denn trotz der immensen gesellschaftlichen Bedeutung des Sports sowie der spezifischen Erfahrungsmöglichkeiten des Sporttreibens wäre es doch eine völlig unnötige und vor allem pädagogisch nicht zu verantwortende Selbstbegrenzung, die Erziehung zu und durch Bewegung allein auf Sport zu reduzieren.
Und der Kreis derer, die Bewegung eben nicht allein unter der sportiven Perspektive von Leistungsverbesserung und Konkurrenz erfahren möchten, wächst nicht nur bei Erwachsenen. Explorative, kommunikative, rekreative, meditative oder kurrative Sinngebungen kennzeichnen die „neue Körper- und Bewegungskultur", die sich nicht allein in Jogging, Aerobic oder Bodybuilding erschöpft, sondern mehr noch in Körpererfahrung, Tai Chi, Outward Bound oder New Games artikuliert; allesamt Bewegungsaktivitäten, die mit Begriffen wie „sanfter Sport" oder „nicht-sportlicher Sport" so unzutreffend wie okkupierend belegt werden.
Aus schulischer Sicht gewinnen zudem die sich geradezu epidemisch ausbreitenden Bewegungs- und/oder Verhaltensauffälligkeiten an Bedeutung: schon heute lassen Kinder mit Koordinations- und Wahrnehmungsschwächen, Adipöse, Lernbehinderte, Erziehungsschwierige und sonstige Problemschüler die Grenzen einer Bewegungserziehung durch Sport täglich neu deutlich werden. Zukünftig wird nur ein einschneidender Paradigmenwechsel den konsensfähigen Erziehungs- und Bildungsbeitrag der schulischen Bewegungserziehung sichern können. Aktuelle Tendenzen (wie die Streichung der dritten Sportstunde) sollten nicht allein mit quantitativen

Forderungen und apokalyptischen Voraussagen, sondern (wie die Ausweitung der Kooperation von Schule und Sportverein oder gar die Privatisierung schulischer Bewegungsangebote) vielmehr mit einer konzeptionellen Offensive beantwortet werden!
Dabei wäre die Rückbesinnung auf Prinzipien der Bewegungserziehung um die Jahrhundertwende lohnend (Kindgemäßheit, Natürlichkeit, Selbsttätigkeit oder Ganzheitlichkeit, allerdings ohne deren seinerzeitige idealistische Verklärung), die auch derzeit schon partiell in Ansätzen wie „problemlösendes Lernen", „Körpererfahrung" und vor allem in der „psychomotorischen Erziehung" Berücksichtigung finden.
Gerade mit Blick auf die Grundschule erscheint diese häufig geforderte Neuorientierung längst überfällig, um endlich auch die offenkundige und widersinnige Unterversorgung gerade der jüngsten und sozial benachteiligten Kinder mit Bewegung zu beenden.
Jürgen Bielefeld

Literatur: *Bielefeld, J.:* Bewegungserziehung in der Grundschule. In: Grundschule 3/1988 • *Rötig, P.:* Sportpädagogik als Bewegungserziehung. In: *Denk, H./Hecker, G.* (Hg.): Texte zur Sportpädagogik, Teil II. Schorndorf 1985 • *Zimmer, R./Cicurs, H.:* Kinder brauchen Bewegung – brauchen Kinder Sport? Aachen 1992

Chancengerechtigkeit: Nichts ist ungerechter, als Ungleiche gleich zu behandeln. Weil Lehrer und Lehrerinnen den Auftrag haben, alle Kinder individuell und bestmöglich zu fördern, allen Kindern also weniger gleiche denn gerechte Chancen zu geben, wird der Begriff der Chancengleichheit zunehmend durch den der Chancengerechtigkeit ersetzt. Gerechte Chancen für Behinderte und Nichtbehinderte, Ausländer und Deutsche, schnell Lernende und langsam Lernende, Kinder mit besonderen Begabungen, Kranke und Gesunde – dies erfordert ein hohes Maß an Einfühlungsvermögen und die Fähigkeit, Lernvoraussetzungen immer wieder neu zu ermitteln und Konsequenzen für den Unterricht daraus abzuleiten. Ein hohes Maß an innerer Differenzierung ist die Folge. Verschiedene Integrationsmodelle werden diskutiert, u. a. auch der Einsatz von Sonderschullehrern oder Sozialpädagogen in der Grundschule.
Die Chancengerechtigkeit bezogen auf Mädchen und Jungen ist auf einer gänzlich anderen Ebene zu diskutieren. Hier geht es um Rollenfixierungen, die auch in der Person der Lehrerin oder des Lehrers begründet sind. Die damit einhergehenden Benachteiligungen der Mädchen und scheinbaren Bevorzugungen der Jungen sind deshalb nicht unmittelbar sichtbar, und so wird der Diskussion um die Chancengerechtigkeit von Mädchen und Jungen immer noch zu wenig Bedeutung beigemessen. Dabei hat die Koedukation nach weitgehender Abschaffung der Jungen- und Mädchenschulen bei weitem nicht das gebracht, was man sich davon versprochen hatte. Trotz des gemeinsamen Unterrichts wirken die tradierten Rollenstereotype (Mädchen = lieb, ruhig, hilfsbereit, angepaßt, ..., Junge = frech, dominant, intelligent, stark ...) ungehindert im Unterricht weiter. Was von den Eltern schon grundgelegt wurde, wird durch das Selbstbild der Erzieher weitertransportiert. Die Kinder erhalten nach wie vor Mädchen- bzw. Jungenspielzeug.
Die Erziehung der Jungen zu den technisch Versierten (Eisenbahn, LKW, Computer ...) und der Mädchen zu den fürsorglich Verantwortungsvollen (Puppen, Puppenstube, Kinderherd ...) führt zur Weckung von Mädchen- und von Jungeninteressen. Zwar werden Schul-

bücher und Arbeitsmaterialien zunehmend daraufhin überprüft, ob sie von einer einseitigen Rollenfixierung (z. B. Mutter = Hausfrau und zuständig für die Kindererziehung, Vater = berufstätig und zuständig für den Unterhalt der Familie) absehen; zwar werden Fragen der Chancengerechtigkeit auch zunehmend, selbst im Unterricht, thematisiert, dennoch wirken die tradierten Rollenstereotype durch die Person der Erzieher weiter: Jungen sind stärker, sie dürfen nicht weinen, Mädchen sollen ihnen aus dem Wege gehen, wenn sie aggressiv werden. Im Unterricht kommen Jungen öfter dran, weil sie sich durch Lautstärke und Stören bemerkbar machen. Mädchen verhalten sich eher zurückhaltend und werden deswegen auch weniger wahrgenommen.

Die Einsicht, daß Jungen unter der ihnen von klein auf diktierten Rolle der Stärke auch leiden könnten, setzt sich erst ganz langsam durch. Jungen bleiben öfter sitzen als Mädchen, sie kommen eher in die Sonderschule für Erziehungshilfe. Chancengerechtigkeit würde erfordern, daß die geschlechtsbedingten Unterschiede anerkannt, Rollenstereotype aber abgebaut würden. Lösungen zur Erhöhung der Chancengerechtigkeit werden vorrangig ab der Sekundarstufe I gesucht und dort in den Bereichen Naturwissenschaft und Technik. Durch die fachliche Orientierung erhalten andere Bereiche die Möglichkeit, sich als nicht zuständig auszublenden. Dabei ist Chancengerechtigkeit ein über alle Fächer hinaus wirkendes durchgehendes Prinzip.

Es kann auch nicht darum gehen, Mädchen vorbehaltlos in die Rollen von Jungen hineinzuerziehen. Mädchen und Jungen müssen ihren Neigungen, Interessen und Eignungen entsprechende Chancen eröffnet werden. Darüber hinaus müssen das jeweilige Rollenbild sprengende Interessen geweckt werden. Als typisch weiblich geltende Arbeitsbereiche müssen aus ihrer Einseitigkeit befreit werden. Das gilt auch für den Haushalt. Alle Bereiche müssen auch für Männer zugänglich und interessant werden. Fördervorhaben dürfen sich nicht ausschließlich an die Adresse von Mädchen richten. Auch zeitweise nach Geschlechtern getrennter Unterricht ist auf das absolut notwendige Mindestmaß zu beschränken. Alle Befürchtungen sozialer Diskriminierung in bezug auf Formen äußerer Differenzierung gelten auch hier. Wenn die Mädchen aus dem Feld genommen werden, brauchen die Jungen an ihrem Verhalten nichts zu ändern. Im Gegenteil, dadurch, daß man die Mädchen separiert, werden die Jungen in ihrem Verhalten bestärkt.

Gabriele Krichbaum

Literatur: *Pfister, G./Valtin, R.* (Hg.): MädchenStärken. Probleme der Koedukation in der Grundschule. Frankfurt 1993 • *Schnack, D./Neutzling, R.:* Kleine Helden in Not. Reinbek 1990 • *Gabrucker, M.:* „Typisch Mädchen“. Frankfurt 1985 • *Matthiae, A.:* Vom pfiffigen Peter und der faden Anna. Frankfurt 1990 • Grundschule 9/91. Themenheft: Einige sind gleicher … Mädchen und Jungen in Schulen

Computer: Plädoyers für einen Einsatz des Computers bereits in der Grundschule übersehen vielfach, daß die Entwicklung der Computerprogramme für unterrichtliche Verwendungssituationen in keiner Weise mit der fraglos gewaltigen Entwicklung auf dem Geräte-Sektor Schritt gehalten hat. National wie international besteht Konsens in der Einschätzung, daß Grundschulsoftware günstigstenfalls auf einem sehr bescheidenen Niveau anzusiedeln, i. d. R. gar pädagogisch nicht vertretbar ist, da sie den Grundintentionen von Richtlinien und Lehrplänen nicht einmal annähernd gerecht wird (vgl. u. a. LSW 1991). Inbesondere folgende Mängel werden immer wieder genannt: behavioristisches Lernverständnis, Beschränkung auf bloße Fertigkeitsförderung (drill and practice), mangelnder Lehrplanbezug, reduktionistisches Verständnis von „Schüleraktivität", „Motivation", „Differenzierung", „Lernhilfen", „Lernkontrolle" und „Auswertung von Lernprozessen", programmtechnische Mängel und fachliche Fehler.

Etwas anders stellt sich die Situation dar, wenn Anwendersoftware, z. B. ein Textverarbeitungsprogramm, eingesetzt wird, das in seinem Funktionsumfang aber für Grundschüler handhabbar bzw. anzupassen sein sollte. Die Verwendung des Computers als eine überaus komfortable Schreibmaschine kann Vorteile, z. B. bei freien Textproduktionen und -überarbeitungen, bieten.

Was nach wie vor not tut, ist eine reflektierte Diskussion, die Unterricht und Erziehung als schulischen Auftrag ernst nimmt und von daher unter dem Primat der Didaktik offen, aber auch abgeklärt und in kritischer Distanz vonstatten gehen sollte (Krauthausen/Herrmann 1990). Grundschulspezifische Belange müssen Vorrang haben vor allen technischen, wirtschaftlichen oder pädagogisch verbrämten Fremdinteressen. Der Computer darf weder direkte Lernerfahrungen durch medial vermittelte ersetzen, noch sollte versucht werden, überwunden geglaubte Formen des Lernens und Lehrens durch eine Übertragung auf die Maschine (vermeintlich) zu optimieren. Für die „Computer-Diskussion" empfiehlt sich ein Vorgehen, das auch als „Aware-Strategie" (engl.: Bewußtsein, Wachheit) bezeichnet wurde (Krauthausen 1991) und die folgenden fünf Leitideen umfaßt:

- Anforderungen definieren: d. h. Standards für Hard- und Software unter dem Primat der Didaktik, auf der Basis anerkannter Konzeptionen des Lernens und Lehrens.
- Warten können: Für die Grundschule besteht kein akuter Handlungsbedarf (Herrmann 1989). Sollten die o. g. Forderungen (aus welchen Gründen auch immer) noch nicht zu erfüllen sein, dann kann bis auf weiteres und ohne Not auf einen Computereinsatz verzichtet werden.
- Argumente fordern: Es gilt, Sachargumente von sachfremden zu unterscheiden und auf ersteren zu bestehen.
- Ressentiments vermeiden: offen bleiben für weitere Entwicklungen und um eine vorurteilsfreie, kritische Reflexion bemüht sein. „Den Computer" generell zu verdammen, ist einer fundierten Auseinandersetzung abträglich.
- Euphorien verhindern: Ebenso kontraproduktiv ist missionarischer Eifer, der sich allzu schnell von neuen technischen Entwicklungen oder Optionen blenden läßt.

Günter Krauthausen

Literatur: *Krauthausen, G.:* Software im Mathematikunterricht: Eine Betrachtung aus fachdidaktischer Sicht. In: Schulpraxis/Computer Bildung 5+6/1991 • *Krauthausen, G./Herrmann, V.:* Gedanken zum Computereinsatz in der Grundschule. In: Sachunterricht und Mathematik in der Primarstufe 4/1990 • *Herrmann, V.:* Computer in der Grundschule: Anspruch und Wirklichkeit. In: Zeitschrift für Sozialisationsforschung und Erziehungssoziologie 2/1989 • LSW – Landesinstitut für Schule und Weiterbildung (Hg.): Computer und Grundschule – Software. Soest 1991

Darstellendes Spiel: Das darstellende Spiel hat in den letzten beiden Jahrzehnten als Lernbereich in der Grundschule an Bedeutung gewonnen. In den Lehrplänen mehrerer Bundesländer (eigener Lehrplan für darstellendes Spiel u. a. in Hamburg), in der Lehrer-

aus- und -fortbildung ist dieser Lernbereich inzwischen vertreten.
In einer überwiegend durch technische Medien bestimmten Welt, in der Kinder oft keinen unmittelbaren, handelnden Zugang zur Wirklichkeit haben, hat das darstellende Spiel die vornehmliche Aufgabe, die Kinder aus der Rolle der vorwiegend Aufnehmenden in Handlungssituationen zu bringen, in denen sie schöpferisch und mit allen Sinnen eigentätig sein können.
Im Unterricht der Grundschule hat das darstellende Spiel verschiedene Ausprägungen: Im Bereich der künstlerisch-ästhetischen Bildung ist es bezogen auf die Kunst des Schauspiels, das menschliche Verhaltensweisen und Interaktionen in gestalteter Form schaubar macht.
In vielen Fächern wie Deutsch, Sachunterricht, Religion, Musik, Sport, Bildende Kunst ist es eine besonders wirkungsvolle Unterrichtsmethode, da es Sachverhalte und Vorgänge durch den spielerisch handelnden Nachvollzug anschaulich und lebendig vermitteln kann.
Es bietet ferner die Möglichkeit zu fächerübergreifendem Lernen, indem Lerninhalte verschiedener Fächer in ein Spielprojekt integriert werden.
Darstellendes Spiel ist immer ganzheitliches Lernen, in dem die psychomotorischen, sozialen, emotionalen und kognitiven Fähigkeiten und Kräfte des Kindes gefördert werden.
Im Vordergrund der Spielarbeit in der Grundschule steht das improvisierende Spiel, das Stegreifspiel. Nach einer kurzen Vorbesprechung, in der Thema, Rollenbesetzung und Handlungssituation geklärt werden, wird losgespielt, spontan und ohne weitere Vorbereitung. Durch Wiederholung und wechselnde Rollenbesetzung werden Inhalt, Ausgestaltung und Verlauf der Spielszene variiert und verbessert.
Für die ersten beiden Schuljahre ist zur Spielerarbeitung besonders das Parallelspiel geeignet, bei dem alle Kinder gleichzeitig das Gleiche spielen (z. B. „alle spielen wir jetzt den Riesen“). Jedes Kind ist in das gemeinsame Spielgeschehen einbezogen und kann seine mimischen Fähigkeiten einbringen, ohne sich exponieren zu müssen.
Vom dritten Schuljahr an können die Kinder die Spielaufgaben auch in Gruppenarbeit selbständig bearbeiten. Eine ergiebige Methode der Spielerarbeitung ist der Wechsel von Spieler- und Beobachtergruppe. Die eine Gruppe spielt eine Szene vor, die andere beobachtet und macht Verbesserungsvorschläge, die sie ihrerseits gleich in Spiel umsetzt.
Für den Spielleiter/die Spielleiterin besteht die wichtigste Aufgabe darin, ein Spielklima zu schaffen, in dem Darstellungsversuche ohne Angst gewagt werden können. Dazu müssen Spielangebote ausgewählt werden, die dem Alter der Kinder und der Zusammensetzung der Gruppe angemessen sind und die gewährleisten, daß alle Kinder nach ihren Möglichkeiten mitmachen können.
Das darstellende Spiel bietet vielfältige Spielformen:
Minispiele werden im Klassen- oder Gruppenverband zumeist im Kreis gespielt. Sie erfordern wenig Vorbereitung und dienen in allen Klassenstufen als Einstieg in darstellendes Spiel. Spiele mit musikalischen Elementen sind Bewegungsspiele, die nach Spielliedern (vorwiegend im ersten Schuljahr), mit Akzentuierung bestimmter Bewegungszüge durch Musik (z. B. auf Orff-Instrumenten) oder nach einem Musikstück (z. B. „Karneval der Tiere“ von Saint-Saens) ablaufen. Spiel nach Bildvorlagen kann nach einem Bilderbuch (z. B. Burningham: „Geh nicht zu nah ans Wasser, Eva!“), einer Bildergeschichte (z. B. Press: „Der kleine Herr Jakob“) oder einem Bild (z. B. Picasso: „Kind mit

Taube“) gestaltet werden. Im Spiel nach Textvorlagen können Kindergedichte, Geschichten, Märchen und Sagen, Kinderbücher oder auch fertige Spieltexte die Spielvorlage bilden. Im Rollenspiel steht das soziale Handeln in nachgespielten realen Situationen im Vordergrund. Das Spiel ohne Worte ist ansatzweise in vielen anderen Spielformen enthalten. Ein solches Spiel fordert Sprache heraus und kann in allen Klassenstufen der Grundschule zur Sprachförderung, vor allem auch bei Ausländerkindern, eingesetzt werden. Sonderformen des darstellenden Spiels sind das Figuren- und das Schattenspiel. Für das Figurenspiel stellt sich das Kind seine Spielfigur selbst her. Von der Fingerpuppe über die Puppe aus Schachteln, Tüten, Gemüseknollen oder anderem geringwertigem Material bis zur Handpuppe aus Pappmache und Stoff gibt es eine Fülle von einfachen Puppenformen für die Grundschule. Spielpädagogisch bedeutsam ist die Identifikation des Kindes mit der eigenen selbsthergestellten Puppe. Das Schattenspiel hat seinen besonderen Zauber. Für Grundschulkinder kommt in erster Linie das Figurenschattenspiel in Frage, für das eine Leinwand (Bettlaken) und eine Lichtquelle (Tageslicht- oder Diaprojektor) benötigt werden. Märchen und Phantasiegeschichten sind bevorzugte Themen des Schattenspiels.

Günther Seidel

Literatur: *Seidel, G./Meyer, W.:* Spielmacher. Spielen und Darstellen in der Grundschule. Dazu: Begleitheft für den Spielleiter. Hamburg 1990 • *Seidel, G.:* Spiel ohne Probe. München 1989

Deutschunterricht: Deutschunterricht hat seit jeher die zentrale Stellung im Kanon aller Fächer eingenommen, bisweilen sogar bis zur Hälfte der Stundenanteile. Das zeigt sich in allen historischen und weltanschaulichen Ausprägungen von Schulorganisationen und gipfelt z. B. in solcher Behauptung: Jeder Unterricht ist zuerst und immer Sprachunterricht! Häufig wurden und werden offensichtlich ideologische Prinzipien vorgegeben, die als feste innere Struktur Inhalte und Didaktik bestimmen sollen. Begriffe wie „Deutschkunde“ und „Muttersprachlicher Unterricht“ verweisen in diese Richtung. So gab und gibt der Deutschunterricht oft Anlaß zu heftigsten Auseinandersetzungen zwischen allen Beteiligten und Betroffenen. Tatsächlich ist dieses Fach recht komplex. Es umfaßt die deutsche Sprache und Literatur, wobei im Anfangsunterricht das Lesen- und Schreibenlernen zentral sind. Und so gänzlich fremd sind keinem die Inhalte:

- Sprache, Texte, Interpretationen, Strukturen sind vielfältig bereits vorhanden;
- sie beeinflussen unser Leben und unsere Kommunikation weitgehend und nachhaltig;
- wir gehen mit ihnen immer schon um.

Darum reichen auch die Vorgaben der Fachwissenschaften Linguistik und Literaturwissenschaft bei weitem nicht aus, um didaktisches Handeln zu legitimieren. Notwendig sind vielmehr weitere Bezugswissenschaften, mindestens Erziehungswissenschaft, Soziologie, Psychologie, Geschichte, Philosophie, Kommunikationswissenschaft. So werden im Deutschunterricht prinzipiell die herkömmlichen Grenzen einer Schulfachzuordnung überschritten. Das birgt allerdings auch die Gefahr einer lediglich situativen Beliebigkeit der Inhalte und des Lehrens und Lernens. Notwendig ist es, grundlegend und überprüfend zu erarbeiten:

- die Lerninhalte der Fachwissenschaften;

- die gesellschaftlichen Anforderungen;
- die pädagogischen Konzepte;
- die Ausgangssituationen, Bedürfnisse und Interessen der Schülerinnen und Schüler.

Auszugehen ist von der vorschulischen Sprachentwicklung und Spracherfahrung der Kinder sowie von deren speziellem Sprachgebrauch. Darauf aufbauend eröffnen sich folgende Aufgabenschwerpunkte:

- Entwickeln der sprachlichen Fähigkeiten; gemeinsames und differenzierendes Arbeiten;
- Schaffen eines anregenden Schullebens;
- Sinnfälligkeit des Sprachhandelns, auch für den außerschulischen Bereich;
- Bezug zu anderen Fächern;
- Entwickeln eines historischen Bewußtseins.

Als sinnvoll hat es sich erwiesen, den Deutschunterricht in verschiedene Arbeitsbereiche zu gliedern.

- Mündlicher Sprachgebrauch: Schwerpunkte sind die Sprechsprache in dialektalen Formen und in der Hochsprache; nonverbale Sprachen; Gesprächserziehung; Spiel und Theater; Sprechtherapie.
- Schriftlicher Sprachgebrauch: Dazu gehören Schreiben lernen; Texte planen, aufschreiben und überarbeiten (Aufsatz); Rechtschreiben lernen und sichern.
- Umgang mit Texten: Das umfaßt Lesenlernen; weiterführendes Lesen; Arbeiten mit schriftlichen Texten, d. h. sich auf Texte einlassen, sie untersuchen, werten und nutzen; Einführung in die Kinderliteratur; Medienerziehung.
- Sprache untersuchen: Dieser Arbeitsbereich ist mit den anderen in besonderer Weise verwoben, weil hiermit die Kinder angeregt werden zur aktiven und kritischen Auseinandersetzung mit der eigenen Sprache und dem auch fremden Sprachgebrauch.

Peter Conrady

Literatur: *Müller-Michaels, H.:* Positionen der Deutschdidaktik seit 1949. Königstein 1980

Diagnostik: Unterrichtliches Handeln ist immer getragen von diagnostischen Entscheidungen, sei es in der Planung einzelner Lernschritte, individualisierender Maßnahmen oder der Beurteilung über die geeignete Beschulungsform. Diagnostik, und sei sie nur implizit jenseits von Tests und Klassenarbeiten, bestimmt somit den Pädagogenalltag. Allerdings läßt die Diskussion der letzten Jahrzehnte über Weg und Ziel der Diagnostik drei Entwicklungslinien deutlich werden (Schuck 1990):

- Die Selektionsdiagnostik beschränkte sich auf die Entwicklung und Verbesserung von Methoden, die den Gütekriterien der klassischen Testtheorie genügen sollten. Hauptgesichtspunkt dabei war die Frage, ob es sich um gute oder schlechte Verfahren handelte. Die Tests wurden eingesetzt, um den geeigneten, der Begabung entsprechenden schulischen Lernort zu bestimmen, d. h. insbesondere bei Sonderschulüberweisungsanlässen oder dem Übergang zu weiterführenden Schulen. Ob die anstehende Entscheidung sinnvoll und in ihrem statischen, eigenschaftsorientierten Menschenbild pädagogisch begründbar war, wurde nicht in Frage gestellt.
- Die Förderdiagnostik versuchte, eine Antwort auf die sich einstellende Kritik an der Selektionsdiagnostik durch die Einbeziehung des sozialen Bedingungsgefüges schulischen Lernens zu geben. Neben Test traten biographische Anamnesen, Unterrichts- und außerschulische Verhaltensbeobachtungen, Gespräche und informelle, lernzielorientierte Verfahren. Die so erhobenen Ergebnisse sollten in Hypothesen über den aktuellen Lernstand und eventuelle Lernschwierigkeiten münden

und sich in daraus abgeleiteten Förderschritten niederschlagen. Damit wurde eine enge Verknüpfung zwischen Diagnostik und Fördermaßnahmen angestrebt. Schulische Lernprobleme, insbesondere eine Sonderschulbedürftigkeit, sollten verhindert und nicht bloß festgestellt werden. Allerdings traf die Förderdiagnostik auf ein unflexibles Schulsystem, ungenügende zeitliche Mittel für Kooperation und Elterngespräche und diesbezüglich wenig ausgebildete Lehrer/innen.

- Die strukturbezogenen Ansätze der Diagnostik und Förderung versuchen neuerdings, über die Bereitstellung von Materialien aus dem jeweiligen Unterrichtsfach die inneren Handlungspläne des Kindes zu rekonstruieren. Hierbei wird der individuelle Umgang des Kindes beobachtet und bezogen auf die kognitive Anforderung interpretiert. Es geht nicht um die Beurteilung, sondern um das Verstehen, warum ein Schüler bei einer Aufgabe zu einer bestimmten, auch falschen, Lösung gekommen ist. Ausgehend von der entsprechenden Fachdidaktik lassen sich so theoriegeleitet die nächsten Förder-Diagnose-Schritte ableiten. Hierbei gibt der Diagnostiker seine distanzierte Rolle auf und tritt in eine Auseinandersetzung mit dem Schüler. Allerdings ist die Strukturdiagnostik z. Z. noch auf die kognitiven Entwicklungsschritte beschränkt, emotionale und soziale Bedingungsfaktoren des Lernens bleiben durch die notwendig enge Anlehnung an fachdidaktische Konzepte weitgehend ausgeblendet.

Jens Holger Lorenz

Literatur: *Probst, H.:* Diagnostik? Wenn ja – welche? Argumente und Beispiele für eine inhaltsbezogene pädagogische Diagnostik. In: *Kornmann, R./Meister, H./Schlee, J.* (Hg.): Förderdiagnostik. Heidelberg 1983 • *Schuck, K. D.:* Braucht eine „integrative" Pädagogik eine neue Diagnostik? In: Institut für Behindertenpädagogik der Universität Hamburg: Beiträge zur Integrativen Pädagogik. Hamburg 1990

Didaktik: Didaktik ist in ihrem weitesten Sinne die Wissenschaft (oder Kunst) vom Lehren und Lernen überhaupt. Als Theorie des Unterrichts, seiner Inhalte und Methoden ist sie das Zentrum der Berufswissenschaft von Lehrer/innen. Sie ist historisch hervorgegangen aus der Lehrplantheorie und der Bildungstheorie sowie aus der vorwissenschaftlichen, auf Erfahrungen und Vorannahmen basierenden allgemeinen Unterrichtslehre und den besonderen Unterrichtslehren. Da Unterricht geplantes, systematisches Lehren und Lernen ist, stellt der Wunsch, den Erfolg des Lehrens und Lernens durch Planung zu sichern, das eigentliche Motiv didaktischen Denkens und Handelns dar.

Die allgemeine Didaktik befaßt sich mit den generellen Fragen der Theorie des Unterrichts wie Anordnung und Auswahl der Inhalte, Zielen, Prinzipien, Methoden und Medien des Unterrichts, den Voraussetzungen, Prozessen und Folgen von Unterricht sowie mit der Interdependenz der Strukturelemente.

Die bedeutsamsten, weil auch praktisch folgenreichsten, theoretischen Ansätze der letzten Jahrzehnte waren die vor allem von Wolfgang Klafki vertretene bildungstheoretische Didaktik und die von Paul Heimann vorgestellte unterrichts- oder lerntheoretische Didaktik. Wesentliche neue Gesichtspunkte bringt zudem die kommunikative Didaktik (Schäfer/Schaller) ein. Infolge der Annäherung von bildungs- und unterrichtstheoretischer Didaktik hat in den letzten 15 Jahren Klafki das alle wesentlichen Gedanken integrierende Modell einer kritisch-konstruktiven Didaktik entwickelt.

Die bildungstheoretische Didaktik hat ihr Augenmerk vor allem auf den Bildungswert möglichst exemplarischer Inhalte gerichtet und versucht, diesen durch die Fragen der „didaktischen Analyse" (Exemplarität, Gegenwarts- und

Zukunftsbedeutung, Gegenstandsstruktur, Zugänglichkeit) zu ermitteln.
Heimann meint, der Bildungsbegriff sei keine Basis für eine praktikable Unterrichtstheorie. Er findet durch die Analyse des realen Unterrichtsprozesses zwei Bedingungsfelder und vier Entscheidungsfelder allen Unterrichts (anthropologische und soziokulturelle Bedingungen; Inhalte, Ziele, Medien und Methoden), die wechselseitig voneinander abhängig seien.
Die kommunikative Didaktik bringt ideologiekritische Fragestellungen ein und rückt die „Beziehungsdimension", den möglichst diskursiven, symmetrischen Umgang von Lehrenden und Lernenden in den Blick.
Klafkis kritisch-konstruktive Didaktik ist ausdrücklich integrativ angelegt. Den Bildungsbegriff behält Klafki als unverzichtbare zentrierende Kategorie bei, und er bestimmt Bildung unter Einbezug ideologiekritischer Argumente und emanzipatorischer Motive neu als Fähigkeit zu Selbst- und Mitbestimmung sowie Solidarität. Klafki nimmt auch die wesentlichen Momente der unterrichtstheoretischen und der kommunikativen Didaktik (das Strukturmodell, den Primat der Zielsetzungen, Lehren und Lernen als Interaktionsprozeß) auf und wendet all dies konstruktiv zu einem Planungsmodell.
Mit der allgemeinen Didaktik in Wechselwirkung stehen: Fachdidaktiken als Wissenschaften vom Unterricht in den Schulfächern, Bereichsdidaktiken als Wissenschaften von Fächergruppen oder Lernbereichen und Stufendidaktiken, die den Unterricht in den Schulstufen betreffen. Sie alle haben in je spezifischer Weise eine Brückenfunktion zwischen der/den korrespondierenden Fachwissenschaft(en), gesellschaftlichen Anforderungen und den Lernenden. Die Fachdidaktiken suchen zwischen Fachwissenschaft und allgemeiner Didaktik nach den Bildungswerten der Fächer und deren optimaler Vermittlung. In komplexeren Fachdidaktiken (Deutsch- und Sachunterricht der Grundschule) sind bereits Spezialisierungen auf Teile des Schulfaches üblich. Bereichsdidaktiken wollen fachliche Einseitigkeiten verhindern und Gemeinsamkeiten betonen. Stufendidaktiken sind an Spezifika der Schulstufe und den anthropologischen und soziokulturellen Bedingungen der Altersgruppe orientiert.
Die Grundschuldidaktik (hier gemeint als Sammelbegriff für die Fach- und Lernbereichsdidaktiken) hat in den siebziger Jahren eine Phase der Überbetonung des Prinzips der Wissenschaftsorientierung, der Verfachlichung und der Überschätzung kindlicher Lernmöglichkeiten durchlaufen. Inzwischen sind Kind- und Wissenschaftsorientierung in ein ausgewogenes Verhältnis gebracht, werden auch die erzieherischen Aufgaben und die musisch-ästhetische Erziehung wieder beachtet.
Bedeutsame Innovationen der Grundschuldidaktik sind die Entwicklung des Sachunterrichts aus der Heimatkunde, die Umwandlung des traditonellen Rechen- und Raumlehreunterrichts in den elementaren Mathematikunterricht sowie die Aufhebung des Monopols gleichschrittigen Unterrichts durch Formen offenen Unterrichts. Die Grundschuldidaktik hat sich in den letzten Jahren vom Teil der Volksschuldidaktik zu einer eigenständigen Wissenschaft und Praxis entwickelt, die in Teilen eine Herausforderung an die Sekundarstufe darstellt.

Uwe Sandfuchs

Literatur: *Haarmann, D.* (Hg.): Handbuch Grundschule. 2 Bände. Weinheim 1992 und 1993 • *Klafki, W.:* Neue Studien zur Bildungstheorie und Didaktik. Weinheim 1985 • *Peterßen, W. H.:* Lehrbuch Allgemeine Didaktik. München ²1992 • *Keck, R. W./Köhnlein, W./Sandfuchs, U.* (Hg.): Fachdidaktik zwischen Allgemeiner Didaktik und Fachwissenschaft. Bad Heilbrunn 1992

Differenzierung: Differenzierung (lat. differentia = Unterschied) hebt auf Berücksichtigung individueller Voraussetzungen und Lernmöglichkeiten im Unterricht ab. Ansätze lassen sich in der Schulgeschichte überall dort belegen, wo sich Unterricht am Maßstab der Lernenden ausrichtet (besonders seit der Reformpädagogik). Seit Gründung der Grundschule als gemeinsamer Schule für alle Kinder (1919) gehört Differenzierung zu ihren wichtigsten, aber auch komplexesten Prinzipien. Die Einlösung pädagogisch begründeter Differenzierungsformen in der Grundschulpraxis ist heute noch weitgehend unerfüllt (Dominanz des Frontalunterrichts), ist aber durch veränderte Voraussetzungen in der heutigen Kindergeneration (zunehmende interindividuelle Verschiedenheit im Entwicklungs-, Leistungs- und Verhaltensbild) verstärkt einzufordern.

Die traditionelle Differenzierungsdiskussion unterscheidet zwischen unterrichtsorganisatorischen Aspekten (Einteilung der Lernenden nach Schularten, Klassen und Lerngruppen, Zeit- und Raumorganisation, Lehrereinsatz) und didaktisch-methodischen Aspekten (Ziele, Inhalte, Methoden, Medien, Steuerungsformen). Wenn sich die didaktisch-methodische Differenzierung auf eine heterogene Jahrgangsklasse oder auf eine klassenübergreifende Stammgruppe bezieht, so wird dafür auch der Begriff innere Differenzierung oder Binnendifferenzierung verwendet. Diese wird als der Grundschule gemäße Form der Differenzierung angesehen. Umstritten ist die zeitweilige oder völlige Auflösung des Klassenverbands in Leistungsgruppen (fächerübergreifende oder fachspezifische Niveaugruppen) als Organisationsrahmen (äußere Differenzierung), da sie frühe Festlegung und Aussonderung bedingen und pädagogischen Zielen entgegenwirken kann.

Maßgabe für den Differenzierungsbegriff der Grundschullehrpläne sind seit den 70er Jahren pädagogische Prioritäten, wie sie zuerst in den Empfehlungen für die Arbeit in der Grundschule durch die Kultusministerkonferenz (1970) formuliert worden sind: „In der Grundschule müssen Differenzierungsformen den Vorrang besitzen, die

- lernschwache Kinder besonders fördern und ihnen den Anschluß an die Lernfortschritte der Klasse vermitteln;
- die leistungsstärkeren und schneller lernenden Kindern angemessene Aufgaben stellen, ohne daß diese von allen übrigen abgesondert werden;
- die nur zeitweilig und für bestimmte Zwecke innerhalb des Lernprozesses der Gruppe getroffen werden;
- die durch zusätzliche Lernangebote die Interessen wecken und das Lernverhalten individuell motivieren;
- die durch entsprechende Organisation des Lernprozesses die Eigenaktivität des Schülers stärken;
- die auf die Ausbildung sozialer Rollen innerhalb der Gruppe gerichtet sind und dem Erlernen kooperativen Verhaltens dienen.

Die Lehrplanbestimmungen bewegen sich bis heute innerhalb des hier abgesteckten Rahmens. Äußere Differenzierung wird nur zeitlich begrenzt als Stütz- oder Förderunterricht zugelassen.

Innere Differenzierung soll zum einen die Erreichung grundlegender Lernziele für möglichst alle Kinder sichern (Fundamentum), zum anderen soll sie der Entwicklung individueller Lernstile, dem Aufbau von Selbständigkeit und persönlichen Interessen dienen. Durch „optimale Passung“ (Heckhausen 1969) zwischen Lernanforderungen und Lernvoraussetzungen soll Vertrauen in die eigene Lernfähigkeit gestärkt, sollen Über- oder Unterforderungen vermieden und soll erfolgszuversichtliches Lernen gefördert werden.

Um Passung zu erreichen, muß in Planung und Durchführung von Lernsituationen Lernvielfalt hergestellt werden durch methodische Variation von

- Quantität und Schwierigkeitsgrad von Aufgaben,
- Aneignungs- und Handlungsformen (konkret-sinnlich, symbolisch-abstrakt),
- Lehrer- und Schülerhilfe,
- Sozialformen, Medienauswahl und -einsatz,
- zugestandener Lernzeit,
- Wiederholungen und Übungen,
- Zusatzaufgaben, Auswahlmöglichkeiten und kreativen Weiterführungen.

Innere Differenzierung muß über die methodische Ebene hinaus didaktische Faktoren (Ziele und Inhalte) berücksichtigen, indem lebensweltbezogene Themen bearbeitet werden können, persönliche Interessen gefördert werden und dabei das Zielniveau offen gehalten wird. Die Differenzierungsthematik wird gegenwärtig in die umfassendere Thematik der Öffnung des Unterrichts einbezogen. Dies verstärkt zum einen pädagogische Zielsetzungen wie Selbständigkeit, soziales Lernen, Erfahrungs- und Sinnbezug; zum anderen können – bei weitreichendem Öffnungsgrad – wichtige Ziele von Differenzierungskonzepten wie Zielerreichung, Schließen von Lernlücken, individuelle Aneignung von Grundqualifikationen auch vernachlässigt werden. Wenn offene Lernsituationen (z. B. Freiarbeit) sich als pädagogisch begründete Differenzierungsformen verstehen wollen, dann müssen sie Merkmale aufweisen, die für Differenzierungskonzepte unverzichtbar sind. Dazu zählen ein gezielter Aufbau des Medienbestands mit schwierigkeitsgestaffelten Aufgabenstellungen, die auch Stützfunktion übernehmen können; systematische Beobachtungen und Aufzeichnungen von Lernentwicklungen und differenzierte Rückmeldungen über den jeweiligen Lernstand der Kinder.

Eine Kombination von lehrergesteuerten Formen der Differenzierung unter Berücksichtigung von Anforderungen der Lehrpläne mit schülerorientierten Formen bei schrittweiser Ausweitung der Handlungsspielräume dürfte der gegenwärtigen Grundschulsituation am ehesten entsprechen. Ungelöste Probleme zeigen sich heute zunehmend bei der Förderung von Kindern, die unter erschwerten Bedingungen lernen. Zur Behebung vieler Lernschwierigkeiten reichen unter den gegebenen institutionellen Bedingungen (Klassenfrequenzen, Stundendeputate, materielle Ausstattungen) Maßnahmen der inneren Differenzierung nicht aus. Folgen einer klassen-, auch stufenübergreifenden Differenzierung (Fördergruppen) in Verbindung mit Teamarbeit von Pädagogen müssen ergänzend hinzukommen.

Hildegard Kasper

Literatur: *Bartnitzky, H.* (Hg.): Auf dem Weg zu einem differenzierten Schulalltag. Beiträge zur Reform der Grundschule. Bd. 54, Arbeitskreis Grundschule. Frankfurt 1983 • *Einsiedler, W.:* Differenzierung und offener Unterricht. Ein Vergleich. In: *Kasper, H.* (Hg.): Laßt die Kinder lernen. Offene Lernsituationen. Braunschweig 1989 • *Kasper, H.:* Sich und den Unterricht öffnen. Differenzierung durch offene Lernsituationen. In: *Haarmann, D.* (Hg.): Handbuch Grundschule, Bd. 1. Weinheim 1992

Diktat: Diktatschreiben heißt, einen gesprochenen Text wortwörtlich in Schrift umzusetzen und dabei die orthographischen Normen einzuhalten. Man unterscheidet:

- nach der Sozialform: Einzel-, Partner-, Gruppen- und Klassendiktate;
- nach der Textform: Wort-, Wortgruppen-, Lücken- und Textdiktate;
- nach der Funktion: Übungs-, Test-, Leistungsdiktate.

In Grundschulen haben Diktate einen hohen Stellenwert: Lehrer und Eltern halten sie für die geeignetste Übungsform und das einzige Kontrollinstrument des Rechtschreibunterrichts. Die Effizienz wird weder untersucht noch in Frage gestellt. Mitte der 70er Jahre beginnt in der Rechtschreibdidaktik eine massive Diktatkritik mit dem Ziel, die Allmacht des Diktats zugunsten sach- und schülergerechterer Formen abzuschaffen. Diktate, die nur der Rechtschreibübung und -kontrolle dienen, seien auf allen Schulstufen fragwürdig, da der Lerneffekt im Verhältnis zum Zeitaufwand viel zu gering sei und viele Kinder durch Angst vor Kontrolldiktaten eine spontane Rechtschreibsicherheit verlieren (E. Glinz 1975). G. Spitta (1977) stellt mit ihren 10 Thesen zur allmählichen Überwindung der „leidigen Diktate" den traditionellen Diktatbetrieb radikal in Frage. Überzeugende Argumente gegen die Diktatur des Diktats (Warwel 1983) und die Diktatpraxis (Adrion 1977) sind für den Schulalltag, insbesondere auch in Grundschulen, fast folgenlos geblieben. Mitte der 80er Jahre gewinnen mit neuen Ansätzen in der Rechtschreibdidaktik und in der Praxis des Rechtschreibunterrichts der Grundschule durch Grundwortschatzorientierung, Fehlervermeidungsstrategien, Benutzung von Wörterbüchern alternative Diktatformen und rechtschreibspezifische Arbeitstechniken zunehmend an Bedeutung. Abschreiben, Kontrollieren und Korrigieren, Nachschlagen in Wörterbüchern sind Gegenstand, Ziele, Methoden und Aspekte der Leistungsbewertung. Echte Diktate, Eigen-, Partnerdiktate, zweistufige Diktate, kommentierende Diktate, Dosen-, Kassetten- und Laufdiktate ergänzen die herkömmliche Diktatpraxis bzw. lösen sie ab. Damit wird das Übungsrepertoire für individuelle und differenzierte Rechtschreiblernprozesse, insbesondere auch in offenen Formen des Unterrichts, für Frei- und Wochenplanarbeit sach- und schülergerecht erweitert. Differenzierte Diktate gehören inzwischen in zahlreichen Grundschulen als Alternative zum herkömmlichen Einheitsdiktat als differenzierte Leistungsbewertung zum Schulprogramm.

Gisela Süselbeck

Literatur: *Glinz, E.:* Sprachbuch 2 – Lehrerhandbuch. Braunschweig 1975. • *Spitta, G.:* Rechtschreibunterricht. Braunschweig 1977 • *Adrion, D.:* Praxis des Rechtschreibunterrichts. Freiburg 1978 • *Süselbeck, G.:* Alternative Diktatformen. In: Grundschule 2/1987 u. 3/1987 • *Süselbeck, G.:* Das Diktat wird abgeschafft. In: Grundschule 7-8/91, 10/91, 12/91, 2/92, 4/92

Disziplin: Wenn heute die Forderung nach Disziplin nur zögerlich erhoben wird, so liegt das daran, daß bei diesem Begriff fälschlicherweise andere wie Zwang, Gewalt, unbedingter Gehorsam mitgedacht werden; Disziplin somit als Instrument zur Stabilisierung von Herrschaft erscheint, wofür die Geschichte zahlreiche Belege liefert. Solch ein Verständnis von Disziplin hat in der Pädagogik keinen Platz. Im heutigen Sprachgebrauch hat der Begriff vor allem drei Bedeutungen:

- als Bezeichnung für ein Sachgebiet,
- als Forderung nach sachadäquatem Denken und Handeln,
- als Forderung, sich gemäß den normativen Ordnungen der gesellschaftlichen Gruppen zu verhalten, deren Mitglied man ist.

Wenn man der anthropologischen Grundthese zustimmt, daß der Mensch ein erziehungsbedürftiges Wesen ist, so wird man auch zugeben müssen, daß der Mensch nicht nur in die ihn umgebende Kultur eingeführt, sondern auch daran gewöhnt werden muß, sich entsprechend den Rollenerwartungen, die an ihn herangetragen werden, zu verhalten. Dieser

Prozeß beginnt schon beim Säugling, der an feste Tagesrhythmen (Zeitpunkte der Nahrungsaufnahme, des Wachens und Schlafens) gewöhnt, also diszipliniert wird. Die Notwendigkeit, Grenzen zu setzen und auf die Einhaltung von vorgegebenen Ordnungen zu dringen, ist gerade bei Kleinkindern gegeben und als Lebenshilfe zu verstehen. Wenn Erziehung hier mit Disziplinierung gleichbedeutend erscheint, so darf Erziehung jedoch dabei nicht stehenbleiben. Die Würde des jungen Menschen verbietet es, ihn möglichst lange am Gängelband der Fremderziehung und -bestimmung zu halten; Erziehung muß danach streben, sich selbst überflüssig zu machen und zur Mündigkeit und Selbsterziehung zu führen. Dies verlangt einerseits, daß man gegebene Ordnungen für das Kind einsichtig begründet, daß man andererseits das Kind zunehmend befähigen muß, sein eigenes Verhalten zu bedenken und zu beurteilen. Seine Freiheitsspielräume sollten sich ständig erweitern, und es muß lernen zu bewerten, zu beurteilen, zu entscheiden – bis hin zu der Konsequenz, daß es vorgegebene Ordnungen aus Einsicht akzeptiert, aber auch verwirft. Disziplin meint nicht die kritiklose Unterordnung und Ausführung von Befehlen und ist auch nicht die Voraussetzung, sondern das Ergebnis von Erziehung. Disziplin im hier verstandenen Sinn ist die Fähigkeit und Bereitschaft, ein geordnetes Verhalten zu zeigen, daß auf eigener Einsicht in die Notwendigkeit und Begründetheit überpersonaler sittlicher Ordnungen beruht.

Dieser wünschenswerte Weg von der Disziplinierung zur Selbstdisziplin ist leichter zu beschreiben als in der Erziehungspraxis zu erreichen; denn es gibt keine Gewähr dafür, daß noch so gutgemeinte pädagogische Bemühungen auch zum Erfolg führen. Hinzu kommt, daß heute schon die Grundschule vermehrt mit Erziehungschwierigkeiten zu kämpfen hat, die z.T. auf der allseits beklagten Erziehungsunfähigkeit bzw. -unlust mancher Eltern beruhen; auf der Medienflut, die auf Kinder einwirkt; auf den häufig multikulturell zusammengesetzten und zu großen Klassen; auf zu großen Schulen usw. Diese Ursachenkomplexe sind den Einwirkungsmöglichkeiten der Lehrerschaft weitgehend entzogen. Ursachen für Schwierigkeiten mit Schülern können aber auch in der Person des Lehrers und seinem Unterricht liegen. Es zeigt sich immer wieder, daß Lehrer, die es verstehen, ein vertrauensvolles und partnerschaftliches Verhältnis zu entwickeln, ohne sich anzubiedern, die auch für außerschulische Probleme ihrer Schüler Zeit und Verständnis aufbringen, weniger über Disziplinverstöße klagen. Lebensferner, undifferenzierter, die einen überfordernder, die anderen langweilender, wenig handlungsorientierter Unterricht ist eine nicht zu unterschätzende Quelle von Störungen, ebenso die Überbetonung des Leistungsaspekts und der Zwang zur Benotung. Auch besteht häufig unter den in einer Klasse unterrichtenden Lehrern keine Einigkeit in der Bewertung von Verhaltensweisen von Schülern. Was der eine als völlig normal ansieht, kann ein anderer als groben Disziplinverstoß betrachten. Daher wäre ein Minimalkonsens hinsichtlich erzieherischer Grundsätze in einem Kollegium anzustreben.

Gerhard Meyer-Willner

Literatur: *Cloer, E.* (Hg.): Disziplinkonflikte in Erziehung und Schule. Bad Heilbrunn 1982 • *Cloer, E.:* Disziplinieren und Erziehen. Das Disziplinproblem in pädagogisch-anthropologischer Sicht. Bad Heilbrunn 1983 • *Dreikurs, R./Cassel, P.:* Disziplin ohne Strafe. Ravensburg 1975 • *Ipfling, H.-J.* (Hg.): Disziplin ohne Zwang. Begründung und Verwirklichung. München 1976 • *Rückriem, N.:* Lernen und Disziplin in Schule und Unterricht. München 1990

Eigenfibel: Jahrhundertelang haben Kinder das Lesen und Schreiben über Fibeln gelernt. Lesen erfolgte im Gleichschritt mit vorgegebenen Texten. Schreiben lernten die Kinder in drei Schritten: formrichtiges Malen einzelner Buchstaben, orthographisch korrektes Schreiben von Wörtern und das Einüben vorgegebener Textmuster. Erst danach durften (und sollten!) sie kreativ werden und schreiben, was ihnen wichtig war – wenn sie noch konnten und wollten.

In der Reformpädagogik begannen Lehrer/innen, selber Texte für ihre Schulkinder zu schreiben, in denen sie Bezug auf die Welt der Kinder nehmen konnten. Noch weiter ging die Idee, gemeinsam Erlebtes oder Erzählungen aus dem Morgenkreis vor den Augen der Kinder und mit ihrer Hilfe zu verschriften. Die Kinder konnten dazu individuell in ihre Hefte malen und schreiben. Einige schrieben den Tafeltext ab, andere kopierten einzelne Sätze bzw. ausgewählte Wörter oder formulierten einen eigenen Text.

Damit gewann die Eigenfibel eine neue Dimension: aus dem Buch der Lehrerin oder des Lehrers für die Kinder wurden individuelle Bücher der Kinder selbst. Auf diese Weise lernen Kinder „Lesen durch Schreiben“ (J. Reichen).

Die Idee der „Eigenfibel“ kann in verschiedenen Formen verwirklicht werden, in einem ersten Schritt auch als Ergänzung zum Lehrgang:

- als Textsammlung der Lehrerin oder des Lehrers für die Klasse;
- als Tagebuch gemeinsam verfaßter Texte (mit individuellen Variationen);
- als persönliches Tagebuch eigener Erfahrungen;
- als Sachbuch, zu dem verschiedene Kinder(gruppen) Themenblätter beisteuern.

Diese Texte können Lesestoff für einzelne Kinder oder die ganze Klasse sein (besonderen Spaß macht das Lesenüben mit dem Text der besten Freundin) oder auch zur systematischen Einführung von Schriftelementen und Leseverfahren genutzt werden. Einzelne Wörter können aus diesen Texten für die Rechtschreibarbeit (z. B. für das Klassenwörterbuch oder eine individuelle Fehlerkartei) gewonnen werden.

Sorgen macht manchen Lehrer/inne/n und Eltern, daß die Kinder Wörter nach ihrer eigenen Aussprache „konstruieren“. Viele Studien in verschiedenen Ländern zeigen, daß sich Kinder beim Schriftspracherwerb über fehlerhafte Zwischenstufen (wie auch beim Sprechenlernen: „Die Onkels gingten“) der Rechtschreibung annähern (vgl. die Beiträge in Balhorn/Brügelmann 1987). Fehler schaden aber nicht, wenn die Kinder parallel zum freien Schreiben Modellwörter kennenlernen und als „Grundwortschatz“ einüben.

Hartmut Hacker

Literatur: *Balhorn, H./Brügelmann, H.* (Hg.): Welten der Schrift in der Erfahrung der Kinder. DGLS-Jahrbuch „Lesen und Schreiben“, Band 2. Konstanz 1987 • *Dräger, M.* (Hg.): Am Anfang steht der eigene Text. Heinsberg 1988 • *Sennlaub, G.:* Spaß beim Schreiben oder Aufsatzerziehung? Stuttgart 1980

Eingangsstufe: Über die Frage der Gestaltung der ersten Etappe institutioneller Bildung und Erziehung wird nachgedacht, seit es allgemeinbildende Schulen gibt. In seiner Zeit hat Pestalozzi mit seiner Elementarmethode erste inhaltliche Beiträge für diesen Bereich geliefert. Fröbel kommt das Verdienst zu, auf die Elementarbildung in Stufen aufmerksam gemacht zu haben. Schon diese historischen Beiträge verweisen auf die pädagogische Aufgabe des Eingangsbereiches, schrittweise auf die

Schule vorzubereiten und den Übergang von naturwüchsigen Lernprozessen zu schulspezifischen Lernweisen kontinuierlich zu vollziehen.

Das Konzept einer (meist) zweijährigen Eingangsstufe als der Anfangsstufe des allgemeinbildenden öffentlichen Schulwesens entstand in einer besonderen gesellschafts- und bildungspolitischen Situation und verband sich mit veränderten anthropologischen Befunden der Humanwissenschaften, insbesondere mit neueren Erkenntnissen der Kinderpsychologie. Vor allem die Erkenntnisse der Entwicklungs-, Motivations- und Intelligenzforschung lassen vermuten, daß sich in der frühen Kindheit die entscheidenden geistigen Strukturen herausbilden, und zwar vorwiegend als Ergebnisse von Lernerfahrungen, die für die weitere Entwicklung des Lernens grundlegend sind (G. Kochansky). Dieser Umstand legt eine umfassende und gezielte Anregung nahe, die im Rahmen institutioneller Bildung eher gewährleistet ist. Die Ergebnisse passen gut zu den Erfordernissen einer fortgeschrittenen Industriegesellschaft, die auf mehr höher qualifizierte Arbeitskräfte angewiesen ist. Eine integrierte Eingangsstufe für die Fünf- und Sechsjährigen könnte die Aufgabe einer frühzeitigen Förderung übernehmen und außerdem einen erfolgversprechenden und chancengerechten Schulstart garantieren. Dementsprechend schlug der Strukturplan für das Bildungswesen (1970) und der Bildungsgesamtplan (1973) eine solche Konzeption vor. Sie wurde damals gesehen als Teil einer reformierten Grundschule, die sich in eine Eingangs-, Grund- und Orientierungsstufe gliederte.

Der Verwirklichung dieser strukturellen Reform standen letztlich auch die bestehenden Einrichtungen, vor allem der Kindergarten, entgegen. Dieser konnte allerdings durch eine innere Reform in den letzten 20 Jahren seinen Rang als vorschulische Bildungsstätte unter Beweis stellen. Eingangsstufenaufgaben der ursprünglichen Art nehmen daher heute sowohl der Kindergarten als auch das erste Schuljahr wahr.

Hartmut Hacker

Literatur: *Kochansky, G.:* Eingangsstufe. Konzeption – Modell – Theorie – Praxis. Heidelberg 1975 • *Retter, H.:* Reform der Schuleingangsstufe. Bad Heilbrunn 1975

Einschulung: Die Einschulung ist mit der Aufnahme des Kindes in die Grundschule gleichzusetzen. In der Bundesrepublik Deutschland werden alle Kinder zum Beginn des Schuljahres im August bzw. September schulpflichtig und eingeschult, die bis zum 30. Juni dieses Jahres das sechste Lebensjahr vollendet haben. Zwei Ausnahmen sind allerdings möglich:

- Kinder, die bis zum 31. 12. sechs Jahre alt werden, können auf Antrag der Erziehungsberechtigten vorzeitig in die Schule aufgenommen werden, sofern sie als schulfähig diagnostiziert werden.
- Kinder, die zum Zeitpunkt der Einschulung zwar schulpflichtig sind, aber nicht als schulfähig eingestuft werden, können um ein Jahr vom Schulbesuch zurückgestellt werden, wobei in der Regel mit der Zurückstellung eine gezielte Förderung zum Aufholen etwaiger vorhandener Defizite (Schulkindergarten) gekoppelt ist.

Die Entscheidung über die Schulfähigkeit eines Kindes trifft der Schulleiter. Grundlage für seine Entscheidung bilden die Ergebnisse pädagogischer, psychologischer und schulärztlicher Überprüfungen bzw. Beobachtungen, die in den einzelnen Bundesländern unterschiedlich gehandhabt und miteinander gekoppelt

werden (vgl. Portmann 1988). Eine punktuelle Überprüfung der Schulfähigkeit findet in den meisten Ländern nur noch für die genannten Ausnahmefälle statt.
Trotz der seit langem vorgetragenen Kritik an einer selektiven Diagnostik hat die Überprüfung der Schulfähigkeit vielfach immer noch den Charakter einer „Aufnahmeprüfung", da in der Praxis die Einschulung von ihrem Ergebnis abhängig gemacht wird. Diagnostik im Bereich der Einschulung erlangt unter ökopsychologischer Sichtweise (vgl. Nickel 1991) die Funktion einer Entscheidungshilfe für die Planung schulischer Lernprozesse. Sie liefert Hinweise für differenzierendes Unterrichten, das insbesondere den Anfangsunterricht kennzeichnen sollte.
Die Einschulung umfaßt sämtliche Begegnungen zwischen Schule und Schulanfänger von der Anmeldung bis zur endgültigen Aufnahme in die Schule, die in einzelnen Bundesländern erst nach einer Beobachtungszeit von bis zu zwei Monaten formell vorgenommen wird.
Die Einschreibung des Schulneulings liegt zeitlich je nach Bundesland zwischen Januar und Mai. Die Schulen geben sich zunehmend Mühe, diesem Verwaltungsakt auch eine pädagogische Gestaltung zu geben, in der zum Ausdruck kommt, daß die Schule die neuen Partner – die Kinder und deren Eltern – ernstnimmt und willkommen heißt. Schule hat spätestens von diesem Tag an im Bewußtsein des künftigen Schulkinds und seiner Familie einen festen Platz. Vorbereitungen werden getroffen. Möglicherweise folgen in der Zeit bis zum eigentlichen Schulbeginn erste Elternabende, Begegnungen zwischen Kindergartengruppe und künftiger Schule bzw. Lehrerin, gemeinsame Feste oder Ausflüge, erste „Schnupperstunden" in der Schule … Oft erhalten die Schulanfänger einen einladenden Brief ihrer zukünftigen Lehrerin.
Im Sinne eines gleitenden Übergangs vermindert das gegenseitige Kennenlernen vor dem „Ernstfall" aufkommende Ängste, die jede neue Situation begleiten, und schafft so die Basis für einen geglückten Schulstart.
Ihren Höhepunkt findet die Einschulung im ersten Schultag, der meist feierlichen Charakter hat. Er markiert Abschied und Neu-Anfang zugleich – Abschied von der pflichtenfreien Vorschulzeit und Anfang von institutioneller Bildung. Auch hier wird versucht, durch entsprechende Gestaltung die gegenseitige Erwartung einer vertrauensvollen Zusammenarbeit aller Beteiligten (Kinder, Eltern und Lehrer/innen) zum Wohle der Kinder zum Ausdruck zu bringen (vgl. Faust-Siehl 1988).

Angelika Speck-Hamdan

Literatur: *Faust-Siehl, G.:* Gestaltung des ersten Schultags – Überlegungen und Leitlinien. In: *Portmann, R.* (Hg.): Kinder kommen zur Schule. Frankfurt 1988 • *Nickel, H./Schmidt-Denter, U.:* Vom Kleinkind zum Schulkind. München [4]1991 • *Portmann, R.:* Hilfen zur Förderung eines jeden Kindes – Diagnostik beim Eintritt in die Schule. In: *Portmann, R.* (Hg.): Kinder kommen zur Schule. Frankfurt 1988

Einzelkind: In der Bundesrepublik hat im Verlauf des familialen Wandels in den vergangenen drei Jahrzehnten der Anteil an Einzelkindern deutlich zugenommen: Etwa jedes dritte Kind wächst derzeit als Einzelkind auf. In den Städten und in Eineltern-Familien ist ihr Anteil besonders hoch; er beträgt bei ledigen Müttern fast 90 %. Diese Mütter sind auch besonders häufig berufstätig.
Wegen fehlender Geschwister werden Einzelkindern im Alltagsverständnis, aber auch in der Fachliteratur immer wieder Defizite im Sozialverhalten

nachgesagt, etwa daß sie unsozial, verwöhnt und egozentrisch seien. Durch empirische Forschungen sind diese pauschalisierenden Zuschreibungen nicht belegt. Allerdings ist bei Einzelkindern die Gefahr, daß sich bei ihnen extreme Verhaltensweisen ausprägen, größer als bei Geschwisterkindern. Deshalb ist eine bewußte erzieherische Begleitung, insbesondere hinsichtlich der sozialemotionalen Entwicklung dieser Kinder, angezeigt. Bei vielen Einzelkindern hat die Schule wichtige sozial-kompensatorische Funktionen zu erfüllen – für die Anbahnung und Entfaltung sozialer Beziehungen und Freundschaften ebenso wie für die gemeinschaftliche Planung und Durchführung von Vorhaben sowie für die Bewältigung von Konflikten. Fast nur noch in der Schule und in außerschulischen Institutionen können Einzelkinder heute soziale Einordnung und Selbstbehauptung in einer größeren Gruppe von Gleichaltrigen lernen.

Maria Fölling-Albers

Literatur: *Fölling-Albers, M.:* Kindheit heute – Leben in zunehmender Vereinzelung. Herausforderung für die Grundschule. In: *Faust-Siehl, G.* u. a. (Hg.): Kinder heute – Herausforderung für die Schule. Arbeitskreis Grundschule. Frankfurt/M. 1990 • *Gilles, A.:* Nur ich allein. Aufwachsen als Einzelkind. In: *Hagedorn, F.* (Hg.): Kindsein ist kein Kinderspiel. Frankfurt/M. 1987 • *Holtappels, H.-G./ Zimmermann, P.:* Wandel von Familie und Kindheit. Konsequenzen für die Grundschule. In: *Rolff, H.-G.* u. a. (Hg.): Jahrbuch der Schulentwicklung. Bd. 6: Daten, Beispiele und Perspektiven. München 1990

Elternarbeit: Die Zusammenarbeit zwischen Eltern und Schule bezieht sich einerseits auf Kinder bzw. Klassen (Elternabend, Gesprächskreis, Sprechstunde, Lesemütter, Klassenfeier, Hospitation, Klassenfahrt, Hausbesuch, Bastelnachmittag, Klassenpflegschaft ...). Andererseits bezieht sie sich auf allgemeine schulische Belange (Schulkonferenz, Schulpflegschaft, Schulfest, Martinszug, Basar, Schulhofgestaltung, Festausschuß, Förderverein ...). Alle Maßnahmen der Zusammenarbeit dienen dem Ziel, das Vertrauen in die Arbeit der Schule aufzubauen und zu erhalten. Diese vertrauensbildenden Maßnahmen finden in den Gremien der Mitwirkung, besonders aber in den darüber hinaus gehenden Veranstaltungen statt. Die Mitwirkungsgremien sichern den äußeren Rahmen ab, innerhalb dessen sich die Zusammenarbeit mit den Eltern vollzieht.

Die Fragen der Eltern richten sich zumeist auf die Erziehung einerseits und den Unterricht, das Lernen andererseits. Diese Zweiteilung der an sich untrennbar zusammengehörigen Begriffe ist häufig Ursprung ihrer Verunsicherung.

Eltern treten mit sehr unterschiedlichen Erwartungen an die Schule heran. Diese sind begründet in eigenen Schulerfahrungen, in denen der Geschwisterkinder, in den Vorstellungen, die sie sich schon jetzt von der Schullaufbahn ihres Kindes gemacht haben, usf. Vielfach sehen sie sich mit einer Schulwirklichkeit konfrontiert, die zu diesen Voreinstellungen nicht paßt und der sie infolgedessen nicht vertrauen: Freie Arbeit, die einen zunehmend großen Anteil des Stundenplans einnimmt; Aufteilung des Klassenraums in Zonen; Einrichtung einer Spielecke; individuelle Förderung ... Angesichts dieser Veränderungen wird die Zukunft unberechenbar, und es drängen sich viele Fragen auf: Wird es den Kindern nicht viel zu leicht gemacht? Wie ist es mit den Anforderungen der weiterführenden Schulen? ... Dabei sind es nicht einmal die Einzelaspekte, die zu Unsicherheit und damit auch ablehnender Haltung führen, sondern es ist die Vielfalt der Informationen, mit denen

Eltern überschüttet werden, oder aber auch der Überraschungseffekt, wenn die Informationen nicht oder nur spärlich erfolgen.
Die Lehrende ist verpflichtet, die anvertrauten Kinder bestmöglich und individuell zu fördern. Sie weiß, daß die Erfolgschancen der Kinder dann größer sind, wenn die Eltern ihrer Arbeit vertrauen. Sie muß sie deshalb in die Planung ihrer Arbeit einbeziehen. Für ihre Situation und Empfindungen muß sie sensibel sein. Aufgehoben in der Zuversicht der Eltern in ihre Leistungsfähigkeit und die der Schule können die Schülerinnen und Schüler ihrerseits vorurteilslos und vertrauensvoll den durch die Lehrenden eröffneten Weg beschreiten. Mangelndes Vertrauen der Eltern dagegen spiegelt sich in Unsicherheit der Kinder wider. Einander widersprechende Erziehungsvorstellungen überfordern ein Kind seelisch, geistig und körperlich. Die Lehrerin bzw. der Lehrer muß sich die Eltern also zu Verbündeten machen. Dies schafft sie/er kaum durch bloße Information. Wenn Eltern z. B. davon überzeugt sind, daß freie Arbeit Grundschulkinder unterfordere, weil sie nur spielen, so kann man ihnen diese Überzeugung kaum schlicht ausreden. Die Sorge, bei differenzierendem Unterricht ginge der allgemeine Leistungsüberblick verloren, kann man nicht durch eine anderslautende Erklärung in das Gegenteil umkehren. Die erforderliche Überzeugungsarbeit setzt voraus, daß Lehrer und Eltern sich als Partner verstehen, die arbeitsteilig an derselben Aufgabe arbeiten; daß Lehrer die Sorgen der Eltern als subjektiv begründet akzeptieren (es gibt keine Besserwisser, sondern nur Anderswisser); daß die Eltern bereit sind/werden, sich über die Belange des eigenen Kindes hinaus für die der Klasse zu interessieren und ggf. zu engagieren. Eltern in die Arbeit der Schule einzubeziehen, bedeutet kontinuierliche statt punktueller Zusammenarbeit.
Es ist möglich, die Aufgabe der Grundschule zu beschreiben und daraus die Konsequenzen für Unterricht und Schulleben abzuleiten, aber auch aus dem besonderen Charakter der Grundschule im Verhältnis zur weiterführenden Schule, oder aus den Erkenntnissen darüber, wie Kinder am ehesten erfolgreich lernen und welche Bedingungen sie dafür brauchen. Welchen Zugang man auch wählt, es ergeben sich genügend Ansatzpunkte für die Arbeit mit den Eltern.
In jeder Klasse ist eine Vielzahl von Einzelmomenten zu berücksichtigen. Es wird deutlich, daß die Kinder einer Klasse in Bereichen, die für gemeinsames und erfolgreiches Lernen wichtig sind, sehr unterschiedliche Voraussetzungen mitbringen. Es wird auch deutlich, daß die Kinder mit sehr unterschiedlichen Befindlichkeiten in die Schule kommen. Trotz aller Unterschiede im Bereich von Kenntnissen, Fähigkeiten, Fertigkeiten, Vorwissen, Sprachvermögen, Sozialverhalten, Vorerfahrungen, Einstellung zur Schule, Ausdauer, Konzentrationsvermögen, Interessen, Gesundheit usf. ist es die Aufgabe der Lehrerin, dafür zu sorgen, daß alle diese Kinder erfolgreich, ohne Angst und mit Freude lernen.
Ein fiktives Bedingungsfeld muß von der Lehrerin oder dem Lehrer für die Eltern an Beispielen konkretisiert werden und bewirkt dann bei Eltern oft Betroffenheit. Sie finden ihr eigenes Kind an irgendeiner Stelle wieder, sie können sich aber auch in die Belange der anderen Kinder hineinversetzen. Das von der Lehrerin vorgetragene Beispiel macht ihnen deutlich, daß den berechtigten Interessen und Bedürfnissen des eigenen Kindes ebenso berechtigte Interessen und Bedürfnisse anderer Kinder gegenüberstehen. Eltern erkennen die Notwendigkeit, daß auf die speziellen

Bedingungen einzelner Kinder Rücksicht genommen werden muß, wenn alle Kinder in dieser einen Klasse gemeinsam gefördert werden sollen.
Wichtig für jede Zusammenarbeit mit den Eltern ist, daß fiktive Diskussionen konkretisiert werden und daß ein Klima gegenseitiger Akzeptanz geschaffen wird. Letzteres schließt eine beiderseitige Konfliktfähigkeit und eine Verständigung über pädagogische Leitvorstellungen ein.
Gabriele Krichbaum

Literatur: *Krichbaum, G.:* Innere Differenzierung. In: *Wittenbruch, W.:* Das Profil der Grundschule. Heinsberg ²1989

Elternrecht: Der Rahmen für das Zusammenwirken von Schule und Eltern ist grundsätzlich geregelt im Grundgesetz der Bundesrepublik. Der Erziehungsauftrag ist hier so definiert: „Pflege und Erziehung der Kinder sind das natürliche Recht der Eltern und die zuförderst ihnen obliegende Pflicht. Über ihre Betätigung wacht die staatliche Gemeinschaft." Die Eltern allerdings besitzen nicht das Recht, die Schule in ihrer Unterrichts- und Erziehungstätigkeit zu kontrollieren oder gar zu bestimmen. Denn in Art. 7, 1 GG heißt es: „Das gesamte Schulwesen steht unter der Aufsicht des Staates." Da weder ein elterliches noch ein öffentliches Erziehungsmonopol festgelegt ist, ist das Verhältnis beider Instanzen ambivalent. Dies beinhaltet die Gefahr des Konfliktes, aber auch die Notwendigkeit der Kooperation.
Das Elternrecht, als Abwehrrecht gegenüber der Staatsgewalt, ist ein Treuhänderrecht für das Kind, kein Recht aufs Kind. Der Staat seinerseits darf in das Elternrecht nur eingreifen, wenn dies im Interesse des Kindes unabdingbar ist. Können sich Eltern bei Fragen, die über den Lebensweg des Kindes entscheiden, nicht einigen, muß das Vormundschaftsgericht eine Entscheidung herbeiführen. Mit wachsendem Alter stehen dem Kind nach dem Bürgerlichen Gesetzbuch weitere Rechte zu.
Von dem pädagogischen Elternrecht, das die Entscheidungspflichten und -rechte regelt, ist das konfessionelle Elternrecht zu unterscheiden, das sich auf die religiöse oder nichtreligiöse Erziehung, z. B. bei der Wahl einer Konfessionsschule, bezieht. Bei der Sexualerziehung hat das Bundesverfassungsgericht (Sammelband mit Entscheidungen, Bd. 47) festgelegt, daß der Unterricht gegenüber den Wertvorstellungen der Eltern tolerant zu sein habe. Für eine wertbildende Erziehung muß der Gesetzgeber selbst die Ziele und maßgeblichen Prinzipien des Unterrichts bestimmen.
Bei den pädagogischen Elternrechten ist das hauptsächliche Recht der Eltern, gegenüber dem Staat den Bildungsweg des Kindes auswählen zu können, für den es nach Maßgabe staatlicher Einschätzung geeignet ist. Besonders wichtig für die Kooperation zwischen Elternhaus und Schule sind die Mitwirkungsrechte der Eltern und die Regelungen über die Kompetenzen der Elternvertretung. Die Mitwirkungsmöglichkeiten der Eltern bzw. der gewählten Elternvertreter am Schulgeschehen sind von Bundesland zu Bundesland sehr unterschiedlich. Sie bestehen entweder in einem Recht auf vorgeschriebene Anhörung oder vorgeschriebene Zustimmung. Beispielsweise ist eine Anhörung der Elternvertreter vorgeschrieben bei Maßnahmen zur Aufrechterhaltung der Ordnung der Schule, Verbesserung der äußeren Schulverhältnisse, Einführung neuer Lern- und Arbeitsmittel, Ausstattung von Schülerbüchereien, Schulwanderungen, Schulaustausch, Erziehungs- und Berufsbera-

tung in der Schule, Jugendfürsorge oder Androhung der Verweisung eines Schülers von der Schule. In den meisten Bundesländern sind Hospitationen im Unterricht nach Absprache mit dem Lehrpersonal möglich. In Bayern und Baden-Württemberg ist dies nicht zulässig. Dafür halten diese Schulen einmal im Jahr einen Tag der offenen Tür ab.

Nach wie vor hängt es in hohem Maße von den beteiligten Eltern und Lehrern ab, ob es zwischen ihnen zu einer pädagogisch sinnvollen Kooperation bei der Gestaltung des Schullebens kommt. Bemerkenswert ist, in wie hohem Maße immer noch Eltern vor Lehrern „Angst" haben und befürchten, ihre Kritik würden die Lehrer am Kind auslassen. Umgekehrt hat sich gezeigt, daß die Eltern bei Ausschöpfung ihrer Rechte, z. B. bei Schulreformen, als schulpolitische Macht auftreten können. In keinem Falle sollte die Tendenz der Verrechtlichung des Schulgeschehens Lehrer daran hindern, Zeit für die Kooperation mit Eltern aufzubringen, die letztlich ihre eigene pädagogische Arbeit erleichtert und das Schulklima verbessert.

Karl Neumann

Literatur: *Dietze, L.:* Bildungsrecht, Elternrecht, Bildungsverwaltung, Lehrplanrecht. In: *Roth, L.* (Hg.): Pädagogik. Handbuch für Studium und Praxis. München 1991 • *Keck, R. W.* (Hg.): Kooperation Elternhaus – Schule. Bad Heilbrunn 1979 • *Minsel, W.-R./Howe, J.:* Interaktion und Kooperation zwischen Lehrern und Eltern. In: *Twellmann, W.* (Hg.): Handbuch Schule und Unterricht, Bd. 2. Düsseldorf 1981 • *Speichert, H.:* Umgang mit der Schule. Reinbek 1976

Entdeckendes Lernen: Entdekkerfreude empfinden, auf Entdeckungsfahrt gehen, für sich eine Entdeckung machen, ein Talent entdecken. Das alles sind Wendungen, die dem Entdecken Positives abgewinnen. Durch Entdekkungsprozesse entwickeln Kinder eigene Vorstellungen von naturwissenschaftlichen Phänomenen. Sie üben sich im Problemlösen oder erkunden neue Erfahrungsräume. Dabei entstehen eigene Strategien zur Auseinandersetzung mit einem Problem oder einem erstaunlichen Phänomen, das auf Erklärung wartet. Entdeckendes Lernen ist dann immer auch gleichbedeutend mit „etwas selbständig anpacken", kreativ sein, für sich etwas Spannendes vollziehen.

J. Dewey betrachtete Bildung bereits um die Jahrhundertwende als aktiven Prozeß. Das Kind müsse geistig und konkret-operativ etwas tun, um hinzuzulernen und neue Erfahrungen zu erschließen. Lernen durch Selbsttätigkeit wurde alsbald zum pädagogischen Mittelpunkt der Reformpädagogik. Genannt seien „Schule der Selbsttätigkeit" von H. Gaudig und auch M. Montessoris Mahnung, jedes Kind wolle wissen, wie es selbst etwas herausfinden könne – auf den Weg zum Ziel komme es an und nicht auf festgelegtes Wissen, das nur auswendig zu lernen sei.

J. Bruner (1970, vertiefend vgl. Neber ^{3}1981) hat später aus lernpsychologischer Sicht die Theorie entdeckenden Lernens weiter entfaltet. Bruner nimmt an, daß Entdeckung, stamme sie nun beiläufig von einem Kind oder vom Forscher, der das Randgebiet seiner Domäne beackere, ihrem Wesen nach eine Frage des Neuarrangierens und Umformens von Material in einer Weise sei, welche es ermögliche, über das so zusammengetragene Material hinaus zu neuen Einsichten zu gelangen. Etwas Neues wirklich verstehen sei für Kinder leichter, wenn sie neue Einsichten dadurch gewinnen, daß sie Material selbsttätig umformen.

Ein entscheidender Vorteil entdeckenden Lernens besteht darin, daß das Kind beim aktiven Erkunden und Entdecken nicht nur direkte Erfahrungen sammelt, sondern in einen teils selbst gesteuerten Rückkoppelungsprozeß eingebunden ist. Die klassische Form der Lernkontrolle wird ersetzt durch eine fortlaufende Vergewisserung, ob man auf dem richtigen Wege ist oder eine Methode anders wählt, damit man zügiger das Ergebnis erreicht. Darüber hinaus gibt es eine Reihe von Lernmaterialien, die mit Selbstkontrollen versehen sind, so daß das Kind eigene Rückmeldungshilfen nutzen kann.

Die Feedback-Ereignisse sind nicht zu einem Augenblick gebündelt, sondern erfolgen schrittweise zu mehreren Zeitpunkten während des gesamten Entdekkungsprozesses. Wir wissen aus Experimenten und auch aus den Unterrichtsbausteinen zum Sachunterricht (Hameyer/Dudek/Friis/Hameyer ²1992), daß die Entdeckungsmethode für mittelfristige Behaltensleistungen von Vorteil ist. Kinder haben es offensichtlich leichter, sich nach einigen Monaten relativ genau an die Experimentalanordnung oder an die Entdeckungssituation zu erinnern.

Jede Entdeckung setzt nicht nur Wissen und Einsichten voraus. Wenn man nicht zufällig etwas herausfindet, so braucht man Fähigkeiten zum Problemlösen. Dazu gehört das Wissen, wie eine Hypothese aufgestellt oder Alternativen gegeneinander abgeschätzt werden. Bruner sieht in diesem Fähigkeitskomplex einen entscheidenden Lernertrag für jedes Kind, um sich mit Problemsituationen selbständig auseinanderzusetzen. Das Kind bekommt nicht das fertige Wissen oder gar die Regel vorgesetzt, was es wann tun solle. Vielmehr entscheidet es selbst, wann und wo es Informationen zur Problemlösung sucht.

H. Schreier (1993) hat speziell für den Sachunterricht Experimente ausgedacht, die das Erstaunliche in den Vordergrund stellen und die Kinder besonders ansprechen. Entdecken wird darin als eine operativ-erkennende Tätigkeit betrachtet. Das Kind gewinnt neues Wissen durch die Auflösung eines Widerspruchs, indem es seine bisherige Erfahrung mit dem betreffenden Problem überdenkt und umformt. Direkte Erfahrung beim entdeckenden Lernen ist also zentral für die Überprüfung bisherigen Wissens und die Bildung neuer Erkenntnisse.

In der Selbsttätigkeit liegt der essentiell pädagogische Wert entdeckenden Lernens. Kinder können etwas untersuchen, Sachverhalte aufschlüsseln, ein Phänomen deuten. Sie entdecken dabei Vertrautes und Unvorhergesehenes, das sie in Verbindung bringen wollen. Dieser aktive Denk- und Lernprozeß ist es, der intrinsische Motivation hervorbringt und ausbaut. Der Grund liegt darin, daß das Lerngeschehen für das Kind persönlich bedeutsam ist und es sein eigenes Vorwissen einbringen kann. Daher hat die Methode entdeckendes Lernen für die Grundschule immer schon einen besonderen Stellenwert eingenommen.

Entdeckendes Lernen hat noch einen weiteren Vorteil. Entscheidend ist nicht, was ich entdecke, sondern wie ich etwas erschließe. Inhalt und Methode der „Exploration" sind aufs engste verbunden. Die Methode des Lernens ist ebenso entscheidend wie das Ergebnis (s. Hameyer 1993).

Auch für die Frage der Selbständigkeit ist die Entdeckungsmethode bedeutsam. Wenn auch entdeckendes Lernen nicht immer Selbständigkeit voraussetzt, sondern diese als pädagogisches Ziel in sich trägt, so ist doch augenscheinlich, daß Elemente selbständiger Vorgehensweise beim Suchen von Informationen etwa zum Entdecken unmittelbar dazugehört. Das selbständige Forschen kann darüber hinaus unter folgenden Aspekten betrachtet werden: Kinder beteiligen sich an Entscheidungen über Einzel- und

Gruppenarbeit; sie fordern Hilfe anderer an und sind bereit, anderen zu helfen; die Kinder schätzen den Zeitaufwand für ihre Erkundungen zunehmend realistisch ein; sie versuchen, Fragen oder Probleme ohne „ständiges“ Sichvergewissern beim Lehrer oder bei der Lehrerin zu lösen; schließlich lernen sie, den eigenen Lernfortschritt einzuschätzen.
Kind und Gegenstand, so H. Roth, müssen sich beim entdeckenden Lernen ineinander verhaken, wenn das Kind die Aufgabe in seiner „Werdensnähe“ zu spüren bekommt. Entscheidend ist die Ursprungssituation eines Ergebnisses. Die methodische Kunst entdeckenden Lernens liegt darin, gleichsam tote oder ungeklärte Sachverhalte in lebendige Handlungen zurückzuverwandeln: Gegenstände in Erfindungen, Pläne in Sorgen, Verträge in Beschlüsse, Lösungen in Aufgaben. Das ist es, was Roth als originale Begegnung bezeichnet.
Die Entdeckungsmethode ist bei der Einlösung dieser Ziele nicht nur unumgänglich, sondern zentral. Mit ihr können völlig neue Aspekte auch klassischer Themen erschlossen werden, und wer sich einmal auf die Entdeckungsmethode bis zu ihrer gekonnten Umsetzung eingelassen hat, weiß um ihre praktische Faszination.
Uwe Hameyer

Literatur: *Bruner, J. S.:* Der Prozeß der Erziehung (1960). Düsseldorf 1970 • *Dewey, J.:* Experience and education (1935). New York 1963 • *Frey, K.:* Die Projektmethode. Weinheim ³1990 • *Hameyer, U.:* Pädagogische Ideenkiste Primarbereich. Kiel 1993 • *Hameyer, U./Dudek, H./Friis, H./Hameyer, B.:* Naturwissenschaften AKTIF: 8 Unterrichtseinheiten. Kiel (1986) ²1992 • *Hameyer, U./Lauterbach, R./Wiechmann, J.* (Hg.): Innovationsprozesse in der Grundschule. Fallstudien, Analysen und Vorschläge zum Sachunterricht. Bad Heilbrunn 1992 • *Neber, H.* (Hg.): Entdeckendes Lernen. Weinheim ³1981 • *Schreier, H.:* Der Mehlwurm im Schuhkarton. 60 illustrierte Experimente und Knobeleien im Sachunterricht. Profile-Reihe. Kiel 1993

Entwicklungspsychologie: Die Entwicklungspsychologie entstand Anfang dieses Jahrhunderts als ein junger Teil der Psychologie. Sie befaßt sich mit der emotionalen und kognitiven Entwicklung, d. h. der Entstehung, der Veränderung und dem Verschwinden psychischer Phänomene von der Geburt bis zum Tod. Mit dem Abklingen bzw. dem Verschwinden von Fähigkeiten und Erlebnisweisen beschäftigt sich die Alterspsychologie (Gerontopsychologie).
Für den Zeitraum der Kindheit und der Adoleszenz wurde meist ein Phasenmodell der Entwicklung angenommen. Die kindliche Entwicklung durchläuft, so die Annahme, gesetzmäßig verschiedene Stufen, bis sie in einer ausdifferenzierten Form in das Erwachsensein mündet. Hauptuntersuchungsbereiche waren bislang die Sprache, das Spiel und die Intelligenz.
Die Entwicklungspsychologie wurde v. a. durch S. Freud (emotionale Entwicklung) und J. Piaget (kognitive Entwicklung) beeinflußt, da beide eine Gesamtbeschreibung der (kindlichen) Entwicklung versuchten. Nach Freuds Theorie entsteht das Gewissen und die Wahl von Partnern und Objekten der Umwelt aus den (früh-)kindlichen Wünschen und Trieben bzw. ihrer Unterdrückung, das „Ich“ entsteht aus der Auseinandersetzung des Kindes mit der sozialen und physikalischen Umwelt. Psychische Störungen werden durch sich widersprechende Wünsche hervorgerufen. So kann ein neurotischer Konflikt durch den Wunsch nach Unabhängigkeit und gleichzeitigem Wunsch nach Versorgtwerden entstehen.
Nach Piaget entstehen die verschiedenen kognitiven Schemata (Gegenstand, Zahl, Raum, Zeit, Kausalität, Wahrscheinlichkeit etc.) durch die Wechselwirkung von Assimilation (Anpassung des Kindes an

die Umwelt) und Akkomodation (Angleichung der Umwelt an das Kind). Hervorzuheben ist dabei die Aktivität des Kindes, das die Welt mit Hilfe seiner Schemata interpretiert und konstruiert. Freuds und Piagets Entwicklungstheorien sind Phasen- oder Stufenmodelle, die vom Kind gesetzmäßig durchlaufen werden. In neuerer Zeit rückt man von der Vorstellung allgemeiner, globaler Gesetzmäßigkeiten ab zugunsten der Beschreibungen individueller Entwicklungsumstände (ähnlich der Ansätze im 18. Jahrhundert bei Pestalozzi und Tiedemann). Es rücken Sozialisationseffekte in den Blickpunkt, und es wird die Entstehung von Rollen, Identität und die Internalisierung von Normen und Werten im sozio-kulturellen Zusammenhang untersucht, die durch Biographien von Kindern und Jugendlichen beschrieben werden. Daneben verstärkt sich seit den 50er Jahren die Untersuchung der vorgeburtlichen Entwicklung, der Neugeborenenphase und des ersten Lebensjahres.
Das über einen langen Zeitraum heftig diskutierte Anlage-Umwelt-Problem, das mit aufwendigen Langzeituntersuchungen an Zwillingen angegangen wurde, ist wohl aus prinzipiellen Gründen nicht zu lösen.
Jens Holger Lorenz

Literatur: *Dollase, R.:* Entwicklung und Erziehung: angewandte Entwicklungspsychologie für Pädagogen. Stuttgart 1985 • *Oerter, R.:* Entwicklungspsychologie: Ein Lehrbuch. München 1987 • *Schenk-Danzinger, L.:* Entwicklungspsychologie. Wien 1988.

Epochenunterricht: Von Epochenunterricht (auch Epochal- oder Periodenunterricht) sprechen wir, wenn das Nebeneinander der Fächer durch ein Nacheinander ersetzt wird. Der Epochenunterricht entstammt der Waldorf-Pädagogik, deren Begründer Rudolf Steiner den Stundenplan als „Mordmittel“ der Erziehung bezeichnete.
Um den Schülern und Schülerinnen das permanente Springen von Fach zu Fach im 45-Minuten-Rhythmus zu ersparen, wird daher jeweils für einen Zeitabschnitt (= Epoche) ein Fach als Leitfach täglich unterrichtet. Die anderen Fächer gruppieren sich um dieses Fach oder werden in dieser Zeit nicht unterrichtet. Die epochale Anordnung setzt das Klassenlehrerprinzip (oder eine flexible Stundenplangestaltung) voraus. Aus diesem Grunde hat er sich vor allem in der Grundschule durchgesetzt.
Der in der Literatur angegebene zeitliche Umfang für eine Epoche (Unterrichtseinheit) schwankt zwischen einer und sechs Wochen, in der Regel werden maximal vier Wochen für sinnvoll gehalten. Dabei werden pro Tag durchschnittlich zwei Stunden angesetzt, um handlungsorientierten Unterricht zu ermöglichen. Grundsätzlich aber ist jedes Fach epochaler Behandlung zugänglich. Das einzige stichhaltige Gegenargument ist, daß manche Inhalte kontinuierlicher Wiederholung und Übung bedürfen.
Folgende Vorteile werden dem Epochenunterricht zugeschrieben:
- Konzentration der Schüler/innen auf wenige Fächer je Schultag
- Sinnzusammenhänge und Strukturen der Unterrichtsinhalte treten deutlicher hervor
- es bleiben Zeit und Muße für intensive Sachbegegnung
- facheigene Arbeitsweisen können geübt werden
- Möglichkeiten zu tätiger Auseinandersetzung erhöhen Arbeitsintensität, Arbeitsfreude und Lernerfolg
- Epochenunterricht ist die ideale Organisationsform für exemplarisches Lehren und Lernen.

In der Praxis wird der Epochenunterricht nicht nur als Fachunterricht, sondern auch – vor allem in der Grundschule – fächerübergreifend durchgeführt. Insbesondere die Verbindung von Sach- und Sprachunterricht in einer Epoche erweist sich als vorteilhaft.

Uwe Sandfuchs

Literatur: *Bentzien, K.:* Der Epochenunterricht auf der Oberstufe der Volksschule. Stuttgart ²1964 • *Mändl, M.:* Erziehung durch Unterricht. Periodenunterricht und ein exemplarisches Lehren in sinngemäßer Anwendung. Bad Heilbrunn 1963 • *Odenbach, K.:* Studien zur Didaktik der Gegenwart. Braunschweig ⁴1970

Erfahrungslernen: Das Unbehagen an einer Schule, die über viele Jahre hin die Zweckrationalität und Wissenschaftsorientierung schulischen Lernens, die strenge Orientierung an Lernzielen und die objektive Leistungsmessung auf ihre Fahnen geschrieben hatte und die damit den Freiraum für die individuelle Entfaltung der Schüler/innen, ihrer persönlichen Identität, ihres subjektiven Engagements immer mehr zugunsten einer Normierung schulischen Verhaltens eingeengt hatte, führte in den letzten zwei Jahrzehnten zu einer Rückbesinnung auf reformpädagogisches Gedankengut und zu zahlreichen Versuchen, diese für die Gegenwart neu aufzuarbeiten.

In diesem Zusammenhang ist auch die Forderung nach einer stärkeren Berücksichtigung von Erfahrungslernen in der Schule zu verstehen.

Wenn im folgenden von Erfahrung die Rede ist, so interessiert nicht die in der Philosophie seit Aristoteles immer wieder diskutierte Frage, in welchem Umfang unser Erkennen durch Erfahrung bestimmt wird, und ob Erfahrung von apriorischen (z. B. kategorialen) Vorgaben abhängig ist, oder ob es so etwas gibt wie eine „reine Erfahrung". Hier geht es vielmehr um das Lernen durch Erfahrung, also um die pädagogische Dimension von Erfahrung, um jene Merkmale von Erfahrung, über die in der einschlägigen Literatur ein weitgehender Konsens zu bestehen scheint.

Lernen ohne Erfahrung ist ein Lernen durch bloßes Übernehmen fremden Wissens, fremder Urteile, ein Lernen durch Medien, Bücher, Rundfunk, Fernsehen, ein Lernen durch Nachahmung oder durch bloße gedankliche Spekulation und wirklichkeitsfremde Phantasien ohne handelnde Auseinandersetzung mit der konkreten eigenen Lebenswelt.

• Erfahrung setzt Handlung und tätige Auseinandersetzung voraus. Sie ist Ausdruck der darin gewonnenen Fähigkeiten und des damit erworbenen Wissens. Erfahrungslernen kann nur erfolgen, wenn Gelegenheit zu handelndem Umgang mit der natürlichen und sozialen Umwelt gegeben ist (Handlungsorientierung).

• Erfahrung ist eingebunden in Situationen der Lebenswelt. Erfahrungslernen korrespondiert daher mit der Forderung nach situationsorientiertem Unterricht (Situationsorientierung).

• Erfahrung verbindet kognitiv-rationale mit affektiv-emotionalen und pragmatischen Elementen. Sie unterscheidet noch nicht nach fachlichen Kriterien. Erfahrungslernen ist daher noch ganzheitlich im doppelten Sinne. Es umfaßt alle Schichten und Dimensionen des Lernenden, und es ist ganzheitlich im Sinne von Vorfachlichkeit (Ganzheitlichkeit).

• Erfahrung kann jeder einzelne nur für sich selber machen. Sie ist daher individuell-subjektiv. Erfahrung schließt daher auch subjektive Wahrnehmungs- und Deutungsmuster ein, die der jeweiligen unverwechselbaren Lebensgeschichte des einzelnen entsprechen. Erfahrungslernen macht daher Ernst mit der Anerkennung ganz persönlicher Sicht- und Erlebnisweisen der Schüler/innen und fördert damit die Ausbildung seiner „persönlichen Identität" (Individualisierung und Identitätsförderung).

- Da Erfahrungen nur begrenzt „vermittelt werden" können, gibt es auch keine völlige Sicherheit hinsichtlich der Identität von Erfahrungen verschiedener Menschen. Das gemeinsame Durchleben von Situationen scheint noch am ehesten die Gemeinsamkeit von Erfahrungen zu garantieren. Um eine gemeinsame Basis für das Erfahrungslernen zu gewinnen, müßte es Aufgabe der Schule sein, eine möglichst homogene Erfahrungsbasis, etwa im Sachunterricht der Grundschule, zu schaffen, z. B. durch den gemeinsamen Besuch eines Museums, eines zoologischen Gartens oder anderer außerschulischer Lernorte (Homogenisierung der Lernvoraussetzungen).
- Erfahrungen pflegen sich generell im Umgang mit originalen Wirklichkeitsbereichen einzustellen. Die Schule als geschlossenes System vermitttelt die Lerninhalte aber primär symbolisch-medial. Daher bedeutet die Einbeziehung des Erfahrungslernens also auch grundsätzlich Öffnung von Schule und Unterricht in Richtung auf außerschulische Wirklichkeitsbereiche, außerschulische Lernorte und Lernstandorte. Selbstverständlich schließen sich medial vermitteltes Lernen und Erfahrungslernen gegenseitig nicht aus. Sie ergänzen und korrigieren einander vielmehr. Insofern stellt das Erfahrungslernen eine wichtige Bereicherung des schulischen Lernens dar (Öffnung von Schule).
- Erfahrung ist, weil lebensweltlich orientiert und individuell subjektiv ausgeprägt, zwar noch vorwissenschaftlich, bildet aber die unverzichtbare Grundlage für den Erwerb wissenschaftlicher Begriffe und Methoden. Erfahrungslernen bzw. Lernen durch Erfahrung gibt Kindern die Gelegenheit, auf „natürlichem Wege" die Notwendigkeit fachlicher und damit objektiver bzw. intersubjektiver Begriffsbildung und Systematisierung zu erkennen und diese an ihrem Alltagswissen zu messen und umgekehrt (genetisches Prinzip, Wissenschaftspropädeutik).
- Erfahrung enthält in sich immer schon die Tendenz zu ersten zumindest pragmatischen Verallgemeinerungen: Viele auf denselben Wirklichkeitsbereich bezogene Wahrnehmungen und Empfindungen ergänzen bzw. korrigieren sich dabei gegenseitig und werden zu einer relativ verläßlichen Erfahrung gebündelt. Erfahrungslernen schafft im Umgang mit überschaubaren Wirklichkeitsbereichen Vertrautheit und Verhaltenssicherheit (Selbstvertrauen und Sicherheit).
- Erfahrungen können aber auch durch überraschende und markante Ereignisse und Erlebnisse erschüttert und ihre Geltung in Frage gestellt werden. Darin liegen starke Impulse zur Reflexion bzw. zur Neustrukturierung alter Wissens- und Erfahrungsbestände. Erfahrungslernen verstärkt unter diesem Aspekt den Wunsch des Lernenden, den fraglichen Wirklichkeitsbereich mit neuer Aufmerksamkeit und Offenheit anzugehen, und führt zu „fruchtbaren Momenten im Bildungsprozeß" (Copei) (Dynamisierung des Lernprozesses durch Diskrepanzerlebnisse und Verfremdung).
- Weil Erfahrungen nicht ohne innere Anteilnahme und Betroffenheit denkbar sind, entsteht gleichsam von selbst ein Bedürfnis nach Mitteilung. Erfahrungslernen korrespondiert insofern mit Erfahrungsaustausch und ist daher kommunikationsfreundlich und gemeinschaftsbildend (soziales Lernen).

Erfahrungslernen trägt generell dazu bei zu verhindern, daß die Schule in Lebensferne und Selbstisolierung verfällt. Sie sollte daher um ihrer selbst und um der Schüler willen bewußt solche Unterrichtsformen pflegen, in die das Erfahrungslernen als wesentliches Element unverzichtbar integriert ist, wie z. B. den Projektunterricht, praktisches Lernen, Unterrichts- und Erkundungsgänge, Lernen an außerschulischen Lernorten bzw. Lernstandorten, Reisen und Fahrten.

Christian Salzmann

Literatur: *v. Hentig, H.:* Schule als Erfahrungsraum. Stuttgart 1973 • *Garlichs, A.* (Hg.): Erfahrungsoffener Unterricht. Freiburg 1978 • *Dürk, M.* u. a.: Erfahrungslernen – wie geht das? Frankfurt/M. 1981 • *Scheller, I.:* Erfahrungsbezogener Unterricht. Königstein/Ts. 1981 • *Fauser, P./Fintelmann, K./Flitner, A.* (Hg.): Lernen mit Kopf und Hand. Weinheim und Basel 1983 • *Dewey, J.:* Erziehung durch und für Erfahrung; hg. von Schreier, H. Stuttgart 1986

Erlebnispädagogik: Unmittelbare Erlebnisse haben in der Regel starke Eindrucksqualitäten, beanspruchen alle Sinne, sind hoch emotional besetzt. Ihre persönliche, individuelle Bedeutung entzieht sich nicht selten einer Übermittlung an andere. Erkenntnisse sind demgegenüber Ergebnisse distanzierten und reflexiven Gebrauchs des Verstandes und begrifflicher Abklärung. Unterricht bzw. schulisches Lernen versucht, Erleben und Erkennen miteinander zu verbinden. Insbesondere für die Grundschule läßt sich die stete Suche nach dem richtigen Verhältnis zwischen Erleben (in einer Lebenswirklichkeit) und Erkennen (in einem reflexiven Unterricht) nachweisen. Dies gilt sowohl für die Lehrer/innen, die ihre zunehmend systematischeren Reflexionen mit dem Ziel des Verstehens an konkreten Fällen anknüpfen müssen, wie auch für die Kinder, die ihre im Anschluß an Erlebnisse und erste eigene Deutungsversuche für die Welt entstandenen Fragen stellen wollen und nach zureichenden Erklärungen suchen.

In Gegenposition zur Belehrungsschule konstituierte sich auf lebensphilosophischer Basis in den 20er Jahren eine reformerische Erlebnispädagogik (z. B. Gansberg, Scharrelmann), die jene eindrucksstarke und deshalb vermutlich auch bildungswirksame Qualität von Erlebnissen im Schulalltag in ein vorwiegend funktionales, methodisches Konzept einbezog.

Dem vermuteten Objektivationsdrang von Erlebnissen folgend, entwickelten sie eine Methodik des (für die Kinder) nacherlebenden Verstehens für einen gestuften „Erlebnisunterricht“.

Sie versuchten, aufgrund von inszenierten, zufälligen (Gelegenheitsunterricht!) oder kunstvollen sprachlichen Darbietungen (die aus dem eigenen Erleben erwuchsen), eine relativ eng geleitete unterrichtliche Stufenfolge zu arrangieren, die letztlich auf einen „Aufruf zur Tat“ zielte. Beispielsweise wurde versucht, durch Erzählen von Fakten, Abläufen, Gefühlen und Stimmungen eigene Bedeutungserlebnisse zu übermitteln und möglichst gleiche Bedeutungserlebnisse bei den Hörern auszulösen, um sie anschließend „auf den Begriff“ zu bringen.

Diese Erlebnispädagogik wurde vor allem deswegen kritisiert, weil sie in der Schule zu einer Verengung und Verkürzung des pädagogischen Problemhorizontes führte. Insbesondere die Eindimensionalität (Lehrer übermittelten ihre tatsächlichen oder inszenierten Bedeutungserlebnisse den Kindern) und die manipulative Qualität der überwiegend sprachlichen Inszenierungen und die einseitige Verabsolutierung dieses Unterrichtsprinzips wurden negativ vermerkt. Die höchst unterschiedlichen Erlebnisse der Kinder in ihrem Alltag und

ihre jeweils damit verbundenen Bedeutungen waren bei diesem Unterrichtskonzept weniger gefragt. Gleichwohl hat Erlebnispädagogik dieser Ausprägung dem Grundschulunterricht wesentliche Impulse gegeben und die traditionelle Belehrungsschule geöffnet (Landheimaufenthalte, Klassenfahrten, Lernorte außerhalb der Schule etc.).
Der generelle Vorwurf einer „Entsinnlichung“ (Rumpf) wurde jedoch stets erhoben; die „alte Lernschule“ gilt als nicht überwunden. Hinzu kommt, daß die schulische Welt aus Buchstaben, Zahlen und Papier zunehmend durch eine außerschulische, medial dominierte, durch Schalter, Bildschirme und „bites“ zu charakterisierende Welt ergänzt wird. Deshalb erhält offenkundig in jüngster Zeit die Erlebniskomponente im Schulalltag wieder eine stärkere und andere Bedeutung (z. B. im Sachunterricht, in der Umwelterziehung und bei der ästhetischen Bildung). Mit dem Konzept „Lernen mit allen Sinnen“ reagiert die Schule auf ein erkennbar reduziertes Sinnesleben der Kinder. Sie reagiert auf das Erleben und Erfahren „aus zweiter Hand“ („Medien als Geschwister“ nach Herz). Dabei wird nicht selten schulisch arrangiertes Erleben erneut einseitig übergewichtig.
Überwiegend wird aber auch bei deutlicher Favorisierung von unmittelbarem, direktem und didaktisch nicht verstelltem Erleben und Erfahren „aus erster Hand“ Unterricht als erlebnis- bzw. erfahrungs-, handlungs- und lernorientiert verstanden, in dem sinnliche Wahrnehmung, intensive Empfindung, Erleben, Handeln mit reflexivem Interpretieren von Informationen, dem theoriegeleiteten und gedanklich-abstrakten Kombinieren verschiedener Wissenselemente und kritischem Gebrauch des Verstandes zusammentreffen.
Claus Claussen

Literatur: *Scharrelmann, H.:* Erlebte Pädagogik. Braunschweig 1912 • *Gansberg, Fr.:* Schaffensfreude. Braunschweig 1912 • *Herz, O.:* Veränderte Lebensbedingungen – veränderte Veränderung der Lebensbedingungen (1988) • *Rumpf, H.:* Die übergangene Sinnlichkeit. München 1981

Erstunterricht: Lesen: Ein Leselehrgang vermittelt im Laufe des ersten Schuljahrs die grundlegenden Teilfertigkeiten und -fähigkeiten des Lesens und bietet für diese Übungsvariationen an:
• Die visuelle und auditive Identifikation von Buchstaben/Lauten und die Zuordnung der Lautklassen zu den Buchstaben (Phonem-Graphem-Korrespondenz-Regeln);
• die ganzheitliche Speicherung einer Reihe von Wortschemata;
• das Ausgliedern von Buchstaben aus Wörtern (Analysieren);
• die visuelle Diskriminierung von ähnlich aussehenden Buchstaben (z. B.: d, p, q);
• die auditive Diskriminierung von ähnlich klingenden Lauten (z. B.: d–t, g–k);
• das Zusammensetzen von Buchstaben zu Wörtern (Buchstaben-Wort-Synthese);
• das Zusammensetzen von anderen Wortteilen (Silben, Morphemen) zu Wörtern;
• das Zusammensetzen von Wörtern zu Sinneinheiten und Sätzen (Wort-Satz-Synthese);
• das Erlesen als Wiedererkennen bekannter Wort-Schemata und als Synthese von Buchstaben zu noch nicht zuvor gelesenen Wörtern – und die Zuordnung beider zu Bedeutungseinheiten;
• das sinnentnehmende Lesen altersangemessener Texte in verschiedenen Drucktypen.
Diese Fähigkeiten werden dann am Ende des ersten Schuljahres ausgeweitet und in das sog. „weiterführende Lesen“ überführt:

- das zeilenübergreifende Lesen;
- das Erschließen der Bedeutung eines Wortes aus dem Kontext;
- das Erlesen längerer Wörter und Sätze;
- das textgliedernde Lesen;
- das sinngestaltende Vorlesen;
- die kontrollierte Informationsentnahme aus Texten beim leisen Lesen.

Die grundlegenden Teilfertigkeiten des Lesens werden den Kindern heute nicht mehr nacheinander, wie in früheren Zeiten, also in zunächst ganzheitlich oder einzelheitlich verlaufenden Lehrgängen vermittelt, sondern von Anbeginn an auf integrative Weise, wobei dem Schreiben von Anfang an eine unterstützende und kommunikative Funktion zukommt.

In aller Regel wird das Lesen mit Hilfe eines Erstleselehrgangs (mit Fibel und Übungsheft) vermittelt, der nach linguistischen, lernpsychologischen und pädagogischen Gesichtspunkten methodisch aufgebaut ist und den Lernzuwachs sukzessive organisiert. Dabei stehen heute streng systematisch verfahrende Lehrgänge eher zum freieren Umgang motivierenden Lehrgängen gegenüber. Erfahrene Lehrkräfte bevorzugen sogar die sog. „Eigenfibeln", die in ihren gelungensten Formen die individuelle Klassenlage besonders berücksichtigen können.

Wolfgang Menzel

Literatur: *Berg, M./Meiers, K.:* (Hg.): Schulanfang ohne Fibeltrott. Bad Heilbrunn 1984 • *Meiers, K.:* Leseunterricht. In: *Baurmann, J./Hoppe, M.* (Hg.): Handbuch für Deutschlehrer. Stuttgart 1984 • *Menzel, W.:* Lesen lernen, schreiben lernen. Braunschweig 1990

Erstunterricht: Rechnen: Mit der Reform des Mathematikunterrichts im Jahre 1968 wurden neue Inhalte und veränderte methodische Zugänge („Neue Mathematik") in den mathematischen Anfangsunterricht eingeführt. Nach deren Scheitern verbannten in den 70er Jahren die Richtlinien wieder große Teile der Mengenlehre und Logik zugunsten einer wiedererstarkenden Arithmetik. Lediglich Anteile der Geometrie und Topologie überlebten die Revision.

Unabhängig vom verwendeten Lehrbuch und der darin propagierten Methodik geht der Erstrechenunterricht nach entwicklungspsychologischen Prinzipien vor. Vor der Einführung von Zahlen und arithmetischen Operationen erfolgt eine „pränumerische" Phase. Diese bezweckt, neben allgemeindidaktischen Zielen wie Erfahrung mit schulischen Arbeitsweisen und Kooperation, den Ausgleich unterschiedlicher Vorerfahrung, die Schulanfänger/innen mitbringen. So sind Kinder nicht selten, die bereits bei Schuleintritt bis 100 zählen oder im Zahlenraum bis 20 addieren und subtrahieren können. Demgegenüber wächst durch sozio-kulturelle Gegebenheiten (Ausländeranteil, steigende sprachliche Verarmung) gleichzeitig die Zahl der Schüler und Schülerinnen, die noch nicht über die für den Aufbau arithmetischer Konzepte notwendigen Begriffe räumlicher Orientierung (vor, hinter, neben, über, unter, zwischen, an, bei etc.), zeitlicher (vor, nach) und räumlicher Beziehungen (größer, länger, dicker als etc.) verfügen. Diese aufzubauen wird inhaltlich durch die Behandlung geometrischer Sachverhalte und methodisch durch (Lern-) Spiele versucht.

Der arithmetische Erstunterricht beginnt in der ersten Phase als Umgang mit Veranschaulichungsmaterial (ungeordnete oder geordnete Mengen, strukturiertes Material wie Cuisinaire-Stäbe, Steckwürfel, Mehrsystemblöcke u. a.). Durch die Materialhandlungen sollen die Kinder, so die Absicht, Vorstellungsbilder entwickeln. Dazu treten in der zweiten Phase neben die Handlungen die Zif-

fernsymbole als begleitende Ebene. In einer dritten Phase wird lediglich mit den Zahlen- und Operationssymbolen gerechnet, deren „Rechensätze" schließlich als vierte Phase automatisiert werden (Zahlenraum bis 20, kleines Einmaleins).
Der Erstunterricht dient der Lehrerin bzw. dem Lehrer zum frühzeitigen Erkennen von sich anbahnenden Lernschwierigkeiten. Langfristig ineffektive arithmetische Lösungsstrategien, z. B. Zählen, drohen sich bereits im Anfangsunterricht zu verfestigen. Dies wird begünstigt, wenn gewünschte Verfahren sich noch nicht ausbilden konnten, bevor der Zahlenraum bis 20 verlassen wird, was für einige Kinder meist zu früh geschieht.
Jens Holger Lorenz

Literatur: *Homann, G.:* Rechenspiele. Braunschweig 1992 • *Lorenz, J. H.:* Anschauung und Veranschaulichungsmittel im Mathematikunterricht. Göttingen 1992 • *Radatz, H./Schipper, W.:* Handbuch zum Mathematikunterricht der Grundschule. Hannover 1982

Erstunterricht: Schreiben:

Das Schreibenlernen ist wie das Lesenlernen Teil des Schriftspracherwerbs. Während das Lesenlernen unabhängig vom Schreibenlernen immerhin vorstellbar ist, ist das Schreiben- vom Lesenlernen geradezu abhängig. In früheren Zeiten folgte daher das Schreiben dem Lesen nach; Schreiblehrgänge setzten erst ein, wenn eine gewisse Lesesicherheit erworben worden war. Heute werden Schreib- und Leselehrgänge fast durchweg eng aufeinander bezogen und beginnen beide von Anbeginn an. Das Schreiben wird heute auch mehr und mehr als kommunikativer Vorgang begriffen, der es nötig macht, von Anbeginn an zu schreiben, um anderen etwas zum Lesen zu geben, – zu lesen, was andere geschrieben haben.
Eine der entscheidenden Leistungen, die das Kind beim Erlernen der Schrift zu vollbringen hat, ist die Übertragung der visuell erfaßbaren Buchstabenform in eine möglichst ökonomische und der Motorik und Schreibrichtung angemessene Schreibbewegung. Da der Schreibende aus dem Produkt den Prozeß nicht ohne weiteres entnehmen kann, muß der Schreiblehrgang die sehr unterschiedlichen Bewegungsformen einüben.
Eine immer wieder strittige Frage ist bis heute die nach der Ausgangsschrift eines Schreiblehrgangs. Während sich in Leselehrgängen die Druckschrift wegen ihrer besseren Lesbarkeit durchgesetzt hat, wird vielfach noch immer bezweifelt, daß die Druckschrift auch die leichter schreibbare Schrift ist. In einem integrativen Lese-Schreib-Unterricht wird durch Einführung der Schreibdruckschrift auch vermieden, daß die Kinder zwei verschiedene Schriftvarianten erlernen müssen. Zudem kommt das Schreibdrucken einem kommunikativen Schreibunterricht besser entgegen, da von Anbeginn geschrieben werden kann, was auch gelesen wird. Es beginnen daher heute mehr und mehr Schreiblehrgänge mit dem Schreibdrucken, das erst gegen Ende des ersten oder zu Beginn des zweiten Schuljahres in das Erlernen einer verbundenen Schrift überführt wird.
Als verbundene Ausgangsschriften (richtiger wäre „Zielschriften") stehen z. Zt. drei Typen zur Debatte: die lateinische Ausgangsschrift (LA), die vereinfachte Ausgangsschrift (VA) und die Schulausgangsschrift (SAS) der neuen Bundesländer. Die letzteren haben gegenüber der LA den großen Vorzug, daß sie auf die vielen redundanten Verzierungen verzichten und zu einem stärker gegliederten Schreiben hinführen. In allen dreien aber sind nicht nur die

Buchstabenformen selbst normiert, was zweckmäßig ist, sondern auch die Verbindungsformen, was für das Schreiben als Kommunikationsvorgang eher hinderlich und für das Schreiben als motorischen Prozeß unnötig ist. Eine weitgehend unverbundene Schreibschrift wäre besser lesbar, leichter schreibbar und käme, wegen ihrer klareren Buchstabengliederung, sogar dem Rechtschreiblernen besser entgegen. Dennoch muß in allen Bundesländern noch immer eine der sog. „Ausgangsschriften" bis zum Ende des zweiten Schuljahres von den Kindern gekonnt werden.
Schreiblehrgänge sind im Verhältnis zu Leselehrgängen bis heute Stiefkinder der Pädagogik. Sie sind zum großen Teil unmotivierend gemacht, auf sie wird z.T. sogar zugunsten unmethodischer, billiger und freier Materialien gänzlich verzichtet, und es drückt sich in vielen von ihnen eine Inkompetenz aus, wie sonst kaum mehr auf irgend einem Gebiete des Unterrichts. Hier hat die Fachdidaktik noch eine wichtige Aufgabe zu lösen.

Wolfgang Menzel

Literatur: *Barfaut, W.:* Der Schreibunterricht. Weinheim 1968 • *Dehn, M.:* Zeit für die Schrift. Bochum 1988 • *Menzel, W.:* Lesen lernen, schreiben lernen. Braunschweig 1990 • *Neuhaus-Siemon, E.* (Hg.): Schreibenlernen im Anfangsunterricht der Grundschule. Königstein 1981

Erzählen: Erzählen hat seinen didaktischen Ort in der mündlichen und schriftlichen Kommunikation. Diese übergreift Fächergrenzen. Kinder erzählen – wenn man sie läßt oder anleitet – von sich aus, von sich, von dem, was sie bewegt. Sie erzählen von ihren Erfahrungen, Vorstellungen, Gedanken, Weltdeutungen, Träumen und Fantasien. Sie tun es um so lieber, wenn sie bemerken, daß andere ihnen zuhören, wenn sie die Aufmerksamkeit und die erzählbedingte Zuwendung anderer spüren. Erzählen und Zuhören, Lesen und Kommunizieren bedingen einander.
Vielfach scheint das schriftliche Erzählen oder die zwangsläufige Folge „erst mündlich, dann aber schriftlich erzählen" in der Schule zu dominieren: vermutlich liegt der Grund darin, daß Schriftliches vermeintlich eher zu beurteilen und zu bewerten ist als das „flüchtige" Mündliche; die Gleichrangigkeit bzw. Gleichwertigkeit von mündlichem und schriftlichem Erzählen ist geboten.
Wegen des kommunikativen Zusammenhangs sollte Erzählen als gesellige Praxis in der Grundschule überwiegen. Diese Form wird definitorisch abgegrenzt von monologischem und von dialogischem Erzählen. Erzählen als gesellige Praxis ist gemeinsames Ausdenken, „Erfinden" und Erzählen (vielleicht auch Aufschreiben, aber nicht zwangsläufig) einer Geschichte.
Grundsätzlich wird mit dem Erzählen in der Schule die Erwartung verbunden, daß bewußt gestaltetes Sprechen und Schreiben zunimmt. Deswegen könnte eine allgemeine Zielsetzung beim Erzählen heißen: Vom spontanen Sprechen und Schreiben zum bewußt gestalteten Sprechen und Schreiben.
Dabei soll das spontane Erzählen (mündlich wie schriftlich) nicht als die quasi minderwertige Form denunziert werden, die es „abzulegen" gilt, von der die Kinder sich wegzuentwickeln sollen. Zusammen mit der gemeinsamen Zielsetzung scheint es notwendig, auch auf die unterschiedlichen Zielsetzungen hinzuweisen, die sich mit mündlichem und mit schriftlichem Erzählen verbinden.
Mündliches Erzählen nutzt Gestaltungsmittel wie Stimmführung, Gestik, Mimik, Lautmalerei, verkürzte Sprache, d. h. dramaturgische Mittel. Es ist näher

an den persönlich erlebten Eindrücken und ihren gefühlsmäßigen „Tönungen"; mündliches Erzählen hat viel mehr Ausdruckmittel als die Laute, die durch Buchstaben wiedergegeben werden.
Schriftliches Erzählen nutzt solche dramaturgischen Mittel nicht, sondern gestaltet durch Wortwahl und Satzbau, durch die prägnante sprachliche Charakterisierung und Beschreibung von Merkmalen, Situationen, Personen, Stimmungen, Gefühlen ...
Durch Erzählen sollen Erfahrungen, Wissen, Überlegungen und Empfindungen mitgeteilt, Vorstellungen, Denkoperationen und Bedeutungserlebnisse übermittelt werden.
Erzähler oder Erzählerin haben beim Erzählen Absichten. Wenn sie Erfahrungen von sich und anderen, wenn sie ihre Welt-Deutungen mitteilen, dann erwarten sie Reaktionen von anderen: Mit-Gefühl, Mit-Wissen, Mit-Schimpfen, Mit-Nicken, -Lachen, -Weinen, Kopfschütteln. Wenn sie beim Erzählen Welten und fantastische „Gegenwelten" schaffen, wollen sie andere daran teilhaben lassen. Wenn sie etwas erklären, wollen sie, daß andere ihnen dabei folgen: sie wollen sich durchsetzen, sie wollen etwas erreichen. Gestaltungsabsichten erfordern Kenntnis und Übung in Erzählmitteln.
Andererseits müssen auch die Zuhörer die dramaturgischen Mittel kennen; sie müssen die Fähigkeit des genauen Zu- und Hinhörens erlernen, die Fähigkeit zur Analyse und Reflexion von Gehörtem (und Geschriebenem), die Einsicht in das Manipulative des Erzählens.
Deshalb erscheint es in der Grundschule sinnvoll, Erzählen vorrangig als gesellige Praxis zu organisieren, die Erzählen und Zuhören gleichermaßen einschließt. Wenn Kinder ermutigt und angeleitet werden, aktiv, spielerisch und beherzt mit den Erzählmitteln umzugehen, wenn sie z. B. beim kreativen Selbstausdenken und Erfinden von Geschichten differenzierte sprachliche Mittel und zugleich im Erzählkreis ihrer Klasse Selbstvertrauen zu öffentlicher Rede erwerben, dann durchschauen sie auch Absichten und manipulative Techniken.
In einer offenen Erzählwerkstatt entsteht ein Spannungsfeld, in dem viele Erzählansätze, Ideen, spontane Einfälle zusammenfließen und aufgrund von gemeinsamen Aushandlungsprozessen, gemeinsamem Nachdenken über Ablauf und Ausgestaltung zu je originalen Erzählungen werden. Lehrerinnen und Lehrer regen und leiten zum Erzählen an; sie versuchen, den „Kindern das Wort (zu) geben" (Freinet) oder es ihnen einfach zu lassen.
In der Erzählwerkstatt lernen die Kinder realistische und fiktionale Erzähltexte zu planen, zu schaffen, zu unterscheiden; sie erproben Erzähl- bzw. Gestaltungsmittel. Sie erkennen spezifische Gestaltungselemente (z. B. Spannung erzeugen, mit Worten, Farbe Atmosphäre, Bilder erzeugen, Wortwitz zu finden usw.), gehen mit der Sprache neue Wege, experimentieren mit individuellen Gestaltungsmöglichkeiten, „sprengen" vorgegebene sprachliche Grenzen, entfesseln sich.

Claus Claussen

Literatur: *Merkel, J./Nagel, M.* (Hg.): Erzählen. Die Wiederentdeckung einer vergessenen Kunst. Reinbek 1982 • *Claussen, C.:* Erzählen lernen in der Grundschule. In: Praxis Grundschule 3/1991 • *Bambach, H.:* Erfundene Geschichten erzählen es richtig. Konstanz 1989 • *Mauthe-Schonig, O.* u. a.: Unterrichten mit Geschichten. Weinheim und Basel 1991

Erziehender Unterricht: Seit es Unterricht gibt, wird mit diesem eine erzieherische Absicht verbunden. Heute

wird in Lehrplänen und Grundschulrichtlinien die pädagogische Dimension des Unterrichts eigens herausgehoben (Ramseger). In welcher Weise erzieherische Wirkung im Unterricht entfaltet werden kann, ist in der Geschichte der Schule nicht einheitlich: Bei Herbart war die Chance für eine sittliche Erziehung im Unterrichtsthema angelegt, was bei den Herbartianern nicht selten zu einer Überpointierung der Moralerziehung führte. Den Schulreformern unseres Jahrhunderts ging es im Kern um einen natürlichen, lebensbezogenen und kindgerechten Unterricht, der durch seine anregende Umgebung (Montessori), durch seinen Erkundungsauftrag (Freinet), durch seinen Handlungsbezug und seine soziale Konstellation (Dewey) eine erzieherische Wirkung entfaltet, die mehr von den Unterrichtsmodalitäten, der Unterrichtssituation oder den besonderen Bedingungen ausgeht.
Das gilt auch für die gegenwärtigen Formen der Öffnung (freie Arbeit, Projektunterricht). Ihr Beitrag zu mehr Selbständigkeit, Ichstärke, Individualität und zum sozialen Lernen ist gleichzeitig eine Erziehungshilfe.

Hartmut Hacker

Literatur: *Hacker, H./Rosenbusch, H. S. (Hg.):* Erzieht Unterricht? Aktuelle Beiträge zu einem klassischen pädagogischen Thema. Baltmannsweiler 1990 • *Ramseger, J.:* Was heißt „Durch Unterricht erziehen?". Weinheim 1991

Erziehung: Der Begriff „Erziehung" bezeichnet die Gesamtheit aller Maßnahmen, die dem Kind und Heranwachsenen helfen, lebenstüchtig, erwachsen, „mündig" zu werden. Die Notwendigkeit hierzu ergibt sich aus der Erziehungsbedürftigkeit des Kindes, das nicht wie ein Tierjunges instinktgeleitet in eine relativ unveränderliche Naturwelt hineinwächst, sondern sich schrittweise in einer ständigem Wandel unterworfenen Gesellschaftswelt zurechtfinden, eingewöhnen und behaupten muß. Äußere Hilfen können letztlich nur als „Hilfen zur Selbsthilfe" (Pestalozzi) wirksam werden, jegliche Fremderziehung mündet so in Selbsterziehung und Befähigung zur Selbstbestimmung, eben in „Mündigkeit". Fremderziehung unterscheidet sich nach E. Krieck in „intentionale" (beabsichtigte, z. B. in Familie, Kindergarten, Schule, Kirche) und „funktionale" (unbeabsichtigte in Gesellschaft, Gruppen, Arbeitsplatz, durch Medien und Werbung etc.), wobei sich in der Schule beide Formen ergänzen können. Von dieser Erziehung im weiteren Sinne grenzt sich – wenn auch zum Teil nur undeutlich – sittlich-moralische Gewissensbildung als Erziehung im engeren Sinn ab, Sozialisation als „Vergesellschaftung", Bildung als Persönlichkeitsfindung in der Kulturbegegnung. Entsprechend der Rollenvielfalt des Menschen in einer pluralistischen und komplexen Gesellschaft differenzieren sich zahlreiche Spezial-Erziehungen heraus, wie beispielsweise: Sexualerziehung, staatsbürgerliche Erziehung, Arbeits-, Kunst-, Musik-, Leibes-, Verkehrs-, Verbraucher-Erziehung usw., die sich teilweise in Schulfächern etablieren und auf spezielle Tugenden und Tüchtigkeiten zielen. Kontrovers diskutiert wurden dabei sogenannte Sekundärtugenden, wie Pünktlichkeit, Sorgfalt, Sauberkeit, Gehorsam, gesellschaftliche Umgangsformen, Fleiß etc., die heute keinen Selbstwert mehr beanspruchen können, sondern sich erst legitimieren in ihrer Bindung an übergeordnete, human und sittlich begründete Verhaltensweisen. Formen und Mittel der Erziehung sind entsprechend vielgestaltig; sie reichen auf der Seite des Educandus von Nachahmen, Erproben (Versuch und Irrtum),

Gewöhnung, (Ein-)Übung, Nacheifern bis zu Mitteln der Fremderziehung, wie Ermahnung und Belehrung, Ge- und Verbote, Belohnung und Strafe, Lob und Tadel, Ermutigung, Motivation, Vorbild. Manche dieser Mittel sind problematisch, ihre Wahl ist stets zu messen an ihrer Verhältnismäßigkeit gegenüber der Menschenwürde – auch und gerade des Kindes wie an dem obersten Erziehungsziel: dem Mündigwerden und der Erlangung von Selbstbestimmungsfähigkeit. Das Recht zur Erziehung ihrer Kinder liegt primär bei den Eltern, wird aber mit der Schulpflicht und schwindender Erziehungsfunktion der Familie zunehmend ergänzt durch die Erziehungsaufgabe der Schule. Die sich hieraus ergebenden Überschneidungen und auch Konflikte zwischen elterlichen und schulischen Erziehungsaufgaben bzw. -rechten regelt das Schulrecht. In jüngerer Zeit werden Notwendigkeit und Wirksamkeit intentionaler Erziehung bestritten durch die sog. Antipädagogik, die lediglich Belehrung und Information der Kinder durch Erwachsene gelten läßt. Wie dabei Kinder unter den massiven und widersprüchlichen Einflüssen von Medien, Werbung und Gruppenideologien Ich-Identität und Selbstbestimmungsfähigkeit entwickeln sollen, ist noch völlig ungeklärt.
Dieter Haarmann

Literatur: *Flitner, W.:* Allgemeine Pädagogik. Stuttgart [14]1975 • *Geißler, E. E.:* Erziehungsmittel. Bad Heilbrunn [5]1975 • *Mollenhauer, K.:* Theorien zum Erziehungsprozeß. München 1972

Erziehungs- bzw. Führungsstile: Systematische Versuche, das Lehr- und Erziehungsverhalten nach typischen „Stilformen" zu klassifizieren und in seinen Auswirkungen auf das Verhalten von Schülerinnen und Schülern zu untersuchen, setzten kurz nach dem zweiten Weltkrieg ein. Noch eher an den „Tugenden" der Erzieherpersönlichkeit orientiert, waren die Unterscheidungen etwa von E. Spranger (1950) zwischen weltnahem und isolierendem, freiem und gebundenem „Grundstil", von K. Caselmann (1954) zwischen logotroper (sachorientierter) und paidotroper (kindbezogener) Lehrhaltung oder von J.P. Ruppert (1959) zwischen den Erziehungsstilen der Sachlichkeit, Sorge, Tapferkeit oder Güte. Aktuell bedeutsamer als diese mehr oder weniger intuitiv gewonnenen Kriterien erscheint die 1939 von K. Lewin u. a. – offenbar unter dem Eindruck von NS-Diktatur und Emigration – getroffene politisch-funktionale Abgrenzung von autoritärem, laissez-faire und demokratischem Führungsstil, wobei lediglich letzterer im Gruppenexperiment positives Arbeits- und Sozialverhalten der Probanden im Sinne von Selbständigkeit und Eigenverantwortlichkeit zeitigte.
Dieser Befund wurde in Deutschland u. a. 1960 durch eine ausgedehnte Feldstudie von Ursula Walz („Soziale Reifung in der Schule"), vor allem aber durch die akribischen empirischen Forschungen von A.-M. und R. Tausch (ab 1962) überzeugend bestätigt („Erziehungspsychologie"). Diese Untersuchungen wie auch empirische Nachprüfungen aus differenzierter Sicht etwa von G. Dietrich (Gruppenunterricht), W. Hilligen (Sozialkunde), B. Fittkau und H. Nickel (Schüleremotionen) lassen keinen Zweifel mehr an der Überlegenheit eines demokratisch-sozialintegrativen Führungsstils gegenüber allen Formen autoritär-direktiven wie auch „antiautoritären" Laissez-Faire-Stils, und zwar sowohl hinsichtlich der Erziehung zur Demokratiefähigkeit als auch in bezug auf Schülermotivation, Angstbefreiung und Lerneffektivität.
Dieter Haarmann

Literatur: *Gerner, B.:* Erziehungsstile und Lehrerverhalten. Darmstadt 1976 • *Herrmann, Th.* (Hg.): Psychologie der Erziehungsstile. Göttingen 1966 • *Tausch, A.-M. und R.:* Erziehungspsychologie. Göttingen 1963 ff.

Erziehungsziele: Schulisch relevante Erziehungsziele ergeben sich – mit jeweils fließenden Übergängen und nicht genau von sog. Bildungsidealen zu unterscheiden – aus Kulturüberlieferung und Gruppentraditionen, Grundgesetz und Länderverfassungen, gesellschaftlichem Wandel und persönlichen Lebensentwürfen.

Traditionelle Erziehungsziele entstammen zum einen den bereits „multikulturellen" Wurzeln unserer Gesellschaft, so idealistisches Wahrheits- und Vollkommenheitsstreben der heidnischen Antike, Stolz, Vaterlands- und Heimatliebe germanischer Überlieferung, monotheistische Frömmigkeit und praktische Nächstenliebe der jüdisch-christlichen Religion, naturwissenschaftlich-technische Rationalität – z. T. vorderasiatisch-arabischen Kultureinflüssen (Kreuzzüge).

Zum anderen bildeten sich mit der Differenzierung und Arbeitsteilung der Gesellschaft gruppenspezifische Erziehungsziele und -ideale heraus: Ritterlichkeit und höfische Eleganz beim Adel, Arbeitseifer und Gewissenhaftigkeit beim Handwerk, Bildungsstreben und Moralität beim Bürgertum, Tapferkeit und Gehorsam beim Militär usw.

Die Pluralität und z. T. Widersprüchlichkeit dieser Erziehungsziele und Bildungsideale wurde 1882 von Paul de Lagarde als tiefgehende Kulturkrise angeprangert. Das aufklärerische Ideal autonomer Moral als oberstes Erziehungsziel (Kant, Herbart) wurde verdrängt von dem Verlangen nach einheitlicher und gemeinschaftsstiftender Zielsetzung der Erziehung, wie sie die NS-Diktatur auf ebenso unmenschliche wie zerstörerische Weise zu verwirklichen verstand.

Diese historische Erfahrung machte es notwendig, bestimmte humanitär und demokratisch ausgerichtete Erziehungsziele in den Verfassungen zu verankern. Bereits die Weimarer Verfassung von 1919 hatte in Art. 148 auf die Herausbildung staatsbürgerlich-sittlicher Einstellung im Sinne von Völkerverständigung und „Rücksicht auf Empfindungen Andersdenkender" verwiesen. Das Bonner Grundgesetz präzisierte in Art. 1 die Achtung der Menschenwürde, in Art. 2 die freie Entfaltung der Persönlichkeit und in Art. 3 die Gleichberechtigung aller – ohne Rücksicht auf Geschlecht, Abstammung, Rasse, Herkunft, Sprache, Religion und politische Anschauung – als auch erzieherisch verpflichtende Staatsziele. Die Länderverfassungen akzentuierten und ergänzten diese Generalziele. So beschreibt es z. B. die Hessische Verfassung von 1949 als Ziel der Erziehung, „den jungen Menschen zur sittlichen Persönlichkeit zu bilden, seine berufliche Tüchtigkeit und die politische Verantwortung vorzubereiten zum selbständigen und verantwortlichen Dienst am Volk und an der Menschheit durch Ehrfurcht und Nächstenliebe, Achtung und Duldsamkeit, Rechtlichkeit und Wahrhaftigkeit." Angesichts restaurativer Tendenzen in der Bundesrepublik sah sich 1969 Th. W. Adorno genötigt, erneut auf die Erlangung individueller Mündigkeit als wichtigstes Ziel einer „Erziehung nach Auschwitz" hinzuweisen.

Gesellschaftlicher Wandel und insbesondere die dramatische Veränderung des bürgerlich-aufklärerischen Konzepts von „Kindheit" (Rousseau) erfordern eine Modifizierung der Erziehungsziele auf der mentalen wie der instrumentellen Ebene. Je weniger überschaubar, unmittelbar erfahrbar, bergend und „heil“ die Umwelt für die Kinder wird, umso stärker werden ihre Fähigkeiten zur Selbst- und Mitbestimmung, zur Kommunikation und Kooperation, ihre kritische Urteils- und kreative Gestaltungskraft gefordert, um so mehr kommt es auf ihre Ichstärkung und -stabilisierung, ggf. unter Zuhilfenahme therapeutischer Erziehungshilfen, an. Entsprechend gewinnen Erziehungsziele auf der instrumentellen Ebene an „emanzipatorischer“ Bedeutung (Klafki). Die Befähigung zur Selbststeuerung und -organisation von Lern-, Arbeits- und Gestaltungsprozessen, die Gewinnung autonom handhabbarer Verfahren zur Erkenntnisgewinnung, Welterkundung und -bewältigung sind unverzichtbare Voraussetzungen offenen Unterrichts und freier Arbeit in der Grundschule.

Mit zunehmender Vereinzelung der Kinder sind deren individuelle Lebensentwürfe und -ideale wachsender Isolierung einerseits, aber auch der Flucht in kollektive Verhaltensmuster andererseits ausgeliefert. Als Ziele der Selbsterziehung bzw. der selbst gewählten Wert- und Verhaltensorientierung dienen im positiven Fall z. B. bedeutende Persönlichkeiten aus Wissenschaft, Kunst, Sport, Politik, auf problematischere Weise jedoch Idole aus der Show- und Unterhaltungswelt (Pop-Stars) oder gar der Gewaltszene (Rocker, Neo-Nazis o. a.). Oft genug laufen die von Medien, Werbung und Gruppenideologien den Kindern aufgedrängten Zielbilder den Bemühungen von Schule und Elternhaus entgegen, die Kinder zu selbständiger Urteilsfähigkeit und Mündigkeit zu erziehen.

Damit hängen sowohl die individuell gewählten als auch die individuell erreichbaren Erziehungsziele vom jeweiligen Entwicklungsstand der moralischen Urteilsfähigkeit (Piaget) ab. Die Gewinnung persönlicher Autonomie und Mündigkeit bleibt so individuell variabel, modifiziert von bestimmten Lebenserwartungen und -wünschen, aber auch Enttäuschungen und Frustrationen und damit für die meisten nur graduell – wenn überhaupt – erreichbar. Hier liegt das Hauptproblem erzieherischer Zielbestimmungen, die immer neu überdacht und formuliert werden müssen.

Dieter Haarmann

Literatur: *Adorno, Th. W.:* Erziehung zur Mündigkeit. Frankfurt/M. 1972 • *Piaget, J.:* Das moralische Urteil beim Kind. Zürich 1954 • *Tröger, W.:* Erziehungsziele. München 1974

Ethikunterricht: In den meisten Ländern der Bundesrepublik Deutschland ist Ethikunterricht „Ersatzfach“ oder Pflichtalternative für Schüler/innen, die nicht am (konfessionellen) Religionsunterricht teilnehmen. In Niedersachsen ist „Werte und Normen“ ein ordentliches Lehrfach für solche Schüler (ab 1993). Schleswig-Holstein und Nordrhein-Westfalen (in gymnasialer Oberstufe) haben stattdessen das Fach Philosophie eingerichtet. In Brandenburg läuft ein Schulversuch mit dem Fach „Ethik-Lebenskunde-Religion“, das an die Stelle des Religionsunterrichts treten soll. Didaktisch relevante Vorgaben finden sich in den Schulgesetzen der Länder und in einigen Länderverfassungen. Danach geht es in diesem Unterricht um Verständnis für Wertvorstellungen und ethische Grundsätze sowie um die Vermittlung eines religionskundlichen und weltanschaulichen Grundwissens. Damit ist ein breites inhaltliches Spektrum vorgegeben, das sich unter „Sinn- und Wertfragen“ zusammenfassen läßt. Als primäre Bezugswissenschaften gelten Philosophie und Religionswissenschaften, daneben auch Theologie, Psychologie und Soziologie. Gegner des Ethikunterrichts halten diesen Unterricht für ein Instrument der Disziplinierung religionsmüder Schüler oder der Indoktrination einer konformistischen Moral. Dies hat das Bundesverwaltungsgericht mit Verweis auf das Schulische Bildungsziel und die religiöse Neutralität des Ersatzfachs zurückgewiesen (VII B 25:72 v. 30.5.73). Bisher wurde Ethikunterricht nur in den Sekundarstufen (ab achtes Schuljahr) erteilt. Entsprechend liegen Lehrpläne und Lehrbücher auch nur für diese Schuljahre vor. Die Einrichtung von Ethikunterricht in der Grundschule ist wegen der wachsenden Zahl von Konfessionslosen und Angehörigen nichtchristlicher Religionen und wegen der gesetzlichen Vorgaben unumgänglich, besonders in den sog. neuen Bundesländern.

Eigenständigen Ethikunterricht gibt es auch außerhalb der Bundesrepublik, z.B. in Australien, Italien und einigen Modellschulen in den USA. Das englische Schulfach „Religious Education" ist in mancher Hinsicht mit dem deutschen Ethikunterricht vergleichbar. Die fachdidaktische Diskussion hat erst begonnen. Z.T. wird eine elementarisierte Form praktischer Philosophie unter kritisch-theoretischen (Saarland) oder wertpragmatischen Prämissen (Hessen) verlangt. Einübung in Wahrnehmungs-, Sprach- und Argumentationskompetenz angesichts sittlich-praktischer Gehalte fordert O. Höffe.

In der Grundschule dürften sich besonders erfahrungs- und handlungsbezogene Konzepte durchsetzen, wie sie etwa dem engl. Curriculumprojekt „Lifeline" (Bedürfnisorientierung, Rücksichtnahme, Umweltpflege) zugrunde liegen. Methodisch stehen hier spielerisches Lernen, Projektlernen und Fallanalysen im Vordergrund. Für die religionskundlichen Anteile könnte eine Auseinandersetzung mit dem entsprechenden englischen Unterrichtsmaterial hilfreich sein. Strategien zur Förderung von Selbstreflexion bietet das Konzept „Wertklärung" an, um der „Wertverwirrung" entgegenzuwirken. Auf L. Kohlbergs Entwicklungstheorie beruht der Vorschlag, die Entwicklung des moralischen Urteils durch eine Diskussion moralischer Dilemmata zu fördern. Eine Fachdidaktik des Ethikunterricht im Sinne des Gesetzgebers müßte philosophisch-ethische Reflexion, Einstellungsbildung, Wertklärung und Urteilsbildung mit einer religiös-weltanschaulichen Orientierung verbinden.

Die didaktische Differenz zwischen Religionsunterricht und Ethikunterricht ist weniger am inhaltlichen Angebot als am hermeneutischen Bezugsfeld festzumachen. Der Religionsunterricht bezieht sich auf die Ursprungserfahrungen und die Geschichte des Christentums, der Ethikunterricht auf die neuzeitlichen Werte und Visionen eines gelingenden Lebens. Ähnlichkeiten und Differenzen der beiden Bezugsfelder sowie die inhaltlichen Gemeinsamkeiten sollten zu kooperativer Konkurrenz beider Fächer veranlassen.

Heinz Schmidt

Literatur: *Nipkow, K. E.:* Moralerziehung. Göttingen 1981 • *Pohlmann, J./Wolf, J.* (Hg.): Moralerziehung in der Schule. Göttingen 1982 • *Schreiner, G.* (Hg.): Moralische Entwicklung und Erziehung, Braunschweig 1983 • *Schmidt, H.:* Didaktik des Ethikunterrichts, 2 Bände. Stuttgart 1983/84

Fachlehrer/in – Klassenlehrer/in: Ein/e Fachlehrer/in ist für den Unterricht in wenigen Fächern (meist zwei, seltener drei) zuständig; d.h. er/sie unterrichtet auf einem inhaltlich begrenzten Sektor in einer größeren Zahl von Klassen eine Vielzahl von Schüler/inne/n. Der Fachlehrer bzw. die Fachlehrerin gilt als Spezialist/in. Das Fachlehrerprinzip war von jeher das für alle „höheren Schulen“ (Realschule, Gymnasium, Berufsschule, Fach(hoch)schule, Universität) typische Organisationsprinzip der Zuordnung von Schulklassen, Student/inn/en und Lehrer/inne/n.

Der Begriff Klassenlehrer/in ist zweideutig. Zum einen ist darunter der/die Allroundlehrer/in, der/die alle Fächer in einer Klasse unterrichtet, zum anderen der Lehrer bzw. die Lehrerin, der/die als Vertrauensperson für alle Belange der Klasse zuständig ist, die über den Fachunterricht i. e. S. hinausgehen (z. B. Exkursion, Schullandheim, Wanderung, Fest, Konflikte, Elternabend etc.), zu verstehen. In der Regel ist die Klassenlehrerfunktion mit einer möglichst hohen Stundenzahl verknüpft. An den Gymnasien führte der Klassenlehrer früher die Bezeichnung Ordinarius. Alle Schulklassen haben in der Regel einen Klassenlehrer bzw. eine Klassenlehrerin im Sinne des Vertrauenslehrers. Vornehmlich in der Grundschule – weniger in der Hauptschule – ist auch heute noch das Klassenlehrerprinzip im Sinne des Allroundlehrers das vorherrschende Prinzip bei der innerschulischen Verteilung der zur Verfügung stehenden Lehrkapazitäten auf die einzelnen Jahrgangsklassen. Da er/sie in der Regel nicht mehr alle, aber noch mehrere Fächer unterrichtet, hat sich der Begriff Fachgruppenlehrer/in eingebürgert.

Die Begriffe Klassenlehrer/in und Fachlehrer/in sind mit bestimmten Aspekten von Erziehung und Unterricht verknüpft. Mit der Klassenlehrerin, die fast alle inhaltlichen und organisatorischen Fäden in der Hand hält, rücken unter sachlichem Aspekt Ganzheitlichkeit und Vernetzung und unter personalem Aspekt die Beziehungsebene in den Vordergrund. Unterrichtsorganisatorisch räumt das Klassenlehrerprinzip dem Lehrer mehr Flexibilität und intensivere und längere Schülerkontakte, damit eine bessere Kenntnis von einzelnen Schülern und bessere Möglichkeiten zur Dosierung der Anforderungen ein. Versuche, das Klassenlehrerprinzip zugunsten des Fachlehrerprinzips auch in der Grundschule durchzusetzen, sind im großen und ganzen gescheitert. Die Folge ist, daß der/die Klassenlehrer/in an Grund- und Hauptschulen heute im Gegensatz zu früher aufgrund seines/ihres Hochschulstudiums über vertiefte fachliche und fachdidaktische Kenntnisse in nur zwei bis drei Fächern verfügt und sich damit dem Status des Fachlehrers an weiterführenden Schulen zwar annähert, aber häufig fachfremd, d. h. ohne fachliche und fachdidaktische Vorbildung unterrichtet.

Dennoch hat auch das Fachlehrerprinzip in der Grundschule – vor allem in der sechsjährigen – seine Berechtigung. Denn mit einem gemäßigten, aber zunehmenden Einsatz von Fachlehrern rückt die Systematik der Inhalte (Wissenschaften) und damit die Sachebene in den Vordergrund. Bildung als Prozeß der Auseinandersetzung mit den Dingen, als wissenschaftspropädeutische Schulung erhält durch Fachlehrer/innen ein größeres Gewicht; die sukzessive Einführung in die wissenschaftlichen Methoden und Probleme eines Faches stellen einen eigenen Wert dar. Die Konfrontation mit einer größeren Zahl von Fachlehrern stellt allerdings an die Kinder höhere geistige und motivationale Anforderungen, da ihnen die Inhalte zunehmend zerstückelt, systematisch angeordnet, vom Ich und seinen Bedürfnissen abgeschnitten und durch das Klingelzeichen am Ende der Stunde zerschnitten, angeboten werden.

Der Allroundlehrer der Grundschule wurde in den 60er Jahren sehr kritisch betrachtet, weil man glaubte, er könne die gesteigerten Bildungsansprüche nicht befriedigen und die nötige Begabungsförderung nicht leisten. In einer Befragung von J. Dieckmann/P. Lorenz hielten damals 87 % von 550 Befragten den Allroundlehrer für die Arbeit in der Grundschule für grundsätzlich geeignet. Dieckmann/Lorenz ziehen daraus die Folgerung, daß in der Grundschule der Allroundlehrer seine Position mit geringfügigen Einschränkungen behaupten wird. Diese Einschätzung hat sich inzwischen als zutreffend erwiesen. Das Klassenlehrersystem ist hier vom pädagogischen Standpunkt aus dem Fachlehrersystem überlegen, da für das jüngere Kind der personale Bezug für seine geistige und psychische Entwicklung wichtiger ist als fachliches Spezialistentum.

Das Thema Fachlehrer/in – Klassenlehrer/in hat auch eine gesellschaftliche Dimension. Die spezifisch pädagogische Funktion des Klassenlehrers bzw. der Klassenlehrerin gilt in der Öffentlichkeit als wenig professionell. Höher schätzt die Öffentlichkeit eindeutig abgrenzbare Fachkompetenz in wissenschaftlich exakt definierbaren Bereichen (vgl. Heiland 1979). Die von B. Gerner (1981) referierten Untersuchungen bestätigen dies.

In Zukunft wird es in der Grundschule darum gehen, die in der Praxis erkennbare Tendenz der sukzessiven Reduzierung des Klassenlehrerprinzips mit steigendem Jahrgang zu stabilisieren und wissenschaftlich abzusichern: Teamteaching und Klassenstufenkonferenz stehen als Ansätze zu dieser Konsolidierung zur Verfügung. In den weiterführenden Schulen wird es darauf ankommen, vor allem im fünften und sechsten Schuljahr, die pädagogische Funktion des Klassenlehrers und der Klassenlehrerin zu stärken.

Kurt Meiers

Literatur: *Dieckmann, J./Lorenz, P.:* Spezialisierung im Lehrerberuf. Heidelberg 1968 • *Gerner, B.:* Lehrer sein heute. Darmstadt 1981 • *Heiland, H.:* Lehrer und Schüler heute. Aktuelle Probleme der Lehrer- und Schülerforschung. Königstein 1979

Fachzeitschriften: Die Diskussion um die Ausrichtung der Erziehung insgesamt, einer Schulart oder eines Faches prägt die pädagogischen Zeitschriften seit ihrer Entstehung – und liefert in vielen Fällen zugleich den Anlaß für ihr Entstehen. Die gilt – bei allen inhaltlichen Unterschieden – etwa für die 1887 von Otto Lyon begründete „Zeitschrift für den deutschen Unterricht“, die einem nationalerzieherischen, einheitlichen Bildungsziel verpflichtet war, ebenso wie für die 1967 von Erwin Schwartz begründete Zeitschrift „Grundschule“, die bis heute einen reformpädagogischen Ansatz vertritt.

Nach dem Zweiten Weltkrieg sind etliche Fachzeitschriften entstanden, für den Grundschulbereich allein fünf: „Grundschule“, „Grundschulmagazin“, „Grundschulunterricht“ (in der ehemaligen DDR unter dem Namen „Unterstufe“), „Grundschulzeitschrift“ (zunächst unter dem Namen „Grundschullehrer“) und „Praxis Grundschule“. Die genannten Zeitschriften verkörpern den Typus der schulspezifischen, sämtliche Fächer sowie aktuelle pädagogische Themen ansprechende Fachzeitschrift. Sie werden üblicherweise als Themenhefte konzipiert und enthalten zudem ein – mehr oder weniger umfangreiches – Angebot an Unterrichtsmaterialien. Zeitschriften ähnlichen Zuschnitts finden sich auch für die Sekundarstufe, etwa „Praxis Schule 5–10“ oder „Schulmagazin 5–10“ (früher „Hauptschulmagazin“). Häufiger anzutreffen ist hier allerdings der Typus der auf ein Fach – Mathematik, Kunst, Musik, Geographie, Fremdsprachen – bezogenen Fachzeitschrift, wie „Praxis Deutsch“, „Praxis Geschichte“. Als dritter Typus wären die allgemeinen pädagogischen oder erziehungswissenschaftlichen Zeitschriften wie „Pädagogik“ oder „Die Deutsche Schule“ (herausgegeben von der Gewerkschaft Erziehung und Wissenschaft) zu nennen. Ergänzend sind Zeitschriften wie „Beiträge Jugendliteratur und Medien“ oder „Fundevogel“ zu nennen, die weder fachbezogen noch pädagogisch orientiert sind, aber Beiträge zur Kinder- und Schulkultur oder zum Literaturunterricht anbieten.

Fachzeitschriften bilden Entwicklungen ab, sie initiieren allerdings durch ihre Themenwahl auch welche. Zum Aufgabenspektrum zeitgenössischer Fachzeitschriften gehören Fortbildung durch fachdidaktische und -wissenschaftliche Aufsätze, die Entwicklung professioneller pädagogischer Standards durch Unterrichtsmodelle und -beispiele sowie Informationen über das gesamte – auch bildungspolitische – Umfeld von Schule und Hochschule.

Dietlinde H. Heckt

Literatur: *Frank, H. J.:* Geschichte des Deutschunterrichts. München 1973 • *Langewiesche, D./Tenorth, H. E.:* Handbuch der deutschen Bildungsgeschichte. Bd. V. München 1989

Fächerübergreifender Unterricht: Seit der Reformpädagogik der 20er Jahre steht fächerübergreifender Unterricht in der Grundschule wie auch in weiterführenden Schulen für eine Gegenbewegung aufgrund eines lerntheoretisch wie lernpsychologisch begründeten Unbehagens am gefächerten Unterricht. Seit dieser Epoche wird das Unverbundene einer Anzahl von praktisch beziehungslos nebeneinanderherlaufenden Fächern kritisiert (zusammenhanglos in der Gleichzeitigkeit). Vor allem mit Blick auf die Grundschule ist aus der allgemeinen Kritik folgendes hervorzuheben:

- Die heute vorfindliche Fachsystematik ist in einem langen historischen Prozeß entstanden und entfaltet worden; alle heranwachsenden Kinder stoßen unvermittelt mit dieser Fachsystematik zusammen.
- Was den Kindern in ihrer Lebenswirklichkeit jeweils „als Ganzes“ erscheint, wird unvermittelt „fachschachtelartig“ segmentiert (gehört hierher – gehört nicht hierher); was für das kindliche Erleben, für das kindliche Bewußtsein untrennbar verbunden ist, wird durch eine unterrichtliche Auffächerung (die kaum eingesehen und verstanden werden kann) zerschnitten.
- Ein sich unbefangen an Bezugswissenschaften orientierender Fachunterricht gliedert sich demgemäß, organisiert sich in planmäßigen und seriellen, inhaltlichen Abfolgen, bringt den „Stoff“ systematisch (und ökonomisch) an die Kinder heran. Er zielt eher auf das jeweilige Ordnungssystem der Bezugswissenschaft (mit ihren relativ starren Grenzen) als auf die Persönlichkeitsentwicklung der Kinder. Auf diese Weise schafft der Unterricht absichtlich Distanz zu ihrer Lebens- und Erfahrungswelt; er bringt Störungen in den direkten Bezug zwischen den Kindern und ihren Welten. Die Kinder finden im aufgefächerten Schulwissen ihre eigene, erfahrungsgesättigte und zumeist komplexe Lebenswirklichkeit nicht mehr wieder. Diese abgeschnürte „Subjektivität der Lernenden“ (Maurer) mit ihren subjektiven Zugängen, Motiven und Weltdeutungen bedingt die vielfach künstliche Lernwelt Schule mit.
- Eine sich überwiegend an Fachwissenschaften orientierende Lehrer/innen-

ausbildung verstärkt zudem auch Fachunterricht in der Grundschule, d. h. – zusammen mit einer spezifischen Interpretation des Begriffes Wissenschaftsorientierung" wird auch dort Unterricht auf mehrere Lehrer/innen aufgeteilt, die sich eher über ihre Fächer als über die Lernprozesse der Kinder definieren.

Aus dem Unbehagen über den Fachunterricht und in Kenntnis der negativen Folgen in der Schulpraxis entwickelte die Schulpädagogik unterschiedliche, die Auffächerung gewissermaßen abmildernde, inhaltliche wie unterrichtsorganisatorische Ansätze.

Es wurde versucht, Ziele und Inhalte verschiedener Fächer im Zusammenhang eines thematischen Rahmens miteinander zu verschränken. Diese Versuche reichen vom Gesamtunterricht der Grundschule (mit teils oberflächlichen, teils trivial verknüpften Stoffkonstrukten) über epochale Lösungen (man versuchte „über thematische Brücken" zu integrieren, was fachlich getrennt war) bis hin zu Zusammenlegungen von Fächern (additiv oder strukturell neu geordnet in Lernbereichen). Fast ohne Ausnahme waren diese didaktischen Entscheidungen Lehrer/innen-Sache.

Andererseits näherte man sich mit Projektunterricht oder projektorientiertem Unterricht einer anderen didaktischen Qualität.

Für den Bereich der Grundschule wird das Attribut fächerübergreifend überwiegend aus dem Blickwinkel der sich an Bezugswissenschaften orientierenden erwachsenen Lehrer/innen gebraucht.

Den Kindern selbst erscheint ihre Lebenswirklichkeit nicht gefächert, sondern „im Ganzen", d. h. in mehr oder weniger (zumeist subjektiv) geordneten Erlebnis- und Erfahrungseinheiten, deren Strukturierung unter anderen und zudem verschiedenen Sichtweisen erst gelernt werden muß. Grundschulkinder wissen nichts oder kaum etwas von Fächern und ihren Grenzen: im „Ganzen" in seiner Mehrsinnigkeit haben sie subjektive Zugänge zu individuell interessierenden und fragwürdigen Einzelheiten, jedes auf seine Weise. Dies kennzeichnet eine Struktur elementarer Lernvorgänge, die demgemäß auch in der Grundschule ungefächert beginnen müssen.

Als schulpädagogische Hauptfrage kann gelten:

- Wie werden aus vieldeutigen Erfahrungen (auch) spezialisierte und systematisierende Erkenntniswege?

Als Folgefragen dieses Ansatzes ergeben sich:

- Wie erleben, erfahren, denken Kinder und inwieweit ist dies von ihren jeweiligen Um- und Mitwelten, ihren individuellen Lerngeschichten abhängig?
- Wie können kindliche Erfahrungen und Denkansätze durch schulische Lernprozesse weiterentwickelt und auf Schulfächer bzw. fächerübergreifende Vorhaben hin orientiert werden, ohne eigenständige Interessen und Motive völlig abzulösen, zurückzudrängen oder gar als weniger wert bzw. als unsinnig erleben zu lassen (Rumpf).

Im Unterricht der Grundschule und darüber hinaus sollte die zwingende Folge ungefächerten, gefächerten (und/oder fächerübergreifenden) Lernens im Sinne der „genetischen Didaktik" M. Wagenscheins als Struktur elementarer Lernvorgänge akzeptiert werden und als vorrangiges didaktisches Prinzip Geltung erlangen. Der Unterricht sollte von vielfältig deutbaren Erlebnis- und Erfahrungseinheiten der Kinder ausgehen, sie verstehbar und sozial vermittelbar machen, d. h. mit großer Geduld immer wieder bei ihrer Analyse und Strukturierung Unterstützung und Hilfe leisten.

Claus Claussen

Literatur: *Maurer, F.:* Die Wahrheit der Phänomene. In: *Duncker, L.* u. a.: Kindliche Phantasie und ästhetische Erfahrung. Langenau-Ulm 1990 • *Becker, G. U.:* Ungefächerter Unterricht. In: *Becker, G. U.* u. a.: Ungefächerter Unterricht in der Grund- und Orientierungsstufe. Frankfurt 1972 • *Wagenschein, M.:* Ursprüngliches Verstehen und exaktes Denken. Stuttgart 1965 • *Rumpf, H.:* Erlebnis und Begriff. In: Zeitschrift für Pädagogik 3/1991

Familienerziehung: Familie konstituiert sich durch das dauerhafte Zusammenleben von einem oder mehreren Erwachsenen mit einem oder mehreren Kind/ern. Eine ihrer zentralen Aufgaben besteht in der Erziehung. Dazu gehört die Bildung des Charakters, die Grundlegung des Verhältnisses zur Welt und die Vermittlung normativer Orientierungen. Bis zur Jahrhundertmitte fand Erziehung vornehmlich auf einer Basis von Autorität und Gehorsam statt. Heute zeigen sich Tendenzen zu einem mehr partnerschaftlichen Verhältnis: Eltern legen mehr Wert auf Selbstbewußtsein als auf Folgsamkeit, im Umgang tritt das Verhandeln an die Stelle prompter Erfüllung elterlicher Befehle.

Das Erfahrungsfeld Familie ist für die Kinder allerdings widersprüchlich. Viele Eltern sind in ihren Normen selbst verunsichert, so daß sich autoritäre und liberale Erziehungselemente mischen. Noch entscheidender ist die Einbindung der Familie in ein gesellschaftliches System, in dem weit vorangetriebene Individualisierung mit frühen und hohen Leistungsanforderungen einhergeht. Eine individuell-verstehende und stark emotional bestimmte Eltern-Kind-Beziehung, besonders in früher Kindheit, verbindet sich daher oft schon von der Vorschule ab mit unerbittlichen Leistungsanforderungen, denen sich das Kind umso weniger entziehen kann, je verständnisvoller und vernünftiger sich die Eltern geben. Die Erziehungskraft der Familie ist abhängig von ihrem sozialen Gefüge und ihren Umweltbezügen. Hier haben sich in den letzten Jahrzehnten Verschiebungen vollzogen.

Die Zunahme der Ein-Kind-Familie macht einerseits eine intensive Beschäftigung der Erwachsenen mit dem Kind möglich, andererseits fehlen ihm familiale Sozialerfahrungen mit anderen Kindern. Die Rolle der Mutter wird durch die Veränderungen der Frauenrolle bestimmt. Hervorzuheben ist die Zunahme qualifizierter Ausbildung für Mädchen, der auch von Frauen erhobene Anspruch auf Selbstverwirklichung im beruflichen und öffentlichen Leben und die Berufstätigkeit gerade auch von Müttern. Sie wirkt sich in vielen Fällen pädagogisch grundsätzlich positiv auf das Kind aus. Schwierigkeiten bringt die zeitliche Belastung der Mutter, die im Regelfall nicht durch ein größeres familiales Engagement des Partners aufgewogen wird.

Die Beschaffenheit heutiger Lebensumwelt schließlich führt dazu, daß Kinder viele Erfahrungen – mit Nachbarskindern, Tieren, Natur, mit körperlichen Herausforderungen – nicht unmittelbar von der Familie aus machen können. Dem Kind müssen aus allen diesen Gründen Lebens- und Erfahrungsräume außerhalb der Familie zur Verfügung stehen, in denen erzieherische Situationen künstlich arrangiert werden. Hierher gehören Krabbelstube, Kindergarten, Spielplatz und Verein. Vorhandene Institutionen müssen sich verwandeln; so wird die Schule aus einer Unterrichts- zu einer sozialpädagogischen Institution. Trotzdem bleibt der prinzipielle erzieherische Anspruch der Familie bestehen und wird auch geltend gemacht. Die Kinder müssen daher lernen, sehr verschiedene Ansprüche in ihrer werdenden Persönlichkeit zu integrieren, was leicht zu Überforderung führen kann.

Tobias Rülcker

Literatur: *Nave-Herz, R.* (Hg.): Wandel und Kontinuität der Familie in der Bundesrepublik Deutschland. Stuttgart 1988 • Deutsches Jugendinstitut (Hg.): Wie geht's der Familie? München 1988 • *Gysi, J.* (Hg.): Familienleben in der DDR. Zum Alltag von Familien mit Kindern. Berlin (Ost) 1989

Fehleranalyse: Rechnen: Im Gefolge der aufkommenden Psychopathologie wandte sich die entstehende empirisch-wissenschaftliche Pädagogik Anfang dieses Jahrhunderts den Störungen im Lernen zu. Sie untersuchte dabei auch Fehler bei mathematischen Operationen, die sie als Hinweis für individuelle Schwierigkeiten und spezielle Denkleistungen, -beschränkungen oder -gewohnheiten wertete (z. B. schon 1904 Ranschburg, 1922 Weimer, 1931 Seemann). Erst seit den 70er Jahren werden Fehler nicht nur negativ, als Störung oder als Nicht-gelernt-haben angesehen, sondern als eigenständige Denkleistung. Arithmetische Fehler sind keine Zufallsprodukte, sondern das Denken des einzelnen Kindes folgt (relativ) stabilen Regeln. Erst wenn die Lehrerin bzw. der Lehrer diese erkennt, hat sie/er die Möglichkeit, neue, veränderte Lernprozesse anzuregen und anzuleiten.
So lassen sich an den Fehlern typische Lösungsstrategien und durch Unterricht verursachte Begriffsbildungen ablesen, wie Mißkonzeptionen durch das verwendete Veranschaulichungsmittel, Vertauschung der Operationen (Subtraktion statt Addition beim Ergänzungsverfahren, Division statt Multiplikation), Umgang mit der 0 bei Addition/Subtraktion und entsprechend mit der 1 bei Multiplikation/Division, durch Sprachverwendung und Textverständnis eingeengte Begriffe, spezielle Fehltechniken bei Überträgen u. a. m.
Da Mathematik von den Kindern häufig als Spiel ohne Realitätsbezug und mit künstlichen Regeln angesehen wird, die es erst zu durchschauen gilt, konstruieren sie sich ihre eigene private Mathematik. Die individuellen Fehlstrategien folgen dabei einem immer wiederkehrenden Muster, das sich in unterschiedlichen Aufgaben(-klassen) niederschlägt. Inzwischen wurden diagnostische Aufgabensätze entwickelt, die es der Lehrerin bzw. dem Lehrer gestatten, durch Klassifikation der Fehlertypen sowohl das Profil eines einzelnen Schulkindes als auch das der Klasse zu ermitteln (Gerster 1982). Damit ergeben sich für sie Hinweise für wirksame methodische Behebungsmaßnahmen.
Nicht immer läßt sich allerdings eine solche Fehlerkategorie bestimmen, da der Kreativität der Schüler/innen keine Grenzen gesetzt sind. Hier muß auf die Methode des lauten Denkens zurückgegriffen werden, d. h. der Schüler löst die entsprechenden Aufgaben laut und erläutert seine Denkprozesse. Zu berücksichtigen ist dabei, daß Fehler bei schriftlichen Verfahren selten mit entsprechenden Fehlern beim mündlichen (Kopf-)Rechnen zusammenhängen, hier werden andere Strategien bevorzugt.
Jens Holger Lorenz

Literatur: *Gerster, H.-D.:* Schülerfehler bei schriftlichen Rechenverfahren – Diagnose und Therapie. Freiburg 1982 • *Lorenz, J. H.* (Hg.): Lernschwierigkeiten. Köln 1984 • *Radatz, H.:* Fehleranalysen im Mathematikunterricht. Braunschweig 1980

Fehleranalyse: Rechtschreiben: Übungsmaterialien zur Rechtschreibung basieren u. a. meistens auf Fehleranalysen: Aus einer großen Anzahl von Schülertexten der jeweiligen Schulstufe werden Verstöße gegen die Norm herausgezogen und nach Art und Häufigkeit geordnet.

Die entstandenen Statistiken geben wichtige Hinweise für die Art und das Quantum der erforderlichen Übungen. Das so erarbeitete Übungsmaterial ist aber nie für alle Kinder optimal geeignet, denn je freier, lebendiger, reichhaltiger, persönlicher die Kinder schreiben (und das wäre ja ein Hauptziel allen Textschaffens), um so individueller und oft auch atypischer werden meistens die Rechtschreibfehler. Wohl läßt sich generell feststellen, daß gewisse Bereiche der Rechtschreibung besonders fehleranfällig sind (z. B. die Groß-/Kleinschreibung oder Dehnung und Schärfung), aber die Fehler betreffen nicht bei allen Kindern dieselben Wörter und oft auch nicht dieselben Bereiche. Damit Rechtschreibfehler wirksam und ohne Leerlauf bearbeitet werden können, sollte darum von Zeit zu Zeit für jedes Kind einer Klasse eine individuelle Fehleranalyse vorgenommen werden, und zwar an frei geschriebenen Texten, die auch Aufschlüsse geben über die Verwendung der Sprache insgesamt. Voraussetzung dafür ist ein entspanntes Lernklima. Es muß als normal gelten, daß Fehler vorkommen können, und als selbstverständlich, daß man sie bearbeitet.

Zum Vorgehen: Wer zum ersten Mal solche Fehleranalysen vornimmt, braucht dafür recht viel Zeit. Mit einer guten Arbeitstechnik reduziert sich der Arbeitsaufwand aber beträchtlich und zusehends mehr, denn man merkt sehr schnell, bei welchen Kindern eine genaue Analyse nötig ist und bei welchen ein rascher Überblick und ein paar kurze Notizen genügen.

Auch können die Schülerinnen und Schüler der Sekundarstufe anhand von vorbereiteten Tabellen ihre Fehler selber in einem Fehlerprofil zusammenstellen. Bei jeder Fehleranalyse sind einige Fragestellungen und ein Raster für das Ordnen der Normverstöße hilfreich.

Mögliche Fragen:

- Ist der Fehler eher zufällig? (Das gleiche Wort wurde mehrmals richtig geschrieben und nur einmal falsch.)
- Ist der Fehler sehr störend oder eher unauffällig? (Ins Auge fallende Fehler haben bei der Fehlerbearbeitung Priorität)
- Handelt es sich bei den Fehlerwörtern um sehr häufige oder eher seltene Wörter?
- Gibt es Gründe, warum gerade dieses Kind gerade diese Fehler macht?
- Wie ist die Gesamtzahl der Fehler bezogen auf den Umfang des Textes und die Reichhaltigkeit der Wortwahl?

Und ein einfacher Raster:

- Klein statt groß/groß statt klein.
- Buchstabe zuviel oder zuwenig (z. B. bei Dehnung und Schärfung).
- Falsche Buchstaben (z. B. v statt f).
- Zusammen statt getrennt und umgekehrt.
- Satzzeichenfehler.
- Fall- und Formfehler.

Dieser Raster kann je nach Bedarf und geplantem Zeitaufwand noch differenzierter und als Tabelle gestaltet werden. Man trägt die Fehlerwörter ein und markiert die berichtigte Stelle. Wer schneller vorankommen will, bucht jedes Fehlerwort mit einem Strich, erfährt damit aber nur, in welchen Bereichen die Fehler am zahlreichsten waren und nicht, welche Wörter es im einzelnen betraf.

Fehleranalyse und Fehlerbearbeitung: Fehleranalysen rein zum Zweck der Lernkontrolle nützen wenig, wenn sie nicht zu einer wohlüberlegten, möglichst zeitsparenden, abwechslungsreichen individuellen Fehlerbearbeitung führen – immer mit klarem Blick auf den begrenzten Stellenwert der Rechtschreibung im Gesamtbereich des Schaffens von Texten.

Elly Glinz

Literatur: Grundschule 11/1991. Themenheft: Vom Fehlerprofil zum Rechtschreibprofil

Fehlerprofil: Fehlerprofile sind individuelle, tabellarisch geordnete Zusammenstellungen von Fehlerwörtern aus Texten, welche Schülerinnen und Schüler geschrieben haben. Sie sind also Teil einer Fehleranalyse (siehe dort). Fehlerprofile sollten zwei- bis dreimal pro Jahr erstellt werden, in der Grundschule durch die Lehrerinnen und Lehrer, auf der Sekundarstufe durch die Schülerinnen und Schüler. Das erfordert viel Zeit, die sich aber bei der Fehlerbearbeitung doppelt wieder einbringen läßt.
Schon das Herstellen des Profils ist eine wirksame, individuelle Rechtschreibübung.
Die fertigen Profile zeigen genau, wo besondere Rechtschreibarbeit wirklich noch nötig ist. Damit kann jeder Übungsleerlauf vermieden werden.
Zu bedenken ist, daß die Lernenden, vor allem auf der Sekundarstufe, nicht an der Erstellung eines Fehlerprofils interessiert sind, wenn dieses bei den Lehrenden nur Kontrollfunktion hat. Dagegen ist meistens die Motivation vorhanden, anhand eines Fehlerprofils klar zu erkennen, wo noch Rechtschreibarbeit nötig ist und wie man sie am wirksamsten und zeitsparendsten angehen kann.
Zum Vorgehen: Um niemanden zu diskriminieren, sollten in der Klasse keine Fehlerzahlen genannt werden. Sinnvoll ist es dagegen, gemeinsam festzustellen, ob die meisten oder sogar alle Fehlerprofile der Klasse in bestimmten Bereichen (z. B. Satzzeichen) eine Häufung der Verstöße anzeigen. Wäre dies der Fall, könnte eine gemeinsam entworfene und durchgeführte Übung sinnvoller und unterhaltender sein als eine individuelle Berichtigung. Schülerinnen und Schüler mit sehr hohen Fehlerzahlen sollte man mit ihren Profilen nicht allein lassen, sondern Hilfen anbieten für ein selektives, schwerpunktmäßiges Bearbeiten der gröbsten und auffälligsten Verstöße. Bei aller Arbeit an Fehlerprofilen sollten weder die Lehrenden noch die Lernenden die Texte vergessen, in denen die Rechtschreibverstöße gefunden wurden. Eine Schwalbe macht noch keinen Sommer und die Rechtschreibung allein keinen Text.
Elly Glinz

Literatur: *Glinz, E.:* Rechtschreiben. Voraussetzungen – Probleme – Lösungswege. In: Praxis Schule 5–10. 4/1991 • Schweizer Sprachbuch 7/8. Arbeitsmaterialien. Zürich 1986

Fibel: Als „Fibel“ wird auch heute noch das erste Buch der Schulkinder bezeichnet, obwohl sich die Leselehrgänge von dem, was ursprünglich als Fibel galt, weit entfernt haben. Die über 400jährige Geschichte der Fibel spiegelt die Lehrverfahren (Buchstabiermethode, Lautiermethode, Ganzheitsmethode, Methodenintegration) ebenso wie die wechselnden Erziehungsziele. Heutige Fibeln bestehen nicht mehr nur aus dem Textbuch, sondern zusätzlich aus einem methodisch aufbereiteten Übungsteil. Während der Übungsteil Verbrauchsmaterial ist, in das die Kinder hineinschreiben, ist der Textteil ein erstes Lesebuch, das (zunehmend) im Rahmen der Lernmittelfreiheit ausgeliehen wird. Die Lehrkraft kann aus den für ihr Bundesland kultusministeriell zugelassenen Fibeln auswählen oder auch mit einer Eigenfibel arbeiten. Mögliche Entscheidungskriterien können sein:
• Methode: Die meisten Fibeln sind sog. methodenintegrierte Lehrwerke, sie integrieren die Methoden der Analyse und Synthese. Unterschiede ergeben sich in der Gewichtung des mehr einzelheitlichen oder ganzheitlichen Lernens, in dem Zeitpunkt, zu dem beide Methoden integriert werden, und in dem Maß, in

dem das ganzheitliche Erfassen von Wörtern und häufigen Wortteilen in den Lehrgang integriert wird.

- Ausgangsschrift für das Lesenlernen und für das Schreibenlernen (vgl. Ausgangsschriften)
- Verbindung von Lesen- und Schreibenlernen: In den letzten Jahren hat sich die Druckschrift als Leseschrift durchgesetzt. Immer mehr Lehrer und Lehrerinnen lassen die Kinder zunächst auch Druckbuchstaben schreiben und gehen erst spät (im letzten Drittel des ersten Schuljahres) zum verbundenen Schreiben über. An die Druckschrift schließt sich am besten die vereinfachte Ausgangsschrift an.
- Übungen: Differenzierungsmöglichkeiten, Mehrkanallernen (visuelle, auditive, motorische, Anregungen für haptische Übungen), handlungsorientierte/spielerische Übungen
- Fibelsprache: Sind die Fibeltexte monoton, banal, oder reizen sie zum Lesen, regen sie die Phantasie oder die Handlung der Kinder an?
- Identifikationsfiguren
- Zusatzmaterialien: zum Beispiel kleine und große Wortkarten, Zusatzlesestoffe, spielerisches Übungsmaterial, Kopiervorlagen
- Lehrerband: Macht der Lehrerband den Lehrgang ausreichend transparent? Gibt es Zusatzanregungen, Differenzierungsvorschläge, evtl. zusätzliche Arbeitsblätter als Kopiervorlagen?
- Unterrichtskonzeption: geschlossener Lehrgang mit strenger Systematik oder offenes Konzept mit der Möglichkeit, von der Buchstabenreihenfolge abzuweichen, und mit Anregungen zur Eigentätigkeit.

Ulrike Jürgens

Literatur: *Conrady, P./Rademacher, G.* (Hg.): Fibeln im Gespräch. Kriterien zur Analyse. Essen 1987 • *Menzel, W.:* Lesen lernen – Schreiben lernen. Braunschweig 1990

Förderunterricht: Als Förderunterricht bezeichnen wir schulorganisatorische und didaktische Maßnahmen zur Behebung oder Verringerung von schulischen Leistungsrückständen und Lerndefiziten, die im Regelunterricht durch innere Differenzierung nicht mehr aufgeholt werden können. Die Grenzen zur inneren Differenzierung sind jedoch fließend. Sowohl die langfristige Förderung einzelner Schüler/innen im Klassenverband mit einem speziellen Förderprogramm als auch der gleichzeitige Einsatz von zwei Lehrkräften im sogenannten Parallelunterricht, von denen eine kontinuierlich mit den leistungsschwachen Schülern arbeitet, ist dem Förderunterricht zuzurechnen.

Förderunterricht ist nach 1970 unter anderem zum Abbau schichtenspezifischer Benachteiligungen eingeführt worden. Weiteren Anstoß erhielt der Förderunterricht angesichts der Notwendigkeit, ausländische Schüler und Schülerinnen in unser Schulsystem zu integrieren. Nachdem er zunächst vor allem in der Grundschule praktiziert wurde, zeigen einerseits die wachsende Zahl von Jugendlichen ohne Schulabschluß und andererseits die steigenden Anforderungen im Beschäftigungssystem seine Notwendigkeit auch in der Sekundarstufe I auf.

Eng am Regelunterrricht orientierte Formen sind voraus- und nacharbeitender Förderunterricht. Nacharbeitender Förderunterricht dient der systematischen oder der kasuistischen Aufarbeitung von Lernschwierigkeiten. Diese Form wird oft oberflächlich und unvorbereitet praktiziert. Dagegen versucht vorausarbeitender Förderunterricht zu erwartende Schwierigkeiten zu antizipieren und die Schüler/innen mit aufgabenrelevanten Vorkenntnissen auszustatten. Parallelunterricht ist eine Form von Team-Teaching mit gleichzeitigem Einsatz von zwei Lehrkräften in einer Klasse, deren

Kompetenzen sich ergänzen. Einschulungshilfen, Hausaufgabenhilfe und Nachhilfe sind als schulergänzende Maßnahmen dem Förderunterricht im weiteren Sinne zuzurechnen.
Vom Regelunterricht relativ unabhängige Formen sind zum einen Förderkurse, die in einem geschlossenen Lehrgang spezifische Lerndefizite abbauen und Lernvoraussetzungen für den Regelunterricht schaffen (z. B. Sprachkurse, Kurse für rechtschreibschwache Schüler). Sie sind längerfristig und intensiv angelegt.
Weitere Formen des Förderunterrichts haben allgemeinere Zielsetzungen wie Zurechtfinden in Schule und Lebenswelt, Verbesserung von Lernmotivation und Selbstkonzept. Sie setzen sich inhaltlich bewußt vom Regelunterricht ab.
Als didaktische Grundsätze können gelten: Förderunterricht als therapieähnliche Maßnahme braucht die ständige Diagnose als Grundlage. Daraufhin sind Randbedingungen und didaktische Maßnahmen zu optimieren: entspanntes Lernklima, optimale Lernumwelt, Zeit lassen, Problemphasen kurz halten, kleinschrittig vorgehen, Ziele realistisch setzen, viel Anschauung, Wiederholung und Übung einplanen. Vielfältige, kleine Erfolgserlebnisse ermöglichen und anstrengungsorientiert beurteilen. Nur intensiver und kontinuierlicher Förderunterricht kann erfolgreich sein.
Uwe Sandfuchs

Literatur: *Buchberger, F./Satzke, K.* (Hg.): Förderunterricht. Grundlagen – Verfahren – Ergebnisse. Wien 1980 • *Sandfuchs, U.* (Hg.): Förderunterricht konkret. Materialien und Unterrichtsbeispiele für die Jahrgangsstufen 5–9. Bad Heilbrunn 1989

Freiarbeit: Der Begriff Freiarbeit ist nicht wissenschaftlich abschließend definiert und wird in der Literatur vielschichtig verwendet. Er geht zurück auf Anregungen aus der Reformpädagogik (M. Montessori, C. Freinet, P. Petersen) und auf einen veränderten Lernbegriff. Im Mittelpunkt dieser Unterrichtsform steht das Kind mit seinen Interessen und individuellen Lernmöglichkeiten. Es ist eine Unterrichtsform, die Unterrichtsinhalte nicht lehrergesteuert vermittelt. Sie impliziert einen Lernbegriff, bei dem die Kinder handelnd, entdeckend, forschend, erprobend sich eine Sache erarbeiten und aneignen. Lernen vollzieht sich dabei als eigentätiges Verknüpfen des Neuen mit dem, was das Kind bereits weiß. In der Freiarbeit sollen Eigeninitiative und Selbstvertrauen beim Kind geweckt und gefördert werden. Das Kind soll soziales Miteinander lernen und Kontakte vertiefen können. Es soll die Möglichkeit haben, sich mit einer Sache ohne Steuerung von außen und ohne Zeitdruck zu beschäftigen. In der Wochenplanarbeit sind die Aufgaben aus dem Lehrplan und der Zeitrahmen von der Lehrkraft vorgegeben. Die Kinder können nur entscheiden, in welcher Reihenfolge sie diese Aufgaben erledigen. Im Gegensatz dazu können die Kinder in der freien Arbeit Art und Inhalt von Aufgaben und den Zeitaufwand und die Sozialform selbst bestimmen.
Die Freiarbeit ist nicht lehrergesteuert. Hier kommen Kinderinteressen zum Tragen. Die Kinder arbeiten an unterschiedlichen Aufgaben und Problemstellungen und nicht gleichschrittig. Sie entscheiden selbst, mit wem und wo sie arbeiten, und sie bestimmen das Lerntempo. Das ermöglicht es den Kindern, ihrem Lernvermögen entsprechend zu arbeiten und jeden Lernschritt erfolgreich abzuschließen. Erfolg stärkt das Selbstbewußtsein und ermutigt zum Weiterlernen. Selbständiges Planen und Arbeiten gelingt nicht allen Kindern

sofort, vor allen Dingen dann nicht, wenn ihnen bis dahin alle Lernwege vorgegeben und Entscheidungen abgenommen wurden.
Daher muß in der Anfangsphase der freien Arbeit diesen Kindern durch behutsame Anregungen die Möglichkeit gegeben werden, sich im selbstgesteuerten Lernen zu üben und eigene Interessen und Lernwege zu entdecken. Das bedeutet, daß die Lehrkraft Lernangebote macht, aus denen die Kinder ihren Interessen entsprechend eine Aufgabe auswählen und bearbeiten können. Eigene Vorschläge der Kinder sollten dabei berücksichtigt und erforderliches Material und Hilfen zur Verfügung gestellt werden. Dazu hat sich in der Praxis folgendes bewährt: In einem Heft oder auf einem Zettel an der Pinnwand notieren die Kinder und die Lehrende im Laufe der Woche Ideen und Vorschläge für die Freiarbeit unter der Überschrift „Wir planen mit“. Im Wochenschlußkreis oder im Klassenrat werden die Vorschläge gemeinsam erläutert und besprochen, und es wird überlegt, welche Vorhaben in die Freiarbeit der nächsten Wochen aufgenommen werden und wer die erforderlichen Materialien besorgt. Hierdurch werden die Kinder an der Planung und Gestaltung des Unterrichts beteiligt, und die Lernangebote orientieren sich an ihren Bedürfnissen.
Freiarbeit setzt eine veränderte Lernumwelt mit vielfältigen Möglichkeiten zum entdeckenden Lernen und entsprechenden Materialangeboten voraus. Die Arbeitsmittel können nach zwei sich ergänzenden Gesichtspunkten zusammengestellt werden, an den Lehrplänen orientierend und der Interessenlage der Kinder entsprechend. Zu den lehrplanorientierten Arbeitsmitteln gehören insbesondere Karteien und Arbeitshefte sowie Lernspiele, mit denen Kinder individualisierend Aufgaben aus dem Lehrplan bearbeiten können, um einen Lernstoff zu festigen, zu erweitern oder zu vertiefen. Zu Arbeitsmitteln, die der Interessenlage der Kinder entsprechen oder Interessen wecken, gehören Kinderbücher, Kinderzeitschriften, Sachbücher, Lexika, Naturmaterialien, Werkzeuge wie Scheren, Pinsel etc., Versuchsmaterialien aus dem Mathematik- und Sachbereich wie Zollstock, Waage, Magnete etc.
Arbeitsmittel müssen ansprechend sein und zum Hantieren auffordern. Sie müssen von Zeit zu Zeit ausgewechselt werden und in ihrer Vielfalt überschaubar bleiben.
Organisatorische und pädagogische Maßnahmen:

- Freiarbeit ist ein verbindlicher, fester Zeitanteil im Stundenplan, der den Kindern zur Verfügung steht und kein Lückenbüßer.
- Innerhalb des Stundenplans ist eine flexible Lernorganisation notwendig, so daß nach Erledigung von Pflichtaufgaben – auch einzelner Kinder – Freiarbeit fortgesetzt werden kann. Ein Wochen- und Tagesplan ist hilfreich.
- Schaffen einer Lernatmosphäre, in der die Kinder mit ihren individuellen Lernvoraussetzungen akzeptiert werden und miteinander arbeiten, aber nicht konkurrieren.
- Treffen von klaren Abmachungen (Arbeitsregeln), die gemeinsam mit der Lerngruppe im Klassenrat gefunden werden (z. B. arbeite leise, frage erst einen „Experten“ in der Klasse, ehe du zur Lehrerin bzw. zum Lehrer gehst, notiere deinen Namen an der Tafel, wenn du Hilfe brauchst).
- Einhalten von Ordnungsprinzipien (Material sollte an einer bestimmten Stelle stehen und immer wieder richtig eingeordnet werden, Ablagemöglichkeiten für Arbeiten, die von den Kindern nicht selbst kontrolliert werden können etc.)

• Sichtbarmachen von Lernergebnissen (Pinnwand, Ausstellungstisch, Mappen mit Arbeitsergebnissen, Vorstellen von Ergebnissen vor der Klasse, der Nachbarklasse, den Eltern etc.)

Freiarbeit ist die fortgeschrittene Form eines sich langsam öffnenden Unterrichts. Hierbei ist es wichtig, daß Lehrer/innen mit kleinen Schritten anfangen. Gut geeignet ist der Einstieg über die Wochenplanarbeit, vielleicht zunächst nur in einem Fach, in dem die Lehrkraft sich besonders sicher fühlt. Der Umfang der Aufgaben, die die Kinder selbständig erledigen dürfen, und der Zeitrahmen dafür wird langsam ausgeweitet. Zu den Pflichtaufgaben können in Absprache mit den Kindern Angebote für die Freiarbeit in den Wochenplan aufgenommen werden. Hilfreich ist weiterhin die Kooperation mit Kolleg/inn/en, vielleicht sogar im Hinblick auf gemeinsame Zeiten freier Arbeit mit geöffneten Klassentüren und das Einbeziehen von Schulfluren für Lernecken, wenn Gruppenräume nicht zur Verfügung stehen. Der Erfolg der Freiarbeit hängt ab von einer klaren Struktur der Lernorganisation, die die Lehrkraft für sich und die Kinder schaffen muß. Dies ergibt die Sicherheit, in der sich jeder wohlfühlt und die Basis, von der ausgehend die Freiarbeit langsam erweitert werden kann.

Freiarbeit ist ein gemeinsamer Lernprozeß von Lehrer/inne/n und Kindern, der bei den Kindern Individualität und Vielfalt, Eigeninitiative und Arbeitsfreude fördert und den Lehrkräften die Chance bietet, mehr Vertrauen in die Fähigkeiten ihrer Schüler/innen zu entwickeln, die in dieser Unterrichtsform sehr bald beginnen, Lernprozesse zunehmend selbst zu steuern.

Irmhild Kleinert

Literatur: *Bönsch, M.:* Begabungsförderung im offenen Unterricht. In: Sachunterricht und Mathematik 8/1991 • *Kayser, A./Schäkel, L.:* Kinder und Lehrer lernen: Freie Arbeit, Kinder lernen selbständig. Arbeitshilfen für Freie Arbeit und Wochenplanunterricht in der Grundschule. Landesinstitut für Schule und Weiterbildung. Soest

Freinet-Pädagogik: Die Freinet-Pädagogik zählt zu den Konzeptionen, denen die innere Reform der Grundschule entscheidende Impulse verdankt. Ihre „Vorschläge für die Arbeit im Klassenzimmer" (Vasquez/Oury u. a. 1976) dekken sich weitgehend mit dem offenen, handlungs- und erfahrungsorientierten, schülerzentrierten Unterricht, den z. B. die Grundschulrichtlinien von Nordrhein-Westfalen (1985) verbindlich vorschreiben.

Entstehungsgeschichte: Die Freinet-Pädagogik wurde im Kontext der europäischen Arbeitsschulbewegung von dem französischen Volksschullehrer Célestin Freinet (1896–1966) entwickelt. Angeregt durch die Ideen führender Reformpädagog/inn/en seiner Zeit (Adolphe Ferrière, Ovide Décroly, John Dewey, Maria Montessori, Helen Parkhurst, Hermann Lietz, Peter Petersen), schuf er in engem Austausch mit gleichgesinnten Kolleg/inn/en seine praxisbezogene Konzeption zur Umgestaltung des Schulalltags. Er erprobte neue „Arbeitstechniken" und Lernmittel, deren bekanntestes die Schuldruckerei wurde. Er begründete außerdem eine Lehrer/innenbewegung, die heute ca. 30.000 Mitglieder in Frankreich sowie in über 30 europäischen und außereuropäischen Ländern umfaßt (FIMEM-Fédération Internationale de l'Ecole Moderne).

Pädagogische Grundprinzipien: Lernen wird definiert als aktiver, ganzheitlicher Prozeß, der durch die Selbstentfaltungstendenz der kindlichen Individuen gesteuert wird. Das „tatonnement expérimental" (das „tastende Versuchen", der

freie, experimentierende Zugriff auf die Wirklichkeit) überwindet die herkömmliche, in Schulfächer aufgesplitterte Wissensvermittlung. Der freie Ausdruck in all seinen Formen (freie Texte, freies Malen und Musizieren, Pantomime, Rollenspiel, Schattenspiel etc.) wird angeregt und gepflegt. Eine weitgehende Individualisierung von Lern- und Übungsprozessen erlaubt das Eingehen auf jedes einzelne Kind und eine am individuellen Lernfortschritt orientierte Leistungsbewertung. Daher bietet die Freinet-Pädagogik auch einen geeigneten Rahmen für interkulturelles Lernen und für die Förderung des Zweitsprachenerwerbs ausländischer Kinder.
Unterrichtliche Realisierung: Morgenkreis, Tages- und Wochenplan sind Instrumente für die Organisation gemeinsamer und individueller Aktivitäten und der Freiarbeit. Lernkarteien, Experimentierkästen, Werk- und Lese-Ecken, die Druckerei und andere Vervielfältigungsmöglichkeiten bestimmen die Ausstattung des Klassenraumes. Klassenzeitung und Klassenkorrespondenz, Erkundungen und Projekte dienen der Öffnung der Schule, der Klassenrat übt ein in die Selbstorganisation und die gemeinsame Bearbeitung von Konflikten.
Die Freinet-Bewegung in Deutschland: Freinet-Pädagogik ist eine Konzeption für die öffentliche Regelschule mit dem Anspruch, deren Zwänge durch kollegiale Selbsthilfe und Parteinahme für die Interessen der Kinder zu überwinden. Neben dem kleineren Verein der Schuldrucker (vorwiegend im süddeutschen Raum) existiert die Pädagogik-Kooperative e. V. (Goebenstr. 8, 28209 Bremen), die Freinet-spezifische Arbeitsmittel und Lernmaterialien vertreibt, eine eigene Zeitschrift herausgibt („Fragen und Versuche") und über Treffen und Fortbildungen der ca. 15 Regionalgruppen informiert. Wie für die Arbeit im Klassenzimmer, gelten auch für die Zusammenarbeit der Freinet-Lehrer/innen die Prinzipien der kollegialen Selbstverwaltung, der Reform- und Basisorientierung.
Ingrid Dietrich

Literatur: *Dietrich, I.* (Hg.): Politische Ziele der Freinet-Pädagogik. Weinheim und Basel 1982 • *Freinet, C.:* Die moderne französische Schule (hg. u. übersetzt von H. Jörg). Paderborn 1965 • *Vasquez, A./Oury, F.* u. a.: Vorschläge für die Arbeit im Klassenzimmer – die Freinet-Pädagogik. Reinbek 1976

Fremdsprachenlernen in der Grundschule: Zur Zeit beschäftigen sich viele nationale und internationale Konferenzen mit dem Thema frühes Fremdsprachenlernen. Die positiven Ergebnisse zahlreicher Schulversuche aus den 60er und 70er Jahren haben hinreichend bewiesen, daß Kinder im Grundschulalter optimale Voraussetzungen haben, um zu Lernerfolgen und lustbetontem Umgang mit fremden Lauten und Sichtweisen zu gelangen. Mit der Einführung des europäischen Binnenmarktes und der bestehenden großen Mobilität der Menschen besteht Einigkeit über die Notwendigkeit der Einführung des frühen Fremdsprachenlernens in die Grundschule.
Innerhalb Europas sind die Wege und Erfahrungen mit dem Fremdsprachenlernen sehr vielfältig. Das Spektrum reicht vom verbindlichen Sprachunterricht im ersten Schuljahr bis zu wahlfreiem Unterricht für Gruppen, die sich mit anderen Sprachen beschäftigen. Die Auswahl der Sprachen und der zugrundeliegenden Konzepte richten sich nach den Gegebenheiten der einzelnen Länder. Auch innerhalb der Bundesrepublik weisen die Konzepte große Unterschiede auf. Als Beispiele seien genannt: das Begegnungsprogramm in Baden-Württemberg

„Lerne die Sprache des Nachbarn", das Modell „Begegnung mit Sprachen in der Grundschule" aus Nordrhein-Westfalen, das hessische Modell, in dem es um handlungs- und ergebnisorientiertes, grundschulgemäßes Fremdsprachenlernen geht.
Kontrovers diskutiert werden zur Zeit die Fragen, ob und in welchem Umfang sprachliche Kompetenz vermittelt werden soll, oder ob es eher um das Entwickeln von Aufgeschlossensein (sensitisation) und Bewußtsein für Sprachen (language awareness) gehen soll. Die Erfordernisse einer multikulturellen Gesellschaft, die das interkulturelle Lernen fördern will, um so ethnozentrische Sichtweisen abzubauen, sind die gemeinsame Grundlage aller Ansätze. Es heißt die Fähigkeiten von Grundschulkindern im Sinne ganzheitlichen Sprachhandelns für das frühe Fremdsprachenlernen zu nutzen.
Ziele, Inhalte und Methoden dieses Lernbereichs sollten die Bereitschaft jüngerer Kinder zum Spielen mit Sprache nutzen, auf den Prinzipien eines modernen Grundschulkonzepts aufbauen, aber kein vorgezogener Fremdsprachenunterricht sein. So darf das frühe Fremdsprachenlernen nicht zum Ausleseinstrument werden, deshalb sollte auf Zensuren und verbindliche Hausaufgaben verzichtet werden. Schwerpunkte bilden die Erfahrungen der Kinder, der Umgang mit der oder den Sprachen sollte lustbetont und spielerisch geschehen. Das Ansprechen aller Sinne (multisensory learning) durch Lieder, Spiele, Reime, praktische Aktivitäten, wie Kochen, Basteln etc., sind Unterrichtsprinzip. Die mündlichen Aktivitäten (Hörverstehen, Sprechen) stehen im Vordergrund, während die schriftlichen Fertigkeiten (Lesen, Schreiben) nur unterstützende Funktion haben können. Die Entwicklung des Bewußtseins, daß Menschen mit unterschiedlichen Erstsprachen die Welt unterschiedlich sehen, gehört unbedingt zum frühen Fremdsprachenlernen. Die meisten Grundschulkinder erleben dieses täglich in ihren Klassen.
Auch das Problem, wo und wie das frühe Fremdsprachenlernen im Stundenplan angesiedelt werden soll, wird unterschiedlich gehandhabt. In der BRD geht die Tendenz zur Zeit wohl in Richtung einer Integration in die bestehenden Fächer. Auch wenn zusätzliche Unterrichtsstunden zur Verfügung stehen, wird das frühe Fremdsprachenlernen in möglichst häufigen kurzen Sequenzen in den Unterricht eingegliedert. Auf keinen Fall ist an Unterrichtsstunden vergleichbar mit herkömmlichem Fremdsprachenunterricht gedacht. Diese Überlegungen führen konsequenterweise zur Frage der entsprechenden Lehrerversorgung. Optimal wäre sicher die Klassenlehrerin/der Klassenlehrer mit Grundschulerfahrung und Fremdsprachenausbildung. Dies ist z. Zt. in wenigen Fällen möglich, deshalb ist eine entsprechende Aus- und Weiterbildung der Lehrkräfte besonders wichtig.
Inzwischen stehen vielfältige Unterrichtsmaterialien zur Verfügung (z. B. Bücher, Arbeitshefte, Bilder, Spiele, Audio- und Videokassetten). Um den individuellen Bedürfnissen und Erfordernissen der Lerngruppen Rechnung tragen zu können, ist es wünschenswert, fantasievolle, abwechslungsreiche, möglichst auch „echte" Materialien einzusetzen. Auch hier sollte der Kreativität von Kindern und Lehrkräften Raum gegeben werden.
Schwierigkeiten können beim Übergang der Schüler/innen in die Sekundarstufe entstehen, besonders, wenn es sich um Ersterfahrungen in einer Sprache handelt, die in der weiterführenden Schule nicht angeboten wird. Die positiven, lustbetonten Erfahrungen der Grund-

schulkinder müssen von den weiterführenden Schulen entsprechend anerkannt und aufgegriffen werden. Hier ist ein Umdenken und sich Öffnen und eine gute Zusammenarbeit der Schulen erforderlich.

Birgit Lippelt

Literatur: Frühes Fremdsprachenlernen – Schulreform für Europa. Loccum 1990 • FMS-Kongress. Fremdsprachen für die Zukunft: Nachbarsprachen und Mehrsprachigkeit. Freiburg 1992 • CIDCC New Style Workshop 8A. Fremdsprachen in der Grundschule. Loccum 1992 • *Doyé, P./Lüttge, D.:* Untersuchungen zum Englischunterricht in der Grundschule. Braunschweig 1977 • *Gompf, G.:* Englischunterricht auf der Primarstufe. Weinheim 1975 • *Pelz, M.:* Französisch in der Grundschule. In: Praxis des neusprachlichen Unterrichts 3/1972

Friedenserziehung:

Friedenserziehung ist im Bewußtsein der sich verschärfenden Fundamentalkrise unserer Zeit auf Lebensreform im Zeichen eines grundlegenden Wertewandels angelegt. Dem Leitziel „Überleben" und „gutes Leben" entsprechen in postindustrieller Weltsicht die ökologischen Kategorien „Dezentralisierung, Partizipation, Abbau von Macht, sparsame Nutzung natürlicher Ressourcen, ökologische Verträglichkeit, sanfte Technik, Gewaltfreiheit, Vielfalt" (H. Bossel). Lebensreform und Schulreform – die vor allem im Grundschulbereich wirksame Bewegung zur Öffnung des Unterrichts – weisen gemeinsame Grundzüge auf. Sofern nicht ein technokratisches Mißverständnis vorliegt, ist die schulische Reformarbeit in ihrer Ausrichtung auf den Abbau von Leistungs- und Zensurendruck, von industriellen Produktions- bzw. Lernformen, auf die Zurücknahme von Lehrplanbindung und Lehrerdirigismus zugunsten von Mitplanung und Mitsteuerung der Schüler/innen, vor allem auch durch die Integration behinderter Kinder von unmittelbarer friedenspädagogischer Bedeutung.

Friedenserziehung setzt aber zugleich eigene inhaltliche Akzente.

Aufklärung über Gewalt und Unfriedensstrukturen: In vielen Grundschulklassen dient der Morgenkreis auch der Aussprache über leidvolle und konflikthafte Erfahrungen der Kinder. Aus dem aktuellen Zeitgeschehen finden die Fernsehbilder des Krieges, des Hungers und der Umweltzerstörung Eingang in den Gesprächskreis. Über Bericht und Aussprache hinaus ist es möglich, über die Erfahrungen und Ereignisse nachzudenken und die Warum-Frage zu stellen, zum Beispiel: Warum fangen Menschen Kriege an? Wem nützt der (ein) Krieg? Was kann man dagegen tun?

Der Gelegenheitsunterricht im Morgenkreis bietet überdies Ansatzpunkte für die vertiefende Auseinandersetzung mit dem aktuellen Geschehen im Rahmen abzweigender Unterrichtseinheiten, zum Beispiel zu den Themen: Warum werden wir immer wieder aggressiv? Wofür lohnt es sich zu streiten?

Das auf Konflikthandlungen angelegte Puppenspiel ist geeignet, das Grundmuster eines Krieges (Anfang, Verlauf, Folgen) aus der Sicht der Betroffenen und Widerstand Leistenden in Szene zu setzen. Für die literarische Auseinandersetzung mit dem Thema „Krieg und Frieden" liegen vorzügliche Kinder- und Jugendbücher vor.

Die Warum-Frage sollte auch im Bereich der Dritte-Welt-Pädagogik (Zusammenhang von Unter- und Überentwicklung) und der Umwelterziehung (ökonomistische Orientierung) nicht ausgeklammert werden. Die weitgehend in Vergessenheit geratenen Aufgaben der Konsumerziehung (Werbung, Mode, Ernährung u. dgl.) gilt es, mit den Eltern und Kindern der eigenen Klasse wieder ins Gespräch zu bringen.

Soziales Lernen: Von grundlegender Bedeutung für die Einstellung der Kinder und späteren Erwachsenen zu Gewalthandlungen und -verhältnissen auch außerhalb ihres eigenen Handlungsbereichs ist der Untersuchung P. Coopers „Die Entwicklung der Vorstellungen über den Krieg“ zufolge das in der (frühen) Kindheit durch eigene Konflikterfahrungen erworbene „Konfliktmuster“. Es bedingt die Anbahnung einer Handlungsdisposition, die entweder mehr in Richtung der Gewaltakzeptanz und -bereitschaft oder aber der Gewaltsensibilität und eines nicht-aggressiven (gewaltfreien) Konfliktverhaltens führt. Die Aufklärungsarbeit der Schule bedarf daher ihrer Fundierung im sozialen Lernen. Es ist gerichtet auf die komplementären Fähigkeiten zur Selbstbegrenzung (Empathie, Toleranz) und zur möglichst gewaltfreien Selbstbehauptung in konfliktträchtigen Lagen (ausgelacht, gehänselt, beschimpft werden u. dgl.) und Konfliktsituationen mit Kindern und Erwachsenen. Ihre Realisierung erfolgt vor allem in der Interaktion zwischen Gleichaltrigen. Auch Konfliktgespräche bieten die Möglichkeit, das eigene Handeln und Verhalten im Perspektivenwechsel aus der Sicht des anderen zu sehen. Im Rollenspiel können Handlungsstrategien (z. B. Vermeidung sprachlicher Aggressionen) und konstruktives Konfliktverhalten erprobt werden. Nicht zuletzt ist auf die Vorbildfunktion des Erwachsenen hinzuweisen.
Ausgleich geschlechtsspezifischer Rollenidentifikationen: Im Rahmen des sozialen Lernens gilt es überdies, das Ergebnis geschlechtsspezifischer Sozialisation in einer von Männernormen bestimmten Gesellschaft der Leistungs- und Machkonkurrenz durch kompensatorische Lern- und Identifikationsangebote auszugleichen: Soziale Zärtlichkeit – vor allem als Lernziel für die Jungen, Selbstbewußtsein und Durchsetzungsvermögen – vor allem für die Mädchen.
Gerechtigkeitserziehung: Eine den Ideen der sozialen Gerechtigkeit verpflichtete Erziehung bedarf der Grundlegung durch die von J. Piaget beschriebene „Moral der Gegenseitigkeit und Gleichheit“. Sie ist orientiert am regulativen Prinzip der Gerechtigkeit und fundiert in der Erfahrung „gegenseitiger Achtung“ als Ergebnis vor allem der sozialen Interaktion zwischen Gleichaltrigen. Wir können die Gerechtigkeitssensibilität der Kinder durch das Angebot entsprechender sozialer Interaktionen (Spiele, Projekte, Klassengespräche) und die Beachtung schultypischer Gerechtigkeitssituationen (Zensuren/Zeugnisse, Strafen/Belohnungen, Verteilungsprobleme usw.) zu fördern versuchen.
Meditative Selbstausweitung: Wir müssen in der globalen Überlebenskrise lernen, die räumliche und zeitliche Ferne in unseren Bewußtseins- und Verantwortungshorizont einzubeziehen. Gefordert sind daher „moralische Streckübungen“ (G. Anders), um die Folgen unseres Handelns auf das Leben in anderen Teilen der Welt und auf das Leben künftiger Generationen abschätzen zu können. Pädagogische Ansatzpunkte für die nach innen zentrierten Konzentrationsübungen in der Perspektive einer Fern- oder Verantwortungsethik könnten die von M. Montessori entwickelten Stilleübungen sein.
Erfahrungen des Friedens: Auf die Frage „Stell Dir vor, Du hättest einen Freund, der nicht weiß, was ‚Frieden‘ ist. Was würdest Du ihm sagen?“, gab ein Junge des dritten Schuljahres die zwar der Differenzierung bedürftige, für die Gestaltung von Frieden in der Schule aber treffliche und bedenkenswerte Antwort: „... wenn man sich frei fühlt, keine Angst hat und Freundschaften schließt.“
Heinz Schernikau

Literatur: *Cooper, P.:* Die Entwicklung von Vorstellungen über den Krieg. In: *Krippendorff, E.* (Hg.): Friedensforschung. Köln und Berlin 1968 • *Huschke-Rhein, R.:* Die ökologische Wendung in der Friedensforschung und Friedenspädagogik. In: *Heitkämper, P.* (Hg.): Neue Akzente der Friedenspädagogik. Münster 1984 • *Nolting, H.-P.:* Lernschritte zur Gewaltlosigkeit. Reinbek 1982 • *Schernikau, H./Zahn B.* (Hg.): Frieden ist der Weg. Weinheim und Basel 1990.

Frontalunterricht: Wenn im Unterricht alle Mitglieder einer Lerngruppe/Klasse in gleicher Zeit auf gleichen Wegen mit gleichen Inhalten zu gleichen Zielen geführt werden sollen, geschieht dies in der Form des stark lehrerzentrierten Frontalunterrichts. Dabei regelt und kontrolliert der Lehrer bzw. die Lehrerin alle Lehr-, Lern-, Arbeits-, Kommunikations- und Interaktionsprozesse. Seine Aktivität ist groß, die äußerlich sichtbare der Lernenden dagegen gering. Hauptmedium ist die Lehrersprache, die durch Verwendung von Tafel, Schulbuch, Wandkarte, Bild, Tageslichtprojektor, Videofilm usw. ergänzt werden kann. Die Kommunikationsstruktur ist primär monologisch; Kommunikation und Interaktion zwischen den Lernenden ist nicht erwünscht, weil störend. Im Frontalunterricht verwendet der Lehrer, dessen Funktion zeitweilig auch von Schülern wahrgenommen werden kann, darbietende Lehrverfahren wie Vortragen, Vorlesen, Erzählen, Berichten, Schildern, Beschreiben, Erklären, Vormachen, Vorzeigen, Vorführen, Vorzeichnen, Demonstrieren. Sollen die Lernenden stärker einbezogen werden, bedient sich der Lehrende des fragendentwickelnden Verfahrens, wobei die Fragen überwiegend zur Überprüfung des Lernstandes der Schüler und Schülerinnen dienen.

Frontalunterricht im heutigen Sinn gibt es seit der Einführung der Jahrgangsklassen durch Comenius. Seinen eigentlichen Durchbruch erlebte er aber erst durch die Einführung und Durchsetzung der Schulpflicht im 18. bzw. 19. Jahrhundert, als es galt, große Schülerzahlen zu unterrichten. Eine erste wissenschaftliche Begründung erfuhr der Frontalunterricht durch J. F. Herbart und seine Nachfolger, die Herbartianer, die die Schulpraxis bis weit in unser Jahrhundert hinein maßgeblich bestimmten. Positiv gesehen trug er zur Hebung des Bildungsstandes breiter Volksschichten bei; doch spätestens seit der Reformpädagogik geriet er ins Kreuzfeuer der Kritik. Man warf und wirft ihm vor, er erziehe die Lernenden zur Passivität und Rezeptivität, verhindere selbstständiges Denken, weil nur bereits Vorgedachtes nachgedacht werde und könne zur Indoktrination der Schüler mißbraucht werden. Es ist heute weitgehend üblich, seine Reduzierung zugunsten entdeckender, schüleraktivierenderer Verfahren und offenerer Unterrichtsgestaltung zu fordern. Demgegenüber beweist die Realität an unseren Schulen, daß er noch immer die bei weitem verbreiteteste Form des Unterrichts ist.

Wegen seines negativen Bildes lernen Studierende und Referendare kaum noch, einen Lehrervortrag logisch stimmig zu strukturieren oder z. B. eine Geschichte mitreißend zu erzählen. Zwar ist der Frontalunterricht nur eine Form des Unterrichts neben anderen, doch wird man auf ihn nicht verzichten können. Er bietet sich immer an, wenn komplexe Inhalte klar strukturiert dargeboten werden sollen, die sich Schüler selbst kaum oder nur unter größtem Zeitaufwand erarbeiten könnten, wenn Lehrer Fragestellungen, Probleme und Zusammenhänge aus ihrer Sicht darstellen möchten, wenn eine gemeinsame Ausgangsbasis für Unterrichtsgespräch oder Gruppenarbeit geschaffen werden soll,

wenn Arbeitsergebnisse zusammengefaßt oder die Lernstände der Schüler/innen überprüft werden sollen. Beachtenswert ist auch, daß der Frontalunterricht minutiös vorgeplant werden kann, was nicht gleichbedeutend mit starrer Unterrichtsführung sein muß, daß die Informationsvermittlung rationell und zeitökonomisch (u. U. auch in Großgruppen) vorgenommen werden kann, daß ein gelungener Lehrervortrag die Lerngruppe begeistern, sie in Spannung versetzen und die emotionale Basis für den folgenden Unterricht schaffen kann.
In jüngerer Zeit haben die Befürworter des darbietenden Lehrverfahrens im Frontalunterricht durch D. P. Ausubels Theorie des sinnvoll-verbalen (sinnvoll-rezeptiven) Lernens, auch expositorisches Lehren genannt, Unterstützung erfahren. Mechanisches Lernen lehnt er ab. Ihm geht es um den Aufbau einer kognitiven Struktur im Lernenden, einer gedachten Hierarchie von allgemeinsten Bedeutungen bis hin zu konkreten Fakten, die nicht unverbunden nebeneinanderstehen, sondern durch vielfältige Relationen vernetzt sind. Entscheidende Kriterien des sinnvoll-rezeptiven Lernens sind die zufallsfreie, nicht-willkürliche und inhaltlich sinngemäße, nichtwörtliche Verknüpfung der neu zu lernenden Bedeutungen mit relevanten, schon in der kognitiven Struktur vorhandenen Bedeutungen. Auf diese Verknüpfungen kommt es Ausubel an. Er meint, ein wohl strukturierter, deduktiv aufgebauter Lehrervortrag gewährleiste solche Zuordnungen, verhindere dadurch das mechanische Lernen unverbundener Fakten und fördere die Behaltensleistung.
Gerhard Meyer-Willner

Literatur: *Aschersleben, K.:* Moderner Frontalunterricht. Neubegründung einer umstrittenen Unterrichtsmethode. Frankfurt/Bern/New York/Nancy 1985 • *Ausubel, D. P.:* Psychologie des Unterrichts, 2 Bände. Weinheim und Basel 1974 • *Meyer, E./Okon, W.:* Frontalunterricht. Frankfurt/M. 1984 • *Michael, B.:* Darbieten und Veranschaulichen. Möglichkeiten und Grenzen von Darbietung und Anschauung im Unterricht. Bad Heilbrunn 1983 • *Wragge-Lange, I.:* Interaktionsmuster im Frontalunterricht. Drei Fallanalysen. Weinheim und Basel 1983

Ganztagsschule: Dieser Begriff existiert im engeren und weiteren Sinn. Im e. S. bedeutet er: „gebundene" Ganztagsschule. Alle Schülerinnen und Schüler nehmen obligatorisch an den unterrichtlichen und pädagogischen Veranstaltungen der Vor- und Nachmittage teil. Damit wird die pädagogisch reflektierte Rhythmisierung des Schultages möglich, der in der Regel von 8.00 bis 16.00 (maximal 17.00) Uhr dauert. Unterricht und Freizeit sind gleichberechtigte Aufgaben der Schule und werden über den ganzen Tag verteilt und miteinander verknüpft. Eine schulspezifische Konzeption führt nicht nur dazu, daß die Kinder in der Schule zu Mittag essen und ihre Hausaufgaben weitgehend in Übungsstunden erledigen können. Die ganztägige Anwesenheit aller Kinder ermöglicht es, reformpädagogische Ansätze, neue Formen des Lernens und Öffnungsprozesse der Schule in den Konzeptionen der gebundenen Ganztagsschule zu realisieren. Ziel ist ein ganztägiger Erziehungsprozeß mit ausgearbeiteten Unterrichts- und Erziehungsplänen.
Im weiteren Sinn umfaßt der Begriff Ganztagsschule alle anderen Formen ganztägiger Betreuung: die halbtägige Betreuungsschule bzw. „volle" Halbtagsschule, die „erweiterte" Halbtagsschule, die Tagesheimschule, den Hort an der Schule sowie die „offene" Ganztagsschule. Die halbtägige Betreuungsschule stellt vor allem eine Hilfe für halbtags berufstätige Eltern dar. Sie um-

faßt die Zeitspanne von 7.30 bis 13.00 Uhr. In ihr sind neue Gestaltungsformen des Schulvormittages möglich, die Freizeitangebote, freie Lernzeiten und Hausaufgabenbetreuung einschließen. Das Mittagessen kann eingeschlossen sein (Ende dann um 14.00 Uhr). Die Tagesheimschule besteht in der Regel aus Schule und angegliedertem Hort, den z.T. alle oder nur ein Teil der Schüler/innen besucht. Über die Betreuung bis ca. 16.00 Uhr hinaus wird oft zusätzliche pädagogische Betreuung angeboten. Ähnlich wie die Tagesheimschule betreuen auch der Hort an der Schule (Bayern) und das Schulkinderhaus (NW) Kinder in einem Hort, der sich in der Schule befindet. Enge Zusammenarbeit zwischen Schule und Hort sind als Erziehungsgrundlage angestrebt. Die „offene" Ganztagsschule betreut Kinder ebenfalls nach dem Unterricht. Diese sind nicht fest angemeldet, sondern können von Tag zu Tag entscheiden, ob und an welchen Angeboten sie teilnehmen wollen. Auch das Mittagessen ist meist nicht obligatorisch.

Eckehard Dietrichs

Literatur: *Appel, St.:* Formen und Bildungsmöglichkeiten ganztägig geführter Schulen in Deutschland. In: Die Ganztagsschule, Sonderheft 1990/91 • *Burk, K.* (Hg.): Die ganze Halbtagsschule. Grundschule mit festen Öffnungszeiten. Frankfurt 1990 • *Neumann, U./Ramseger, K.:* Ganztägige Erziehung in der Schule. Velber 1990

Gesamtunterricht: Gesamtunterricht ist ein Sammelbegriff für relativ heterogene Unterrichtskonzeptionen aus der Epoche der Reformpädagogik und der Zeitspanne danach. Obwohl bis heute keine auch nur angenähert klare theoretische Struktur vorliegt, hat Gesamtunterricht seitdem in der Schulpraxis eine erhebliche Bedeutung erlangt, die z.B. auch als Gesamtunterricht-Bewegung eingeschätzt wird (B. Muthig).

Mindestens drei gemeinsame Absichten, die jene o.g. unterschiedlichen Konzeptionen miteinander verbinden, begründen diese Bedeutung für die Grundschule:

- die alte Lernschule (besser: Belehrungsschule) mit ihren tradierten Zwängen und ihrer erheblichen Distanz zur Lebenswirklichkeit der Kinder sollte (zumindest in den ersten schulischen Lernjahren) überwunden werden;
- die zu frühe Auffächerung und die sie begleitende Spezialisierung, sollten durch das Aufgreifen kindlicher Interessen, Neigungen und Lernbedürfnisse bzw. typischer kindlicher Aktivitäten überwunden werden; die neugierig fragenden Zugriffe der Kinder auf ihre Welt sollten im Unterricht größere Bedeutung bekommen;
- neu gewonnene entwicklungspsychologische Begründungen für elementare Lernvorgänge (d.h. nichtfachliche Sicht- und Zugriffsweisen) bzw. für die nach definierbaren inneren Gesetzen verlaufenden geistigen Wachstumsprozesse (Reifung in abgrenzbaren Phasen bzw. Stufen) legten für die Grundschule ein eher „ganzheitliches" Lernen nahe, um alle Förderung des ganzen Menschen zu entfalten.

Zwei wesentliche Ansätze finden sich für den Gesamtunterricht: zum einen der sog. „freie Gesamtunterricht" (B. Otto), zum anderen der sog. „gebundene Gesamtunterricht" (Leipziger Lehrerverein).

Der „freie Gesamtunterricht" stützte sich auf die Annahme, daß planmäßige Erziehung und Bildung unnötig sei, da jedes Kind aus eigenem „Erkenntnistrieb" den für sich je besten Entwicklungsgang einschlage und sich das je Förderlichste selbst auswähle. Von außen gesetzte „Planmäßigkeit" und vorgezeichnete Bildungswege behinderten nur die je eigene Entwicklung („natürlicher Unterricht“ vom Kinde aus).

Der „gebundene Gesamtunterricht“ stützte sich zwar prinzipiell auf die gleichen Annahmen, bezog aktives Planen und Steuern der Lehrer/innen im Unterricht als unverzichtbares didaktisches Element für elementare Lernvorgänge ein und erreichte deshalb auch eher die öffentlich-rechtlichen Lehrpläne und Richtlinien (z. B. nach Einführung der Grundschule 1920).

Als spezifischer Lösungsansatz gegen die als problematisch empfundene Auffächerung konstituierte sich die Idee einer Konzentration seinerzeit traditioneller Fächer um einen thematischen Mittelpunkt, eine sog. Sacheinheit mit konkreten und kindernahen (kindgemäßen) Inhalten, vorwiegend an den heimatkundlichen Anschauungsunterricht und die mit ihm verbundenen erarbeitenden und verarbeitenden Aktivitäten angelehnt. Dieser zweite Ansatz aus den 20er Jahren ist bis heute in der Schulpraxis nachweisbar; zwischen 1946 bis etwa 1970 war er die dominierende Leitidee für die beiden ersten Grundschuljahre.

Etwa ab Mitte der 60er Jahre wurde der Gesamtunterricht zunehmend stärker kritisiert und in Frage gestellt, sowohl hinsichtlich der ihn begründenden Annahmen (Reifungs- und Begabungstheorie; entwicklungspsychologische Phasen etc.), seiner theoretischdidaktischen Struktur und vor allem auch wegen seiner schulpraktischen Ausprägungen.

Die vieldeutige, unscharfe Begrifflichkeit seiner stets unklaren Konzeptionen (z. B. „ganzheitlich bestimmter Gesamtunterricht“ nach Wittmann) und die Beliebigkeit jener o. g. „Konzentration“ von oberflächlichen, trivialen, geradezu „kunstvollen Querverbindungen“ („Anschlußstoffen“) unter einem Leitthema führten zu „Stoffhypertrophien“ (E. Neuhaus), d. h. zu oft nur vordergründig verbal verknüpften Planungs-Konstrukten (in Sacheinheiten gegliederte Stoff-Verteilungspläne). Verbunden mit dem lernprozeßunabhängigen Methodenwechsel entstand daraus ein weithin lehrerzentrierter Unterricht, in dem die ursprüngliche Absicht, nämlich vor allem elementare Lernvorgänge vom Kinde aus stärker zu berücksichtigen, kaum oder gar nicht mehr aufzufinden war.

Aufgrund der allgemeinen Kritik schob sich zunächst aber die Eigengesetzlichkeit der Fächer, ihrer Strukturen, fachspezifischen Fragestellungen und Verfahrensweisen in den Vordergrund bzw. jene Hoffnung, fachstrukturell begründbare, einheitliche Inventare in Lehrplänen festschreiben zu können. Eine Orientierung an und eine Öffnung zu den unterschiedlichen elementaren Lernprozessen der Kinder kam erst Mitte der 80er Jahre wieder stärker in den Blick.

Gleichwohl ergaben sich aus den widersprüchlichen Ergebnissen der Kritik am Gesamtunterricht auch wesentliche Triebkräfte für den zeitgleich entstehenden Lernbereich Sachunterricht.

Claus Claussen

Literatur: *Beck, G./Claussen, C.:* Einführung in Probleme des Sachunterrichts. Frankfurt [4]1991 • *Claussen, C.:* Gesamtunterricht. In: Grundschule 5/1983 • *Muthig, B.:* Gesamtunterricht in der Grundschule. Bad Heilbrunn 1978 • *Neuhaus, E.:* Reform der Grundschule. Bad Heilbrunn [5]1991 • *Otto, B.:* Gesamtunterricht. Der Begriff des natürlichen Unterrichts. Berlin 1913

Geschlechtsspezifische Erziehung: Geschlechtsspezifische Konzepte der familialen und schulischen Erziehung begründen sich aus den jeweils gesellschaftlich konsensfähigen Weiblichkeits- und Männlichkeitsbildern. Dem bürgerlichen Frauenideal ent-

sprach bis in die Nachkriegszeit hinein eine Mädchenerziehung, die auf die kompetente Führung eines Hauswesens, also auf ein Erwachsenenleben als Hausfrau und Mutter vorbereiten sollte. Die Erziehung der Jungen hob dagegen früh auf die Ausbildung des berufstätigen Mannes und zukünftigen Familienernährers ab. Bis heute verweist der häufig getrennt organisierte Unterricht von Mädchen und Jungen in den Fächern Handarbeit, Hauswirtschaft und Werken auf eine gesellschaftliche Tradition geschlechtsspezifischer Arbeitsteilung und Lebensplanung, deren Überwindung im Interesse der Gleichstellung von Männern und Frauen zunehmend gefordert, bislang jedoch noch nicht erreicht wurde. Geschlechtsspezifische Erziehungsangebote sind auch auf gesellschaftlich bevorzugte Körperkonzepte zurückzuführen, die in vielen Kulturen den Stereotypen von weiblicher Anmut und männlicher Kraft folgen. Im Fach Sport wurde damit die Betonung von Gymnastik bei Mädchen und von Wettkampf- und Leistungssportarten bei Jungen begründet.
Die Diskussion um die Gleichberechtigung von Frauen und Männern hat auch in der Grundschule zur Reflexion expliziter Konzepte geschlechtsspezifischer Erziehung angeregt. Gleichwohl lassen sich bis heute für die Interaktionen in koedukativen Lerngruppen der Grundschule subtile Strukturen geschlechtsdifferenter Behandlung von Schülerinnen und Schülern belegen, die auf eine stärkere Beachtung von Jungen in Unterricht und Schulleben schließen lassen. Da Mädchen gegenwärtig alle Schulstufen im Durchschnitt erfolgreicher durchlaufen als Jungen, scheinen sich geschlechtsspezifische Asymmetrien in den Interaktionen des Unterrichts nicht auf die Schulleistungsentwicklung auszuwirken. Untersuchungen zur Selbstkonzeptentwicklung von Mädchen und Jungen verweisen allerdings auf problematische Effekte geschlechtsspezifischer Erziehung: Mädchen entwickeln im Durchschnitt geringeres Selbstvertrauen als Jungen, selbst wenn sie zur Gruppe der besseren Schülerinnen gehören, während Jungen dazu neigen, die eigene Leistungsfähigkeit zu überschätzen.
Edith Glumpler

Literatur: *Glumpler, E.* (Hg.): Mädchenbildung – Frauenbildung. Beiträge der Frauenforschung zur LehrerInnenbildung. Bad Heilbrunn 1992

Grammatik: Der Begriff wird weitläufig und extrem variant benutzt. Wenn vom Systemcharakter einer Sprache die Rede ist, dann ist damit meist die Grammatik einer Sprache gemeint. Wir unterscheiden, bezogen auf eine bestimmte Sprache, z. B. eine lateinische, englische, türkische, deutsche usw. Grammatik, die jeweils in speziellen Büchern beschrieben wird, z. B. die Duden-Grammatik für das Deutsche. Mit Hilfe verschiedener Verfahren wird dort versucht, grammatische Phänomene einer Sprache darzustellen, primär um eine vollständige Beschreibung dieser Sprache bemüht (deskriptive Grammatik). Die unterschiedlichen Modelle und Interessen führen zu unterscheidbaren Beschreibungsaspekten, grob gesehen zur traditionellen Grammatik (mehr regelorientiert), zur strukturalen Grammatik (mehr an methodischen Modellen orientiert), zur inhaltsbezogenen Grammatik (mehr an der inhaltlichen Leistung der Sprachform orientiert).
Im schulischen Bereich wird häufig der Begriff „Schulgrammatik“ gebraucht und damit das hervorgehoben, was – abgeleitet aus „der“ Grammatik – Schülerinnen und Schüler an Kenntnissen über die Grammatik einer Sprache er-

werben sollen. Zu grundlegenden Veränderungen fixierter Positionen und Abhängigkeiten haben Sichtweisen, Diskussionen und Arbeitsweisen der letzten Jahre geführt, sowohl in der Wissenschaft als auch im Deutschunterricht. Das sprachliche Handeln wurde in den Mittelpunkt der Arbeit gerückt. Es eröffneten sich der prozeßhafte Charakter und das Beziehungsgeflecht grammatischer Phänomene zwischen den Sprechern und den Adressaten und den Dingen (Sachverhalten und Gegenständen) und den sprachlichen Zeichen (Organonmodell; K. Bühler 1934/1965). Damit wird die funktionale Perspektive deutlich. Sprache offenbart sich in ihrer bestimmten Handlungsfunktion.

So kann Grammatik im Anfangsunterricht und in der Grundschule überhaupt nur ausgehen von den Spracherfahrungen und dem Sprachgebrauch der Kinder in der Erstsprache bzw. den Erstsprachen. Damit wird sprachliches Handeln in seiner Vielfalt nach und nach bewußt: situative Bedingungen, inhaltliche Aspekte, psychische und soziale Phänomene, sprachliche Mittel – in dem spezifischen Arrangement. Dieser umfassende Ansatz und diese aktive Auseinandersetzung der Kinder mit Sprache läßt sich am besten als „Sprache untersuchen" kennzeichnen. Das Sprachgefühl der Kinder kann nur langsam zu ihrem Sprachwissen werden, das von ihnen verantwortlich und bewußt und gezielt beim sprachlichen Handeln verwendet werden kann. Dieser Weg bedingt – bei aller integrativen Einbettung in den gesamten Deutschunterricht – aber auch kursartige Phasen des Unterrichts zur differenzierten und differenzierenden Übung.

Peter Conrady

Literatur: *Bühler, K.:* Sprachtheorie. Jena 1934/1965 • *Eisenberg, P.:* Grundriß der deutschen Grammatik. Stuttgart [2]1989 • Grundschule 1/1992 Themenheft: Wieviel Grammatik braucht das Kind?

Grundlegende Bildung: Der gängige Begriff scheint nur auf den ersten Blick einfach, bei genauerer Betrachtung ist er voller Probleme, nur in gegensätzlichen Begriffen auslegbar. Das Wort „grundlegend" als Metapher aus dem Bauwesen deutet auf planmäßiges, solide auszuführendes Handeln an einem passiven Objekt. „Bildung", dieses ehrwürdige und vielumstrittene Wort, setzt auf die Aktivität des Lernenden als eines Subjekts, das sich „bildet" zwischen sorgsamer Führung und eigener Entscheidung, zwischen dem, was einem gegeben werden kann und dem, was nur Lohn eines gemeisterten Lebens ist. Unser Begriff betont das, was getan werden muß, damit die Grundlegung eine solide werde, und was getan werden kann, um den eigenen Zugriff des Lernenden zu fördern. Alle Erfahrung spricht für die Notwendigkeit solchen planmäßigen Handelns, aber auch für seine Grenzen.

Der Umfang der grundlegenden Bildung gilt hierzulande seit der Weimarer Zeit als Aufgabe der gemeinsamen vierjährigen Grundschule. Zwar werden erste wichtige Grundlagen schon vor Schulbeginn in Elternhaus und Kindergarten gelegt, und in Ländern mit längerer gemeinsamer Schulzeit weiten sich entsprechende Begriffe wie „Elementary education", „Basis onderwijs", „Educacion basica" bis zum Ende der Kindheit, ja sogar der Pflichtschulzeit. Überall jedoch wird der Anfang mit dem Beginn der Schule gesetzt. Es soll sich also um schulisch vermittelte, das heißt planmäßige, von der prinzipiellen Zustimmung aller Beteiligten getragene, gesellschaftlich kontrollierte Bildungsarbeit handeln.

Der Inhalt: Grundlegende Bildung versteht sich als Anfang der Allgemeinbildung, deren Bedeutungsmomente erstmals in der berühmten Formel des Comenius aufscheinen: „omnes omnia omnino".

„Alle“. Sie soll gleiche und gemeinsame Bildung für alle sein. Dieses Ziel, in weltweiter Sicht immer noch fast utopisch, ist bei uns im Prinzip erreicht, im einzelnen aber noch umstritten. Der „Gleichheit“ stehen die unterschiedlichen Voraussetzungen in Anlagen und Umwelt entgegen. Diese Ungleichheiten fordern Differenzierung und stellen uns damit vor das Dilemma: Einerseits sollen wir durch kompensatorische Maßnahmen die Ungleichheit verringern, um des einzelnen und der Gesellschaft willen, andererseits sollen wir die individuellen Besonderheiten fördern und werden damit notwendigerweise die Unterschiede vergrößern, ebenfalls dem einzelnen wie der Gesellschaft zuliebe. Diese Spannung ist grundsätzlich überhaupt nicht und praktisch nur teilweise in Kompromissen zu überwinden.

„Alles“. Es soll allseitige Bildung sein. Auch diese Forderung läßt sich nur in spannungsreichen Begriffspaaren formulieren. Sie soll „Totalität“ der persönlichen Kräfte entfalten, indem sie die „Universalität“ der Kulturbereiche erschließt. Sie soll als „formale Bildung“ das „Lernen lehren“, was doch nur an „materialen“ Inhalten möglich ist, deren Eigenwert geprüft werden muß. Sie soll „Kopf, Herz und Hand“ ansprechen und den Menschen nicht nur tüchtiger, sondern auch verantwortlich machen, neben dem „Wissen“ auch die „Haltung“ fördern.

Solche „Allseitigkeit“ birgt die Gefahr der stofflichen Überladung. Ihr ist nur zu begegnen durch qualitative Vollständigkeit der „geistigen Grundrichtungen“ bei quantitativer Beschneidung zugunsten solider Arbeit, durch das Streben nach Ausgewogenheit zwischen widersprüchlichen Forderungen: Orientierung an gegenwärtigen Interessen des Kindes wie auch Anbahnung neuer und Wahrung künftiger Interessen; Eingehen auf die gegebene Lebenssituation, aber auch Widerstand gegen Gefahren stellen; Aufgreifen aktueller Probleme, aber auch Wahrung des Kulturerbes durch einen „Kanon“ verbindlicher bleibender Inhalte als Grundlage gemeinsamen geistigen Lebens. Unter der Vielfalt inhaltlicher Ansprüche darf die solide Grundlegung im Lesen, Schreiben, Rechnen nicht leiden, die ja weit mehr als bloße „Kulturtechniken“ sind, deren Erlernung als die eigentliche „Initiation“ in unserer Kultur zentrale Aufgabe der Grundschule war und bleibt.

„Auf allseitige Weise“. Die Unterrichtsverfahren sind kind- und sachgemäß, zielgerichtet und gegenwartsnah, anschaulich-konkret und gedanklich verarbeitend, geplant in sorgfältig angelegten Lehrgängen und offen im Eingehen auf individuelle Interessen und Nöte, gemeinsam im Klassenunterricht und differenzierend in Abteilung, Gruppe, gebundener Einzelarbeit und Freiarbeit. Sie werden ergänzt durch ein vielseitig anregendes, kindgemäßes Schulleben.

Grundlegender Unterricht bereitet so auf den künftigen Bildungs- und Lebensweg vor und bietet zugleich Hilfe zur Bewältigung der Gegenwart. Er nimmt die Schüler/innen ernst in ihrem Bedürfnis sowohl nach Anleitung und Führung als auch nach wachsender Mit- und Selbstbestimmung. Er fordert vom Lehrenden planmäßiges und zugleich flexibles Handeln sowie gelassene Zuversicht auf die eigene Kraft des jungen Menschen, dem alle Chancen geboten werden sollen, der aber letztlich selbst bestimmt, welche Richtung seine Bildung einmal nehmen und welchen Grad sie erreichen wird.

Hans Glöckel

Literatur: *Einsiedler, W./Rabenstein R.* (Hg.): Grundlegendes Lernen im Sachunterricht. Bad Heilbrunn 1985 • *Schorch, G.* (Hg.): Grundlegende Bildung. Erziehung und Unterricht in der Grundschule. Bad Heilbrunn 1988 • *Wittenbruch, W.* (Hg.): Das pädagogische Profil der Grundschule. Heinsberg 1989

Grundschuldauer: Schon bei der ideengeschichtlichen Vorläuferin der heutigen Grundschule, der Muttersprachschule (Comenius), war eine Dauer von sechs Jahren vorgesehen.
Jeweils nach den beiden Weltkriegen wurde bei der Neuordnung des Schulwesens um eine sechsjährige gemeinsame Grundschule gekämpft, jedesmal blieb, als schulpolitischer Kompromiß, die Dauer vierjährig.
Vorwiegend psychologische Gründe wurden zugunsten einer längeren gemeinsamen Schulzeit aufgebracht: Erst nach dem elften bzw. zwölften Lebensjahr sei eine verläßliche Entscheidung für oder gegen die höhere Schulbildung möglich. Eine längere Grundschuldauer eröffne somit mehr Kindern die Chance, eine qualifizierte Bildung zu erwerben (Begabungsreserven).
Nur in Bremen (zeitweilig) und in Berlin konnte sich die sechsjährige Grundschule nach dem zweiten Weltkrieg durchsetzen. Die Argumente für eine Verlängerung der gemeinsamen Schulzeit wurden schließlich bei der Diskussion um die Förderstufe (Deutscher Ausschuß für das Erziehungs- und Bildungswesen) bzw. um die Orientierungsstufe (Strukturplan für das Bildungswesen) wieder aufgenommen. Aber die Orientierungsstufe war zu diesem Zeitpunkt organisatorisch bereits von der Grundschule abgekoppelt.

Hartmut Hacker

Literatur: *Heyer, P./Valtin, R.* (Hg.): Die sechsjährige Grundschule in Berlin. Frankfurt/M. 1991

Grundschule, historisch: Institutionelle Vorläufer der Volksschule und damit auch ihrer unteren Klassen sind die Schreib-Leseschulen des Mittelalters, die Rechenschulen sowie die kirchlichen Elementarschulen der Reformation. Ihr Besuch war jedoch nicht gesetzlich verpflichtend. Auch die Einführung der allgemeinen Schulpflicht in der zweiten Hälfte des 17. Jahrhunderts (in Preußen erst 1717) bedeutete keinen Zwang zum Besuch der allgemeinen Volksschule. Der Schulpflicht konnte vielmehr durch den Besuch privater Standesschulen (als Vorbereitungsanstalt für weiterführende Schulen) oder durch Privatunterricht Genüge getan werden. Die Volksschule wurde so zur Schule der niederen Stände.
Dieser Zustand änderte sich erst mit Einführung der Republik als Staatsform. In Art. 146 der Weimarer Verfassung vom 11. August 1919 wird eine für alle Kinder gemeinsame Grundschule gefordert. Die Vorschriften der Weimarer Verfassung wurden am 28. April 1920 in einem eigenen Grundschulgesetz präzisiert. Es verlangte, daß die Volksschule „in den vier unteren Jahrgängen als die für alle gemeinsame Grundschule, auf der sich das mittlere und höhere Schulwesen aufbaut, einzurichten ist“ und daß deren Besuch „eine ausreichende Vorbildung für den unmittelbaren Eintritt in eine mittlere und höhere Lehranstalt gewährleisten“ soll (§ 1). Damit waren alle Kinder des Volkes, ungeachtet ihrer Herkunft und Begabung, ungeachtet ihrer Anlage und Neigung gehalten, eine gemeinsame Grundschule zu besuchen. Ziel dieser Grundschulgesetzgebung war es, den Rechtsanspruch des Staatsbürgers auf Bildung und die mit ihm verbundene Gleichheit der Bildungschancen in einem ersten Ansatz zu verwirklichen.
Die Einführung der vierjährigen Grundschulpflicht für alle Kinder des Volkes und die damit verbundene Abschaffung der Standes- und Vorschulen war nicht nur ein schulrechtlicher Akt. Zugleich wurde eine neue pädagogische Konzeption der Grundschule entwickelt, die weit über die Aufgabe der Grundschule

als Vermittlungsinstanz für die Kulturtechniken hinausging.
Der Grundschule wurde jetzt ein doppelter Auftrag zugewiesen: Sie sollte allen Kindern in einer vierjährigen gemeinsamen Pflichtschulzeit eine grundlegende Bildung im Sinne einer harmonischen Entfaltung ihrer Anlagen und Begabungen vermitteln und damit die Grundstufe eines weiterführenden Schulsystems sein. Sie sollte ferner die Kinder für die weiterführenden Schulen auslesen. Diese Doppelfunktion – Begabungsförderung und Begabungsauslese – hat die Grundschule seit Beginn ihres Bestehens belastet. Wegweisend für die pädagogische Ausgestaltung der Grundschule wurden die „Richtlinien zur Aufstellung von Lehrplänen für die Grundschule“ in Preußen von 1921 sowie die von der Reichsregierung 1923 herausgegebenen „Richtlinien über Zielbestimmung und innere Gestaltung der Grundschule, die ihrerseits wieder beeinflußt waren von den reformpädagogischen Strömungen zu Beginn dieses Jahrhunderts. Der pädagogische Ausbau der Grundschule bezog sich zum einen auf die Inhalte des Unterrichts: An die Stelle des nach Fächern geteilten Unterrichts mit unterschiedlicher Thematik traten fächerübergreifende Sacheinheiten aus der vom Kind erlebten und erfahrenen Welt (Scharrelmann, Gansberg, Leipziger Lehrerverein). Damit veränderte sich auch die Anordnung der Unterrichtsstoffe im Lehrplan. Der Fachunterricht wurde durch den Gesamtunterricht (Brückl, Wittmann, Kern) ersetzt. Im Hinblick auf die Methode wurden anstelle der mechanischen Übernahme des Unterrichtsstoffes das selbsttätige Erarbeiten, die Möglichkeiten zu darstellendem Gestalten, zu manuellem Tun etc. gefordert (Gaudig, Seinig). Ein pädagogisch gestaltetes Schulleben sollte den Unterricht erweitern und ergänzen und der ganzmenschlichen Persönlichkeitsbildung des Kindes dienen (Petersen). Das Heimatprinzip gab dem Gesamtunterricht sein theoretisches Fundament.
In der Zeit des Nationalsozialismus wurde ein eigener Bildungsauftrag für die Grundschule abgelehnt und daher für die unteren Jahrgänge kein eigenes Unterrichts- und Erziehungsziel aufgestellt. Der Erziehungsauftrag ordnete sich in das Gesamtkonzept nationalsozialistischer Erziehung ein. Auch für die unteren Jahrgänge galt die Rangfolge nationalsozialistischer Erziehung, die der Körperbildung die erste, der Charakterbildung die zweite und der Wissensvermittlung die dritte Stelle zuerkannte (Volkenborn 1936). Zwar blieb die Erlebnis- und Erfahrungswelt des Kindes weiterhin Mittelpunkt des Unterrichts, jedoch sollten von hier aus „gelebte, gliedhafte Beziehungen zur Volksgemeinschaft“ führen und durch die Sprachbildung eine Einführung in völkisches Wesen bewirkt werden.
Nach 1945 wurde in der alten Bundesrepublik Deutschland wieder auf das in den zwanziger Jahren entworfene Leitbild der Grundschule zurückgegriffen und die Konzeption der Grundschule als eine Stätte kindgemäßer und grundlegender Bildung weiter ausgestaltet. Im einzelnen ging es um die Entfaltung des Heimatprinzips, den Ausbau des Gesamtunterrichts und der ganzheitlichen Methoden, um die Ergänzung des Frontalunterrichts durch differenzierende Maßnahmen und damit verbunden um die Entwicklung didaktischer Materialien, ferner um die Förderung selbsttätiger Arbeitsweisen sowie um die Pflege des Bewegungs- und Spieltriebes und nicht zuletzt um die Gestaltung des Schullebens. Insgesamt herrschte ein Grundschulverständnis vor, das von dem Gedanken geduldiger, behutsamer Förderung des Kindes bestimmt war.

Mitte bis Ende der sechziger Jahre wurde im Zuge der Bildungsreform die bisherige Grundschule sowohl in ihrer organisatorischen wie in ihrer pädagogischen Gestalt in Frage gestellt.

Elisabeth Neuhaus-Siemon

Literatur: *Eckhardt, K./Konetzky, St.* (Hg.): Grundschularbeit. Im Auftrag des Zentralinstituts für Erziehung und Unterricht. Langensalza 1928 • *Nave, K.-H.:* Die allgemeine deutsche Grundschule. Ihre Entstehung aus der Novemberrevolution 1918. Weinheim 1961 • *Neuhaus, E.:* Reform der Grundschule. Bad Heilbrunn [5]1991

Grundschulkind: Ein Kind, das bis zum 30. Juni eines Kalenderjahres das sechste Lebensjahr vollendet, wird schulpflichtig und besucht ab dem Sommer desselben Jahres in den meisten Bundesländern eine vierjährige Grundschule; nur in Berlin und Brandenburg dauert die Grundschulzeit 6 Jahre. Kinder, die bis zum 31. Dezember das sechste Lebensjahr erreichen, können auf Antrag der Eltern als „Kann-Kinder" vorzeitig eingeschult werden. Medizinische, bei den „Kann-Kindern" auch differenzierte pädagogisch-psychologische Schulreife-Untersuchungen entscheiden über die Aufnahme eines Kindes in die Grundschule oder auch über eine eventuelle Zurückstellung oder Überweisung in eine sonderpädagogische Einrichtung. Die meisten Kinder haben zuvor zwei oder drei Jahre den Kindergarten besucht und sind sehr neugierig auf den Übergang in die Institution Schule und den Schulanfang. Manche Kinder reagieren mit Angst auf die neue Herausforderung. Aufgrund der verschiedenen vorschulischen Entwicklungen und Förderungen der Kinder sind ihre Lernvoraussetzungen und -erwartungen gerade zu Schulbeginn sehr unterschiedlich. Die Unterschiede betreffen alle Entwicklungsaspekte und können in einzelnen Lernbereichen um mehr als drei Jahrgangsstufen differieren wie etwa bei der Lesefähigkeit. Aus sozialpsychologischer und (schul-)pädagogischer Sicht ist die Grundschulzeit von zentraler Bedeutung für die Entwicklung des Kindes. Mit dem Eintritt in die Schule erwirbt das Kind einen neuen Status. Seine soziale Identität wird um die Komponente des Schüler-Seins erweitert, wenn nicht gar wesentlich durch sie bestimmt. Kann das Kind aus Gründen des Mißtrauens, der Angst oder gar des Versagens diese neue Identität nicht festigen, so leidet darunter das Selbstkonzept des Kindes, sofern keine stützenden Maßnahmen (durch Elternhaus oder Schule) das Kind stabilisieren. In der Grundschule wird das Kind erstmals mit systematisch angeleiteten (vielfach lehrgangsmäßig vermittelten und auch fremdbestimmten) Lerninhalten und -formen konfrontiert, die nicht mehr den individuellen Lern- und Lebenszusammenhängen der Kinder entstammen. Dies ist sozialisatorisch gesehen ein erster Schritt hin zu gesellschaftlich definierten allgemeinen Lern- und Arbeitsfähigkeiten als Basisqualifikationen. Das übergeordnete pädagogische Ziel der Grundschule ist, die Kinder vermehrt zu selbständigem und selbstverantwortlichem Lernen zu führen. Der schulpädagogische und didaktische Anspruch der Grundschulerziehung ist, eine „Grundlegung der Bildung" zu vermitteln. Diese umfaßt neben den vielfältigen Sachkompetenzen in Lesen, in der Hinführung zu einem grundlegenden Verständnis der natürlichen, sozialen und technischen Umwelt des Kindes, gerade auch die Förderung seiner Ich- und Sozialkompetenz. Dies impliziert, daß das Lernen in der Grundschule nicht von den außerschulischen Lebenserfahrungen abgekoppelt werden darf, sondern daß die neuen Lernerfahrungen eine Weiterent-

wicklung und Bereicherung der bisherigen sein sollen. Auf beide Qualifikationsbereiche, auf den sozialisatorischen ebenso wie auf den schulpädagogischen, bauen die weiterführenden Schulen auf. Von daher ist die Grundschule einerseits eine Schule mit eigenständiger Identität und Qualität, das heißt mit eigenständigem pädagogischem Profil, und wird bei entsprechender pädagogischer Gestaltung des Schullebens von den Kindern auch so wahrgenommen. Andererseits stellt sie die Basis für die weitere Bildungsarbeit dar, und unter diesem Aspekt werden die Lernleistungen der Kinder in den konventionellen Schulfächern von vielen Eltern besonders beachtet.
Maria Fölling-Albers

Literatur: *Lichtenstein-Rother, I./Röbe E.:* Grundschule. Der pädagogische Raum für Grundlegung der Bildung. München, Wien, Baltimore 1982 • *Petillon, H.:* Der Schüler. In: Wissenschaftliche Buchgesellschaft. Darmstadt 1987

Grundschulkongreß: Im Jahre 1969 fand der Frankfurter Grundschulkongreß unter dem Leitthema „Funktion und Reform der Grundschule" statt, der von Erwin Schwartz und dem von ihm gegründeten Arbeitskreis Grundschule aus Anlaß des 50jährigen Bestehens der deutschen Grundschule initiiert wurde. Ihren aktuellen Akzent erhielt diese Veranstaltung als „Kongreß des Notstands" (Schwartz). Dessen Ziel war es, die Öffentlichkeit eindringlich mit der jahrzehntelangen Vernachlässigung der Grundschule zu konfrontieren und von der dringend gebotenen Reform zu überzeugen. Sie hatte sich als unaufschiebbar erwiesen, bedingt sowohl durch weitreichende gesellschaftliche Veränderungen als auch durch moderne erziehungswissenschaftliche Erkenntnisse zur bisher nicht wahrgenommenen Bedeutung früher Lernprozesse und ihnen entsprechender Erziehung. Die Resonanz auf die Ankündigung des Kongresses übertraf alle Erwartungen. Mehr als 3000 Teilnehmer/innen aus allen Bundesländern und aus dem deutschsprachigen Ausland, vor allem Erziehende und Lehrende, kamen in Frankfurt zusammen, um die Vorträge der Experten zu hören und sich in den Diskussionen zu engagieren, darüber hinaus Gedanken und Erfahrungen auszutauschen und Kontakte zu knüpfen. Damit bekundeten die Pädagog/inn/en nachhaltig ihren Willen zur Erneuerung und bestätigten den Eindruck einer massiven Demonstration für „eine Schulreform von unten" (Schwartz).
Die drei Inhaltsstränge des Kongresses, die einerseits den Ertrag der Forschung aufzeigten, andererseits die schulpädagogischen und bildungspolitischen Konsequenzen umrissen, bestimmten fortan auch die Struktur des Reformprogramms, das der Arbeitskreis Grundschule als Anwalt der Kinder vertrat.
Begabung und Lernen im Kindesalter umfaßte den Wandel in den Auffassungen von Begabung, Reifung und Entwicklung mit den Auswirkungen auf neue Einsichten zu Möglichkeiten, aber auch Grenzen des Lernens in früher Kindheit. Ausgleichende Erziehung in der Grundschule richtete den Blick auf den durch die Ergebnisse der Entwicklungs- und Lernforschung offenkundig gewordenen Auftrag, Erziehungsversäumnissen und Lerneinschränkungen, die Kinder in ihren frühen Jahren erfahren mußten, in der Grundschule mit Vorrang ausgleichend zu begegnen. Inhalte grundlegender Bildung entwickelte schließlich Vorstellungen und Beispiele für gegenwartsbezogene Richtlinien und neue Inhalte. Der Grundschulkongreß erzielte mit seinen Aussagen, insbesondere mit seinen öffentlichkeitswirksa-

men Plenumsveranstaltungen und dort gefaßten Resolutionen einen bundesweiten Widerhall, den Erwin Schwartz in den von ihm herausgegebenen Publikationen (Zeitschrift „Die Grundschule" und Schriften des Arbeitskreises Grundschule) nachhaltig verstärkte. Den eindeutigen Beweis dafür lieferten die drei Bände des Kongreßberichts, den inhaltlichen Schwerpunkten zugeordnet, die in mehrfachen Auflagen (10 000 Exemplare) Verbreitung und Anklang fanden und die Diskussion um eine neue Grundschule überall anregten. Ohne Zweifel kommt also dem Frankfurter Grundschulkongreß das historische Verdienst zu, eine Initialwirkung ungeahnter Breite und Intensitat ausgelöst zu haben, die deutsche Grundschule aus dem bisherigen Schattendasein des bildungspolitischen Interesses herauszuführen und ihre Reform tatkräftig in Angriff zu nehmen. In den Folgejahren gelang es dem Arbeitskreis Grundschule mit seinen Aktivitäten und Veröffentlichungen, die neue Grundschule entscheidend zu prägen, sei es hinsichtlich ihrer wissenschaftlichen Begründung oder auch ihrer bildungspolitischen Verankerung.

Hans Arno Horn

Literatur: *Schwartz, E.* u. a. (Hg.): Grundschulkongreß '69. Bd. 1: Begabung und Lernen im Kindesalter, Bd. 2: Ausgleichende Erziehung in der Grundschule, Bd. 3: Inhalte grundlegender Bildung – alle Bände, Frankfurt/M. (Arbeitskreis Grundschule) 1970 • Die Grundschule 1/1970. Themenheft: Grundschulkongreß 1969–1972. Initiativen für eine Schulreform von unten

Grundschullehrer/in: Die professionelle Spezialisierung der Aus- und Fortbildung von Lehrkräften auf die Arbeit in der Primarstufe beziehungsweise der Unterstufe des Bildungswesens hat sich in Deutschland erst in der zweiten Hälfte des 20. Jahrhunderts durchgesetzt. In den alten Bundesländern steht diese Spezialisierung in engem Zusammenhang mit der Reform des Bildungswesens der 60er und 70er Jahre und der Einführung der wissenschaftlichen Ausbildung für das Lehramt an Volksschulen in universitären Studiengängen. In den neuen Bundesländern wurde die Ausbildung für die Arbeit in der Primarstufe im Rahmen der Neuordnung des Bildungswesens nach der deutschen Vereinigung dem Standard der alten Bundesländer angeglichen.

Um die Jahrhundertwende unterrichteten in den deutschen Volksschulen vorwiegend Männer. Seit der formalen Trennung der Lehrämter an Grund- und Hauptschulen in den 70er Jahren gilt im Hinblick auf die Repräsentanz von Frauen im Schuldienst die Regel: je jünger die Kinder, desto häufiger werden sie von Lehrerinnen unterrichtet. Mitte der 80er Jahre stieg der Frauenanteil im Primarbereich bundesweit auf rund 80 %. Um die Jahrtausendwende dürfte er aufgrund der aktuellen geschlechtsspezifischen Verteilung in den Lehramtsstudiengängen in einzelnen Bundesländern die 90 %-Grenze überschreiten.

Bis zur Weimarer Zeit waren Lehrerinnen zur Ehelosigkeit verpflichtet. Heute können sie dagegen berufliche und familiale Lebenspläne häufig besser koordinieren als Frauen in anderen Arbeitsbereichen. Sie können in der Familienphase Arbeitsplatzgarantien und besondere Urlaubs- und Arbeitszeitregelungen in Anspruch nehmen, unterbrechen ihre Berufstätigkeit vorübergehend durch Erziehungsurlaub oder arbeiten mit reduzierter Stundenzahl, solange ihre Kinder klein sind.

Dadurch hat sich das Berufsbild der Grundschullehrerin gewandelt. Neben den Klassenlehrerinnen mit vollem Stundendeputat, die in einer Klasse nahezu alle Fächer unterrichten, sind im Primarbereich zunehmend Teams von Fachlehrerinnen oder Fächergruppenlehrerinnen tätig, die sich das Stundenkontingent einer Klasse teilen.

Edith Glumpler

Literatur: *Brehmer, I.* (Hg.): Lehrerinnen. München 1980 • *Brehmer, I.:* Der widersprüchliche Alltag. Probleme von Frauen im Lehrberuf. Bielefeld 1992 • *Glumpler, E.* (Hg.): Erträge der Frauenforschung für die LehrerInnenbildung. Bad Heilbrunn 1993

Grundschulpädagogik und Grundschuldidaktik: Die Termini Grundschulpädagogik und Grundschuldidaktik werden teilweise synonym verwendet, teilweise werden unterschiedliche Akzente gesetzt, die im folgenden herausgearbeitet werden.

Grundschulpädagogik versteht sich als eigenständige erziehungswissenschaftliche Teildisziplin, die sich wissenschaftshistorisch gesehen aus der Schulpädagogik durch zunehmende Spezialisierung und Ausgliederung eines pädagogischen Praxisfeldes – der Grundschule – entwickelt hat und zwar als Folge der notwendigen Professionalisierung eines pädagogischen Berufsstandes. Die Grundschulpädagogik befaßt sich mit der Grundschule als Erziehungs- und Unterrichtsfeld einschließlich der Faktoren, die seine Gestalt bedingen und beeinflussen. Dieses Erziehungsfeld wird in historischer wie in systematischer Perspektive betrachtet. Zu den wichtigsten Gegenstandsbereichen der Grundschulpädagogik in Lehre und Forschung gehören daher: Geschichte der Grundschule, Theorie der Grundschule, Fragen der Schulorganisation einschließlich der Geschichte und Theorie von Grundschulmodellen, die Auseinandersetzung mit den Lebens-, Erziehungs- und Lernbedingungen des Grundschulkindes, Fragen des Grundschullehrerberufs und der -bildung.

Der Terminus Grundschuldidaktik betont stärker die didaktische Komponente des Faches, die sich auf die Theorie des Lehrens und Lernens in der Grundschule erstreckt. Dabei liegt ein weiter Didaktikbegriff zugrunde, der im Anschluß an den geisteswissenschaftlichen Denkansatz (Weniger, Klafki) Didaktik als Theorie der Bildungsinhalte, ihrer Struktur und Auswahl sowie der Unterrichtsmethoden und -medien umfaßt. Neben diesem allgemeindidaktischen Bezug verweist der Terminus Grundschuldidaktik auf einen fachdidaktischen Aspekt, nämlich auf die Unterrichtsfächer bzw. Lernbereiche der Grundschule, deren Lehrplan, Inhalte, Methoden und Medien aus grundschulspezifischer Sicht in Lehre und Forschung zu untersuchen und zu vertreten sind. Zur Erforschung ihrer Aufgabengebiete bedient sich das Fach empirischer, hermeneutischer und ideologiekritischer Methoden sowie daraus resultierender Mischformen.

Bei der Bezeichnung des Faches als Universitätsdisziplin werden die eben gezeigten Akzentsetzungen nicht präzise unterschieden. Grundschuldidaktik bzw. Grundschulpädagogik gibt es als Universitätsdisziplin seit Anfang der sechziger Jahre. Ein erster Lehrstuhl für dieses Fach wurde 1966 an der Universität Frankfurt/Main eingerichtet. In der Folgezeit stattete u. a. Bayern seine Universitäten mit Lehrstühlen für „Grundschuldidaktik“ bzw. „Grundschulpädagogik und Grundschuldidaktik“ aus.

Infolge der unterschiedlichen Organisation der Grundschullehrerausbildung in den einzelnen Bundesländern ist die Zuordnung der Unterrichtsfächer der Grundschule nicht einheitlich. In der Regel erfolgt die Ausbildung im Sachunterricht und im Schriftspracherwerb, ins-

besondere im Erstlese- und Erstschreibunterricht im Rahmen der Grundschuldidaktik, während die grundschulbezogene Didaktik der übrigen Unterrichtsfächer (Mathematik, Musik, Kunst, Religion, Sport, Werken) in den jeweiligen Kompetenzbereich der Fachdidaktiken fällt.
In den letzten Jahrzehnten haben sich die verschiedenen Bereiche der Grundschulpädagogik / Grundschuldidaktik (Pädagogik der Grundschule, Sachunterricht, Schriftspracherwerb) zunehmend weiterentwickelt und spezialisiert. Sie werden an einer Reihe von Universitäten in der Bundesrepublik Deutschland bereits als eigene Fächer bzw. Forschungsschwerpunkte ausgewiesen und durch C-Stellen (Professor/inn/en) vertreten.
Als gegenwärtig und zukünftig vordringliche Forschungsaufgaben des Faches zeichnen sich ab: die Entwicklung und Erprobung von Grundschulmodellen, die der Grundschule als einer demokratischen und humanen Kinderschule gerecht und in denen Formen des Bildungserwerbs verwirklicht werden, die das Erlernen der für eine Demokratie notwendigen Verhaltensweisen, wie Selbständigkeit im Denken und Handeln, Urteils- und Entscheidungsfähigkeit u. a., ermöglichen. Damit in Zusammenhang steht die Erforschung des unterschiedlichen Entwicklungs-, Lern-, Leistungs- und Begabungsstandes der Kinder als Voraussetzung für die Schaffung individueller Lernwege. Von Bedeutung ist ferner die interkulturelle Erziehung. Neue Aufgabenstellungen ergeben sich für das Fach bei einer möglichen bundesweiten Verlängerung der Grundschule um die Jahrgangsstufen fünf und sechs.
Elisabeth Neuhaus-Siemon

Literatur: *Hahnemann, R.:* Grundschulpädagogik. In: *Götze, B./Hahnemann, R.* (Hg.): Grundschulpädagogik im Überblick. Bad Heilbrunn/Obb. 1975 • *Neuhaus, E.:* Reform der Grundschule. Bad Heilbrunn/Obb. [5]1991

Grundschulreform: Erst Mitte der sechziger Jahre gerieten auch Vor- und Grundschulbereich nach Jahrzehnten der Stagnation in die Reformdiskussion, eingebunden in die Kritik an der Rückständigkeit des deutschen Schulwesens insgesamt gegenüber vergleichbaren Industrieländern. Ausschlaggebend dafür waren Forschungsergebnisse und Erkenntnisse der Humanwissenschaften, vor allem angloamerikanischer Herkunft, die hier Beachtung fanden (vgl. bes. Bloom und Bruner). Sie wiesen die erhöhte Lernfähigkeit und Lernbereitschaft in den Jahren der frühen und mittleren Kindheit nach und kennzeichneten die wahrgenommenen oder auch vertanen Chancen der Erziehung in diesem Alter.
Die bald euphorisch verkündeten bildungspolitischen Konsequenzen verdichteten sich in der Forderung, Lernprozesse frühzeitig anzuregen und zu fördern, und zwar bei allen Kindern, damit Chancengleichheit gewährleistet werden könne. Die Bemühungen um den Ausgleich von Lernbenachteiligung erhielten dabei Priorität.
Den Prozeß der Erneuerung der Grundschule stieß Erwin Schwartz 1966 publizistisch mit der provozierenden Frage nach ihrer Reformbedürftigkeit an. Saul B. Robinson vermittelte 1967 die Einsicht, daß ein quantitativer Ausbau und lediglich strukturelle Veränderungen des Schulsystems ohne Aktualisierung der Ziele und Inhalte wirkungslos bleiben müßten. Damit war in Deutschland die curriculare Reform initiiert, die in den Bundesländern Zug um Zug in Gang kam und die Grundschule (und den Kindergarten) ebenfalls einbezog.
Eine lebhafte, vielgestaltige wissenschaftliche und bildungspolitische Diskussion entfaltete sich in dieser Zeit. Für den Verlauf der Grundschulreform waren folgende Stationen prägend:

- Der Grundschulkongreß 1969 löste bundesweite Initiativen aus.
- Der Deutsche Bildungsrat entwarf in seinem Strukturplan für das Bildungswesen 1970 ein Gesamtkonzept, in dem die Grundschule als vierjähriger Primarbereich (zwei Jahre Eingangsstufe und zwei Jahre Grundstufe) ihre neue organisatorische Gestalt erhielt. Die einschneidendste Veränderung betraf das vorgesehene verpflichtende Bildungsjahr für die Fünfjährigen in dem ersten Jahr der Eingangsstufe, die einen kontinuierlichen Übergang zur Schule ermöglichen sollte. Für die unabdingbare inhaltliche Reform der Grundschule benannte der Bildungsrat die beiden Kriterien Wissenschaftsorientierung und Kindgemäßheit.

Die Ständige Konferenz der Kultusminister der Länder (KMK) beschloß 1970 ihre Empfehlungen zur Arbeit in der Grundschule, in denen die Eingangsstufe eine herausgehobene Stellung erhielt.

Die Jahre von 1965 bis 1975 waren gekennzeichnet durch eine optimistisch gefärbte und heftig sowie kontrovers geführte Auseinandersetzung um geeignete Reformansätze im Vor- und Grundschulbereich. Dabei gelangte man zu einseitigen, z.T. nicht ausreichend strukturierten Konzepten kognitiver Prägung, so des frühen Lesenlernens und anderer kompensatorischer Trainingsprogramme, die sich im Zuge wissenschaftlicher Klärung als nicht kindbezogen und somit als nicht haltbar erwiesen.

Die inhaltliche Reform in der Grundschule – lediglich in Nordrhein-Westfalen (1969) als Curriculumentwicklung zu bezeichnen – führte zur Ablösung sämtlicher alter Richtlinien bzw. Lehrpläne der Länder in der Zeit von 1968 bis 1978. Schulbuchverlage nutzten ihre Stunde und ließen für alle Lernbereiche den veränderten Anforderungen entsprechende Unterrichtswerke folgen.

Als Fazit dieser Erneuerung der Inhalte ist festzuhalten:

- Die Veränderung äußerte sich bereits in den Begriffen: Lernziele, Lernsequenzen und Lernschritte drängten Inhaltsangaben zurück.
- Durch anspruchsvollere Lernprozesse sollte der erhöhten Lernfähigkeit der Grundschüler/innen Rechnung getragen werden.
- Die Wissenschaftsorientierung führte zur Überwindung des traditionellen Gesamtunterrichts mit seinem Kern, der Heimatkunde. Stattdessen wurde eine stärkere Fachorientierung bestimmend, die Heimatkunde ersetzt durch den Sachunterricht mit naturwissenschaftlich-technischem und gesellschaftlichem Aspekt.
- An die Stelle des Rechnens rückte die moderne Mathematik.
- Kommunikationstheoretische und linguistische Erkenntnisse dominierten im Sprachunterricht.
- Auch in den musischen Fächern setzten sich facheigene Strukturen durch.
- Neue Formen des Lehrens und Lernens rundeten das gewandelte Bild ab. Im Vordergrund stand das fundamentale Ziel, das Lernen zu lehren bzw. zu lernen.

Durchweg gaben die neuen Lehrpläne zu erkennen, daß die Modernisierung des Unterrichts in der Grundschule primär den Anspruch auf Wissenschaftsorientierung zu erfüllen versuchte, der im Strukturplan für das Bildungswesen favorisiert wurde. In diesem Bestreben geriet man in die Gefahr, das Kind als zentralen Bezugspunkt zu vernachlässigen oder gar zu übersehen. Eine solch falsch verstandene Verwissenschaftlichung, die sich in einer der Sekundarstufe entlehnten Fächeraufgliederung konkretisierte, der auch Teile der neuen Grundschullehrerausbildung folgten, bewirkte allerdings eine Perversion der Reform.

Die neue organisatorische Gliederung der Grundschule nach den Vorstellungen des Strukturplans als vierjähriger Primarbereich (zweijährige Eingangsstufe und zweijährige Grundstufe) bedeutete die Verkürzung der bisherigen Grundschuldauer um ein Jahr und stieß daher auf den entschiedenen Widerstand der Pädagog/inn/en, besonders des Arbeitskreises Grundschule. In seinem letzten Arbeitsdokument, dem Bericht '75 distanzierte sich schließlich der Bildungsrat von dem Strukturplankonzept und bekannte sich zu einem fünfjährigen Primarbereich (zwei Jahre Eingangsstufe und drei Jahre Grundstufe).

Außerordentliche Probleme verursachte die mit der Einrichtung der Eingangsstufenversuche verbundene Übernahme der Fünfjährigen in die Schule, d.h. ihre Ausgliederung aus dem Kindergarten. Die Frage der Zuordnung dieser Altersgruppe entfachte einen heftigen Streit zwischen Kindergarten und Grundschule, vor allem zwischen den jeweiligen Trägern und den zuständigen Ministerien. Aufgrund dieser Konfrontation änderte sich die offizielle Position im Bildungsgesamtplan 1973. Der Ausbau des Elementarbereichs (Kindergartens) erhielt nun Priorität, und die Entscheidung über die Zuordnung der Fünfjährigen stellte man zurück bis zur Vorlage von Modellversuchsergebnissen. Da diese die Eingangsstufenförderung nicht als eindeutig effektivste Lösung auswiesen, entschieden sich die Bundesländer, das Beispiel Nordrhein-Westfalens (1977) übernehmend, für den Verbleib der Kinder im Kindergarten, also gegen die generelle Installierung der Eingangsstufe und die Vorverlegung der Bildungspflicht. Das Konzept eines fünfjährigen Primarbereichs war somit gescheitert, und die vierjährige Grundschule blieb – von Berlin und neuerdings Brandenburg mit sechs Schuljahren abgesehen – bis heute die deutsche Regelform. Hessen, Hamburg und Berlin unterhalten noch immer Eingangsstufen als freiwillig zu nutzendes Angebot.

Nachdem sich die Wogen des Reformeifers in der zweiten Hälfte der 70er Jahre allmählich zu glätten begonnen hatten und sich die Konsolidierung in der wissenschaftlichen und bildungspolitischen Diskussion durchsetzen konnte, konturierte sich das bereinigte Bild einer neuen Grundschule. Fortschritte äußerten sich: in struktureller Hinsicht (verbesserte Schüler-Lehrer-Relation, verbesserte materielle und zeitliche Bedingungen); in didaktisch-methodischer Hinsicht (neue Inhalte und neue Formen des Lehrens und Lernens) und in bezug auf die Qualifizierung der Lehrer (neue Ausbildungs- und Fortbildungskonzeptionen). Insgesamt fiel das Ergebnis des Reformprozesses angesichts der hohen Erwartungen jedoch eher mager aus. Eine Gleichbehandlung der Grundschule mit dem Sekundarbereich konnte den Bildungspolitikern aus ökonomischen Gründen nicht abgerungen werden. Das betrifft sowohl die personelle und materielle Ausstattung als auch die Lehrerausbildung, die mit Ausnahme von Hamburg und Bremen (acht Semester) auf sechs Semester begrenzt wurde. Zu den Inhalten ist festzuhalten: Sämtliche Bundesländer sahen sich gezwungen, ihre Ende der 60er bzw. Anfang der 70er Jahre vorgelegten Lehrpläne zu überarbeiten. So entstanden in den 80er Jahren erneut revidierte Richtlinien und Pläne, die einerseits die tragfähige Reformsubstanz aufgriffen, andererseits der inzwischen erfolgten grundsätzlichen Klärung Rechnung trugen. Frühere Positionen einseitiger Verwissenschaftlichung wurden korrigiert, und die kindlichen Erfahrungen und Möglichkeiten erhielten wieder Priorität. Betont findet man die pädagogische Verantwortung des Leh-

rers, seinen Freiraum nach den spezifischen Bedingungen voll auszuschöpfen. Damit entwarf man – unverzichtbare Prinzipien der Reformpädagogik aktualisierend – Perspektiven für einen modernen Grundschulunterricht, der lebendigem Handeln der Kinder als Leitidee verpflichtet ist. Anzustreben sei ferner von jeder Schule, im Kontakt mit ihrem Umfeld ihr eigenes pädagogisches Profil bzw. Programm aufzubauen.
Im letzten Jahrzehnt schälten sich in Verbindung mit den Curricula folgende Schwerpunktthemen heraus, die die „Grundlegung der Bildung" (Lichtenstein-Rother/Röbe [5]1991) in der Gegenwart konstituieren: Entschärfung der Übergänge, kindgemäße Gestaltung des Schulanfangs, Begünstigung offener Unterrichtskonzepte, pädagogisch begründete Leistungsbeurteilung, interkulturelle Erziehung, Integration behinderter Kinder, Ausbau sozialpädagogisch orientierter Betreuungsangebote, Sicherung der erforderlichen Rahmenbedingungen. Die zentrale Aufgabe der Grundschule für die 90er Jahre besteht darin, unter dem Druck veränderter Lebensumstände zusätzliche erzieherische Funktionen zu übernehmen, mehr Zeit für Kinder zur Verfügung zu haben, um ihnen vorenthaltene existentielle Ansprüche zu erfüllen, nämlich Geborgenheit, Sicherheit, Vertrauen und Anerkennung als Grundlagen schulischen Lebens und Lernens.
Hans Arno Horn

Literatur: *Faust-Siehl, G./Schmitt, R./Valtin, R.* (Hg.): Kinder heute – Herausforderung für die Schule. Frankfurt/M. (Arbeitskreis Grundschule e.V.) 1990 • *Haarmann, D.* (Hg.): Die Grundschule der achtziger Jahre. Bilanz und Perspektiven. Frankfurt/M. (Arbeitskreis Grundschule e.V.) 1980 • *Lichtenstein-Rother, I./Röbe, E.:* Grundschule. Der pädagogische Raum für Grundlegung der Bildung. Weinheim und Basel (1982) [5]1991 • *Neuhaus, E.:* Reform der Grundschule. 5., überarbeitete und erweiterte Aufl. der Reform des Primarbereichs (1974). Bad Heilbrunn/Obb. 1991 • *Robinson, S. B.:* Bildungsreform als Revision des Curriculum. Neuwied (1967) [2]1969 • *Schwartz, E.:* Ist die Grundschule reformbedürftig? In: Westermanns Pädagogische Beiträge 8/1966, 11/ 1966 und 12/1966 • *Schwartz, E.:* Die Grundschule. Funktion und Reform. Braunschweig (1969) [2]1971

Grundwortschatz: Der Grundwortschatz ist eine Zusammenstellung von Wörtern, die ein Grundschulkind im Verlauf von vier Schuljahren rechtschriftlich beherrschen lernt. Er umfaßt etwa 1000 Wörter und ist somit nur ein begrenzter, wenn auch sehr bedeutender Ausschnitt der Schriftsprache. Er ist nicht identisch mit dem Sprachschatz einer Schülerin bzw. eines Schülers, also seiner gesprochenen und verstandenen Sprache.
Diese Wörtersammlung enthält die wichtigsten, bedeutendsten, vom Kind häufig gebrauchten Wörter der mündlichen und schriftlichen Sprache. Daher sind auch typische Kinderwörter, wie doof, kriegen, gucken, kaputt usw., die mit zunehmenden Alter immer unwichtiger werden, Wörter des Grundwortschatzes.
Die meisten der häufig verwendeten Wörter finden sich über das Kindesalter hinaus in der Schriftsprache der Erwachsenen wieder. Der Grundwortschatz ist also ein Häufigkeitswortschatz, der für die Schülerin und den Schüler Gegenwarts- und Zukunftsbedeutung hat.
Das Kind muß befähigt werden, diese wichtigen Wörter richtig zu schreiben. Es soll daran die eigenen Lernfortschritte erkennen können. Der Erfolg kann in dem begrenzten Rahmen des Grundwortschatzes eher gewürdigt und damit die erreichte Leistung pädagogisch sinnvoll für weiteren Motivationsaufbau genutzt werden. Noch nicht erreichte Lernziele werden schneller offen gelegt und können zielstrebig angegangen wer-

den. So gesehen sind diese Wörter ein begrenzter Übungswortschatz.
Diese Wörter repräsentieren alle in der deutschen Sprache vorkommenden Laute und Lautverbindungen, Regelungen der Schreibung, wie sie meistens erfolgt, und Ausnahmen. Indem das Kind Wörter mit bestimmten Lautgruppen und Lautkombinationen lernt, wird es fähig, neue Wörter, die sich genauso anhören wie ein bereits bekanntes, über Hypothesenbildung auf die richtige Schreibweise zu schließen. Die Schreibung lautgetreuer Reimwörter kann sich das Kind auf diese Weise erarbeiten. Der Grundwortschatz ist also auch ein Modellwortschatz.
Der Grundwortschatz sollte standortbezogen und situationsbezogen sein, also mit den Schülern und Schülerinnen gemeinsam aus dem Unterricht heraus aufgebaut werden. Bei der Zusammenstellung des klassenbezogenen Grundwortschatz findet man Hilfestellung in Veröffentlichungen (H. Hesse/R. Wagner 1985, C.L. Naumann 1986, H. Weiden 1989).
Es ist nicht nötig, daß die Schülerin bzw. der Schüler die etwa 1000 Wörter des Grundwortschatz alle schreiben lernt. Wenn in einem möglichst störungsfrei ablaufenden Leselernprozeß zur lautgetreuen Schreibung geführt wird, kann man auf der Grundlage dieser Fähigkeit vom dritten Schuljahr an die Regelungen der deutschen Sprache anbahnen und beschränkt sich im weiteren Rechtschreibtraining auf die Ausnahmen davon.
Hildegard Weiden

Literatur: *Hesse, H./Wagner, R.:* Der Grundwortschatz der Primarstufe. Dorsten 1985 • *Naumann, C. L.:* Rechtschreibwörter und Rechtschreibregelungen. Soest 1986 • *Weiden, H.:* Sicher lesen und rechtschreiben. Braunschweig 1989 • *Weiden, H.:* Kontinuität im Rechtschreiben. In: Grundschule 4/1992 und 6/1992

Gruppenarbeit: Spätestens seit der Reformpädagogik im ersten Drittel unseres Jahrhunderts werden die Vorzüge der Gruppenarbeit gerühmt. Zahllose Abhandlungen fordern ihren verstärkten Einsatz in der Schule, doch die Realität zeigt, daß sie im Verhältnis zum Frontalunterricht relativ selten genutzt wird. Wenn aber Individualisierung und Sozialisierung bzw. Selbstbestimmungs- und Solidaritätsfähigkeit der Schüler/innen generelle Zielbestimmungen schulischen Unterrichts sind, dann bedarf es unterrichtlicher Formen, die die Erreichung dieser Ziele vorbereiten. Hierzu ist die Gruppenarbeit besonders geeignet. Sie ist ein arbeitsteiliges Verfahren, das sich in drei Hauptphasen gliedert (Arbeitsplanung und -verteilung, -durchführung und -vereinigung) und von den einzelnen Schülergruppen innerhalb eines gemeinsam geplanten Themas kooperative und produktive Selbsttätigkeit verlangt. Man unterscheidet zwischen themengleicher und themenverschiedener Gruppenarbeit (alle Teilgruppen bearbeiten das gleiche bzw. ein unterschiedliches Thema). Mischformen (z. B. je zwei Gruppen lösen dieselbe Aufgabe) sind denkbar. Bei allen Formen der Gruppenarbeit kann die Themenstellung zu zeitweiliger Einzel- oder Partnerarbeit führen.
Je nach Aufgabenstellung kann die Gruppengröße zwischen drei bis sieben Schülern und Schülerinnen schwanken, wobei in der Grundschule eher kleinere Gruppen zu bevorzugen sind. Verbindliche Kriterien zur Gruppenzusammensetzung gibt es nicht, denn ob es sich um spontane, konstante, flexible, nach Sympathie oder Interesse am Thema, nach Leistungsheterogenität -bzw. homogenität, nach bestimmten Fähigkeiten einzelner Kinder oder aus sozialen Gesichtspunkten (Integration von Außenseitern) gebildete Gruppen handelt, ist abhängig

vom Alter und den Fähigkeiten der Schüler, von den Inhalten, Zielen und materiellen Möglichkeiten der Schule. Die Gruppenarbeit ist prinzipiell nicht an Voraussetzungen auf Seiten der Schüler gebunden, denn schon im ersten Schuljahr können Schülergruppen z. B. mit Plastilin gemeinsam einen Zoo gestalten; je älter sie werden, desto mehr sind sie auf die Beherrschung fachspezifischer und allgemeiner Arbeitstechniken angewiesen, damit sie die gestellten Aufgaben möglichst selbständig lösen können.
Idealtypisch ergibt sich für die themenverschiedene Gruppenarbeit folgender Ablauf: Lehrende und Lernende wählen gemeinsam das zu bearbeitende Thema aus und strukturieren es in Teilthemen. Die Lernenden finden sich in Gruppen zusammen oder werden vom Lehrenden nach den o. g. Kriterien eingeteilt, der die erforderlichen Arbeitsmittel bereitstellt und Arbeitsanweisungen gibt. Nach der Erarbeitung in den Kleingruppen erfolgt die Präsentation der Gruppenergebnisse; dies ist die problematischste Phase der Gruppenarbeit
Bei der themengleichen Gruppenarbeit (z. B. in Physik und Chemie) werden die Ergebnisse der einzelnen Gruppen miteinander verglichen, um Gesetzmäßigkeiten festzustellen; im Kunst- und Werkunterricht geht es um den Vergleich unterschiedlicher Gestaltungsmöglichkeiten. Bei dem themenverschiedenen Verfahren bieten sich an: verbaler Bericht des Gruppensprechers unter Verwendung von Veranschaulichungsmitteln und unterstützt durch schriftliche Zusammenstellungen, ausführliche schriftliche Berichte, Anfertigung von Wandzeitungen, Bildung von neuen Gruppen mit jeweils einem Teilnehmer der ursprünglichen Gruppen, der dann als Experte fungiert. Abschließend kann noch eine Zusammenfassung durch den Lehrer erfolgen und ein Gespräch über den Arbeitsverlauf.
Gruppenarbeit bietet in arbeitsökonomischer und sozialerzieherischer Hinsicht große Vorteile. Er sollte intensiver als bisher eingesetzt werden, denn schließlich kann man von Schülern nicht Selbst- und Mitbestimmungsfähigkeit, Eigenverantwortung, Kreativität, Toleranz und Solidarität fordern, wenn man ihnen das wichtige Übungsfeld der Gruppenarbeit vorenthält.
Abschließend sei noch auf eine spezielle Form, die Jigsaw-Methode, hingewiesen, von E. Aronson in den 70er Jahren in den USA entwickelt, als die Rassentrennung aufgehoben wurde und es galt, aus jetzt rassisch gemischten Klassen soziale Gebilde werden zu lassen, in denen jeder den anderen toleriert und bereit ist, mit ihm zu kooperieren und von ihm zu lernen. Jeder Schüler lernt in Expertengruppen bestimmte Inhalte (themenverschiedene Gruppenarbeit) und man berät gemeinsam, wie das neuerworbene Wissen am günstigsten mitgeteilt werden kann. Dann werden Jigsaw-Gruppen gebildet, in denen sich jeweils nur ein Experte für jedes Teilthema befindet, so daß jeder zugleich zum Lehrenden und zum Lernenden wird.

Gerhard Meyer-Willner

Literatur: *Aronson, E.:* Förderung von Schulleistung, Selbstwert und prosozialem Verhalten: Die Jigsaw-Methode. In: *Huber, G. L./Rotering-Steinberg, S./Wahl D.* (Hg.): Kooperatives Lernen. Weinheim 1984 • *Gutte, R.:* Gruppenarbeit. Theorie und Praxis des sozialen Lernens. Frankfurt/M. 1976 • *Meyer, E.:* Gruppenunterricht – Grundlegung und Beispiel. Oberursel/Ts. 7 1975 • *Meyer, E.* (Hg.): Handbuch Gruppenpädagogik – Gruppendynamik. Heidelberg 1977

Halbtagsgrundschule: In der Bundesrepublik Deutschland haben Schulen – mit Ausnahme von Ganztagsschulen – keine festen, regelmäßigen Schulzeiten, sondern nur Unterrichtszeiten nach Stundenplan. Das führt dazu, daß für ein Kind im Alter von 6–12 Jahren eine Betreuung für die Zeit zur Verfügung stehen muß, in der am Vormittag kein Unterricht stattfindet bzw. Unterricht ausfällt. Die Zunahme der Erwerbstätigkeit beider Eltern, die steigende Zahl der Ein-Eltern-Kind-Familien, die Auflösung der bisherigen geschlechtsspezifischen Arbeitsteilung in den Familien und die allgemein anerkannte Forderung nach der Vereinbarkeit von Familie und Beruf haben den gesellschaftlichen Druck verstärkt, nach Lösungen des Betreuungsproblems zu suchen. Daher wird in allen Bundesländern eine verläßliche Grundschule angestrebt, die Eltern die Sicherheit gibt, daß ihr Kind im Rahmen der festen Öffnungszeiten in der Schule bleiben kann. Es lassen sich zwei Grundmodelle unterscheiden:

- Stundenschule mit Betreuung: Bei der Einführung von festen Öffnungszeiten an Grundschulen sollen vor allem Lücken im außerschulischen Betreuungsangebot geschlossen und eine geregelte Abwesenheit der Kinder durch Schulbesuch sichergestellt werden. Die Teilnahme an den Betreuungsangeboten ist freiwillig (ggf. anmeldepflichtig). Da durch diese Betreuungseinrichtungen eine spürbare Entlastung für den Hortbereich zu erwarten ist, werden Mischfinanzierungen zwischen Land und Kommune/Schulträger mit einer finanziellen Beteiligung der Eltern angestrebt. Bei einer strengen Trennung von Unterrichtszeit und Betreuungszeit liegt es nah, für die Betreuung der Schüler/innen keine Lehrer/innen einzusetzen, sondern Erzieher/innen, Honorarkräfte, Eltern. Mit diesem Konzept, das die derzeitige Form der Grundschule unangetastet läßt, geht es primär um die Lösung des Betreuungsproblems außerhalb der Unterrichtszeit.
- „Ganze" Halbtagsgrundschule: Tiefgreifende Veränderungen in der Lebenswelt der Kinder und Familien machen es erforderlich, die Grundschule verstärkt nicht nur familienfreundlicher, sondern auch kindgerechter zu gestalten. Die Einführung von festen Öffnungszeiten beinhaltet hierbei mehr als nur die Änderung des Zeitrahmens. Es handelt sich um eine strukturelle Veränderung der Grundschule mit Auswirkungen vor allem auf

a) die Gestaltung und Organisation des Lehrens und Lernens:
In einem ganzheitlichen Konzept sollen Unterricht und Erziehung, Spielen und Lernen sowie Arbeits-, Spiel- und Erholungsphasen verbunden werden („ganze" Halbtagsgrundschule). Der gefächerte Stundenplan wird ersetzt durch einen Schulwochenplan, der die Rhythmisierung des Unterrichtsvormittages, Gleitzeiten zu Beginn und Ende des Schulvormittags, Spielpausen und klassen-, jahrgangs- und fächerübergreifende Aktivitäten vorsieht. Klassenraum, Schulgebäude, Schulhof und Schulanlage sollen Möglichkeiten zur Selbsttätigkeit und zum freien Arbeiten sowie für Spielen und Kommunikation bieten.
Durch die Öffnung der Schule gegenüber Umwelt und Gemeinwesen werden außerschulische Aktivitäten und Angebote außerschulischer Träger (Hausaufgabenhilfe, sportliche Veranstaltungen, Betreuungsangebote, Freizeitangebote) mit der Arbeit in der Schule verbunden.
Die zusätzliche Schulzeit soll die Rhythmisierung des Unterrichtsvormittages erleichtern, die Kooperation zwischen Lehrern, Schülern und Eltern anregen, Selbsttätigkeit und Selbstverantwortung der Schüler fördern und die Integrationsaufgaben (behinderter und nichtbehinderter Kinder) bewältigen helfen.
b) Berufsrolle und Qualifikationsanforderungen sowie Arbeitsplatz und Ar-

beitszeit der Lehrer/innen: Eine veränderte Gestaltung und Organisation des Lehrens und Lernens führen zu veränderten Tätigkeits- und Qualifikationsmerkmalen sowie zu veränderten Planungs- und Handlungsanforderungen; sie verlangen von Lehrer/innen ein Mehr an Zeit in der Schule.
Von der Einführung fester Öffnungszeiten an einer Schule ist das gesamte Kollegium betroffen und muß daher auch an dem Veränderungsprozeß beteiligt werden. Schule und Schulgemeinde sind Träger und Gestalter dieser strukturellen Veränderung.
Karlheinz Burk

Literatur: *Burk, K.* (Hg.): Die Ganze Halbtagsschule – Grundschule mit festen Öffnungszeiten. Arbeitskreis Grundschule e.V. Frankfurt 1990

Handlungsorientierung: Mit Handlungsorientierung wird ein Unterrichtsprinzip bezeichnet, das es Kindern ermöglicht, sich mit Sachen, Menschen und Problemen eigentätig und – soweit es geht – selbständig unter Einbeziehung möglichst vieler Sinne lernend auseinanderzusetzen. Kinder sind dabei nicht Objekte von Belehrung, sondern aktive Subjekte im Lernprozeß. Handlungsorientierter Unterricht hat seine Vorläufer in der europäischen und nordamerikanischen Reformpädagogik (u. a. Arbeitsschulbewegung, Montessori, Freinet, in den USA die Projektmethode von Dewey). Die aktuelle Begründung des Prinzips der Handlungsorientierung ergibt sich aus dem gravierenden Wandel der kindlichen Lebenswelt und der Aneignung von Kultur (Tendenzen: Rückgang der Primärerfahrungen, zunehmende Erfahrungen „aus zweiter Hand“, konsumierende Aneignung von Kultur statt Eigentätigkeit) und aus lernpsychologischen Erkenntnissen (Lernen als Verinnerlichung von äußeren Handlungen – „Interiorisation“ nach H. Aebli/J. Piaget – kurz: Lernen durch Tun).
Handlungsorientierung läßt sich durch folgende Merkmale bestimmen (H. Gudjons [3]1992):
- Lebens- und Situationsbezug: Statt isolierter Fachaspekte ein „ganzheitlicher“ Problembezug, statt künstlicher Lehrerfragen der Zusammenhang mit dem Leben selbst, Orientierung an den Interessen der Beteiligten und ihren Erfahrungen, Einbeziehung der Bedürfnisse der Kinder, aber auch Entfaltung von Interessen und Bedürfnissen im Handlungsprozeß,
- Handlungsplanung: Handlungen haben ein Ziel, einen Weg und ein Ergebnis. Von großer Bedeutung ist die schrittweise Einbeziehung von Kindern in den Planungsprozeß. Statt bloßer Schüleraktivität geht es im handlungsorientierten Unterricht um das Lernen von Mit- und Selbstverantwortung, bloße „tätige Ausführung“ von Handlungsanweisungen kann also nur ein Zwischenschritt sein und genügt diesem Merkmal nicht.
- Einbeziehen vieler Sinne in vielfältigen Handlungsformen, vom Experimentieren, Erkunden, Bauen, Gestalten, Sammeln bis zum Aufsuchen außerschulischer Lernorte.
- Soziales Lernen, denn Handlungsorientierung erfordert Kooperation in Paaren oder Gruppen und Kommunikation untereinander.

Handlungsorientierung des Unterrichts bleibt angewiesen auf systematisierende Unterrichtsformen (z. B. Lehrgang), um nicht der inhaltlichen Beliebigkeit zu verfallen.
Herbert Gudjons

Literatur: *Aebli, H.:* Zwölf Grundformen des Lehrens. Stuttgart 1983 • *Gudjons, H.:* Handlungsorientiert lehren und lernen. Bad Heilbrunn [3]1992 • *Mann, I.:* Lernen durch Handeln. München 1977

Hausaufgaben: Die Hausaufgaben sind der in die unterrichtsfreie Zeit verlegte Teil der Schularbeit.
Sie sollen vor allem der Übung, Anwendung und Übertragung des Gelernten dienen und die Schüler/innen zu selbständigem, eigenverantwortlichem Arbeiten erziehen. Weitere Zielsetzungen sind: Materialbeschaffung und Vorbereitung für neue Unterrichtseinheiten (vor allem bei projektorientiertem Arbeiten), Individualisierung nach Leistungsvermögen und Interessen, Zeitgewinn bei Eintragungen und ähnlichen Arbeiten.
In empirischen Untersuchungen hat sich bislang nicht belegen lassen, daß diese Zielvorstellungen realisiert werden. Das verwundert nicht, werden doch Hausaufgaben oft gleichermaßen gleichgültig, rituell und unqualifiziert erteilt und „erledigt": Nur selten wird auf das Leistungsvermögen der Schüler Rücksicht genommen, oft wird die Aufgabenstellung nicht hinreichend erklärt, kaum je werden differenzierte Hausaufgaben gestellt, überdies werden Arbeitsaufwand und Lernerfolg vielfach nicht hinreichend gewürdigt. All dies befördert eine Lernhaltung, die zum raschen „Erledigen", nicht aber zum intensiven Sich-Einlassen führt. Ein zweites Argument gegen Hausaufgaben ist, daß sie die Bildungsnachteile von soziokulturell benachteiligten Familien verschärfen. Viele Familien sind überfordert, in anderen Familien sind sie Anlaß permanenter Konflikte, so daß Kritiker von „Hausfriedensbruch" sprechen, wenn Mütter als „Hilfslehrerinnen" fungieren sollen.
Diese Unzulänglichkeien und Konflikte haben in allen Bundesländern zu rechtlichen Regelungen geführt, die dazu beitragen sollen, daß die pädagogischen Zielsetzungen nicht verfehlt werden. Vor allem in der Grundschule sollen die Schüler und Schülerinnen zu selbständiger Arbeit angeleitet werden, so daß keine Elternhilfe nötig ist. Der Umfang der Hausaufgaben soll schrittweise erhöht werden, die meisten Bundesländer sehen in der ersten und zweiten Klasse höchstens 30 Minuten, in der dritten und vierten Klasse höchsten 45 bzw. 60 Minuten vor. Sonn- und Feiertage sowie Ferien sollen frei von Hausaufgaben sein.
Anforderungen an eine sinnvolle Hausaufgabenpraxis:

- Die Inhalte und Ziele sollen in einem sinnvollen Zusammenhang mit dem Unterricht stehen; Übungs- und Anwendungsaufgaben müssen interessant und abwechslungsreich gesetzt sein. Die Chancen unterrichtsvorbereitender Hausaufgaben sollten intensiver genutzt werden.
- Die Aufgabenstellungen müssen eingehend besprochen sein. Erst wenn sichergestellt ist, daß alle Schüler/innen die Aufgaben lösen können, dürfen Hausaufgaben erteilt werden; ansonsten ist zu differenzieren.
- Jede Hausaufgabe ist zu würdigen, keine Lernleistung darf ohne Rückmeldung bleiben. Fühlen sich Lehrer/innen von der Kontrolle überlastet, sollten sie die Hausaufgaben reduzieren.
- Die unterschiedliche häusliche Situation der Kinder ist zu berücksichtigen. Hausaufgaben sollen auf keinen Fall Leistungsunterschiede zwischen ihnen weiter vergrößern. Gegebenenfalls ist Hausaufgabenhilfe einzurichten, wie dies für ausländische und deutsche Schüler und Schülerinnen vielerorts bereits geschieht.
- Wünsche und Probleme der Schüler/innen und der Eltern werden im Morgenkreis, im Klassenrat bzw. auf Elternabenden usw. erörtert.

Keinesfalls darf die Grundschule, die ihrem Anspruch nach ausgleichende Erziehung leistet, diesen Anspruch durch ihre Hausaufgabenpraxis konterkarieren.
Uwe Sandfuchs

Literatur: *Becker, G. E./Köhler, B.:* Hausaufgaben. Weinheim 1988 • *Geißler, E. E./Plock, H.:* Hausaufgaben – Hausarbeiten. Bad Heilbrunn ³1981 • *Keck, R. W.* u. a.: Hausaufgaben – empirisch untersucht. Hannover 1978 • *Jünger, W./Petersen J./Reinert, G.-B.:* Didaktik der Hausaufgaben. Weinheim 1990

Heimatkunde: Heimatkunde hat als Fach für die „Realien", insbesondere hinsichtlich der mit ihr verbundenen Zielsetzungen, eine lange, vielfach gebrochene Tradition in der Grundschule. Zugleich findet sich im Bereich ihrer Themen, Inhalte, Arbeitsweisen (in den schulpraktischen Stoffplänen) eine überraschende Kontinuität seit ihrer Einführung bis in die jüngste Zeit. Aktuell nimmt die Zahl der systematischeren Auseinandersetzungen mit dem Heimatbegriff und mit Theorie und Praxis der Heimatkunde wieder zu, und zwar insbesondere auch im Zusammenhang mit einem theoretisch wie praktisch noch als unzureichend empfundenen Sachunterricht, der als zentraler Lernbereich in der Grundschule anstelle der Heimatkunde gilt. Eine kontinuierliche Entwicklung von der Heimatkunde zum Sachunterricht hat jedoch nicht stattgefunden; Sachunterricht ist während der 70er Jahre zunehmend an die Stelle von Heimatkunde getreten.

Vorläufer der Heimatkunde lassen sich schon bei Comenius und Rousseau finden. Im 19. Jahrhundert zeigt insbesondere Harnisch, wie Kinder durch Anschauungsunterricht ihre Umwelt direkt erfahren können. Erst 1908 wurde Heimatkunde erstmals in Preußen für alle Lehrer verbindlich.

Nach der Reichsschulkonferenz von 1920 wurde Heimatkunde Unterrichtsfach für die Grundschule. Die damaligen Lehrpläne gaben nur allgemeine Beschreibungen für den Unterricht und Hinweise zu den geforderten Arbeitsweisen. Intendierter Gegenstand sollten die Umwelt bzw. der Erfahrungsbereich der Kinder sein. Mit dem beabsichtigten Erschließen der „räumlichen und geistigen Kinderheimat" zielten die Lehrpläne auf „Heimatliebe" und „Heimattreue"; „Heimaterziehung" sollte „Heimatbewußtsein" bewirken (siehe Spranger: Vom Bildungswert der Heimatkunde). Die zu diesem Ziel auszuwählenden Inhalte sollten dem Kriterium der „Kindgemäßheit", d. h. der „Fassungskraft" und dem „geistigen Wachstumsbedürfnis" des Kindes entsprechen.

In der Zeit des Nationalsozialismus bis 1945 blieben in der Heimatkunde die Themen, Lehrverfahren und Arbeitsformen weitgehend unverändert (Neuhaus), allerdings wurden die Zielvorgaben vor dem Hintergrund der herrschenden Ideologie verändert.

In den ungefähr ab 1950 in Westdeutschland (alte Bundesländer) neu entstehenden Lehrplänen und Richtlinien für Heimatkunde wurde direkt und wörtlich an den Richtlinien der 20er Jahre angeknüpft. Die neu entstandenen Bundesländer in ihren Grenzen wurden jeweils ein spezifisches Element für Heimatkunde im vierten Schuljahr; damit setzten sich Traditionen ungebrochen fort. Etwa zeitgleich wurde Heimatkunde in der ehemaligen DDR von den Zielsetzungen her als eine widerspruchsfreie Disziplin, d. h. als Begründungs- und Handlungszusammenhang aufgebaut (G. Beck), als „Kunde von der sozialistischen Heimat", in der den Kindern „systematisch und planmäßig Grundkenntnisse über das Leben in unserer sozialistischen Gesellschaft ... vermittelt" wurden. Diese Konzeption galt bis 1989.

In Deutschland wurde Heimatkunde in den 60er und den 70er Jahren zunehmend kritisiert. U. a. wurden die tradierten, z. T. unkritisch übernommenen Grundannahmen aus der Zeit der Reformpädagogik in Frage gestellt (z. B. Kindgemäßheit, Reifungstheorie, biologistischer Begabungsbegriff, das Konzept einer als schichtspezifisch und altersangemessen bezeichneten Konzeption volkstümlicher Bildung u. a.), und zwar mit Blick auf „einen anderen, gesellschaftlichen und wissenschaftlichen Kontext" (E. Neuhaus). Insbesondere gab es kritische Einwände (im Bereich des eher theoretischen Diskurses) gegen die Zusammenhänge zwischen Heimatkunde und ihren „Wurzeln" in nationalistischen Tendenzen im 19. Jahrhundert mit stark restaurativen Gegenbewegungen nach der Revolution von 1848 (P. Ackermann). Der „Heimatpflegebewegung" wurde die Absicht vorgeworfen, die Heranwachsenden gefühlsmäßig in eine zwar gewünschte, aber nicht vorhandene Gesellschaftsordnung einbinden zu wollen. So zeigte sich etwa eine deutliche kulturkritische Akzentuierung darin, daß Lerngegenstände und leitende Vorstellungen aus einer agrarisch-handwerklichen Gesellschaft bevorzugt wurden. Favorisiert wurde der dörfliche Lebensraum, das harmonisch-nostalgische Miteinander mit romantizistischen Betrachtungsweisen (H. Mitzlaff), vernachlässigt die industriell-städtische Lebenswelt mit ihrem Zwang zur Mobilität. Mit einem statischen Verständnis von Gesellschaft bereitete Heimatkunde weder auf die gegenwärtige noch auf die zukünftige gesellschaftliche Realität vor; zudem klammerte sie spezifische gesellschaftliche Entwicklungen und Konflikte aus. Eine immer wieder durchscheinende Tendenz ist die einer starken Ethnozentriertheit und Fremdenfeindlichkeit, die insbesondere in gesellschaftlichen Krisenzeiten aktivierbar ist und bleibt (H. Mitzlaff).

Das Auswahlprinzip für die Inhalte der Heimatkunde folgte letztlich starren Prinzipien und Vorgaben und entfernte sich deutlich von den ursprünglichen Ansätzen einiger ihrer Vertreter, die sich noch an den Kindern und ihrer sich stets verändernden Umwelt orientiert hatten. Daraus ergab sich ein einseitig lehrerzentrierter Unterricht mit appellativ-belehrendem Charakter, stets auf die „Vermittlung des sog. Kulturgutes" gerichtet. Aus der Kritik heraus wurden immer wieder Anstöße für einen neuen zentralen Lernbereich in der Grundschule formuliert (G. Beck/C. Claussen). Zudem ergibt sich derzeit eine „Renaissance des Heimatbegriffes" (G. Beck/W. Soll), deren Auswirkungen besonders in der Diskussion um den Sachunterricht zu bemerken sind. In diesem widersprüchlichen und kontroversen Diskurs, in dem sich beharrende, traditionsorientierte Wiederbelebungstendenzen mit Suchbewegungen nach einem neuen Verständnis von Heimat verwirrend mischen (Greverus, Bausinger, von Krockow u. v. a.) zeichnen sich aber durchaus konsensfähige Ansätze ab, die auch einem zentralen Lernbereich für die Grundschule – bei permanenter ideologiekritischer Aufmerksamkeit – akzeptable Konturen geben könnten. Anstelle einer affirmativen Anpassung an eine vorgegebene Gesellschaft, eines quasi schicksalhaften Hineingeborenwerdens in einen unveränderbaren kleinregionalen gesellschaftlichen Zusammenhang, könnte ein aktives und kreatives Verständnis von Heimat als je individuelle, lebenslange, dynamische und prinzipiell offene Aufgabe treten.

Für den Unterricht in der Grundschule hätte dies weitreichende Folgen: Es wäre vor allem notwendig, von Anfang an Fähigkeiten „zum Erwerb je individueller Wahl-Heimaten" anzubahnen mit einem breiten Spektrum von Weltreprä-

sentation für persönlich bedeutsame Alternativen zur „bewußt gestalteten Umweltaneignung“ (H. Mitzlaff, W. Soll).
Weltoffenheit müßte gegen Heimaten stehen: eine Zentrierung auf Heimat im traditionellen Sinne stört oder verhindert Einsichten in globale Vernetzungen und Wechselverhältnisse zwischen dem Ort, an dem man lebt, und der Welt.
Räumliche Aspekte, die traditionell vielfach Vorrang hatten, müssen in das richtige Verhältnis zu sozialen und kulturellen Erfahrungen gesetzt werden. Es geht dabei um stets offene Prozesse der Sozialisation und Enkulturation in einer zunehmend multikulturellen Gesellschaft.
Es ist zu erwarten, daß der Heimatbegriff und die schulische Heimatkunde auch künftig ein kontrovers diskutiertes Thema bleiben. Zugleich stellt sich nach wie vor die Frage, ob nicht der Begriff der Heimatkunde angesichts eines entstehenden zentralen Lernbereichs in der Grundschule anachronistisch wird.
Claus Claussen

Literatur: *Ackermann, P.:* Einführung in den sozialwissenschaftlichen Sachunterricht. München 1976 • *Beck, G./ Claussen C.:* Einführung in Probleme des Sachunterrichts. Frankfurt [4]1991 • *Beck, G./ Soll, W.:* Heimat, Umgebung, Lebenswelt. Frankfurt 1988 • *Neuhaus-Siemon, E.:* Perspektiven. In: Sachunterricht/Grundbaustein – Zur Pädagogik des Heimt- und Sachunterrichts. Tübingen 1985 • *Mitzlaff, H.:* Heimatkunde und Sachunterricht. Dortmund 1985 • *Mitzlaff, H.:* Heimat und Umwelt. In: *Gesing, H.* u. a.: Umwelterziehung in der Primarstufe. Heinsberg 1991

Individualisierung: In den aktuellen soziologischen, aber auch pädagogischen Diskussionen werden für unsere „postmoderne“ Gesellschaft Entwicklungsprozesse konstatiert, die eine zunehmende Ausdifferenzierung von Lebensstilen und Vergesellschaftungsformen bei den Menschen erkennen lassen und deshalb mit dem Begriff „Individualisierung“ bezeichnet werden. Gemeint ist damit zunächst der für die entwickelten liberalen europäisch-amerikanischen Industriegesellschaften typische Prozeß der Freisetzung von traditionellen gesellschaftlichen Bindungen. Dieser hat in der Bundesrepublik durch die Studentenbewegung der 70er Jahre sowie durch die Abschwächung kollektiver Weltanschauungen in den 80er und 90er Jahren (z. B. Niedergang des „realen“ Sozialismus, weitere Lockerung religiöser Bindungen) zweimal einen verstärkenden Impuls erhalten. Nunmehr wird vom Individuum erwartet, daß es eigenverantwortlich soziale Normen setzt und seinen Lebensstil und Lebensweg selbst entwirft und erfolgreich realisiert. Gesamtgesellschaftlich führt ein solcher Individualisierungsprozeß zu einer zunehmenden Ausdifferenzierung von Lebensformen, Lebenslagen und Biographiemustern. Der verstärkte gesellschaftliche Individualisierungsprozeß ist für das Aufwachsen von Kindern nicht ohne Einfluß geblieben. Eltern gestalten heute schon sehr früh die Voraussetzungen für ein Spektrum erwünschter Lebenswege ihrer Kinder mit, indem sie gezielt die schulischen und außerschulischen Bildungs- und Freizeitangebote auswählen, die die Entwicklung des Kindes besonders zu fördern versprechen. Bei älteren Kindern und Jugendlichen werden vorausschauende Planung und Koordinierung verschiedener Termine und Interessen, das Ausprobieren von Neigungen, das Abwägen verschiedener Möglichkeiten etc. zu wichtigen Fähigkeiten, die sie im Verlauf ihrer Sozialisation erlernen müssen.
In der schulpädagogischen Diskussion meint Individualisierung, daß der Unterricht sich an der Leistungsfähigkeit des

einzelnen Kindes orientieren soll. Dieses Postulat ist jedoch keineswegs neu, die „individuelle Behandlung" von Kindern war ein essentielles Postulat von Reformpädagogen seit der Jahrhundertwende; es ist aber auch schon in der Pädagogik der Aufklärung zu finden, z.B. bei J.H. Pestalozzi (1746–1827).

In der Reformpädagogik hat besonders M. Montessori (1870–1952) die Forderung nach Individualisierung didaktisch umgesetzt, indem sie die Freiarbeit der Kinder mit vorbereitetem Material praktizierte. Im „Dritten Reich" war Individualisierung als soziale Norm eher verpönt, aber auch in der Nachkriegszeit erlebte sie noch keine Renaissance. Erst ab Mitte der 60er Jahre begann mit der antiautoritären Phase unter den Studenten und Schülern auch die Individualisierung wieder verstärkte Bedeutung zu gewinnen, wobei allerdings sehr unterschiedliche Vorstellungen und didaktische Konzepte entwickelt wurden:

Mit Individualisierung konnte man sowohl das freie Lernen und Verhalten der Kinder in Summerhill unter A. S. Neill als auch den inhaltlich festgelegten programmierten Unterricht verstehen, bei dem sich Invidualisierung lediglich auf die Lerngeschwindigkeit bezog. Eine völlige curriculare Individualisierung ist im Rahmen von Klassenunterricht jedoch nicht realisierbar und pädagogisch auch nicht wünschenswert, da die soziale Komponente des Lernens unberücksichtigt bliebe. Allerdings ist der Individualisierungsanspruch an Unterricht und Erziehung im Rahmen des gesellschaftlichen Wandels und der veränderten Kindheit seit den 70er Jahren noch einmal gestiegen. In der neueren grundschulpädagogischen Entwicklung wird mit Hilfe der Konzepte Freiarbeit und Wochenplanarbeit versucht, diesen Ansprüchen zu genügen: die Kinder sollen in speziellen Unterrichtszeiten lernen, für sich sinnvolle Entscheidungen über Lern- und Spielbeschäftigungen zu treffen, sollen ihre Zeit einteilen, Arbeiten mit Partnern koordinieren, Lernmaterialien rechtzeitig beschaffen etc. – Erwartungen also, die ihnen gesellschaftlich mehr und mehr auferlegt werden. Die soziale Komponente des Lernens im Klassenverband oder in Gruppen bleibt somit erhalten. Gleichzeitig erlernen die Kinder selbstverantwortliches Planen, das auch in qualifizierteren Berufen unserer modernen Arbeitswelt immer mehr gefragt ist, weil es die Produktivität der Arbeit insgesamt erhöht. Auch für den privaten Bereich spielt ein flexibles Planungsverhalten eine immer größere Rolle, da Lebensformen, wie etwa die Familie, immer weniger konstant und sicher sind.

Maria Fölling-Albers

Literatur: *Beck, U.:* Risikogesellschaft. Auf dem Weg in eine andere Moderne. Frankfurt/M. 1986 • *Kasper, H.* u.a.: Laßt die Kinder lernen. Offene Lernsituation. Braunschweig 1989 • *Lichtenstein-Rother, I.:* Jedem Kind seine Chance. Individuelle Förderung in der Schule. Freiburg. 1980 • *Wallrabenstein, W.:* Offene Schule – offener Unterricht. Ratgeber für Eltern und Lehrer. Reinbek 1991

Integration: Mit „Integration" wird das gemeinsame Lernen von Behinderten und Nichtbehinderten in Regelschulen bezeichnet. Im Zusammenhang mit der Errichtung von Gesamtschulen sowie der Forderung nach Einbeziehung von Sonderschulen entstand Anfang der 70er Jahre die Integrationsdiskussion. Diese führte schließlich zur Bildung von Integrationsklassen und ab 1982 zur Einrichtung von integrativen Grundschulen. Diese verfolgen den Anspruch, alle Kinder mit Behinderungen aus dem entsprechenden Wohnbezirk aufzunehmen und zu fördern. In integrativen Grundschulen wurden folgende Organisationsformen für das gemeinsame Lernen behinderter und nichtbehinderter Kinder entwickelt:

- Reduzierung der Klassenfrequenz: In der Regel beträgt die Klassenstärke 20 Schüler/innen; im allgemeinen bedürfen zwei davon einer spezifischen pädagogischen Betreuung (18 plus 2 - Modell).
- Einführung des Zwei-Lehrer-Systems: In integrativen Klassen arbeiten zumeist ein/e weitere/r Grundschullehrer/in oder eine Erzieherin sowie ein/e Sonderschullehrer/in mit.
- Veränderung der Lehr-/Lernorganisation: Die Einbeziehung von Kindern mit Behinderungen erzwingt offene, flexible, differenzierende Lernformen. In der Verwirklichung zieldifferenten Lernens liegt die eigentliche Chance zur Integration von Schüler/inne/n mit Behinderungen begründet.
- Abschaffung von Ziffernzeugnissen: In Integrationsschulen werden verbale Berichte verfaßt. Diese enthalten Aussagen sowohl über die individuelle Lernentwicklung als auch über das Verhältnis der erbrachten Leistung zu den Anforderungen der Lehrpläne.
- Bereitstellung spezifischer räumlicher Bedingungen sowie therapeutisches, psychologisches und medizinisches Fachpersonal.
- Vorbereitung und Ausbildung der Lehrer/innen für eine integrative Beschulung.

Schließlich liegt der Integrationspädagogik ein neues Verständnis von Behinderung zugrunde. Danach ist Behinderung kein a priori vorhandenes Persönlichkeitsmerkmal; ein Kind ist nur behindert in Relation zu bestimmten Lernanforderungen, Erwartungshaltungen und Beurteilungsmaßstäben von Schule und Lehrern. Integrationsversuche haben ergeben, daß sich die Schulleistungen sowohl der Behinderten als auch der Nichtbehinderten im Vergleich zu separierter Beschulung nicht verschlechtern. Bezüglich sozialer Lernprozesse zeigt sich sogar eine Überlegenheit der gemeinsamen Unterrichtung. Es hat sich die Befürchtung nicht bestätigt, daß Schüler mit Behinderungen sozial isoliert werden.

Hans Eberwein

Literatur: *Eberwein, H.*: Zum gegenwärtigen Stand der Integrationspädagogik. In: Grundschule 9/1989 • *Eberwein, H.* (Hg.): Behinderte und Nichtbehinderte lernen gemeinsam. Handbuch der Integrationspädagogik. Weinheim [3]1993

Integrativer Deutschunterricht: Der Begriff integrativer Deutschunterricht ist schillernd. Vom Begriffsansatz her ist damit ein Unterricht gemeint, in dem die einzelnen Aufgaben des Deutschunterrichts in einem Zusammenhang stehen – im Gegensatz zu einem Unterricht, in dem Schreiben, Literaturbetrachtung, Rechtschreiben und Sprachreflexion weitgehend getrennt voneinander durchgeführt werden. Über die Art und Weise jedoch, wie dieser Lernzusammenhang hergestellt wird, besteht zur Zeit keine Übereinkunft. Integration droht zu einem Modewort zu verkommen, unter dem sehr Unterschiedliches verstanden wird: die Verbindung einzelner Lernbereiche unter inhaltlich-thematischen Aspekten; das Ausgehen von inhaltlich bestimmten Themen bereits in Lese- und Sprachbüchern, unter denen dann alle Aufgaben der einzelnen Lernbereiche abgehandelt werden; die oftmals sehr konstruierte Zuordnung der Lernbereiche zu übergeordneten Themen, die von einzelnen Lehrenden zum Zwecke der Motivation der Schüler/innen durchgeführt werden. Hinzu kommt, daß der integrative Deutschunterricht in künstlichen Gegensatz gebracht wird zu einem systematisch vorgehenden Deutschunterricht – und vielfach gegen ihn ausgespielt wird: hier das dem systematischen Unterricht vorgeworfene demotivierende Ausgehen von Formen und Phänomenen, da das vermeintlich von Schülerinteressen geleitete motivierende Ausgehen von Themen und Inhalten.

Ein sinnvoller integrativer Deutschunterricht hätte zu berücksichtigen, daß es einerseits Themen und Inhalte gibt, die mit Hilfe von Literatur, von zweckmäßigen Schreibaufgaben und von Sprachbetrachtung erschlossen werden können; daß es aber andererseits auch Phänomene und Aufgaben gibt, die erst im systematischen Zusammenhang Einblicke in Sprache und Literatur gewähren. Ein integrativer Deutschunterricht hätte daher eine Integration in dem Sinne zu leisten, daß der Deutschunterricht einerseits thematisch bestimmt verläuft und unter inhaltlichen Aspekten Lese-, Schreib- und sprachliche Reflexionsaufgaben lösen läßt, wo sie sich ohne Künstlichkeit anbieten (wie z. B. das Erschließen sachlicher und literarischer Texte zum Thema „Tiere", das Schreiben von Tiererlebnissen oder einer Verlustmeldung sowie das rechtschriftliche Üben von Wörtern aus diesem Zusammenhang usw.); daß er andererseits aber auch aufgabenbestimmt und systematisch verläuft, wenn es Einsichten in Zusammenhänge orthographischer, poetischer, grammatischer Art usw. zu vermitteln gilt (wie z. B. die Form und Leistung der Tempora, die Regeln der Großschreibung, der Bau einer Fabel usw.).

Entscheidend für einen wirklich integrativen Deutschunterricht ist, daß thematisch und systematisch orientiertes Lernen als gleichberechtigte Vorgehensweisen im Deutschunterricht einander abwechseln, aufeinander bezogen und so integriert werden, daß bei thematischen Ausgangspunkten kein Zwang besteht, alle möglichen Aufgabenbereiche darunter abzuhandeln, was die verbreiteten „motivationalen Verführungen" und methodischen Künstlichkeiten zur Folge hätte, sondern daß nur die für die Erschließung der Inhalte notwendigen formalen Gegebenheiten erarbeitet werden. Und daß andererseits bei systematischen Ausgangspunkten der Unterricht sich nicht im Formalen erschöpft, sondern daß die systematisch gewonnenen Erkenntnisse am Beispiel von Themen dann auch angewendet werden.

Wolfgang Menzel

Literatur: *Baurmann, J./Hacker, W.:* Integrativer Deutschunterricht. In: Praxis Deutsch 93/1989 • *Boettcher, H./Sitta, H.:* Der andere Grammatikunterricht. München 1981 • *Ingendahl, W.:* Über die Vertreibung der Inhalte aus Deutschunterricht und Germanistik. In: Praxis Deutsch 107/1991

Intelligenz: Intelligenz zählt zu den umgangsprachlich am häufigsten verwendeten Fachbegriffen der Psychologie. Implizite Beurteilungen von Laien darüber, was „Intelligenz„ meint, stellen die Fähigkeiten logisch zu denken, sich klar auszudrücken, aber auch andere akzeptieren zu können in den Vordergrund.

Fachwissenschaftliche Auffassungen sind hiervon nicht wesentlich unterschieden. So herrscht in der Psychologie weitgehender Konsens darüber, daß sich Intelligenz umschreiben läßt als die individuelle Befähigung, Sinnzusammenhänge zu erfassen, neuartige Probleme zu bewältigen und dabei auf Versuchs- und Irrtums-Verhalten zu verzichten.

Ein Großteil psychologischer Intelligenzstudien widmet sich der genauen Erfassung und Beschreibung individuell unterschiedlicher intellektueller Leistungsausprägungen. Resultat dieser psychometrischen Forschung sind sog. „Intelligenz-Struktur-Modelle", die das komplexe Zusammenspiel einzelner kognitiver Leistungsfunktionen in Form von Grunddimensionen widerspiegeln.

„Intelligenz" besitzt in diesen Modellen Konstruktcharakter, d. h. sie wird mit Hilfe standardisierter Testverfahren als „hinter" den gezeigten Leistungen liegende Größe erschlossen. Drei Strukturmodelle sind von besonderer Bedeutung:

- Als Zwei-Faktoren-Modell ist ein Ansatz von C. Spearman (1927) zu beschreiben. Intelligentes Verhalten ist demnach das Resultat eines allgemeinen Leistungsfaktors sowie einer Anzahl von spezifischen Faktoren (z. B. Umgang mit Zahlen, Gedächtnis usw.). Je nach Aufgabenanforderung und vorhandenen allgemeinen und spezifischen Fähigkeiten ergeben sich damit unterschiedliche Ergebnisse.
- Als wohl bekanntestes Mehr-Faktoren-Modell ist die Theorie von L. L. Thurstone (1938) zu nennen. Er unterscheidet sieben voneinander unabhängige sog. Primärfaktoren der Intelligenz (Sprachverständnis, Wortflüssigkeit, Rechengewandtheit, Raumvorstellung, Gedächtnis, Wahrnehmungsgeschwindigkeit, schlußfolgerndes Denken). Intelligentes Verhalten resultiert, je nach Aufgabenstellung, aus einem unterschiedlichen Zusammenspiel dieser Primärfaktoren.
- Als ein übergeordnetes Modell kann der Ansatz von R. B. Cattell (1971) gelten. Cattell spricht von „flüssiger" und „kristallisierter" Intelligenz als Ergebnis einer weitreichenden Zusammenfassung einzelner kognitiver Leistungsbereiche. Der Begriff „flüssig" soll deutlich machen, daß diese Grundfähigkeit auf verschiedenste Problemsituationen ausgerichtet werden kann. Es handelt sich hierbei um eine vermutlich mehr anlagebedingte Intelligenzkomponente. „Kristallisierte" Intelligenz meint hingegen den Einsatz erworbener Fähigkeiten und vertrauter Problemlösestrategien.

Die Erfassung des individuellen Ausprägungsgrades der Intelligenz bzw. einzelner intellektueller Leistungskomponenten kann mit Hilfe standardisierter Testverfahren erfolgen. Als Testergebnis ermittelt sich in aller Regel ein Intelligenzquotient, der als Abweichungsmaß die relative Position des erhobenen Testwertes in einer Altersgruppe widergibt. So sind z. B. im HAWIK-R (Hamburg-Wechsler-Intelligenz-Test für Kinder, Revision 1983) individuelle Abweichungen vom Mittelwert einer Altersgruppe (IQ = 100) mit 15 Punkten je Standardabweichung skaliert (100;15). In anderen Testverfahren kommt häufig die Zuordnung 1 Standardabweichung = 10 IQ Punkte zum Einsatz.

Bekannte Verfahren im Altersbereich zwischen fünf und elf Jahren sind der CFT 1 (Culture Fair Test 1; Weiß u. Osterland 1977), die CPM (Coloured Progressive Matrices; Raven 1973) sowie der o. g. HAWIK-R (1983).

Quantitative Aussagen zur Intelligenzentwicklung auf der Grundlage psychometrischer Testverfahren verweisen auf eine besonders hohe Entwicklungsvariabilität der Intelligenz bis zum achten/neunten Lebensjahr. Erst ab diesem Alter erfolgt eine Stabilisierung, d. h. erst von diesem Zeitpunkt an sind Aussagen mit hohem prognostischen Gehalt möglich. Unstrittig ist ein mit zunehmendem Alter verlangsamter Anstieg der Intelligenz. Global betrachtet wird die Erwachsenenintelligenz mit etwa 17–20 Jahren erreicht. Ab diesem Zeitpunkt ist im „flüssigen" Teilbereich psychometrisch kein Anstieg mehr zu beobachten. Für den Bereich „kristallisierter" Intelligenz können u. U. lebenslängliche Zunahmen zu verzeichnen sein.

Das wohl prominenteste Stufenmodell zur Intelligenzentwicklung geht auf J. Piaget (1947) zurück. Es beschreibt intellektuelle Entwicklung durch qualitativ unterschiedliche Stadien der Anpassung an die Umwelt. Grundschüler/in-

nen führen nach diesem Modell sog. voroperationale und konkrete Denkoperationen durch. Diese sind durch eine zunehmende Ausdifferenzierung der Wahrnehmung, der Unterscheidung von Worten und Symbolen einerseits und real gegebenen Ereignissen andererseits charakterisiert. Es handelt sich stets um anschauliches Denken, das zunächst nur Einzelaspekte eines Sachverhalts oder einer Handlung berücksichtigt. Erst auf der Stufe der konkreten Denkoperationen können einzelne Anschauungskriterien gleichzeitig beachtet und in Beziehung gesetzt werden.
Der Zusammenhang zwischen Intelligenz und Schulleistung ist niedriger als häufig angenommen. Man kann davon ausgehen, daß Unterschiede in den Schülerleistungen nur zu 25 % durch unterschiedliche Intelligenzniveaus bedingt sind, also 75 % der Schulleistungsvariation durch andere Größen bestimmt werden. Neben einer Vielzahl nicht kognitiver Faktoren spielen spezifische Störungen der Aufmerksamkeit, des Einprägens und Erinnerns, ungünstige Arbeitsstrategien sowie Wissensdefizite hierbei eine wichtige Rolle. Die Bedeutung der Intelligenz für Schulerfolg ist vergleichsweise gering und liegt vor allem im sprachlichen Bereich.
Neuere Forschungsansätze bemühen sich um eine Aufdeckung einzelner kognitiver Operationen, die zur Lösung bestimmter Aufgaben erforderlich sind. Da solche Ansätze einzelne Schritte der Aufgabenbearbeitung und nicht nur das Endresultat in einer Aufgabe analysieren, lassen sich Hinweise auf gezielte Übungsmaßnahmen gewinnen.
Ulrich M. Fleischmann

Literatur: *Kail, R./Pellegrino, J.W.:* Menschliche Intelligenz. Spektrum der Wissenschaft 1988 • HAWIK-R (Hamburg-Wechsler-Intelligenztest für Kinder). Revision 1983. Bern 1988 • *Piaget, J.:* Psychologie der Intelligenz. Zürich 1947

Interkulturelle Erziehung:

Interkulturelle Erziehung befaßt sich mit den pädagogischen Fragestellungen und Problemen, die aus der multikulturellen Situation unserer Gesellschaft herrühren. Multikulturell meint in diesem Zusammenhang das Nebeneinander verschiedener Kulturen, interkulturell kennzeichnet das angestrebte Miteinander und die gegenseitigen Integrationsprozesse. Im Mittelpunkt aller Erziehung steht die Hinführung zur Teilhabe an Kultur und die Befähigung zu ihrer Weiterentwicklung. Interkulturelle Erziehung ist – kurz gesagt – die gemeinsame Erziehung von Menschen aus verschiedenen Kulturen. Das schließt die Befähigung zu einem friedvollen gleichberechtigten Zusammenleben ebenso ein wie eine generelle Friedenserziehung. Die politisch-ethische Grundlage der interkulturellen Erziehung ist der Pädagogik der Aufklärung verpflichtet und an der universellen Menschenrechtsidee orientiert.
Die erste Phase der Theorie und Praxis interkultureller Erziehung ist zu kennzeichnen als kompensatorische Ausländer-Assimilations-Pädagogik, die einen Schwerpunkt in der Vermittlung deutscher Sprachkenntnisse setzte und Integration als einseitige Anpassung verstand. Da aber Kultur die Entwicklung jedes Individuums tiefgreifend beeinflußt, und die kulturelle Grundpersönlichkeit nur begrenzt wandelbar ist, ist auch klar, daß interkulturelle Erziehung die Herkunftskultur – wie auch die im Aufnahmeland sich entwickelnden Migrantenkultur – einzubeziehen hat. Die Stärkung des kulturellen Selbstbewußtseins der Migranten (z. B. durch Pflege der eigenen Sprache und Religion) ist Voraussetzung für eine bruchlose Persönlichkeitsentwicklung, für Schulerfolg und für andere Integrationsprozesse. Interkulturelle Erziehung wendet sich ausdrücklich immer auch an die „Einhei-

mischen", die lernen müssen, die eigene Kultur zu relativieren und anderen Menschen und ihren kulturellen Verhaltensweisen mit Vernunft, Toleranz und Verständnis zu begegnen. Interkulturelle Erziehung zeigt auch, daß monokulturelle oder national begrenzte Konzepte von Pädagogik und Schule sich überlebt haben, was sich in der Schulgesetzgebung, in den Lehrplänen und der Einrichtung bilingualer Schulen (auch Grundschulen!) bzw. Zweige ausdrückt.

Dies ist die zwingende Folge der Tatsache, daß die deutsche Grundschule längst multikulturell und mehrsprachig ist. Der offensive, d.h. pädagogisch sinnvolle Umgang mit Multikulturalität und Mehrsprachigkeit gebietet, daß nicht nur den ausländischen Kindern das Lernen in der deutschen Grundschule in jeder denkbaren Form ermöglicht wird, sondern daß zugleich den deutschen Kindern zunächst „fremde" Kulturerfahrungen und Sprachen nahegebracht werden – bis hin zur Bilingualität.

In der (Selbst-)Kritik der interkulturellen Bildung wird auf ihre utopischen Momente hingewiesen und angemerkt, interkulturelle Bildung wolle politische Probleme mit den Mitteln der Pädagogik lösen. Beide Einwände verdienen Beachtung, interkulturelle Erziehung steht zwischen hohen Zielen und schwierigen realen Bedingungen. Sie kann Politik nicht durch Pädagogik ersetzen, kann ihre Ziele allenfalls teilweise und in kleinen Schritten erreichen. Sie ist aber wie alle Pädagogik ein „Dennoch-Handeln" – und dazu braucht sie leitende Ideen.

Uwe Sandfuchs

Literatur: *Auernheimer, G.:* Einführung in die interkulturelle Erziehung. Darmstadt 1990 • *Pommerin, G.* (Hg.): „Und im Ausland sind die Deutschen auch Fremde!" Interkulturelles Lernen in der Grundschule. Frankfurt/M. 1988 • *Sandfuchs, U.:* Umrisse einer Interkulturellen Erziehung. In: Die Neue Gesellschaft/ Frankfurter Hefte 12/1986

Jahrgangsklasse: Jahrgangsklassen oder -stufen sind die in Deutschland übliche Organisationsstruktur für die Grundschule. In ihnen werden gleichaltrige Schüler/innen vom Schuleintritt (Anfangsunterricht, Einschulung, Schulanfang) an zusammengefaßt und nach einem einheitlichen Curriculum unterrichtet. Erfolgreiche Schüler und Schülerinnen rücken Schuljahr für Schuljahr in ihrer Jahrgangsstufe weiter. Die Versetzung in die nächsthöhere Klasse hängt von der Gesamtleistung in allen Fächern ab, so daß schon das Versagen in Teilbereichen in der Regel zur Wiederholung der Klasse (Sitzenbleiben) führt.

Ursprünglich verlief schulische Unterweisung nicht in Jahrgangsklassen, sondern war individuell organisiert. Erst als die Schülerzahl stieg, mußte nach rationelleren Möglichkeiten der Lehrstoffvermittlung gesucht werden. J. Sturm bildete schon 1538 an seiner Straßburger Schule 10 Klassen, in denen Schüler gleichen Leistungsniveaus altersunabhängig zusammengefaßt und gemeinsam unterrichtet wurden. Das Weiterrücken in die nächsthöhere Klasse war von der Leistung, nicht vom Lebensalter abhängig. Der Klassenunterricht wurde dabei als Frontalunterricht im Sinne von A. Comenius verstanden. Die Zuordnung Altersgleicher zu einer Klasse ergab sich erst nach Einführung der Schulpflicht und der Festsetzung des Schulbeginns auf ein bestimmtes Datum. J. Schulze soll 1820 in Preußen erstmals die Kinder nach ihrem Lebensalter in Klassen zusammengefaßt haben. Damit war die Vorstellung einer gleichmäßigen Förderung Gleichaltriger durch einen einheitlichen Unterricht geboren und eine „einfache, ökonomische, sichere Planung und Durchführung des Unterrichts" (Nicklis 1973) garantiert.

Psychologisch gestützt wurden Jahrgangsklassen durch die vermutete Parallelität zwischen geistig-psychischer Entwicklung und dem Lebensalter der Kinder. Doch diese Annahme hat sich als unhaltbar erwiesen. Jedes Kind entwickelt sich individuell entsprechend der gegebenen Anlagen und Umweltanregungen. Das Lebensalter ist dafür kein sicherer Indikator (Begabung, Entwicklungspsychologie). Gleichmäßiger Lernfortschritt aller Kinder zur gleichen Zeit in allen Fächern ist daher eine Utopie. Durch die Fiktion eines Durchschnitts-Einheitsschülers innerhalb einer Jahrgangsstufe werden Lernansprüche und -möglichkeiten nivelliert, so daß ein leistungsmäßiges Mittelmaß begünstigt wird. Auch die Annahme einer altersmäßigen Homogenität innerhalb einer Jahrgangsklasse ist Illusion. Klassenwiederholer, vereint mit vorzeitig aufgenommenen und zurückgestellten Kindern, können zu einer Streuung des Lebensalters innerhalb einer Jahrgangsklasse bis zu 30 Monaten führen. Jahrgangsklassen werden in der Grundschule überwiegend von nur einer Lehrkraft betreut. Dies birgt die Gefahr in sich, daß manche Schüler bzw. Schülerinnen mit dieser Lehrkraft nicht zurechtkommen und dadurch Nachteile erleiden (Lehrer-Schüler-Verhältnis). Kritisch angemerkt wird auch, daß in Jahrgangsklassen beim Frontalunterricht die irrige Meinung vorherrscht, der unmittelbare Unterricht sei eine der Alleinarbeit der Schüler überlegene Unterrichtsform. Soziologen sehen in der Altershomogenität Hilfe und Gefahr für die Entwicklung junger Menschen. Sie kann soziale Stütze gegen vermeintliche oder wirkliche Ungerechtigkeiten innerhalb der Schule werden, kann aber auch gefährdende Normen und Bezugssysteme für Meinungen, Einstellungen und Werthaltungen schaffen, denen sich der/die einzelne nicht oder nur schwer widersetzen kann.

Wenngleich heute Jahrgangsklassen nicht mehr identisch mit Frontalunterricht gesehen werden dürfen, bleiben doch viele kritische Einwände gegen diese Organisationsform von Unterricht bestehen. Es wäre wohl an der Zeit, auch über andere Formen, etwa jahrgangsübergreifende Klassen, nachzudenken.

Gertraud E. Heuß

Literatur: *Hamann, B.:* Geschichte des Schulwesens. Bad Heilbrunn 1986 • *Klaßen, T. F.:* Jahrgangsklasse. In: *Kochan, B./Neuhaus-Siemon, E.* (Hg.): Taschenlexikon Grundschule. Königstein/Ts. 1979

Jenaplan: Der Jenaplan, der in erster Linie als Reformmodell für Volks- bzw. Grund- und Hauptschulen identifiziert wurde, geht auf Peter Petersen (1884 bis 1952) zurück.

Zu Beginn seiner Lehrtätigkeit als Professor für Erziehungswissenschaften übernahm Petersen 1923 auch die Leitung der sog. Übungsschule an der Universität Jena. In den folgenden Jahren formte er diese Schule zu einer „Arbeits- und Lebensgemeinschaftschule" um und begleitete sie – persönlich und wissenschaftlich – über 25 Jahre.

Petersens Schulkonzept, eine eigenständige Synthese aus verschiedenen Entwicklungslinien der epochal bedeutsamen internationalen reformpädagogischen Bewegungen (Röhrs), wurde als „Jenaplan" international bekannt. Auf dem Kongreß der „New Education Fellowship" 1927 in Locarno wurde diese Bezeichnung geprägt; Petersen berichtete dort über seinen Schulversuch. Kurz nach dem Kongreß erschien eine erweiterte Fassung seines Tagungsberichtes unter dem Titel „Der Jenaplan einer freien allgemeinen Volksschule nach den Grundsätzen neuer Erziehung." Dieser „Kleine Jenaplan" wurde pädagogischer

Bestseller und in viele Sprachen übersetzt.
Wichtige Kennzeichen einer am Jenaplan orientierten Schulpraxis sind:

- jahrgangsübergreifende Lerngruppen, sog. Stammgruppen (z. B. erstes bis drittes bzw. viertes bis sechstes Schuljahr);
- rhythmischer Wochenablauf in jeder Stammgruppe als ausgewogene Folge pädagogischer Situationen nach den von Petersen definierten „Bildungsgrundformen" Gespräch, Arbeit, Spiel und Feier.
- Gespräche: Kreisgespräch, Berichtskreis, Vortrag u. a. Arbeit: Gruppenarbeit, Niveau- und Wahlkurse. Spiel: Freies Spiel, Lern-, Pausen-, Turn- und Schauspiele.
- Feier: Morgen-, Wochenschluß-, Geburtstagsfeier u. a.
- „Schulwohnstube" als ein von den Kindern mitgestalteter Schulraum.

Aufgrund der Stammgruppengliederung entfallen Versetzungen und Zeugnisse in den üblichen Formen.
Besonders hervorzuheben ist die spezifische Berücksichtigung der sozialen Dimension von Unterricht (nicht nur das Individuelle, auch das Gemeinsame!) und die Absicht, in der Schule eine Erziehungsgemeinschaft zu realisieren. Für die nationalsozialistische Bildungspolitik wurde eben dies zum Anknüpfungspunkt.
Nach 1945 nahm die Zahl der Jenaplan-Schulen in Westdeutschland zunächst – trotz ihrer Indienstnahme seitens der Nationalsozialisten – zu (ca. 60), später wieder ab (bis auf 5). Durch die Rückbesinnung auf reformpädagogische Ansätze nimmt (insbesondere in Grundschulen) auch das Interesse an dem Jenaplan oder an Teilen aus ihm wieder zu. Durch bewußtes Aufgreifen von Konzepten aus der Reformpädagogik (z. B. in Nordrhein-Westfalen) nimmt die Zahl von Jenaplan-Schulen derzeit wieder zu.
Besondere Bedeutung erhielt der Jenaplan in den Niederlanden; dort finden sich über 300 private und öffentliche Jenaplan-Schulen. Kontakte mit diesen Schulen (Exkursionen) führten quasi zu einem Reimport des Jenaplans nach Deutschland.
Einen weiteren Reformimpuls stellen die zunächst auf Jena konzentrierten Anknüpfungsversuche an Petersens „Übungsschule" nach der Wende 1989 dar, die sich um zeitgemäße Konkretisierung und Weiterentwicklung (Offenheit gegenüber anderen Reformlinien) bemühen.
Claus Claussen

Literatur: *Petersen, P.:* Der Jenaplan einer freien allgemeinen Volksschule. Langensalza 1927 bis Weinheim/Basel [60]1980 • *Petersen, P.:* Führungslehre des Unterrichts. Langensalza/Berlin/Leipzig 1937 bis Weinheim/Basel [10]1971 • *Röhrs, H.:* Die Reformpädagogik – Ursprung und Verlauf in Europa. Hannover 1980 • *Skiera, E.:* Die Jena-Plan-Bewegung in den Niederlanden. Beispiel einer pädagogisch fundierten Schulreform. Weinheim und Basel 1982

Karteien: Grundschullehrer/innen, die ihren Unterricht zu den unterschiedlichen Lernstilen, Neigungen, Interessen und Zugängen ihrer Kinder hin öffnen, setzen dazu unterschiedliche Karteien ein.
Karteien finden sich in reformorientierten Unterrichtsarrangements, wie Wochenplanarbeit, freie Arbeit, projektorientiertes Lernen, freies Experimentieren etc. Ihre Verwendung bildet sich auch in der Klassenraumgestaltung ab. In Regalen, Schränken, in Kästen sind Karteien frei zugänglich, die einzelnen Karten sind mit entsprechenden Organisationshilfen systematisch geordnet. Gleichzeitig und neben ihnen gibt es Angebote verschiedenartiger anderer Arbeitsmaterialien. Es gelten Regeln und

Verabredungen für den Umgang mit den Karteien.

Karteien sollen das Lernen und Arbeiten unterstützen. Sie werden zusammenfassend als Arbeits-, Übungs- oder pauschal als Lernkarteien bezeichnet; sie beziehen sich auf unterschiedliche Fächer bzw. Lernbereiche oder Teilbereiche aus ihnen, auf fächerübergreifende Projekte oder auch auf einzelne Fertigkeiten.

Überwiegend werden sie – nach anzuratender kritischer Marktanalyse – im Lehrmittelmarkt erworben. Aufgrund der Tatsache, daß Karteien in der Regel komplett angeboten werden, ergeben sich mehrere Fragen:

Die erste Frage ergibt sich aus den verwendeten recht pauschalen Begriffen Arbeits-, Übungs- bzw. Lernkartei, die ihre tatsächliche Funktion undeutlich lassen. Über ihre mögliche Funktion im Unterrichts- bzw.- Lernzusammenhang sagt eine funktionsbezogene Typik mit genauer bestimmten Merkmalen und präzisen inhaltlich-didaktischen Beschreibungen mehr aus. Es kommt darauf an, was und wie Kinder mit Karteien lernen. Deshalb kommt es darauf an, typische Karteiformen genauer zu bestimmen.

Die zweite Frage ergibt sich aus spezifisch praktischem Interesse daran, inwieweit die Verwendung von Karteien den Unterricht verändert. Etwa: Fügt sich eine Kartei in ein bisher praktiziertes Unterrichtskonzept ein oder muß dieses Konzept folgerichtig verändert werden, und wenn ja, wie?

Als nächste und vielleicht wichtigste Frage ergibt sich die nach den Phasen/Abschnitten des Unterrichts, in denen Karteien oder Teile aus ihnen eingesetzt werden können oder – anders formuliert – welche didaktische Funktion Karteien im Unterrichtszusamenhang übernehmen könnten.

Beispiele: Eine Kartei mit unterschiedlichen, alternativen Gestaltungsvorschlägen (Gestaltung mit textilem Material, mit Schrift) reichert die Vorschläge von Lehrerin oder Lehrer und alle Vorschläge der Kinder an oder liefert Ideen für individuell frei wählbare Aktivitäten: Anregungspotential bzw. Neigungs-Differenzierung.

Eine Kartei enthält auf aufeinanderfolgenden Karten einzelne Arbeitsschritte (in Bild, Grafik und Text), die so ausgewählt und angeordnet sind, daß Kinder sich nach und nach den praktisch erfolgreichen Umgang (z. B. mit einer Druckerei, mit einem Wörterbuch) selbständig aneignen können, ohne daß ein Lehrer oder eine Lehrerin dominant helfen: Selbstbildungsmittel.

Karteien sind so aufgebaut, daß die einzelnen Karten zwingend nacheinander bearbeitet werden müssen, d. h. ihre Reihenfolge ist nicht veränderbar. Ihre Systematik leitet sich z. B. von einem definierten Grundwortschatz ab, der nach und nach erarbeitet und dann anhand der Übungsgesetze auf abwechslungsreiche Weise immer wieder geübt wird. Sie werden durch Selbstkontrollen, Partner- oder Lehrerkontrollen ergänzt. In solchen Fällen führt die Kartei für die Kinder die Übungsfolgen.

Karteien greifen fachbezogene oder fächerübergreifende Rahmen- und Projektthemen auf (z. B. Indianerkartei). Durch unterschiedliche Schwerpunktsetzungen erlauben sie unterschiedliche Zugangsweisen zu einer Thematik und Auswahl eines Teilaspektes sowie der damit verknüpften Aufgabenstellungen: Mehrangebot.

Der Einsatz von Karteien im Unterricht bedeutet u. a.:

- Zunahme von individuellen Lernprozessen;
- Entfaltungsmöglichkeiten für individuelle Lernspuren;
- Veränderung der Rollen von Lehrerin und Lehrer;

• Veränderung der Kommunikationsstruktur innerhalb einer Klasse;
• Veränderung der unterrichtsorganisatorischen Regelungen.

Ein deutlicher qualitativer „Sprung“ bei der Verwendung von Karteien im Unterricht kann darin gesehen werden, daß sie nicht „von außen“ zugekauft werden, sondern im Klassenzimmer bzw. im Unterrichtszusamenhang erst allmählich entstehen, d. h. zusammen mit den Kindern hergestellt werden. Es geht z. B. um die Anfänge von Karteien, die im Zusammenhang mit spezifischen Aktivitäten in der Klasse begonnen und dann fortgesetzt werden. Beispiele: Rechtschreibkarteien, die sich am klasseneigenen Grundwortschatz orientieren; selbsterstellte und -gesammelte Partnerdiktate; selbsterstellte und -gesammelte Gedicht- oder Textkarteien mit auswählbaren Arbeitsvorschlägen; eine selbstgeschaffene Sachunterrichtskartei; selbsterstellte Karteien zu Projekt- und Vorhabenthemen; Ideenkarteien.

Claus Claussen

Literatur: *Hagstedt, H.:* Karteien wachsen lassen. In: Die Grundschulzeitschrift 1/1987 • *Claussen, C.:* Laßt Kinder mit Karteien arbeiten, üben, lernen ... In: Praxis Grundschule 5/1991

Kinderfilm: Der Kinderfilm ist nur wenig jünger als der Kinospielfilm selbst. Das Publikum in den „Flegeljahren des Films“, nämlich als Rummelplatzattraktion Ende des vorigen Jahrhunderts, war noch ungeteilt. Dann wurden für einige Zeit Heranwachsende ausgeschlossen. Erst mit der Produktion von Filmen, die sich an ein bestimmtes Publikum – eben Kinder – richteten, läßt sich vom Kinderfilm als einer Abteilung der Kinematografie sprechen, unabhängig davon, ob sie anerkannt wurde oder nicht. Dies waren in der Regel und für lange Zeit fast nur Märchenadaptionen: ein Klischee „Kinderfilm gleich Märchenfilm“ wurde installiert, das heute noch in der Produktion, der Distribution und (mitunter auch) auf medienpädagogischer Ebene nachwirkt.

Kinderfilm heute ist – trotz seines Aufschwungs vor allem nach dem Zweiten Weltkrieg in vielen Ländern der Welt (ehem. UdSSR, DDR und CSFR, Skandinavien, Großbritannien) – dennoch ein reichlich diffuser Begriff geblieben. Faßt er die Produktionen zusammen, die direkt an Kinder gerichtet produziert werden? Braucht der Kinderfilm notwendigerweise immer auch eine/n kindliche/n Hauptdarsteller/in? Darf/soll/muß er über bzw. aus kindliche/n Lebenswelten berichten? Oder ist der Kinderfilm all das, was Kinder im Kino oder (verstärkt) über die elektronischen Medien zur Kenntnis nehmen? Die Meinungen darüber gehen auseinander; sie sind auch nicht auf eine Entscheidung des Entweder-Oder zu bringen.

Aufgrund der vorgeschobenen, früheren Akzeleration in der Entwicklung junger Menschen einerseits und der rasanten Entwicklung der Medien andererseits und hier im Zusammenspiel mit der sehr früh einsetzenden Medienerfahrung (vor allem seit den 70er Jahren) setzt sich immer mehr die Auffassung durch, ein Kinderfilm sei ein direkt an Kinder bis zu zwölf Jahren addressiertes, mit filmkünstlerischen Mitteln (z. B. Schnitt, Montage, Rhythmus) hergestelltes Produkt für Kino und/oder Fernsehen.

Das bedeutet, daß auch der Kinderfilm nach den eigenständigen Gesetzen der (Film-)Kunst realisiert wird und ebenfalls so rezipiert werden will. Er grenzt sich nicht ab vom „anderen, großen Film“ durch eine vermeintliche Spezifik. Vielmehr legt er in seiner Altersgerichtetheit Wert auf die Beachtung einiger Altersbesonderheiten (Aktion und Reflexion, Simplifikation und Differenzierung, Identifikation und Distanzierung), die im Gegenstromprinzip verlaufen. Je konsequenter er diese Gerichtetheit in der Entwicklung und der Realisation eines Stoffes zum Film einhält, desto mehr wird er auch das Interesse anderer Altersstufen finden. Denn auf diese Weise ist er in seiner Themenstellung und Konfliktkonstellation nicht eingegrenzt, sondern kann alles „zur Sprache bringen", besser: ins Bild setzen, was an Menschengeschichte/n „erzählbar", zeigbar, vorzeigbar, darstellbar ist.

Kinderfilm soll aufbauend auf den Lebenserfahrungen und -kenntnissen seines Publikums eben diese Horizonte bestätigen und erweitern helfen. Er will zuallererst über ein künstlerisch-ästhetisches Erlebnis wirken, das die Emotionen seines Publikums auf vielfältige Weise anzusprechen vermag, um dessen eigenes Urteilsvermögen auszubilden, zu schärfen. (Kinder-)Film „fesselt" nicht seine Zuschauer, sondern kann mithelfen, ihre individuellen Möglichkeiten zu entdekken, selbstbewußt zu bestätigen. Kinderfilm existiert wie jeder andere Film in den drei Gattungen Spiel-, Dokumentar- und Animations-(Trick-)film, ebenso wie in den verschiedenen Genres (also Abenteuer-, Märchen-, Mädchen-, historischer Film u. a.) wie auch in seinen (sich aktuell verändernden) Themenstellungen (z. B. Außenseiter-, Aussteiger- oder Behindertenfilme). Er zeigt bildhaft die Träume, Wünsche, Hoffnungen und Sehnsüchte, aber auch die Ängste, Probleme, Sorgen und Konflikte in einer Welt, die Kinder nicht prägen, von der sie aber geprägt werden, deren (Verhandlungs-)Objekt sie allzu oft (noch) sind. Er will deshalb die kindliche Persönlichkeit in jeder Hinsicht stärken zur Selbstbewußtheit, dem Mut zum Träumen, der Kraft, Konflikte auch auszuhalten, weil sie nicht immer lösbar sind. Also ist Kinderfilm auch kein probates Mittel intentionaler Erziehung, sondern bietet – in seinen besten Beispielen – die Möglichkeit, mit Mitteln der Kunst „zu sich selbst zu finden".

Joachim Giera

Literatur: *Giera, J.* u. a.: Kinderfilm. In: Grundschule 7-8/1991 • *Hejlik, B.* u. a.: 101 Ideen zum Kinderfilm. In: Praxis Grundschule 4/1991 • *Lukasz-Aden, G./Strobel, Ch.*: Der Kinderfilm von A–Z. München 1988 • *Mundzeck, H.* u. a.: Praktische Medienerziehung. Weinheim und Basel 1979 • *Monheim, G.* u. a.: Schüler machen Filme. Köln/Aachen 1985

Kindergarten: Der Besuch des Kindergartens, des am breitesten ausgebauten Teils des Systems vorschulischer Erziehung, ist für die drei- bis sechsjährigen Kinder heute zu einem selbstverständlichen Lebensabschnitt geworden. Bei erheblichen regionalen Unterschieden besuchen heute ca. 80 % dieser Altersjahrgänge in der Bundesrepublik diese Institution des Elementarbereichs.

Die Geschichte des Kindergartens ist bis in die Gegenwart durch das „sozialpädagogische Doppelmotiv" (Reyer 1987) geprägt, den Müttern eine berufliche Arbeit zu ermöglichen und gleichzeitig die kleinen Kinder nach trägerspezifischen Ordnungsvorstellungen zu erziehen. Dieses sozialpädagogische Grundmotiv ist seit F. Fröbels 1840 erfolgter Gründung des Kindergartens mit dem Bildungsauftrag verknüpft und nachhaltig geprägt worden. Ausgehend von der Bedeutsamkeit und Besonderheit der frühen Kindheit wird schon bei Fröbel der eigene Bildungsauftrag der Kindergartenerziehung für die Kinder aller gesellschaftlichen Schichten gefordert und verbunden mit dem familienpädagogischen Prinzip einer gemeindeintegrierten und die Gemeinde integrierenden Stätte für Pflege und Spiel, für die Begegnung von Familien und Kindern. Dieses Konzept läßt sich unmittelbar zusammensehen mit dem heutigen Verständnis von Jugendhilfe, die ihren Auftrag allgemein in der Mitwirkung bei der Gestaltung der Lebensbedingungen von Kindern und Jugendlichen im Rahmen einer „Politik für Kinder“ sieht. Jugendhilfe in diesem Verständnis umfaßt Angebote der Betreuung, Bildung und Erziehung, die die Kinder in ihren je eigenen Entwicklungs- und Lebensmöglichkeiten unterstützen sollen. Sie gewinnt ihr Selbstverständnis aus dem Engagement für förderliche Sozialisationsbedingungen im Sinne der Bereitstellung einer Lebensumwelt, in der es Platz für Kinder gibt und in der Rücksicht auf ihre Bedürfnisse genommen wird.

Der Kindergarten hat sich immer vor der schwierigen Aufgabe gesehen, bildungs- und sozialpolitische Zielsetzungen im Sinne der Belange der Kinder auszubalancieren. Denn er ist nach den jeweils vorherrschenden gesellschaftlich-ökonomischen Interessenlagen immer wieder mit der Herausforderung konfrontiert worden, den Zusammenhang von Betreuung, Bildung und Erziehung aufzulösen und nach den politisch-gesellschaftlich vorherrschenden Interessen Akzentsetzungen in der pädagogischen Praxis vorzunehmen: So dominierte in der Zeit der Bildungsreform der 60er und 70er Jahre die Tendenz, den Bildungsauftrag des Kindergartens im Sinne einer optimalen Vorbereitung für die Schule und den Bildungsweg des einzelnen Kindes in den Vordergrund zu rücken. Heute dominieren Bestrebungen, aus wirtschafts- und frauenpolitischen Gründen neben der Erziehung und Bildung der Kinder ihre optimale Betreuung als wichtigste Leistung zu sehen. Aus der Tradition der Kindergartenpädagogik kann demgegenüber immer wieder nur darauf hingewiesen werden, daß die Leistung der Tageseinrichtungen für Kinder folgende Dimensionen umfassen müssen:

- den Kindern erlebnisreiche Lebensräume anzubieten und zu gestalten,
- Familien in ihren Erziehungsaufgaben bedarfsangemessen zu unterstützen,
- die Kinder als Mitglieder ihrer Gemeinde (wieder) präsent zu machen und gemeinsam mit den Eltern die Belange der Kinder im Wohnumfeld wie in der Politik der Kommunen zu vertreten.

Mit dem Inkrafttreten des neuen Kinder- und Jugendhilfegesetzes (KJHG) im Jahre 1991 hat der traditionelle pädagogische Auftrag der öffentlichen Erziehung im vorschulischen Alter, den Kindern ein möglichst ungeteiltes Sozialisationsumfeld zu schaffen, eine bedeutende Unterstützung erfahren. Die verschiedenen Formen der Tagesbetreuung von Kindern werden in § 22 KJHG gleichberechtigt nebeneinander aufgeführt und ihr gemeinsamer pädagogischer Auftrag hervorgehoben.

Von der Tradition der Kindergartenpädagogik her sind die Tageseinrichtungen für Kinder darauf eingestellt, ihre pädagogische Praxis an den Grundbedürfnissen der Kinder und den „Entwicklungstatsachen“ der Kindheit auszurichten. Der Kindergarten als Schonraum, in dem das Kind einerseits als Person anerkannt wird, neben Betreuung und Pflege Geborgenheit, dauerhafte Zuwendung und Sicherheit erfährt, der Kindergarten als Ort gezielter Förderung und sozialen Lernens, in dem andererseits das Autonomiebestreben und der Aufbau neuer Beziehungen zur Umwelt gewährleistet wird: Diese Grundpfeiler der Sozialisation in frühpädagogischen Einrichtungen sind auch heute für den Kindergarten konstitutiv. Verunsichernd und grundlegend in Frage gestellt wird

das traditionelle Gebäude der Frühpädagogik durch den Wandel der Lebensverhältnisse der Kinder, der die Tageseinrichtungen für Kinder zwangsläufig immer mehr zu einem Begegnungsort von Kindern, Eltern und Erzieher/inne/n werden läßt.
Jüngere Kinder leben heute unter Bedingungen, in denen ihnen neben Familie und Institution kaum noch öffentliche Räume (Straßen, Plätze, Höfe, Gärten) zugänglich sind. Die Wohnumgebung hat sich angesichts des modernen Städtebaus und des expandierenden Verkehrs als Lebens- und Spielraum grundlegend verändert. Der Rückgang der Kinderzahlen in den Familien, der größere Altersabstand zwischen den Geschwistern, das Fehlen von Spielkameraden in der Nachbarschaft lassen dauerhafte Spielgruppen, die für die Sozialisation von Kindern grundlegende Bedeutung haben, nicht mehr ohne weiteres im familiären Umfeld zustandekommen. Jüngere Kinder sind deswegen in steigendem Maße von den Aktivitäten ihrer Eltern abhängig, ihnen familienübergreifende Erfahrungsräume zu verschaffen und in ihrem Tagesablauf Spiel- und Betreuungsarrangements organisieren zu können.
In steigendem Maße benötigen Eltern Kindertageseinrichtungen, um ihr Leben zwischen Beruf und Familie gestalten zu können. Die heutige Generation von Müttern will mehr und mehr Berufs- und Familienbiographie miteinander verbinden und erwartet die Unterstützung dieser Lebensplanung in Beruf und Öffentlichkeit. Der doppelte Lebensentwurf von Frauen führt zu einer Verdichtung von Anforderungen im frühen Erwachsenenalter, die nicht selten zu Belastungen und Lebenskrisen führen. Zugespitzt stellt sich heute die Frage nach Kinderbetreuung am Ende des Erziehungsurlaubs, wenn viele Frauen sich zur Aufgabe der Erwerbstätigkeit gezwungen sehen, weil keine geeigneten Betreuungsmöglichkeiten für Kinder vorhanden sind. Derzeit fehlen nicht nur ca. 500.000 Kindergartenplätze, sondern erheblich mehr noch Möglichkeiten der Versorgung von Kleinstkindern. Sofern es betreuende Einrichtungen gibt, passen ihre Öffnungszeiten mit den Arbeitszeiten von Eltern vielfach nicht zusammen. Angesichts fehlender öffentlicher Räume für Kinder und Mütter artikulieren viele junge Familien, auch nichterwerbstätige Frauen, vielfältige Betreuungswünsche, die den Rahmen des bisherigen Kindergartenangebots weit überschreiten. Weil sich die Sozialisation in der Familie mit der Pluralisierung familialer Lebensführungen grundlegend geändert hat, ist auch der Sozialisationsbeitrag der Tageseinrichtungen für Kinder, insbesondere des traditionellen Kindergartens, in neue Koordinaten einzuordnen.
Eltern benötigen die Tageseinrichtungen heute nicht mehr nur als Institutionen für die Betreuung, Erziehung und Bildung ihrer Kinder, sondern auch als Teil eines Netzes familienstabilisierender Maßnahmen. Den Interessen von Eltern nach sozialen Kontakten, Gesprächen über ihre Kinder und ihre eigene Lebenssituation können Angebote von Kindertagesstätten entgegenkommen, die weit über die traditionelle Elternarbeit hinausgehen. Kindertagesstätten sind dann Orte, an denen sich eine Elternöffentlichkeit bilden kann, an denen über eine notwendige soziale Infrastruktur für Kinder und Familien in ihrer Gemeinde diskutiert, lokal angemessene Organisationsformen unter Berücksichtigung der jeweiligen Lebensbedingungen ausgehandelt und entsprechende Forderungen in den kommunalpolitischen Rahmen eingebracht werden können.

Karl Neumann

Literatur: *Colberg-Schrader, H./von Derschau, D.:* Sozialisationsfeld Kindergarten. In: *Hurrelmann, K./Ulich, D.* (Hg.): Neues Handbuch der Sozialisationsforschung. Weinheim/Basel 1991 • *Colberg-Schrader, H./Krug, M.:* Lebensnahes Lernen im Kindergarten. Zur Umsetzung des Curriculums „Soziales Lernen“. München 1986 • *Erning, G./Neumann, K./Reyer, J.* (Hg.): Geschichte des Kindergartens, 2 Bände. Freiburg 1987 • *Hettlage, R.:* Familienreport. Eine Lebensform im Umbruch. München 1992 • *Textor, M. R.:* Kind, Familie, Kindergarten. München 1992

Kinderhörspiel: Neben dem aufs Radio bezogenen, literarischen Kinderhörspiel, das wie der Kinderfilm nur wenig jünger ist als das für die Ohren der Erwachsenen bestimmte Genre, werden von den heutigen Kindern vor allem Kinderhörspielkassetten rezipiert. Sind beim Kassettenhörspiel vom Trivialprodukt bis zu kunstvollen Adaptionen und literarischen Produktionen alle Qualitätsniveaus zu finden, bemühen sich die Kinderhörspielredaktionen der Radiosender vor allem um das literarische Kinderhörspiel. Neben einigen wenigen durch das Kinderhörspiel selbst bekanntgewordenen Autorinnen und Autoren wie Margarete Jehn oder Charlotte Niemann, die auch als Regisseurin seit den 70er Jahren das Kinderhörspiel entscheidend beeinflußt hat, bürgen vor allem die bekannten Kinderbuchautorinnen und -autoren für die literarische Qualität des Genres. Orfried Preußler, James Krüss, Janosch, Erwin Moser, Paul Maar, Christine Nöstlinger, Benno Pludra, Fredrik Vahle zählen neben vielen anderen dazu.

Die Tatsache, daß Kinder ganz selbstverständlich mit Kassettenrecordern umgehen, läßt sich in der Grundschule für rezeptive und produktive Umgangsformen mit Hörspielen gleichermaßen nutzen. Beim Produzieren klasseneigener Hörspiele lernen die Schülerinnen und Schüler mit Sprache und Klängen zu experimentieren, zu improvisieren, eine Art „Drehbuch“ zu verfassen und in Ansätzen zu „komponieren“. Die Schüler/innen können einzeln oder in Gruppen lernen, Klang- bzw. Geräuschkombinationen herzustellen und zu mischen, mit technischen Mitteln Geräusche, Klänge und Töne herzustellen und außermusikalische Objekte als Anregung für eigene musikalische Produktionen zu verwenden. M. Geck und N. Knolle (1984) schreiben dazu: „Der oft beklagte bewußtlose und bloß rezeptive Umgang von Schülern mit technischen Mitteln kann – namentlich im Grundschulalter – nicht allein durch kritische Reflexion beeinflußt werden. Wichtiger sind Vorhaben, die aus Konsumenten massenmedial vermittelter Musik phantasievolle Produzenten machen.“

Möglichkeiten solchen produktiven Gestaltens bietet zum Beispiel die Arbeit mit Kassettenrecordern. Beginnend mit der Gestaltung kleiner Hörbilder oder Hörszenen können sodann ganze Kinderhörspiele entwickelt und hergestellt werden, wenn etwa zu einem Gedicht oder einer Geschichte von einem oder mehreren Kassettenrecordern Musik und Geräusche eingespielt werden, die vorher live (z. B. im Straßenverkehr, in der Küche, im Schwimmbad) aufgenommen oder mit Instrumenten und der Stimme produziert wurden. Besonders reizvoll kann auch die Aufgabe sein: Alles was geschieht, muß aus Geräuschen verständlich werden, die man hört, so zum Beispiel bei dem Thema, „mein Weg zur Schule“ (Abschiedskuß, Türschließen, Treppenlaufen, Straßenlärm mit hupenden und bremsenden Autos, Straßenbahnen, Polizei- oder Feuerwehrsirenen, vorbei an einem Wochenmarkt mit dem Geschrei der Anbieter, Glockenläuten und Orgelspiel von einer Kirche, Vogelsingen, Stimmengewirr Vorübergehender,

Schulgong). „Übrigens: Auch für gute Geräusche braucht man gute Musikerohren" (de la Motte 1990).
So dient auch das Kinderhörspiel der Ausbildung von auditiver Wahrnehmungsfähigkeit, von sprachlicher bzw. stimmlicher Ausdrucksfähigkeit, der Fähigkeit zur kreativen Veränderung akustischer Realität, der Fähigkeit zur Kooperation in der Gruppe.

Christine Müller

Literatur: *Finkel, K.:* Handbuch Musik und Sozialpädagogik. Regensburg 1979 • *Geck, M./ Knolle, N.:* Tonband- und Filmarbeit. In: *Gundlach, W.* (Hg.): Handbuch Musikunterricht Grundschule. Düsseldorf 1984 • *Küntzel-Hansen, M.:* Musik mit Kindern. Stuttgart 1973 • *de la Motte, D.:* Musik ist im Spiel. Kassel/Basel 1990 • Grundschule 7-8/ 1993. Themenheft: Hörspiel

Kinderkultur: Der Terminus Kinderkultur taucht seit dem Beginn der 70er Jahre in Verbindung mit der Diskussion der Geschichte der Kindheit und Fragen der Vorschulerziehung auf. Es ist ein Sammelbegriff, der unterschiedliche Aspekte kindlicher Lebenswelt einzufangen versucht. Bei der Betrachtung alles dessen, was dazu gehört, müssen mediale, sozialisatorische, juristische, institutionelle, psychologische, folkloristische, spielerische und intellektuell-kognitive Dimensionen einbezogen werden. Eine Wissenschaft und eine Methode allein sind nicht imstande, die traditionellen Kindermärchen, Spielzeug für Jungen und Mädchen, die Kleidung vom Matrosenanzug und weißem Kleid bis zu modischer Kinderkleidung der Gegenwart oder die Sozialgeschichte der Kinderarbeit angemessen zu untersuchen.
Zur Kinderkultur gehören Fragen des Wohnens, der Kinderfeste vom Geburtstag bis zur Weihnacht, Kinderliteratur, -theater, -musik, aber auch die audiovisuellen Medien Funk, Fernsehen, Schallplatte, Cassette, CDs und Video-Spiele.
Kinderkultur dient der Einübung in die Gesellschaft (sozialisatorische Funktion) und der sozialen Interaktion der Kinder (kommunikative Funktion) untereinander durch Vormachen und Nachmachen. Dabei werden nicht allein imitative Fähigkeiten gefördert, sondern ebenso Phantasie und Kreativität der Kinder. Zwar steht die kommerzielle Kindermassenkultur (z. B. Barbie und He-Man, Wonderwoman und Superman) stets unter dem Verdacht der Manipulation. Neuere Rezeptionsforschungen haben aber gezeigt, daß Kinder dem Warenangebot der Massenkultur nicht so hilflos ausgeliefert sind, wie vielfach befürchtet.
Sie machen einen durchaus eigenwilligen Gebrauch von dem, was in je wechselnder Mode massenmedial (als Comic, Trickfilm oder Spielfigur) an sie herangetragen wird, und sind imstande, die Angebote des Leitmediums Fernsehen zum Beispiel, durch ihre Texte zu überformen; sie rezipieren aktiv.
Kinderkultur ist als ein System von Dingen und Zeichen anzusehen, die Sinn stiften oder Sinn transzendieren. Der Volkskundler H. Bausinger stellte heraus, daß das, was Kinderkultur ausmache, weniger eine Frage des Textes sei, sondern eine des Kontexts. Mit dieser Einsicht werden die Pole Kultur für Kinder und Kultur der Kinder aneinander angenähert. Offensichtlich sind zahlreiche kulturelle Angebote für Kinder auf Fixierung aus, sind Spiele mit Gegebenheiten. Und es scheint, als ob in Opposition dazu, die Kultur der Kinder purer Funktionlust, dem Spiel mit Möglichkeiten, entspringt. Dies sind jedoch keine sich ausschließenden Funktionen. Kinderkultur oszilliert zwischen ge-

schützten Räumen und den immer weiter werdenden Abstechern in ungeschützte Freiheiten. Kinderkultur ereignet sich heute zwischen Spielplatz und Computer. Lego-Bausteine zählen ebenso dazu wie der Game-Boy. Die Spannung zwischen diesen Polen darf nicht bloß negativ gewertet werden. Der kulturellen Durchdringung von Kindheit entspricht auf der Subjektseite eine Vielfalt von Ausdrucksformen. Selbst die kommerzielle Kindermassenkultur, trotz der sich in ihr spiegelnden „höllischen Ausgelassenheit" (W. Benjamin), beinhaltet Möglichkeiten kultureller Selbstdarstellung. Vieles von dem, was Kinder sich aus dem kulturellen Warenangebot, sei es „hochwertig" oder eher „trivial", aneignen, eignen sie sich an im Gegenzug zu den Anforderungen einer vorherrschend technisch-kognitiv orientierten Vernunft.

Gesellschaftliche Handlungskompetenz und soziale Mündigkeit verwirklichen sich nur durch die Ausbildung von Kreativität, Selbsttätigkeit, Eigeninitiative und Bedürfnisorientierung. Deshalb kommt den spezifischen Gebrauchsweisen der Kinder ein hoher Stellenwert zu. Ihre Auseinandersetzung mit kulturellen Werten und Prozessen erschöpft sich nicht in purem Nachvollzug, sondern – wenn sie zugelassen wird – in oft phantasievoller Aneignung.

Winfred Kaminski

Literatur: *Bauer, K. W./Hengst, H.* (Hg.): Kritische Stichwörter zur Kinderkultur. München 1978 • Doderer, K. (Hg.): Walter Benjamin und die Kinderliteratur. Aspekte der Kinderkultur in den zwanziger Jahren. Weinheim und München 1988 • *Hengst, H.:* Kindheit in Europa. Zwischen Spielplatz und Computer. Frankfurt/M. • Hefte des Focke-Museums: Kinderkultur. 25. Deutscher Volkskundekongreß. Bremen Nr. 73/1987 • *Künnemann, H.:* Kinder und Kulturkonsum. Überlegungen zu bewältigten und unbewältigten Massenmedien unserer Zeit. Weinheim und Basel 1972 • *Lenzen, K.-D.:* Kinderkultur – die sanfte Anpassung. Frankfurt/M. 1987

Kinderrecht: Kinder sind nach der Terminologie des öffentlichen Rechtes (Kinder- und Jugendhilfegesetz, Jugendschutzrecht, Jugendstrafrecht) Minderjährige bis zur Vollendung des 14. Lebensjahres. Für sie ist ein Kinderrecht in der Rechtsordnung der Bundesrepublik Deutschland nicht speziell formuliert. Gleichwohl sind Kinder nicht ohne Rechte. Die durch die Verfassung garantierten Grundrechte gelten für alle Menschen, sind also altersunabhängig und stehen demgemäß auch den Kindern zu (BVerfGE 24). Von daher haben Kinder in gleicher Weise wie Erwachsene beispielsweise ein Recht auf Schutz der Würde als Person (Art. 1), das Recht auf Entfaltung der eigenen Persönlichkeit (Art. 2), sind Kinder vor dem Gesetz gleich (Art. 3 Abs. 1), sind Mädchen und Jungen gleichberechtigt (Art. 3 Abs. 2) und darf kein Kind wegen seines Geschlechtes, seiner Abstammung, Rasse, Sprache, Heimat und Herkunft, wegen seines Glaubens, seiner religiösen oder politischen Anschauung benachteiligt oder bevorzugt werden (Art. 3 Abs. 3).

Mit dem am 01.01.1991 in Kraft getretenen Kinder- und Jugendhilfegesetz (KJHG) hat jeder junge Mensch ein Recht auf Förderung seiner Entwicklung und auf Erziehung zu einer eigenverantwortlichen und gemeinschaftlichen Persönlichkeit (§1 KJHG). Die Verwirklichung dieses Rechtes obliegt für Kinder den Eltern, deren Betätigung von der staatlichen Gemeinschaft überwacht wird (siehe Elternrecht, Art. 6 GG und § 1 Abs. 2 des KJHG). Demnach können Kinder ihre Rechte praktisch nur über die Eltern wahrnehmen, wobei dem Staat ein „Wächteramt" zukommt. Eltern und Staat sind nach Art. 1 des Grundgesetzes der Würde des Kindes und mithin dem Wohl des Kindes (§ 1 Abs. 3 Nr. 3 KJHG) verpflichtet. Nach dem Recht der elterlichen Sorge (§ 1626 ff. BGB) haben Eltern im Rahmen ihrer Erziehung die wachsenden Fähigkeiten des Kindes zu selbständigem, verantwortungsbewußtem Handeln zu berücksichtigen. Der Staat hat die Pflicht, in die elterliche Erziehung einzugreifen, wenn die Erziehung nicht auf das Kindeswohl ausgerichtet ist. Nach § 1666 BGB bestehen staatliche Eingriffsmöglichkeiten, wenn das Wohl des Kindes gefährdet wird durch Vernachlässigung des Kindes, durch unverschuldetes Versagen der Eltern, durch das Verhalten eines Dritten und wenn Eltern nicht in der Lage oder gewillt sind, die Gefahr abzuwenden.

Allerdings steht eine rechtlich eindeutige Klärung des Begriffs „Kindeswohl" noch aus, und mithin bestehen auch im Kontext des Elternrechts noch erhebliche Auslegungsschwierigkeiten, wann das Wohl eines Kindes realiter gefährdet ist und geschützt werden muß. Noch heute ist körperliche Züchtigung ein rechtlich zulässiges Erziehungsmittel und läßt sich von körperlicher Kindesmißhandlung nicht klar abgrenzen. Noch schwieriger sind strafrechtliche Präzisierungen von psychischen Kindesmißhandlungen.

Am 20. November 1989 beschlossen die Vereinten Nationen das „Übereinkommen über die Rechte des Kindes". Die in dieser Kinderkonvention gesetzten Rechtsstandards sind auch bei uns noch nicht erreicht, und es bedarf weiterer Anstrengungen, die in dem Übereinkommen ausgewiesenen Kinderrechte in der bundesdeutschen Rechtsordnung mit der erforderlichen Subjektstellung von Kindern als eigenständige Rechtspersönlichkeiten zu codifizieren. Durch die Ratifizierung der VN-Übereinkunft durch den Deutschen Bundestag ist der Gesetzgeber in die Pflicht genommen, notwendige Gesetzesnovellierungen zum Wohle der Kinder vorzunehmen. Die Absicherung eines Rechtsanspruchs auf einen Kindergartenplatz (als eine Konkretisierung der sozialen Grundrechte bzw. des Sozialstaatsprinzips der Bundesrepublik) ab 1. Januar 1996 und ein hoffentlich bald ergehendes generelles Verbot körperlicher Züchtigungsformen von Kindern sind wichtige Schritte, Eigenrechte von Kindern zu konkretisieren und auszuweiten. Im folgenden seien noch einige Rechte und Pflichten von Kindern überblicksmäßig genannt:

- Mit der Geburt sind Kinder rechts- und parteifähig.
- Vom sechsten Lebensjahr an besteht die allgemeine Schulpflicht. Bei dem Schulverhältnis zwischen Kind und Schule handelt es sich um ein Rechtsverhältnis, das der Kulturhoheit der Länder unterliegt und bei Verletzungen der Rechte des Kindes den Verwaltungsgerichtsweg eröffnet. Sämtliche Bundesländer haben den Schüler/inne/n mehr oder weniger weitreichende Mitwirkungsrechte eingeräumt.
- Ab dem siebten Lebensjahr besteht für Kinder eine beschränkte Geschäftsfähigkeit und eine beschränkte zivilrechtliche Deliktfähigkeit bei unerlaubten Handlungen.
- Vom zehnten Lebensjahr an haben Kinder ein Recht auf Anhörung bei Religionswechsel.
- Ab dem zwölften Lebensjahr haben Kinder eine beschränkte Religionsmündigkeit.
- Mit Beginn des vierzehnten Lebensjahres haben Kinder beispielsweise ein Recht auf selbständiges Stellen eines Antrags beim Vormundschaftsgericht auf die Aufhebung der Fürsorgeerziehung, Anspruch auf Gehör durch das Vormundschaftsgericht bei bestimmten Rechtsgeschäften des Vormunds, eine beschränkte strafrechtliche Deliktfähigkeit und sind religionsmündig.

Clemens Zumhasch

Literatur: Deutscher Bundesjugendring: Positionspapier „Kinderpolitik". In: Deutscher Bundesjugendring (Hg.): Kinder in Jugendverbänden. Bonn 1992 • Deutscher Bundestag: Bericht der Bundesregierung über Maßnahmen im Zusammenhang mit dem Inkrafttreten des Übereinkommens über die Rechte des Kindes für die Bundesrepublik Deutschland, Drucksache 12/4168 1993 • Deutsches Komitee für UNICEF u. Deutscher Kinderschutzbund: Kinder haben Rechte. Köln. 1989 • *Happe, G.:* Das Kindeswohl als Rechtsbegriff in der Praxis. In: *Gernert, W.* (Hg.): Über die Rechte des Kindes. Stuttgart 1992 • *Münning, M.:* Die Rechte der Kinder in der Rechtsordnung der Bundesrepublik Deutschland. In: *Gernert, W.* (Hg.): Über die Rechte des Kindes. Stuttgart 1992 • *Wiesner, R./Zarbock, W. H.:* Das neue Kinder- und Jugendhilfegesetz. Köln 1991

Kindertheater: Kinder auf der Bühne, mal spielen sie selbst im trauten Familienkreise, mal werden sie von Schauspielern dargestellt in der Arena eines Privattheaters; Kinder als Publikum erleben ihre eigenen Helden der Dramatik, mal als passive einzelne, einer autoritären Pädagogik unterworfen, mal als handelnde Gruppe eine antiautäre Erziehung propagierend. Die dramatische Literatur für Kinder präsentiert seit mindestens drei Jahrhunderten die unterschiedlichsten Identifikationsfiguren, die zumeist bestimmt sind durch die jeweils herrschende Moral, gebunden an einen erzieherischen Anspruch. Kindertheater wurde oft mißverstanden als verlängerter Arm der Schule. Ausnahmen bleiben die Kinderstücke, die auch ästhetisches Vergnügen zu bereiten wußten. Immerhin gab es aber auch große und kleine Helden des Kindertheaters, die auf der Seite ihres Zielpublikums standen und für sie, nicht gegen sie, Partei ergriffen. Und es gab große und kleine Helden, die Theater als künstlerisches Ereignis vermitteln konnten.

„Im Sommer 1971 hängen wir das politische Kabarett an den Nagel, obwohl es läuft. Die politische Bewegung, auf der es aufbaute, ist zerfallen, der Versuch eines politischen Theaters scheitert aus finanziellen Gründen, im Kindertheater sehen wir die uns gemäße Form von Zielgruppen- oder Basisarbeit", schreibt Volker Ludwig über die Geschichte des von ihm begründeten Grips Theaters in West-Berlin. Mit dieser Bühne beginnt für das bundesdeutsche Kindertheater nach 1968 eine bedeutende Entwicklung. Es wendet sich ab vom Heile-Welt-Schema der traditionellen Weihnachtsmärchen und stellt die Kinder einer neuen Generation auf die Bretter des Theaters. Das Bedürfnis auf Auseinandersetzung mit der Wirklichkeit und nach einer aktiven Lebensbewältigung wird in den Stücken des Grips Theaters thematisiert.

In „Darüber spricht man nicht!" (1973) der West-Berliner Theatergruppe Rote Grütze wird von Kindern berichtet, die ihre Sexualität erkennen, hinterfragen und mit ihr lustvoll umgehen wollen. Dabei werden in Alltagsszenen die Schwierigkeiten sexualfeindlicher Erziehung kritisiert und oft auch der Lächerlichkeit preisgegeben.

Lebensalternativen werden im neorealistischen Kindertheater aufgezeigt; Kinder durchleben alltägliche Situationen mit Blick auf Veränderung. Aber neben der Erkenntnisfähigkeit wird auch das Vergnügen gefördert; es trägt dazu bei, über die Spielfreude Inhalte zu transportieren. Neben Grips und Rote Grütze etabliert auch das Autorentheater von F. K. Waechter und P. Maar phantasievolle Geschichten. Phantasie dient dabei immer der Wirklichkeitsbewältigung. Ob in „Schule mit Clowns" (1975) oder „Kiebich und Dutz" (1977) des Kinderbuchautors und Cartoonisten Waechter – immer sind die Figuren menschliche Wesen mit Schwächen und Stärken, die das junge Publikum lehren wollen. Parabelhaft zeigt der Kinderbuchautor und Illustrator P. Maar in „Kikerikiste"

(1973) eine Freundschaft zweier ebenbürtiger Kinder auf, die durch einen Dritten mit Streitigkeiten belastet wird. Auch hier geht es um das Erkennen von gesellschaftlichen Strukturen, wenn auch auf einer stilisierten, aber humorvollen Ebene.

Immer mehr wandeln sich die Figuren des modernen Kindertheaters bis in die achtziger Jahre hinein. Ihre ästhetische Ausgestaltung wird vielfältiger, gelegentlich sensibler, manchmal aber auch äußerlicher. Einen großen Anteil daran haben schwedische und niederländische Stücke, die Mitte der achtziger Jahre in Übersetzungen auf die Bühnen bundesdeutscher Kindertheater gelangen.

Mit dem Ende der DDR öffnete sich zudem eine traditionsreiche Kindertheaterlandschaft, die neben einigen Stadttheatern, die ausschließlich für ein junges Publikum spielen, auch ein reichhaltiges Repertoire an Stücken zu bieten hat. Autoren wie H. Hawemann, P. Ensikat oder A. Wendt verstanden es, parabelhafte Geschichten zu erfinden, die wie in Hawemanns „Die Katze" (1986) oder Wendts „Der Vogelkopp" (1985) mit hohem literarischen Niveau gesellschaftliche Zustände reflektieren.

Über die Helden des Kindertheaters lassen sich auch Aussagen machen über Kindheitsbilder. Sie sind Dokumente ihrer Zeit, oft auch eine Utopie von Kindheit. Das moderne Kindertheater hat es schwer mit Kindheitsdarstellungen in einer Zeit, in der vom Verschwinden der Kindheit gesprochen wird. Dementsprechend groß ist die Bandbreite der Figuren in den neuen Stücken. Ob sie einen Ausblick geben auf eine Zukunft der Kinder? Denn Theater sollte doch nicht nur Zeitzeuge sein, sondern über die Gegenwartsbewältigung hinausgehen.

Darum bemüht sich unter anderem auch die deutsche Sektion der ASSITEJ (Internationale Vereinigung des Theaters für Kinder und Jugendliche) ebenso wie das Kinder- und Jugendtheaterzentrum in der Bundesrepulblik Deutschland mit Sitz in Frankfurt am Main, das auch das Deutsche Kinder- und Jugendtheatertreffen als Biennale in Berlin veranstaltet.

Die Kraft des Kindertheaters liegt in der Tatsache begründet, daß das junge Publikum mit einem Kunstereignis bei der Persönlichkeitsentwicklung begleitet wird. Kinder brauchen Theater! In der medialen Umwelt können Theateraufführungen ursprüngliche Erlebnisse bei der Weltaneignung darstellen. Die Kindertheater täten gut daran, der Kindheit weiterhin auf der Spur zu bleiben.

Wolfgang Schneider

Literatur: *Hoffmann, Ch.:* Spielen und Theaterspielen Frankfurt/M. 1993 • Kinder- und Jugendtheaterzentrum in der Bundesrepublik Deutschland: Beiträge zum Kindertheater. Beilage der Zeitschrift Grundschule und Praxis Grundschule. Erscheint einmal jährlich • *Schneider, W.:* Grimm & Grips. Jahrbuch für Kinder- und Jugendtheater. Frankfurt/M. Erscheint jährlich ab 1987

Kinder- und Jugendliteratur:

Der Terminus „Kinder- und Jugendliteratur" scheint keiner weiteren Bestimmung zu bedürfen. Trotzdem gibt es sehr unterschiedliche Definitionen, die sich im wesentlichen auf zwei Positionen reduzieren lassen:

- Unter Kinder- und Jugendliteratur wird all das verstanden, was Kinder und Jugendliche lesen.
- Darunter werden die speziell für junge Leser/innen geschriebenen bzw. adaptierten Texte gefaßt.

Sinnvoller und praktikabler erscheint die zuletztgenannte Auffassung von einer spezifischen oder intendierten Kinder- und Jugendliteratur. Wichtiger als die Kenntnis der unterschiedlichen Begriffsbestimmugen sind für den Lehrer die

Fragen des Adressatenbezuges (impliziter Leser) und der Hintergrund verschiedener Kindheitsbilder in der historischen und aktuellen Kinder- und Jugendliteratur. Im allgemeinen sind in der Kinder- und Jugendliteratur zwei divergierende Kindheitsbilder erkennbar:

- Das Kind ist das ideale Wesen, von dem die Rettung der Welt kommen kann (romantische Kinder- und Jugendliteratur, E. Kästner, A. Saint-Exupery, M. Ende, Ch. Kozik).
- Das Kind wird als unreifes Wesen gezeichnet, das erst durch den Erwachsenen zum eigentlichen Menschen geformt wird (aufklärerische Kinder- und Jugendliteratur, Texte der 50er Jahre, insbesondere in der DDR).

Die erste Richtung wird als die sentimentalistische oder als Ausdruck des „Mythos vom (göttlichen) Kinde" charakterisiert. Die zweite Richtung wird als pädagogisch-didaktische klassifiziert. Daneben gibt es verschiedene „Mischformen". Diese unterschiedlichen Kindheitsbilder gehen einher mit einem weiten und engen Adressatenbezug. Während die pädagogisch-didaktische Variante nur den jungen Leser im Blick hat, sind alle Ausdrucksformen des „Mythos vom Kinde" mit einer „kinderliterarischen" und einer „erwachsenenliterarischen" Seite verbunden, d. h. sie richten sich an Kinder und Erwachsene. Das bedeutet, daß sich die Wirkungspotenzen dieser Texte erst bei einem „gemischten Lesepublikum" entfalten. Für den Literaturunterricht haben diese Tatsachen entscheidende Weiterungen: Aufgrund der „kindlichen und erwachsenen Leserrolle" evozieren derartige Texte direkt eine Kommunikation zwischen Lehrer/innen und Schüler/innen.

Wichtig ist die Erkenntnis, daß die Idealisierung von Kindheit in der Kinder- und Jugendliteratur zumeist zwei Richtungen aufweist: Sie zielt einerseits auf den kindlichen Leser – auch im Sinne eines Appells, die Sicht der Kindheit zu bewahren, um damit soziale Beziehungen zu verändern. Zum anderen besitzt jenes Kindheitsbild Aufforderungscharakter für den Erwachsenen, die Welt im Sinne „kindlicher Vollkommenheit" zu verändern.

Poetische Kindheit wird aber nicht nur für den/die kindlichen und erwachsenen Leser/innen erdacht, sondern sie bedeutet oft ein Refugium der Hoffnung für den/die Autor/in selbst: Der „Mythos vom Kinde" ist Sehnsucht nach der eigenen Kindheit oder Flucht in die Kindheit oder die bewußte Gestaltung eines idealischen Zustandes – nicht selten gegen die Gefahr der eigenen Resignation geschrieben.

Gerade die Texte für Kinder, die jenem „Mythos vom Kinde" in den unterschiedlichen Varianten folgen, stellen die bisherigen Definitionen von Kinder- und Jugendliteratur in Frage; sie bedeuten eine Erweiterung des Subsystems Kinder- und Jugendliteratur und erfordern auch einen neuen didaktischen Zugang.

Das gilt nicht zuletzt für Titel, die im Grundschulbereich behandelt werden können (M. Ende: „Jim Knopf", Ch. Hein: „Das Wildpferd unterm Kachelofen", Ch. Kozik: „Moritz in der Litfaßsäule", A. Lindgren: „Pippi Langstrumpf", A. A. Milne: „Pu der Bär", P. L. Travers: „Mary Poppins").

Karin Richter

Literatur: *Ewers, H.-H.:* Die Grenzen literarischer Kinder- und Jugendbuchkritik. In: *Scharioth, B./Schmidt, J.* (Hg.): Zwischen allen Stühlen. Tutzing 1990 • *Peltsch, S.:* Beiträge zur Kinder- und Jugendliteratur. Beilage der Zeitschrift Grundschule. Erscheint einmal jährlich. Hervorgegangen aus den „Beiträgen zur Kinder- und Jugendliteratur", die die einschlägige Publikation in der DDR war und heute als „Beiträge zu Jugendliteratur und Medien" weitergeführt wird • *Richter, K.:* Kinder- und Jugendliteratur. Einige Anmerkungen zur Begriffsbestimmung. In: Kinderliteratur-Report 1/89

Kinderzeitschriften: Für fünf Mio. Kinder wurden 1992 in Deutschland monatlich zwischen 13 und 14 Mio. Exemplare derjenigen Periodika produziert, die man mit Kinderzeitschriften (Kindermagazine) bezeichnet. Darunter sind Schriften („Hefte", „Heftchen") zu verstehen, die Kinder im Vor- und Grundschulalter und wohl auch darüber hinaus erreichen. Es gibt eigenständige kommerzielle Kinderzeitschriften, die am Kiosk oder über Verlage (auch im Abonnement) erhältlich sind, eigenständige kostenlose Werbe- bzw. Kundenzeitschriften von Firmen, Banken u. dgl., eigenständige, z. T. kostenlos verteilte Kinderzeitschriften von Gemeinschaften, Verbänden und Vereinigungen neben integrierten Periodika für junge Leser/innen: sog. Kinderseiten in der Tages-, Wochen- oder Verbands- und konfessionell gebundenen Presse. Als selbständige Kindermedien werden Kinderzeitschriften unmittelbar für Kinder produziert, auf deren spezifische Bedürfnisse und Emotionen sie ausgerichtet sind. Kinder können ihre Lieblingsblätter allmonatlich nach eigener Entscheidung relativ unabhängig von der Zustimmung Erwachsener (Eltern, Lehrer) kaufen. Der erwachsene Vermittler ist nicht unbedingt nötig. Die pädagogische Verantwortung der Kinderzeitschriften liegt also weitgehend bei der Kinderzeitschriften-Redaktion. Die Rezipienten sammeln, tauschen und genießen ihre Zeitschrift „zwischendurch", wann immer sie Lust zum Lesen, Anschauen, Blättern haben. Jederzeit können sie ausgelesene Kinderzeitschriften weitergeben oder wegwerfen. Sind sie ihr Eigentum, können sie selbstverantwortlich darüber verfügen. Damit sind einige Unterschiede zu anderen Kindermedien (Kinderbuch, Kinderfernsehen) genannt. Typen von Kinderzeitschriften dienen den Rezipienten vor allem zur Information („Wissenvermittlung"), Unterhaltung, Aktivierung und Einübung in den Umgang mit anderen gedruckten Medien, insbesondere im Hinblick auf Fach- und Hobbyzeitschriften, Illustrierten und Zeitungen. Es gibt spezielle Kinderzeitschriften, die sich an den Lehrplan anlehnen (Schul- oder Schülerzeitschriften), also den Unterricht bereichern oder gar begleiten; dem Leseanfänger angemessen sind (Schulanfängerzeitschriften); den potentiellen Kunden an ein bestimmtes Unternehmen frühzeitig zu binden versuchen (Kundenzeitschriften); Kinder verschiedentlich anleiten und beschäftigen wollen (Beschäftigungszeitschriften) oder sie nahezu ausschließlich mit Bildergeschichten bekanntmachen und füttern wollen (Comic-Zeitschriften). Noch immer können sich Zeitschriften halten, die den Missionsgedanken der christlichen Konfessionen propagieren oder den christlichen Glauben verbreiten helfen. Auch Liebhaberzeitschriften für Kinder sind zu haben, z. B. für Pferdefans oder Ministranten.

An erster Stelle rangiert bei Kinderzeitschriften die Unterhaltung, der Spaß am (Lesen, Rätselraten, Witzeln, Kontakte knüpfen, Basteln, Kochen, spielenden Lernen.

Die meisten Kinderzeitschriften setzen sich zum Ziel, das Lesen zu fördern (zielgruppenorientierte Typographie, vorherrschende Bebilderung, Zurücktreten des Textumfangs, einfache Wortwahl, Bücher- und Lesetips) und den Kindern bei der sinnvollen Freizeitgestaltung zu helfen (Spiel- und Feiervorschläge, seltener auch Fernsehhinweise). Der Anteil des Aktuellen (Tagesgeschehen, Politik) ist unterrepräsentiert wie auch der des Geschichtlichen und Sozialen, um so stärker sind Naturthemen (Tiere) vertreten. Die Vermittlung von definitiv angesprochenen Werten (religiös, ästhetisch, ethisch, humanitär) wird in Kinderzeit-

schriften grundsätzlich vermißt. Das Angebot bleibt an der Oberfläche, ist leicht lesbar und fordert vom Konsumenten wenig Anstrengung und Engagement. Kinder lesen Kinderzeitschriften, indem sie zugleich Musik hören, trinken und essen und es sich überhaupt gemütlich machen.
Gleichwohl bieten sich eine Reihe von Förderungsmöglichkeiten durch Kinderzeitschriften: Von den sachlich gehaltenen Beiträgen in Kinderzeitschriften hat der Erzieher/Lehrer Bildungsrelevanz, Objektiviät, Kinderorientierung, Anregung der kognitiven und emotionalen Entwicklung, aber auch der lesepädagogischen und ästhetischen Qualitäten zu erwarten. Wichtig erscheint, Kinderzeitschriften nach ihrer Typenzugehörigkeit zu beurteilen. Demnach müssen z. B. schulbezogene Kinderzeitschriften den schulischen Anforderungen genügen, etwa den Schriftspracherwerb fördern bzw. erst ermöglichen und die Schriftkultur pflegen. Comic-Kinderzeitschriften sind nicht pauschal zu verurteilen. Es gibt leider zu wenige hervorragende, als daß man generell eine Lanze für sie brechen könnte. Den brennenden Fragen des Zeitgeschehens (Ökologie, Umweltfragen, Frieden, Völkerverständigung) haben sich bereits Zeitschriften für jüngste und junge Leser/innen zu öffnen. Ebenso kann man von ihnen verlangen, daß sie phantasieanregend und ästhetisch akzeptabel sind. Die Erzieherin im Kindergarten wie auch der/die Grundschullehrer/in sollte die Kinderzeitschriften eher als Freizeit- denn als Schulmedium betrachten. Kinderzeitschriften eignen sich in der Regel mehr für das individuelle als das gemeinsame Lesen, es sei denn, man läßt einmal Kinderzeitschriften im Hinblick auf Aufmachung, Angebot oder Werbungsanteil von Kindern vergleichen, nützt ihr Angebot an Sachtexten (Heimat- und Sachkunde) oder Kurzgeschichten (Leseunterricht, Lese-Ecke, Freiarbeit) oder läßt Kinder Kurzformen der Prosa, wie Rätsel, Witz, Kalendergeschichte, Anekdote, via Kinderzeitschriften kennenlernen. – In Deutschland, wo gerade auch der Markt der Kinderzeitschriften stark fluktuiert, wo also ein Auf und Ab an Novitäten und Einstellungen vorherrscht, sind derzeit einige durchaus empfehlenswerte Kinderzeitschriften im Angebot. Zu nennen sind u. a. „Benni“ (Weltbild), „Bimbo“ (Sailer), „Der bunte Hund“ (Beltz & Gelberg), „Floh“ und „Flohkiste“ (Domino), „Mücke“ und „Mücki“ (Universum), „Spatz“ (Klens), „Stafette“ (Sailer), „Teddy“ (Schreiber), „Tierfreund“ (Sailer), „Treff“ (Velber), „Tu was“ (Domino) und „Weite Welt“ (Steyler). Ausnahmeerscheinung ist und bleibt „Spielen und Lernen“, die Elternzeitschrift, die einen anregungsreichen „Einbauteil“ („Spiel mit“) speziell für Kinder im Vorschul- und ersten Grundschulalter anbietet.
Hans Gärtner

Literatur: *Gärtner, H.:* Kinderzeitschriften der achtziger Jahre: Spezifika, Kriterien, Typologie. In: Mythen, Märchen und moderne Zeit. Würzburg 1987 • *Gärtner, H./Kleedorfer, J.:* Kinderzeitschriften. In: Einführung in die Kinder- und Jugendliteratur der Gegenwart. Wien 1992 • *Gärtner, H./Schiele, J.:* Wie ist das mit den Kinderzeitschriften? In: Lesen. Grundlagen, Ideen, Modelle zur Leseförderung. Nürnberg 1988 • *Sommer, M.:* Lesemedium im Aufwärtstrend: die Kinderzeitschrift. In: lieber lesen, Almanach der Kinder- und Jugendliteratur auf das Jahr 1990. Oberursel 1991

Kindheit: Als Kindheit wird heute der Lebensabschnitt von der Geburt bis zum Beginn der Pubertät (12. bis 14. Lebensjahr) bezeichnet. Traditionell wird zwischen der frühen Kindheit (Säuglingsalter mit Kleinkindphase bis zum ca. vierten Lebensjahr) und der Hauptphase der Kindheit unterschieden. Seit einigen Jahren erfährt letztere eine weitere Ausdifferenzierung: Als „Kids" (9- bis 14jährige) werden die Heranwachsenden bezeichnet, die sich nicht mehr als Kinder fühlen, z. B. nicht mehr auf Kinderspielplätze gehen, aber auch noch keine Jugendlichen sind. Es ist wesentlich von kulturellen Entwicklungen und damit korrespondierenden normativen Setzungen und nicht zuletzt auch von der ökonomischen Entwicklung einer Gesellschaft abhängig, wie Kindheit inhaltlich definiert wird und welche Verhaltensweisen oder Lebensbedingungen der Heranwachsenden als kindgemäß gelten. So ist die erwerbsmäßige Kinderarbeit in der Produktion oder auch im Dienstleistungsbereich in Ländern der Dritten Welt ebenso selbstverständlich, wie der langjährige Schulbesuch von Kindern und Jugendlichen in Ländern mit einer höheren Produktivkraft obligatorisch ist.

Historisch betrachtet ist Kindheit aber auch in den westlichen Industrieländern als qualitativ eigenständige Entwicklungs- und bewußte Erziehungsphase erst seit wenigen hundert Jahren gesellschaftlich anerkannt. Noch im Mittelalter nahmen Kinder, sobald sie für die Versorgung ihrer Grundbedürfnisse nicht mehr unmittelbar von ihren Eltern abhängig waren, am sozialen und wirtschaftlichen Leben der Erwachsenen teil. Die Kenntnisse und Fertigkeiten, die die nachfolgende Generation zur eigenen Reproduktion erlernen mußte, erwarben sie durch Zuschauen und Mitarbeit in der Erwachsenenwelt.

Erst mit Beginn der Neuzeit und insbesondere mit dem Aufkommen des Bürgertums konstituierte sich Kindheit als eigenständige Lebensphase und damit auch als Schonraum, in dem sich Spielen und allgemeinbildendes Lernen als anerkannte und gewünschte Tätigkeitsformen von jungen Menschen durchsetzen konnten. Die Einrichtung von Schulen und Kindergärten trug wesentlich dazu bei, daß sich eine institutionell abgesichterte Kindheit etablieren konnte. Das im wesentlichen auch heute noch gültige pädagogische Denken über Kindsein und Kindheit ist vor allem durch die Theorien und Ergebnisse der frühen entwicklungspsychologischen Forschungen seit dem Ende des letzten Jahrhunderts sowie durch die pädagogischen Überlegungen im Rahmen der neuen Erziehung (Reformpädagogik) zu Beginn dieses Jahrhunderts bestimmt worden. Den Kindern wurden nunmehr eigene, von Erwachsenen verschiedene Denk- und Verhaltenweisen zugestanden. Die Äußerung M. Montessoris (1870–1952): „Kinder sind anders" kann als programmatisch für die veränderte Sichtweise von Kindheit angesehen werden, die sich so nachhaltig durchsetzte, daß sogar von einem „Jahrhundert des Kindes" (E. Key) gesprochen werden konnte.

Für die (gesunde) geistige und seelische Entwicklung des Kindes wurden verschiedene Grundbedürfnisse angenommen, zu deren Durchsetzung Elternhaus und Schule mehr und mehr verpflichtet wurden. Auch in rechtlicher Hinsicht wurde der Status der Kindheit nicht zuletzt aus Gründen des Kinderschutzes festgeschrieben. Aber auch die Ansprüche der Gesellschaft an die Kinder, vermittelt vor allem über Elternhaus und Schule, wurden kodifiziert. Die Ideen einer liberal verstandenen neuen Erziehung haben bewirkt, daß die Gestaltung von Schule und Unterricht, von Schulleben und Curriculuminhalten mehr und mehr von der Maxime einer „Orientierung am Kind" bestimmt worden sind, wobei allerdings die Spezifika dieser Kindorientierung immer auch vom jeweiligen gesellschaftlichen Selbstverständnis abhängig war. Im vergangenen Jahrzehnt ist die Kindheit unter sozialisatorischen, aber auch pädagogischen Fragestellungen erneut ins Zentrum der wissenschaftlichen Auseinandersetzungen gerückt. „Veränderte Kindheit“ oder auch „Kindheit im Wandel“ sind hier wichtige Stichworte. Den Hintergrund für die aktuellen Diskussionen bilden gesellschaftliche Veränderungen, die sich seit den 70er Jahren vollzogen und die Bedingungen des Aufwachsens und damit auch die Kinder selber erheblich beeinflußt haben. Die Sozialisationsforschung spricht von einem „Modernisierungsschub“.

Die veränderte Kindheit kann durch folgende Merkmale beschrieben werden: Die Geburtenzahl hat sich in den vergangenen 25 Jahren erheblich reduziert; mehr als Dreiviertel aller Kinder wachsen als Einzelkinder oder mit nur einer Schwester oder einem Bruder auf. Die Tendenz zur Kleinstfamilien-Kindheit wird noch verstärkt durch eine wachsende Anzahl von Eineltern-Familien (Alleinerziehenden). Zunehmend mehr Kinder können in ihrem Elternhaus, oft auch in ihrer nahen Umgebung nur noch wenige Kontakte zu Gleichaltrigen aufnehmen. Kontakte zu Kindern und auch zu Erwachsenen müssen organisiert werden.

So ist die Freizeit von vielen Kindern durch feste Verabredungen, durch Freizeit- und Förderangebote in Vereinen und Verbänden in einem hohen Maße bereits verplant. Dies führt bei vielen Kindern zu einer „Pädagogisierung von Kindheit“: Kinder werden vermehrt von pädagogischen Experten angeleitet, betreut und versorgt. Durch die Vielzahl an Medien, die den meisten Kindern zur eigenen Verfügung stehen (Radio und Kassettenrecorder, vielfach aber auch Fernseher, Video und Computer) nehmen die Erfahrungen, die Kinder aus „zweiter Hand“ erwerben, immer mehr zu. Die Kinder wachsen in einer Umgebung mit einer zunehmend größer werdenden kulturellen, ethnischen und sozialen Vielfalt auf. Diese Entwicklung geht einher mit einer insgesamt stärkeren Liberalisierung von Erziehungsnormen und Verhaltenserwartungen.

Die Folgen dieser Entwicklungen und Veränderungen sind, daß Kinder aufgrund der vermehrten Bildungs- und Freizeitangebote heute vielfältigere Entwicklungsmöglichkeiten haben als je zuvor. Latente Begabungen können gefördert, Interessen geweckt und unterstützt werden. Die Kehrseite dieser Angebotsvielfalt liegt neben dem Verlust authentischer – und die Identität vermutlich besonders prägenden – Umwelt- und Sozialerfahrungen in den hohen Erwartungen, die die Eltern an die Entwicklung ihrer Kinder richten und deren Nichterfüllung Frustrationen und Enttäuschungen zur Folge hat. Daneben besteht die Gefahr, daß die gesellschaftlich bedingten Entwicklungsunterschiede zwischen den Kindern sich vergrößern könnten, weil solche Kinder, die die intensiven Förderungs- und Freizeitmöglichkeiten nicht wahrnehmen können, gegenüber anderen benachteiligt sind. Die Schule, insbesondere die Grundschule, hat hier vielfältige Kompensationsfunktionen.

Maria Fölling-Albers

Literatur: *Aries, P.:* Geschichte der Kindheit. München [2]1975 • *Böhnisch, L.:* Sozialpädagogik des Kindes- und Jugendalters. Eine Einführung. Weinheim und München 1992 • *Fölling-Albers, M.* (Hg.): Veränderte Kindheit – veränderte Grundschule. Frankfurt: AK Grundschule 1989 • *Fölling-Albers, M.:* Schulkinder heute. Auswirkungen veränderter Kindheit auf Unterricht und Schulleben. Weinheim 1992 • *Preuss-Lausitz, U.* u. a.: Kriegskinder, Konsumkinder, Krisenkinder. Weinheim [2]1989 • *Rolff, H.-G./Zimmermann, P.:* Kindheit im Wandel. Veränderungen im Kinderalltag. Neuausgabe. Weinheim 1990

Kindorientierung: Kindorientierung ist die Entscheidung, das Spannungsverhältnis in der Zielbestimmung, ob ein Kind zum Menschen oder zum Bürger erzogen werden soll, einseitig zugunsten der „Natur“ des Kindes aufzulösen.

Kindorientierung bedeutet, Kinder deutlich als von Erwachsenen unterschieden zu begreifen, den Eigenwert dieses konfliktreichen Lebensalters anzuerkennen und die Gegenwart der Kinder nicht ihrer Zukunft zu opfern. Unter Kindorientierung wird das Ernstnehmen ihrer Rechte, Gefühle und Interessen verstanden; sie setzt sich in demokratischen Verfahren der Selbstregierung fort. Kindorientierung findet ihren Ausdruck in der Gestaltung der Grundschule als „Kinderschule“, wobei Möglichkeiten zur freien Entfaltung der Persönlichkeit und zu Autonomie eröffnet werden. Der Respekt vor der Erlebniswelt, den Erkenntnis- und Handlungsinteressen, Lern- und Verhaltensmöglichkeiten des Kindes erfordert die Organisation schulischer Lernprozesse als Forschungsprozesse (durch Spiel, Gestalten, Fragen, Beobachten, Vermuten, Untersuchen, Vergleichen, Experimentieren, Einwirken, Erproben) und offene Organisationsformen von Unterricht (Sitzkreis, Wochenplan, Freiarbeit, Projektlernen etc.) und Schule, wobei sich die Erwachsenen dafür öffnen, was sie von Kindern lernen können. Mit Kindorientierung wird ein pädagogisches Programm umschrieben, das die Strukturen von Schule und Unterricht, den Lehrplan und die Methoden kritisch analysiert und nicht nur auf Pädagogisierung, sondern auf Entschulung zielt. Wenn unter Hinweis auf Kindorientierung auf reformpädagogische Metaphern, z. B. auf die von „Entwicklung durch Entfaltung“, zurückgegriffen wird, kommt es manchmal zu mystisch anmutenden „Überhöhungen“ des Kindes: Je nach gewähltem Bild erscheint es dann als kreativer, phantasiebegabter, beseelter und tätiger Genius, von dem Erwachsene lernen oder – durch sein Leiden – als den Erwachsenen überlegenes Kind, dem diese huldigen sollen.

Kindorientierung bedeutet heute eine Umgestaltung des Generationenverhältnisses zugunsten einer Realisierung der Rechte der Kinder. Es bedeutet, sich den verändernden Kindheitsformationen einschließlich der damit einhergehenden Erfahrungsmöglichkeiten der Kindergenerationen zu stellen und immer wieder neu über kindliches Lernen nachzudenken (vgl. Damon 1985). Kindorientierung bleibt, gerade weil sie in ihrer Radikalität nicht einzulösen ist, als permanente Forderung wirksam.

Hanna Kiper

Literatur: *Damon, W.:* Die soziale Welt des Kindes (1977). Frankfurt/M. 1984

Klassenarbeiten: Als zentrales Instrument schulischer Leistungsbeurteilung und damit des Schulerfolgs eines Kindes unterliegen Klassenarbeiten vor allem rechtlichen Regelungen durch die Kultusministerien. Es lassen sich primäre (pädagogische) und sekundäre Funktionen der Klassenarbeit unterscheiden: Pädagogisch dient sie u. a. der Überprüfung des Gelernten (Evaluationsfunktion), der Übung und Wiederholung, der Motivation, der Orientierung über die Leistungsentwicklung (sowohl für Schüler/innen als auch z. B. für Eltern und Schulleitung), zur Ermittlung von Lernhilfen und zur Beratung. Sekundäre Funktionen sind z. B. die Begründung von Versetzung und Schullaufbahnentscheidungen, die Disziplinierungsfunktion, die Vergleichsfunktion (z. B. von Klassen oder Schulen) sowie die gesell-

schaftliche Funktion zur Plazierung und Selektion.
Problematisch ist die Klassenarbeit vor allem als Instrument der Leistungsbewertung (die sich notwendig mit der Zensurengebung einstellt). Die traditionelle Klassenarbeit hält dabei den Kriterien einer empirischen Leistungsdiagnostik nicht stand: Sie ist nicht „valide", „objektiv" und „reliabel". Auch sind die Vergleichsnormen für die „milde" oder „strenge" Bewertung wechselnd (die Klasse, der Jahrgang oder einzig die Kriterien der erreichten oder nicht erreichten Lernziele). Auch die subjektiven, in der Person des Lehrers bzw. der Lehrerin liegenden Fehlerquellen sind erheblich: Halo-Effekt (ein als positiv oder negativ wahrgenommenes Merkmal überstrahlt die Gesamtwahrnehmung), unbewußte Voreinstellungen wirken sich auf die Beurteilung aus (Pygmalion-Effekt), es gibt Kontrastfehler in der Beurteilung (folgt auf mehrere gute Hefte plötzlich ein schwaches, so wird dies unbewußt besonders negativ bewertet), es gibt eine Tendenz zur Mitte (d. h. zur Vermeidung von Extremen bei der Beurteilung) u. a. m.
Dennoch müssen Klassenarbeiten geschrieben werden. Dazu sind folgende didaktische Regeln zu beachten (G. E. Becker 1986): Die Schüler/innen müssen gründlich, transparent und rechtzeitig auf die Klassenarbeit vorbereitet werden (z. B. durch Üben und Wiederholen). Die Aufgabenstellungen müssen sich eng an den vorherigen Unterricht anschließen, verständlich formuliert, variabel in den Aufgabenformen und im Schwierigkeitsgrad angemessen, u. U. differenziert sein. Bei der Durchführung ist für eine ruhige, konzentrierte und möglichst angstfreie Arbeitsatmosphäre zu sorgen. Die Durchsicht und Korrektur verlangt vom Lehrenden ein beträchtliches Maß an kritischer Selbstreflexion (s. o.), eine sorgfältige Fehleranalyse und Ermittlung der Lerndefizite. Die Rückgabe soll schnell erfolgen, entritualisiert und Lernhilfen in den Mittelpunkt stellen. – Standardisierte Schulleistungstests und andere Alternativen zur Klassenarbeit (z. B. individuelle Lernerfolgskontrollen durch Materialien mit „Antworten") haben sich bisher kaum durchgesetzt.
Herbert Gudjons

Literatur: *Becker, G. E.:* Auswertung und Beurteilung von Unterricht. Weinheim 1986 • *Heller, K. A.* (Hg.): Leistungsdiagnostik in der Schule. Bern 1984 • Zeitschrift Pädagogik 4/1988. Themenheft: Die Klassenarbeit

Klassenfahrt: Die Klassenfahrt (auch Klassenreise, Lehr- oder Studienfahrt) ist eine mehrtägige schulische Veranstaltung außerhalb des Schulortes. Ihr Ziel ist vor allem die Förderung der Klassengemeinschaft und damit verbunden des sozialen Lernens. Klassenfahrten gelten zudem als Bildungsveranstaltungen, durch die Schüler/innen über die nähere Umgebung hinaus Orte von geographischer, ökologischer, kultureller, geschichtlicher, politischer oder sonstiger Bedeutung kennenlernen. Für die Grundschule gehen die entsprechenden Richtlinien dabei primär von Zielen im Inland aus.
Als Verkehrsmittel kommen Bus oder Bahn in Frage. Wegen der erhöhten Unfallgefahr werden für die Grundschule Fahrten mit dem Fahrrad kaum noch genehmigt. Die Unterbringung erfolgt meist in Jugendherbergen oder anderen Gemeinschaftsunterkünften.
Klassenfahrten stehen, ähnlich wie Schullandheim-Aufenthalte, in einer bis in die Reformpädagogik zurückreichenden Tradition. Für viele Schulen gehören sie zum festen Bestand des Schullebens. Juristisch umstritten ist jedoch, ob ihre Durchführung zu den typischen

Aufgaben eines Lehrenden gehört und sich daraus eine Verpflichtung zur Teilnahme ableiten läßt. Dagegen sind Schüler grundsätzlich zur Teilnahme verpflichtet, auch darf niemand „zur Strafe" von einer Klassenfahrt ausgeschlossen werden.
Voraussetzung für die Durchführung von Klassenfahrten ist ein in den Bundesländern unterschiedlich geregeltes Genehmigungsverfahren: z.T. müssen Schulleiter, Lehrerkonferenz, Elternbeirat und Schulbehörde zustimmen.
Die Auswahl des Klassenfahrtziels muß auch die finanziellen Möglichkeiten der Eltern berücksichtigen. In Absprache mit den entsprechenden Behörden können im Einzelfall auch Zuschüsse gewährt werden, ohne die Eltern einer diskriminierenden Offenlegung ihrer finanziellen Situation zu unterwerfen.
Die Organisation von Klassenfahrten ist Aufgabe des Klassenlehrers. Dabei kann er die Angebote einer zunehmenden Zahl von Veranstaltern nutzen. Z. B. bietet die Deutsche Bahn AG in Zusammenarbeit mit den jeweils zuständigen Kultusministerien entsprechende Programme an. (Hinweise auf private Anbieter vgl. G. Grützmacher). Neben den bekannten Problemen, die sich aus der zeitlichen Belastung und der besonderen Aufsichtspflicht ergeben, werden Klassenfahrten verstärkt durch Konsumverhalten und steigende Erwartungshaltungen der Kinder belastet. In der pädagogischen Diskussion wird vor diesem Hintergrund für eine stärkere Erlebnisorientierung auf Klassenfahrten plädiert.
Jörg Knobloch

Literatur: *Grützmacher, G.:* Ost- und westdeutsches Zentralverzeichnis Gruppenunterkünfte. Bergisch-Gladbach 1992 (Bezug: Grützmacher, Rosenhag 7, 51469 Bergisch-Gladbach) • *Gudjons, H.:* Klassenreisen. Auf dem Weg zu einer neuen Reisekultur. In: Pädagogik 4/1990 • *Hofer, G. u. H.:* Mit der Klasse unterwegs. Weinheim ³1992

Klassenfrequenz: Comenius sah die Aufgaben des Lehrers (Magister) analog zu denen des Offiziers und empfiehlt daher in seiner Didactica Magna (1657) eine Gruppengröße von 100 Schülern, die ein Lehrer – in Untergruppen von je 10 Schülern unterteilt – vom Katheder aus führen soll. Für eine Schule, die von einer hohen Wertschätzung der Selbstbestimmung und Individualität ausgeht, ist die Frage nach der angemessenen Klassenfrequenz unter dem Gesichtspunkt zu beantworten, welche Klassengröße ein selbständiges, selbstbestimmtes, kooperatives Lernen in einem handlungsorientierten Unterricht ermöglicht. Auf diesem Hintergrund werden „kleine Klassen" häufig als die zentrale Voraussetzung für die pädagogische Arbeit angesehen, wobei die Vorstellungen über das, was „kleine Klassen" sind, sich ändert. Noch im Jahre 1969 hielten der Arbeitskreis Grundschule e.V. und der Deutsche Bildungsrat eine Gruppengröße von 25 Schüler/inne/n für ideal. Heute gelten Klassen mit mehr als 25 Kindern als groß bzw. zu groß, Klassen mit 18–22 Schülern und Schülerinnen als pädagogisch wünschenswert.
In den wenigen Untersuchungen über die Auswirkungen der Klassengröße (K. Ingenkamp) wird vor allem die eindimensionale Argumentation „Je kleiner desto besser!" kritisiert:
• Es besteht keine lineare Beziehung zwischen Klassenfrequenz und Schulleistung – allenfalls in bestimmten Fächern ein minimaler Zusammenhang.
• Die Klassenfrequenz hat Auswirkungen auf das Beurteilungsverhalten der Lehrer/innen (Die Zahl der Schulversager ist in kleinen Klassen höher!) und das Lehrerhandeln: Da sich mit zunehmender Klassenfrequenz die Komplexität von Wahrnehmungsdaten erhöht, wächst die Notwendigkeit, diese (z.B.

durch Stereotypenbildung) zu reduzieren. Es verringern sich die Chancen, der Individualität des einzelnen Kindes gerecht zu werden.

- Kleine Klassen können problematische Auswirkungen auf das soziale Lernen und die Einstellungen der Schüler und Schülerinnen haben, da die Vielfalt individueller Anregungen und Kontaktmöglichkeiten fehlen und sich der Konformitätsdruck sowie die Dominanz des Lehrers bzw. der Lehrerin vergrößeren können, wenn sich die Pädagogik in kleinen Gruppen nur unwesentlich ändert.

Die Klassengröße ist eine von mehreren Rahmenbedingungen, die die Qualität der pädagogischen Arbeit beeinflussen. Die Probleme kleinerer und größerer Klassen können durch eine größere Vielfalt in der Organisation, durch einen flexiblen Wechsel von Groß- und Kleingruppen sowie klassen-, gruppen- und jahrgangsübergreifenden Unterricht teilweise ausgeglichen werden.

Karlheinz Burk

Literatur: *Ingenkamp, K.* u. a.: Klassengröße: Je kleiner desto besser? – Forschungs- und Diskussionsstand zu Wirkungen der Klassenfrequenz. Weinheim 1985

Klassenrat: Der Klassenrat ist u. a. aus der Freinet-Pädagogik und als Gruppengespräch aus der Psychologie bekannt. Er ist das Element der demokratischen Beteiligung der Schüler/innen an der Unterrichtsgestaltung, geeignet zur Lösung von Problemen einzelner, der Klasse, der Lehrkraft mit der Klasse und der Lernenden mit den Lehrenden. Neben vielem anderen ist der Klassenrat die Keimzelle für eine gute Atmosphäre in der Lerngruppe, in der sich jede/r als gleichwertig anerkannt und aufgehoben fühlt.

In Freinet-Klassen wird der Klassenrat meist durch eine Wandzeitung vorbereitet, die drei Rubriken enthält: ich kritisiere – ich finde gut – ich schlage vor. Die Kinder tragen ihre Vorschläge und Probleme im Laufe der Woche dort ein. Nachteilig ist hier, daß Kritikpunkte vor der Besprechung öffentlich gemacht werden und diskriminierend wirken können. Eine Alternative ist eine Namensliste oder ein „Klassenratsheft“, in das die Kinder und die Lehrkraft nur ihren Namen eintragen. Vorschlag oder Problem werden dann mündlich in der vorliegenden Reihenfolge im Klassenrat vorgetragen. Dies Verfahren ist so einfach, daß es schon im ersten Schuljahr praktiziert werden kann.

Die Leitung der Klassenratssitzung übernimmt anfangs die Lehrkraft und nach Einübung jeweils ein/e Schüler/in im Wechsel. Die Klasse entscheidet über den Wechsel in der Klassenratsleitung. Manche Lerngruppen sind schon im Laufe des ersten Schuljahres in der Lage, kurze Gruppengespräche ohne Beisein der Lehrkraft zu führen. Die/der Lehrende ist gleichberechtigtes Mitglied im Klassenrat und unterliegt den gleichen Regeln wie die Lernenden. Wenn ein Gespräch gelingen soll, müssen Gesprächsregeln abgesprochen und eingehalten werden. Die Lehrkraft hat zusätzlich die Aufgabe, durch geschickte Fragen – und nicht durch Eingreifen – die Schüler dazu zu bringen, das Problem und ihre eigene Rolle darin sowie das Empfinden der anderen zu erkennen und daraus Lösungsvorschläge zu entwickeln.

Für die Durchführung eines Klassenrats hat sich folgender Gesprächsablauf bewährt:

- Der/die Klassenratsvorsitzende verliest die Vereinbarungen der letzten Sitzung. Die Gruppenmitglieder überprüfen, ob sie umgesetzt worden sind und erfolgreich waren.

• Danach liest er/sie die Namen von der Liste (aus dem Heft) vor. In dieser Reihenfolge trägt jede/r Genannte den eigenen Beitrag vor.
• Werden Konflikte besprochen, muß vorher von den jeweils Betroffenen ihr Einverständnis eingeholt werden, darüber im Klassenrat zu sprechen.
• Die Probleme werden möglichst sachlich aus der Sicht der einzelnen geschildert. Die Gruppenmitglieder können Verständnisfragen stellen.
• In der Diskussion werden Lösungen vorgeschlagen, und es wird gemeinsam überlegt, ob sie praktikabel sind.
• Über Vorschläge wird abgestimmt, und die Vereinbarungen werden in einem Protokollbuch oder in einer Wandzeitung festgehalten. Es sollte aber eine einstimmige Lösung angestrebt werden, um keine konkurrierenden Gruppen entstehen zu lassen. Die Klasse soll zu einer Gemeinschaft zusammenwachsen, die gemeinsame Ziele verfolgt.
• Beim nächsten Klassenrat wird die Vereinbarung erneut vorgelesen und ihre Wirksamkeit überprüft. Gegebenenfalls wird eine neue Lösung überlegt und vereinbart.

Als Empfehlung für die regelmäßigen Klassenratssitzungen können zweimal wöchentlich ca. 20 Minuten im Stundenplan festgelegt werden.

Erfahrungsgemäß nehmen Konfliktfälle einen großen Zeitanteil im Klassenrat in Anspruch. Da sie stark gefühlsbetont sind, sollten sie mit zeitlicher Distanz, nur in den festgelegten Klassenratszeiten behandelt werden. Vorgeschlagene Konfliktlösungen müssen von den Beteiligten akzeptiert werden.

Der Klassenrat hat im Hinblick auf soziales Lernen mehrere Funktionen. Die Schüler/innen lernen,
• sich zu artikulieren, ihre Meinung zu vertreten und sich mit der Meinung anderer auseinanderzusetzen,
• Konflikte und deren Ursachen zu erkennen,
• Motivation und Verhalten – auch von unanpaßtem Verhalten – zu verstehen und selbst Lösungen zu finden,
• Fehler bei sich und anderen zu akzeptieren.

Der Klassenrat bezieht die Schüler/innen in die Verantwortung für die Unterrichtsgestaltung und -planung ein. Dadurch fühlen sich die Kinder als Partner angesprochen und mitverantwortlich. Sie lernen Sach- und Beziehungsprobleme demokratisch zu lösen, selbstverantwortlich zu handeln, eigene Lernprozesse und die der Klasse aktiv und konstruktiv mitzugestalten und Verantwortung für sich und andere zu übernehmen.

Irmhild Kleinert

Literatur: *Dreikurs, R., Grunwald, B.B., Pepper, F. Ch.:* Lehrer und Schüler lösen Disziplinprobleme. Weinheim ^{6}1992 • *Gerlach, G.:* Das individualpsychologische Gruppengespräch als pädagogisch-therapeutische Methode. In: Zeitschrift für Individualpsychologie 1987 • *Laun, R.:* Freinet – 50 Jahre danach. Heidelberg ^{2}1983

Klassenraumgestaltung: Ein Klassenraum ist nicht nur ein Raum: er spiegelt die in ihm stattfindenden Lehr- und Lernprozesse und bedingt sie zugleich.

In einem kargen, mit Tischen, Pult und Stühlen ausgestatteten Raum ohne Lern- und Lebensspuren von Schülerinnen und Schülern sind etwa offene Lernsituationen, die verschiedene, den Kindern zugängliche Materialien ebenso voraussetzen wie zeitgleiche unterschiedliche Lernaktivitäten, schwer vorstellbar. Findet in solchen Räumen häufiger ein lehrerzentrierter und auf äußere Disziplin ausgerichteter Unterricht statt, ist die Sitzordnung eine frontale.

Die unterschiedlichen Lernvoraussetzungen und Sozialverhaltensweisen heutiger Kinder haben viele Lehrerinnen und Lehrer bewogen, neue und andere Unterrichtsformen zu erproben und die Klassenräume als anregende Lernumgebungen zu gestalten, obwohl ein Raum bis zu 28 Kindern (oder auch noch mehr ...) Platz zum gemeinsamen und individualisierten Lernen bieten muß.
Offene Lernsituationen, die geprägt sind durch Morgenkreis, Tagesplan, Übungsprogramm, Wochenplan, Freiarbeit und Projektarbeit und die Kinder schrittweise an der Planung der Unterrichtsinhalte beteiligen, um eine Entwicklung zu kreativen, selbstbewußt lernenden und sozial handelnden Kindern zu unterstützen, fordern jeweils passende Raumarrangements. In die Planung und Umsetzung sollten Kinder und Eltern unbedingt einbezogen werden.
Zur Gestaltung des gemeinsamen Lernorts werden zwölf bis vierzehn Tische benötigt, damit jedes Kind seinen Platz findet. Weitere sechs bis zehn Tische sind nötig für individuelles Lernen in unterschiedlich zu nutzenden Funktionsecken zum Experimentieren, Üben für die verschiedenen Fächer, Ausstellen von Mitgebrachtem und von Arbeitsergebnissen. Diese Arbeitsergebnisse, die individuell oder in Gruppen in Freiarbeitsphasen oder in Projekten entstehen, müssen während ihrer Erstellung ihren Aufbewahrungs- und später ihren Ausstellungsort haben. Platz beanspruchen auch diverse Regale und Ablageflächen für das notwendige Material zur Binnendifferenzierung. Es wird aber auch Platz benötigt für den gemeinsamen Sitzkreis zum morgendlichen Erzählen, zum Diskutieren, Singen und Vorlesen, für Planungsgespräche zu Tages- und Wochenplänen bzw. Projekten. Bedingt durch die Rhythmisierung eines Lerntages sind auch Lernplätze wie die gemütliche Leseecke zum sich Zurückziehen und die Spielecke zum individuellen oder gemeinsamen Spielen erforderlich. Die Klassenraumgestaltung ergibt sich aus der Lernform und der zeitlichen Struktur des Lerntages bzw. der Lernwoche.
Aufgrund der veränderten Kindheitsbedingungen und den notwendigerweise veränderten Lernbedingungen benötigen wir eigentlich neue adäquate Schulräume. Die Rahmenbedingungen sind in den meisten Schulen nicht günstig, die Räume sind zu klein, Gruppenräume in der Regel nicht angegliedert. Genutzt werden sollten daher auch Nischen, Flure, Vorräume, Treppenaufgänge und zur multifunktionalen Ausnutzung alle Schulräume.
Klassenraumgestaltung sollte nicht nur beschränkt sein auf die optimale Ausstattung als Lernort, sondern von Anfang an auch als Lebensraum zum Wohlfühlen verstanden werden. Blumen, Bilder, Spielzeug, Merkwürdiges und Bestaunenswertes, von den Schülerinnen und Schülern mitgebracht oder auf dem Schulweg gesammelt, das so oft wie möglich zum gemeinsamen Lerngegenstand werden sollte, müssen im Klassenraum ihren Platz finden.
Auch sollte die Tischordnung nicht für ein ganzes Jahr gelten, sondern entsprechend der in ihr praktizierten Methodenvielfalt häufiger wechseln, denn Klassenraumgestaltungen können Lernformen behindern oder aber fördern. Sind sie wohl durchdacht, können sich Lehrer/innen und Kinder gleichermaßen damit zum Lernen und darin Leben identifizieren.

Christel Wopp

Literatur: *Burk, K./Haarmann, D.* (Hg.): Wieviele Ecken hat unsere Schule? Band 1. Frankfurt 1980 • *Kasper, H.:* Vom Klassenzimmer zur Lernumgebung. Ulm 1979 • *Mayer-Behrerns, H.:* Grundschule – Haus für Kinder. Vom Klassenraum zur Lernlandschaft. Heinsberg 1987

Koedukation: Koedukation, d. h. die gemeinsame Erziehung von Mädchen und Jungen in Schulen und Internaten, ist seit dem 19. Jahrhundert wiederholt zum Gegenstand erziehungswissenschaftlicher und bildungspolitischer Auseinandersetzungen geworden, die sich jedoch zunächst auf das höhere Schulwesen und nicht auf das Elementarschulwesen konzentrierten. Das Bildungsangebot der allgemeinen Volksschulen wurde, in der Regel abhängig von den am Ort vorhandenen Ressourcen, sowohl in koedukativem als auch in geschlechtsgetrenntem Unterricht organisiert. Während in den Landschulen vielfach weder eine Trennung nach Jahrgangsstufen noch nach Geschlechtern möglich war, ist für das Volksschulwesen in den Städten, insbesondere um die Jahrhundertwende, ein starker Anstieg der Zahl reiner Mädchen- und Jungenschulen zu verzeichnen. Sowohl in der Weimarer Grundschule als auch in der Nachkriegsgrundschule der Bundesrepublik gab es neben koedukativen Klassen stets auch reine Mädchen- und Jungenklassen. Die konsequente Einführung der Koedukation in allen Schularten galt in den 60er Jahren zunächst als wesentlicher Fortschritt im Hinblick auf die Gleichstellung von Mädchen und Jungen im Bildungswesen. Die koedukationskritische Diskussion, die rund ein Jahrzehnt später einsetzte, bezog sich auf empirische Befunde der Schulforschung. Für den Primarbereich waren die Ergebnisse des DFG-Projekts „Unterrichtsstrategien und ihre Auswirkungen auf Schülerverhalten", die auf eine Bevorzugung von Jungen durch die Interaktionsregeln und -rituale im Klassenzimmer hinwiesen, Anstoß für eine Reihe von weiteren empirischen Analysen. Übereinstimmend mit internationalen Befunden der feministischen Schulforschung konnte in der Folge auch für die Bundesrepublik belegt werden, daß Jungen in koedukativen Klassen signifikant häufiger als Mädchen aufgerufen und sowohl häufiger gelobt als auch häufiger getadelt oder ermahnt werden. Mädchen und Jungen erhalten also auch in koedukativen Klassen eine geschlechtsspezifische Erziehung und Bildung, von der vermutet wird, daß sie sowohl Auswirkungen auf ihre Selbstkonzeptentwicklung als auch auf ihre spätere Berufsorientierung und Lebensplanung hat. Im naturwissenschaftlich-technischen Bereich scheinen geschlechtsspezifische Entwicklungen der Leistungsbereitschaft und des Leistungsvermögens bereits in der Primarstufe eingeleitet zu werden.

Edith Glumpler

Literatur: *Glumpler, E.* (Hg.): Koedukation. Bad Heilbrunn 1993

Kompensatorische Erziehung: Kompensatorische Erziehung zielt allgemein auf die Beseitigung von Mängeln, die – meist aufgrund soziokulturell bedingter Defizite – im zurückliegenden Erziehungsgeschehen sukzessive entstanden sind. Sie will diese ausgleichen (deshalb spricht man auch von ausgleichender Erziehung), weil diese die weitere Genese der Persönlichkeit eines Individuums, dessen sozialen Aufstieg (Karriere) und gesellschaftliche Anerkennung behindern oder gefährden; sie will Chancengerechtigkeit herstellen.

Kompensatorische Erziehung spielte in der Phase der Schulreform um 1970 eine zentrale Rolle. Heute sind andere Begriffe wie ausgleichende, freisetzende Erziehung, individuelle Förderung u. a. an seine Stelle getreten.

Die Ursprünge der kompensatorischen Erziehung liegen in den USA und sind dreifach begründet: Zum einen war es der Sputnik-Schock (der Vorsprung der Russen in der Weltraumforschung), der die Amerikaner zu Reformen ihres Bildungswesens antrieb (vor allem in naturwissenschaftlicher Sicht). Zum zweiten waren es die Impulse der Bürgerrechtsbewegung, das 1964 verabschiedete Gesetz zur Aufhebung der Trennung von Schwarzen und Weißen, der Coleman-Bericht mit der Feststellung, daß der soziale Hintergrund der Schwarzen der Haupthinderungsgrund für deren erfolgreiche Schullaufbahn darstelle. Zum dritten erkannte man den sozialen Sprengstoff, den die dropouts (Schulversager, -abbrecher) in den Slums darstellten.

Dies in Verbindung mit den Erkenntnissen von Bloom über die Bedeutung der Einflüsse in der frühen Kindheit für die Intelligenzentwicklung, die Bedeutung der Anregungen des Milieus für die Entfaltung der Begabung (Untersuchungen von Hunt) führte zu der Erkenntnis, daß es sinnvoll sei, möglichst früh mit kompensatorischer Erziehung zu beginnen. In den USA wurden daraufhin eine Reihe von Programmen – auch auf nationaler Ebene – entwickelt mit dem Ziel, Kinder in höherem Maße schul- und bildungsfähig zu machen.

Erste Untersuchungen zur Relevanz der kompensatorischen Erziehung führten Ende der 60er Jahre aber zu einer gewissen Ernüchterung und stärkten dadurch sowohl die Vertreter der Theorien, die in den Erbanlagen den die Bildung entscheidend determinierenden Faktor sahen als auch die Politiker, die den finanziellen Aufwand dieser Programme als Verschwendung betrachteten.

Die Programme waren durchweg zu einseitig auf Denk- und Sprachtraining ausgerichtet, so daß andere Persönlichkeitsbereiche abgetrennt waren und ein für die Kinder erfaßbarer Bezug ausblieb. Die gewichtigste Kritik war die, daß die kompensatorische Erziehungsarbeit insgesamt keine adäquate Fortsetzung in der Schule fand. Das Head Start Projekt hatte im Sinne eines ökologischen Modells die Zusammenarbeit mit den Eltern in die Konzeption zwar einbezogen; die Betreuung der Eltern stieß jedoch auf Barrieren und war beeinträchtigt durch eine nicht hinreichende Vorbereitung der Projektmitarbeiter.

In Westdeutschland nahm die Auseinandersetzung um die kompensatorische Erziehung einen anderen Verlauf als in den USA. Nochmals anders war die Entwicklung in der damaligen DDR, bedingt durch den Sozialismus als staatliche Doktrin und den Einfluß der russischen Psychologie (von Luria, Wygotski und Galperin).

Der entscheidend andere Ansatz in Westdeutschland war der, daß man nicht das Kind als defizitär betrachtete, sondern die Erziehungsinstanzen. Am deutlichsten kommt diese Perspektive in der Frage nach der Schulreife des Kindes zum Ausdruck. Man fragte jetzt nicht nur, ob das Kind „reif" sei für die Schule, sondern auch, ob die Schule „reif" sei für das Kind.

Von der Grundschule her hatte E. Schwartz in der Thematik zur kompensatorischen Erziehung mit dem Begriff „freisetzende" Erziehung eine differenziertere Betrachtungsweise eingebracht. Es könne nicht darum gehen, den jungen Menschen nur anzupassen an die Normen einer bestimmten Gesellschaftsschicht. Freisetzende Erziehung habe Integration, Emanzipation, Eröffnung der Chancengleichheit zur Bildung zu bewirken und bekämpfe damit die „einseitig auslesenden, bewahrenden und nivellierenden Tendenzen" von früher.

Zum andern war die Entwicklung in Westdeutschland bestimmt durch große Vorbehalte gegenüber dem „Unfug mit der kompensatorischen Erziehung". So bemängelten Schwartz/Stock an der „kompensatorischen Sprachbildung“, daß sie in ihren Trainingsprogrammen die Sprache zu formalistisch und die soziale Wirklichkeit verzerrend zu vermitteln versuche. Auch Basil Bernstein, auf dessen Unterscheidung von elaboriertem und restringiertem Sprachcode in Mittel- und Unterschicht sich viele Anhänger der kompensatorischen Erziehung bezogen, distanzierte sich von ihr. Ferner wurde der Aspekt der Kompensation dadurch überlagert, daß die reformerischen Ansätze schnell von der Mittel- und Oberschicht zu einer besseren, früheren, intensiveren Förderung im Sinne der neuen Begabungstheorie reklamiert wurden.

Inzwischen hat sich der Begriff als untauglich erwiesen, weil er für den umfassenden Anspruch einer Grundlegung der Bildung aller Kinder zu eng war. Die Aufgabe, benachteiligte Kinder, gleich welcher Art, zu fördern und zu integrieren, ist allerdings geblieben.

Kurt Meiers

Literatur: Arbeitskreis Grundschule e. V.: Ausgleichende Erziehung in der Grundschule. Bericht des Grundschulkongresses 1969. Bd. 1. Frankfurt 1970 • *Fatke, R.:* Kompensatorische Erziehung im Vorschulalter. In: *Hundertmarck, G./Ulshöfer, H.* (Hg.): Kleinkinderziehung. Bd. 3. München 1972 • *Rauer, W./Valtin, R.:* Kompensatorische Erziehung. In: *Lenzen, D.* (Hg.): Enzyklopädie Erziehungswissenschaft Bd. 7: Erziehung im Primarschulalter. Stuttgart 1985 • *Thiersch, R.:* Kompensatorische Vorschulerziehung. In: *Meiers, K.* (Hg.): Vorschulerziehung. Bad Heilbrunn 1973

Kontinuität: Die Natur macht keine Sprünge. Aus dieser Einsicht hat Comenius ein Curriculum der Kontinuität abgeleitet. Später wurde neben der inhaltlichen Kontinuität im Schulunterricht auch die der Lernmodalitäten und Lernweisen gefordert.

Durch die Brüche an den Nahtstellen unseres Bildungswesens ist das Kontinuitäts-Problem in der Gegenwart erneut gestellt. Beim Wechsel der Lebensbereiche bzw. der Institutionen treten nicht selten Irritationen auf, die durch allzu plötzliche Veränderungen auf mehreren Ebenen ausgelöst werden: Veränderung der Arbeitsanforderungen, der Lernmodi, des sozialen Verbandes, auch der Lerninhalte oder der Bezugspersonen. Kontinuität bei Übergängen bedeutet: schrittweise, nicht plötzliche Veränderungen!

Für die praktizierenden Lehrer/innen sind darüber hinaus die täglichen Übergänge zu beachten, denn auch zwischen den Lebensbereichen Familie und Schule ist Kontinuität vonnöten. Kontinuität wird erleichtert, wenn der Unterricht auch zwischen dem Leben der Schüler/innen und dem Lernen zu vermitteln vermag, wenn also Kinder auch im schulischen Lernen lebensweltliche Elemente wiederfinden.

Bezogen auf die Langzeitlernprozesse geht es nicht nur um inhaltliche Kontinuität, also um eine schrittweise Differenzierung der Inhalte und Erfahrungen. Vielmehr müssen auch Konstanz und schrittweise Veränderung der Lernmodalitäten beachtet werden. Bei der Kultivierung des Unterrichtsgesprächs beispielsweise sollte es stets beständige bzw. gleichbleibende und sich verändernde Strukturen geben. So ist meist die Gesprächssituation (Gesprächsnormen und Gesprächspersonen) im Unterricht relativ konstant. Gerade dadurch wird der Vorstoß in thematisches Neuland ermöglicht. Rituale, im positiven Sinne, sind hier die Faktoren der Beständigkeit und der Vertrautheit. Umgekehrt mag bei einem vertrauten Thema die Aufmerksamkeit auf Gesprächsregeln gelenkt werden. In Differenzierungsprozessen einer weiter entwickelten Ge-

sprächskultur gilt es, so viele Faktoren wie möglich konstant zu halten und so viele wie nötig zu verändern.
Manchmal bedarf die Kontinuität aber eines Gegenstückes: Für das Vorankommen ist zuweilen auch die Herausforderung, also gerade die Irritation notwendig. Auch von solchen diskontinuierlichen Momenten können positive Lernwirkungen und Entwicklungsschübe ausgehen. Allerdings sind diese keinesfalls beherrschend, sondern eher die Ausnahme in einem von Regelhaftigkeit und Kontinuität getragenen Prozeß.
Hartmut Hacker

Literatur: *Meiers, K.:* Kontinuität. Anmerkungen zu einem gängigen, aber ungeklärten Begriff. In: Grundschule 4/1991 • *Wiesenfarth, G.:* Kontinuität oder Diskontinuität – eine überflüssige Diskussion. In: *Lauterbach, R.* u. a. (Hg.): Wie Kinder lernen. Kiel 1991

Konzentration: Konzentration wird einer Person zugesprochen, wenn sie in der Lage ist, ihre Aufmerksamkeit willentlich auf eine (fremdbestimmte) Aufgabe zu richten, dabei anderes auszuklammern oder zu vernachlässigen, diese Anspannung eine Zeitlang aufrechtzuerhalten und Leistungen zu erbringen. Konzentration und Aufmerksamkeit werden häufig nicht unterschieden. Konzentration beeinflußt die Dauer und Verlaufsgestalt des Arbeitsprozesses und den Umfang und die Güte des Ergebnisses. Sie ist aufgaben- und situationsspezifisch. Teilweise deckt sich damit das Konzept der Impulsivität/Reflexivität. Darunter werden zwei Varianten der Informationsaufnahme und -verarbeitung verstanden (J. Kagan, I. Wagner): Als „impulsiv" werden schnelle, fehlerhafte Strategien, als „reflexiv" verzögerte Vorgehensweisen mit wenigen Fehlern bezeichnet. Im Grundschulalter nehmen die Konzentrationsleistungen zu. Konzentration ist ein Konstrukt, das Leistungen erklärt.
Die tiefe Versenkung in Aufgaben hat M. Montessori als „Polarisation der Aufmerksamkeit" bezeichnet und am Beispiel eines kleinen Mädchens verdeutlicht. Es wiederholt eine selbstgewählte Tätigkeit 44mal, ohne sich ablenken zu lassen. In pädagogisch-anthropologischer Sicht kommt der Mensch ohne (konzentrierte) Übung, die von innerer Gelöstheit, Heiterkeit und Hingabe an die Sache begleitet ist und diese fördert, nicht zu sich selbst (Bollnow 1987).
Zur Verbesserung der Konzentration werden dem einzelnen Kind Hilfen angeboten, z. B. in Form von speziellen oder unterrichtsbezogenen Trainingsprogrammen. Ebenfalls diskutierte medikamentöse Therapien und Diätbehandlungen sind in ihren Begründungen und Erfolgen umstritten. Eine konzentrationsfördernde Unterrichtsgestaltung vertraut auf sachlich bedeutsame Aufgaben, die das Interesse der Kinder wecken, räumt Wahlmöglichkeiten ein und ermöglicht Erfolgserlebnisse durch differenzierte Anforderungen (Individualisierung). Vorschläge aus Bewegungserziehung und musisch-ästhetischer Erziehung sensibilisieren die Sinne und die Körper-, Raum- und Bewegungswahrnehmung. Stilleübungen lassen die Kinder auch im Getriebe des Schulalltags zu sich selbst finden.
Gabriele Faust-Siehl

Literatur: *Bollnow, O. F.:* Vom Geist des Übens. Eine Rückbesinnung auf elementare didaktische Erfahrungen. Oberwil b. Zug 1987 • *Faust-Siehl, G.* u. a.: Mit Kindern Stille entdecken. Bausteine zur Veränderung der Schule. Frankfurt ³1992 • *Kinze, W./Barchmann, H.:* Konzentrationsfähigkeit und Konzentrationsstörungen bei Schulkindern. In: Psychologie in Erziehung und Unterricht 1990 • *Wagner, I.:* Aufmerksamkeitstraining mit impulsiven Kindern. Eschborn b. Frankfurt 1991

Kreatives Schreiben: Die Geschichte des kreativen Schreibens im Deutschunterricht geht – wenn man das Schreiben poetischer Exercitia, wie sie Christian Weise für die höheren Schulen vertrat, als zeitgenössische Form einbezieht – in das 17. Jahrhundert zurück. Es ist eine wechselhafte, mit der Aufsatzerziehung verknüpfte Geschichte von Akzeptanz und Ablehung durch Deutschdidaktiker und -lehrer bis in unsere Zeit.
Die in der 50er Jahren von E. Essen und R. Ulshöfer vorgelegte „Methodik des Deutschunterrichts" beinhaltet „Gestaltübungen" und „Schreibaufgaben", und insbesondere Essen wird mit ihren Ausführungen zum „freien Gestalten" zur Protagonistin des in der Tradition gymnasialer Poetik stehenden kreativen Schreibens der 70er Jahre.
Mit dem von W. Pielow und R. Sanner herausgegebenen Band „Kreativität und Deutschunterricht" liegt ein erster schulformübergreifender deutschdidaktischer Ansatz für die Synthese des pragmatischen und des kreativen Schreibens im Deutschunterricht vor. Die nachfolgenden Bände „Literarische Geselligkeit" von G. Mattenklott und „Schüler machen Gedichte" von H. Gatti führen die um das kreative, freie, personale und literarische Schreiben erweiterte Didaktik für die Unterrichtspraxis aus und bleiben ebenso diskussionsbestimmend wie der in den 80er Jahren erschienene Band „Produktiver Umgang mit Lyrik" von G. Waldmann.
Inzwischen ist die Praxis des kreativen Schreibens vor allem von Lehrerinnen und Lehrern weiter entfaltet worden, und sie stellt sich Anfang der 90er Jahre in vielen Facetten dar. Neben dem kreativen Schreiben um des kreativen Schreibens willen steht das kreative Schreiben in Verbindung mit der Leseerziehung in der Grundschule oder dem Literaturunterricht im Gymnasium. Neben dem kreativen Schreiben als Teil des Deutschunterrichts aller Schularten und -stufen sind Schreibwerkstätten, Arbeitsgemeinschaften und Schreibprojekte anzutreffen. Geschrieben werden erste, noch wenige Wörter und Sätze umfassende Texte von Erstkläßlern, lyrische, personale, erzählende oder dramatische Texte. Ebenso facettenreich sind die mit dem kreativen Schreiben verbundenen Intentionen. Die eigene Ausdrucksmöglichkeit innerhalb eines persönlichen Schreibstils, der Einblick in erzählerische Mittel, das Vergnügen am Spiel mit der Sprache, die durch das Verfassen eigener Texte vertiefte Einsicht in sprachliche Bilder, das Entwickeln einer selbstkritischen Distanz, die Erfahrung der Wirkung eines Textes auf sich selbst und auf andere, die Sensibilität für Literatur gehören unter anderem dazu.
Dem wachsenden Interesse von Lehrerinnen und Lehrern am kreativen Schreiben entspricht die Zahl der Veröffentlichungen in Fachzeitschriften und -büchern. Beides sollte nicht darüber hinwegtäuschen, daß die Bewegung Anfang der 90er Jahre – rückblickend auf das bereits in den 70er Jahren entwickelte Curriculum – trotz vielfältiger theoretischer und praktischer Vorschläge – keineswegs das Bild des Deutschunterrichts prägt.
Dietlinde H. Heckt

Literatur: *Merkelbach, V.* (Hg.): Kreatives Schreiben. Braunschweig 1993 • *Pielow, W./Sanner, R.* (Hg.): Kreativität und Deutschunterricht. Stuttgart 1973 • *Waldmann, G.:* Produktiver Umgang mit Lyrik. Baltmannsweiler 1988

Kreativität: Der vor allem in den USA als Folge des „Sputnik-Schocks" (1957) im Bereich der Technologie und des Forschungs- und Industrie-Managements entwickelte Begriff der Kreativität trat in der zweiten Hälfte der sechziger Jahre in den Vordergrund pädagogischen Denkens. Einst verbunden mit geradezu enthusiastischen Erwartungen, ist der Begriff, trotz oder gerade wegen eines inflationären Gebrauchs, in der Pädagogik relativ folgenlos geblieben. Die Gründe hierfür liegen vor allem in der unzulänglich geklärten Anwendung des Begriffs Kreativität in der Pädagogik.

Die von der Kreativitätsforschung auf dem Hintergrund von Verwertungsinteressen in Forschung und Industrie entwickelten Kreativitätsfaktoren (Problemsensibilität, Wort-, Assoziations- und Ideenflüssigkeit, Flexibilität, Originalität, Neudefinition, Elaboration) erwiesen sich mangels einer ausreichenden pädagogischen Konkretion weitgehend als Leerformeln, die relativ beliebig mit den jeweils vorherrschenden Interessen gerade dienlichen Gehalten besetzt wurden. Die Erziehungswissenschaft hat es weitgehend versäumt, genuin pädagogische Ansätze zur Klärung und pädagogischen Aufarbeitung des Kreativitätsbegriffs zu entwickeln. Die euphorisch-unkritische Übertragung der Kreativitätsforschung auf die Pädagogik diente in erster Linie der Unterstützung einer behavioristischen Lerntheorie. Im Zuge der damals vorherrschenden Wissenschaftsorientierung erhob sie den Anspruch, mit Lernprogrammen eine Kreativität hervorzubringen, die einseitig auf die Förderung kognitiv-intellektueller Leistungssteigerung mit dem Ziel der Effektivierung und Operationalisierung produktiven Denkens abzielt. Und hierzu verfolgt sie einen auf möglichst rationale Stoffvermittlung orientierten Unterricht und strebt eine Kontrollierbarkeit effektiven Lernens durch Kreativitätstests an, die an die Intelligenzforschung anlehnen.

Die Pädagogik müßte sich auf die genuin pädagogische und anthropologische Fragestellung nach dem Sinn der Kreativität im menschlichen Dasein und in der pädagogischen Zielsetzung als einer dem Menschen eigenen spezifischen Tätigkeit zur Aneignung der materiellen, sozialen und ideellen Umwelt besinnen. Statt das Kreativitätskonzept in den Dienst einer effektivierten Leistungsorientierung und -kontrolle zu stellen, sollte sich der Kreativitätsbegriff in der Pädagogik weniger an dem operationalen Kreativitätsbegriff, der einem naturwissenschaftlichen Ideal folgt, orientieren. Vielmehr sollte er den anthropologisch-pädagogischen Dimensionen von Selbsttätigkeit, Offenheit, Spontaneität, Selbstbestimmung, Nonkonformität, Innovation, expressivem Verhalten und divergierendem Denken folgen.

Die Umsetzung dieser Ziele in der Grundschule ist eng an die Didaktik gebunden. Damit Kreativität sich im Unterricht entwickeln kann, müssen Blockierungen, basierend auf der Furcht, Fehler zu machen, vermieden und abgebaut werden. Ebenso muß das Vertrauen in die eigenen Fähigkeiten gefördert, das Streben nach „richtigen“ oder schnellen Lösungen vermieden sowie an den Erfahrungsbereich der Schülerinnen und Schüler, deren Lebenswelt, soziokulturelle Bedingungen und konkrete Bedürfnisse angeknüpft werden, um den Schüler/innen Gelegenheit zu geben, ihre materielle, soziale und ideelle Umwelt ohne Festlegungen frei zu entdecken und zu erforschen. Kreativität darf nicht durch den Gegenstandsbereich definiert werden. Insbesondere darf keine Begrenzung auf den musisch-ästhetischen Gegenstandsbereich erfolgen. Kreativität bestimmt sich durch die Vorgehensweise.

Kreativitätsentfaltung und -förderung bedingen eine Veränderung der Lernstrategien in der Grundschule. Strukturen von Leistungsdruck, Selektions- und Bewertungszwang, die auf Anpassung und Auslese, Disziplinierung und Einübung reproduktiven Lernens abzielen, stellen ein Hindernis für Kreativitätsentfaltung dar. Dagegen wird Kreativität durch weniger reglementierende pädagogische Formen mit eher offenem Ausgang gefördert, wie durch Differenzierung, entdeckendes Lernen, Erfahrungslernen, Freiarbeit, Handlungsorientierung, Individualisierung, Kindorientierung, Lernen in der Realität, Lernspiele und offenen Unterricht.

Bei der Kreativitätserziehung kommt Lehrerinnen und Lehrern, vor allem der Lehrer-Schüler-Interaktion, eine zentrale Rolle zu. Lehrer/innen dürfen nicht die Rolle des Verabreichenden von festgefügtem Wissen sowie des Überprüfenden und Beurteilenden von Reproduktionsleistungen übernehmen. Vielmehr kommt ihnen die Rolle des Anregenden, informierenden Beratenden und kooperierenden Koordinatoren zu, der zur Selbsttätigkeit, Selbständigkeit und Selbstverantwortung ermuntert. In diesem Sinne haben Lehrerinnen und Lehrer dafür zu sorgen, daß Freizonen für kreative Denk- und Tätigkeitsprozesse entstehen, in denen Neuartiges, Nichtkonformes und Nichtdiskursives erst möglich wird.

Meike Aissen-Crewett

Literatur: *Aissen-Crewett, M.:* Das Ästhetische und der kreative Prozeß. In: Grundschule 2/1988 • *Stocker, Th.:* Die Kreativität und das Schöpferische. Leitbegriffe zweier pädagogischer Reformperioden. Frankfurt/M. 1988

Kunsterziehung: Kunsterziehung bezeichnet über die Erziehung und den Unterricht in, durch und zu bildender Kunst hinaus allgemein das Lehren und Lernen von ästhetischen Phänomenen.

In Fachbezeichnungen wie Zeichenunterricht, Kunsterziehung, musische Bildung, Kunstunterricht, visuelle Kommunikation, ästhetische Erziehung, die sich teilweise noch heute in Lehrplänen finden und deren Ansätze und Inhalte auch heute noch mit unterschiedlichen Akzentsetzungen zumindest teilweise vertreten werden, schlagen sich unterschiedliche Konzepte in bezug auf die Gegenstände der Kunsterziehung nieder. Diese Konzepte bleiben deshalb weit über historische Interessen hinaus von Bedeutung:

- Der Zeichenunterricht (bis zu Beginn des 20. Jahrhunderts) hatte zum Ziel, die Fähigkeit des Kopierens von Objekten zu lehren.
- Die Kunsterziehungsbewegung betonte die Förderung der Eigentätigkeit und der schöpferischen Kräfte des Kindes; nach ihr soll die Kunst die gesamte Erziehung durchdringen.
- Die musische Bildung orientiert sich wesentlich an der Kunsterziehungsbewegung und stellt entsprechend die Eigentätigkeit von Schülerinnen und Schülern und das Ziel der Erziehung durch Kunst in den Vordergrund.
- Das Konzept des Kunstunterrichts hat die Erziehung zur Kunst zum Ziel und betrachtet, basierend auf Lernpsychologie und allgemeiner Lerntheorie, Kunsterziehung als Lernfach mit formulierbaren, operationalisierbaren und kontrollierbaren Lernzielen.
- Die visuelle Kommunikation wendet sich gegen die Überbetonung der bildenden Kunst im Konzept des Kunstunterrichts und betont demgegenüber die gesellschaftliche und bewußtseinsfördernde Relevanz der kritischen Auseinandersetzung mit den Massenmedien (Film, Fernsehen, Illustrierte, Werbung, Comics).
- Die ästhetische Erziehung versucht, die kritische Zielsetzung der visuellen Kommunikation mit dem Konzept des Kunstunterrichts zu verbinden. In einer anderen Variante hebt sie vor allem

auf die Bedeutung der Wahrnehmung (Aisthesis) ab.
Kunsterziehung in der Grundschule heute knüpft an eine Reihe von Akzentsetzungen in den vorgenannten Konzepten an:

- Entsprechend der Kunsterziehungsbewegung und der musischen Bildung fördert die Kunsterziehung die individuelle Erlebnis-, Ausdrucks- und Erfahrungsfähigkeit, bindet sie jedoch in die Lebenswelt ein, zu deren ästhetischer Verarbeitung sie beitragen will.
- Entsprechend dem formalen Kunstunterricht lernen die Schülerinnen und Schüler in der Kunsterziehung zwar die künstlerischen Darstellungsmittel. Diese werden aber nicht in einem abstrakten Gestaltungsvorgang eingeübt, der auf ein statisches Endprodukt abzielt, sondern in inhaltliche Zusammenhänge und in eigene Erlebnisse, Erfahrungen, Gefühle, Phantasien und Wünsche eingebunden.
- Entsprechend der visuellen Kommunikation befaßt sich die Kunsterziehung nicht ausschließlich mit Werken der bildenden Kunst, sondern auch mit den Medien und mit ästhetischen Gegenständen jeglicher Art, um so die ästhetische Wahrnehmung zu schärfen.
- Entsprechend den Intentionen der ästhetischen Erziehung setzt die Kunsterziehung auf die aktive, lustvolle und spielerische Wahrnehmung und Auseinandersetzung mit der Lebenswelt sowie deren Aneignung durch ästhetische Produktion und Erfahrung.

Kunsterziehung umfaßt alle Lehr- und Lernprozesse im Rahmen ästhetischer Produktion und Rezeption wie auch im wahrnehmenden und symbolschaffenden Umgang mit ästhetischen Objekten, befaßt sich sowohl mit Kunst wie mit der Um- und Lebenswelt (Lebensweltorientierung), eröffnet Möglichkeiten zum ästhetischen Handeln, zum ästhetischen Erfahren wie zur präsentativen, nichtdiskursiven Kommunikation.
Kunsterziehung befähigt Schülerinnen und Schüler, Symbole, ästhetische Konzepte und Vorstellungen zu bilden, mittels derer Erfahrungen der Lebenswelt verarbeitet werden können. Ästhetisch-künstlerische Aktivitäten vermitteln lebensnotwendige sensorische, motorische, kognitive, ästhetische Erfahrungen. Die Integration von physischen, psychischen, geistigen und ästhetischen Operationen in der Kunsterziehung fördert das Zusammengehen von Denken, Fühlen und Machen. Ästhetisch-künstlerische Aktivitäten ermöglichen den Schülerinnen und Schülern die Erfahrung, weitgehend eigenständig, erprobend, entdeckend, phantasierend, auch Umwege gehend, sich in einem weitgehenden Freiraum bewegend, ohne Einbindung in eine strenge Abfolge von Lernschritten, Entscheidungen zu treffen, Probleme zu lösen und Erfahrungen zu machen.
Kunsterziehung in der Grundschule kann nicht vom Unterricht in den anderen Fächern abgekoppelt werden. Kunsterziehung ist vielmehr Teil der „Basiserziehung", der grundlegenden Bildung, deren Ziel die Herausbildung und Förderung der Fähigkeiten und Fertigkeiten meint, die zu den Voraussetzungen des Lernens und der Bildung gehören, wie die Fähigkeit, Symbole zu erkennen, diese zu unterscheiden und zu deuten, Phantasie und Kreativität zu entwickeln und diese nutzbar zu machen sowie die Wahrnehmung zu schärfen.
In diesem Sinne ist Kunsterziehung nicht nur eingebettet in die musisch-ästhetische Erziehung.
Verstanden als Teil des Prinzips des fächerübergreifenden Unterrichts fördert die Kunsterziehung Lern- und Erfahrungsprinzipien, die grundlegend für das Lernen und Erfahren auch in anderen Fächern und für die Erziehung und Bildung allgemein sind, wie entdeckendes Lernen, Erfahrungslernen, Handlungs-

orientierung, Individualisierung, Kindorientierung, Kreativität, offener Unterricht, sinnliches Lernen.

Meike Aissen-Crewett

Literatur: Aissen-Crewett, M.: Kunstunterricht in der Grundschule. Braunschweig 1992

Lebensweltorientierung: Der Begriff geht zurück auf E. Husserls Kritik am Objektivismus, am weltfremden Intellektualismus und an der Verselbständigung wissenschaftlicher Erkenntnis gegenüber der konkret-handelnd und subjektiv erfahrbaren Alltagswirklichkeit. In der Schulpädagogik haben insbesondere M. Wagenschein („Rettet die Phänomene"), H. Rumpf (Berücksichtigung „des mitgebrachten Ichs") und K. Giel (Unterricht als „Schaubühne auf der die Alltagswirklichkeit dargestellt, durchsichtig gemacht werden kann") wichtige Beiträge geleistet zur Rückgewinnung der Lebens- und Alltagswelt in schulpädagogisch-didaktische und unterrichtspraktische Zusammenhänge.

Das Kind erwirbt seine Erfahrungen, Orientierungen und Handlungsmuster primär situationsgebunden in der physischen und sozialen Umwelt, in der es aufwächst – in der Lebenswelt. Dies geschieht zunächst pragmatisch-selbstverständlich und unreflektiert. Auf diese Weise baut sich ein erstes naives Bild der Wirklichkeit auf, das Sicherheit und Erwartbarkeit ermöglicht. In der modernen Welt reduzieren sich die Möglichkeiten primärer Erfahrung und die des vielfältigen Umgangs immer mehr, so daß die Schule Umgang und Erfahrung nur noch in begrenztem Umfang voraussetzen kann. Schule muß zunehmend selber Erfahrungsmöglichkeiten und neue, zusätzliche Möglichkeiten der sozialen Erfahrung arrangieren und zum Gegenstand der rationalen Auseinandersetzung machen.

Wenn die Aufgabe der Grundschule in den Lehrplänen seit den zwanziger Jahren immer wieder auch als Erschließung der Lebenswelt des Kindes formuliert wird, so wurde dies oft unterschiedlich ausgelegt. Es lassen sich drei unterschiedliche, sich überschneidende Aspekte des Begriffs Lebenswelt unterscheiden:

- Lebenswelt als heimatlicher Nahraum (räumlicher Aspekt)
- Lebenswelt als sozial und kulturell geprägte Alltagswelt des einzelnen (soziokultureller Aspekt)
- Lebenswelt als Komplex gesellschaftlicher Bedingungen und Strukturen (soziologischer Aspekt).

Der räumliche Aspekt dominierte insbesondere im Heimatkundeunterricht der Weimarer Grundschule. Nach dem Prinzip der konzentrischen Kreise wurden die Bereiche Familie, Nachbarschaft, Gemeinde, Gemarkung, Kreis und Land primär geographisch, historisch und naturkundlich erschlossen. Die heute wieder aufkommende Tendenz zu einem Regionalismus trägt möglicherweise dazu bei, diesen Ansatz wieder zu aktivieren. Wenn Lebensweltorientierung primär unter dem räumlichen Aspekt gesehen wird, kann man davon ausgehen, daß Kinder eines Wohnorts eine gemeinsame Lebenswelt haben, dann dominieren insbesondere Themen über Geschichte, Wirtschaft, Landschaft und Natur und über die überschaubaren Einheiten von Familie, Nachbarschaft und Gemeinde.

Der soziokulturelle Aspekt des Begriffs Lebenswelt beinhaltet das Bewußtsein, daß Kinder, zumal in einer pluralistischen und zunehmend multikulturellen Gesellschaft, aus verschiedenen, teilweise recht unterschiedlichen Lebenswelten kommen und lernen müssen, verschiedene Orientierungen, Normen und Handlungsmuster perspektivisch zu erkennen, zu respektieren und konsensfähige Formen intersubjektiven Handelns zu erlernen, zu entwickeln und zu praktizieren. Nur dort, wo Kinder sich im Rahmen offener Lernsituationen frei ausdrücken und darstellen können, wo sie Möglichkeiten der Wahl und der Mit- und Selbstbestimmung haben, wo sie auch ihre außerschulischen Erlebnisse, Erfahrungen, Interessen, Bedürfnisse, Fragen und Konflikte einbringen können, haben Lehrkräfte überhaupt erst die Möglichkeit die verschiedenen Lebenswelten von Kindern kennenzulernen und entsprechend auf sie einzugehen. Lebensweltorientierung setzt also offene Lernsituationen voraus.

Neben der Orientierung an den unterschiedlichen Lebenswelten der Kinder sind natürlich die alle Menschen in einer bestimmten Gesellschaft mehr oder weniger bestimmenden Strukturen der Lebenswelt zu berücksichtigen (soziologischer Aspekt). In diesem Kontext hat die Grundschule auch die Aufgabe, soziale und politische Strukturen, Interessen, Abhängigkeiten und Zusammenhänge in einfacher Form sichtbar zu machen; sie kann sich also nicht beschränken auf das „vom Kind aus", sie muß auch aufklären über die gesellschaftliche Realität und Handlungsfähigkeit im gesellschaftlichen Kontext anbahnen.

Walter Popp

Literatur: *Faust-Siehl, G./Schmitt, R./Valtin, R.* (Hg.): Kinder heute – Herausforderung für die Schule – Dokumentation des Bundesgrundschulkongresses 1989 in Frankfurt/M.; Arbeitskreis Grundschule. Frankfurt/M. 1990 • *Kasper, H.* u. a.: Laßt die Kinder lernen. Braunschweig 1989 • *Hiller, G. G./Popp, W.:* Unterricht als produktive Irritation – oder: Zur Aktualität des Mehrperspektivischen Unterrichts. In: *Schreier, H.* u. a.: Zum Bildungswert des Sachunterrichts. Wegweiser für die Lehrerfortbildung Bd. 94, hg. v. Landesinstitut Schleswig-Holstein für Praxis und Theorie der Schule. Kiel 1990

Lehrer/innen-Ausbildung: Die Lehrer/innen-Ausbildung in der Bundesrepublik umfaßt zwei Phasen, das Studium und den Vorbereitungsdienst (Referendariat). Die an einigen Universitäten in Niedersachsen in Modellversuchen erprobte einphasige Lehrer/innen-Ausbildung hat sich nicht durchsetzen können. An die beiden Ausbildungsabschnitte schließen sich die Fort- und Weiterbildung an, die vorhandene Qualifikationen ausbauen oder neue Qualifikationen aufbauen sollen, da die in der Ausbildung erworbenen Kenntnisse und Fähigkeiten auf Dauer nicht ausreichen oder aber veralten. Die erste Phase der Ausbildung findet in fast allen Bundesländern an wissenschaftlichen Hochschulen statt – meist an Universitäten, in wenigen Fällen noch an Pädagogischen Hochschulen. Damit ist anerkannt, daß auch das Lehramt an Grundschulen einer wissenschaftlichen Ausbildung bedarf. Die zu kurze Studienzeit von sieben Semestern ist allerdings nicht fachlich, sondern fiskalisch begründet. Das Studium soll die zukünftigen Lehrer/innen mit den erziehungs- und fachwissenschaftlichen sowie fachdidaktischen Kenntnissen, Fähigkeiten und Fertigkeiten ausstatten, die als Grundlage erfolgreicher Erziehungs- und Unterrichtsarbeit in der Grundschule gelten können. Das Studium will nicht den „berufsfertigen", sondern den „berufsfähigen" Absolventen hervorbringen.

Die zweite Phase, der Vorbereitungsdienst, ist dual organisiert. Die gleichzeitige Arbeit in Schule und Ausbildungsseminar gibt die Möglichkeit, theoretisches und praktisches Lernen zu verbinden, die Berufsfähigkeit auszubauen und auszuprobieren. Die häufigste Kritik von Referendar/inn/en ist, daß die Beratungsfunktion der Ausbilder/innen oft überlagert wird von der Beurteilungsfunktion.

Im Mittelpunkt (selbst-)kritischer Überlegungen steht allerdings die Universitätsausbildung. Den in der Grundschule vollzogenen und noch nötigen Reformen hinkt sie hinterher; die Möglichkeiten, zukunftsweisende Konzeptionen zu verwirklichen, sind gering. Dies ist Folge des personellen und materiellen Raubbaus und im Zusammenhang von Lehrerüberfluß sowie von fachlichen Egoismen und bildungspolitischem Desinteresse zu sehen. Letztlich verkommt die Lehrer/innen-Ausbildung zwischen den Kulturressorts, die sie inhaltlich am kurzen Zügel führen (wozu Anlässe wie Vorwände leicht zu finden sind) und den Wissenschaftsressorts, die (unwillig genug) die Kosten tragen.

Indikator für die Qualität jeder Lehrer/innen-Ausbildung ist die Gestaltung des Verhältnisses von Theorie und Praxis. Für die Ausbildung heißt das: Praktika im hinreichenden Umfange bilden das zentrierende Curriculumelement, um das sich die erziehungswissenschaftlichen, fachwissenschaftlichen und fachdidaktischen Studien in sinnvoller Weise gruppieren. Inhaltlich stehen die zentralen Aufgaben der Berufspraxis im Mittelpunkt: Erziehung und Unterricht in der Grundschule, deren anthropologische und soziokulturelle Voraussetzungen; die Ziele, Inhalte und Methoden grundlegender Bildung werden nach dem Prinzip der schrittweisen gleichzeitigen Einführung in Theorie und Praxis vermittelt. Damit sind sowohl die Grundwissenschaften (Pädagogik, Psychologie und Soziologie) als auch die Fachwissenschaft, Fachdidaktik und allgemeine Didaktik zur Integration ihrer Inhalte, zu Abstimmung und Kooperation (z. B. in projektartigen Veranstaltungen, die auch erste Teilhabe an Forschungsprozessen ermöglichen) auf eine klar definierte Aufgabe verpflichtet. In diesem Zusammenhang lassen sich dann auch offene Fragen, wie die der Strukturausbildung oder der fachlichen Breite des Lehramtsstudiums, erklären.

Uwe Sandfuchs

Literatur: *Bäuerle, S.:* Lehrer auf die Schulbank. Vorschläge für eine zeitgemäße Lehrerausund -fortbildung. Stuttgart 1991 • *Sandfuchs, U.:* Da kann nicht viel zusammengehen… Situation und Perspektiven der Lehrerausbildung. In: Praxis Schule 5–10. 2/1993

Lehrer/innen-Fortbildung:

Wenn sich eine Schulstufe verändert, geschieht dies i. d. R. aufgrund von gesellschaftlichen Veränderungen (veränderte Kindheit) und Entwicklungen, die sich in neuen Bedürfnissen der Lernenden selbst bzw. in neuen Anforderungen an die Lernenden (und die Lehrenden) manifestieren. Gesellschaftlich relevante Gruppen und Institutionen des Bildungswesens vermitteln z. B. Anstöße zu Reformen in den Raum der Schule: Lehrer/innen-Fortbildung im staatlichen Auftrag, in der Trägerschaft der Hochschulen oder in der Hand sog. „freier Träger“ unterstützen auf vielfältige und differenzierte Weise Veränderungen in der Schulpraxis.

Adressaten von Fortbildung sind Lehrer/innen „im Dienst“, d. h. nach Ausbildung in Hochschule und Referendariat. Die Lehrer/innen-Fortbildung bietet ihnen je individuell Gelegenheit, ihre bereits früher erworbenen beruflichen Qualifikationen zu erhalten, zu vertiefen, zu ergänzen und – bezogen auf veränderte Aufgabenstellungen für die Schule – zu erweitern. Als wesentliche Leitideen gelten Freiwilligkeit, Mitbestimmung, Praxisnähe und Theorieorientierung.

Eigenständiges, selbst erkennendes Feststellen von fortbildungsbedeutsamen subjektiven Defiziten, die aktive, praxisbezogene Reflexion eigener Erfahrungen im Berufs- und Arbeitsfeld Schule, mit-

bestimmte Programme, aktives Lernen und Mitgestalten von Fortbildungsveranstaltungen, die Gewinnung handlungsorientierter Perspektiven für sich selbst und die Schule konstituieren eine zeitgemäße Lehrer/innen-Fortbildung.
Ein strukturiertes Fortbildungsangebot mit sich ergänzenden, aufeinander bezogenen und miteinander vernetzten institutionellen Ebenen ist bei angemessenen Rahmenbedingungen in der Lage, den o. g. Leitideen zu entsprechen. Als tradierte, d. h. gebräuchlichste, kann die zentrale Lehrer/innen-Fortbildung (Lehrgänge, Seminare) gelten: in gewisser räumlicher Distanz zur je eigenen Schulsituation können sich Lehrer/innen subjektiv/objektiv neue Informationen, neues Fachwissen bzw. Handlungswissen aneignen, über Neues oder Alternativen zur bisherigen Praxis nachdenken, neue Einsichten gewinnen und sie mit ähnlich Motivierten durcharbeiten.
Sie wird durch die regionale Lehrer/innen-Fortbildung (periodisch tagende Arbeitsgruppen, Kurzseminare etc.) ergänzt: relativ nahe an der je eigenen Schulsituation, d. h. unter regionalspezifischen Bedingungen und z. B. mit Blick auf innovative Frage- und Problemstellungen können realitätsbezogene Konzepte für Unterricht, Schulleben und Schulorganisation entwickelt, konkret geplant und vorbereitet werden.
Aus der Kritik einer als zu gering eingeschätzen Wirkung von eher individueller Fortbildung auf die Qualität von Schule (neue, jeweils individuelle innovative Handlungsperspektiven sind in einem Kollegium erfahrungsgemäß wenig vermittelbar) entwickelte sich die kollegiumsinterne bzw. schulinterne Lehrer/innen-Fortbildung in den letzten Jahren verstärkt zu einem dynamischen Entwicklungsbereich im Bildungswesen: als weitgehend selbstorganisierte Möglichkeit, sich in der Handlungseinheit Schule, d. h. unter den Bedingungen der Einzelschule mit Blick auf praktisches wie theoriegeleitetes Lernen und Handeln, auf Schulentwicklung mit Kolleg/inn/en zu Planung, Vorbereitung, Absicherung und Einübung zu treffen. Typische Zielsetzung: Nachdenken über die eigene Schule, ein kollegial getragenes Konzept (Schulkonzept, Schulprofil), schulinterne Beratungskultur, Erhöhung der kooperativen und kommunikativen Qualität des Schulklimas u. a.
Mit Blick darauf, daß eine einzelne Grundschule zwar auch eine eher zufällig entstandene Ansammlung von je einzeln qualifizierten Lehrpersonen ist (siehe dazu Individualität von Schule), die ihren Unterricht zudem individuell pädagogisch gestalten, aber auch andererseits darauf, daß jede einzelne Grundschule eine im öffentlich-rechtlich gesetzten Rahmen teilautonome und kollegial getragene Handlungseinheit ist, ergeben sich spezifische Sichtweisen für Lehrer/innen-Fortbildung. Die Handlungseinheit Grundschule hat erhebliche Spiel- bzw. Gestaltungsfreiräume, um Kontinuität, aber auch Weiterentwicklung und Innovation aller Bildungs- und Erziehungsprozesse abzusichern.
Fach- und Sachkompetenz, kommunikative und soziale Kompetenz des Kollegiums sind wesentliche Faktoren eines – auf neue Aufgabenstellungen bezogenen – notwendigerweise kollektiven Lernprozesses, der systematisch mit allen Ebenen der Lehrer/innen-Fortbildung in Beziehung gebracht werden muß. Auf diese Weise verschließt sich die Handlungseinheit Schule nicht gegen Impulse von außen, noch gibt sie sich mit der je vorhandenen Kompetenzstruktur zufrieden.
Wesentliche Probleme einer derart aufgefaßten Lehrer/innen-Fortbildung sind:
- die Initierung und Unterstützung kontinuierlicher und kollektiver Lernprozesse der Lehrpersonen vor Ort;

• realistische Analysen der je vorhandenen realen Schulverhältnisse, auch unter dem Blickwinkel von Zielperspektiven, die durch Lehrer/innen-Fortbildung erreichbar sind (Konzentration auf das Wesentliche);

• die Vermittlung unterschiedlicher Angebote der Lehrer/innen-Fortbildung mit den Bedürfnissen und Erfordernissen vor Ort.

Claus Claussen

Literatur: *Claussen, C./Jöckel, G.:* Freiwilliges Lernen im Beruf. In: Die Grundschulzeitschrift 4/1987 • *Krüger, R.:* Das Kollegium ist das Seminar. Schulinterne Lehrerfortbildung aus Schulleitersicht. Braunschweig 1988 • *Miller, R.:* Schilf-Wanderung, Wegweiser für die praktische Arbeit in der schulinternen Lehrerfortbildung. Weinheim 1990

Lehrer/innen-Persönlichkeit:

Die Lehrkraft, ganz gleich ob Fach- oder Klassenlehrer/in steht in zweifacher Hinsicht auf dem Prüfstand. Sie soll die curricularen Ansprüche der Richtlinien und Lehrpläne erfüllen und zugleich den Kindern Verantwortung für ihren eigenen Lernprozeß übertragen. Ihr Selbstverständnis ist angesprochen, geht es darum, Kinder aus der Rolle der zu erziehenden Objekte zu befreien und zu Subjekten ihres eigenen Lern- und Erziehungsprozesses zu machen.

Bei dieser Aufgabe steht die Lehrerin bzw. der Lehrer in einem Spannungsfeld, das die widersprüchliche Struktur der Lehrer/innen-Rolle wiedergibt. Dieses Spannungsfeld ist u. a. gekennzeichnet durch die folgenden Pole:

Selektion durch normierte Leistungsanforderungen zum Zwecke der Verteilung von Bildungschancen vs. Erziehungs- und Bildungsauftrag, bestmögliche individuelle Förderung im konkurrenzfreien Raum; geringe Aufstiegschancen und geringes Statussymbol vs. notwendiges Engagement; curriculare Stoffülle und Erziehung zu Anpassung bei dauerndem Zeitdruck vs. soziales, selbstgesteuertes Lernen; bürokratische Reglementierung vs. pädagogische Freiheit; starres Stundenplanraster vs. offene Unterrichtsgestaltung; individuelle zeitliche Belastung vs. Bereitstellung und Erstellung des notwendigen Arbeitsmaterials; tradiertes Rollenverständnis vs. offene Unterrichtsgestaltung; persönliche Fortbildung und mangelnde Fähigkeit zur Weiterentwicklung der eigenen Arbeit vs. Berücksichtigung des jeweils neuen Standes in der erziehungs- und fachwissenschaftlichen Diskussion; vermeintliche Entlastung der pädagogischen Situation durch Aussonderung vs. soziale Koedukation; geringe Mittel und ungünstige Rahmenbedingungen vs. weitreichende Veränderungen wie Wochenplan, freie Arbeit usf.

Die Berufszufriedenheit hängt davon ab, wie diese Pole zur Übereinstimmung gebracht werden können. Dabei sind einige Hindernisse zu überwinden, denn zunächst einmal gibt der/die Lehrer/in die eigene Rollenerwartung an die Kinder weiter. Die Rollenerwartung wird maßgeblich durch die eigene Schulerfahrung bestimmt und dadurch, daß als ein Kennzeichen für den Beruf des Lehrers/der Lehrerin Vereinzelung entsteht. Kolleg/inn/en wissen oft nichts voneinander, noch weniger Schulleiter/in und Kolleginnen oder Kollegen. Wer Probleme hat, ist schwach. Also wird über Probleme nicht gesprochen.

Kooperation und Erfahrungsaustausch würden aus dieser Isolation befreien. Dieser Schritt wird dadurch erschwert, daß Kolleginnen und Kolleginnen einfach nicht wissen, wie dem Problemdruck, der sich aus dem Spannungsfeld ergibt, zu begegnen ist. So werden häufig bessere Rahmenbedingungen (kleinere Klassen, bessere sachliche Ausstattung) gefordert – in der Hoffnung, dann verbesserten sich auch Kooperation und Unterricht. Es gilt aber als gesichert, daß weniger die Rahmenbedingungen als das Verständnis von der eigenen Rolle zu verändertem Unterricht führt. Lehrer/innen müssen sich aus dem Gefängnis ihrer eigenen Schulerfahrungen befreien und stattdessen das Kind in den Mittelpunkt stellen. Die emotionale Belastung verringert sich in dem Umfang, in dem es gelingt, mit der ganzen eigenen Persönlichkeit auf die Ganzheit der kindlichen Persönlichkeit einzugehen. Die Bedingungen, unter denen Kinder heute aufwachsen, haben sich grundlegend geändert. Kinder treten infolgedessen mit veränderten Ansprüchen an die Schule und an die Lehrerin heran. Da Schüler- und Lehrerverhalten einander bedingen, ist davon auszugehen, daß ein verständnisvolles, kooperatives Lehrerverhalten mit interaktivem Schülerverhalten korrespondiert.

Die Lehrerin kann als gute Lehrerin angesehen werden, die emotional stabil und selbstbewußt ist, systematisch planen kann, gegenüber Kindern partnerschaftlich eingestellt ist, der indirekten gegenüber der direkten Steuerung den Vorzug gibt, Methoden der Interaktion zwischen den Kindern einsetzt, positiv verstärkt, flexibel auf sich ändernde Elemente des Unterrichtsfeldes reagiert und sich mit den Erwartungen aller Rollenpartner (Kolleg/inn/en, Eltern, Schulleiter/in) auseinandersetzt.

Gabriele Krichbaum

Literatur: *Boos-Nünning, U.:* Professionelle Orientierung. Berufszufriedenheit, Fortbildungsbereitschaft. Königstein/Ts. 1979 • *Dietrich, R.* u. a. (Hg.): Psychologie der Lehrerpersönlichkeit. München 1983 • *Ebert, W.* (Hg.): Lehrer – Gefangener oder Gestalter der Schule. München 1979 • *Krichbaum, G.:* Innere Differenzierung. In: *Wittenbruch, W.* (Hg.): Das pädagogische Profil der Grundschule. Heinsberg [2]1989

Lehrer-Schüler-Interaktion:

Lehrer-Schüler-Interaktionen sind zum einen Ausdruck ganz bestimmter Konzeptionen von Unterricht und zum anderen bewirken oder erschweren bzw. verhindern sie bestimmte Unterrichtsformen. Formal sollte man folgende fünf Interaktionen unterscheiden (u. v. v.): Lehrer-Schüler, Lehrer-Gruppe, Lehrer-Klasse, Schüler-Schüler sowie Schüler-Klasse. Über die Qualität dieser Interaktionen gibt das jeweilige Lehrer-Schüler-Verhältnis Auskunft. Daß aber ein beweglicher Unterricht ein größeres Repertoire an Lehrer-Schüler-Interaktionen erfordert als der in einer kommunikativen Einbahnstraße die möglichen Interaktionen schrumpfenlassende Frontalunterricht (wenn er absolut dominiert), ist unbestrittenes Resultat der Unterrichtsforschung und noch längst nicht überall realisiertes Postulat reformpädagogischer Überlegungen.

Rainer Winkel

Literatur: *Brophy, J. E./Good, T. L.:* Die Lehrer-Schüler-Interaktion. München 1976 • *Tillmann, K.-J.:* Unterricht als soziales Erziehungsfeld. Reinbek 1976

Lehrer-Schüler-Verhältnis:

Überall, wo Menschen voneinander und miteinander lernen, lassen sich Lehrer-Schüler-Verhältnisse beobachten. In der Schule treten sie in institutionalisierter Form auf und stellen eine zentrale Größe in den jeweiligen Lernprozessen dar. Die Einstellung eines Lehrers oder einer Lehrerin zu den Kindern scheint für deren Gelingen ebenso wichtig zu sein wie die unterrichtsmethodische Kompetenz. Das Lehrer-Schüler-Verhältnis ist immer ein von den jeweiligen Persönlichkeiten geprägtes.

Zwei der wichtigsten pädagogischen Sätze zum Lehrer-Schüler-Verhältnis machen dies deutlich. Der eine stammt von S. Bernfeld (1967) und lautet: „So steht der Erzieher vor zwei Kindern: dem zu erziehenden vor ihm und dem verdrängten in ihm.“ Der andere ist von H. Nohl (1963) und beschreibt den sogenannten pädagogischen Bezug: „Die Grundlage der Erziehung ist also das leidenschaftliche Verhältnis eines reifen Menschen zu einem werdenden Menschen, und zwar um seiner selbst willen, daß er zu seinem Leben und seiner Form komme.“

Pädagogische Verhältnisse kennzeichnen also (mehr als die Lehrer-Schüler-Interaktionen) die edukative Qualität zwischen Lehrenden und Lernenden, wobei sie eine realistische Einschränkung hinnehmen müssen und eine optimistische Vision haben dürfen: Zwischen mir (einem erwachsenen Pädagogen) und dem Schüler (einem heranwachsenden Kind) wirkt immer auch meine eigene verbliebene Kindlichkeit, die Chancen des Verstehens, aber auch eine Gefahr des Mißbrauchs heraufbeschwört, nämlich: jenes so zu behandeln, wie ich dieses erlebt und erlitten habe. Sonst droht der Lehrer oder die Lehrerin eben dieser Übertragung anheimzufallen und wird, wenn keine Hilfen einsetzen (z.B. durch Hospitation oder eine Selbsterfahrungsgruppe), den eigenen Unterricht (unbewußt) immer häufiger und nachhaltiger als gestörten Unterricht konstellieren.

Andererseits dürfen wir aber auch hoffen, daß just im Lehrer-Schüler-Verhältnis jenes entscheidende Bildungspotential liegt, das jungen Menschen zu ihrer Identität verhilft.

Rainer Winkel

Literatur: *Bernfeld, S.:* Sisyphos oder die Grenzen der Erziehung (1925). Frankfurt/M. 1967 • *Nohl, H.:* Die pädagogische Bewegung in Deutschland und ihre Theorie (1933). Frankfurt/M. [6]1963 • *Winkel, R.:* Der gestörte Unterricht. Bochum [5]1993

Lehrgang: Der Begriff Lehrgang meint, daß die Inhalte eines Faches bzw. eines relativ abgeschlossenen Teiles eines Faches (z. B. Leselehrgang, Schreiblehrgang) nach übergreifenden Anordnungsprinzipien in eine geordnete Abfolge gebracht werden. K.-H. Schwager (1959) hat in einer historisch-systematischen Untersuchung folgende Anordnungskriterien identifiziert: logische Stufung unter dem Gesetz der Sache, Faßlichkeit durch die Lernenden, Hinlenken des natürlichen Wissensdranges auf Grunderfahrungen (z. B. bei Rousseau), Rückgang auf „elementare“ Anfangspunkte, das historisch-genetische Prinzip (d. h. der Unterricht folgt der kulturgeschichtlichen Entwicklung, weil eine Analogie von individueller und kultureller Entwicklung angenommen wird), das organisch-genetische Prinzip (dem „Werden der Sache“) nachgehen, Ausgang von einer „Ganzheit“, das Heimatkundliche. Jeder Lehrgang hat sowohl die logische „Eigengesetzlichkeit“ des Lehrgegenstandes als auch (individuelle, alterstypische oder generelle) Lernvoraussetzungen sowie die Lebenswelt der Lernenden zu berücksichtigen. Daher ist jeder Lehrgang sinnvollerweise von mindestens drei Anordnungsprinzipien bestimmt, deren Gewichtung und Begründung differieren können, so daß für Lehrgänge in der Grundschule unterschieden werden kann zwischen logisch-systematisch aufgebauten Lehrgängen, genetisch-entwickelnden Lehrgängen, Lehrgängen in konzentrischen Kreisen und heimatkundlichen Lehrgängen. Je besser Lehrgänge aufgebaut sind, desto erfolgreicher geht das Lernen vonstatten. So durchzieht der Streit um die Lehrgänge die gesamte Geschichte der elementaren Bildung. In den offenen Formen des Schriftspracherwerbs, z. B. „Schulanfang ohne Fibeltrott“, bilden in der Regel die Lehrgänge im Erstlesen und Erst-

schreiben die strukturierenden Prinzipien des freien Vorgehens. Die in offenen Formen des Unterrichts praktizierte Differenzierung ist nötig aufgrund der heterogenen Lernvoraussetzungen und -motivationen heutiger Schulanfänger. Ohne systematisches, auf Lehrgangsprinzipien gegründetes Lehren werden gerade lernschwache Schüler/innen keine geordneten und umfassenden Grundfertigkeiten und -kenntnisse erwerben können.
Uwe Sandfuchs

Literatur: *Blumenstock, L.:* Schriftspracherwerb: mit oder ohne Fibel. In: *Haarmann, D.* (Hg.): Handbuch Grundschule. Band 2. Weinheim 1993 • *Sandfuchs, U.:* Unterrichtsinhalte auswählen und anordnen. Bad Heilbrunn 1987 • *Schwager, K.-H.:* Wesen und Formen des Lehrgangs im Unterricht. Weinheim 1958

Lehrplan: „Der Lehrplan ist die geordnete Zusammenfassung von Lehrinhalten, die während eines vom Plan angegebenen Zeitraumes über Unterricht … vom Lernenden angeeignet und verarbeitet werden sollen." Kürzer und präziser als dies H. Blankertz (1969) getan hat, läßt sich der Begriff nicht bestimmen. Das Synonym Curriculum war bereits in der frühen Neuzeit gebräuchlich (curriculum scholasticum) und wurde 1967 von S. B. Robinsohn in einer Rezeption und Weiterführung der angelsächsischen Curriculumforschung wieder eingebracht. Robinsohn sah als erste Voraussetzung einer Reform des Bildungswesens eine Lehrplan- bzw. Curriculumrevision an. Mit der Verwendung der Bezeichnung Curriculum war seinerzeit aber mehr als nur eine Begriffsauswechslung gemeint. Vielmehr sollten „Beliebigkeit und diffuse Tradition" bisheriger Lehrpläne überwunden und an ihre Stelle wissenschaftlich fundierte Curricula gestellt werden, die präzise Aussagen treffen über Ziele, Inhalte, Methoden und Medien des Unterrichts. Die Curriculumforschung hat ihre weitgreifenden Ziele nicht erreicht – das teacher-proof (lehrersicher) gedachte Grundschulcurriculum, das Lehrer/innen wie Schüler/innen gleichermaßen determiniert, ist ohnehin eher Alp- als Wunschtraum –, sie hat aber Präzision und Klarheit der Lehrpläne und der Verfahren ihrer Erarbeitung durchaus befördert. Neben die Synonyme Lehrplan und Curriculum treten die Richtlinien (oft auch tautologisch: Rahmenrichtlinien). Richtlinien sind ursprünglich nicht selbst Lehrpläne, sondern lediglich Vorgaben, nach denen Schulen und Lehrer ihre Lehrpläne selbst erstellen. Das Grundmuster liefern die preußischen „Richtlinien zur Aufstellung von Lehrplänen für die Grundschule" von 1921. Sie enthalten weder inhaltliche noch zeitliche Festlegungen, sondern verpflichten die Lehrer und Lehrerinnen lediglich auf reformpädagogische Verfahrensweisen und Prinzipien, deren zentrales Anliegen die Orientierung an den Interessen und Bedürfnissen der Kinder ist. Die nach diesen Richtlinien erarbeiteten Lehrpläne sollen darüber hinaus regionale Bezüge beachten. „Freiheit und Mannigfaltigkeit" sind oberster Grundsatz dieser Richtlinien. Sie stellen eine völlig neue Lehrplankonzeption dar, indem sie sowohl die Planungsautonomie der Lehrerschaft als auch die Eigentümlichkeit kindlichen Lernens (durch Gesamtunterricht z. B.) ernst nehmen. Inzwischen werden als Richtlinien die von den Bundesländern erlassenen Lehrpläne für einzelne Schulstufen, Schulformen und Schulfächer bezeichnet. Mit der Verwendung des Begriffes Richtlinien ist immer der Gedanke einer relativen Planungsfreiheit der Lehrer/innen verbunden, denen zugleich die ständige Überprüfung der Vorgaben und deren relativ eigenständige Revision abverlangt wird.

Lehrpläne, Curricula und Richtlinien unterscheiden sich partiell, z. B. in ihren Funktionen und ihrer Verbindlichkeit. Als Oberbegriff scheint Lehrplan am besten geeignet.
Lehrpläne haben eine Reihe gemeinsamer Merkmale:

- Sie sind bildungspolitische Programme, denen ein Bild vom Menschen, seiner Kultur und den Aufgaben der Erziehung zugrunde liegt.
- Sie sind Instrumente staatlicher Bildungspolitik und garantieren Vergleichbarkeit und etwa gleiches Niveau der Bildung in ihrem Geltungsbereich.
- Sie sind Planungshilfsmittel und didaktische Handlungsanweisungen oder -hilfen für den Lehrer oder die Lehrerin.
- Sie vermitteln zwischen den Lehrplandeterminanten Wissenschaft, Gesellschaft und Individuum: Die Wissenschaft bringt das Wissen hervor und ordnet es, die Gesellschaft definiert ihre Anforderungen. Dem steht das Kind gegenüber, als dessen Anwälte Lehrer/innen zu gewährleisten haben, daß seine gegenwärtigen und zukünftigen Interessen angemessen berücksichtigt sind. Das setzt Offenheit und Entscheidungsspielraum voraus.

Uwe Sandfuchs

Literatur: *Blankertz, H.:* Theorien und Modelle der Didaktik. München 1969 • *Dolch, J.:* Lehrplan des Abendlandes. Ratingen 1959 • *Sandfuchs, U.:* Unterrichtsinhalte auswählen und anordnen. Bad Heilbrunn 1987

Lehr- und Lernmittel: Der Einsatz didaktischer Medien kennzeichnet die Institutionalisierung von Lehr- und Lernprozessen, die schon bei den frühen Hochkulturen im östlichen Mittelmeerraum nachweisbar ist. Bis in das 17. Jahrhundert hinein sind Lehr- und Lernmittel jedoch fast ausschließlich Textmedien. Erst mit Comenius' „Orbis pictus sensualium" wird ein Unterrichtswerk geschaffen, das mit Bildern (und Text) eine Brücke zur sinnlichen Welterfahrung schlägt.
Die von Fröbel um 1840 entwickelten „Spielgaben" (Kugel, Ball, Walze, Würfel…), in denen handlungspraktische, ästhetische und begriffliche Welterfahrung ermöglicht werden sollte, bilden schließlich den Ausgangspunkt für die in der Reformpädagogik entworfenen Selbstbildungsmittel und Sinnesmateralien. Die reformpädagogische Forderung nach unmittelbaren, sinnlichen Tätigkeiten konnte sich zunächst allerdings weniger durchsetzen als die schon vor dem Zweiten Weltkrieg beginnende Technisierung des Unterrichts etwa durch audio-visuelle Medien, später auch Sprachlabors und Computer. Erst in den späten 70er Jahren setzte eine Rückbesinnung auf reformpädagogische Konzepte der Lernmittelverwendung ein.
Der Begriff Lehr- und Lernmittel ist nicht eindeutig definiert. In der Literatur wird z. T. zwischen medialen und personalen Lehr- und Lernmitteln unterschieden; zu letzteren gehören Sprache und Mimik. Im allgemeinen wird aber vom medialen, gegenständlichen Charakter der Lehr- und Lernmittel ausgegangen, weshalb man vielfach die Begriffe Lehr- und Lernmittel, Unterrichtsmedien oder didaktische Arbeitsmittel synonym verwendet.
Bei der Klassifikation der Lehr- und Lernmittel läßt sich von ihren strukturellen Charakteristika oder von ihren didaktischen Funktionen ausgehen. So läßt sich zwischen Text-, Spiel- und technischen Medien differenzieren oder aber eine funktionelle Unterscheidung der Lehr- und Lernmittel in folgender Weise vornehmen:

- Unterrichtsmedien als Repräsentanten

von Wirklichkeit: Sie ersetzen oder begleiten Realbegegnungen, ermöglichen in Bildern, Modellen oder Texten den Zugang zu fernen Zeiten und Ländern oder vermitteln Fallbeispiele sozialen Handelns. Sie können aber auch durch graphische Schemata und Symbole abstrakte Zusammenhänge transparent machen (z.B. Strom- oder Wasserkreislauf). Im Unterricht werden Anschauungsmedien vor allem als Einstieg in ein neues Thema verwendet. Sie können aber auch als Zusammenfassung oder Bestätigung vorangegangener Lernprozesse eingesetzt werden.

- Unterrichtsmedien zur Stimulierung selbsttätiger Lernprozesse: Dies können Experimentierkästen für „entdeckendes Lernen" im Sachunterricht sein, aber auch Frage- oder Beobachtungsbögen, die Kinder selber für Interviews oder Erkundungen konzipiert haben. In der Freinet-Pädagogik lassen sich zu dieser Kategorie die Briefe, die an eine Korrespondenzklasse geschickt werden, wie auch die Sach- und Bildkarteien zählen, die zum Beobachten, Untersuchen oder freien Schreiben anregen sollen.
- Übungsmaterialien: Hierzu gehören die vielfältigen Arbeitsmittel der Montessori-Pädagogik, die neueren Rechtschreibkarteien und Mathematikübungsspiele.
- Medien zur Überprüfung und Dokumentation des Lernerfolgs: In den 70er Jahren waren vor allem Lückentexte beliebt; mit ihnen kann das Erlernen bestimmter Begriffe getestet werden. Heute werden eher von den Kindern selber gestaltete Produkte bevorzugt, wie Aufsätze, Bilder, Briefe, kleine Bücher, gemeinsam gestaltete Ausstellungen.

In offenen Unterrichtsformen, in denen die Steuerung durch die Lehrperson zurückgenommen wird, wächst die Bedeutung der Medien, die, wie Karteien und Übungsspiele, die pädagogischen Funktionen der Stimulierung zum selbsttätigen Lernen, des Übens und der (vom Kind allein oder in Partnerarbeit vorgenommenen) Ergebniskontrolle integrieren.

Die Grundausstattung an Lehr- und Lernmitteln bilden nach wie vor die von der Lehrmittelindustrie produzierten Unterrichtswerke, die nach Genehmigung durch die Kultusbehörden den Schülerinnen und Schülern (oft gemäß der gesetzlichen Lehrmittelfreiheit kostenfrei) zur Verfügung gestellt werden.

Der Bedarf an Unterrichtsmedien ist aber vor allem in offenen Unterrichtsstrukturen so groß, daß zusätzliche Lehr- und Lernmittel bereitgestellt werden müssen. Sie werden oft von Kleinverlagen, aber auch von Lehrerinnen und Lehrern selber – z.T. gemeinsam oder auch mit Elternhilfe – hergestellt. An Bedeutung gewinnt zugleich die Lernmittelproduktion durch die Kinder selber, die im Herstellungsprozeß auch Lernvorgänge realisieren.

Die z.T. schon auf M. Montessori zurückgehenden Kriterien für Form, Struktur und Auswahl von Lehr- und Lernmitteln sind: Klarheit und Übersichtlichkeit, eine Kinder ansprechende ästhetische Gestaltung, Passung auf die Lernvoraussetzungen der Kinder oder auf verschiedene Leistungsniveaus und Lerntypen, die erkennbare Aufforderung zur Selbsttätigkeit, zum Hinterfragen der in Medien rekonstruierten Wirklichkeit, zur kreativen Veränderung von Medien und zur selbständigen Ergebniskontrolle, Möglichkeit der Einzel-, Partner- oder Kleingruppenarbeit.

Tassilo Knauf

Literatur: *Boeckmann, K.:* Unterrichtsmedien selbstgestalten. Neuwied 1990 • Lehrmittel aktuell. Monatszeitschrift im Westermann Schulbuchverlag Braunschweig • Die Grundschulzeitschrift 41/1991. Themenheft: Arbeitsmittel- zwischen Pädagogik und Kommerz

Lehr- und Unterrichtskonzepte: In Anlehnung an die Unterscheidung von autoritärem, laissez-faire und demokratischem Führungsstil lassen sich tendenziell entsprechende, aber keineswegs identische Lehr- und Unterrichts-Konzepte ausmachen. In grober Vereinfachung ergäbe sich folgende Typisierung:

• Systematisch-direktive Instruktionskonzepte auf der Basis herbartianischer Assoziations- oder behavioristischer Lernpsychologie, realisiert u. a. im Formalstufenunterricht (T. Ziller, W. Rein), im klassischen Frontalunterricht und in systematischen Fachlehrgängen, aber auch im gebundenen Gesamtunterricht (W. Albert) wie in lernzielorientierten Curricula (R. Mücke) und begriffs- oder strukturbezogenen wissenschaftsorientierten Sachunterrichtskonzepten („Teacher-Proof-Curricula"). Der Vorteil liegt in der Quantität des übermittelbaren Lernstoffes wie in der Geschlossenheit des dargebotenen Wissens- und Wertsystems, der Nachteil in geringer Motivation und Behaltensdauer des Gelernten sowie in der relativen Unselbständigkeit der Schüler/innen.

• Informell-selbstgesteuerte Entfaltungskonzepte auf der Grundlage ganzheitlicher Reifungs- oder psychoanalytisch orientierter Selbstregulierungstheorien, erkennbar z. B. in reformpädagogischen Ansätzen einer „Pädagogik vom Kinde aus" (freier Gesamtunterricht, Gelegenheitsunterricht, freies schöpferisches Tun) wie in „antiautoritären" Free-School-Projekten mit Freiwilligkeit des Schulbesuchs, freier Themenwahl und Arbeitsorganisation sowie Verzicht auf Leistungsnachweise. Die Vorzüge liegen erkennbar in hoher Schülerakzeptanz und -motivation sowie Identitätsstärkung, die Probleme in der Beliebigkeit der Lernziele und -inhalte und damit der Gefährdung der Chancengleichheit wie auch der möglichen Verunsicherung leistungs- und antriebsschwacher Schüler und Schülerinnen.

• Offen-kommunikative Interaktionskonzepte, gestützt auf pragmatische wie neuerdings auch ökopsychologische Lern- und Entwicklungstheorien (Dewey, Piaget, Nickel), sind didaktisch-methodisch umgesetzt etwa im klassischen Projektunterricht, in Erkundungsvorhaben, Partner- und Gruppenarbeit, in material- und umweltbezogenen Lernprozessen (M. Montessori, C. Freinet), in Wochenplan- und Freiarbeit, in der Planungsstruktur einer „kommunikativen Didaktik" (Schäfer/Schaller) wie in Klassenraum- und Schulhofgestaltung. Nachweisbar sind positive Auswirkungen auf die Schülermotivation, auf die Gewinnung von Selbst- und Mitbestimmungsfähigkeit und die Befähigung zu eigenverantwortlichem wie kooperativem Arbeits- und Sozialverhalten, sichtbar u. a. an der „inneren" Disziplin einer Schulklasse. Freilich kann auch ein Abgleiten in einen nur noch formalen Aktionismus, in schematisches „Verfahrens"-Training und damit Sinnentleerung drohen.

Anders als die erwähnten Führungsstile stellen die genannten Unterrichtskonzepte keine alternativen, sich gegenseitig ausschließenden, sondern eher alternierende, sich je nach Lernsituation abwechselnde und funktional ergänzende Verhaltensmuster dar, da es sich hier um situativ-rational begründete Organisation von Lernprozessen, dort um wertorientierte und kontinuierliche Prägung emotional bestimmten Verhaltens handelt.

Dieter Haarmann

Literatur: *Haarmann, D.:* Grundschule 2000. In: Grundschule 12/1990 • *Einsiedler, W.:* Konzeptionen des Grundschulunterrichts. Bad Heilbrunn 1989 • *Vierlinger, R.:* Das Schulkreuz der Lehrer. Disziplinstörungen und Unterricht. Wien-München 1990

Leistungsbewertung: In eine im pädagogischen Sinne adäquate Leistungsbewertung sind alle im Unterricht erbrachten Leistungen eines Kindes einzubeziehen. Die Fähigkeit, Verantwortung zu übernehmen und selbständig zu handeln, gehört ebenso dazu wie die Fähigkeit, Zahlen richtig zu addieren. Es ist offensichtlich, daß mit den auch in der Grundschule immer noch üblichen Zensuren keine Möglichkeit gegeben ist, etwa „Selbständigkeit" zu beschreiben. Leistungserziehung bedeutet aber, daß grundlegende Kenntnisse, Fähigkeiten und Fertigkeiten in sinnvollen Zusammenhängen erworben werden. Die Grundlegung im Erzieherischen ist von der Grundlegung im Fachlichen nicht zu trennen. In die Bewertungspraxis gehen nach wie vor überwiegend fachliche Leistungen ein.

Zudem wird oft „horizontal" bewertet, d. h. die Leistungen eines Kindes beim Diktatschreiben werden mit denen der anderen Kinder „verglichen" und in Beziehung gesetzt. Eine „vertikale", d. h. das Kind an seinem eigenen Lern- und Leistungsfortschritten messende Leistungsbewertung wird auch von Grundschullehrerinnen und -lehrern noch zu wenig praktiziert.

Sowohl die fachlichen als auch die erzieherischen Lernziele sind von den Kindern auf unterschiedlichen Niveaus erreichbar.

Eine Möglichkeit der Differenzierung nach Niveaustufen ist die nach den Begriffen Übernahme, eigenständige Verarbeitung, Übertragung und Problemgewinnung. Die qualitative Differenzierung nach Niveaustufen zieht eine qualitativ unterschiedliche Bewertung nach sich. Sie ist zugleich Hilfsmittel für eine qualitative Differenzierung der Übung und für eine qualitative Differenzierung der Lernkontrollen und Klassenarbeiten und bewahrt davor, vordergründig quantitativ zu differenzieren. Quantitative Differenzierung schleicht sich in der Praxis häufig, wenn auch ungewollt, ein: Zusatzaufgaben, ein Arbeitsblatt mit vielen Aufgaben, von denen nicht alle gelöst werden müssen, ein weiteres Arbeitsblatt für die Schnellen usf. Diese quantitative Differenzierung ist auch wiederzufinden in vielen Bewertungssituationen.

Qualitative Differenzierung bedeutet Differenzierung nach Schwierigkeitsgraden. Wenn z. B. die schriftliche Addition eingeführt, geübt und später kontrolliert wird, dann muß in jeder Jahrgangsstufe vorher festliegen, was genau genügt für die Feststellung: Sandra kann schriftlich addieren. Ist die Zehnerüberschreitung eingeschlossen? Kommt die Null vor? Haben die zu addierenden Zahlen gleich viele Stellen? Handelt es sich um Aufgaben aus dem Größenbereich? Wie ist es mit der Kommaschreibweise? Handelt es sich um Sachaufgaben? Sind Zahlen mit unterschiedlich vielen Stellen richtig untereinander zu schreiben? Die Vielfalt der Anspruchshöhen zeigt, daß es sinnlos ist, der ganzen Klasse zum selben Zeitpunkt ein- und dasselbe Übungsblatt mit einer Vielzahl von Aufgaben zu geben. Die verschiedenen Schwierigkeitsgrade müssen zu jedem Zeitpunkt so berücksichtigt werden, daß jedes Kind erfolgreich lernen kann. Im Falle der erforderlichen Benotung sind dann den Schwierigkeitsgraden wieder Noten zuzuordnen. Der Fortschritt des Lernprozesses bis zum nächsten Zeugnis ist zu beachten, damit der tatsächliche Leistungsstand in die Zeugnisnote einfließt. Daß dies bei den erheblich zeitaufwendigeren verbalen Bewertungen eher gelingen kann, ist naheliegend.

Alle Bemühungen um Differenzierung dürfen nicht darüber hinweg täuschen, daß Leistungsmessung und Leistungsbewertung vordergründig bleiben. Ergeb-

nissicherung und -überprüfung beschränken sich zumeist auf den kognitiven Bereich, da sich die anderen Bereiche der Sicherung und der Überprüfung entziehen. Man hält sich an Mathematikarbeiten, Diktate und Aufsätze, weil diese scheinbar aussagekräftige Ergebnisse liefern. Aber: wie steht es mit der individuellen Anstrengung und dem Lernfortschritt? Klassenarbeiten lassen nur sehr begrenzte Aussagen zu und liefern zudem nichts als Momentaufnahmen. Und dies nicht nur, weil sie einen begrenzten Leistungsausschnitt überprüfen, sondern auch, weil sie sich innerhalb kürzester Zeit überholen. Im Anschluß an eine „mißlungene" Klassenarbeit findet Förderung statt, um Kinder zu der bislang nicht erbrachten Leistung zu befähigen. Die Fördermaßnahme endet, sobald dieses Ziel erreicht ist. Das heißt: Die Klassenarbeit hat ihren Zweck der Rückmeldung erfüllt. Für die spätere Zeugniszensur darf sie im pädagogischen Sinn eigentlich nicht mehr herangezogen werden.
In die Leistungsbewertung sind, wie gesagt, alle im Unterricht erbrachten Leistungen einzubeziehen. Behobene Minderleistungen sollten eine Zeugniszensur nicht negativ beeinflussen. Die Realität ist anders. Klassenarbeiten stellen vielfach belastete Arbeitssituationen dar. Leistungsfähigkeit wird dagegen erkennbar, wenn sie nicht in Prüfsituationen abgefragt, sondern wenn Leistung in sinnvollen Arbeitsvollzügen erbracht wird. Alle Formen der Übung, alle Formen der Anwendung geben immer auch zugleich Aufschluß über das derzeitige Leistungsvermögen bzw. über den derzeitigen Lernstand. Sie sollten entsprechend bewertet werden.
Gabriele Krichbaum

Literatur: *Krichbaum. G.:* Dem Kind gerecht werden. In: Grundschule 4/1989 • *Krichbaum. G.:* Noten: Skala für's Selbstbewußtsein? In: Praxis Schule 5–10. 0/1989

Leistungserziehung: Die Diskussion um Leistungserziehung und Leistungsbewertung erschöpft sich nicht in der Diskussion um Noten. Ob Noten nun wünschenswert sind oder nicht, ob man ihnen eine gewisse Aussagekraft zubilligt oder nicht, sie stehen immer am Ende eines Lernprozesses. Zunächst ist es dieser Prozeß, den es um der Leistungserziehung willen zu durchleuchten gilt, und ganz zum Schluß kommt die Bewertung, die für Klassenarbeiten, für andere Leistungen und die für Zeugnisse. Auch die Frage nach der Bewertung erfordert mehr Antworten als lediglich die nach der Vergabe von Zensuren. Wenn es um Lehrerhandeln geht, um die Lösung der täglichen Probleme, dann ist hier auch nicht die Stelle, darüber zu diskutieren, ob Noten – ja oder nein – sondern, da jeder Lehrer und jede Lehrerin sie nun einmal erteilen muß, wie man zu ihnen kommt und welcher Faktoren man sich bewußt sein muß, damit man mit den Noten möglichst wenig Schaden anrichtet. Es geht auch nicht um die Frage, ob Leistung in der Schule noch gefragt sei. Diese Frage läßt sich kurz und bündig mit „ja" beantworten. Leistung und damit Leistungserziehung ist notwendig im Interesse der Kinder und aus Verantwortung für deren Leben. Die Kinder haben einen Anspruch darauf, zu Leistung befähigt zu werden. Die Frage nach dem Sinn von Noten ist nicht gleichbedeutend mit der Frage nach dem Sinn von Leistung: Leistung ist objektiv notwendig. Noten sind dies nicht. Andere Formen der Bewertung und Beschreibung von Leistung sind denkbar. Noten sind ein zur Zeit notwendiges Übel. Die Erziehung zu Leistungsbereitschaft und Leistungsfähigkeit ist unabdingbar.
Leistungserziehung, -messung und -bewertung sind zu verstehen im Kontext des erziehenden Unterrichts. Da sie integrativer Bestandteil des erziehenden

Unterrichts sind, gelten für sie auch entsprechende Ziele: Entwicklung des Vertrauens in die eigenen Fähigkeiten, Differenzierung der Sozialerfahrungen, Erweiterung der Kommunikationsfähigkeit, Aufbau von Wandlungsfähigkeit, Entwicklung des Arbeitsverhaltens. Obwohl das so ist, wird über Leistung kontrovers diskutiert. Die Kontroversen resultieren aus unterschiedlichen Auffassungen vom Auftrag der Schule und Einstellungen zur Lehrer-Schüler-Beziehung. Selbst innerhalb derselben Gruppierungen von Parteien und Verbänden scheiden sich die Geister an der Frage, was Leistung sei und wie man zu ihr befähige und ob letzteres zu jedem Zeitpunkt und für alle Schüler möglich sei. Die Bandbreite der Zielvorstellungen markiert zugleich das Spektrum sich voneinander unterscheidender, teils widersprechender Erziehungskonzepte. Es reicht von

• Vermittlung nachprüfbaren Wissens • Lernen von Stoff • diszipliniertem Übernehmen von Informationen • eigennützigem, konkurrenzorientiertem Leistungsstreben • Anpassung und Unterordnung • Absolvieren eines festgelegten Pensums

bis zur Befähigung,

• sich Wissen selbständig aneignen zu können • das Lernen zu lernen • etwas zu entdecken • zum Wecken und Wachhalten einer Neugierhaltung • miteinander zu lernen und sich gegenseitig zu helfen • zur Wahrnehmung von Entscheidungsmöglichkeiten • zur Mitgestaltung des eigenen Lernprozesses • zur Mitwirkung an der eigenen Erziehung • zur Orientierung an den individuellen Leistungsmöglichkeiten.

Auf der einen Seite steht der überwiegend belehrende Unterricht, auf der anderen der durch gelenkte Entdeckung gekennzeichnete, der seine Bewertungsnormen aus den Lernzielen ableitet und diese dann auf das einzelne Kind, niemals aber auf die Gruppe im Sinne einer vergleichenden Bewertung bezieht.

Die Kontroversen in der Diskussion werden unterstützt durch das Faktum, daß Leistungserziehung und -bewertung unter einer institutionellen und einer pädagogischen Perspektive zu begreifen sind. Solange es im Anschluß an die Grundschule ein gegliedertes Schulwesen gibt, solange für spezielle Schulformen Eignungsaussagen getroffen werden müssen, solange werden Auslese, Einstufung und damit Konkurrenzorientierung, Disziplinierung und Entmutigung nicht zu verhindern sein. Die pädagogische Perspektive, die mit Individualisierung und Könnenserfahrung verbunden ist und dadurch zu Sachorientierung und Ermutigung führt, steht dazu im Widerspruch. In der Fachliteratur finden sich inzwischen vielfältige Hilfen, wie Lehrer und Lehrerinnen beides miteinander verbinden können.

Gabriele Krichbaum

Literatur: *Krichbaum, G.:* Dem Kind gerecht werden. In: Grundschule 4/1989 • *Krichbaum, G.:* Noten: Skala fürs Selbstbewußtsein? In: Praxis Schule 5–10, 0/1989

Lernbehinderung: Lernbehinderung zeigt sich im allgemeinen darin, daß Schüler und Schülerinnen in ihrem Lernverhalten und in ihren Lernergebnissen hinter den gesetzten Normen und Erwartungen zurückbleiben. Eltern und Lehrer/innen dequalifizieren die Ergebnisse als nicht genügend und Kinder erleben ihre Lernleistungen als „Versagen“. Klassische „Versagensfächer“ sind Deutsch und Mathematik: „Lernbehinderten“ Schülerinnen und Schülern gelingt es z.B. nicht, sich Wortbilder einzuprägen, Wörter nach Buchstaben und Lauten zu analysieren, Buchstaben

und Laute zu synthetisieren und sinnerfassend zu lesen. Bei der Bildung des Zahlbegriffs erfassen sie die Mächtigkeit von Mengen nicht und können keinen mengenunabhängigen abstrakten Zahlbegriff bilden.
Lernbehinderung kann sich auch in der Unfähigkeit der Kinder zeigen, sich zu konzentrieren, aufmerksam zu sein, ruhig zu sitzen, sich für etwas zu interessieren und ausdauernd bei einer Sache zu bleiben.
Vor allem in den Lernbereichen Deutsch und Mathematik, in denen der Lernstoff meist systematisch aufgebaut ist, können sich einzelne Lücken ausweiten und zu umfassenden Defiziten kumulieren: Wenn Schülerinnen und Schüler z. B. nicht sinnerfassend lesen können, versagen sie nicht nur in Deutsch; ihre Lernfähigkeit kann auch in Mathematik und in Sachkunde beeinträchtigt werden, weil sie z. B. die dort in Texten gefaßten Sachverhalte nicht lesen können. Der dabei entstehende Teufelskreis von Mißerfolgen führt oft zum Verlust der Lernmotivation, zu nachlässigem und desinteressiertem Arbeitsverhalten, zu Verhaltensstörungen, Verlust des Selbstvertrauens und zu Schulangst und Schulversagen.
Bei vielen lernbehinderten Kindern verstärken sich mit der Ausweitung der Defizite Konflikte im Elternhaus. Diese Konflikte verstärken ihrerseits den Teufelskreis des Versagens, in dem sich das Kind befindet. Das häufige Erlebnis des Versagens kann das Selbstvertrauen und das Selbstwertgefühl des Kindes zerstören und die Entwicklung zu einer handlungsfähigen Persönlichkeit behindern.
„Lernbehinderung" ist ein pauschalisierender Begriff. Er faßt vielerlei Schwächen zusammen, die das Lernen beeinträchtigen. Die normabweichenden, herabgesetzten Lernleistungen manifestieren sich vor allem durch das „Sitzenbleiben". Seit langem gilt die zweimalige Nichtversetzung als Indiz einer Lernbehinderung.
Um den Umfang, den Schweregrad und die Entstehung einer Lernbehinderung zu erfassen, werden aufwendige Diagnoseverfahren durchgeführt.
Weil Lernbehinderungen meist durch vielerlei Faktoren verursacht werden, ist die Zuschreibung verminderter Lernfähigkeit auf eine verminderte Intelligenz unzulässig. Lernbehinderungen sind meist durch soziale, schulische und/oder biologische Faktoren verursacht. Dementsprechend ist in den diagnostischen Prozeß nicht nur das Kind, sondern auch das Umfeld (Lebenssituation, Eltern, Schule, Lehrer/innen) einzubeziehen. Die Diagnose soll die Symptome und die Verursachungsfaktoren der Lernbehinderung klären.
Der Einsatz von Tests (Schulleistungstest, Intelligenztest u. a.) wird ergänzt durch Erhebung von Sozialdaten (familiäre Situation, Konflikte in der Familie, Wohnsituation, Geschwister, Berufstätigkeit der Eltern u. a.), medizinische Anamnese (Krankheiten, chronische Beschwerden, Komplikationen bei Schwangerschaft und Geburt u. a.), Verhaltensauffälligkeiten (Entwicklung der Motorik, der Sprache, des Sozialverhaltens u. a.), Schulkarriere (Beziehung zu Lehrerinnen und Lehrern, Lehrerwechsel, Leistungsentwicklung, Lehr- und Lernmethoden u. a.). Aufgrund dieser umfassenden Anamnese, die soziale, psychische, schulische und biologische Faktoren einbezieht, wird über Fördermaßnahmen bzw. Einschulung oder Schulwechsel entschieden.
In der Bundesrepublik Deutschland werden folgende Maßnahmen zur Förderung lernbehinderter Kinder praktiziert:
- Ambulante Förderung: Lehrerinnen und Lehrer der Schule für Lernbehinder-

te (Förderschule) gehen in Grundschulen und fördern bzw. therapieren Kinder mit Lernschwierigkeiten mit dem Ziel, den Verbleib in der Grundschule zu sichern und damit die Überweisung in die Sonderschule auf „echte" Behinderte zu begrenzen.

- Einweisung in die Schule für Lernbehinderte/Förderschule: Bei dieser Maßnahme wird davon ausgegangen, daß die besonderen Möglichkeiten der Lernbehindertenschule (kleinere Klassen, speziell ausgebildete Lehrerinnen und Lehrer, reduzierte Anforderungen, schülerorientiertes Lehren und Lernen, angepaßte Medien und Materialen) eine optimale Förderung sichern.
- Kooperation: Allgemeine Schulen und Sonderschulen kooperieren bei begrenztem gemeinsamen Unterricht, bei Arbeitsgemeinschaften, Festen, Feiern und gemeinsamer Nutzung von Schuleinrichtungen mit dem Ziel, die Isolation der Sonderschulen abzubauen und die soziale Erfahrung aller Schülerinnen und Schüler zu erweitern.
- Integration: Bei der Integration bleiben die lernbehinderten Kinder in der allgemeinen Schule. Sie erhalten je nach Bedarf von Sonderschullehrer/inne/n sonderpädagogische Betreuung. In den Integrationsklassen wird der Unterricht offener und differenzierter praktiziert, um den lernbehinderten Kindern so viel Partizipation wie möglich zu sichern.

Ein wichtiges Argument zur Kritik an der Überweisung lernbehinderter Kinder in die Sonderschule ist, daß es trotz umfangreicher und aufwendiger theoretischer und empirischer Arbeiten nicht gelungen ist, ein Merkmal zu finden, das „Lernbehinderung" eindeutig kennzeichnet. Stattdessen muß man davon ausgehen, daß sich jedes Kind in einer spezifischen Schul- und Lebenssituation befindet, in der vielerlei fördernde und hemmende Bedingungen gegeben sind. Wenn es keine eindeutige Bestimmung dessen gibt, was „Lernbehinderung" ist, kann man auch nicht eindeutig sagen, wer auf die Schule für Lernbehinderte (Förderschule) überwiesen werden soll.

Ein weiterer Kritikpunkt an der Schule für Lernbehinderte ist, daß im diagnostischen Prozeß primär Defizite und Defekte beschrieben werden und Kinder mit der Zuschreibung des Adjektivs „lernbehindert" stigmatisiert werden. Diese Stigmatisierung belastet viele Sonderschüler/innen und isoliert sie oft in ihrem Umfeld von anderen Kindern.

Die Kritik an der Einweisung in die Schule für Lernbehinderte mündet in die Forderung nach Integration in die Grundschule. Aber eine Integration behinderter Kinder in die Grundschule erfordert tiefgreifende Änderungen des Grundschulunterrichts. Nicht wenige Lernbehinderungen werden nämlich in der Grundschule verursacht bzw. sie werden dort manifest. Die Grundschule kann in ihrer bisherigen Arbeitsweise auf die Lernmöglichkeiten vieler Kinder nicht angemessen reagieren.

Um z. B. Schüler/innen mit Lernbehinderungen in den Mathematikunterricht der Grundschule zu integrieren, ist konsequentes handelndes Lehren und Lernen mit Bildern und graphischen Darstellungen erforderlich. Rechnen spielt sich in der Grundschule meist auf der symbolischen Ebene der Sprache und der Ziffern ab. Es wird zu wenig beachtet, daß mathematische Ideen, Begriffe und Operationen in der Alltagserfahrung wurzeln und beim Erkunden, Beobachten, Experimentieren, Schätzen, Messen und Zählen ausgebildet werden. Mit solchen Aktivitäten werden die Kinder ganzheitlich aktiviert und nicht nur intellektuell gefördert.

Zur Aktivierung brauchen die Kinder neben Rechenbüchern auch vielerlei

Meßgeräte, Spielzeuge, Computer und Instrumente zum forschenden Unterricht und zur leichteren und intensiveren Wahrnehmung der Wirklichkeit.
Erst wenn alle Grundschullehrer/innen davon ausgehen, daß die unterschiedlichen Lernformen der Kinder nur andere Ausgangslagen auf der Basis grundlegender Gemeinsamkeiten sind, können auch beeinträchtigte Kinder ohne Einbuße am Unterricht der Grundschule teilnehmen. Die Grundschule müßte dazu ihr offenes oder latentes Idealbild vom allgemein lernfähigen Kind aufgeben und die oft schwierigen Lebenssituationen und belastenden Biographien aller Kinder mehr beachten. Für die Integration von Kindern mit Lernbehinderung ist eine offene Grundschularbeit erforderlich, in der Leistungen nicht an abstrakten Normen durchschnittlich lernfähiger Kinder, sondern am individuellen Fortschritt gemessen werden. Der Lernfortschritt ist nicht in Ziffernnoten festzustellen, sondern in qualifizierten Beschreibungen. Die integrative Grundschule erfordert die konsequente Offenheit für die Vielfalt der Interessen und Bedürfnisse aller Kinder. Entsprechend vielfältig sind die Handlungsangebote in einer anregenden Lernumgebung zu gestalten.
Werner Nestle

Literatur: *Baier, H./Klein, G.* (Hg.): Die Schule für Lernbehinderte. Berlin 1980 • *Englbrecht, A./Weigert, H.:* Lernbehinderungen verhindern. Frankfurt/M. 1991 • *Wocken, H.:* Schulschwäche, Schulversagen, Schulbehinderung. In: Sonderpädagogik 2/1980 und 3/1980

Lernen: Lernen ist ein anthropologischer Grundsachverhalt. Menschen sind weltoffen, sie sind deshalb lernbedürftig und lernfähig. Kinder müssen und wollen sich Welt aneignen, sich Fähigkeiten der Welt-, Selbst- und Sozialorientierung und -bewältigung aufbauen.
Es gibt eine umfangreiche Lernforschung und mehrere, vor allem psychologische Lerntheorien. Diese beschreiben und erklären, unter welchen Bedingungen Lernprozesse ablaufen und welche Faktoren zusammenwirken, wenn neue Verhaltensweisen im Sinne von Differenzierungen und Erweiterungen des bisherigen Verhaltensrepertoires aufgebaut werden. Änderungen aufgrund von Reifung, Erkrankung, Alterung o. ä. werden nicht als Lernen verstanden.
Von verschiedenen anthropologischen und psychologischen Grundannahmen aus wurden unterschiedliche Modellvorstellungen von Lernen entwickelt, z. B.:
- Lernen als Verhaltensformung durch Reiz-Reaktions-Ketten (Konditionieren),
- Lernen als Aneignung und Anwendung von Informationen (Aufbau kognitiver Strukturen),
- Lernen als soziale Interaktion (u. a. Orientierung an Modell-Personen),
- Lernen als ganzheitlicher Prozeß (z. B. J. H. Pestalozzis Trias von Kopf, Herz und Hand).

Lerntheorien lassen nur bedingt Schlüsse auf Lernen in der Schule zu, da schulische Lernsituationen spezifische Zielsetzungen haben und unter komplexen, pädagogisch zu gestaltenden Bedingungen stattfinden.
Reformkonzepte schulischen Lernens betonen seit Rousseau und Pestalozzi, insbesondere seit der Reformpädagogischen Bewegung, die Bedeutung von Eigenaktivität und Erfahrung als ziel- und prozeßbestimmende Faktoren. Die heutige Didaktik sieht deshalb den Unterricht primär vom Lernen der Schülerinnen und Schüler her und weist demnach dem Lehren des Lehrers die Funktion einer Hilfe zum Lernen zu.
Eine wichtige Aufgabe des Lernens in der Grundschule, insbesondere im An-

fangsunterricht, ist der Aufbau einer tragfähigen Lernbasis durch Förderung von Grundqualifikationen (Konzentration, differenziertes Wahrnehmen, feinmotorische Sensibilität, Regelverständnis u. a.). Schule darf die gemeinsame Lernbasis nicht einfach voraussetzen, sondern muß schulische Lernfähigkeit durch individuell fördernde Lernangebote bei möglichst allen Kindern aufbauen.
Generell muß der Grundschulunterricht heute mit einem veränderten, stark interindividuell differenzierten Lernverhalten der Kinder rechnen, bedingt durch höchst unterschiedliche außerschulische Lernerfahrungen und Lernkulturen. Herstellung von Lernvielfalt durch differenzierenden Unterricht ist mehr denn je gefordert. Einer konsumierenden Weltaneignung aus zweiter Hand hat die Schule vermehrt ein Lernen durch Eigenaktivität an primär erfahrbaren, subjektiv bedeutsamen Inhalten entgegenzusetzen; ein individualistischer Weltzugriff bedarf der Kompensation durch verstärktes solidarisches Lernen.
Eine Schule, die sich durch ihr Lernkonzept gesellschaftlichen Herausforderungen stellt, muß mehr und mehr auch das Lernen der Lehrer/innen als eine wichtige Aufgabe begreifen und durch neue Formen der Lehrer/innen-Fortbildung (z. B. in Lernwerkstätten) ermöglichen.
Hildegard Kasper

Literatur: Lernen – Ereignis und Routine. Friedrich Jahresheft IV. Velber 1986 • *Steibdorf, G.:* Grundbegriffe des Lehrens und Lernens. Bad Heilbrunn 1985 • *Vester, F.:* Denken-Lernen-Vergessen. Stuttgart 1975

Lernen in der Realität: Lernen in der Schule versus Lernen in der Realität ist und bleibt eine fortwährende Problemstellung für schulpädagogische Erwägungen. In verschiedenen geschichtlichen Epochen und unter verschiedenen gesellschaftlichen Bedingungen sind unterschiedliche Lösungen für diesen Gegensatz gefunden worden.
Überwiegend wurden und werden die Heranwachsenden „für die Fülle des Lebens" nicht „in der Fülle des Lebens" vorbereitet, sondern in einem absichtlich auf das ihnen jeweils Gemäße reduzierten, von der Realität (z. B. auch von der Erwachsenenwelt) sorgfältig abgetrennten, didaktisierten „Schonraum". Diesem können im Gegensatz zur komplexen, ungefächerten, schwer kalkulierbaren, unübersichtlichen Realität eher die Merkmale geplant, systematisch geordnet und langfristig auf Erfolg angelegt, in seinen Anforderungen jeweils altersangemessen dosiert, gestuft, didaktisch jeweils spezifisch reduziert, ökonomisch und zielstrebig zugeordnet werden.
Die Kritik an einer auf diese Weise isolierten „Scheinwelt" Schule, die vorrangig einer „Zähmung der Widerspenstigen" (A. Flitner) diene, systematisch sortiertem Wissen den Vorrang vor unmittelbarer Erfahrung gebe, eher „beruhige" als kontroverse Themen behandele, die Wirklichkeit allmählich verschwinden lasse, die Sinnlichkeit übergehe (H. Rumpf), nur erfahrungsarmes und handlungsfernes, didaktisch reduziertes Lernen in zum großen Teil artifiziellen Situationen stattfinden lasse u. a., führt stets zu pauschalen Forderungen nach einem stärkeren Zusammenhang zwischen inner- und außerschulischen Lernerfahrungen, nach einer stärkeren Verbindung von schulischen Intentionen mit der Erlebnis- und Erfahrungswelt der Kinder und nach Lern- und Handlungsfeldern außerhalb der Schule.
Eine aktuelle Verstärkung eines deutlicheren Realitätsbezuges, d. h. einer Rückgewinnung und Erschließung von Erfahrungsgelegenheiten und Räumen ergibt sich aus markanten Veränderun-

gen der Kindheit (M. Fölling-Albers), wobei hier insbesondere ein schulisches Gegengewicht gegen jenes Einschränken und Zurückdrängen von Erfahrungen „aus erster Hand" gemeint ist (u. a. „Medien als Geschwister" nach O. Herz). Für die Grundschule mit ihrem notorischen Realitätsdefizit erwächst daraus eine mehrdimensionale Aufgabenstellung. Lösungen dafür zeichnen sich in einer konsequenten Öffnung nach innen und außen ab.
Viele bisher übliche Strategien der Schule, Kinder in der Realität lernen zu lassen (z. B. Wandertage, Unterrichtsgänge, Besuche von Ausstellungen und Museen, Schullandheimaufenthalt, Lernorte außerhalb der Schule u. v. a. m.) stellten im besten Falle ein spezifisches Verhältnis von Nahraum, Umwelt und Lernort als Erlebnis- bzw. Erfahrungsraum und Klassenraum als Reflexions- und Verarbeitungsraum andererseits her. Die zumeist arrangierte und organisierte Begegnung mit und zeitweilige Teilhabe der Kinder an ausgewählten Wirklichkeitsabschnitten und auch die nachfolgende angeleitete Reflexion der gewonnenen Eindrücke entspricht überwiegend den skizzierten schulischen Merkmalen.
Wesentliche qualitative Veränderungen in bezug auf Öffnung von Schule ergeben sich demgegenüber durch die Einbeziehung des entdeckenden sowie des genetischen Lernens, der Projektidee (sowie auch des Lernens mit allen Sinnen).
Entdeckendes Lernen bezieht sich im Gegensatz zur Belehrung (z. B. erklärt der Lehrer einen vorstrukturierten Waldlehrpfad) auf reale, komplexe Erfahrungsfelder und Situationen, die unterschiedliche, jeweils eigene Ansätze zum „Erforschen", subjektive und differente Zugänge und Frageinteressen zulassen, unterschiedliche Zielperspektiven für Handeln ergeben, folgerichtig auch unterschiedliche Lernwege nach sich ziehen und unterschiedliche Sichtweisen bzw. Lernergebnisse in ein und demselben Wirklichkeitsausschnitt erbringen. Entdeckendes Lernen läßt auch einen Wechsel von Perspektiven zu, so daß ein Realitätsausschnitt, ein Gegenstand je nach Zugriffsweise seine Mehrdimensionalität erweist, in stets „neuem Lichte" erscheinen kann. Möglichkeiten zum je eigenen Entdecken bedeuten, daß in didaktisch unverstellten Situationen stets neu von dem fragenden, entdecken-wollenden, nachforschenden und nach Sinn suchenden Kinde ausgegangen werden sollte, d. h. „mit dem Kinde von der Sache aus, die für das Kind die Sache ist" (M. Wagenschein).
Die Kinder lernen auch, Wirklichkeitsausschnitte aus einem komplexen Zusammenhang herauszuheben und mit eigenen Fragestellungen und von eigenen Interessen her zu untersuchen. Mit der Projektidee kommt der Aspekt des aktiv handelnden Lernens hinzu, der außer Begegnung und Dialog mit der Realität auch noch Widerspruch und Einmischung, d.h. weit mehr als die Hinnahme des Vorfindlichen umfaßt.
Öffnung der Schule nach außen erfordert ein „erweitertes Schulverständnis" (Herz), das z. B. der Reduzierung von Erlebnis- und Erfahrungsräumen, dem Verschwinden der Kinderkultur in der Straßensozialisation und der Trennung der Kinderschule von der Erwachsenenwelt neue Überlegungen, z. B. die einer „Nachbarschaftsschule" entgegensetzen will. Durch die Verknüpfung von brauchbaren tradierten mit neueren Konzeptionen (z. B. der „Community Education") kann für jede einzelne Schule eine „Kultur der Kooperation" (Herz) mit den konsequent geöffneten Handlungsfeldern Unterricht, Schulleben, Schule und Umfeld und Schule als Begegnungsstätte entstehen.
Claus Claussen

Literatur: *Burk, K./Claussen, C.:* Lernorte außerhalb des Klassenzimmers I. u. II. Frankfurt 1980 u. 1982 • *Fölling-Albers, M.* (Hg.): Veränderte Kindheit – Veränderte Grundschule. Frankfurt 1989 • *Herz, O.:* Veränderte Lebensbedingungen – Veränderung der Lernbedingungen. In: Beiträge aus Hochschulen und Gewerkschaften. Dokumentation der Woche der Wissenschaft 1988 in Recklinghausen • *Rumpf, H.:* Die künstliche Schule und das wirkliche Leben. München 1986 • *Wagenschein, M.:* Verstehen lernen. Weinheim/Basel 1975

Lern(entwicklungs)kontrolle: Deutsch: Mit dem Schuleintritt beginnt für das Kind systematisches Lernen u. a. im Lese- und Schreibprozeß. Jedes Kind ist unterschiedlich ausgerüstet und vorbereitet für diese Lehrgänge. Um Kinder dort abholen zu können, wo sie stehen, ist eine Bestandsaufnahme ihrer Möglichkeiten für diese Lernprozesse unumgänglich. Erst durch sie wird individuelles Fördern und Lernen möglich. Damit Kinder diese Lehrgänge störungsfrei durchlaufen, sollten bestimmte Voraussetzungen im optischen, akusto-motorischen und speichernden Bereich genügend ausgebildet sein. Eine Überprüfung dieser Teilfunktionen läßt sich durch selbst entwickelte, der einzelnen Fähigkeit zugeordnete Aufgaben durchführen. (Man kann auch zurückgreifen auf das Testverfahren von H. Breuer/M. Weuffen.) Diese Differenzierungsprobe überprüft die optische, akustische, kinästhetische, melodische und rhythmische Unterscheidungsfähigkeit eines Kindes, also Funktionen, die alle im Leselernprozeß angesprochen werden. Sollten sich Ausfälle im akustischen Bereich und in der Sprechmotorik zeigen, so kann man diese bestimmen und eingrenzen durch den Einsatz der Bremer Lautdiskriminations- und Artikulationstests.) Die angegebenen Normen beider Testverfahren darf man keinesfalls anwenden. Zu diesem Zeitpunkt geht es lediglich um die Feststellung eventueller Defizite, um parallel zum Leselehrgang gezielte Übungsmöglichkeiten anbieten zu können.

Während des Lesenlernens ist es sinnvoll zu überprüfen, ob jedes Kind die Zuordnung des gewonnenen Lautes zum entsprechenden Buchstaben vollzieht. Sowohl ähnlich klingende Laute als auch Vokale untereinander werden häufig verwechselt. Die gelungene Laut-Buchstabe-Beziehung aber ist Voraussetzung für lautgetreues Schreiben. Ebenso wichtig ist es, sich immer wieder zu vergewissern, ob jedes Kind das Selbstgelesene versteht, also nicht nur über Lesetechnik verfügt. Lesen ist immer Information entnehmen und verarbeiten, also verstehen.

Die Bildleiste des Kieler Leseaufbaus ist geeignet, nach vermeintlichem Abschluß des Leselernprozesses – dem Erwerb aller Laute und Buchstaben – die lautgetreue Umsetzung von Sprache in Schriftzeichen zu überprüfen. Fehler in der Schreibung machen deutlich, welche Schwierigkeiten noch nicht überwunden sind. Diese gilt es dann fördernd anzugehen. Nach einigen Wochen läßt sich mit Hilfe der zweiten Bildleiste die Effektivität der Förderung abfragen.

Eine zusätzliche Absicherung ist der Einsatz eines Buchstabentests nach der langen Ferienpause zu Beginn des zweiten Schuljahres (etwa in der dritten Woche nach Schulbeginn). Das Kind benennt nacheinander lautierend alle vom Lehrer aufgeschriebenen Buchstaben des Alphabets: große und kleine Druckbuchstaben; große und kleine Schreibschriftbuchstaben; Laute, die durch mehrere Buchstaben bezeichnet werden wie au, ei, eu, äu, ch, sch, st, sp, pf. Der Lehrer/die Lehrerin notiert alle falsch wiedergegebenen Laute und alle Unsicherheiten, d. h. Verzögerungen im Benennen der Buchstaben. Anschließend schreibt das Kind große und kleine Buchstaben in seiner täglich verwendeten Schrift nach

Diktat auf. Eine solche Überprüfung macht deutlich, ob das Kind zuverlässig und spontan auf die Buchstaben, das Rüstzeug beim Lesen und Schreiben, zurückgreifen kann. Ein solcherart abgesicherter Leselernprozeß ist gleichermaßen Ausgang für eine/n spätere/n gute/n Leser/in wie Rechtschreiber/in.

Hildegard Weiden

Literatur: *Breuer, H./Weuffen, M.:* Gut vorbereitet auf das Lesen- und Schreibenlernen. Berlin [6]1986 • Bremer Lautdiskriminationstest. Bremen • Bremer Artikulationstest. Bremen • Kieler Leseaufbau (Kieler Lesestufen). Kiel • *Weiden, H.:* Sicher lesen und recht schreiben. Braunschweig1989

Lern(entwicklungs)kontrolle: Mathematik: Die klassische Lernkontrolle im Mathematikunterricht erfolgte mittels Leistungstest bzw. Klassenarbeiten und Arbeitsblättern. Dahinter stand die Vorstellung eines gleichförmigen Lernverlaufs, der durch solch standardisierte und normierte Formen erfaßt werden könne. Eine neuere Sichtweise geht hingegen davon aus, daß Lernen nicht kontinuierlich, sondern in Sprüngen vonstatten geht und daß Lernen als Begriffsentwicklung und -vernetzung aufgrund der Vorerfahrung individuell unterschiedlich und, je nach mathematischem Inhalt und später kompensierbar, verschieden schnell abläuft. Beides spricht für ein lernzieldifferentes Vorgehen im Unterricht, dem eine normierte, am Klassenschnitt orientierte Lernkontrolle entgegensteht. Gleichzeitig erfordert es von dem Lehrer oder der Lehrerin ein anschließend individuelles Eingehen auf den jeweiligen Lernstand.

Um die einzelnen Lernwege und den Lernentwicklungsstand zu erfassen, bedarf es mehrerer Methoden:

• Beobachtung der Lösungsstrategie bei arithmetischen Aufgaben. Dies hilft bei der Beantwortung der Fragen: Welche Hilfen hat das Kind verwendet (welches Veranschaulichungsmaterial, welche Zwischenrechnungen, Zeichnungen, Diagramme), welche Hilfen benutzt es selten, nie? Welche Wege hat es bei seinem Lösungsversuch beschritten, welche hat es verworfen? Wie repräsentiert der/die Schüler/in (wahrscheinlich) den arithmetischen Sachverhalt, die mathematische Operation? Welche Lösungsstrategien stehen ihm/ihr zur Verfügung, z. B. nur das Zählen oder auch die Zehnerergänzung? Wie unterscheiden sich die schriftlichen von den mündlichen Rechnungen?

• Analyse der Arbeitsblätter und Klassenarbeiten (Fehleranalyse). Die Schülerfehler lassen auf den aktuellen Stand der individuellen Entwicklung rückschließen, da sie praktisch nie zufällig sind, sondern auf stabilen (Fehl-)Strategien beruhen. Darüber hinaus erlauben sie, häufige Fehlermuster innerhalb der Klasse zu erkennen, die veränderter didaktischer Maßnahmen bedürfen.

• Das (nachträgliche) laute Denken des Kindes: Nicht immer gibt die Fehleranalyse Hinweise über die vom Kind beschrittenen falschen Lösungswege, wenn unterschiedliche Wege zum Endergebnis führen können. Die fehlerhaften Denkprozesse bleiben unklar. So kann die Aufgabe $14-7=13$ dadurch zustandekommen, daß nach dem gängigen Prinzip „kleinere von der größeren Ziffer abziehen“ vorgegangen wurde. Dies würde eine vertiefte Wiederholung der Subtraktion erfordern. Die gleiche Fehllösung kann aber auch auf einer Rechts-Links-Vertauschung beruhen, die in den Eingangsklassen häufig zu beobachten ist: Der Schüler zerlegt die 7 richtig in $4+3$ und subtrahiert bis zur 10, um dann in die „verkehrte Richtung“ weiterzugehen. Hierüber kann nur das Kind selbst Aufschluß geben.

Jens Holger Lorenz

Literatur: *Lauter, J.:* Das Fundament der Grundschulmathematik. Donauwörth 1991 • *Lorenz, J. H.:* Lernschwierigkeiten und Einzelfallhilfe. Göttingen 1987 • *Lorenz, J. H./Radatz, H.:* Handbuch zum Fördern im Mathematikunterricht. Hannover 1992

Lernorte – Lernorttheorie:

Die Bildungskommission des Deutschen Bildungsrates definierte in den 60er Jahren Lernorte als „anerkannte (mitunter privat getragene) Einrichtungen, die im Rahmen des öffentlichen Bildungswesens Lernangebote organisieren".

Lernorte lassen sich danach unterscheiden, ob sie sich als Einrichtung vorwiegend von den Lernzwecken oder von anderen Zwecken und Funktionen her verstehen. So unterteilt J. Münch primäre Lernorte von sekundären Lernorten. „Primär heißen Lernorte, die eigens und zumeist ausschließlich zum Lernen eingerichtet sind, deren primäre Aufgabe es also ist, Lernen zu ermöglichen und zu fördern". Sekundär heißen Lernorte, „in denen sich zwar auch gewollt und zielgerichtet Lernen vollzieht…, die aber vorrangig andere Aufgaben erfüllen", z. B. Arbeitsplatz, Jugendwohnheim, Sportzentrum u. a. m.

Lernorte dieser Art lassen sich als „räumliche und konkrete Gebilde" nicht hinreichend beschreiben. Sie müssen vielmehr „als Stätte oder Bedingungsgefüge für absichtsvolles und angeleitetes Lernen" definiert werden, die vier Gegebenheiten umfassen, nämlich materiale, personale, curriculare und rechtlich-institutionelle. Durch die unterschiedliche Gewichtung dieser Faktoren unterscheiden sich sowohl die primären und sekundären Lernorte voneinander als auch konkrete Lernorte des einen oder anderen Typs untereinander.

In dieser Aufteilung bzw. Definition von Lernorten kommt eine Gruppe außerschulischer Lernorte nicht vor, die in der gegenwärtigen Diskussion eine zunehmende Rolle spielt, nämlich solche Lernorte, die zum Zwecke des Lernens – etwa im Rahmen von Exkursionen, Unterrichtsgängen, Erkundungsgängen – nur vorübergehend aufgesucht werden, und deren Funktion und Struktur weder primär noch sekundär von Lernzwecken her bestimmt wird.

Wenn als Unterscheidungsmerkmal für Lernorte zugrunde gelegt wird, ob ein Lernort eigens für Lernzwecke geschaffen und entsprechende institutionalisierte Strukturen aufweist oder nicht, liegt es nahe, zwischen Lernorten und Lernstandorten bzw. Lernzentren zu unterscheiden.

Zu Lernorten können alle Orte werden, die für irgendwelche Lernzwecke vorübergehend aufgesucht werden: der Wochen- oder Supermarkt, der Handwerksbetrieb, die Kläranlage, die Wiese, das Feuchtgebiet, der Wald usw.

Zum Lernstandort oder Lernzentrum wird ein Lernort, „wenn dieser durch gezielte pädagogisch-didaktische und methodische Bemühungen adressatengerecht für aktive Erkundungs- und Lernprozesse aufbereitet wird und auf Dauer zur Verfügung steht". Das trifft heute für viele zoologische und botanische Gärten, Naturparks, Lehrpfade und Museen, manchmal auch für Theater und andere kulturelle Einrichtungen zu.

Neuerdings entstehen Lernstandorte von hoher umwelterzieherischer Bedeutung: außerschulische Lernzentren, die an geographisch, geologisch, biologisch, ökologisch oder auch historisch besonders interessanten Stellen eingerichtet werden, regen ihre Besucher z. B. durch Ausstellungen, durch Modelle und Medien, durch einführende Informationen oder auch durch einen vorbereitenden schulischen Unterricht an, die Umgebung aktiv zu erkunden und sich für die

Erhaltung und Gestaltung der (heimatlichen) Umwelt zu engagieren.
Schullandheime eignen sich ideal für die Durchführung von Projekten mit hohem Ernstgehalt, wie etwa die Anlage von Biotopen (Hecken, Trockenmauern, Trockenrasen, Teiche, Tümpel), für die Renaturierung und anschließende Pflege vorhandener Biotope, für die Bestandsaufnahme und Kartierung regionaler Gegebenheiten, wie das regionale oder lokale Klima, Pflanzen oder Tiergemeinschaften, Vogelreviere usw., für die Herstellung regionaler Medien, den Bau von Nistkästen und für die Durchführung von anderen Maßnahmen im Naturschutz und im Artenschutz.
Ein solches auf die eigene Lebenswelt gerichtetes regionales Lernen bedarf, um (heimat-)ideologischer Enge zu entgehen, der bewußten Ausweitung des Blicks auf Gegebenheiten fremder Regionen im europäischen oder gar weltweiten Horizont.
Wie hier die Spannung von Vertrautheit und Fremdheit als wichtiges pädagogisches Motiv produktiv zur Geltung gebracht wird, bietet die Arbeit an Lernstandorten auch zahlreiche Gelegenheiten, polare Spannungen anderer Art für die Belebung des Lernprozesses zu nutzen, so z. B. zwischen Geschlossenheit und Offenheit, wenn sich die Schule zu außerschulischen Lernorten und zur interessierten Öffentlichkeit hin öffnet; zwischen jung und alt, Laien und Experten, wenn das Gespräch und die themenbezogene Kooperation unter ihnen in Gang kommen; zwischen Eindruck und Ausdruck, wenn Schüler und Schülerinnen lernen, nicht nur aufzunehmen und zu rezipieren, sondern auch zu produzieren; zwischen Modell und Wirklichkeit, wenn Natur und Umwelt durch Modelle erschlossen und im Gegenzug die Modelle von der Wirklichkeit her korrigiert werden; zwischen Erkunden und Gestalten bzw. Erhalten von Natur und Umwelt; zwischen Erkennen und Erleben; zwischen Hinwendung zum Einzelnen und Erfassen des Ganzen. Gerade darin liegt auch die Chance, den umweltspezifischen Gedanken der Vernetzung aufzunehmen.
Primäre Lernorte wie die Schule stehen in der Gefahr der Lebensferne. Reformpädagogische Bemühungen in Vergangenheit und Gegenwart haben daher immer auch versucht, die Schule zu öffnen und die Lebenswirklichkeit hereinzuholen, z. B. durch die Weiterentwicklung der Schule zu einer gemeinwesenorientierten Einrichtung, aber auch durch die inhaltliche, methodische und institutionelle Öffnung.
In diesem Zusammenhang spielen nicht nur außerschulische Lernstandorte, sondern überhaupt Lernorte jeglicher Art eine große Rolle, so etwa im Rahmen des Sachunterrichts der Grundschule der Unterrichts- oder Erkundungsgang zu Lernorten im geographischen Umfeld der Schule, in kommunale Entsorgungs- und Versorgungsbetriebe, zum Bauernhof, zu lokal oder regional wichtigen historischen Bauten und Anlagen, zur nahegelegenen Kiesgrube, zum Steinbruch, zum Fließgewässer, zum Wald, zu Moor und Heide usw. Schulen können auch bei der Anlage und Einrichtung schulnaher Lernorte mitwirken, z. B. bei der Anlage von Schulgärten und schuleigener Biotope (Steinhaufen für Eidechsen, Hecken für den Neuntöter, Tümpel, Teiche usw.), bei der Anlage von Lehrpfaden aller Art, bei Arbeiten zur regionalen oder lokalen Denkmalspflege, ja auch bei der Einrichtung und anschließenden Verwaltung eines schuleigenen Museums u. v. a. m.
Die Einbeziehung außerschulischer Lernorte aller Art als Ausdruck der Öffnung von Schule korrespondiert mit einer Reihe reformpädagogischer Ansätze der

Gegenwart. Neben dem schon genannten Ansatz des regionalen Lernens sind hier zu nennen: Die Ansätze des „Praktischen Lernens", des Erfahrungslernens, des Projektunterrichts, der Umwelterziehung und Ökopädagogik, der Museumspädagogik, der Erlebnispädagogik und der Community Education.
Christian Salzmann

Literatur: *Münch, J.:* Lernorte und Lernort-Kombinationen – begriffliche und theoretische Vorklärungen. In: CEDEFOP: Lernorte und Lernort-Kombinationen im internationalen Vergleich. Innovationen, Modelle und Realisation in der Europäischen Gemeinschaft. • *Sandfuchs, U.:* Lernorte außerhalb der Schule – das Beispiel Unterrichtsgang. In: *Keck, R. W./Sandfuchs, U.* (Hg.): Schulleben konkret. Bad Heilbrunn 1979 • Die Bedeutung außerschulischer Lernorte für ein pädagogisch gestaltetes Schulleben. In: Blätter für Lehrerfortbildung 1987 • *Salzmann, C.:* Regionales Lernen an Lernstandorten. In: Grundschule 3/1989 und 5/1989

Lernschwierigkeiten: Zum Begriff Lernschwierigkeiten liegt eine Vielzahl unterschiedlicher Definitionsversuche vor. Diese unterscheiden sich sowohl hinsichtlich der Eingrenzung des umschriebenen Phänomens als auch in der für die Lernschwierigkeiten angenommenen Entstehungsgeschichte. Verwandte Begriffe wie z. B. Lernstörungen, Leistungstörung, Leistungshemmung, Schulschwierigkeiten, Schulversagen werden teilweise synonym verwendet oder sollen Nuancierungen betonen, die sich auf das Ausmaß, die Generalität bzw. auf die angenommenen Ursachen der Schwierigkeiten beziehen. Relativ einhellig wird versucht, Lernschwierigkeiten von der Lernbehinderung und geistigen Behinderung abzugrenzen, die für schwere und generelle Formen des Schulversagens reserviert werden und für die Betroffenen eine besondere Form der Beschulung notwendig machen. Allerdings erweist sich auch diese definitorische Grenzziehung als schwierig und strittig. Im Mittelpunkt aller Definitionsvorschläge für Lernschwierigkeiten und damit verwandter Begriffe stehen Leistungsprobleme, die an der Unterschreitung einer Leistungsnorm festgemacht werden. Dabei werden die soziale, individuelle und sachliche (institutionelle) Bezugsnorm unterschieden. Von einer sozialen Bezugsnorm wird gesprochen, wenn die individuelle Leistung mit der durchschnittlichen Leistung einer Gruppe (z. B. Schulklasse oder Altersgruppe) verglichen und das Ausmaß der Abweichung als Definitionskriterium benutzt wird. Die Abweichung von einer sozialen Bezugsnorm läßt sich zweifellos relativ leicht objektivieren, führt jedoch im Kontext von Lernschwierigkeiten oft zu problematischen Einschränkungen des Definitionsbereiches. Beispielweise könnten die Schulleistungsdefizite eines Gymnasiasten nicht mehr als Lernschwierigkeiten bezeichnet werden, da dieser den Leistungsdurchschnitt der gesamten Altersgruppe nicht unterschreitet. Bei der individuellen Bezugsnorm werden die Leistungen eines Schülers oder einer Schülerin in ihrer zeitlichen Aufeinanderfolge betrachtet und nachlassende Leistungen als Hinweis auf Lernschwierigkeiten angesehen. Für die sachliche Norm wird ein für den Schüler verbindliches Lernziel als Bezugsgröße benutzt, ohne Bezugnahme auf eine spezielle Schülergruppe. Abhängig von der Art der jeweiligen Bezugsnorm können unterschiedliche und unterschiedlich viele Schüler/innen als lernschwierig bezeichnet werden. Daher erfordert eine angemessene Umschreibung von Lernschwierigkeiten die Berücksichtigung aller drei Bezugssysteme. Neben dem eher formalen Merkmal einer Diskrepanz zwischen Bezugsnorm und Leistungsstand betonen F. E. Weinert und W. Zielinski (1977) als weitere Gemeinsamkeit von lernschwierigen Schülern Auswirkungen durch das wiederholte Erleben des Mißerfolgs und der Überforderung, die sich beispielsweise in Schulängsten, aggressivem Verhalten, Rückzug aus sozialen Kontakten konkretisieren können. Unter Einschluß dieses Aspekts sprechen sie von Lernschwierigkeiten, „wenn die Leistungen eines Schülers unterhalb der tolerierbaren Abweichungen von verbindlichen institutionellen, sozialen oder individuellen Bezugsnormen (Standards, Anforderungen, Erwartungen) liegen oder wenn das Erreichen von Standards mit Belastungen verbunden ist, die zu unerwünschten Nebenwirkungen im Verhalten, Erleben oder in der Persönlichkeitsentwicklung des Lernenden führen" (Weinert/Zielinski 1977, 294). Der so definierte Begriff von Lernschwierigkeit sagt noch nichts über mögliche Ursachen aus. Er ist lediglich ein Sammelbegriff zur Umschreibung von Problemen im Bereich schulischer Leistungen, die einer genaueren Analyse bedürfen. Er vermeidet eine vorschnelle Einengung auf einseitige Ursachenzuschreibungen, wie sie in naiven Erklärungsversuchen häufig anzutreffen sind, in denen mangelnde Begabung und fehlende Anstrengung als vermutete Ursachen für Lernschwierigkeiten dominieren. Auch in der wissenschaftlichen Analyse stand lange Zeit die Auffassung im Vordergrund, die Bedingungen für Lernschwierigkeiten seien ausschließlich in der Person des Kindes zu suchen. Zielinski (1979) bezeichnet diese Versuche als eigenschaftstheoretischen Ansatz und grenzt ihn von dem lerntheoretischen und dem interaktionistisch-ökologischen Ansatz ab. Im Mittelpunkt des eigenschaftstheoretischen Ansatzes steht das Bemühen, Lernschwierigkeiten auf zeitlich stabile Merkmale der Person zurückzuführen, insbesondere mangelhaft ausgeprägte intellektuelle Fähigkeiten, die sich durch Intelligenztests erfassen lassen. Medizinisch-neurologische Befunde können zur Aufklärung schwerer und schwerster Formen der Lernbehinderung beitragen. Bei den hier besprochenen nicht so gravierenden Formen des Leistungsversagens fehlen allerdings häufig eindeutige medizinisch-neurologische Befunde. Wenn zum Beispiel Schulleistungsdefizite durch den Rückgriff auf Annahmen über gestörte zentral-nervöse Prozesse erklärt werden (z. B. minimale Hirnschädigung), eine eigenständige medizinische Diagnose aber derzeit nicht möglich ist, bleibt dies insofern fragwürdig, als sich diese Lernschwierigkeiten in vielen Fällen ebenso gut durch eine defizitäre Lerngeschichte erklären lassen. Der lerntheoretische Ansatz befaßt sich im weitesten Sinne mit dem Lernweg bzw. der Lerngeschichte, die bei Schülern mit Lernschwierigkeiten als unvollständig bzw. gestört angesehen werden. Es lassen sich zwei große Gruppen von lerntheoretischen Konzepten unterscheiden. Behavioristische Lerntheorien nehmen eine stärkere Außenleitung durch Verstärkung an, während kognitive Konzepte die Verarbeitung von Außenreizen durch das Individuum betonen und Entwicklungsrückstände im Bereich der kognitiven Funktionen zur Erklärung von Lernschwierigkeiten heranziehen. Werden defizitäre Lernprozesse als Ursache für Lernschwierigkeiten angesehen, bleibt zu fragen, welche Bedingungen der Umwelt fördernde und hemmende Effekte besitzen. Diese Fragen versucht der interaktionistisch-ökologische Ansatz durch die Analyse der Interaktion zwischen den Merkmalen der Schüler/innen und den Situationsvariablen zu klären. In diesem Konzept geraten insbesondere auch die Bedingungen des Schulsystems in den Blickpunkt, die allerdings nicht einseitig auf das Schülerverhalten einwirkend betrachtet wer-

den. Es wird vielmehr versucht, das Verhalten als Resultat einer Wechselwirkung von Person- und Umweltmerkmalen darzustellen.
Godehard Henze

Literatur: *Schwarzer, Ch.:* Gestörte Lernprozesse. München 1980 • *Weinert, F. E./Zielinski, W.:* Lernschwierigkeiten – Schwierigkeiten des Schülers oder der Schule? In: Unterrichtswissenschaft 5/1977 • *Zielinski, W.:* Lernschwierigkeiten. Verursachungsbedingungen, Diagnose, Behandlungsansätze. Stuttgart 1980

Lernspiele: Lernspiele eignen sich zur Differenzierung, Übung und Festigung von Unterrichtsinhalten. Sie schaffen eine entspannte Atmosphäre und fördern Motivation und Bereitschaft zum Üben als wichtige Voraussetzungen für erfolgreiches Lernen. Der handelnde Umgang mit Material begünstigt das Erfassen von Inhalten mit den Sinnen und kann beim Abbau von Lernschwierigkeiten helfen.
Der Motivationsanreiz liegt darin, daß Erfolg bzw. Mißerfolg nicht erst am Ende eines Lehrgangs zu erwarten ist, sondern sich mit jedem Spielzug unmittelbar und in kleinen Schritten einstellt. So kann jedes Kind zu Erfolgserlebnissen kommen; Fehler werden nicht mehr als Leistungsdefizite erfahren, vielmehr sind sie revidierbare Wege in einem Lernprozeß. Darüber hinaus bietet das Spiel Kommunikationsmöglichkeiten und leistet einen Beitrag zum sozialen Lernen. Sollen Lernspiele den Unterricht inhaltlich und methodisch sinnvoll ergänzen, müssen sie eine Reihe von Anforderungen erfüllen:
• Die Spielregeln sollten für Kinder leicht nachvollziehbar und variabel sein; am günstigsten lehnen sie sich an bekannte Spielformen an (Würfel- und Brettspiele, Domino, Memory, Lotto, Bingo, Quartett u. a.).
• Erfolg sollte nicht nur von Wissen und Können abhängig sein. Wenn außerdem Glück, Zufall und/oder Geschicklichkeit eine Rolle spielen, haben auch lernschwache Kinder eine Gewinnchance.
• Die Aufgaben sollten nach Umfang und Schwierigkeitsgrad differenziert sein, um den individuellen Lernständen gerecht zu werden. Sie sollten Selbstkontrollen enthalten.
• Die Spieldauer sollte begrenzt sein, damit ein Spielverlauf in jedem Falle zu Ende gebracht werden kann. Der Einsatz von Lernspielen schafft Freiräume im Unterricht, in denen sich die Lehrer/innen einzelnen Schülergruppen intensiv und gezielt widmen können. Spielphasen lassen sich in nahezu jede Unterrichtsform einbetten: im Klassenunterricht als Mittel zur Binnendifferenzierung oder Zusatzangebot für leistungsstarke und schnelle Schüler, im Förderunterricht zur Wiederholung und Übung des gelernten Stoffes und schließlich als Angebot für die Freie Arbeit im offenen und im Wochenplanunterricht. Hier können Lernspiele ein fester Bestandteil des Materialangebotes sein, das Schüler/innen und Lehrer/innen nach eigenen Bedürfnissen selbst ergänzen und erweitern können.
Karin Leifermann

Literatur: *Homann, G.:* Mathematik-Lernspiele. Braunschweig 1991 • *Köppen, D.:* 70 Zwiebeln sind ein Beet. Weinheim 1988 • *Reinecke, Ch.:* Lernangebot Spiele – auch zur Rechtschreibung und Grammatik. In: Praxis Schule 5–10. 1/1991 • *Seibold, W.* (Hg.): Spaß beim Spiel – Glück in der Schule. Heinsberg 1987 • *Sennlaub, G.:* Feuer und Flamme. Heinsberg 1987

Lernstrategien: Es gehört zu den schwierigsten Aufgaben von Lehrerinnen und Lehrern, Kindern – insbesondere im Erstunterricht – dabei zu helfen, Lernstrategien zu entwickeln.

Dies liegt zum einen an den unterschiedlichen Lernvoraussetzungen, die die Kinder mit in die Schule bringen, zum anderen an der Komplexität von Lernprozessen. Vor allem Arbeiten der letzten Jahre weisen darauf hin, daß der Erwerb des Zahlbegriffs oder der Schriftsprache keine kontinuierliche quantitative Annäherung eines Kindes an die den kompetenten Rechnern, Lesern und Schreibern zur Verfügung stehenden Strategien ist, sondern daß bestimmte Strategien in Lernphasen vorherrschen, daß bestimmte andere Strategien einem Kind überhaupt noch nicht zur Verfügung stehen.

Es kann also sein, daß ein eingeschultes Kind noch nicht über den Invarianzbegriff verfügt, sich demzufolge nicht vorstellen kann, daß fünf Bonbons genausoviel sind wie fünf Kinder oder fünf Lokomotiven. Wird einem solchen Kind das Rechnen mit Zahlen und Mengen angeboten – ohne daß es Zeit bekommt, den dazu notwendigen Entwicklungsschritt zu gehen – sind Lernschwierigkeiten zu erwarten. Der Schüler oder die Schülerin wird – bei gutem Gedächtnis – möglicherweise die Strategie „Auswendiglernen" entwickeln und damit „richtige" Lösungen präsentieren. Daß diese Strategie bei der Anforderung zum Transfer oder bei zunehmender Aufgabenzahl nicht mehr erfolgversprechend ist, liegt nahe.

Beim Lesen eines – noch so kurzen – Textes werden Kinder im gelingenden Leselernprozeß verschiedene Strategien verfolgen. Das kann das lautorientierte Erlesen sein, das Synthetisieren von Wortvorformen mit nachfolgender Bedeutungsentschlüsselung, das direkte Erkennen eines Wortes am Wortumriß und anderen visuellen Merkmalen. Viele Kindergartenkinder können ihren Namen „lesen", ohne seine Buchstaben lautieren zu können. Wird das direkte Worterkennen bei einer Schülerin oder einem Schüler zur bevorzugten Strategie, kann das zum „Raten" führen. Auch diese Strategie erweist sich bei zunehmender Wörterzahl als nicht weiterführend.

Lesen-, Schreiben- und Rechtschreibenlernen stellen komplexe Lernanforderungen an die Kinder und in didaktischer Sicht empfindlich störbare Entwicklungsprozesse dar. Die dafür notwendigen Einsichten in die Funktion und in den Aufbau unserer Schrift erwerben Schülerinnen und Schüler offenbar in – mit ihrer kognitiven Entwicklung zusammenhängenden – Stufen. R. Valtin beschreibt ein siebenstufiges Modell der Schreibentwicklung, das von der Kritzelstufe kleiner Kinder bis zur vollständigen, richtigen orthographischen Wiedergabe von Wörtern bei älteren Kindern reicht. Als die wichtigsten Rechtschreibstrategien fortgeschrittener Schreiber nennt W. Eichler die lautanalytische, die motorische und die visuelle Strategie sowie die der inneren, eigenständigen Regelbildung durch die Schülerinnen und Schüler.

Um erfolgversprechende – und weniger erfolgversprechende – Lernstrategien ihrer Schülerinnen und Schüler früh zu erkennen, brauchen Lehrerinnen und Lehrer einen diagnostischen Blick, der sich oft erst im Laufe der Jahre durch präzises Beobachten von Lernprozessen und durch das Aneignen von entsprechendem Wissen einstellt. Bei sich abzeichnenden Lernschwierigkeiten sind Lehrerinnen und Lehrer dann mit ihrem professionellen Wissen, mit ihren eigenen, differenzierenden, das jeweilige Kind entwicklungsorientiert fördernden Unterrichtsstrategien gefordert.

Dietlinde H. Heckt

Literatur: *Balhorn, H./Brügelmann, H.* (Hg.): Bedeutungen erfinden – im Kopf, mit Schrift und miteinander. Konstanz 1993 • *Eichler, W.:* Schreibenlernen. Bochum 1992 • *Scheerer-Neumann, G.:*

Lesestrategien und ihre Entwicklung im ersten Schuljahr. In: Grundschule 10/1990 • *Valtin, R.:* Schriftspracherwerb als Entwicklungsprozeß. In: Grundschule 12/1988

Lernvoraussetzungen: Der Anfangsunterricht im Lesen- und Schreibenlernen vermittelt oft den Eindruck, als würden Erstkläßler gemeinsam bei Punkt Null mit dem Lesen- und Schreibenlernen beginnen. Doch schon nach kurzer Zeit zeigen sich gravierende Unterschiede: Einige Kinder langweilen sich im Unterricht, und andere haben Mühe zu folgen. Diese Unterschiede zwischen den Kindern bestehen bereits bei Schuleintritt, denn es gibt Erstkläßler, die schon lesen können, und andere haben noch keinerlei Zugang zu diesem neuen Zeichensystem. Die Darstellung der notwendigen Voraussetzungen für den erfolgreichen Erwerb der Schriftsprache hängt von dem Verständnis des Lerngegenstandes Schriftsprache ab. Wird der Schriftspracherwerb verstanden als die Aneignung von Teilleistungen, wie z. B. optischen oder motorischen Fähigkeiten, so werden als Lernvoraussetzungen auch die Förderung dieser Bereiche für einen erfolgreichen Erwerb der Schriftsprache genannt. Es gibt viele Materialien, mit denen genau diese Teilleistungen geübt werden. In den letzten Jahren hat sich demgegenüber die Ansicht durchgesetzt, Lesen- und Schreibenlernen aus der Sicht der Lernenden zu betrachten. Kinder eignen sich Schriftsprache nicht nur im Rahmen der Schule an, sondern unter geeigneten Bedingungen hat sie bereits in der vorschulischen Entwicklung von Kindern ihre Bedeutung. Die Aneignung der Schrift ist als Entwicklungsprozeß zu sehen, bei dem sich das Kind schrittweise das System unserer Schrift erarbeitet und selbständig Regeln zur Verschriftlichung gesprochener Sprache entdeckt. Somit rücken Lernverhalten und -strategien des einzelnen Kindes in den Mittelpunkt und beeinflussen die Gestaltung des Unterrichts. Um Lesen und Schreiben zu lernen, ist zwar ein gewisser Entwicklungsstand an sprachlichen und kognitiven Fähigkeiten nötig, doch andererseits erweitert die Beschäftigung mit Schrift die schon vorhandenen Fähigkeiten. Durch die Auseinandersetzung mit Schrift lernt das Kind, die Aufmerksamkeit auf die sprachliche Form zu lenken und von dem Bedeutungsaspekt der Wörter zu abstrahieren. Der Schriftspracherwerb erfordert von den Kindern einen bewußteren Umgang mit der Sprache. Schon vor der Beherrschung der Schrift lassen sich bei Kindern spontane Sprachreflexionen, wie z. B. Selbstkorrekturen und die Freude an Sprachspielen, beobachten. Doch manche Kinder haben die Trennung der Sprache in Inhalt und Form noch nicht vollzogen, und für sie ist z. B. das Wort „Kuh“ länger als das Wort „Rotkehlchen“, weil „die Kuh ein so großes Tier ist“. Bevor das Kind Lesen und Schreiben lernt, hat es einen handlungsbezogenen Zugang zur Sprache. Durch die Auseinandersetzung mit Schrift lernt es die Aufmerksamkeit bewußt auf die sprachliche Form zu lenken und sprachliche Einheiten in Wörter, Silben und Laute zu gliedern. Das Kind muß wichtige Einsichten in die Funktion und den Aufbau der Schrift und den Zusammenhang zwischen gesprochener und geschriebener Sprache erlangen, bevor es das erste Wort schreiben kann. Hierzu gehört auch das Wissen um den Gebrauchswert des Schreibens und Lesens.

Die Arbeit mit lernschwachen Kindern zeigt, daß sie in der Regel bei Schuleintritt kaum wissen, warum sie sich dieser Mühe unterziehen. Sie leben oft in einer schriftarmen Umgebung, und Lesen und

Schreiben verbinden sie nur mit dem schulischen Üben der Geschwister. Diese Kinder haben oft aufgrund ihres familiären Hintergrundes bereits bei Schuleintritt wenig Selbstvertrauen in ihre Lernfähigkeiten, so daß sie schon bei kleinen Schwierigkeiten mit Lernverweigerungen und Verhaltensauffälligkeiten reagieren. Zu den notwendigen Lernvoraussetzungen gehören auch bestimmte sprachliche Fähigkeiten, wie die weitgehende Beherrschung der gesprochenen Sprache. Doch nicht alle Erstkläßler verfügen über diese Voraussetzungen. Vor allem bei Schwierigkeiten mit der Aussprache und dem Wortschatz ist Kindern strukturiertes Lese- und Schreibmaterial vorzulegen, das ihre spezifischen Sprachprobleme berücksichtigt, damit nicht zusätzlich Schwierigkeiten auftreten.

Durch die Konfrontation mit der Schrift kann sich das Kind den Prozeß des Sprechens bewußter machen und eventuell eine Korrektur seiner gesprochenen Sprache vornehmen. Aus dieser Sicht des Schriftspracherwerbs wird eine gewisse Erfahrung im Umgang mit Schrift bei Kindern als erforderlich angesehen. Die bisher in der Literatur dargestellten Möglichkeiten zur Erfassung von Wissen über Schrift (Brügelmann 1984) zeigen, wie unterschiedlich dieses Wissen ist. Die unterschiedlichen Voraussetzungen bei den Kindern lassen sich nicht durch einen zeitlich begrenzten Vorkurs, wie er in manchen Lehrwerken zu finden ist, aufheben. Nur durch einen offenen Unterricht, der den Kindern ermöglicht, an ihre Lernvoraussetzungen anzuknüpfen, die Funktion der Schrift zu erfassen und systematische Sprachregeln selbständig zu entdecken, kann mit den Unterschieden zwischen den Kindern sinnvoll umgegangen werden.

Iris Füssenich

Literatur: Die Grundschulzeitschrift. Sonderheft 1991: Schulanfang: Lesen und Schreiben • *Brügelmann, H.:* Die Schrift entdecken. Beobachtungshilfen und methodische Ideen für einen offenen Unterricht im Schreiben und Lesen. Konstanz 1984 • *Füssenich, I.:* Förderunterricht fördert. Wie Kinder mit Entwicklungsverzögerungen die Schrift entdecken. In: Die Grundschulzeitschrift 58/1992

Lernwerkstätten: Lernwerkstätten (Grundschulwerkstätten, Didaktische Zentren etc.) sind Einrichtungen aus dem Bereich der Lehrerbildung. Sie geben innovative Impulse zum einen hinsichtlich möglicher Veränderungen innerhalb der Methodik und Didaktik der Lehrerinnen- bzw. Lehreraus- und -fortbildung (Pädagogisierung der Ausbildung / weg vom referentenorientierten Fortbildungskonzept), zum anderen bezüglich unterstützender Funktionen im Rahmen der inneren Schulreform. Das Grundmotiv der Lernwerkstätten-Idee basiert auf den Konzeptionen des offenen Unterrichts, die sowohl in der Schule als auch in der Lehrerbildung praktisch umgesetzt werden sollen.

Die ersten Lernwerkstätten (TU Berlin, GhK Kassel) wurden Anfang der 80er Jahre gegründet. Dabei orientierte man sich an Beispielen aus der englischen und amerikanischen Teachers'-Centers-Bewegung der 60er und 70er Jahre. Auch das Modell der Regionalen Pädagogischen Zentren, wie es Anfang der 70er Jahre vom Deutschen Bildungsrat empfohlen wurde, hat die Gründergeneration der Lernwerkstätten inspiriert. Hauptzielgruppe dieser verschiedenen Ansätze sind die Lehrerinnen und Lehrer, die als Schlüsselfiguren im Reformprozeß aktiv an den erforderlichen Reformüberlegungen und -maßnahmen beteiligt werden sollen.

Seit Anfang der 90er Jahre gibt es in der Bundesrepublik ca. 60 Lernwerkstätten bzw. Projekte. Die Vielzahl und die unterschiedlichen Profile der Einrichtungen haben den Begriff „Lernwerkstätten-Bewegung" geprägt. Lernwerkstätten bestehen an Hochschulen, Fortbildungsinstitutionen oder sind Projekte freier Initiativen, die ihren Ort meistens in Schulen haben.

Der Begriff „Lernwerkstatt" enthält bereits die Grundidee des freien und selbsttätigen Arbeitens, das den Lernenden zum aktiven Konstrukteur seiner eigenen Lernsituation werden läßt. Lernwerkstätten sind Lernorte für Erwachsene (in manchen Fällen auch für Kinder). In ihnen finden Prozesse des entdeckenden, problemlösenden, kreativen und handlungsorientierten Lernens statt. Mit dem Werkstattbegriff wird, ähnlich wie bei anderen Konzepten der Erwachsenenbildung (z. B. Zukunftswerkstätten, pädagogische Werkstattarbeit), zum einen die Arbeitsweise (Workshop), zum anderen das Prinzip der „gestalteten Lernlandschaft" deutlich. Eine Werkstatt bietet Raum, Werkzeug, Ressourcen, Zeit und Beratung, um eigene Ideen und Pläne zuzulassen und diese praktisch umzusetzen. Zur Ausstattung von Lernwerkstätten gehören zahlreiche Unterrichtsmaterialien (Verlagsprodukte und selbsterstelltes Material), Unterrichtsdokumente, Lese- und Experimentierecken, eine Schuldruckerei, ausgewählte schulpädagogische Literatur und andere Elemente. Diese Lernumgebung, die Aktivitäten und Angebote wie Workshops, Tagungen, „offene Türen" usw. verweisen außerdem auf die Funktion der Lernwerkstätten als Treffpunkt und Informations- und Beratungsstelle. In Lernwerkstätten kann in Ruhe Neues ausprobiert, Ideen können vorgeplant, Erfahrungen rekonstruiert, ausgewertet und über Konzepte oder den Schulalltag nachgedacht werden. Durch diese Verschränkung von Theorie und Praxis, die ausgeprägte Teilnehmerorientierung und die Integration von Lehrerinnen und Lehrern in den Forschungsprozeß übernehmen Lernwerkstätten auch eine Funktion innerhalb der Unterrichtsforschung. Hier bieten sich v. a. die Methoden der Handlungsforschung an.

Barbara Müller-Naendrup

Literatur: *Ernst, K./Puhan-Schulz, B.:* Fortbildung vor Ort. Oder: wie wir ein Lehrerzentrum gründen. Weinheim/Basel 1990 • Grundschule 6/1992. Themenheft: Lernwerkstätten für Kinder und Erwachsene (mit Adressenliste, Stand Januar 1992) • *Pallasch, W. /Reimers, H.:* Pädagogische Werkstattarbeit. Eine pädagogisch-didaktische Konzeption zur Belebung der traditionellen Lernkultur. Weinheim und München 1990

Lernziele: Mit einem Lernziel wird ein Verhalten beschrieben, das der/die Lernende nach einer erfolgreichen Lernerfahrung erwarten kann (Mager 1965). So stellt das Ergebnis jedes Lernplanungsprozesses geordnete, eindeutig beschriebene und begründete Verhaltensweisen dar, die der/die Lernende im kognitiven, affektiven und psycho-motorischen Bereich gelernt haben soll.

Lernziele können explizit (d. h. formuliert) oder implizit (als unausgesprochene Zielvorstellungen der Lehrkraft) beschrieben werden.

Die Sammlung der Lernziele hängt von dem Verhaltensbereich, dem Alter der Schüler/innen, dem Fach und dem jeweiligen Projekt ab. Hierbei gilt es, Lehrpläne, Richtlinien, schulinterne Pläne, Lehrbücher, Unterrichtsmaterialien, Entwicklungspläne, Schulleistungstests, fachdidaktische und -wissenschaftliche sowie lern- und entwicklungspsychologische Literatur zu berücksichtigen.

Lernziele orientieren sich an der Schüler-Persönlichkeit und tragen zu deren Förderung bei, sie verhindern Einseitigkeit in Erziehung und Unterricht, greifen Interessen und Neigungen der Kinder auf und vergrößern die Chancengleichheit eines schülerorientierten Unterrichts.

Das Abstraktionsniveau der Lernziele zeigt, wie konkret, genau und eindeutig sie gefaßt werden. Das Abstraktionsniveau reicht damit von „sehr allgemein“ bis hin zu „sehr konkret“; so besteht eine Einteilung in Richt-, Grob- und Feinziele (nach Dressel), die am Beispiel von Lernzielen im Sachunterricht verdeutlicht sei.

- Feinziel: Lernziel, das den höchsten Grad an Eindeutigkeit und Präzision hat (z. B. Wasserproben mit Chemikalien färben).
- Grobziel: Lernziel, das den mittleren Grad an Eindeutigkeit und Präzision aufweist (z. B. Verschmutzungsarten von Flüssen kennen).
- Richtziel: Lernziel, das den geringsten Grad an Eindeutigkeit und Präzision zeigt (z. B. Umweltbewußtsein entwickeln, Emanzipation fördern, Kooperationsfähigkeit stärken).

Zu jedem präzise beschriebenen Lernziel gehören nach Mager die Beschreibung und genaue Bestimmung eines Endverhaltens sowie die Aufstellung eines Beurteilungsmaßstabes.

Die Ordnung von Lernzielen kann ein- oder mehrdimensional erfolgen und richtet sich nach Inhalts- und Verhaltensaspekten der Lernziele. Inhaltliche Aspekte orientieren sich an jeweiligen Lernfächern und -bereichen. Für die Ordnung der Verhaltensaspekte bestehen verschiedene ältere Modelle, so z. B. die kognitive Lernzieltaxonomie von B. S. Bloom (1956), die affektive Lernzieltaxonomie (Krathwohl, Bloom, Masia 1964) oder Klassifikationsschemata für den psychomotorischen Lernbereich.

An diesen Einteilungen ist zunehmend Kritik geübt worden, so daß in der neueren Literatur mehr und mehr freiformulierte Lernziele dargestellt werden, die sich nicht in Ordnungsschemata wiederfinden. Die Erreichung bestimmter fachbezogener Lernziele läßt sich durch Klassenarbeiten oder Testverfahren erfassen. Neuere Unterrichtskonzeptionen enthalten Lernziele, wie Kreativität entwickeln, Problemlösefähigkeit fördern, argumentieren und kommunizieren können, strategisch denken lernen usw., von denen nur einige mit Hilfe objektivierter Verfahren überprüft werden können.

Marion Tacke

Literatur: *Lemke, D.:* Lernzielorientierter Unterricht revidiert. Frankfurt am Main 1981 • *Lohrer, K.:* Lernzielorientierung und Schülerorientierung. In: Staatsinstitut für Schulpädagogik (Hg.): Unterrichtsplanung durch Lernziele. München 1987 • *Röttel, K.:* Lernziele der Mathematik und ihre Verwirklichung. München 1982

Lernzirkel: Die Unterrichtsform des Lernzirkels ist eine aktuelle Form der inneren (Wahl-)Differenzierung. Unter Ausnutzung der räumlichen Möglichkeiten (Ecken, Tische, Flächen, Fußboden, Nebenräume, Flure) wird eine Anzahl von Lernangeboten zu einem Thema bereitgestellt. Die Lernenden wählen aus dem Angebot aus. Lernzirkel können mit entdeckendem oder übendem Schwerpunkt angelegt und am Anfang oder Ende von Unterrichtseinheiten oder unabhängig davon durchgeführt werden. Gelegentlich finden sich andere Bezeichnungen („Lernkabinett“, „Lernen an Stationen“). Beispiele liegen u. a. aus dem Sach-, Deutsch- und Mathematikunterricht sowie zu fächerübergreifenden Themen vor.

Im Rahmen einer festgelegten Gesamtdauer (z. B. mehrere Stunden, auch über einige Tage verteilt) geben Lernzirkel frei, welche und wie viele Angebote das Kind nutzt, in welcher Reihenfolge es vorgeht, mit wem es arbeitet und wieviel Zeit es auf die einzelne Arbeit verwendet. Da nur ein Bruchteil der Lernerfahrungen besprochen wird, ist damit bis zu einem gewissen Grad auch freigestellt, was das Kind im einzelnen lernt.

Unterricht mit Lernzirkeln weist charakteristische Phasen auf:

- Die Strukturierungsphase orientiert über das Angebot und stößt das Lernen an. Gespräche mit oder ohne Texte(n), Gegenstände(n), Bilder(n) o. ä., auch Rückblicke auf den bisherigen Unterricht zum Thema wecken Erwartungen und lassen die Kinder ihr Lernen antizipieren.
- Aufgabe der Wahlphase ist die (meist freie, anfangs auch von den Lehrer/inne/n gelenkte) Auswahl der ersten Arbeit. Programme, die die einzelnen Lernangebote z. B. mit Nummern gekennzeichnet aufführen, und ein Rundgang verbessern den Überblick.
- Während der Arbeitsphase wechseln die Kinder nach eigener Zeiteinteilung und Abfolge von Lernangebot zu Lernangebot. Aufgabenstellung und Anleitungen erfolgen schriftlich. Selbstkontrollmöglichkeiten sind nützlich. Handlungsorientiertes und sinnliches Lernen sind leicht einzuplanen, da jeweils nur ein Versuchsaufbau, Lernspiel o. ä. der Klasse zur Verfügung stehen muß. Die Lehrenden beobachten die Lerngruppe und beraten einzelne Kinder.
- In der Schlußphase (bei mehreren Tagen mehrmals möglich) berichten Kinder über ihre Arbeiten, stellen Ergebnisse vor oder werten in Arbeitsrückblicken ihre Erfahrungen aus.

Unterricht mit Lernzirkeln fordert und fördert selbstgesteuertes Lernen (Wenzel 1987). Von den Kindern wird dabei verlangt, die Lernangebote zu analysieren, ihre Arbeit sinnvoll zu planen und ständig anzuleiten sowie ihr Lernen auszuwerten und zu beurteilen. Forschungen zur „Metakognition" weisen darauf hin, daß sich die Selbststeuerungsfähigkeiten im Verlauf der Grundschule entfalten und erhebliche interindividuelle Unterschiede anzunehmen sind. Im „gemischten Lernsystem" (W. Popp) der Grundschule sind Lernzirkel dem Pol der aktiven, individualisierenden Arbeit zuzuordnen und finden neben und im Verbund mit den rezeptiven, gelenkten, standardisierenden Lern- und Unterrichtsformen ihren Platz.

Gabriele Faust-Siehl

Literatur: *Wallaschek, H.:* Lernzirkel – eine Arbeitsform, die selbständiges, individuelles Arbeiten ermöglicht. In: *Lehmann, B.* (Hg): Kinder-Schule: Lehrer-Schule. Langenau-Ulm 1990 • *Wenzel, H.:* Unterricht und Schüleraktivität, Probleme und Möglichkeiten der Selbststeuerungsfähigkeiten im Unterricht. Weinheim 1987

Lesebuch: Das Wort Lesebuch, ursprünglich auch für Publikationen verwendet, die wir heute Fibeln nennen würden, bezeichnet im Idealfall Anthologien authentischer, also nicht eigens für das Lesebuch verfaßter Literatur, ausgewählt im Hinblick auf die Rezeptionsfähigkeit unterschiedlicher Altersstufen und die Ziele des Lernbereichs Literaturunterricht, Arbeit mit Texten, weiterführendes Lesen o. ä. Die Texte können allein für sich erscheinen, aber auch mit Worterklärungen, Erläuterungen, bio- bzw. bibliographischen Anmerkungen und Arbeitsanregungen versehen sein.

Die Lesebücher der Grundschule, in der Regel mit dem zweiten Schuljahr beginnend, schließen an die Fibeln an, die aber meist auch schon einen Leseteil aus literarischen Texten enthalten. Der Wandel der literaturdidaktischen Konzeptionen in den letzten drei Jahrzehnten hat im wesentlichen vier Lesebuchtypen hervorgebracht:

- das „gesinnungsbildende Lesebuch" der ersten beiden Nachkriegsjahrzehnte, dessen Texte, in „Lebenskreisen" angeordnet, „Lebenshilfe" leisten sollten und auf Literatur im engeren Sinne (Lyrik, Epik, Dramatik) beschränkt waren (u.a. „Die sieben Ähren", 1950);
- das „literarästhetische Lesebuch" (etwa ab 1965), dessen Texte – neben Beispielen fiktionaler Literatur nun auch expositorische – nach ihrer Gattungszugehörigkeit gruppiert waren und vor allem mit literarischen Strukturen und elementaren Zugriffsmöglichkeiten auf Literatur bekanntmachen sollten (u. a. „Lesebuch 65", 1965);
- das „gesellschaftskritisch-emanzipatorische Lesebuch" der siebziger Jahre, in das zum Zweck ideologiekritischen Lesens nun auch sogenannte „Trivialliteratur" aufgenommen wurde (u. a „Drucksachen", 1974);
- das „kommunikationsorientierte Lesebuch", ebenfalls in den siebziger Jahren aufgekommen, dessen Herausgeber durch eine gattungsmäßig wiederum möglichst vielfältige Textzusammenstellung Einblicke auch in den Zusammenhang von Literaturproduktion, -rezeption und -distribution geben und mit wichtigen Medien vertraut machen wollten (u. a. „Ansichten", 1976).

Nach einer Phase der Überforderung der Kinder, namentlich im Zeichen eines kritischen Lesens schon auf frühen Stufen, zielen heutige Grundschullesebücher wieder mehr auf Kindgemäßheit, ohne die kritischen und kommunikativen Ansätze zu vernachlässigen.

Wo noch vor kaum weniger als einem Jahrzehnt eine mitunter zu anspruchsvolle, vor allem die kognitive Kompetenz des Lesers beanspruchende Literatur dominierte, zeichnet sich heute eine Bevorzugung kurzer, einfacher, zur Identifikation auffordernder Texte ab, was gewiß auch etwas mit den im Zusammenhang „veränderter Kindheit" gewandelter Lernvoraussetzungen für Sprache und Literatur zu tun hat. Das hat freilich auch zu dem negativ einzuschätzenden hohen Anteil sogenannter „Originalbeiträge", also Texte nichtauthentischer Literatur, am Textbestand einiger Grundschullesebücher geführt.

Trotz aller grundsätzlichen Kritik am Schulbuchtypus Lesebuch hat es bis heute seine Stellung als „Leitmedium" des Literaturunterrichts behaupten können. Es bietet einen zentralen Textbestand, dessen Erarbeitung dem Schüler oder der Schülerin ein bestimmtes Ausmaß an Literaturkenntnis, einschließlich einer elementaren Gattungs- und Medienkunde bietet und ihm das Verfügenkönnen über ebenfalls elementare Texterschließungsverfahren vermittelt. Der Begriff „Leitmedium" bedeutet jedoch auch, daß das Lesebuch von weiteren Medien ergänzt werden muß – von der Einzelschrift oder Ganzschrift (auch in Form von Kinderbüchern), von Zeitung und Zeitschrift, von Mitschnitten von Hörfunk- und Fernsehsendungen, von Theaterbesuchen usw.

Ebenso müssen zur Arbeit an einzelnen Texten oder Textkombinationen auch noch andere Formen der Hinführung zur Literatur treten: Bücherstunden, Buchausstellungen, Autorenlesungen, Besuche von Bibliotheken und Buchhandlungen usw. Dabei kann es zu einer Wechselwirkung zwischen Schul- und Freizeitlektüre kommen, wobei das Lesebuch eine Brückenfunktion auszuüben vermag.

Alfred Clemens Baumgärtner

Literatur: *Baumgärtner, A. C.:* Literaturunterricht mit dem Lesebuch. 30 didaktische Modelle. Bochum 1983

Leseecke: Die Einrichtung einer Leseecke als Bestandteil des Klassenraums und das Anbieten von anregungsreichen Lesematerialien zur vielseitigen Nutzung in der Leseecke erleichtern den Schülern und Schülerinnen den unmittelbaren Umgang mit Kinderbüchern und helfen mit, Kinder „zum Lesen zu verlocken“. Für eine gemütliche und leseanregende Ausstattung der Leseecke bieten sich an: Sitzkissen, Matratzen, Sofas, zugängliche Bücherregale als Begrenzung, Bücherborde für besondere Bücher, offene Bücherkisten mit Bilderbüchern und eine angemessene Beleuchtung.

Die Leseecke bietet auch als Präsenz- und Klassenbücherei ein abwechslungsreiches und reichhaltiges Bücherangebot, um der Lesefähigkeit und den Interessen einer jeden Schülerin und eines jeden Schülers gerecht zu werden: z. B. realistische und phantastische Kinderbücher, Sachbücher, Bücher zur Freizeitgestaltung, Nachschlagewerke und Sammlungen.

Neben der Nutzung der Leseecke in Vorlesestunden, in Schmökerstunden, in der Frei- und Wochenplanarbeit ist es notwendig, die Leseecke immer wieder interessant, aktuell und lebendig für die Schülerinnen und Schüler zu gestalten. Das kann durch Unterrichtsprojekte geschehen, wie beispielsweise durch Vorstellen von Lieblingsbüchern, Führen eines Lesetagebuchs, Schreiben von Inhaltsangaben zu Büchern und Zusammenstellen von Bücherkoffern zu einzelnen Themen.

Ein einfaches Ordnungssystem, das als Orientierungshilfe in der Leseecke aushängt, erleichtert das Auswählen, Zurückstellen und Umgehen mit der Lektüre.

Hanne Salmann-Waterkortte

Literatur: *Born, M./Sahr, M.:* Kinderbücher im Unterricht der Grundschule. Baltmannsweiler 1990

Lese-Rechtschreib-Schwierigkeiten: 1916 prägte der Neurologe P. Ranschburg den Ausdruck Legasthenie zur Bezeichnung einer bei Kindern zu beobachtenden Störung beim Erwerb des Lesens und Schreibens – in Abgrenzung von der Alexie, dem Verlust der schon erworbenen Lese-Rechtschreibfähigkeit bei Erwachsenen. Seitdem ist dieser Ausdruck mit unterschiedlichen Bedeutungen verknüpft worden. Gegenwärtig lassen sich (mindestens) zwei Verwendungen feststellen. Erstens: Legasthenie wird im klassischen Sinne als kausaler Begriff verwendet (Legasthenie als Spezialfall einer Lesestörung bei Kindern mit mindestens durchschnittlicher Intelligenz), verbunden mit spezifischen Fehlern, den Reversionen (Vertauschung wie d – b, n – u). Milieu- und/oder unterrichtsgeschädigte Lese-Rechtschreibschwache werden dabei abgegrenzt von den (intelligenten) Legasthenikern, bei denen kognitive Funktionsstörungen aufgrund dispositioneller Schwächen vermutet werden. Zweitens wird Legasthenie als deskriptiver Begriff gefaßt, der alle Arten von Lese-Rechtschreib-Schwierigkeiten bei Kindern aller Intelligenzgrade umschließt. G. Scheerer-Neumann (1992) hat nachdrücklich herausgestellt, daß das Konstrukt der klassischen Legasthenie weder theoretisch sinnvoll noch praktisch-therapeutisch brauchbar ist. Die Kultusministerkonferenz (KMK) hat 1978 empfohlen, den umstrittenen Ausdruck „Legasthenie“ nicht mehr zu verwenden, ihn vielmehr zu ersetzen durch „besondere Schwierigkeiten beim Erlernen des Lesens und des Rechtschreibens“, abgekürzt LRS. In diesem Sinne wird der Ausdruck auch in der neueren pädagogischen und didaktischen Diskussion verwendet.

Zu Ursachen und Behandlungsmöglichkeiten bei LRS gibt es keine einheitliche

Theorie. In den letzten Jahren wird ein kognitiv-entwicklungspsychologischer Ansatz favorisiert, wobei LRS als Ausdruck einer mangelnden Passung zwischen Lernentwicklungsstand und unterrichtlichen Anforderungen gesehen wird (Scheerer-Neumann 1992, Valtin 1988). Kinder mit LRS lassen sich dadurch charakterisieren, daß sie die bei allen Lernanfängern zu beobachtenden Entwicklungsstufen beim Schriftspracherwerb langsamer durchlaufen. Kinder begreifen das alphabetische Prinzip unserer Schrift nicht schlagartig, sondern in einem Entwicklungsprozeß mit charakteristischen Stufen. Beim Schreibenlernen verläuft die Aneignung über folgende Etappen: Pseudoschreibungen (Aneinanderreihen von Buchstaben ohne Erkennen des Lautbezugs), Skelettschreibungen (MS für Maus), phonetische Umschriften nach dem „Schreibe-wie-du-sprichst-Prinzip" (aien für ein), Erkennen und Verwenden orthographischer Muster (-er, -d, -ie), häufig mit Übergeneralisierungen (Oper statt Opa, mier statt mir). Kinder mit LRS befinden sich auf den unteren Ebenen dieses Stufenmodells. Es wird vermutet, daß hierfür vielfältige Faktoren verantwortlich sind: geringe Verbalintelligenz, Wortschatzarmut, Sprachstörungen, emotional-soziale Persönlichkeitsmerkmale, wie Lernmotivationsstörungen oder Impulsivität. Diese Lernbeeinträchtigungen können ihrerseits organisch oder soziokulturell bedingt sein. Auch die schulischen Lernverhältnisse oder didaktische und lesemethodische Mängel der Pädagog/inn/en können Hürden beim Schriftspracherwerb bilden.

Behandlungs- und Förderkonzepte sind eng mit dem zugrundeliegenden theoretischen Konzept von Legasthenie verbunden. Wie empirische Untersuchungen zeigen (Scheerer-Neumann 1979), sind die Trainingsergebnisse unabhängig von der Intelligenz der Kinder. Dieses Ergebnis spricht für die Empfehlungen der KMK, alle Kinder mit LRS unabhängig von ihrem Intelligenzniveau zu fördern. Neurologische Interventionen und ein Training basaler Funktionen haben keine besonderen Therapie-Erfolge zu verzeichnen. Insgesamt erweisen sich Programme dann als erfolgreich, wenn die Fördermaßnahmen gezielt an die individuellen Probleme des Kindes angepaßt sind.

Durch einen verbesserten Erstunterricht im Lesen und Schreiben und sofort einsetzende Fördermaßnahmen läßt sich der Anteil von Kindern mit LRS erheblich senken. Ist das Versagen jedoch eingetreten und verfestigt, so sind psychotherapeutische Maßnahmen zur Hebung des Selbstbildes, zum Gewinnen von Selbstvertrauen und neuer Lernmotivation angezeigt (D. Betz/H. Breuninger 1987).

In den meisten Bundesländern gibt es LRS-Erlasse, welche schulische Fördermöglichkeiten und spezifische Maßnahmen für Kinder mit LRS vorsehen, wie innere Differenzierung oder Aussetzung der Benotung (vgl. I. Naegele/R. Valtin 1992).

Renate Valtin

Literatur: *Betz, D./Breuninger, H.:* Teufelskreis Lernstörungen. Weinheim [2]1987 • *Naegele, I./Valtin, R.* (Hg.): LRS in den Klassen 1–10. Handbuch der Lese- und Rechtschreibschwierigkeiten. Weinheim [2]1992 • *Scheerer-Neumann, G.:* Intervention bei Lese-Rechtschreibschwäche. Bochum 1979 • *Scheerer-Neumann, G.:* LRS und Legasthenie: Rückblick und Bestandsaufnahme. In: *Naegele, I./Valtin, R.* (Hg.): a. a. O. • *Scheerer-Neumann, G.:* Rechtschreibschwäche im Kontext der Entwicklung. In: *Naegele, I./Valtin, R.* (Hg.): a. a. O. • *Valtin, R.:* Schriftspracherwerb als Entwicklungsprozeß. In: Grundschule 12/1988

Lesewerkstatt: „Ziel des Lesens in der Schule ist es, jene Kenntnisse und Techniken zu vermitteln, die zum selb-

ständigen Erschließen von Texten und zur kritischen Auseinandersetzung mit dessen Ergebnissen befähigt." (G. Ritz-Fröhlich 1981). Für Goethe war Lesenkönnen Ziel und Ergebnis immerwährenden Lernens, wozu man sein ganzes Leben benötigte. Lebenslanges Lesen anzubahnen, die Freude am nie endenden Lesenwollen zu wecken und zu erhalten, ist gerade im Zeitalter der mit elektronischen Medien überfrachteten Kinderzimmer für Lehrerinnen und Lehrer keine leicht zu lösende Aufgabe.
Beim Eintritt in die Schule haben wir Kinder vor uns, die etwas lernen wollen. Sie wollen aber nicht nur mit dem Kopf lernen. Handlungsorientiert möchten sie sich ihre Welt (Texte) erschließen. Ihr Neugierverhalten zeigt sich z. B. in den mündlichen Beiträgen, mehr noch in dem Gebrauch ihrer Hände: Sie wollen „anfassen, um zu begreifen". Unsere Aufgabe ist es, ihnen dieses Be-greifen zu ermöglichen:
Wasser läuft mit Hilfe einer Gießkanne in eine Schüssel, ein paar kleine Kieselsteine rieseln in eine Pappschachtel, ein Würfelbecher wird heftig geschüttelt. Die auf diese Weise entstandenen Geräusche lassen später das Hörspiel richtig „echt" erscheinen. In einer Lesewerkstatt können auch eigene Texte erfunden, gedruckt und zu einem Buch zusammengefaßt werden.
Gerade durch die Methodenvielfalt ermöglichen wir einen kindgemäßen Zugang bei der täglichen Arbeit mit Texten. Für Lehrerinnen und Lehrer, die sich derartig bemühen, ist Lesen nicht nur eine Kulturtechnik. Um möglichst vielen Kindern gerecht zu werden und die eingangs genannten Ziele im Blick zu haben, müssen wir dem Kind ein „Lesen mit allen Sinnen" möglich machen. Dann haben sie es leichter, diesen vielschichtigen kognitiven Prozeß erfolgreich zu bewältigen.
Es gibt zahlreiche Möglichkeiten, Projekte mit Büchern im Unterricht handlungsorientiert umzusetzen. Dies könnte z. B. während einer Projektwoche und eines Lesefestes geschehen.
Erweiterung und Verfremdung bekannter Texte • Schülerzeitung herausgeben • Erzählen als die „Mutter des Lesens" einsetzen (W. Fährmann) • Elternmitarbeit initiieren • Rythmisierung und Verklanglichung von Texten • gestalterische Umsetzung auf der Grundlage eines Buches • Schattenspiel • fächerübergreifendes Arbeiten und Tanz im Sportunterricht • Autorenveranstaltungen, bei denen die Kinder nicht nur Zuhörer sind • szenische Umsetzung von Texten • Textproduktion aus vielfältigen Anlässen.
Walter Burchgardt

Literatur: *Ritz-Fröhlich, G.:* Lesen im 2. bis 4. Schuljahr. Bad Heilbrunn 1981

Literarische Erziehung: Unter literarischer Erziehung werden zwei pädagogisch-didaktische Aspekte erfaßt: die Erziehung mittels Literatur und die Erziehung zur Literatur/zum Lesen. Während der Begriff selbst relativ klar umrissen ist, existieren divergierende Auffassungen über die Wege literarischer Erziehung.
Die vordergründige Indienstnahme von Literatur für einseitige pädagogische Absichten hat das andere Extrem evoziert: die strikte Ablehnung von erzieherischer Nutzung, weil sie als Entfremdung von Literatur begriffen wird. Deshalb wurde gefordert, die – im besonderen Maße der pädagogischen Ausbeutung dienende – Kinder- und Jugendliteratur aus der babylonischen Gefangenschaft der Pädagogik zu lösen (G. Haas).

Notwendig erscheint, daß im Unterrichtsprozeß die Literatur als künstlerisches Gebilde erhalten bleibt und die Frage des ästhetischen Genusses und des vergnüglichen Umganges mit Literatur Beachtung erfährt.
Der Rückgang des Lesens zugunsten der anderen Medien kann kaum aufgehalten werden, aber es besteht eine Chance für den Literaturunterricht, wenn die Spanne zwischen dem Buch als Objekt des Unterrichts und dem der Freizeitlektüre verringert wird. Dergestalt kann der Lehrer oder die Lehrerin die tatsächlichen Lektüreinteressen kennenlernen und beeinflussen. Erst auf dieser Grundlage wird sich die einzigartige Möglichkeit des Literaturunterrichts entfalten, Werte menschlichen Seins zu vermitteln, die Tiefe individueller Konflikte, die Probleme sozialer Beziehungen und gesellschaftlicher Bewegungen dem Kind auch emotional nahezubringen.
Empirische Erhebungen in Ost- und Westdeutschland haben deutlich gemacht, daß die Rolle des Lehrenden für außerschulische Lektüreprozesse nicht signifikant ist und der schulische Umgang mit Literatur nicht die besten Noten erhält. Bei aller Übertreibung, die hinter derartigen Urteilen steckt, so verweisen sie doch auf ein notwendiges Umdenken – bezogen auf den sogenannten „Kanon" und auf Unterrichtsformen.
Ob ein/e Schüler/in zur Literatur erzogen wird, in dem Sinne, daß er/sie auch nach der Schulzeit freiwillig zu einem Buch greift, hängt nicht zuletzt davon ab, ob er/sie in der Schule mittels Literatur vordergründig erzogen wurde oder ob Literatur die Grundlage für interessante, bewegende Gespräche bildete.
Karin Richter

Literatur: *Baumgärtner, A. C./Dahrendorf, M.* (Hg.): Zurück zum Literatur-Unterricht? Braunschweig 1977

Märchen: Als Märchen bezeichnet man eine literarische Gattung, die vor allem durch ihre (zeitweilige) mündliche Überlieferung sowie ihren Umgang mit dem Wunderbaren bestimmt ist: Meist ungewissen Alters und nicht bestimmbarer Entstehung (die Herkunftstheorien umfassen die Zeit vom Beginn der Menschheit bis zum 18. Jahrhundert ; ob Märchen nur einmal oder mehrfach erfunden wurden – Monogenese contra Polygenese –, ist umstritten), waren Märchen in der „oral tradition" in zahllosen Einzelheiten variiert, im Kern aber wohl unverändert lebendig (daher die Variantenfülle einzelne Märchen in allen Kulturen der Welt); sie erzählen wie selbstverständlich von Wundern (Verwandlungen, Totenerweckungen, Zaubergaben usw.) und statuieren keinerlei Unterschied zwischen Diesseits und Jenseits. Weitere sekundäre Gattungsmerkmale sind u. a. die Typenhaftigkeit und Zeitlosigkeit der Figuren, die Eindimensionalität und Formelhaftigkeit der Darstellung, die ausgeprägte Vorliebe für bestimmte Motive (Geradliniges, Randscharfes, Unvermischtes, immer wiederkehrende Zahlen und Farben) sowie vor allem die stets gleiche Handlungsstruktur: Der Märchen-Held, auf den alles fixiert, um den alles konzentriert ist, wird zunächst in einer Mangellage vorgestellt (in Lebensgefahr, unterdrückt, vor einer unlösbaren Aufgabe stehend usw.), aus der er in die Isolation gerät (Aussetzung, Verstoßung, Flucht, Verirren), in der ihm das Wunderbare begegnet (in Form von jenseitigen Schädigern oder Helfern oder auch von Zaubergaben), gegen deren Widerstand oder mit deren Hilfe löst er seine Aufgabe(n) oder Prüfung(en), schafft seine Erlösung aus dem ursprünglichen Notzustand und wird im Sinn einer „naiven Moral" (nach dem Motto: So müßte es in einer Welt mit ausgleichender Gerechtigkeit eigentlich zugehen) überreich belohnt (Wunschpartner, königliche Macht, unermeßlicher Reichtum). Da der Märchenheld unsterblich ist, spielen für ihn Begriffe wie „Gott" oder „Jenseits" keine Rolle; auch der Tod wird ihm nie zum Problem, weil im Märchen immer nur „die andern" (Gegen- oder Randfiguren) sterben. Das Märchen blickt nie ins Innere der Figuren, sondern läßt sie wie Marionetten rein äußerlich (re)agieren; Gefühle oder Moralvorstellungen kann immer nur der Märchen-Hörer oder -Leser in sie hineinprojizieren. Letztere sind keineswegs immer durch das häufig fälschlich bemühte Schema „gut" (belohnt) / „böse" (bestraft), sondern durch „richtiges" (zum Wohl des Helden) und „falsches" (zum Unglück des Helden) Handeln definiert. In der neueren Kinderliteratur wird von den Autorinnen und Autoren das hier beschriebene Märcheninventar oft in verfremdender Absicht verwendet, indem ein Märchen wie Dornröschen „anders" erzählt wird oder indem eine Prinzessin mit ganz anderen Eigenschaften ausgestattet wird – wie Prinzessin Pfiffigunde –, als es der Rezipient zunächst erwartet.

Seit der Veröffentlichung der „Kinder- und Hausmärchen" durch die Brüder Grimm sind die Märchen endgültig zu „Buchmärchen" geworden, die einerseits dazu beitrugen, daß mündliche Tradition und Variationsbreite versiegten, andererseits aber die jüngere Märchen-Tradition (und -Sammeltätigkeit) in der ganzen Welt dominierten. Vor allem aber wurden sie durch den Buchtitel und entsprechende Intentionen der Brüder Grimm erstmals als bevorzugt für Kinder bestimmte Texte definiert (bis dahin waren Märchen Erzählungen von Erwachsenen für Erwachsene, welche Kinder eher zufällig mithörten; heute sind Kinder die adäquatesten Adressaten für das magische Weltbild der Märchen). Diese Zwischenlage muß bei der Märchen-Betrachtung ebenso beachtet werden wie die Tatsache, daß unter den schließlich 211 bei Grimm versammelten Texten die Mehrzahl keine Zauber-Märchen im Sinn der gegebenen Definition sind, sondern u. a. Sagen, Fabeln, Legenden, Schwänke, Witze, Rätsel und entsprechende Mischformen. Die bekanntesten Geschichten sind indes gattungsgerechte Zaubermärchen; sie haben im Gegensatz zu den übrigen Texten fast ausschließlich Mädchen als Märchen-Helden, die ggf. im Alter zwischen 12 und 15 Jahren vorgestellt werden, am Ende nach bestandener Prüfung jedenfalls alle als reif, d. h. heiratsfähig erscheinen. Das öffnet den Zugang zu (entwicklungs)psychologischen Deutungen, die durch das Identifikationsangebot jeder Märchen-Figur und jeder Märchenhandlung bestätigt scheint. Die kindliche Rezeption dürfte so Lebenshilfe und erste Begegnung mit Literatur in einem bedeuten. Sie sollte in der Grundschule ihren festen Platz haben; sie vermag an immer noch allgemein Bekanntes anzuknüpfen und sich in vielen Formen zu ereignen: frei oder wörtlich genau nacherzählen, (vor)lesen, spielen, nachzeichnen, diskutieren.

Heinz Rölleke

Literatur: *Bettelheim, B.:* „Kinder brauchen Märchen". Stuttgart 1977 • *Lüthi, M.:* Märchen. 81990 • *Ranke, K.* (Hg.): Enzyklopädie des Märchens. 1975 • *Rölleke, H.:* Die Märchen der Brüder Grimm. 31992

Mathematikbuch: Das Mathematikbuch bzw. Rechenbuch für die Grundschule besitzt eine lange Entwicklungsgeschichte. Bereits 1518 veröffentlichte Adam Ries unter dem Titel „Rechnen auf den Linien" ein für jüngere Kinder bestimmtes Rechenbuch. Anfangs dienten die Rechenbücher dem

Nachlernen und Einüben. Vom 19. Jahrhundert an sollten die Bücher auch zum Verstehen der Rechenwege beitragen. Seit Beginn des 20. Jahrhunderts ist man bestrebt, Bücher zu entwickeln, mit denen die Kinder auch selbständig arbeiten können.

Die in den Schulen verwendeten Bücher waren teils als Übungsbücher (Aufgabensammlungen), teils als methodisch aufgebaute Arbeitsbücher konzipiert.

Die durch die KMK-Beschlüsse von 1968 initiierte Reform, die den Rechenunterricht der Grundschule in der Bundesrepublik zu einem elementaren Mathematikunterricht umgestalten sollte, führte zu einer Neugestaltung der Lehrbücher. Vorhandene Bücher wurden – soweit möglich – den neuen Erfordernissen angepaßt und in größerer Zahl neue Bücher erarbeitet. Die geforderten mathematischen Unterrichtsinhalte wurden in die Bücher aufgenommen und die Kapitel mit überkommenen Inhalten methodisch neu gestaltet. Die von nun an als Mathematikbücher bezeichneten Lehrbücher waren meist größer und farbiger. Zudem wurden speziell darauf abgestimmte didaktische Materialien entwickelt. Dabei ging die den traditionellen Büchern eigene konzeptionelle Geschlossenheit zum Teil vorübergehend verloren.

Vor allem über die Mathematikbücher gelangten die mit der Reform angestrebten fachlichen und didaktischen Innovationen in die Schulen. In der ersten Hälfte der siebziger Jahre fanden besonders diejenigen Bücher Verbreitung, bei denen die neuen mathematischen Inhalte dominierten. Als Folge der KMK-Beschlüsse von 1976, die Fehlentwicklungen der ersten Reformphase korrigierten, setzten sich mehr und mehr solche Bücher durch, die das zukunftsweisende Neue mit bewährtem Alten zu verbinden versuchten.

Im Zuge der Neuentwicklung der Mathematikbücher wurde es in der Bundesrepublik auch üblich, den Büchern Arbeitshefte beizugeben, um mehr Aufgaben anzubieten und außerdem das selbständige Arbeiten der Kinder zu fördern. Ergänzt wurde das Angebot durch Lehrerbände, die die Ziele und Inhalte des Mathematikunterrichts erläuterten und für die Arbeit mit den verwendeten Medien didaktische und methodische Hinweise gaben.

Wesentlich anders verlief die Entwicklung in der ehemaligen DDR. Dort gab es ein für alle Schulen verbindliches Lehrbuch, das eng auf den jeweils gültigen Lehrplan bezogen war. Das Streben nach Wissenschaftlichkeit im Unterricht führte in den sechziger Jahren zu der Forderung, die Kinder vom ersten Schuljahr an mit abstrakt-mathematischen Begriffen und Formalisierungen zu konfrontieren. Die dafür konzipierten Lehrbücher waren sehr systematisch aufgebaut und wenig motivierend. In den achtziger Jahren gingen die Bemühungen dahin, die Bücher inhaltlich, methodisch und in der äußeren Form kindgemäßer zu gestalten.

Auch in der DDR wurden die Mathematikbücher durch Arbeitshefte ergänzt. Daneben wurden Unterrichtshilfen für die einzelnen Schuljahre entwickelt, die als Grundlage für den gesamten Unterricht dienten.

Heute bilden in Deutschland Lehrbücher mit didaktischen Materialien, Arbeitsheften und Lehrerbänden die Grundausstattung eines mathematischen Unterrichtswerks. Hinzu kommen oft Arbeitskarten und Kopiervorlagen mit typischen Übungsformen sowie Erfolgskontrollen.

Von 1980 an sind aufgrund voneinander abweichender Lehrplanforderungen für die Mehrzahl der alten Bundesländer Regionalausgaben geschaffen worden.

Inzwischen gilt dies auch für die neuen Bundesländer.
Die Unterrichtswerke für ein Bundesland stimmen wegen der Verbindlichkeit der Lehrpläne hinsichtlich der mathematischen Inhalte weitgehend überein. Die äußere Gestaltung und der methodische Aufbau unterscheiden sich dagegen erheblich.
Allgemein werden von einem Mathematikbuch nach dem gegenwärtigen Stand der didaktischen Diskussion erwartet:
- übersichtliche Gestaltung
- ansprechende, instruktive Bilder und graphische Darstellungen
- verständliche Sprache und sachangemessene Veranschaulichungen
- mehr als ein Lösungsmodell bei komplexeren Aufgabentypen
- Möglichkeiten zum selbständigen Arbeiten und Angebote zur Differenzierung
- Möglichkeiten zu eigener Kontrolle
- Anreize zum entdeckenden Lernen und für spielerische Aktivitäten
- Anregungen und Hilfen zur Realisierung offener Unterrichtsformen
- vielfältige Bezüge zu anderen Bereichen des Unterrichts und zur Umwelt der Kinder.

Ein Buch, das sämtliche Forderungen optimal erfüllt, scheint wegen der Vielschichtigkeit der mathematik-didaktischen Problematik nicht realisierbar. Dennoch können diese Kriterien als Orientierungshilfe bei der Auswahl eines Mathematikbuches dienen.
Es gibt keine allgemein verbindlichen Aussagen darüber, wie ein Lehrbuch zweckmäßig eingesetzt werden kann. Nach verbreiteter Auffassung soll das Buch im Unterricht aber nicht dominieren.
Trotz des zu erwartenden weiteren Vordringens technischer Medien wird das Mathematikbuch im Unterricht eine wichtige Funktion behalten, auch weil es die mathematischen Inhalte eines ganzen Schuljahres in übersichtlicher und verständlicher Form enthält.
Roland Schmidt

Literatur: *Glatfeld, M.:* Das Schulbuch im Mathematikunterricht. Braunschweig 1981 • *Keitel, Ch./Otte, M./Seeger, F.:* Text – Wissen – Tätigkeit. Königstein/Ts. 1980 • *Wagemann, E. B.:* Schulbuchanalyse und Schulbuchvergleich in der mathematikdidaktischen Ausbildung. Gießen 1982

Mathematikunterricht: Die Veränderungen im Mathematikunterricht waren in den letzten Jahrzehnten stärker als in den anderen Fächern. Viele Veröffentlichungen, aber auch viele Lehrmaterialien, die man in den Schulschränken findet, sind nur vor diesem Hintergrund zu verstehen. Etwa gleichzeitig zur Grundschulreform (ab 1966, E. Schwartz) begann nach Vorversuchen (Frankfurter Projekt, H. Bauersfeld und Mitarbeiter) die Modernisierung des Mathematikunterrichtes für alle Schulstufen mit einem KMK-Beschluß von 1968. Hauptforderung war hier die stärkere Mathematisierung des ursprünglichen Rechenunterrichtes, die zu neuen Betrachtungs- und Denkformen, aber auch zu einheitlichen Schreib- und Sprechweisen von der Einschulung bis zum Abitur führen sollte. Für den Mathematikunterricht in der Grundschule bedeutete diese doppelte Reform also eine gleichzeitige Veränderung der Inhalte sowie der Lernziele und der Unterrichtsformen. Fehlentwicklungen im inhaltlichen Bereich führten Mitte der siebziger Jahre zu heftiger Kritik – besonders an der „Mengenlehre“ – und zu Beginn der achtziger Jahre zu neuen Lehrplänen, in denen auf die Veränderung vieler mathematischer Fachbegriffe in der Grundschule verzichtet wurde und das traditionelle Rechnen wieder größeres Gewicht erhielt. Lernziele des Mathematikunterrichtes sind der Erwerb elementarer mathematischer Fähigkeiten und Fertigkeiten, die das Verständnis einfacher mathematischer Probleme und deren Lösung ermöglichen. Hierzu gehören insbesondere

- die Erfassung von Zusammenhängen, die durch Zahlen beschrieben sind,
- die Beherrschung der vier Grundrechenarten und einfacher Arbeitstechniken wie der Umgang mit Tabellen und Diagrammen,
- das Entwickeln von Größenvorstellungen in den Bereichen Geldwerte, Längen, Zeitspannen, Gewichte und Rauminhalte und erste Fertigkeiten im Rechnen mit diesen Größen,
- das Erkennen von Zusammenhängen in Sachverhalten der Umwelt und
- der Aufbau räumlicher Vorstellungen und Fertigkeiten im Umgang mit Zeichengeräten.

Weiter soll der Mathematikunterricht fachspezifische Beiträge zur allgemeinen Denkerziehung leisten. Insbesondere sollen die Kinder lernen, vorausschauend und schlußfolgernd zu denken, zu argumentieren, kreativ zu sein, zu klassifizieren, ordnen und schematisieren.

Außerdem sollen die Kinder im sozialen Verhalten gefördert werden und eine positive Einstellung zum mathematischen Arbeiten aufbauen. Bei den Inhalten des Mathematikunterrichts gibt es zwischen den Bundesländern keine großen Unterschiede. Sehr verschieden sind die Lehrpläne jedoch in den Vorschriften für Gewichtungen und Terminierungen. Während z. B. in Baden-Württemberg die Inhalte für jedes Schuljahr und auch Richtstundenzahlen für die einzelnen Arbeitsbereiche vorgegeben werden, gibt der Lehrplan von Nordrhein-Westfalen nur wenig Vorschriften, wobei die Inhalte für jeweils zwei Schuljahre nur empfehlend getrennt werden und damit den Lehrerinnen und Lehrern große Gestaltungsräume bleiben. In der Unterrichtspraxis ist leider festzustellen, daß die Auseinandersetzung mit geometrischen Fragestellungen häufig vernachlässigt wird zugunsten intensiverer Übungen bei den Rechenfertigkeiten. Unter heutigen Lernvoraussetzungen sind zeitlich nicht alle Vorgaben erfüllbar. Die daraus resultierenden Kürzungen durch die Lehrenden sind zur Zeit häufig zu einseitig auf den Übergang zu weiterführenden Schulen ausgerichtet. Zukünftig werden Kürzungen der Lehrpläne im Bereich der schriftlichen Rechenverfahren unumgänglich, aber auch vertretbar sein, da im Alltags- und Berufsleben das Rechnen mit größeren Zahlen immer mehr mit Taschenrechnern und Computern erfolgt, während es entsprechend große Veränderungen im Erkennen von Sachverhalten in der Umwelt und in der Geometrie nicht gibt. In den Unterrichtsformen ist seit Beginn der Reform weitgehend der Übergang vom lehrerzentrierten Unterricht zur differenzierenden Einzel-, Partner- und Gruppenarbeit und zur handelnden Erarbeitung erfolgt und beibehalten. Dazu gehört auch eine immer stärkere Verwendung von Lernspielen. Für diese Lernspiele gibt es sowohl eine Fülle von kopierfähigen Mathe-Spielbogen als auch von Spielen aus anspruchsvollen Materialien, die besonders gut in der Freiarbeit eingesetzt werden können. In den letzten Jahren wurden in immer mehr Klassen Teile des Mathematikunterrichts in die Freiarbeit einbezogen, Eine Ausweitung der Freiarbeit ist bei ausreichenden Geldmitteln für die Anschaffung oder Herstellung von Materialien möglich und erstrebenswert. In der didaktischen Forschung gibt es erste Ergebnisse zum Problem der immer häufiger beobachteten Rechenschwäche (Dyskalkulie). Bei extremer Rechenschwäche hilft nicht ein verstärktes

Üben der Fertigkeiten, sondern eher ein Zurückgehen bis auf den nachholenden Erwerb von Grundvorstellungen über Handlungen und Bilder in Einzeltherapien.
Gerhard Homann

Literatur: *Radatz, H./Rickmeyer, U.:* Handbuch für den Geometrieunterricht an Grundschulen. Hannover 1991 • *Radatz, H./Schipper, W.:* Handbuch für den Mathematikunterricht in Grundschulen. Hannover 1984

Medienkindheit: Medien wie Bücher, Zeitungen, Zeitschriften, Comics, Film, Fernsehen, Video, Hörfunk, Schallplatten, CDs, Ton-Kassetten u. a. dienen der Information, Orientierung und Sozialisation. Sie tragen zur Meinungs- und Willensbildung, Belehrung und Unterhaltung bei, vermitteln Tips und Ratschläge, betreiben Werbung und/ oder Propaganda; sie bieten ein Gesprächsforum und ermöglichen Kommunikation. Sie prägen den ikonischen Modus der Aneignung der symbolischen Kultur, verändern Seh-, Hör- und Lesegewohnheiten, verändern die Erwartungen bezüglich des Rezeptionsaufwandes beim Erwerb von Wissen und prägen Verhaltensgewohnheiten. Als negative Langzeitwirkungen des Fernsehens werden z.B. die Verarmung der Sprache, die Entwicklung eines bruchstückhaften Denkens, die Abnahme der Lesefähigkeit und die Orientierung auf ein „bildorientiertes“ Denken angegeben.
Medienwirkungen werden unter inhaltlichen, wirkungs- (Stellenwert formaler Gestaltungselemente) und nutzungsbezogenen Gesichtspunkten – unter Berücksichtigung der Rezeptions- und Lebenssituationen der Konsumenten untersucht.
Medienpädagogik und -didaktik setzen entweder auf Bewahren durch die Organisation nicht medienvermittelter Erfahrungen oder helfen – durch Medienkunde – bei der kritischen Analyse der inhaltlichen und gestalterischen „Manipulation“ durch Medien oder setzen auf die Forderung nach „besseren Medien“. Hilfreich sind Formen eigenständiger, praktischer, kommunikativer Medienarbeit.
Kinder sollen Medien gemäß ihrem Entwicklungsstand so nutzen, daß sie sich produktiv mit ihrer Umwelt auseinandersetzen und sich selbst, eigene Meinungen und Vorstellungen anderen mitteilen lernen. Dazu gehört, daß sie die Ton- und Bildsprache (einschließlich ihrer Gestaltungsmittel) erlernen, ein Verständnis für Handlungsabläufe (und Handlungsschemata) von Filmen, Funk- und Fernsehsendungen entwickeln und Kriterien zur Analyse von Sendungen erarbeiten. Sie sollen fähig werden, sich gegen Eindrücke zu wehren, diese aber auch zu verarbeiten, eine Verbindung zwischen Gehörtem, Gesehenem, Gelesenem und eigenen Erfahrungen herzustellen, ergänzende Informationen einzuholen und zwischen realen, unmittelbaren und fiktiven, medialen Welten unterscheiden zu lernen.
Kinder sollen selbst Erfahrungen mit einfachen Medien machen und erkennen, was man sich jeweils durch und mit verschiedenen Medien mitteilen kann.
Wahrnehmung, Information, Kommunikation, Interaktion, Bedürfnisbefriedigung, Aktivitäten und kindliche Weltbilder werden durch ein Medienensemble, das vom Fernsehen und Videorecorder bis zum Computer reicht, überformt. Es wirkt als Sozialisationsfaktor. Kinder können sich so über die Grenzen ihrer Familie mit anderen Milieus, Werten und Verhaltensweisen vertraut machen. Medien konstituieren Vorstellungen, die durch eigene Anschauung nicht erworben werden können, tragen zur Bildung von Illusionen, zur Falsch- oder Grob-

zeichnung von Welt sowie zu Klischeevorstellungen (z. B. bezogen auf Berufs- und Geschlechtsrollen, Familienbilder, Zukunftsvorstellungen) bei, ebnen – durch totale Enthüllung – die Erfahrungsdifferenz zwischen Erwachsenen und Kindern ein. Medien sind am Umbruch von Raum- und Zeiterfahrungen beteiligt; jedes Ding scheint gleich nah oder fern; es überwiegt Diskontinuität. Das Gefühl des „Dabei-Seins" und „Bescheid-Wissens" wird wichtiger als Mitverantwortung.
Medien prägen entscheidend die Freizeit. Sie werden für unterschiedliche Bedürfnisse (wie Tagträume, Rückzug, Gesprächsanlaß, Schaffung gemeinsamer Aktivitäten und für die eigene Identitätsarbeit) genutzt.
Hanna Kiper

Literatur: *Barthelmes, J.:* Kindliche Weltbilder und Medien. München 1987 • *Hurrelmann, B.:* Das Verschwinden der Erwachsenen aus den Leseerfahrungen der Kinder. In: Grundschule 7-8/1988 • *Paum, E.* u. a.: Medienprojekte für die Grundschule. Braunschweig 1993 • *Rogge, J. U.:* Kinder können fernsehen. Reinbek 1990

Montessori-Pädagogik: Im Mittelpunkt der Montessori-Pädagogik steht das Kind, sein individuelles biologisches, psychologisches und seelisches Wachstum. Der Erwachsene hat dieses Wachstum zu begleiten, zu respektieren. Er hat dem Kind Raum für den inneren Selbstaufbau, für die Entwicklung individueller Begabungen, die aus eigener Kraft des Kindes erfolgt, zu geben: „Hilf mir, es selbst zu tun."
Das Kind weist den Weg. Kindererziehung wird als soziale Frage gesehen. Daher gibt es die Ablehnung von Druck, keinen „Kriegszustand" mit dem Erwachsenen. Kinder sind als menschliche Wesen anzusehen, zu akzeptieren. Erwachsene haben sich in Bereitschaft zu halten, haben dafür zu sorgen, daß das Kind sich in Ruhe entwickeln kann, sie dürfen nicht die Selbstbildung des Kindes zerstören. So ist ein Heranwachsen zu echter Unabhängigkeit möglich.
Arbeit ist bei Maria Montessori in ihrer ganzen Bedeutung für die Entwicklung des Kindes zu sehen, im Rahmen der Selbstverwirklichung, als Grundstein für innere Freiheit. So dient sie letztlich auch der inneren Disziplin der Persönlichkeit. Es gibt zwei grundverschiedene Arbeiten:
- Die einfache koordinierende Aktivität, die einfachen Bewegungen schlicht einen Zweck verleiht.
- Die produktive Arbeit verlangt eine vorhergehende intellektuelle Vorbereitungsarbeit, umfaßt das Erlernen einer Serie von sehr komplizierten Bewegungen und gleichzeitig eine Anwendung von Sinnesübungen.

Das Bewußtsein der Entwicklung seiner Persönlichkeit gibt dem Kind die Motive für die Ausdauer in diesen Arbeiten, für den Fleiß, mit dem es sie durchführt, und für die Freude, die es empfindet, wenn es seine Arbeit vollbracht hat.
Es ist von daher auch nicht der oberflächliche Aspekt des „Spaßbringens" relevant, wie er oft von Lehrerinnen und Lehrern genannt wird.
Zum Lernen verführen, diesen Gedanken gibt es in der Montessori-Pädagogik nicht. Die Konzentrationskraft darf nicht dadurch gebrochen werden, daß die Aufmerksamkeit auf Gegenstände fixiert wird, die das Kind noch nicht interessieren.
Für den Lehrer bedeutet dieses „Arbeitsbild" seinerseits kein Unterbrechen der Arbeit, kein Lob, keinen Tadel, wohl aber Gespräche und Beobachtungen, die dem Kind auf dem Weg zur Selbsteinschätzung hilfreich sind.

Das Prinzip der Arbeit

- verlangt den Willen des Kindes zur Anstrengung,
- bedeutet, daß Arbeit der Befreiung dient,
- schließt das Prinzip des Spaßbringens aus.
- Junge Menschen sind in ihrer Würde zu sehen, in ihrer Disziplin, ihrer Freiheit.
- Erziehung darf nicht durch Erwachsenenperspektiven erfolgen.
- Charakterbildung erfolgt durch Erfahrung, nicht durch Erklärung.

Die Freiheit des Kindes muß als Grenze das Gemeinwohl haben. Der Lehrer bzw. die Lehrerin muß seine/ihre Stellung als Beobachter/in verstehen. Freiheit gewähren heißt auch, Bewegungsfreiheit gewähren. Wenn ein Kind in seiner Bewegung nicht ein „intelligentes Ziel" sieht, dann fehlt in ihm die Führung, und es ermüdet.

Das Prinzip der Selbstbildung erfordert, daß außer der Lehrerin bzw. dem Lehrer auch die Umgebung Schule umgeformt, „vorbereitet" werden muß.

Die Einführung des „Entwicklungsmaterials" in eine gewöhnliche Schule kann nicht die „ganze" äußere Erneuerung darstellen. Die vorbereitete Umgebung muß dem Bedürfnis zum verständigen Handeln entsprechen.

Die Umgebung muß die Mittel zur Selbsterziehung enthalten. Alles in der Umwelt des Kindes muß nicht nur Ordnung, sondern ein bestimmtes Maß haben. Interesse und Konzentration müssen in dem Maße wachsen, wie Verwirrendes und Überflüssiges ausgeschieden werden. Das Material muß Handeln ermöglichen, das bedeutet eine Herausforderung an das Denken. Das Handeln ermöglicht ein Verinnerlichen, es gibt die Freiheit zum Denken.

Übungen des praktischen Lebens (z. B. eine Tür schließen, Hände waschen) gehören zum Begriff der synthetischen Bewegungen. Gefördert werden soll dadurch nicht nur die Bewegungskoordination, sondern auch die Selbständigkeit, die Rücksichtnahme auf die Gemeinschaft und die Wahrnehmung und die Konzentration. Die Übungen der Stille dienen der Normalisierung des Kindes und somit auch der Gemeinschaft.

Materialien zur Schulung der Sinne („Entwicklungsmaterial") läßt das Kind in Eigentätigkeit Sinneserfahrungen machen, dadurch selbständig an seiner Entwicklung arbeiten und einen Schlüssel zur Welt erwerben. Bei den Materialien sind die Eigenschaften eines jeweiligen Sinnes isoliert und materialisiert.

Durch den Umgang mit den mathematischen Materialien bekommt die Schülerin bzw. der Schüler handelnd Erkenntnisse über mathematische Strukturen. Sprache ist das „Geschenk der Verständigung". Schreiben geht dem Lesen voraus, da eigene Gedanken vertrauter sind.

Kosmische Erziehung bietet dem Kind die ganze Welt auf einmal, keine Einzelheiten. Einzelheiten lehren bedeutet Verwirrung stiften. Die Beziehung unter den Dingen herstellen, bedeutet Erkenntnisse vermitteln. Grundsätzlich gilt für M. Montessori:

„Die Haltung unserer Erzieher ist nicht die phantastischer Optimisten, sondern es ist die Haltung der Liebe. Ein Mensch, der nicht liebt, sieht nur die Fehler bei den anderen. Der liebt, sieht sie nicht, und darum sagt man, die Liebe mache blind. Doch nur wer liebt, ist ein wirklich Sehender, und nur er kann die zarten Offenbarungen des Kindes sehen und verstehen, und vor ihm wird ein Kind seine wahre Natur zeigen."

Traute Wolter-Pfingsten

Literatur: *Paul, O./Schulz-Benesch, G.* (Hg.): Grundgedanken der Montessori-Pädagogik. Freiburg 1989

Morgenkreis: Der Morgenkreis zu Beginn des Unterrichtstages sollte möglichst täglich stattfinden. Dazu treffen sich Kinder und Lehrer/in im Stuhlkreis. Der Morgenkreis wird in der Regel von einem Kind geleitet. Rituale wie z. B. das Singen eines Liedes, Benennung des Wochentages und des Datums, Beobachtung des Wetters, Lesen eines Textes usw. können den Morgenkreis einleiten.
Anschließend beginnt die Erzählrunde. Jedes Kind hat die Möglichkeit, eigene Erlebnisse der Gruppe mitzuteilen, Fragen und Bitten einzubringen. Die anderen Kinder hören aufmerksam zu und äußern sich gegebenenfalls zu den Beiträgen. Dadurch entstehen Gesprächssituationen, die die Kommunikationsfähigkeit der Kinder erweitern und sowohl individuelle als auch gemeinschaftliche Entwicklungen fördern. Frühzeitig werden Gesprächsregeln erarbeitet, die dazu beitragen, gegenseitige Rücksichtnahme und Toleranz einzuüben.
Im Morgenkreis können die Kinder gemeinsam Lösungen für schulische und außerschulische Sorgen und Probleme finden. Die Kinder übernehmen damit auch soziale Verantwortung.
Ein wichtiger Teil des Morgenkreises beinhaltet die gemeinsame Planung des Unterrichtstages. Die Lehrerin oder der Lehrer kann eine Übersicht über den Ablauf des Tages geben, Lehr- und Lernmaterialien vorstellen oder auch Einführungen in neue Themen geben. Allmählich sollten auch Wünsche, Anregungen und Vorstellungen der Kinder in die Planung einbezogen werden, so daß sie im Rahmen der gegebenen Möglichkeiten ihr Lernen mitbestimmen können. Dies ist ein wichtiger Aspekt in der Zielsetzung des offenen Unterrichts. In einem Abschlußgespräch am Ende des Tages können die Kinder ihre Arbeitsergebnisse vorstellen und gemeinsam auswerten.
Maren Böddener

Literatur: *Wallrabenstein, W.:* Offene Schule – Offener Unterricht. Reinbek 1991 • *Schwarz, H.:* Erfreuliche Entwicklungen an Hamburger Grundschulen. Arbeitskreis Grundschule e.V. Hamburg 1989 • Landesinstitut für Schule und Weiterbildung/NRW: Grundschule – Kinder lernen selbständig. Soest 1989

Motivation: Der Begriff Motivation zählt zu den in der pädagogischen Literatur zwar oft, aber selten präzise verwendeten. Während H. Heckhausen Motivation als situationsabhängiges, kurzfristiges Geschehen von den Motiven als individuellen, erlernten und überdauernden Dispositionen unterscheidet, wird in neueren pädagogischen Arbeiten Motivation etwa als eine von persönlichen Wertungen bestimmte Entscheidungshaltung eines Individuums beschrieben. In didaktischer Sicht soll Motivation das Interesse von Kindern an einer und ihre Bereitschaft zu einer Lernleistung wecken, die üblicherweise lehrplanbestimmt ist.
Das Entstehen der Leistungsmotivation kann ab dem ersten Lebensjahr beobachtet werden. Dazu muß eine Tätigkeit dem Kind gelingen oder mißlingen können, sie muß für das Kind nach ihren Schwierigkeitsgraden unterscheidbar sein (auch wenn es das noch lange nicht verbalisieren kann), das Kind muß sich selbst als deren „Verursacher" erleben, also zur Kausalattribuierung fähig sein, und es muß bereits über eine Art Qualitätsmaßstab verfügen. Die Selbständigkeit eines kleinen Kindes gilt als Vorläufermotiv des entstehenden Leistungsmotivs. Hochmotivierte Kinder sind oft auch Kinder, denen von ihren Eltern früh eigene Entscheidungen zugestanden wurden und von denen Selbständigkeit erwartet wurde. In neueren Arbeiten wird etwa der Leistungsmotivation von Kindern berufstätiger Mütter nachgegangen.

Ob das Verhalten eines Kindes eher aggressions- oder anschlußmotiviert, eher macht- oder hilfemotiviert und ob das Kind eher erfolgs- oder mißerfolgsorientiert ist, ist durch die Erfahrungen des Kindes bei der Einschulung bereits angelegt. Somit ist auch vorbestimmt, ob ein Kind aus Neugier, aus Lernfreude, aus Einsicht in die Notwendigkeit schulischen Lernens, aus Zuneigung zur Lehrerin lernt oder um Anerkennung zu bekommen, um Zurechtweisungen oder Strafen zu entgehen. Das Erhalten – und mehr noch das Aufbauen – einer die Schulzeit und darüber hinaus andauernden Leistungsmotivation zählt zu den komplizierten und teilweise paradoxen Aufgaben, die Lehrer/innen gemäß der gesellschaftlichen Zuschreibung von Erziehungsaufgaben übernehmen sollen.
Lernunlust, Schulmüdigkeit und Disziplinschwierigkeiten bis zur ausbrechenden Aggressivität sind die immer wieder thematisierten Auswirkungen nicht (mehr) vorhandener Leistungsmotivation. Daß die Lehrmotivation des Lehrers und die Lernmotivation des Kindes in Verbindung stehen, spiegelt sich in der neueren pädagogischen Fachliteratur u. a. darin, daß auf eine Unterscheidung in intrinsische und extrinsische Motivation weitgehend verzichtet wird. Das Bemühen geht vielmehr dahin, daß die Kinder sich als (mit-)verantwortlich für ihre Lernprozesse erfahren. Dies wiederum setzt einen Unterricht voraus, der in seiner Struktur wie in seinen Leistungsanforderungen für die Schüler/innen transparent ist und ihre Interessen zum Lernanlaß macht, wo immer dies möglich ist.
Dietlinde H. Heckt

Literatur: *Weinert, F. E./Graumann, C./F. Heckhausen, H./Hofer, M.* (Hg.): Pädagogische Psychologie, Bd. 1 u. 2. Frankfurt/M. 1974 • *Krapp, A./Prenzel, M.:* Interesse, Lernen, Leistung. Neuere Ansätze in der pädagogisch-psychologischen Interessenforschung. München 1992

Museumspädagogik: Seit der Empfehlung der KMK von 1971 zum „Bildungsauftrag der Museen" hat sich Museumspädagogik in besonderer und höchst facettenreicher Weise auch in der Grundschule etabliert. Die in der Empfehlung erkennbaren vielfältigen Zielsetzungen für museumspädagogische Absichten haben allerdings zu zwei grundsätzlich verschiedenen Auffassungen geführt:

- Museen haben für ihre Objekte und Präsentationen (auch bezüglich ihrer regionalen oder überregionalen Bedeutung) eine spezifische Sichtweise für Museumspädagogik entwickelt;
- Schulen haben bezüglich ihrer Bildungs- und Erziehungsabsichten ebenfalls spezifische Sichtweisen für Museumspädagogik entwickelt.

Bei Museen überwiegt die Absicht, die Bestände, Objekte, Präsentationen den Kindern und Schulen nahezubringen, bleibendes Interesse auszulösen und Museumsbesucher zu gewinnen, d. h. Besuchstraditionen aufzubauen. Die öffentliche Bedeutung von Museen definiert sich in der Regel über Besucherzahlen. Sie haben deshalb ein reichhaltiges Repertoire entwickelt, das von Originalen und originalen Zeugnissen (per Distanz und hinter Glas) mit kindernahen Führungen und museumsinternen Aktionen (Mal- oder Kochaktionen) im Museum oder in angegliederten Aktionsräumen bis hin zu Museumskoffern mit berührbaren Repliken und Arbeitsmaterialien (Arbeitsbögen und -heften, Suchbögen etc.) reicht.
Demgegenüber überwiegt z. B. bei Grundschulen die Absicht, Museen und ihre Objekte, z. B. als einen oder als ersten Zugang zu einem Thema, als Quelle für sinnenhafte Informationen, als motivierenden Lernort außerhalb der Schule, aber im Unterrichtszusammenhang zu nutzen, d. h. sie stellen jeweils

die Frage, wie Museen in den alltäglichen Unterricht einzubeziehen seien.
Unstrittig ist, daß Museen in ihrer Vielfalt zur Auseinandersetzung mit historischen, politischen, regionalen, naturwissenschaftlichen, ästhetischen Fragestellungen anregen können. Unstrittig ist ferner, daß Museumsbesuche mit unmittelbarer Anschauung den Unterricht generell bereichern, die Kinder stärker motivieren, eine langandauernde kulturelle Praxis grundlegen können.
Für die Grundschule hat aktives und handelndes Lernen Vorrang: Wenn Kinder Fragen stellen, auf die Suche nach Erklärungen und nach Antworten gehen, wenn sie sich in der Welt orientieren und sie sich mit allen Sinnen aneignen wollen, dann versucht die Grundschule diese Lernprozesse, die sich auch auf das Museum richten können, zu unterstützen. Sie erschließt Museen als Lernorte, leitet zu ihrer „Nutzung" an, macht Gegenstände „fragwürdig" und erfahrbar, entwickelt zusammen mit den Kindern im Rahmen von definierten Themen offene Projekte, setzt Spielaktionen in Szene, mit spezifischen Spielräumen, Rollenangeboten und Möglichkeiten für vielfältige Imaginationen. Objekte in Museen werden dann zu „Hangelseilen" für solche Imaginationen, die belegte Fakten enthalten, aber diese auch phantasievoll erweitern und ergänzen.
Die Grundschule nimmt im Zusammenhang mit Museen die Deutungen und die naive Spurensuche von Kindern ernst, hält sie aber offen und verdeutlicht, daß sie prinzipiell vorläufig bzw. nicht endgültig sein können. Sie versucht andererseits – etwa bei Spielaktionen mit historischen Inhalten – den Distanzverlust zu verhindern, auch bei hohen emotionalen Anteilen den Begegnungscharakter zu wahren, das Fremde, Ungewohnte, Unbekannte, ja Unbegreifliche, Andere, zeitlich Fernliegende in ersten Anfängen herauszuarbeiten. Wenn es gelingt, die Kinder in einen offenen Dialog mit musealen Objekten zu bringen, den sie z.B. anschließend in der Schule auch anhand anderer Quellen weiterführen, dann ist für diese eine prägnante, Zusammenhänge stiftende museumspädagogische Anleitung die erste Öffnung hochkomplexer Lerngegenstände.
Wichtig erscheint besonders, daß sich die Kinder diesen hochkomplexen Lerngegenständen aus eigenem Antrieb wie auch mittels der bekannten didaktischen Verfahren des Vergegenwärtigens und Verlebendigens etwa durch für sie nacherlebbaren Erzählens nähern können: museale Objekte werden in ihre „Ursprungssituation" zurückgeführt, sie werden in ihren „Werdensprozeß" aufgelöst, sie werden wieder zu dem gemacht, was sie waren „Frage, Problem, Not, Schaffenslust" (Prinzip der „originalen Begegnung" nach H. Roth).
Claus Claussen

Literatur: *Roth, H.:* Pädagogische Psychologie des Lehrens und Lernens. Hannover 1963

Musikunterricht: Der Musikunterricht in der Grundschule befindet sich seit Anfang der 70er Jahre im Umbruch. Das Fach „Gesang", dessen Geschichte bis ins Mittelalter zurückreicht und das die musikalische Unterweisung der Kinder und Jugendlichen nicht nur an Kloster- und Stiftsschulen, sondern seit dem 18. Jahrhundert auch an bürgerlichen Schulen wesentlich prägte, war bereits 1927 vom preußischen Kulturpolitiker und Schulreformer Leo Kestenberg in das Schulfach „Musik" umbenannt worden, ohne daß sich jedoch zugleich das Bewußtsein um die Bedeutung des Faches wesentlich änderte. Erst als mit dem Gegenstand Musik nicht mehr nur

Lied und Singen gemeint waren, und dieser Prozeß dauerte noch einige Jahrzehnte, gelang dem Musikunterricht die Befreiung aus den funktionalen Zwängen, die in der Vergangenheit Kirche und Staat mit ihrer verordneten Orientierung an geistlichen und vaterländischen Gesängen auferlegt hatten. Zunächst war festzustellen, daß die zunehmende Bedeutung elektroakustischer und audiovisueller Medien eine Neuorientierung des Musikunterrichts in allen Schularten und für alle Klassenstufen erforderlich machte, denn es wurde immer deutlicher, daß die Medien einen erheblichen Einfluß nicht nur auf den Musikkonsum der Erwachsenen, sondern auch auf die musikalischen Lebenswelten der Kinder und Jugendlichen haben. Ein weiterer Impuls zur Neuorientierung des Musikunterrichts kam aus den Reihen derjenigen, die sich kritisch mit den bisherigen Bildungsidealen des Faches und ihren gesellschaftlichen Hintergründen befaßten. Allen voran ging hier Theodor W. Adorno, der in seinen Beiträgen „Kritik des Musikanten“ (1956) und „Zur Musikpädagogik“ (1961) die an der Jugendmusikbewegung der 20er Jahre orientierte musische Bildung seiner Zeit kritisierte. Einige Jahre später wurden die kritischen Signale auch von der Musikdidaktik verstanden und aufgegriffen. Schon die Titel der wichtigsten musikdidaktischen Publikationen Ende der 60er und Anfang der 70er Jahre zeigen, daß man Musik nicht mehr als Unterrichtsprinzip mit funktionalem Hintergrund akzeptieren wollte und statt dessen ein selbständiges Fach mit kritisch reflektierten Zielen und Inhalten anstrebte. Im Mittelpunkt sollte eine stärkere Konzentration auf die unterschiedlichen Erscheinungsformen des Gegenstandes und eine Berücksichtigung der Musik als „soziale Tatsache“ (Adorno) stehen. Für ein neues Selbstverständnis des Faches Musik unter diesen Aspekten traten vor allem ein die Musikpädagogen Helmut Segler (Musik als Schulfach, 1966 zusammen mit Lars Ulrich Abraham), Michael Alt (Didaktik der Musik, 1968), Dankmar Venus (Unterweisung im Musikhören, 1969), Heinz Antholz (Unterricht in Musik, 1970) und Siegfried Vogelsänger (Musik als Unterrichtsgegenstand, 1970). Entscheidende Anstöße speziell zur Neuorientierung des Musikunterrichts in der Grundschule gingen ferner aus von Ulrich Günther (Musikerziehung in der Grundschule, Referat zum Grundschulkongreß 1969), Gudrun Meyer-Denkmann (Klangexperimente und Gestaltungsversuche im Kindesalter, 1970), Sigrid Abel-Struth (Musikalischer Beginn in Kindergarten und Vorschule, 1971 ff.), Lilli Friedemann (Kinder spielen mit Klängen und Tönen, 1972), Margit Küntzel-Hansen (Musik mit Kindern, 1973) und Peter Fuchs (Karlsruher Versuche für den Musikunterricht in der Grundschule, 1974).

Die in Angriff genommene Neuorientierung des Musikunterrichts in der Grundschule zielte auf folgende Punkte:

- Berücksichtigung des Musikhörens als musikbezogene Verhaltensweise,
- improvisatorischer und kreativer Umgang mit unterschiedlichem musikalischen Material,
- Einbeziehung funktionaler und sozialer Aspekte der Musik,
- Integration neuer und populärer Musik,
- kritische Distanz zu Lied und Singen,
- Bevorzugung handlungs- und schülerorientierter Ansätze,
- Bemühung um Integration des Faches Musik in eine allgemeine ästhetische Bildung.

Heute – zwanzig Jahre nach diesen für den Musikunterricht der Grundschule bahnbrechenden Neuorientierungen – ist der Prozeß der Veränderung noch voll im Gang. Gerade unsere Musikkultur zeigt deutlich, daß Musik nicht nur Kunst, sondern auch Gebrauchsgegenstand des Menschen ist, mit dem sich dieser in ganz bestimmter Weise ausdrückt und anderen mitteilt. Film- und Werbemusik, Jazz- und Popmusik, musikalische Performances und Unterhaltungsmusik sind nur wenige Beispiele dafür, daß der traditionelle Kunstbegriff nicht ausreicht, um die musikalischen Phänomene der Gegenwart hinreichend zu bezeichnen. Wolfgang Roscher hat als Folgerung aus dieser Erkenntnis sein Konzept einer polyästhetischen Erziehung entworfen, in das er den Musikunterricht integriert sehen will. Dieses Konzept wird getragen von multimedialen, interdisziplinären, traditionsintegrativen, interkulturellen und sozialkommunikativen Aspekten. Angesichts der zahlreichen Grundschulklassen mit hohem Ausländeranteil sollten besonders die letztgenannten Gesichtspunkte nicht unbeachtet bleiben. Wünschenswert wäre für die Grundschule ein Musikunterricht, der nicht einseitig auf bestimmte musikalische Gegenstände fixiert ist, der den vielfachen „Weisen ästhetischen Verhaltens" (W. Roscher) nachspürt und der geleitet ist von der Idee, „den Menschen von klein auf die Gestaltbarkeit der Welt erfahren zu lassen, ihn anzuhalten, mit der Mächtigkeit der ästhetischen Wirkungen zu experimentieren und die unendliche Variation nicht nur der Ausdrucksmöglichkeiten, sondern gerade auch der Aufnahme- und Genußmöglichkeiten zu erkennen" (H. von Hentig).

Rainer Schmitt

Literatur: *Giseler, W.* (Hg.): Kritische Stichwörter zum Musikunterricht. München 1978 • *Gundlach, W.* (Hg.): Handbuch Musikunterricht Grundschule. Düsseldorf 1984 • *Schmidt-Brunner, W.* (Hg.): Methoden des Musikunterrichts. Eine Bestandsaufnahme. Mainz 1982

Musisch-ästhetische Erziehung: Musisch-ästhetische Erziehung hat zum Ziel, die gerade für den Bereich der Grundschule fragwürdige Aufspaltung des musisch-ästhetischen Gegenstandsbereichs in einzelne Schulfächer zu überwinden und darüber hinaus die Besinnung auf die ästhetischen Grundlagen von Erziehung und Bildung zu fördern. Im Zuge integrativer Tendenzen in der Grundschulpädagogik ist die musisch-ästhetische Erziehung in den Bundesländern Baden-Württemberg, Berlin, Brandenburg und Bremen in sehr unterschiedlichen Ansätzen, Ausprägungen und Verbindlichkeitsgraden, was den Unterricht in der Grundschule und Studiengänge anbelangt, relativ neu eingeführt worden.

Die musisch-ästhetische Erziehung knüpft schon von der Wortwahl her an zwei pädagogische Bewegungen an:

- Die musische Bildung: eine Antwort der Reformpädagogik auf die rigide Drillschule des 19. Jahrhunderts, verstand sich als fächerübergreifendes, allseitiges und ganzheitliches Bildungsprinzip, das Wert primär auf die Schöpferkraft, die Kreativität, die Selbsttätigkeit, die Selbstaktualisierung und das sinnlich-erfahrende Erkennen legte.
- Das Konzept der ästhetischen Erziehung – wie es seit Mitte der sechziger Jahre vor allem von H. von Hentig vertreten wurde – besinnt sich auf die Aisthesis, die sinnliche Wahrnehmung und Erkenntnis der eigenen Umwelt als grundlegenden Ansatz pädagogischen Handelns.

Musisch-ästhetische Erziehung operiert zum einen künsteübergreifend, indem sie die als genuin musisch angesehenen Fächer Kunsterziehung, Musikunterricht, Bewegungserziehung, Werkunterricht und Textilarbeit zueinander in Beziehung setzt, aber auch andere Lern- und Handlungsbereiche mit ästhetischer

Wirkung wie Deutschunterricht, literarische Erziehung, Spiel, darstellendes Spiel, Kindertheater, kreatives Schreiben einbezieht.
Sie beschränkt sich jedoch nicht auf die Addition der musisch-ästhetischen Fächer im engeren oder weiteren Sinne. Vielmehr versteht sie sich als Ausprägung grundlegender Bildung und des Prinzips des fächerübergreifenden Unterrichts; und sie will auch die nicht als ästhetisch geltenden Fächer erfassen. Ein Beispiel ist der Sachunterricht. In ihm dürfen gerade in der Grundschule Naturphänomene nicht mit isoliertem Intellekt untersucht, sie müssen vielmehr mit allen Sinnen wahrgenommen und erfahren werden. Dies gilt auch für das Erfassen anderer Phänomene unserer natürlichen und sozialen Umwelt, für die alltäglichen Dinge, die Warenwelt, die Reklame, die Wohnwelt, die Spielwelt, die Lebenswelt insgesamt. Bildungsfähigkeit setzt Erfahrungsfähigkeit voraus.
Grundlegendes Ziel der musisch-ästhetischen Erziehung ist die Herausbildung der Fähigkeit, in der Begegnung mit Kunstwerken und sonstigen ästhetischen Objekten sowie in der sinnlichen Wahrnehmung von Phänomenen unserer natürlichen, sozialen und kulturellen Um- und Lebenswelt ästhetische Erfahrungen zu machen.
Gegenstand der musisch-ästhetischen Erziehung ist das Lernen des ästhetischen Wahrnehmens von all dem und des Reagierens auf all das, was wir durch unsere Sinne wahrnehmen. Musisch-ästhetisches Lernen ist sinnliches Lernen, allerdings nicht im Sinne einer „Sinnesschulung", einer Pädagogisierung der Sinne. Der musisch-ästhetischen Erziehung geht es vielmehr um das sinnliche, leibhaftige Erfahren der Lebenswelt, um die Ausbildung der Fähigkeit zum sinnlichen Gewahrwerden. Wenn z. B. das Sehen weitgehend zu einem bloßen Identifizieren, zu einem computermäßigen „scanning" verkommen ist, ist es demgegenüber Aufgabe der musisch-ästhetischen Erziehung, das Sehen „mit fremdem Blick" zu lehren, d.h. die Dinge so zu betrachten, als sähen wir sie zum ersten Mal, als „trauten wir unseren Augen nicht". Wir müssen lernen, das Bekannte als etwas Fremdes zu betrachten, in dem scheinbar allzu Vertrauten das Verborgene zu sehen, in dem Gewöhnlichen das Ungewöhnliche, in dem Normalen das Erstaunliche.
Musisch-ästhetische Erziehung zehrt gegenüber einer in erster Linie wesentlich kognitiv-rationalen Erziehung, die auf das Allgemeine, Abstrakte, Begriffliche fokussiert, von den vorkognitiven Möglichkeiten eines von der sinnlichen Wahrnehmung noch ungeschiedenen ästhetischen Erfassens und Erfahrens, sie ist der lebendigen Fülle der Phänomene verpflichtet, geht nicht vom Abstrakten aus, sondern weist den Weg vom konkreten Einzelnen zum abstrakten Allgemeinen, verbindet Sinnlichkeit und Rationalität, ist den Prinzipien des entdeckenden Lernens, des Erfahrungslernens, der Handlungsorientierung, des Lernens in der Realität, des offenen Unterrichts, des sozialen Lernens verpflichtet. Musisch-ästhetische Erziehung steht für ein Lernen, das auf dem eigenen Empfinden, Erleben, Erfahren und Handeln beruht, das die Nähe zu den Dingen sucht statt die Distanz, das den Warencharakter in der Darbietung des Lehrstoffes zu überwinden trachtet. Musisch-ästhetische Erziehung beschreitet nicht den Schnellweg zum vorab destillierten Wissen, sondern ist angewiesen auf die Langsamkeit, auf die Kraft zum Verweilen, sucht den Umweg, die Abzweigungen, auch die Sackgasse. Alles dies sind Merkmale, die die musisch-ästhetische Erziehung als

besonders geeignet zur Förderung von Ausländerkindern und behinderten Kindern, von interkultureller Erziehung und Integration erscheinen lassen.

Meike Aissen-Crewett

Literatur: *Aissen-Crewett, M.:* Musisch-ästhetische Erziehung in der Grundschule. In: Grundschule H. 7-8, 9, 10, 11/1987; H. 2, 4, 5, 9, 11/1988; H. 5, 6, 10/1989; H. 1, 2, 5, 9, 10/1990 • Deutsches Institut für Fernstudien an der Universität Tübingen (Hg.): Musisch-ästhetische Erziehung in der Grundschule (6 Hefte). Tübingen 1987–1989

Nachhilfe: Über Nachhilfe sprechen viele nicht gerne – und Erziehungswissenschaftler forschen darüber nur wenig. Nur sieben Untersuchungen lagen vor, als die Essener Erhebung und zeitgleich eine unveröffentlichte Schülerbefragung von K. Hurrelmann, die allerdings erstmals die Gesamtschule statistisch relevant einbezog, unlängst erstellt wurden. Für Schulprobleme wird Nachhilfeunterricht als – offensichtlich nicht sehr aufregendes – Folgeproblem und umwegiger, nicht wirklich relevanter Lösungsversuch auf privatistischer Ebene angesehen. In der Essener Erhebung wurde Nachhilfeunterricht als eine Betreuung von Schülern und Schülerinnen definiert, die außerhalb der regulären Unterrichtszeit, zusätzlich zum Zweck der Leistungssteigerung in spezifischen Schulfächern privat von Eltern organisiert und finanziert wird. Einen solchen Nachhilfeunterricht nehmen im Laufe ihrer Schulzeit insgesamt fast die Hälfte aller Kinder irgendwann einmal in Anspruch, eine Quote, die durch mehrere Erhebungen gestützt wird.

Nachhilfe wird bei allen, die damit zu tun haben, als ausgesprochen hilfreich und positiv erlebt: Schüler/innen lernen signifikant lieber beim Nachhilfe-Lehrer als in der Schule, die Eltern schätzen den Nachhilfeunterricht überwältigend deutlich als förderlich ein und immerhin 61 % der Lehrerinnen und 42 % der Lehrer finden Nachhilfe grundsätzlich sinnvoll; von den Lehrern und Lehrerinnen, die zu ihrer eigenen Schulzeit einmal Nachhilfeunterricht erhalten hatten, sogar 69 %. Diesen subjektiven Einschätzungen können aufgrund der Essener Erhebung auch „harte“, quantitiative Daten gegenübergestellt werden:

Im Durchschnitt aller Nachhilfefälle verbesserten sich innerhalb eines Zeitraumes von gut sieben Monaten die Zensuren um gut eine Stufe auf der Zensurenskala. Vor Beginn der Nachhilfe beträgt die Zensur im betreffenden Fach durchschnittlich 4,9. Zum Zeitpunkt der Befragung weisen die Nachhilfeschüler im Durchschnitt einen Zensurenstand von 3,8 auf. Der von den Eltern durch den Nachhilfeunterricht angestrebte Zensurenstand ist im Durchschnitt 3,0. Dabei fällt auf, daß sich der Nachhilfeunterricht von Lehrer/inne/n mit einer durchschnittlichen Zensurenverbesserung von 1,3 dem von Schülern und Studenten mit ca. 1,0 als signifikant effektiver erweist. Die subjektiv positivsten Zuschreibungen durch Nachhilfeschüler erhielten jedoch die Abiturienten.

Bei näherem Hinsehen präsentiert sich das Phänomen Nachhilfe als keineswegs so einheitlich, wie die kompakte Begrifflichkeit suggeriert: Nur knapp ein Viertel der Eltern wendet sich an den Lehrer des Kindes. Insgesamt 58 % der Eltern haben entweder keinen oder kaum Kontakt zum Nachhilfelehrer. Und nur ein Drittel der Lehrer/innen hat zum Nachhilfe-Lehrer ihrer Schüler und Schülerinnen Kontakt. Lehrer wurden kaum darüber informiert, ob ihre Schüler Nachhilfeunterricht haben. Auffällig ist also die pädagogische Absurdität der fehlenden Kommunikation zwischen Eltern und den von ihnen bezahlten

Nachhilfe-Lehrkräften und auch der unterschiedliche Umgang von Eltern mit dem Nachhilfeunterricht ihrer Kinder.
Für die Grundschulpädagogik ergab sich aufgrund der Essener Erhebung sogar eine Verschärfung der Chancenverteilungs- und Chancengleichheitsproblematik. Trotz wesentlicher, sicher nicht nur kosmetischer Reformen zur Reduzierung der Leistungsorientierung im Grundschulbereich findet Nachhilfeunterricht immer früher statt – ein deutlicher Hinweis auf die Notwendigkeit, die Grundschulreform konsequent weiter zu betreiben. Sowohl aus pädagogischen als auch aus bildungspolitischen Gründen kann es für die Grundschule am wenigsten hingenommen werden, wenn der Kampf um spätere soziale Chancen in die organischen Entwicklungsschritte von Kindern einbricht und sie dominiert.
Welche bildungspolitischen Forderungen sind aufgrund dieser Überlegungen zu stellen? Neben den Forderungen nach mit Personal und Material besser ausgestatteten Schulen, nach schulischer Hausaufgabenbetreuung bzw. Silentien, die sich aus verschiedenen bildungspolitischen Diskussionen ableiten lassen, sind für die Nachhilfeproblematik vor allem zwei Grundorientierungen für schulische Veränderungen zu nennen, die signifikante Verbesserungen versprechen könnten:

- Die Schule muß zunehmend neue Verfahren finden, um mit ihrer Auslese- und Chancenverteilungsfunktion anders umzugehen.

Die Ansätze, die es hier in den vergangenen Jahrzehnten gegeben hat (zum Beispiel Grundschulreform, Orientierungsstufe, verschiedene Schulversuche), sind konsequent weiter zu entwickeln. Bei allen Erfolgen und Entwicklungsimpulsen ist kritisch zu prüfen, warum sich für die Inanspruchnahme von Nachhilfeunterricht keine Veränderung ergeben hat.

- Der Schule muß es immer weniger als nötig erscheinen, Leistungserbringung, insbesondere in Form von Hausaufgaben, nach außen zu delegieren.

Hausaufgaben erweisen sich als ein, wenn auch nicht alleiniger, Schwerpunkt beim Anlaß und auch beim Inhalt von Nachhilfestunden. Die Delegation von Lernarbeit und Leistungserbringung an das Kind nimmt automatisch den sozialen Kontext und damit hier auch Chancenungerechtigkeit mit in die Schule hinein.
Natürlich ist die Hoffnung überzogen, daß das im Grunde so lange wie die Schulpflicht bestehende Phänomen Nachhilfeunterricht nach ein paar weiteren Schulreformen gänzlich verschwinden könnte. Es in der seit 30 Jahren und heute vorfindbaren Verbreitung zu akzeptieren, käme allerdings einem bildungspolitischen Offenbarungseid gleich.
Michael Behr

Literatur: *Behr, M.:* Nachhilfeunterricht. Darmstadt 1990 • *Behr, M./Walterscheid-Kramer, J.:* Einfühlendes Erzieherverhalten. Weinheim [2]1990 • *Creamer, K. P.:* Nachhilfefirmen im „Wilden Mann". In: betrifft: erziehung 6/1980 • *Langemeyer-Krohn, R. /Krohn, D.:* Nachhilfe – Der Unterricht nach der Schule. In: Die Deutsche Schule 4/1987 • *Nimptsch, J.:* Mit Schule Geld machen. In: betrifft: erziehung 2/1982 • *Weegen, M.:* Das Geschäft mit der organisierten Nachhilfe. In: Jahrbuch der Schulentwicklung Bd. 4. Weinheim 1986

Offener Unterricht: Offener Unterricht ist seit den frühen 70er Jahren ein Sammelbegriff für vielfältige Reformanliegen. Der Begriff lehnt sich an die amerikanische Bezeichnung „open education" an. Im programmatischen Anliegen ist er zunächst deutlich von englischen Vorbildern und der Philosophie des Plowden Reports bestimmt, läßt sich jedoch auch mit reformpädagogischen Traditionen (Pädagogik vom Kinde aus) in Verbindung bringen. Eindeutige Konturen hat der Begriff bisher nicht gewinnen können. Er bezeichnet eher eine Bewegung als ein klar zu umschreibendes didaktisches Konzept.

In der ersten Phase der Diskussion ging es um die Formulierung von Alternativen zu lehrer- und lernzielorientierten Unterrichtskonzepten. Die durch den Strukturplan des Deutschen Bildungsrats (1970) empfohlene Wissenschaftsorientierung wurde bereits 1973 durch die Empfehlung zur Entwicklung offener Curricula ergänzt, die sich an Bedürfnissen der Lehrenden und Lernenden orientieren sollten. In den Entwürfen der Folgejahre wurden zentrale Faktoren des Lehrgefüges (Ziele, Inhalte, Methoden, Medien, Interaktionsformen, institutionelle Strukturen) nach Öffnungsmöglichkeiten befragt, d. h. nach Mitentscheidungsmöglichkeiten durch Lehrende und Lernende, die Chancen zum Aufbau von Handlungsfähigkeit und Mündigkeit erhalten sollten. Unterschiedliche Ausprägungen verschiedener Dimensionen von Offenheit führten zu unterschiedlichen Formen offenen Unterrichts (z. B. Freiarbeit, Wochenplanunterricht). Ihre Qualität kann nicht nach dem Motto „Je offener, desto besser“, sondern nur nach Abwägung der jeweiligen Voraussetzungen der Lernenden und der pädagogischen Situation eingeschätzt werden. Wesentlich ist, daß die Selbstbildungskräfte der jungen Menschen gefördert werden und sie mehr und mehr Subjekte ihres eigenen Lernens werden. Dies heißt, daß Offenheit mit einer neuen Einstellung zum Lernen und damit mit der Öffnung der Lehrenden beginnen muß.

In der Schulpraxis begegnet man einem deutlich differenzierten Spektrum offener Lernsituationen und nicht „dem“ offenen Unterricht. Die entscheidende Herausforderung zur Öffnung überkommender, noch überwiegend vorschreibend-gleichgerichteter Unterrichtsformen in der Grundschule stellt die zunehmende Heterogenität der Lerngruppen dar. Traditionelle Formen individualisierender Gestaltung des Unterrichts konnten immer noch von einem hohen Anteil störungsfreien Lernens im Klassenverband ausgehen. Dieses gemeinsame und integrierende Lernen ist nach wie vor notwendig – vor allem im Hinblick auf soziale Ziele – doch muß es von den sehr unterschiedlichen Lernbiographien, Lernstilen und Lerninteressen der Kinder her ergänzt werden durch Wahlmöglichkeiten, Mitentscheidungsanlässe, Handlungssituationen für kleinere Gruppen oder für einzelne Kinder. Auch der gemeinsame Unterricht selber muß sich öffnen, etwa durch gemeinsame Planung, durch variable Gestaltung der Lernzeit und durch Einbeziehung von aktuellen Themen und existentiellen Erfahrungen der Kinder.

Grundschulrichtlinien und -lehrpläne geben Leitziele vor (u. a. Kindorientierung, Selbständigkeit), die eine Öffnung grundsätzlich legitimieren. Dennoch begegnen Lehrerinnen und Lehrer im Schulalltag widersprüchlichen Erwartungen, z. B. zwischen erziehendem und leistungsorientiertem Unterricht. Offene Lernsituationen werden in der jüngeren Diskussion mehr und mehr angefragt, ob sie über pädagogische Erwartungen hinaus auch den qualifizierenden, enger gefaßten Lernanspruch an Schule und Unterricht einzulösen imstande sind, welches Leistungsverständnis ihnen zugrunde liegt und welche Bedingungen erfüllt sein müssen, damit alle Schüler/innen – vor allem auch leistungsschwächere – gefördert werden können. Untersuchungen zu Verläufen und Ergebnissen offenen Unterrichts liegen in großer Zahl – vor allem aus dem angloamerikanischen Bereich – vor. Die Ergebnisse sind jedoch erwartungsgemäß uneinheitlich, da weder von einem gleichen Konzeptverständnis noch von der Vergleichbarkeit der Stichproben, der untersuchten Variablen und von geeigneten Untersuchungsmethoden ausgegangen werden kann. Einzelne Faktoren und Bedingungen gewinnen aber dennoch im Vergleich verschiedener Studien erhöhten Erklärungswert für Lernfortschritte, sei es im lernzielunabhängigen, nicht-kognitiven Bereich (z.B. positive Sozialbeziehungen in der Klasse, positive affektive Einstellungen zum Lernen, persönliches Wohlbefinden, stabiles Selbstkonzept), sei es im lernzielorientierten und auch lernzielunabhängigen kognitiven Bereich. Dazu zählen insbesondere

- eine vielfältig-adaptive (an individuelle Lernvoraussetzungen der Kinder angepaßte) Lernumgebung (Klassenraumgestaltung),
- ein klar strukturiertes Lernangebot, das Aufgaben mit Aufforderungs- und Erwartungsgehalt, Einstiegshilfen, Aufbaufolgen, Kontrollmöglichkeiten u.ä. enthält,
- variable, arbeitsintensive Lernzeit, die auf individuelle Lernrhythmen der Kinder Rücksicht nimmt, aber auch wiederkehrende Strukturierungen (Rituale des Beginns, Fixpunkte im Verlauf, geregelte Übergänge und Abschlüsse) enthält,
- Beschreibung und Diagnose von Lernentwicklungen der Kinder (Förderdiagnostik) anstelle bewertender Leistungsfeststellung,
- kontinuierlicher Aufbau von Lernstrategien (Methoden des selbständigen Lernens) bei Kindern.

Besondere Handlungskompetenzen von Lehrerinnen und Lehrern sind gefordert (reflektierende Beobachtung, pädagogische Tagebuchführung, förderdiagnostische Auswertung von Schülerarbeiten, Medienanalyse und -herstellung, u.a.), die auch neue Formen der Lehrerfortbildung erfordern (z.B. Lernen in Lernwerkstätten).

In neueren Studien wird die Bedeutung offenen Unterrichts innerhalb eines größeren Repertoires von Methodenkonzeptionen gesehen und dessen Beitrag zu einem sich verändernden Selbstverständnis der Grundschule herausgestellt. Öffnung der Schule ist die konsequente umfassendere Programmatik der Öffnung auf der Ebene des Unterrichts.

Hildegard Kasper

Literatur: *Garlichs, A.* u.a.: Alltag im Offenen Unterricht. Das Beispiel Lohfelden-Vollmarshausen. Arbeitskreis Grundschule. Beiträge zur Reform der Grundschule. Bd. 78. Frankfurt 1990 • *Kasper, H.* (Hg.): Laßt die Kinder lernen. Offene Lernsituationen. Braunschweig 1989 • *Wallrabenstein, W.:* Offene Schule – Offener Unterricht. Reinbek 1991

Orientierungsstufe: Die Orientierungsstufe ist als Gelenkstelle für den Übergang zwischen der Grundschule und dem gegliederten Sekundarschulwesen nach den Vorstellungen des Deutschen Bildungsrates im „Strukturplan“ (1970) entwickelt worden. Mit der Einrichtung der Orientierungsstufe sollten folgende Ziele erreicht werden:

- Orientierung der Schüler/innen und Eltern über die Anforderungen und Möglichkeiten der Sekundarstufe I,
- Erkennen der individuellen Fähigkeiten und deren optimale Förderung,
- soziale Integration,
- größere Prognosesicherheit bei der Schullaufbahnentscheidung. Diese Vorstellungen des Bildungsgrates, der die schulformunabhängige Orientierungsstufe innerhalb einer integrierten Sekundarstufe I beschrieben hatte, wurden im Bildungsgesamtplan der Bund-Länder-Kommission (1973) und in der Vereinbarung der KMK (1974) entscheidend

verändert, so daß heute in den einzelnen Bundesländern grundsätzlich zwei Formen unterscheidbar sind: Die schulformunabhängige Orientierungsstufe, die eigenständig geführt wird (angebunden an eine Hauptschule oder Teil eines Schulzentrums), und die schulformabhängige Orientierungsstufe, in der die fünften und sechsten Klassen in die jeweilige Schulform der Sekundarstufe I (Hauptschule, Realschule oder Gymnasium) integriert sind (auch bezeichnet als Beobachtungs-, Erprobungs- Eingangsstufe). Hier wird die Übergangsentscheidung schon nach der vierten Klasse der Grundschule getroffen. Nur in den Ländern Niedersachsen und Bremen ist die schulformunabhängige Orientierungsstufe flächendeckend eingeführt. Außer Berlin und Brandenburg (sechsjährige Grundschule) haben sich alle anderen Länder für die schulformabhängige Orientierungsstufe entschieden bzw. haben beide Formen zugelassen (z. B. Hamburg).

Seit der Reichsschulkonferenz von 1920 gleichen sich die Argumentationsmuster, wenn es um die Frage der gemeinsamen Schulbesuchsdauer aller Kinder eines Jahrganges geht. Auf der einen Seite stehen die konservativen Gruppierungen, Parteien und die Gymnasiallehrerschaft (Philologenverband), die von grundsätzlich unterschiedlichen Begabungstypen ausgehen, denen nur mit einem früh beginnenden gegliederten Schulsystem entsprochen werden kann (frühzeitige Selektion), während auf der anderen Seite vor allem die „Volksschullehrerschaft", die Gewerkschaften und die Sozialdemokraten möglichst lange einen gemeinsamen Bildungs- und Erziehungsprozeß anstreben (Einheitsschule), um eine frühzeitige soziale Selektion zu vermeiden. Die Argumentationslinien finden sich in allen Reformbestrebungen nach 1945 wieder (u. a. bei dem differenzierten Mittelbau in Niedersachsen und dem Förderstufenkonzept des Deutschen Ausschusses). Es bleibt festzuhalten, daß sich die Vorstellungen des Deutschen Bildungsrates von 1970, die vertikal gegliederte Sekundarstufe I in eine horizontale, integrierte Stufe umzuwandeln, nicht haben durchsetzen lassen. Auch dort, wo die Orientierungsstufe flächendeckend als schulformunabhängige Schulstufe seit fast 20 Jahren arbeitet, kann sie ihren Zielen teilweise nicht gerecht werden, weil sie für die Schulformen der gegliederten Sekundarstufe I selektieren muß. Dennoch bleibt, daß hier die Schulwahlentscheidung zwei Jahre aufgeschoben ist und in der Regel begründeter getroffen werden kann. Auch aus diesem Grunde kann die Grundschule hier ruhiger und kindgerechter arbeiten.

Hubert Lohrenz

Literatur: *Jürgens, E.:* 20 Jahre Orientierungsstufe. Sankt Augustin 1991 • *Nauck, J.:* Neue Studien zur Orientierungsstufe. Braunschweig 1988 • *Retter, H./Nauck, J./Ohms, R.:* Orientierungsstufe – Schule zwischen den Fronten. Braunschweig 1985

Pädagogische Freiheit und pädagogische Verantwortung:

Die pädagogische Freiheit gehört zu den elementaren Rechten, die der Gesetzgeber den Lehrkräften zur Erfüllung des Erziehungs- und Bildungsauftrags eingeräumt hat. Wenngleich die pädagogische Freiheit in den rechtlichen Vorgaben der einzelnen Bundesländer in unterschiedlicher Deutlichkeit formuliert ist, so ist sie doch in allen Schulgesetzen genannt. Mit der pädagogischen Freiheit wird ein Freiraum geschaffen, in dem pädagogische Entscheidungen unter Beachtung der besonderen Lernvoraussetzungen und -bedingungen der Schülerinnen und Schüler von Fall zu Fall getroffen werden können. Damit wird den Lehrerinnen und Lehrern die Möglichkeit gegeben, in jedem Einzelfall angemessene erzieherische Maßnahmen zu ergreifen und in ihrem Unterricht in didaktischen und methodischen Fragen bei Berücksichtigung allgemein geltender Prinzipien Wege frei zu wählen, um das Lerngeschehen kreativ, problem- und schülerbezogen gestalten zu können. Die pädagogische Freiheit bezieht sich also in der Hauptsache auf didaktische und methodische Entscheidungen in der Unterrichtsplanung und -gestaltung sowie auf die Leistungsmessung und -bewertung. Wenn die Konferenzen beispielsweise im Niedersächsischen Schulgesetz bei ihren Entscheidungen ausdrücklich zur Rücksichtnahme gegenüber dieser pädagogischen Freiheit aufgefordert werden, so beweist das, wie weitgehend sie eingeschätzt wird. Andererseits ist sie durch Vorschriften eingegrenzt und endet dort, wo der Staat in seiner Verantwortung für das Schulwesen Regelungen verbindlich vorschreibt. Vor allem ist sie nicht der Lehrkraft persönlich, sondern eher den Kindern zugestanden, wenn berücksichtigt wird, daß sie der Wirksamkeit der pädagogischen Arbeit dienen soll. Da die pädagogische Freiheit kein Grundrecht ist, können Lehrerinnen und Lehrer sie auch nicht – etwa unter Hinweis auf die wissenschaftliche Freiheit der Forschung und Lehre – einklagen. Es ist vielmehr ein Recht, das sich aus der Notwendigkeit begründet, daß jede Lehrkraft einen Freiraum braucht, wenn sie Verantwortung für pädagogische Maßnahmen und Entscheidungen tragen muß.

So erklärt es sich, daß Dienstvorgesetzten und auch Konferenzen die Verpflichtung auferlegt ist, die Grenzen der pädagogischen Freiheit zu beachten; deren Weisungs- und Lenkungsfunktionen sind also in diesem Punkt eingeschränkt. Hier verbirgt sich Konfliktstoff, wenn die staatliche Schulaufsicht einerseits die Bildungs- und Erziehungsarbeit regeln und kontrollieren soll, andererseits aber nur bei Überschreitung von Normen und Verletzung von Rechten – also in Ausnahmesituationen – die pädagogische Freiheit in Frage stellen darf. Inwieweit Lehrerinnen und Lehrer in ihrem Verhalten und Handeln von der pädagogischen Freiheit Gebrauch machen, werden sie jeweils von ihrer pädagogischen Verantwortung her entscheiden: im Vordergrund steht immer die Frage, in welcher Weise der gesetzlich vorgeschriebene Erziehungs- und Bildungsauftrag zum Wohle der Schülerinnen und Schüler am besten erfüllt werden kann.

Günter Heizmann

Literatur: *Hage, K.-H./Staupe, J.:* Schulrecht von A–Z. München 1985

Partnerarbeit: Partnerarbeit als zeitweilige, meist kurzphasige Zusammenarbeit zweier Schüler/innen ist eine eigenständige Gruppierungsform, wenn man davon ausgeht, daß es Aufgaben gibt, die von zweien angemessener gelöst werden können als von einem oder mehreren. Sie wird häufig in der Grundschule praktiziert, ist aber auch in höheren Klassen einsetzbar. Ihr Vorteil liegt darin, daß sie alle Schüler und Schülerinnen aktiviert und daß der organisatorische und materielle Aufwand gering ist. Bei Einführung dieser Form und gerade bei Erstkläßlern sollten für die Zusammensetzung der Paare Freundschaftsbeziehungen genutzt werden. Eingriffe aus pädagogischen Gründen bleiben dem Lehrenden natürlich vorbehalten. Um einseitige Dominanzen zu verhindern, ist es günstig, wenn die Partner etwa gleich leistungsfähig sind. Je

größer der Leistungsunterschied wird, desto mehr nähert sich die Partnerarbeit dem Helferunterricht, in dem ein/e Schüler/in die Rolle eines Hilfslehrenden übernimmt.
Mit der Partnerarbeit kann jederzeit begonnen werden; dabei ist durch präzise Arbeitsanweisungen sicherzustellen, daß die Kinder genau wissen, was sie tun sollen. Bei der Einführung in das Verfahren sollte die hierfür vorgesehene Zeit möglichst kurz bemessen werden (maximal fünf bis zehn Minuten), dies verlangt entsprechende Arbeitsaufträge. Je komplexer die zu bewältigenden Aufgaben sind, desto größer werden auch die Zeitdifferenzen in deren Bewältigung. Die Lehrkraft muß sich also überlegen, was die Schüler tun sollen, die ihre Arbeit früher als andere erledigt haben.
Für die Partnerarbeit bieten sich folgende Aufgaben besonders an: Überprüfen der Hausaufgaben, Übungen (z. B. mit Rechtschreibkarteien), Wiederholungen durch gegenseitiges Abfragen, Sammlung von Materialien bzw. Fragen für den nachfolgenden Unterricht, Befragung von Experten außerhalb der Schule, gemeinsame Arbeit an Produkten (z. B. Zeichnungen, Collagen, Werkarbeiten), Lern- und Gesellschaftsspiele zu zweit.
Gerhard Meyer-Willner

Literatur: *Coppes, K.H.:* Partnerarbeit im Unterrichtsgeschehen der Grund- und Hauptschule. Weinheim/Berlin/Basel 1969 • *Krüger, R.:* Projekt Lernen durch Lehren. Schüler als Tutoren von Mitschülern. Bad Heilbrunn 1975 • *Schell, Chr.:* Partnerarbeit im Unterricht. Psychologische und pädagogische Voraussetzungen. München/Basel 1975

Pausengestaltung: Pausen können unterschiedlichen Charakter haben. Bei einer rigiden Trennung von Unterricht und Pause bietet es sich an, sinnvolle Übergänge in die Pause zu organisieren, z. B. den Unterricht abzuschließen, Essen und Getränkeverteilung zu organisieren, Spielgeräte (wie Seile, Reifen, Bälle, Schläger) auszugeben. Wo – im Kontext eines veränderten Unterrichts – fließende Übergänge existieren, kann eine anregungsreiche Umgebung Angebote zum Ausruhen, Toben, Basteln, Spielen und Arbeiten gewähren. Im Klassenzimmer (und auf den Fluren) können angenehm ausgestattete Nischen mit Spielen und Bastelmaterialien bereitgestellt werden. Auf dem Schulhof gewährleisten Spielgeräte (Rutsche, Klettergerüst, Baumhaus, Buddelplatz, Tischtennisplatte, Tore für Hand- und Fußball) angemessene Aktivitätsmöglichkeiten.
Wo Pausen – im Kontext der Ausweitung der Schule zur „ganzen Halbtagsschule“ – lange Zeitperioden umfassen, können z. B. betreute Frühstücks- oder Mittagstische – von Lehrkräften und/ oder Sozialarbeiter/innen Aktivitäten (in Arbeitsgemeinschaften oder für einzelne Individuen oder Gruppen) angeboten werden. Zur aktiven Pause gehört auch die tägliche Bewegungszeit. Dort, wo hinreichend Arbeits- und Aufenthaltsräume existieren, können Schüler/innen die Pause für selbstbestimmte Tätigkeiten nutzen.
Hanna Kiper

Literatur: *Burk, K./Haarmann, D.* (Hg.): Wieviel Ecken hat unsere Schule? Band 2: Schulraumgestaltung: Schulhaus – Schulhof – Schulanlage. Frankfurt/M. 1980 • *Kraft, P.:* Der Schulhof als Ort sozialen Verhaltens. Braunschweig 1977 • *Kraft, P.:* Neue Schulhöfe. Strategien – Probleme – Berichte – Anregungen. Braunschweig 1980

Phonologie: Die Lehre von der Phonetik beschäftigt sich unter physiologisch-artikulatorischen, auditiven, akustischen Aspekten mit den Schalleigenschaften der gesprochenen Sprache, mit den durch Atmung, Stimme und Artikulation erzeugten Lauten (Phonen) und den Bedingungen ihrer Wahrnehmung durch das menschliche Gehör. Sie baut ihr System auf vier Grundmerkmalen auf: Tondauer, Lautstärke, Tonhöhe (Grundfrequenz), Klangfarbe (spektrale Zusammensetzung/Teilfrequenz). Sie ermittelt und beschreibt das physiologische Material der Laute, aus dem Menschen ihr Sprechen gewinnen und gestalten. Phonetik läßt keinerlei Aussagen darüber zu, welche Funktionen Lauten und Lautverbindungen innerhalb des Sprachsystems zuzuweisen sind, weshalb ihre Daten für die Fragestellungen der Linguistik nur sehr eingeschränkt nutzbar sind.

Die Brücke zwischen Phonetik und Linguistik haben N. S. Trubetzkoy und insbesondere R. Jakobson mit der Grundlegung der Phonologie geschlagen. Sie bestimmten in ihren Forschungsarbeiten die Bedeutungsunterscheidung als wesentliche Funktion der Laute im Sprachgeschehen. Aufbauend auf den Grundlagen der Phonetik ermittelten sie die Bedingungen, die Laute erfüllen müssen, damit sie bedeutungsunterscheidend wirken und als Phoneme klassifiziert werden können. Da nie alle Laute einer Sprache distinktiv sind, muß neben dem Laut- auch immer das Phoneminventar einer Sprache ermittelt werden. Grundsätzlich gilt: Unterscheiden sich zwei Laute in nur einem Merkmal, haben sie Phonemstatus (/ihn/ vs. /in/ = Länge – Kürze). Die wichtigsten Verfahren, mit denen die Laute und Lautverbindungen einer Sprache phonemisch klassifiziert werden, sind:

Opposition über Minimalpaarbildung (Gegenüberstellung von zwei Wörtern, die sich in nur einem Phonem unterscheiden: /loben/ vs. /toben/; /loben/ vs. /laben/) und Distributionsanalyse (Ermittlung der Verteilung von charakteristischen, möglichen, nicht möglichen Lautverbindungen in An-, In- und Auslautposition innerhalb einer Sprache. Die phonemische Analyse ist für die deutsche Sprache von besonderer Relevanz, weil sie keine lauttreue Schriftform hat und die Eigentümlichkeiten der Rechtschreibung über die Graphem-Phonem-Korrespondenzregeln erschlossen werden müssen.

Darüber hinaus gelang es Jakobson, aus seinen phonologischen Analysen wichtige Einsichten in die Prozesse des Sprachaufbaus und -abbaus zu gewinnen, die universelle Tendenzen der kindlichen Sprachentwicklung aufdeckten:

- Alle Kinder folgen in ihrer Sprachentwicklung dem Prinzip des größtmöglichen Kontrasts. Sie bilden als erste die sich am stärksten unterscheidenden Laute und schaffen damit den Rahmen, in den alle nachfolgend erscheinenden Laute eingebettet werden. Aus diesem Prinzip lassen sich Gesetze der Lautentwicklung ableiten: Opposition und größtmöglicher Kontrast auf der Grundlage von Basisvokalismus (a – i – u) und Basiskonsonantismus (p – m – t – k; oral-nasal) vollzieht sich der Lautaufbau von vorn (Lippen) nach hinten (Rachen); plosiv erscheint vor frikativ usw.
- Analysen gestörter bzw. erloschener Sprach- und Sprechfähigkeit (Aphasie) lassen reziproke Prozesse mit erstaunlicher Regelhaftigkeit erkennen, die die Entwicklungstendenzen bestätigen: Alle zuerst erworbenen Laute des Basisinventars erweisen sich als stabil und bleiben am längsten erhalten, alle später und spät erworbenen sind labil und gehen als erste verloren.
- Da das menschliche Gehör beim Aufbau seiner Diskriminierungsfähigkeit an diese Prozesse gebunden ist, sind seine Leistungen auf entsprechende Organisation angewiesen: Größere und eindeu-

tige Lautunterschiede werden leichter wahrgenommen als geringfügige und diffuse, ein für die Organisation von Lernprozessen unerläßliches Prinzip.
Diese Tendenzen beinhalten wichtige Einsichtsmöglichkeiten für die Grundschuldidaktik, insbesondere für den Schriftspracherwerb im Anfangsunterricht: Hörwahrnehmungsfähigkeit, Sprachentwicklungsstand, Wortschatzinventar von Erstlehrwerken, methodische Fragen der Präsentation. Die meisten Probleme beim Lesen- und Schreibenlernen können phonologisch erklärt und interpretiert werden. Leider wird die phonemische Ebene bei der Beurteilung von Rechtschreibschwierigkeiten, Sprachentwicklungsstörungen, Problemen ausländischer Schüler u. a. m. noch zu wenig beachtet, was sich aus ihrer nur oberflächlich abstrakt erscheinenden Brükkenfunktion zwischen Phonetik und Linguistik erklärt, tatsächlich jedoch Fundament jeder entwicklungs- und förderorientierten Sprachdidaktik ist. Besonders die Graphem-Phonem-Korrespondenz-Regeln (Gümbel 1989) helfen, typische Schwierigkeiten des Schriftspracherwerbs zu erfassen. Deshalb die Empfehlung: Grundwortschätze für den Anfangsunterricht phonemisch analysieren nach der Kriterienfolge:

- Wörter, die in sich große lautliche Oppositionen, möglichst regelmäßige Konsonant-Vokalfolge und eine lauttreue Schriftform aufweisen;
- Wortmaterial, das für das Deutsche typische Lautverbindungen (z. B. /schw…/, /sp…/ usw.) und Eigentümlichkeiten (Auslautverhärtung usw.) enthält;
- Wortmaterial, dessen Besonderheiten nicht über Lautregeln zu erlernen sind, sondern grammatisch begründet und/ oder über optisches Einprägen angeeignet werden müssen. Hier weisen viele Lehrwerke noch empfindliche Defizite auf.

Inge Schleier

Literatur: *Gümbel, R.:* Erstleseunterricht. Entwicklungen – Tendenzen – Erfahrungen. Königstein/Ts. ^{2}1989 • *Hacker, D./Weiss, K.-H.:* Zur phonemischen Struktur funktioneller Dyslalien. Oldenburg 1986 • *Jakobson, R.:* Kindersprache, Aphasie und allgemeine Lautgesetze. Frankfurt ^{3}1972 • *Kohler, K. J.:* Einführung in die Phonetik des Deutschen. Berlin 1977 • *Meinhold, G./Stock, E.:* Phonologie der deutschen Gegenwartssprache. Leipzig 1982

Plowden Report: Der Plowden Report „Children and their Primary Schools“ (Kinder–Schule–Elternhaus) wurde 1967 vom englischen Erziehungsministerium herausgegeben. Er ist nach der Kommissionsvorsitzenden Lady B. Plowden benannt und steht in einer traditionsreichen Reihe amtlicher Schulberichte (z. B. Hadow Reports „The Primary School“ 1931 u. 1932). Die Entwicklung des englischen Primarschulwesens, aber auch die internationale Diskussion wurde bis in die 80er Jahre hinein vom Plowden Report nachhaltig beeinflußt.
Der Bericht basiert auf umfangreichen empirischen Untersuchungen, u. a. auf einer nationalen Erhebung über Zusammenhänge zwischen Elternhaus und Schulerfolg. Zu den progressivsten Vorschlägen zählt, daß Kinder mit besonderer Bildungsbedürftigkeit bildungspolitischen Vorrang haben (positive Diskriminierung) und Prioritätsbezirke durch Sonderprogramme gestützt werden sollten.
Schulorganisatorisch werden vor allem Übergänge Elementar-/Primar-/Sekundarbereich problematisiert. Der Kindergartenbereich soll ausgebaut und für den Primarbereich eine neue Altersgliederung vorgenommen werden (First Schools: 5–8, Middle Schools: 8–12).
Curricular und unterrichtsmethodisch akzentuieren die Vorschläge vor allem selbständig-entdeckende Schüleraktivitäten. „Das Kind ist der Mittelpunkt des

Erziehungsprozesses." In dieser Hinsicht wurden Aussagen des Plowden Reports häufig zur Legitimation kindorientierter, offener Lernformen in der deutschen Diskussion herangezogen.
Seit Ende der 70er Jahre wurden Grundpositionen des Plowden Reports zunehmend in Frage gestellt (u. a. Überbetonung kindlicher Spontaneität), dies vor allem angesichts ökonomischer Zwänge und eines wachsenden Wettbewerbs der Bildungssysteme. Die erziehungswissenschaftliche Diskussion hat zu einer Differenzierung der Positionen, nicht jedoch zu einer grundsätzlichen Neuorientierung geführt. Eine breite pädagogische Bewußtseinsveränderung in Lehrerschaft und Öffentlichkeit dürfte zu den fortdauernden Wirkungen des Plowden Reports gehören.
Hildegard Kasper

Literatur: *Alexander, R./Rose, J./Woodhead, Ch.:* Curriculum Organisation and Classroom Practice in Primary Schools. A Discussion Paper. Department of Education and Science. London 1992 • *Belser, H./Roeder, P.-M./Thomas, H.* (Hg.): Kinder-Schule-Elternhaus. Plowden Report. Frankfurt 1972 • Department of Education and Science (Hg.): Children and their Primary Schools. Vol. I: The Report, Vol. II: Research and Surveys. London 1967

Privatschulen: Wiewohl der Staat per Gesetz eine allgemeine Schulpflicht verfügt, besitzt er keineswegs ein Bildungsmonopol. Vielmehr kann das lokale Angebot an Regelschulen „ersetzt" oder „ergänzt" werden durch Privatschulen in freier Trägerschaft. Ihre Gründung ist verfassungsrechtlich garantiert, ihre staatliche Zulassung und Bezuschussung gesetzlich geregelt. Als „Ersatzschulen" gelten solche Privatschulen, die anstelle der örtlich zuständigen Regelschule besucht werden können. Sie dürfen in ihren Lehrzielen, in Einrichtung und Personalausstattung nicht hinter den öffentlichen Schulen zurückstehen. Für die Zulassung privater Grund- und Hauptschulen muß überdies „ein besonderes pädagogisches Interesse", etwa an konfessioneller Bildung, an besonderen Reformkonzepten, an Ganztagsbetreuung o. ä., nachgewiesen werden (vgl. Alternativschulen). Private „Ersatzschulen" unterstehen der staatlichen Schulaufsicht, nicht hingegen sog. „Ergänzungsschulen", die auch nicht genehmigungspflichtig sind. Zu ihnen zählen u. a. Gymnastik-, Sprach- oder Nachhilfeschulen bzw. Lernförderungsinstitute.
Dieter Haarmann

Literatur: Arbeitsgemeinschaft Freier Schulen (Hg.): Handbuch Freie Schulen. Reinbek ^{2}1993 • *Stange, J.:* Schulrecht von A–Z. München 1988 • *Vogel J. P./Knudsen, H.* (Hg.): Bildung und Erziehung in freier Trägerschaft. Neuwied 1981

Problemorientiertes Lernen und Lehren: Zu den vielfältigen Anstößen, die der Strukturplan des Deutschen Bildungsrates 1970 gab, gehörte auch der zur Überwindung der Fächergrenzen und zur Einbeziehung allgemeiner Lernziele:
„Neben den fachlich-inhaltlichen und fachlich-prozessualen Zielen gibt es nicht-fachliche, allgemeine Lernziele. Ein solches allgemeines Lernziel ist zum Beispiel problemlösendes Denken als allgemeines Denkverfahren, das den einzelnen auch für die Bewältigung neuer und unerwarteter Aufgaben des Lebens befähigt. Lernen soll zu solchen allgemeinen Lernzielen hinführen."
Die Ausgangsüberlegung, den Kindern nicht allein Aufgaben zu Übungszwekken, nicht allein routinegemäß lösbare Aufgaben oder aufgrund des jüngst vollzogenen Erkenntnisschrittes im Sachzusammenhang lösbare Aufgaben zu stel-

len (Typus: dem Erkenntnisschritt für alle folgt ein „Schwarm" von einschlägigen Aufgaben; der Erkenntnisschritt selbst fügt sich in eine langfristig wirksame Reihe von vorgegebenen bzw. didaktisch-ökonomisch geordneten Erkenntnisschritten ein), sondern auch bzw. überwiegend Probleme in den Mittelpunkt des Unterrichts zu stellen, die (nicht-fachlich, fachbezogen oder fächerübergreifend) insbesondere auf die Entwicklung selbständigen Denkens zielen, wurde mit Annahmen begründet, daß dies eine intelligenz- und kreativitätsfördernde Wirkung bei den Lernenden auslösen könnte.

Insbesondere ereigneten sich erwünschte Lernprozesse erst dann, wenn nach dem „Innewerden der Widerstände im Lerngegenstand" „neue Lösungswege" entdeckt werden könnten, gleichsam der wichtigste Lernschritt überhaupt.

Können die Lernenden nämlich das reale Problem, das sich ihnen stellt, mit ihren bereits vorhandenen Qualifikationen und Mitteln lösen, dann ereignet sich nicht eigentlich Lernen, obwohl ein (neuer) Lösungsweg gefunden wird.

Werden angesichts von Widerständen vorhandene Qualifikationen (die aber nicht ausreichen) wie andererseits vorhandene Defizite merkbar, die die Lernenden absichtlich und zielorientiert überwinden (in dem sie sich die noch fehlenden Qualifikationen aneignen und Mittel beschaffen), dann ereignet sich im Zusammenhang mit dem Erreichen einer Lösung, der Findung eines Lösungsweges Lernen.

Beide Situationen sind von den Lernenden aus charakterisiert worden: das Problem, die reale Problemsituation stellt sich den Lernenden selbst.

Eine dritte Situation entsteht dort, wo ein Problem aus didaktischr Absicht und Zielsetzung gestellt wird: Lehrer oder Lehrerin stellen im Unterricht ein Problem, d. h. sie fügen ein Problem in ihre langfristigen didaktisch-methodischen Überlegungen ein, sie lenken die Lernwege der Kinder durch vorgesetzte Probleme. Sie werfen „die Mütze der Kinder also über den Bach" und erwarten, „daß sie sie auf der Stelle wieder holen wollen" (H. Meyer).

In diesem Zusammenhang erscheint es gegenüber den zuerst genannten Situationen schon erheblich, ob das Problem tatsächlich offen ist (d. h. auch für den Lehrer oder die Lehrerin) oder nur zu spezifischen Unterrichtszwecken gestellt wird. Im zweiten Falle gibt es gleitende Übergänge zwischen Problem- und Aufgabenstellungen.

Als prinzipielle Fragestellung für den Unterricht bleibt, wie weit die sich als zweckrational und lernökonomisch verstehende Schule tatsächlich solchen Problemstellungen und ihrer oft „zeitraubenden" Lösung öffnen kann, die Kinder oder Kindergruppen von sich aus in den Unterricht einbringen und dort in durchaus lernender Absicht lösen oder erörtern wollen (wobei sie auf die Unterstützung durch die Schule setzen) oder ob die Schule nur Zeit und Raum für zweckrationale „Lernschnellwege" bereithalten wird.

Claus Claussen

Literatur: *Roth, H.:* Pädagogische Psychologie des Lehrens und Lernens. Hannover 1963 • *Einsiedler, W./Rabenstein, R.:* Grundlegendes Lernen im Sachunterricht. Bad Heilbrunn 1985 • *Meyer, H.:* Unterrichts-Methoden I: Theorieband. Frankfurt 1987

Projektunterricht: Projektunterricht ist in die Kultusminister-Erlasse aufgenommen. Dies rechtfertigen zahlreiche Projekterfahrungen in Grundschulen. Ihre Öffnung zum Lernen im Stadtteil oder in der Dorfgemeinde, zu Frei- und Wochenplanarbeit, in Arbeits-

gemeinschaften, Projektwochen, mit veränderten Tages- und Wochenzeitplänen (gleitender Unterrichtsanfang; volle Halbtagsgrundschule; Ganztagsbetreuung) hat vielfältige Möglichkeiten zu Projektlernen entwickelt.
Herzstück des Projektlernens ist der Projektvertrag, vereinbart zwischen Lehrer/innen und Kindern. Er geht von aktuellen Kinderinteressen aus. Vage Zielvorstellungen werden im Projekt allmählich zu konkreten Ergebnissen. Für diesen Prozeß vereinbaren die Beteiligten Regeln und konkretisieren ihn durch ein selbstinteressierendes Handeln. Die Idee vom Projektlernen wurde in den letzten 15 Jahren zu Handlungssituationen für unsere Zeit neu entwickelt. Sieben typische Handlungssituationen wurden herausgefunden:

- Die Projektinitiative ergibt sich aus einem spontanen Einfall, dem aktuellen (Schul-)Leben, dem Fachunterricht.
- Die Themenformulierung erfolgt in drei Schritten: vielfältige Ideen sammeln, sie zu sinnvollen Interesseninseln ordnen und mit (Unter-)Themen benennen, aus denen das Projektthema von den Beteiligten als verbindliche Perspektive formuliert wird.
- Die Arbeitsgruppen bilden sich aus der Wahl einer Interesseninsel, formulieren ihre Wünsche, entwerfen Ergebniserwartungen und vereinbaren Arbeitsregeln.
- Den Arbeitsplan entwerfen in den Teilgruppen und im Gesamtprojekt: Aufgaben, Materialien, Termine, Finanzen; praktischer Nutzen für Lernorte in und außerhalb der Schule.
- Die konkrete Realisierung der Projektpläne in Projektstunden, -tagen oder einer Projektwoche, begleitet durch Gespräche über ihren Verlauf, das Weiterentwickeln der Pläne und Überprüfen der Arbeitsregeln.
- Die Projektergebnisse veröffentlichen, ihren Nutzen erproben, anderen zum Mitmachen anbieten, sie im Forum der Schule vorstellen, in ein Schulfest einbringen, in der Schulgemeinde diskutieren.
- Die Projekterfahrungen auswerten, sie für den anderen Unterricht nutzen, individuelle Lernerfolge (weiter-)entwikkeln, neue Projekte anvisieren.

Dieses an Kinderinteressen und kindgerechte Handlungsregeln gebundene Projektlernen ergänzt lehrgangsgebundenes Fachlernen additiv, wenn ein von Kindern mitbestimmtes Projekt neben dem Fachunterricht durchgeführt wird, oder integrativ, wenn Fachunterricht teilweise in Handlungssituationen des Projektlernens durchgeführt wird.
Das Projektlernen wird zunehmend wichtiger:

- um Kindern aus unterschiedlichen Kulturkreisen gemeinsames Handeln zu eigenen Interessen zu ermöglichen,
- um Kindern mit unterschiedlichen Leistungen in einer gemeinsamen Sachorientierung individuelle Lernerfolge zu sichern,
- um in der gemeinsamen Arbeit sachgerecht Begriffe sprachlich anwenden zu lernen,
- um Aktivitäten in unterschiedlichen Lernformen auf ein projektiertes Ergebnis zu bündeln,
- um Praktisches an verschiedenen Lernorten auszuforschen,
- um neben der unendlichen Geschichte des Lehrganglernens ein sinnvolles Lernprodukt in einer überschaubaren Zeit zu fertigen,
- um Lernlust an eigenen Interessen erlebbar werden zu lassen,
- um Lernmuße für ein Lernen mit allen Sinnen zu ermöglichen,
- um die Gegenwart zu erleben und dadurch für die Zukunft zu lernen.

Grundschullernen und -arbeiten ist gegenwärtig insbesondere das Projektlernen: gemeinsam auf dem Weg zu sein und sich ihre/seine Schule in einem gemeinsamen Prozeß in kommunikativer Verständigung jeweils aktuell zu profilieren.

Rüdiger Semmerling

Literatur: *Hänsel, D.* (Hg.): Das Projektbuch Grundschule. Weinheim/Basel 1986 • Grundschule 6/1991. Themenheft: Schulen entwickeln ihr Programm. • *Bastian, J./Gudjons, H.* (Hg.): Das Projektbuch. Hamburg [3]1991

Rechtschreibreform: Im Jahre 1902 erschienen, als Ergebnis der zweiten Orthographischen Konferenz Berlin 1901, die „Regeln für die deutsche Rechtschreibung nebst Wörterverzeichnis“, die für das damalige Deutsche Reich, für Österreich und für die Schweiz als amtliches Regelwerk verbindlich wurden. In der Folgezeit ergänzte, kommentierte, erweiterte die Redaktion des durch Konrad Duden begründeten „Orthographischen Wörterbuchs“ diese Regeln. Durch die Verschmelzung des sogenannten Buchdrucker-Dudens, einem sehr speziellen Wörterbuch für eine bestimmte Berufsgruppe, mit der 9. Auflage des Rechtschreib-Dudens wurden die Normansprüche für den allgemeinen Schreibgebrauch völlig unangemessen erhöht. Die Bemühungen um eine Reform der deutschen Rechtschreibung zielen auf eine Vereinfachung der Regeln für den normalen Schreiber. Unter Berücksichtigung der veränderten bildungspolitischen Voraussetzungen kann es nicht Aufgabe des Staates sein, die Normen der Rechtschreibung so hoch anzusetzen, daß sie von der überwiegenden Mehrzahl der Mitglieder der Schreibgemeinschaft trotz intensiver schulischer Bemühungen nicht beherrscht werden.

Im Jahre 1992 hat ein internationaler Arbeitskreis den Entwurf eines neuen amtlichen Regelwerks verabschiedet, welches die seit 1901 expandierten Regeln in den Bereichen Zeichensetzung (Interpunktion), Worttrennung am Zeilenende (Silbentrennung), Getrennt- und Zusammenschreibung, Schreibung der Wörter einschließlich Fremdwortschreibung (Laut-Buchstaben-Beziehung) sowie Groß- und Kleinschreibung benutzerfreundlich und schreibökonomisch verändern soll. Die politische Entscheidung für einen modifizierten Reformvorschlag ist 1996 gefallen und soll bis 2005 umgesetzt werden. **Hermann Zabel**

Literatur: Internationaler Arbeitskreis (Hg.): Die deutsche Rechtschreibung. Vorschläge zur Neuregelung. Berlin 1992 • *Zabel, H.:* Noch einmal – Groß- und Kleinschreibung im Deutschen. Möglichkeiten und Grenzen der sogenannten Artikel-Probe. In: Muttersprache 1/1992

Rechtschreibunterricht: Der Rechtschreibunterricht in der Grundschule hat die Aufgabe, einerseits die im Erstschreiben erlernten Phonem-Graphem-Korrespondenzregeln (Laut-Buchstabe-Zuordnung) zu sichern – und andererseits ein Repertoire an Wörtern, das beim Schreiben immer wieder verwendet wird, einzuüben. Beide Aufgaben können nur gelöst werden, wenn der Rechtschreibunterricht sowohl phänomenorientiert als auch inhaltsorientiert durchgeführt wird. Der phänomenorientierte Rechtschreibunterricht vermittelt das kognitiv-analytische Lernen der ersten einfachen Regularitäten der deutschen Orthographie wie die Schreibung der s-Laute, der Doppelkonsonanz nach kurzen Vokalen (ll, mm, nn, pp, tt), der Umlaute ä, äu, ö, ü, der Auslaute b, d, g, einiger Wortbausteine wie -ig und -lich usw. Der inhaltlich orientierte Rechtschreibunterricht vermittelt das visuell-ganzheitliche Erlernen der Gebrauchswörter am Beispiel von inhaltlichen Themen, mit denen sich die Kinder schreibend auseinandersetzen. Ein ausschließlich auf Integration (integrativer Deutschunterricht) angelegter Rechtschreibunterricht würde der zweifachen Orientierung nicht gerecht und wäre unökonomisch.

Für den Erfolg des Rechtschreibunterrichts ist das Mehrkanallernen von großer Bedeutung: das auditiv-analytische Lernen über das gliedernde Hören und vorbildliche Sprechen, das visuell-ganzheitliche Lernen über das wiederholte Lesen, das motorische Lernen über das Schreiben, wobei sich das Druckschreiben am Anfang besonders positiv auf das Rechtschreiblernen auswirkt, das kognitive Lernen über Analogie- und Regelbildungsprozesse, das semantische Lernen über die Bedeutung der Wörter sowie das kommunikativ-pragmatische Lernen über die Motivation, an und für andere zu schreiben.

Eine besondere Bedeutung beim Rechtschreiblernen kommt den Hypothesenbildungsprozessen zu, mit deren Hilfe die Kinder die Schreibung von Wörtern erproben. Diese Prozesse führen anfangs noch zu „Fehlern", die aber zu tolerieren sind, will man diesen für das Lernen notwendigen Prozeß nicht unterbinden. Es ist daher in den ersten Schuljahren nötig, mit den „Probeschreibungen" zunächst bestätigend umzugehen und eher das schon Richtige zu loben als das noch Unvollkommene ständig abzuwerten.

Der normativen Dimension des Rechtschreibunterrichts steht die kreative Dimension des Schreibunterrichts gegenüber. Beide sind in der Grundschule als Prozesse zu sehen, die allmählich einander angenähert werden, ohne daß sie jedoch ständig in Konflikte miteinander gebracht werden dürfen. Das heißt, daß das kreative Schreiben nicht ständig rechtschriftlich kritisiert werden – und das normative Schreiben nicht ständig mit kreativen Schreibaufgaben vermischt werden darf. Soll die Schreibmotivation der Kinder erhalten werden, muß alles getan werden, um die Lust am Schreiben nicht durch normativ-korrigierende Einwirkungen zu unterdrücken; denn das Erlernen der Rechtschreibung ist vor allem durch das kommunikative und kreative Schreiben motiviert.

Wolfgang Menzel

Reformpädagogik: Alle wesentlichen Forderungen der heutigen Schulreform, zumal im Bereich der Grundschule, sind Produkte oder Ergebnisse der historischen Reformpädagogik. Das gilt für die Kindererziehung des Unterrichts ebenso wie für die innere Schulreform oder die Gestaltung des Schullebens. „Reformpädagogik" ist mehr als Schulkritik, aber Schulkritik ist ganz wesentlich Reformpädagogik.

Die neue historische Forschung hat freilich am Epochenstatus der „Reformpädagogik" Zweifel angemeldet und das Bild korrigiert, die neue Erziehung sei am Ende des 19. Jahrhunderts gleichsam aus dem Nichts heraus entstanden. Bestimmte Formeln der Reform, wie „Anschauungsunterricht", „Selbsttätigkeit" oder „Arbeitsschule", sind schon im 18. Jahrhundert pädagogisches Programm und werden in der Schulpädagogik des 19. Jahrhunderts unablässig diskutiert. Es gibt auch ständig Schulversuche, wenngleich nur im lokalen Maßstab und sehr verstreut. Neu am Ende des 19. Jahrhunderts ist die Einflußnahme auf die Öffentlichkeit, das Zusammenspiel von Reformpädagogik und Literatur sowie die Orientierung der Erziehung an Konzepten der Lebensreform. Damit sind auch Politisierungen verbunden, die die Staatspädagogik des 19. Jahrhunderts nachhaltig in Frage stellen.

Die großen Autoren der Reformpädagogik stellen einen internationalen Kontext her, der die nationale Sicht der Erziehung verändert hat. Bestimmte Reformkonzepte werden weltweit rezipiert, etwa die Montessori-Pädagogik, die Anthroposophie Rudolf Steiners oder John Deweys demokratische Erziehungstheorie. Davon ist der deutsche Sonderweg zu unterscheiden, der zwei Spitzen hat, eine starke Fixierung auf Konzepte der politischen und pädagogischen Gemeinschaft und damit verbunden eine Abwehr des westlichen Liberalismus. Bis 1918 dominierten nationalpolitische Optionen die deutsche Reformpädagogik, die von einer chauvinistischen Kriegspublizistik begleitet wurden. Nach der Zäsur des Ersten Weltkrieges gewinnen bestimmte Reformgruppen, vor allem solche der sozialistischen Erziehung, Anschluß an die internationale Reformpädagogik, um dann 1933 wieder auf den deutschen Sonderweg zurückgeworfen zu werden.

Der Preis dafür war, daß die Reformpädagogik in Deutschland nur an bestimmten Stellen und weitgehend erst nach 1918 demokratische Erziehungstheorien entwickelt hat. Sie übernimmt die Kindorientierung aus der Entwicklungspsychologie des ausgehenden 19. Jahrhunderts, rezipiert auch die ausländischen Reformversuche, ist aber weitgehend auf die eigene Tradition angewiesen. Dabei spielen Schulmodelle, Curriculumrevisionen und alternative Lernverfahren die zentrale Rolle. Radikale Abweichungen, etwa die „Erlebnispädagogik" oder die expressionistische Schulkritik nach 1918, sind in Deutschland periphere Erscheinungen.

Die Diskussion der Schulmodelle in der deutschen Reformpädagogik hatte zwei wesentliche Orientierungen, die „Arbeitsschule" als Muster für die innere Schulreform oder die Curriculumrevision und die „Landerziehungsheime" als Alternative zur Staatsschule. Zwischen diesen Polen gibt es eine Reihe von Mischformen, etwa die „Hauslehrerschule" Berthold Ottos oder die „Lebensgemeinschaftsschule" der Hamburger und Bremer Schulreformer, die Erfahrungen der Arbeitsschule und der Landerziehungsheime gleichermaßen zu verarbeiten wußten.

Davon zu unterscheiden sind die alternativen Lernverfahren, die sich etwa aus der Kunsterziehung ergaben, wie sie Alfred Lichtwark in der Hamburger Kunsthalle zur Bildung der Laien entwickelt hatte. Andere Lernformen entstammten der Jugendbewegung oder den Erfahrungen der Lebensreform, die alle mit dem methodischen Unterricht der Staatsschule konkurrierten und neue Bereiche erschlossen. Das gilt wesentlich für die ästhetische Bildung, die als große Alternative zum rationalistischen Schulcurriculum aufgebaut wurde.

Der eigentliche Effekt liegt aber nicht darin, daß die Reformmodelle übertragen und verallgemeinert wurden, sondern daß ihre Idee nach und nach Allgemeingut des pädagogischen Bewußtseins wurden. Keine heutige Reformdiskussion wäre ohne sie möglich, was zugleich den Erfolg und die Grenze der Reformpädagogik anzeigt. Sie hat einen mentalen Wandel bewirkt, auch unabhängig von den eigenen politischen Optionen, aber sie hat dadurch zugleich die Reformdiskussion verengt und auf ganz bestimmte Postulate zugespitzt, die sich im wesentlichen nur als Kritik, nicht jedoch als Alternative verwenden lassen, die die Schule nicht gefährdet, sondern in ihren Stärken befördert.

Jürgen Oelkers

Literatur: *Röhrs, H.:* Die Reformpädagogik: Ursprung und Verlauf in Europa. Weinheim ^{3}1992 • *Oelkers, J.:* Reformpädagogik: Eine kritische Dogmengeschichte. Weinheim/München ^{2}1992

Religionsunterricht, evangelisch: Evangelischer Religionsunterricht thematisiert die Sinnfrage des Lebens und der Welt in kindgemäßer Form und auf die Erfahrungen der Kinder bezogen, identifiziert die Sinnfrage als religiöse Fragestellung nach dem Grund, dem Wesen und dem Ziel des Lebens und konzentriert sie auf die Zusage, daß die Sinnhaftigkeit des Lebens trotz eigener Verantwortung letzten Endes nicht selbst geleistet werden muß, sondern in der Liebe Gottes durch Jesus Christus aufgehoben und gewährleistet ist. Die Sinnhaftigkeit des Lebens und der Welt wird in konkreten kindlichen Erfahrungen in Frage gestellt durch Konflikte, Umweltprobleme, Leid, Ungerechtigkeit, Einsamkeit, Entfremdung und Tod. Diese tiefgreifenden Probleme kindlicher Entwicklung werden durch elterliche religiöse Erziehung und Sozialisation oder durch kirchliche Bildungsinstanzen kaum aufgefangen. Obwohl der evangelische Religionsunterricht in der Grundschule den Ausfall christlicher Sozialisation im Elternhaus nicht ersetzen kann, hat er doch zum einen die Aufgabe, den Kindern christlich verantwortete Erfahrungen der Liebe Gottes konkret zu ermöglichen, zum anderen den Kindern zu sagen, daß solche Erfahrungen christlich als Ausdruck der Liebe Gottes gedeutet werden können. Die religiöse Sprache (Kategorien, Begriffe, Symbole, Vorstellungen usw.) für diese Stiftung und Deutung von Erfahrungen wird besonders durch das Erzählen und Hören biblischer Geschichten gewonnen. Ausgewählte Geschichten des Alten Testaments geben den Kindern einen Einblick in direkte Gotteserfahrungen von Menschen. Neutestamentliche Gleichnisse sind in ihrer symbolhaften Anschauung und Verheißungsperspektive, Wundergeschichten wegen ihrer einsehbaren exemplarischen menschlichen Notsituation, ihrer Handlungsdramatik und wegen ihres Hoffnungsgehaltes für Kinder besonders geeignet und wertvoll.

Das Evangelium von Jesus Christus sollte als frohe Botschaft von der Rechtfertigung des Sünders und der Erlösung der Leidenden im evangelischen Religionsunterricht die Kinder wirklich froh machen und weder offen noch versteckt in Gesetzlichkeit verkehrt werden. Neben der Sprache kommen den vielfältigen nicht-sprachlichen Gestaltungsmitteln von Erfahrungen große Bedeutung im evangelischen Religionsunterricht zu. Indem die Kinder malen und singen, basteln und musizieren, spielen und tanzen, Medien erfassen oder herstellen, verbinden sie miteinander Fremd- und Selbsterfahrungen, kognitives Verstehen und emotionale Aneignung, Information und Glaubensüberzeugung, Tradition und Gegenwart, Problemdarstellung und Problemlösung, weltliches Leben und christliche Weltdeutung.

Der evangelische Religionsunterricht führt die Kinder in die religiös geprägten Formen ihrer Welt und Umwelt ein. Er klärt auf über das Wesen von Kirchen und Gemeinden, er stellt die verschiedenen religiösen Formen im Gebet, im Familienleben, in Festen und Feiern vor. Dabei thematisiert der evangelische Religionsunterricht in behutsamer Weise Unterschiede und Gemeinsamkeiten von Konfessionen, Denominationen und Religionen mit dem religionspädagogischen Ziel, die Vielfalt und Verschiedenheit zu akzeptieren und zugleich die eigene Religiosität zu profilieren. So wird die Kirche zum Hintergrund und zum Thema des evangelischen Religionsunterrichts.

Die Kinder der Grundschule brauchen die/den evangelische/n Religionslehrer/in als Bezugsperson für die Information, die Orientierung und für kritische

Rückfragen zur Religion und zum christlichen Glauben. Dabei zielt der evangelische Religionsunterricht auf eine Lösung der Kinder vom Glauben der Erwachsenen und eine Profilierung eigener Glaubensüberzeugung in der Religiosität der Kinder.
Eberhard Sievers

Literatur: *Wegenast, K.:* Religionsdidaktik Grundschule. Religionsunterricht im 1., im 2., im 3. und im 4. Schuljahr. Stuttgart 1993 • *Burk, K./Sievers, E.:* Religionsunterricht für Grundschule. Düsseldorf 1981 • *Pohle, E./Pöhlmann, W. u. a.:* Religionspädagogik – 8 Aufsätze zum Religionsunterricht in der Grundschule. In: Grundschule 7-8/1988

Religionsunterricht, katholisch: Katholischer Religionsunterricht „weckt und reflektiert die Frage nach Gott, nach der Deutung der Welt, nach dem Sinn und Wert des Lebens und nach den Normen für das Handeln des Menschen und ermöglicht eine Antwort aus der Offenbarung und dem Glauben der Kirche; ... befähigt zu persönlicher Entscheidung ...; motiviert zu religiösem Leben und zu verantwortlichem Handeln in Kirche und Gesellschaft." (Synodenbeschluß „Der Religionsunterricht in der Schule" 1974, 2.5.1) Dieses Globalziel wird im Religionsunterricht der Grundschule durch Anerkennung eigenständiger Aufgaben religiöser Erziehung in Familie, Kirchengemeinde und Schule sowie in Antwort auf sich ändernde religiöser Sozialisation von Kindern (kaum religiöser Vorerfahrungen, zurückgehende Kirchlichkeit der Herkunftsfamilie) theologisch und grundschul-pädagogisch begründet (Korrelation von Glauben und Leben) modifiziert. Bei möglicher Hinführung zu personalem und kirchlichem Glaubensleben – Perspektive eines nach Art. 7.3 GG in Übereinstimmung mit den Grundsätzen der Religionsgemeinschaften erteilten konfessionellen Religionsunterricht –, geht es im Horizont religiöser Sinngebung um Weckung und Förderung menschlicher Grundfähigkeiten entlang den Erfahrungen der Kinder und ihren Möglichkeiten der Konstruktion von Ich-Welt-Sichten (Subjektorientierung), aber zunehmend auch um mögliche Hilfen bei Fehlentwicklungen. Wer seine eigene bedrängende Situation nicht als anvertrauten und geschenkten Lebensbereich erfahren kann, braucht den auch im Religionsunterricht der Grundschule zunehmend praktizierten Umgang des miteinander Lebens, auch Trauerns und Feierns (Impuls für die Schulkultur) als helfende Gegenerfahrung. Sehen und Dahinterschauen sensibilisieren für die religiöse Dimension der Wirklichkeit; gegen Vordergründigkeit und Verarmung von Alltagssituationen sind die Sprache des Möglichen und der Hoffnung in Bildern und Symbolen (ganzheitliche ästhetische Erfahrung; Sakramente als Zeichen des Lebens) sowie Ermutigungs- und Existenzgeschichten (biblische Erzählungen, Lebensbilder) zu erschließen, wobei schon für das Grundschulkind aus Vertrauen und Hoffnung auch Unterbrechen und Gegenlernen erwachsen können. Soziales Lernen (Empathie als mit den Augen des Anderen sehen; Friedensfähigkeit) und Umweltverantwortung öffnen den Religionsunterricht zu anderen Fächern und ermöglichen kindgemäße, nicht moralisierende Förderung von Entscheidungsfähigkeit und -bereitschaft (Gebote und Verantwortung) sowie erste Auseinandersetzung mit Versagen und Schuld. Impulse aus gelebtem Glauben in Familie und Gemeinde (Gebet, Liturgie, Teilen) – bei katholischen Kindern Führung zur Erstkommunion und Praxis der Besinnung – bereichern den Religionsunterricht um Erfahrungen: nicht auf sich

allein gestellt zu sein, Weggefährten zu haben, vertraut und vergeben zu bekommen – Voraussetzungen für ein Gottesbild, das Gott als den mitgehenden, befreienden, schenkenden und darin auch herausfordernden Gott sehen läßt. Seine in Jesus von Nazareth offenbar gewordene Menschenfreundlichkeit schließt andere Religionen nicht aus, sondern läßt deren religiösen Ernst sehen (Ökumene).
Wenn Religionsunterricht Kinder an unterschiedlichen Orten abholt (und auch beläßt), bestimmt sich Konfessionalität des katholischen Religionsunterrichts der Grundschule weniger nach seinen Inhalten als nach der kommunikativen Vermittlungsstruktur von Glauben im Ineinander von identitätsverbürgendem Glaubenswissen, Glaubensentscheidung und Lebenspraxis. Solche Konfessionalität ist sichtbar, wo Religionslehrer/innen zu solidarisch-kritischem Weggeleit der Kinder bereit sind und Entmutigung widerstehen; wo Verweis auf christliche Praxis Religion glaubwürdig macht. Darin ist Religionsunterricht bereichernd für Leben und Lernen der Grundschule; ihm bei notwendigem rechtlichen Rahmen Öffnung zu anderen Fächern und Lernformen zuzugestehen, bedeutet, ihn von den oft großen Problemen konfessionshomogener Lerngruppen zu entlasten.
Herbert A. Zwergel

Literatur: *Halbfas, H.:* Religionsunterricht in der Grundschule. 4 Bände. Düsseldorf 1983 • *Zwergel, H.* u. a.: Religion erfahren. Braunschweig 1992

Rollenspiel: Rollenspiel ist als Teilbereich des darstellenden Spiels eine Methode sozialen Lernens. Vom freien und spontanen kindlichen Rollenspiel, bei dem Kinder schon im Vorschulalter Rollen, die sie in ihrer Lebenswirklichkeit vorfinden, nachahmend spielen (bekanntestes Beispiel: das Vater-Mutter-Kind-Spiel), unterscheidet sich das sozialerzieherische Rollenspiel dadurch, daß es didaktische Intentionen verfolgt und entsprechend den pädagogischen Absichten methodisch organisiert wird.
Rollenspiel zielt auf das Erkennen, Durchschauen und Bewältigen sozialer Realität ab. Ein wesentlicher Lernfaktor ist dabei das stellvertretende Agieren in Als-ob-Situationen. Dabei werden zumeist Konfliktsituationen simuliert, wie sie in der Realität des Kindes vorkommen: Konflikte im Elternhaus, in der Schule, auf dem Spielplatz usw. Die soziale Realität soll nicht nur intellektuell-verbal besprochen und analysiert werden, sondern im Spiel handelnd von den Quasi-Beteiligten erfahren und so besser bewältigt werden. Zumindest ist dies die didaktische Hoffnung des Rollenspiels.
Günter Seidel

Literatur: *Kochan, B.* (Hg.): Rollenspiel als Methode sozialen Lernens. Königstein/Ts. 1981 • *Gold, V.* u. a.: Kinder spielen Konflikte. Neuwied und Berlin 1973

Sachunterricht: Mit Sachunterricht wird jener zentrale Lernbereich in der Grundschule bezeichnet, der die Heimatkunde ablösen und die Auseinandersetzung der Kinder mit ihrer Mit- und Umwelt anregen, fördern und unterstützen soll. Ohne kontinuierlichen Übergang entwickelte sich Sachunterricht anstelle der schwer oder nicht reformierbaren Heimatkunde gleichwohl – in den späten 60er Jahren beginnend – aus der Kritik dieses traditionellen Faches heraus und fand Eingang in die Lehrpläne und Stundentafeln der Grundschule.
Bisher konnte noch keine einheitliche Konzeption für den Sachunterricht entwickelt werden. Gegenwärtig zeichnen sich aber „Hauptstücke" einer konsens-

fähigen Konzeption (allerdings vorwiegend im theoretischen Diskurs) ab: Es vermindert sich die problematische Dominanz von fachstrukturellen Ansätzen, die in den 70er Jahren zu keiner gemeinsamen, d. h. integrierenden Struktur zusammengeführt werden konnten. Es verringert sich derzeit die Vorbereitungsfunktion des Sachunterrichts für die Fächer der weiterführenden Schulen. Demgegenüber verstärkt sich die Anleitung und Unterstützung des (ungefächerten) Sich-in-der-Welt-Orientierens der unterschiedlich „zugreifenden", unterschiedliche Zugänge findenden und sich aus unterschiedlichen Motiven mit ihrer Mit- und Umwelt auseinandersetzenden Kinder.

Wie verschieden die bisherigen Überlegungen zum Sachunterricht sind, geht zum einen aus einer fast unüberblickbaren Fülle von eher unterrichtspraktischen Vorschlägen für sachunterrichtliche Teilbereiche, Einzel- und Rahmenthemen (mit engerem oder weiterem fachlichen Bezug) wie aus eher theoretischen Strukturierungsversuchen hervor.

Die eher unterrichtspraktischen, sich auf eine Vielzahl sog. Realienfächer beziehenden Vorschläge reichen von geschlossenen (d. h. im Fachsystem verharrenden) bis hin zu offenen, in unspezifischen Lernsituationen beginnenden, eher projektorientierten Beispielen, die bei den Kindern den Prozeß einer Genese auch wissenschaftsorientierten Denkens und Handelns behutsam beginnen. Die o. g. Fülle von Beispielen hat für die Schulpraxis eine verwirrende Lage geschaffen.

Jene Strukturierungsversuche für Sachunterricht (in der Regel aus den 70er und dem Anfang der 80er Jahre), die sich um einen Gesamtüberblick bemühten, zeichnen die schwierige Entstehungsgeschichte eines neuen Lernbereiches nach. W. Popp nennt 1970 fünf Interpretationsmöglichkeiten für die Intentionen des Sachunterrichts: gelenkte Umgangserfahrung, Erhellung anthropologischer Grundphänomene, Propädeutik der Schulfächer, gesellschaftlich orientierte Umweltkunde und wissenschaftliche Propädeutik. G. Beck und C. Claussen zeigen 1976 die durchaus schon fächerübergreifenden Entwicklungen der naturwissenschaftlich-technischen und sozialwissenschaftlich-politischen Teilbereiche des Sachunterrichts auf und benennen als „Brennpunkte" für eine weiterführende Diskussion Wissenschaftsorientierung, Propädeutik, Lernzielorientierung, Integration und Lehrerbildung.

G. Gümbel (1977), I. Lichtenstein-Rother (1977), W. Köhnlein (1985) und G. Mitzlaff (1985) schlagen z. B. jeweils andere, differente Strukturen bzw. Leitideen und begriffliche Ordnungen für Sachunterricht vor, wobei jeweils die Herkunft aus und der Bezug zur Heimatkunde, der Bezug zu den Fächern in der weiterführenden Schule, das Verbindende und Trennende zwischen den Fächern und Lernbereichen, die Problematik des Denkansatzes eines a priori ungefächerten Unterrichtes und die Persönlichkeitsentwicklung der Heranwachsenden in einem unterschiedlichen Wechselverhältnis gesehen und unterschiedlich gewichtet werden.

Der Begriff Sachunterricht findet ab 1969 Eingang in Richtlinen und Lehrpläne bzw. in offizielle Dokumente in Deutschland. Der Deutsche Bildungsrat forderte 1970 im „Strukturplan für das Bildungswesen" eine „Neugliederung des bisherigen Gesamtunterricht als Sachunterricht, in dem historisch-kulturelle Gehalte, sozial- und gesellschaftliche sowie naturwissenschaftliche Inhalte und Verfahren angemessen berücksichtigt werden". Ebenfalls 1970 gab die Ständige Konferenz der Kultusminister (KMK) in ihren „Empfehlungen zur Arbeit in der

Grundschule" bedeutsame und wirkungsvolle Hinweise für die Entwicklung des Lernbereichs Sachunterricht. In der Folge haben die Bundesländer Richtlinien und Lehrpläne für Sachunterricht (mit unterschiedlichen Bezeichnungen) erlassen und in der Regel zwischenzeitlich bis heute mehrfach revidiert bzw. überarbeitet und neu gefaßt. Auch in diesen Lehrplänen und Richtlinien und ihren unterschiedlichen Schwerpunktsetzungen bzw. Gewichtungen unterschiedlicher Aspekte läßt sich der vieldimensionale Diskurs über den entstehenden Lernbereich Sachunterricht nachweisen.

Die Richtlinien und Lehrpläne nahmen Ansätze aus curricularen Entwicklungen (Übernahmen und Adaptationen sowie eigenständige und traditionsorientierte Ansätze) auf, die im Kontext des „Strukturplanes" oder als Reaktion auf diesen entstanden.

Eine in Konturen sichtbare, angenähert konsensfähige Konzeption für den Sachunterricht in der Grundschule folgt etwa folgenden Leitlinien: Es gilt, bei den Kindern die Anfänge von solchen Lernprozessen in ihrer Alltagswirklichkeit und in ihren individuellen Lerngeschichten aufzufinden, mit denen sie sich der Mit- und Umwelt und darin für sie bedeutsamen Gegenständen (Sachen) neugierig fragend bzw. sinnsuchend zuwenden bzw. darum, diese Zuwendung anzuregen und zu unterstützen.

Von den jeweils erlebnis-, handlungs- und situationsgebundenen Sichten (die die Dinge „im Ganzen" sehen und lassen), von den je eigenen Erlebnis- und Erfahrungswelten werden in einem stets neu zwischen den Kindern und den Lehrer/inne/n zu entwerfenden Sachunterricht spezifische Lernwege eingeschlagen, die auf Handlungs- und Sachkompetenz zielen.

Die ursprüngliche Neugier der Kinder, ihre eher spontane Zuwendung zur Welt, ihr Antrieb zum Entdecken, auch ihre emotionalen Beziehungen zu den Gegenständen gilt es zu bewahren. Zugleich sollten sie zunehmend systematischeres Erkunden und differenzierte rationale Zugriffsweisen lernen.

Zur angezielten Handlungs- und Sachkompetenz gehört sachangemessenes, auf je eigenen reflektierten, d. h. „begriffenen" Erfahrungen beruhendes Handeln, ein fortdauerndes Interesse an neuen, auch fremdartigen (vor allem auch gemeinsamen) Erfahrungen, am Erwerb neuer und anderer Sichtweisen, die Gewinnung brauchbarer Begriffe zur Ordnung der Erfahrungen, insbesondere zur Kommunikation über Erfahrungen und unterschiedliche Welt-Deutungen, der Erwerb brauchbarer Erklärungsmodelle für Phänomene, Beziehungen und Zusammenhänge sowie das Erlernen erfolgversprechender Verfahren zur Informationsgewinnung und -verarbeitung, d. h. eine Ausstattung mit einfachen und zugleich grundlegenden Denk- und Untersuchungsweisen.

Claus Claussen

Literatur: *Beck, G./Claussen, C.:* Einführung in Probleme des Sachunterrichts. Frankfurt [4]1991 • *Beck, G./Brenner, I./Maurer, F.:* Sachunterricht. Zur Pädagogik des Heimat- und Sachunterrichts (DIFF-Fernstudienprojekt; Grundbaustein und fünf Studieneinheiten). Tübingen ab 1985 • *Beck, G./ Soll, W.* (Hg.): Heimat, Umgebung, Lebenswelt. Frankfurt 1988 • *Gümbel, G.* u. a.: Sachunterricht. Entwicklung, Ansätze, Perspektiven. Ravensburg 1977 • *Lichtenstein-Rother, I.:* Stichwort Sachunterricht. In: Wörterbuch der Pädagogik. Freiburg 1977 • *Köhnlein, W.:* Kinder auf dem Wege zu den Fächern. In: *Spreckelsen, K.* (Hg.): Schülervorstellungen im Sachunterricht. Kassel 1985 • *Mitzlaff, H.:* Heimatkunde und Sachunterricht. Dortmund 1985

Schlüsselqualifikationen: Im Zuge der Renaissance des Bildungsbegriffs im Zusammenhang mit der Allgemeinbildungsdebatte der 80er Jahre

(z. B. Klafki 1985, Sandfuchs 1987), in der u. a. die Nivellierung oder Aufhebung der Trennung von beruflicher und allgemeiner Bildung gefordert wurde (z. B. Klemm u. a. 1985), rückten Reflexionen über Schlüsselqualifikationen, die zunächst nur in der Erwachsenenbildung eine zentrale Rolle spielten (Mertens 1977), nun auch im schulischen Kontext in den Mittelpunkt des Interesses. Besonders mit Blick auf die Nahtstelle des Übergangs vom allgemeinbildenden Schulsystem in die berufliche Ausbildung erhalten Schlüsselqualifikationen erhöhte Relevanz.

Einhergehend mit den sich zügig verändernden Bedingungen und Anforderungen des Arbeitsmarktes, erscheint es zunehmend wünschenswert, Schulabgängern neben Fachkenntnissen eine breite, den Fächerkanon übergreifende Fähigkeitspalette mit auf den Weg zu geben. U. Lampe beschreibt diese zusätzlichen Kompetenzen als Schlüsselqualifikationen, die sie definiert als „... Fähigkeiten, die den Erwerb neuer Qualifikationen im Rahmen der lebenslangen Weiterbildung erleichtern, die helfen, die sich immer wieder verändernden Anforderungen an Tätigkeitsbereich, Arbeitsorganisation und Arbeitsumfeld zu bewältigen ..." (Lampe 1991). Da fachgebundene Kenntnisse immer schneller veralten, erhalten Schlüsselqualifikationen, die ja auf eine gesteigerte Disponibilität des Individuums abzielen, immer mehr Bedeutung. Im einzelnen werden unter der übergeordneten Prämisse, daß Schüler/innen verstärkt lernen müssen, ihre Lernprozesse selbständig zu organisieren, von Lampe folgende Schlüsselqualifikationen herausgestellt: Demnach ist anzustreben, daß Schüler den Einsatz von Lern- und Arbeitstechniken beherrschen, Kommunikations- und Kooperationsfähigkeit entwickeln, Problemlösungs- und Entscheidungskompetenz erwerben, Flexibilität und Kreativität aufbauen, Arbeitsaufgaben eigengesteuert durchführen und selbständig Verantwortung übernehmen (Lampe 1991). Dies alles verweist durchaus auf wünschenswert pädagogische Zielvorstellungen (wie z. B. Selbständigkeit, Eigenverantwortlichkeit, Sozialkompetenz) und Verfahren (wie etwa entdeckendes Lernen, Gruppenarbeit, Lernen im Projekt). Allerdings kann das nun nicht bedeuten, daß Schule sich wetterfahnenhaft nach den Anforderungen des Arbeitsmarktes dreht; das Eigeninteresse des Kindes bzw. Jugendlichen ist hier nach wie vor – vor allem in der Grundschule – ein die ökonomischen Ansprüche zurechtstutzendes Regulativ.

Kritisch setzt sich H. Tietgens (1990) mit Schlüsselqualifikationen auseinander. Er warnt vor einer inflationären Vernutzung des Begriffes Schlüsselqualifikationen und plädiert stattdessen für die Bezeichnung „Erschließungskompetenzen". Damit soll über den Verwertungscharakter dieser Qualifikationen hinaus ihr innovativ-dynamischer Zuschnitt, der ökologisch und sozialethisch rückgebunden sein soll, verdeutlicht werden.

Bernd Feige

Literatur: *Klafki, W.:* Neue Studien zur Bildungstheorie und Diaktik. Beiträge zur kritisch-konstruktiven Didaktik. Weinheim 1985 • *Klemm, K./Rolff, H.-G./Tillmann, K.-J-:* Bildung für das Jahr 2000. Bilanz der Reform. Zukuft der Schule. Reinbek bei Hamburg 1985 • *Lampe, U.:* Ausbildungsziel: Schlüsselqualifikationen. Veränderte Anforderungen der Berufswelt bestimmen das schulische Lernen. In: Praxis Schule 5–10. 3/1991 • *Mertens, D.:* Schlüsselqualifikationen. Thesen zur Schulung für eine moderne Gesellschaft. In: *Siebert, H.:* Begründungen gegenwärtiger Erwachsenenbildung. Theorie und Praxis der Erwachsenenbildung. Braunschweig 1977 • *Sandfuchs, U.:* Unterrichtsinhalte auswählen und anordnen. Vom Lehrplan zur Unterrichtsplanung. Bad Heilbrunn/Obb. 1987 • *Tietgens, H.:* Geschichte und aktuelle Diskussion des Begriffs „Schlüsselqualifikation". In: Erwachsenenbildung 4/1990

Schülerbeobachtung: Es gehört zu den Alltagserfahrungen von Lehrer/inne/n, daß ihnen Kinder aus dem Blick geraten. Die Gründe dafür können mannigfaltig sein. Ein bevorzugter Sitz- bzw. Stehplatz schränkt etwa das Blickfeld ein, wodurch immer die gleichen Kinder im toten Winkel sind und wenig Beachtung finden. Die Kinder, die unmittelbar vor der Lehrerin sitzen und die Kinder am Rande des Blickfeldes entziehen sich der Aufmerksamkeit, so daß man sich den stillen, scheinbar unauffälligen Kindern unbeabsichtigt weniger intensiv widmet als denen, die man als auffällig empfindet. Mitunter bewirken Vorurteile oder allzu schnelle Urteile im Kopf der Lehrerin bzw. des Lehrers, daß einzelne Kinder über längere Zeiträume hinweg nicht beobachtet werden. Klassen mit hohen Schülerzahlen machen es schwer, dem eigenen Anspruch gerecht zu werden, jedem einzelnen Kind Aufmerksamkeit zukommen zu lassen. Ein simples Rechenbeispiel mag dies verdeutlichen: Die gesamte Unterrichtszeit an einem Schulvormittag beträgt 5 x 45 Minuten = 225 Minuten; verteilt auf 28 Kinder, bleiben für jedes Kind acht Minuten, bei 20 Kindern könnten wir uns jedem Kind drei Minuten länger widmen.
Eine breite Streuung und damit gerechte Verteilung der Aufmerksamkeit gestaltet sich ferner in den Fällen schwierig, in denen einige Kinder die Lehrkraft für einen kurzen oder auch absehbar längeren Zeitraum verstärkt in Anspruch nehmen. Mit individuellen Sorgen und Ängsten kann ein Kind während des Schulvormittags leichter zurecht kommen, wenn sie Zeit für ein privates Gespräch hat, ein plötzliches Wegrutschen seiner Gedanken versteht und Tagträumereien zuläßt ohne nachzufragen. Außerdem zwingen mancherlei gesundheitliche Beeinträchtigungen der Kinder die Lehrenden zum Hinsehen und Reagieren.
Kinder, die spezielle Hilfen in der deutschen Sprache benötigen, fordern zu Recht, daß ihr/e Lehrer/in Lektüre gründlich auf Mißverständnisse hin prüft. Ein „fliegender Hund“, der in einem spontan ausgewählten Text auftaucht, regt sicher die Phantasie vieler Kinder an. Zum inhaltlichen Verständnis ist es jedoch nötig, möglichst schnell einigen Kindern eine Abbildung des Tieres zu zeigen. Das Beispiel verdeutlicht, daß es keineswegs nur ausländische Kinder sind, die solche Hilfen brauchen.
Und wer kennt schließlich nicht die Kinder, die Zuwendung verbal oder durch körperliche Signale einfordern. Jeder, der die Schule von innen kennt, kann den Beispielkatalog dessen, warum es so schwer ist, allen Kindern in gleichem Maße gerecht zu werden, sicher mühelos ergänzen. Eine gezielte und bewußte Schülerbeobachtung kann erheblich dazu beitragen, den genannten Schwierigkeiten zu begegnen. Sie hilft, Aufmerksamkeit auf alle Kinder zu verteilen, und sie schärft beständig den Blick für das einzelne Kind. Gleichwohl wird Schülerbeobachtung stiefmütterlich behandelt, sie müßte Teil des Unterrichts sein.
Schülerbeobachtung gibt Aufschluß über den jeweiligen Entwicklungsstand des einzelnen Kindes, über sein Lernverhalten, über den Umgang mit anderen, über private Probleme und Hintergründe, Fähigkeiten, Schwächen und Vorlieben. Anhand von diesen laufend gemachten Beobachtungen reagiert die Lehrerin oder der Lehrer auf das jeweilige Kind, zieht Schlüsse, gibt Hilfen oder verweigert sich bewußt, sucht gezielt geeignetes Material aus. Die Schülerbeobachtung beeinflußt also das Verhalten der Lehrenden zum Kind, was dieses wiederum seine Haltung verfestigen oder verändern läßt.
Zur Schülerbeobachtung gehören Fragen wie beispielsweise: Welches Kind habe

ich lange nicht aufgerufen? Mit welchem Kind sprach ich schon längere Zeit weder über private noch über Themen, die den Unterricht betreffen? Welchem Kind habe ich mich, ohne daß es dies merken sollte, während des Vormittags nicht gewidmet, während es Aufgaben löste, im Sitzkreis, beim Zusammensein mit anderen? Aus den Antworten ergeben sich Schlußfolgerungen für das eigene Verhalten im Unterricht:
Ein Kind häufiger drannehmen; vorlesen lassen, wenn man nicht genug über seine Lesekenntnisse weiß; Zeichnungen eines Kindes ansehen, während sie entstehen; ein Kind beim gemeinsamen Arbeiten mit anderen Kindern genau beobachten, ohne nebenbei Aufgaben mit anderen zu besprechen; einem Kind auf seine Fragen konsequent nicht dreimal antworten, sondern nur einmal, damit es lernt, sich Hilfen auch an anderer Stelle zu holen!
Die Vorsätze bei der Schülerbeobachtung scheitern oft daran, daß sie vergessen werden. Gedächtnisstützen sind so vielfältig wie die Lehrer/innenpersönlichkeiten: Die so praktisch selbstklebenden post-its auf dem eigenen Füllermäppchen, ordentlich auf dem Pult ausgelegte bunte Kärtchen, Karteikarten mit notierten Fragen, Schmierzettel und vieles mehr. So unterschiedlich wie diese inhaltlichen Merkhilfen äußerlich aussehen, so unterschiedlich kann ihre Anwendung sein. Es läßt sich darüber streiten, was ideal ist: wöchentliche Kurznotizen über alle Kinder, monatlich geführte Beobachtungsbögen, Texte sporadisch auf Tonband gespochen oder lose Zettelsammlungen. Das entscheidet jede/r Lehrende für sich. Einen festen Kanon von Methoden und Vorgehensweisen kann es nicht geben.
Unabhängig von Form und Häufigkeit beeinflußt die Schülerbeobachtung den Unterricht und ist ein Teil von ihm. Informationen ermöglichen ein spezielles Verhalten jedem einzelnen Kind gegenüber:
Dadurch, daß man ein stilles Kind häufiger aufruft, kann man enträtseln, ob es zu schüchtern ist, sich zu melden, ob es Angst hat, etwas vermeintlich Verkehrtes zu sagen, ob es nicht zuhört oder ob es die Antwort nicht weiß.
Nach der Beobachtung, daß ein Schüler seine Zeichnungen lange nicht beginnt, weil er dem Irrtum unterliegt, alle anderen Kinder am Tisch könnten besser zeichnen als er, kann man ihn ermutigen, ein kleineres Blattformat vorschlagen, individuelle Gespräche über sein Vorhaben führen, sich neben ihn setzen, um nur einige Einfälle zu nennen.
Durch stilles Zusehen des Lehrers kann deutlich werden, daß ein sonst so lautes Kind seinem Nachbarn liebevoll Aufgaben erklärt und Ermutigungen ausspricht, ein Verhalten, das dem Lehrer bis dahin entgangen sein könnte.
Schülerbeobachtung ist ein Teil des Unterrichts und beeinflußt ihn, sie verändert den Blick auf die ganze Klasse und auf das einzelne Kind und dient als Grundlage für Elterngespräche. Daß sie außerdem Voraussetzung eines differenzierenden Unterrichts und Bestandteil für die Konzeption und das Erstellen verbaler Zeugnisse ist, sollte nicht vergessen werden.
Birgit Schüller

Schülerwettbewerbe: Schülerwettbewerbe werden innerhalb einer Klasse, zwischen einzelnen Klassenstufen, unter Schülern einer Schule, unter Schulen eines Schulaufsichtskreises, unter den Schulen eines Bundeslandes oder bundesweit durchgeführt. Angeboten werden sie von Ministerien, von staatlichen und kirchlichen Bildungseinrichtungen, von Vereinen, von Naturschutzorganisationen, vom örtlichen Handel und Gewerbe, von Krankenkassen, Banken usw. Es gibt Wettbewerbe, bei denen es Einzelsieger gibt und solche, bei denen Gruppen oder Klassen gewinnen können. Thematisch kann man die meisten Wettbewerbe den Bereichen Gesundheit und Sport, Umwelt- und Sachkunde, historischen und aktuellen Geschehen, Lesen, Schreiben und Malen zuordnen. Wettbewerbe können Kindern Erfahrungen vermitteln,

- daß unter Anstrengung erbrachte Leistungen stolz und glücklich machen können,
- daß die Zusammenarbeit mit anderen die Sache voranbringen kann und Spaß macht,
- daß der Erwerb von Wissen und Fertigkeiten kompetenter macht,
- daß das Planen ein wichtiger Teil der Arbeit ist,
- daß Lernen sich nicht nur in der Schule und nicht nur fachbezogen ereignet,
- daß der Vergleich mit anderen eine wichtige Hilfe für die realistische Selbsteinschätzung ist,
- daß die Freude am gemeinsamen Tun und die Anerkennung der eigenen Leistung nicht unbedingt bedeuten muß, Sieger zu sein. Natürlich gehört den Siegern am Ende die besondere Auszeichnung, aber die Mühen und Anstrengungen aller Teilnehmer müssen ebenso anerkannt und belohnt werden.

Dazu einige Anregungen: Jahreszeitlich eingebundene Themen eignen sich besonders für Wettbewerbe unter den Schülern und Schülerinnen einzelner Klassenstufen oder unter Kindern der ganzen Schule. Der Lohn für den oder die Sieger – es muß nicht immer nur einen ersten Sieger geben – könnten Buch- oder Sachpreise sein, der Lohn für alle, die Anerkennung der Arbeit und Anstrengung ein gemeinsames Fest. Bei der Teilnahme an überregionalen Wettbewerben ist die Frustration besonders groß, wenn die Klasse wochenlang zu einem Thema gearbeitet hat, aber nicht unter den ersten Siegern ist. Den Kindern fehlt der Vergleich mit den anderen Arbeiten, und die Enttäuschung wird auf die Sache übertragen. Hier könnte man die örtlichen Möglichkeiten miteinbeziehen. Schulen könnten ihre Arbeiten untereinander vorstellen und austauschen, in örtlichen Geschäften und bei Bildungseinrichtungen, in Bibliotheken, in Pfarrheimen und Gemeindehäusern, in Gemeindeverwaltungen und Rathäusern könnten die Arbeiten der Öffentlichkeit vorgestellt werden. Auch die Information über die Tageszeitung ist wichtiger Bestandteil, Schule, ihre Arbeit und ihre Probleme ins Bewußtsein einer breiten Öffentlichkeit zu bringen.

Bärbel Teller

Schulanfang: Der Schulanfang markiert im individuellen Lebenslauf den Beginn des Lebens in und mit der Schule, das im kürzesten Fall neun Jahre dauern wird. Die Bedeutsamkeit von Schule und Ausbildung in einer hochtechnisierten Gesellschaft sowie die veränderte Stellung von Kindern in einer immer nachwuchsärmeren Gesellschaft bringen es mit sich, daß auch schon der Anfang mit hohen Erwartungen aller Beteiligten – von Vorfreude bis Angst – besetzt ist. Gleichzeitig sind die Voraussetzungen, die Schulanfänger mitbringen, so heterogen, daß die gemeinsame Erfahrung Schule für jedes Kind eine andere ist. Aus den unterschiedlichsten Lebenswelten kommend, werden die schulpflichtig gewordenen Kinder eines Jahrgangs in einer Klasse beinahe schicksalhaft einander zugeführt und sollen nun mindestens für die nächsten vier Jahre miteinander leben und lernen.

Sie sollen nicht nur miteinander auskommen, sie sollen u. U. auch zueinander in Konkurrenz treten, wenn es um individuelle Leistungen und den damit verbundenen Leistungsvergleich geht.
In jedem Fall verlangt der Schulanfang vom Kind, sich auf neue Erwartungen einzustellen, sie mit den bisher erworbenen Erfahrungen und Vorstellungen in Einklang zu bringen und sich schließlich in der neuen Umgebung so einzuleben, daß das eigene Ich möglichst Erweiterung und Stärkung erfährt. Der Schulanfang stellt in diesem Sinne im Leben eines Kindes ein kritisches Lebensereignis dar, das neue Orientierung und neue Anpassungen erfordert (vgl. Speck-Hamdan 1992). Ansprüche des Systems Schule müssen mit eigenen Dispositionen in ein produktives Verhältnis gebracht werden. Anpassungsleistungen sind allerdings nicht einseitig zu erbringen. Auch das Schulsystem muß sich auf die Schulanfänger neu einstellen. Schule verändert sich auch durch die in ihr lernenden Kinder und deren selbstverständlich mit- und vorgebrachten Erwartungen und Bedürfnisse. Der Schulanfang läßt sich um so leichter als positive Herausforderung bewältigen, je stimmiger die Erwartungen der Schulanfänger mit denen der Schule sind. Auf Seiten der Schule gilt es, durch die pädagogische Gestaltung der Einschulung und des Anfangsunterrichts den Schulanfang zu einem positiven Ereignis für jedes Kind werden zu lassen. Kinder können den Schulanfang als stimulierend und stärkend erfahren,

- wenn sie ausreichend über die neue Situation Bescheid wissen,
- wenn sie ausreichend soziale Unterstützung in der Übergangssituation erhalten,
- wenn sie über ein positives Selbstkonzept, emotionale Stabilität und das Gefühl der eigenen Wirksamkeit verfügen,
- wenn die neue Situation hinsichtlich der Lern- und Entwicklungsprozesse Anknüpfungspunkte enthält.

Damit sind nicht nur die vorschulischen Erfahrungen und Lernprozesse und damit die Bedeutung einer engen Kooperation zwischen Familie, Kindergarten und Schule, sondern vor allem auch die über die Wissensvermittlung hinausgehenden Aufgaben der Grundschule angesprochen. „Sach- und Soziallernprozesse bedingen und stützen sich wechselseitig, wenn sich die Grundschule als Lebens- und Erfahrungsraum versteht“ (Lichtenstein-Rother 1988). In diesem Raum muß Geborgenheit ebenso erfahren werden können wie Freiheit zur Erprobung des Selbst.

Angelika Speck-Hamdan

Literatur: *Lichtenstein-Rother, I.:* Die Bedeutung der ersten Schulerfahrung – Anfangseindrücke sind entscheidend. In: *Portmann, R.* (Hg.): Kinder kommen zur Schule. Frankfurt 1988 • *Speck-Hamdan, A.:* Schulanfang: Situation der Einführung und Neu-Orientierung. In: *Faust-Siehl, G./Portmann, R.* (Hg.): Die ersten Wochen in der Schule. Frankfurt 1992 • *Susteck, H.:* Kindgerechter Schulanfang. Königstein 1982 • *Weigert, H./Weigert, E.:* Schuleingangsphase – Hilfen für eine kindgerechte Einschulung. Weinheim 1989

Schulangst: Als Schulangst werden zusammenfassend all jene Symptome bezeichnet, die das Kind als Folge negativer Emotionen, Beeinträchtigung oder Bedrohung im Rahmen der Schule erlebt. Die Bedrohung kann dabei eine tatsächlich aktuell vorhandene, eine zukünftige, vorgestellte oder eine erinnerte sein. Diese (subjektive) Bedrohung versucht das Kind mit Vermeidungsreaktionen (Abwehr, Flucht) oder Aggression zu bewältigen.
Angst entsteht nach der Lerntheorie dadurch, daß eine bislang neutrale Situation (Reiz) mit einem schädlichen Reiz

verbunden wird, die dann Angst und nachfolgend Flucht oder Aggression auslöst. Nach der kognitiven Theorie entsteht Angst durch das Gewahrwerden, eine gewünschte Situation nicht herstellen oder eine ungewünschte Situation nicht bewältigen zu können.
Die Schulangst als spezielle Form der Angst kann unterschiedliche Ursachen und Erscheinungsweisen besitzen: Prüfungsangst (Klassenarbeiten) oder generelle Angst vor Leistungsversagen, Angst vor Strafe (Lehrer, Eltern), Angst vor Mitschülern (Konflikte, Nicht-Akzeptiertwerden, Sündenbock, Außenseiter), Prestigeminderung im Klassenverband (Rollenverlust), allgemeines oder fachspezifisches Leistungsversagen.
In den Eingangsklassen, in denen Kinder noch kein Selbstbild eigener (fachgebundener, spezieller) Leistungen besitzen, tritt Schulangst häufiger als Angst vor sozialen Schwierigkeiten und als Kontaktangst vor Mitschülern auf. Diese beruht auf negativen vorschulischen Kontakterfahrungen oder basalen (evtl. neurotischen) Ängsten vor unbekannten Situationen.
Mit zunehmender Leistungsorientierung und Ausdifferenzierung nach Fächern erlebt das Kind seine Fähigkeiten im Vergleich zu den Klassenkameraden. Seine Bedürfnisse gehen in Richtung auf akzeptable Leistung, die seinen Ansprüchen an sich selbst und der Wahrung seiner Identitätsbalance entsprechen. Eine vom Schüler wahrgenommene (zukünftige) Beeinträchtigung seiner Bedürfnisse und Wertsysteme durch die Vorstellungen insuffizienter Leistung ruft bei ihm Streß hervor. Dieses Angstsymptom wiederum mindert seine Leistungsfähigkeit. Dadurch entsteht ein circulus vitiosus: Die Leistungsminderung ruft offene (Noten/Bewertung) oder verdeckte (Konkurrenzmechanismus) Sanktionen/Strafen hervor, wodurch erneute Hemmung/Blockade und in der Folge verstärktes Leistungsversagen entsteht.
Die repressive Durchsetzung gewünschten/r Rollenverhaltens/Erwartungen durch Lehrer oder Eltern verstärken zusammen mit der undifferenzierenden Überforderung diesen Zirkel noch durch die Angsterhöhung anstatt ihn, wie gewünscht, zu durchbrechen. Das Ergebnis ist die Beeinträchtigung einer balancierten, stabilen Identitätsentwicklung und die Verhinderung des Lernens durch die Schule.
Die kindlichen Reaktionen reichen von Alpträumen, Zwangsgedanken, Eßstörungen und aggressiven Verhaltensauffälligkeiten bis zu Tics und zur Vermeidung und Flucht (Schwänzen). Die Schulverweigerung muß somit als vernünftige Antwort auf eine bedrohliche Situation angesehen werden.
Als physiologische Begleitphänomene kommen in den angstinduzierenden Situationen Zittern, Pulsfrequenzanstieg, Erbleichen oder Schweißausbrüche vor.
Jens Holger Lorenz

Literatur: *Schwarzer, R.:* Schulangst und Lernerfolg. Düsseldorf 1975 • *Oestreich, G.:* Kinder zwischen Angst und Leistung. Frankfurt/M. 1980

Schulaufsicht und Schulverwaltung: Im Rahmen der Kulturhoheit der Bundesländer haben sich die Schulbehörden in den einzelnen Ländern unterschiedlich entwickelt. So gibt es in einigen eine zweistufige Behördengliederung (Kultusministerium, Schulamt oder Schulabteilung der Bezirksregierung), in anderen eine dreistufige (Kultusministerium als oberste, Bezirksregierung als obere und Schulaufsichtsamt als untere Schulbehörde). Im allgemeinen sind die obere und die untere Schulbehörde für bestimmte Schulformen zu-

ständig: die Bezirksregierung für Berufsbildende Schulen, Gesamtschulen und Gymnasien, das Schulaufsichtsamt für Grund-, Haupt-, Real-, Sonderschulen und Orientierungsstufen. Für die Arbeit der Schulbehörden werden hauptsächlich zwei Leitbegriffe gebraucht und zuweilen synonym verwendet: Schulaufsicht und Schulverwaltung. Im folgenden sollen sie getrennt für bestimmte Funktionsbereiche stehen: Unter dem Begriff Schulaufsicht sind hier die Aufgaben gebündelt, die sich auf Rechts-, Fach- und Dienstaufsicht und auf die schulfachliche Beratung beziehen, während mit Schulverwaltung die Arbeitsfelder bezeichnet werden, in denen die Behörden ihre Geschäftsgänge intern regeln und durch planerische und ordnende Maßnahmen Einfluß auf die „inneren Schulangelegenheiten" (z. B. auf Personalmaßnahmen, Organisationspläne, Übergänge, Widersprüche, auf Fragen der Schulordnung, der Schulpflicht und des Schulwechsels) nehmen, um die pädagogische und organisatorische Arbeit der Schule zu unterstützen.
Neben den staatlichen Schulbehörden gibt es kommunale Schulverwaltungsämter, die für die „äußeren Schulangelegenheiten" zuständig sind. Sie verwalten mit dem Ziel, die zur Aufrechterhaltung der Bildungs- und Erziehungsarbeit erforderlichen materiellen Voraussetzungen zu sichern. Staatliche und kommunale Behörden arbeiten eng zusammen, insbesondere bei der Schulentwicklungsplanung. Im Funktionsbereich „Schulaufsicht" geht es um Rechtsaufsicht, wenn die staatliche Schulbehörde die Übereinstimmung des Dienstgeschehens der Lehrkräfte, Funktionsträger und der Konferenzen mit den verbindlichen Rechtsbestimmungen überprüft, um Dienstaufsicht, wenn sie das dienstliche Verhalten der Lehrkräfte kontrolliert, um Fachaufsicht, wenn die Rechtmäßigkeit und Zweckmäßigkeit der pädagogischen Arbeit einzelner Lehrkräfte oder Kollegien beobachtet und unterstützt wird. In diesem Zusammenhang steht auch die Aufgabe des Schulaufsichtsbeamten (oft noch „Schulrat" genannt), Lehrkräfte aus bestimmten Anlässen (z. B. bei Bewerbungen, Beschwerden, zur Bewährungsfeststellung) zu beurteilen.
Beratung aber ist eine hauptsächliche Aufgabe der Schulaufsicht. Mit Schul- und Unterrichtsbesuchen und durch die aktive Teilnahme an schulischen Veranstaltungen kann der Schulaufsichtsbeamte empfehlen, unterstützen, motivieren, bestärken, auch kritisieren und korrigieren.
Die schulfachliche Beratung richtet sich auf einzelne Lehrerinnen und Lehrer, darüber hinaus auch auf die ganze Schule, wenn in sogenannten Schulbesuchswochen die pädagogische Arbeit des Kollegiums oder einzelner Fachbereiche in den Blick genommen wird. Für die Beratertätigkeit kann die Schulaufsicht kompetente Fachberater zur Unterstützung heranziehen. Darüber hinaus erfolgt im Bereich „Beratung" eine enge Zusammenarbeit mit den Schulpsychologen. Der Schulpsychologische Dienst berät die Schulbehörden, die Schulen selbst und in Einzelfällen unmittelbar auch Lehrkräfte, Eltern, Schülerinnen und Schüler vor allem in Fragen der Schullaufbahn, des schulischen Lernens, des Umgangs miteinander und in Konfliktfällen. Eine weitere fundamentale Aufgabe der Schulbehörden ist es, Innovationen anzuregen, zu fördern und zu begleiten. Wenn jetzt in der Grundschule beispielsweise Formen der Freiarbeit, des offenen Unterrichts verstärkt Eingang finden oder wenn Grundschulen zu vollen Halbtagsschulen umstrukturiert werden, ist der „Schulrat" Partner, der diese Veränderungsprozesse unterstüt-

zen kann. Da der Schulaufsichtsbeamte für die Verwaltungsarbeit nicht ausgebildet ist und also in der Regel nur angelerntes Wissen aufbringen kann, sind alle Bestrebungen zu begrüßen, ihn durch Fachkräfte von Verwaltungsaufgaben so zu entlasten, damit er für seinen hauptsächlichen Arbeitsbereich Beratung mehr Freiraum erhält. Reformansätze zielen darauf, durch eine sinnvolle Aufgabenverteilung (Begrenzung auf bestimmte Schulformen und Sachaufgaben/Generalien) über Spezialisierung und Schwerpunktbildung und durch kooperative Arbeitsformen eine größere Effizienz in der Beratungsarbeit zu erreichen. Die Schulverwaltung muß dazu durch technische Verbesserungen, durch Vereinfachung und Rationalisierung sowie durch die Zuweisung von Kompetenzen so funktionsfähig sein, daß die Schulen von ihr auf kurzem Wege Unterstützung erfahren.

Günter Heizmann

Literatur: *Habermalz, W./Heizmann, G./Kieslich, R.:* Schulleitung und Schulaufsicht in Niedersachsen. Neuwied 1990

Schulbibliothek und Klassenbücherei: Die Schulbibliothek faßt alle an einer Schule vorhandenen Büchereien zusammen und dient Schülern und Lehrern (KMK 1979). Das schließt nicht aus, daß in den Klassen Leseecken oder eine Klassenbücherei bestehen, deren Bücher zeitweise aus dem Bestand der Schulbibliothek ausgegliedert werden. In der Realität müssen jedoch oft noch mangelhaft ausgestattete Klassenbüchereien die Schulbibliothek ersetzen.

Die Schulbibliothek und die Klassenbücherei dienen bereits in der Grundschule unterschiedlichen pädagogischen und didaktischen Zielen: Sie unterstützen z. B. das Lesenlernen, bilden eine Grundlage für die literarische Erziehung, können zur Differenzierung eingesetzt werden, helfen, einzelne Themen des Sachunterrichts zu veranschaulichen, fördern selbständiges Arbeiten und leisten einen Beitrag zur selbstbestimmten Freizeitgestaltung. Im Rahmen von Freiarbeit erhält die Schulbibliothek/Klassenbücherei noch einen zusätzlichen Stellenwert.

Für den Raumbedarf von Schulbibliotheken gelten die Schulbaurichtlinien der Länder, wobei von 20 m^2 Grundfläche für 1000 Bände auszugehen ist. Bezogen auf die Gesamtzahl der Schüler einer Schule gelten in der Grundschule drei bis fünf Bücher pro Schüler als Mindestwert. 10 % des Ist-Bestandes müssen jährlich ersetzt werden. Die entsprechenden Mittel sind vom Sachaufwandsträger bereitzustellen.

Bei der Einrichtung der Schulbibliothek helfen die öffentlichen Büchereien (mit denen in jedem Fall eine enge Kooperation anzustreben ist), die Beratungsstellen für Schulbibliotheken und das Deutsche Bibliotheksinstitut, das auch die Fachzeitschrift „schulbibliothek aktuell" herausgibt. Hinweise auf Kinderliteratur als Grundbestand für Schulbibliotheken enthält das vom Arbeitskreis für Jugendliteratur herausgegebene Verzeichnis „Das Buch der Jugend". Anregungen für die Gestaltung von Einführungsphasen oder die Nutzung der Schulbibliothek in unterschiedlichsten schulischen Zusammenhängen sind der Fachliteratur zu entnehmen.

Der emotionalen Annäherung an eine Schulbibliothek dienen Bibliotheksspiele und auch das beliebte Übernachten in der Schulbibliothek (vgl. Knobloch 1991).

Die Realisierung von Schulbibliothek-Konzepten scheitert oft am fehlenden

Personal. Ausgebildete Schulbibliothekare stehen meist nur in Verbindung mit öffentlichen Büchereien zur Verfügung, Lehrer erhalten für die Leitung von Schulbibliothek bundesweit nur in Ausnahmefällen Stundenermäßigungen.
Jörg Knobloch

Literatur: Einführungsmaterialien in die Bibliotheksbenutzung für Kinder und Jugendliche. Berlin 1986 • *Knobloch, J.:* Lesen bis der Morgen graut. In: Praxis Schule 5–10. 2/1991 • *Knobloch, J.:* Abenteuer Bibliothek. Eine Einführung für Anfänger. Lichtenau 1992 • *Millhoffer, P.* (Hg.): Grundschule und Bibliothek. Frankfurt 1991

Schulerfolg – Schulversagen:

Auskunft über den individuellen Schulerfolg geben die Ziffernnoten und Wortgutachten in Prüfungsarbeiten und Zeugnissen. Schulversagen in einem oder mehreren Fächern wird alljährlich denjenigen Schülerinnen und Schülern im Jahreszeugnis bestätigt, die sitzenbleiben, also das Klassenziel nicht erreicht haben und ein Schuljahr wiederholen müssen. Mehrfache Wiederholungsanordnungen, in der Regel verbunden mit Leistungsschwächen in mehreren Fächern, haben die Überprüfung der Sonderschulbedürftigkeit zur Folge. Die Problematik der Operationalisierung von Schulerfolg über Ziffernnoten ist in den letzten Jahrzehnten in einer Vielzahl von Einzelarbeiten empirisch belegt worden. Im Zentrum der Kritik steht seitdem die Subjektivität der Beurteilungskriterien von Lehrkräften und die fehlende Vergleichbarkeit von Leistungsbewertungen über mehrere Klassen hinweg. Wiederholt wurde nachgewiesen, daß bereits in der Grundschule gleiche Leistungen selbst in vermeintlich objektiv bewertbaren mathematischen Prüfungsarbeiten von Lehrkräften in verschiedenen schulischen Kontexten unterschiedlich benotet werden. Individueller Schulerfolg, der auf der Grundlage konventioneller schulischer Leistungsmessung über gute Zensuren oder Berichtszeugnisse bestätigt wird, ist in hohem Maß bezugsgruppenabhängig. Damit läßt sich auch erklären, daß ausländische Schüler/innen in Klassen mit hohem Ausländeranteil im Durchschnitt positiver bewertet werden als in deutschen Klassen, in denen sie Minoritätenstatus haben. Die Frage, weshalb Mädchen heute die koedukative Schule im Durchschnitt erfolgreicher durchlaufen als Jungen, beschäftigt gegenwärtig die geschlechtsspezifische Schulerfolgsforschung. Statistisch belegt ist, daß sie seltener bei der Einschulung zurückgestellt werden, häufiger vorzeitig eingeschult werden und bereits in der Grundschule häufiger bessere Leistungen erbringen als Jungen. Mit biologisch begründeten Entwicklungsvorteilen ist dieses Phänomen nicht zureichend zu erklären. Vielmehr ist zu vermuten, daß Effekte geschlechtsspezifischer Erziehung wirksam werden: Bei Mädchen werden Lernleistungen bereits im Grundschulalter vielfach von Verhaltensdispositionen wie Fleiß, Schönheits- und Ordnungssinn überlagert, die im schulischen Kontext positiv bewertet werden, während sich bei Jungen geschlechtsspezifisch gegenläufige Verhaltensäußerungen leistungsmindernd auswirken.
Edith Glumpler

Literatur: *Ingenkamp, K.* (Hg.): Die Fragwürdigkeit der Zensurengebung. Weinheim [8]1989

Schule und Gesellschaft:

Die Verschulung der modernen Gesellschaft hat zunächst keine gesellschaftliche Schule herausgebildet. Seit dem Barock ist intensiv über die Reform der Methode und des Unterrichts nachgedacht worden, ohne daß sich eine einheitliche und ubiquitäre Institution entwickelt hätte. „Schule“ im 18. und beginnenden 19. Jahrhundert war keine Größe, die an jedem gesellschaftlichen Ort dasselbe bedeutet hätte. Bürgerschulen standen neben konfessionellen Schulen, Stadt- neben Landschulen, private neben solchen, die von der Obrigkeit unterhalten wurden. Erst die Verstaatlichung der Schule im 19. Jahrhundert (A. Leschinsky/P. M. Roeder 1976) veränderte diesen Tatbestand grundlegend.

Die heutige Schultheorie (H. Fend 1980) spricht von verschiedenen gesellschaftlichen Funktionen der Schule, vor allem im Bereich der qualifizierenden Bildung und der Selektion. Zu den offenen Funktionen müssen die versteckten hinzugerechnet werden, die sich aus dem Tatbestand des „hidden curriculum“ ergeben. Schule vermittelt der Gesellschaft offenbar mehr als Bildung, wobei aber zunehmend Unklarheit darüber herrscht, in welcher Weise die Effekte zu beschreiben sind. Einerseits werden seit Durkheim starke Normierungen angenommen, andererseits müssen um so mehr streuende Effekte zugestanden werden, je klarer die situativen (und nicht nur die institutionellen) Prozessse von Unterricht und Interaktion dargestellt werden (J. Markowitz 1986).

Die Staatsschule des 19. Jahrhunderts hat immer strenge und einheitliche Zielsetzungen vertreten, was noch in der Schulkritik nachgezeichnet werden kann. Oft ist hier nur eine Umkehrung der Ziele zu verzeichnen, während die entscheidende Frage ist, ob Schule überhaupt bestimmten und einheitlichen Zielsetzungen entsprechen kann. Die zentrale Unterstellung jedes Lehrplans, überhaupt jeder Zielerwartung, ist eine Wirkungsrichtung, die sich nicht plural fassen läßt, obgleich die tatsächlichen Effekte der Schule hochindividuell sind und sein müssen. Auch die Wirkungen der Staatsschule können nie nur mit Nivellierungen verbunden sein.

Die öffentliche Schule ist freilich zu einer gesellschaftlich akzeptierten Institution nur durch den staatlichen Nivellierungseffekt geworden. Die (in Deutschland) fast totale Finanzierung der Schule und ihre demgegenüber vergleichsweise hohe Binnenautonomie haben einerseits für jene Reputationsgewinne gesorgt, die im frühen 19. Jahrhundert noch reines Postulat waren (je staatlicher die Schule wurde, desto mehr war sie akzeptiert), andererseits haben die staatlichen Privilegien die Kritik nicht etwa beendet, sondern geradezu gesteigert. Die Schulkritik nimmt im 20. Jahrhundert an Brisanz zu, während zugleich auch der Grad und die Dichte der (weltweiten) Verschulung anwachsen. Demgegenüber sind Schulverweigerungen minimale Randerscheinungen, ohne daß daraus eine ebenso starke Loyalität abzuleiten wäre. Eher behandelt die Gesellschaft am Ende des 20. Jahrhunderts die Schule wie ein notwendiges Übel, ohne das gesellschaftliche Karrieren nicht möglich wären.

Im Zentrum der Schulkritik stand seit Mitte des 19. Jahrhunderts eben dieses „Berechtigungswesen“, das sich nunmehr als die einzig griffige Legitimation der Verschulung erweist. Die bildungspolitische Öffnung der Schule seit den sechziger Jahren hat vor allem den höchsten Abschluß privilegiert, was zwanzig Jahre später das gesamte System ins Ungleichgewicht gebracht hat. Die Privilegien, vor allem das Abitur, werden in steigendem Maße gesellschaftlich nachgefragt, während mit eben dieser Nachfrage der Eigenwert sinkt.

Das könnte längerfristig zu einer Finalisierung der bisherigen Form von Verschulung führen, und zwar aus drei gesellschaftlichen Tendenzen heraus, mit denen kein Autor des frühen 19.

Jahrhunderts hat rechnen können, die Medialisierung der Kommunikation, die Trivialisierung alltäglicher Lernformen und die Grenze der Finanzierbarkeit trotz ökonomischen Wachstums. Die herkömmliche Schule könnte so zu einem Störfaktor der Gesellschaft werden, weil sie die Privilegien nicht mehr durch Eigenselektionen verteilt, sondern lediglich einer Konsumentennachfrage dient (der Elternwille entscheidet faktisch über das Abitur). Dabei wird die formale Eigenautonomie geschwächt, denn bei sinkenden Lernstandards bleibt nur eine Anpassung nach unten übrig, die dann undurchsichtig macht, warum überhaupt eine derart teure Institution notwendig ist, wenn auf der anderen Seite mediale Substitutionen des schulförmigen Lernens unübersehbar werden. Für die staatliche Anstalt des 19. Jahrhunderts ist dies die zentrale Herausforderung der Gesellschaft, die sie je zu überstehen hatte. Die öffentliche Schule hat einen fast unbehelligten Ausbau, eine starke Expansion über zweihundert Jahre hinter sich. Die Voraussetzungen dafür waren ein unangefochtenes gesellschaftliches Lernmonopol und eine plausible Legitimation; beides ist nicht mehr gegeben, und dann fragt sich ernsthaft, wie die Gesellschaft der Zukunft auf die Funktionen der Schule reagieren wird, wenn andere Medien oder Prozesse sie besser und billiger realisieren können.

Jürgen Oelkers

Literatur: *Leschinsky, A./Roeder, P. M.:* Schule im historischen Prozeß: Zum Wechselverhältnis von institutioneller Erziehung und gesellschaftlicher Erziehung und gesellschaftlicher Entwicklung. Stuttgart 1976 • *Fend, H.:* Theorie der Schule. München 1980 • *Markowitz, J.:* Verhalten im Systemkontext. Zum Begriff des sozialen Epigramms; diskutiert am Beispiel des Schulunterrichts. Frankfurt/M. 1986

Schulfähigkeit: Der Begriff der „Schulfähigkeit" löste den der „Schulreife" ab. Damit wurde klargestellt, daß

- Schulfähigkeit nicht schlicht durch biologische Reifung, auf die man ggf. etwas länger warten muß, entsteht,
- Schulfähigkeit durch bestimmte Maßnahmen unterstützt bzw. erworben werden kann,
- „Schulfähigkeit" eine Fähigkeit des Kindes und eine Fähigkeit der Schule ist.

Gerade der letztgenannte Aspekt wird häufig noch vernachlässigt, insbesondere dort, wo zur Feststellung der Schulfähigkeit normierte Tests verwendet und die Kinder je nach Ergebnis vom Schulbesuch zurückgestellt werden. Die Schule bzw. die Förderarbeit der Klasse wird bei den meisten Tests nicht auf den Prüfstand gestellt. Die Aufgabe, die Schulfähigkeit „herzustellen", wird an besondere Einrichtungen, zumeist Schulkindergärten, delegiert. Überall dort, wo dies nicht geschieht, wo also alle Kinder im Klassenverband verbleiben, ergibt sich die Notwendigkeit der inneren Differenzierung in besonderem Maße. Dadurch, daß sich die Schule fähig erweist, auf die Belange aller Kinder einzugehen, erweist sie sich als fähig, die Kinder dort abzuholen, wo sie stehen, und sie nach den individuellen Möglichkeiten bestmöglich zu fördern.

Die Zurückstellung vom Schulbesuch stellt eine harte Selektion gleich zu Beginn der langen Schullaufbahn dar. Statt lebenswichtiger Erfolgserlebnisse zum Aufbau von Selbstwertgefühl und Motivation erfolgt das erste Versagenserlebnis, von den Eltern möglicherweise mit Sanktionen begleitet, häufig mit fataler Folge für die weitere Schullaufbahn. Natürlich genügt es nicht, Kinder mit ungünstigen Startbedingungen einfach in die Klasse zu integrieren und hier zwangsläufige Versagenserlebnisse in Kauf zu nehmen. Die Antwort auf

eine große Heterogenität der Klasse ist die Relativierung des ausschließlichen Frontal- und gleichschrittigen Partner- und Gruppenunterrichts. Ein gestaffelter Stundenplan zu Beginn der Schulzeit, offener Unterrichtsbeginn, Morgenkreis, Arbeit nach einem Tages- und zunehmend auch Wochenplan, freie Arbeit, ein nach pädagogischen Gesichtspunkten gestalteter Klassenraum, Bezüge zur Arbeit im Kindergarten helfen, das Einleben in das System Schule ohne Überforderung durch die ausschließlich fremdbestimmten Normen zu bewältigen. Die Verpflichtung der Schule, sich auf alle Kinder einzulassen, ergibt sich u. a. aus der Verpflichtung aller Kinder, die Schule zu besuchen. Die körperliche, geistige, soziale Schulfähigkeit ist gleich dem Unterschied zwischen Entwicklungsstand und schulischen Anforderungen. Auch von dieser Warte aus wird deutlich, daß der Erwerb der Schulfähigkeit mit schulischen Lernprozessen einhergeht. Es ist die Art der didaktischen und erzieherischen Gestaltung des Schulanfangs, die mitentscheidet über die Anzahl der Versager. In diesem Zusammenhang können Tests eine gute Funktion erfüllen. Sie dienen nicht dem Ziel der Aussonderung, sondern sie geben der Lehrerin bzw. dem Lehrer Auskunft über den individuellen Förderbedarf der einzelnen Kinder. Entsprechend hat sich der Deutsche Bildungsrat im Jahre 1970 geäußert: „Standardisierte Verfahren zur Feststellung der Schuleignung sollten schon jetzt nur noch dazu dienen, eine möglichst wirksame Abstimmung der Lehrprogramme auf die individuellen Lernvoraussetzungen der Kinder zu ermöglichen."
Auswahlkriterium für den Test sollte also die Frage sein, inwieweit er geeignet ist, der Lehrerin einschlägige Informationen zur Gestaltung ihres Unterrichts bzw. für gezielte Fördermaßnahmen zu geben. Wenn es auf diese Weise und in guter Kooperation mit den Eltern und dem Kindergarten bzw. Hort gelingt, die möglichen positiven Effekte des Übergangs vom Elementar- in den Primarbereich zu nutzen, statt den ersten Markierungspunkt für eine mißerfolgsorientierte Schul- und Lebenslaufbahn zu setzen, dann erweist sich auch die Schule als schulfähig.
Gabriele Krichbaum

Literatur: Deutscher Bildungsrat: Empfehlungen der Bildungskommission, Strukturplan für das Bildungswesen. Stuttgart 1970 • *Faust-Siehl, G./ Portmann, R.* (Hg.): Die ersten Wochen in der Schule. Arbeitskreis Grundschule – Der Grundschulverband – e.V. Nr. 86. Frankfurt 1992 • *Portmann, R.* (Hg.): Kinder kommen zur Schule. Arbeitskreis Grundschule e.V. Nr. 73. Frankfurt 1988

Schulfunk: Schulfunk- und Bildungsprogramme berücksichtigen alle wichtigen durch den Hörfunk vermittelbaren Themenbereiche in einem adressatengerecht differenzierten Angebot. Dieses Angebot wird Lehrer/inne/n anhand von informierendem und einführendem Begleitmaterial so rechtzeitig bekannt gemacht, daß es in die Unterrichtsplanung einbezogen werden kann. Je nach Sendeanstalt fallen die „Lehrerbegleithefte" unterschiedlich aus; sie können angefordert werden und sind kostenlos.
Im Gegensatz zur frühen Planung der Sendungen erfolgt ihre Produktion in der Regel aktuell zum Ausstrahlungstermin.
Während Bildungsprogramme im strengen Sinn (= Kursprogramme, also Funkkolleg und Sprachkurse) sich in erster Linie an erwachsene Hörer/innen richten, ohne das Schulpublikum auszuschließen, hat der Schulfunk die doppelte Zielsetzung, Rundfunksendungen für die Schule (einschließlich der Erwachsenenbildung) und ein frei nutzbares Bildungsprogramm für möglichst viele

Hörer und Hörerinnen anzubieten. Das erfordert von den Programmverantwortlichen ein Austarieren von Sendung zu Sendung, von Reihe zu Reihe. Adressatenbedingt oder themenspezifisch darf das Pendel nach der einen oder anderen Seite ausschlagen, solange das Programm in seiner Mischung stimmt. Von den schulischen Nutzern wird die Einsicht erwartet, daß maßgeschneiderte „Lehrmittel" nicht Sache des Rundfunks sein können; von den außerschulischen die Bereitschaft zum Hinhören und Mitdenken. Die einen können im Unterricht mit authentischen und aktuellen Materialien arbeiten, die das Gütesiegel des öffentlich-rechtlichen Rundfunks tragen; die anderen wissen, daß Schulfunk sie an Bildungsinhalten der öffentlichen Schulen teilnehmen läßt.

Programme des Schulfunks orientieren sich einerseits an klassischen Fächern, zu denen Literatur und Fremdsprachen, Musik und Naturwissenschaften, Geschichte und Geographie gehören. Sie berücksichtigen aber auch viele neue Wissensgebiete, wie z. B. Medien und Informationstechnik, Wirtschaft und Arbeitswelt, europäische Einigung und Friedenserziehung.

Die Sendungen sind fallbezogen und um Anschaulichkeit bemüht. An exemplarischen Beispielen machen sie Vergangenes gegenwärtig und Gegenwärtiges verständlicher. Mit der Darstellung eines Problems vermitteln sie zugleich ein wenig von dem Grundwissen, das einer besseren Einschätzung und Einordnung dienlich ist. Und weil sich Schulfunk bekanntlich nicht nur an Lernende und Lehrende richtet, können diese Programme zu Hause, im Auto oder bei der Arbeit in einer Art Radio-Volkshochschule alte Kenntnisse auffrischen und neue vermitteln.

Schulfunk zählt zu den wenigen in der Flut von elektronischen Unterhaltungsangeboten verbliebenen Bildungsangeboten; obwohl er fast so alt ist wie der Rundfunk selbst, ist er noch immer modern, aktuell und auf der Höhe der pädagogischen Diskussion.

Klaus Dewes

Schulgarten: Die Entwicklung der Schulgartenidee steht in enger Verbindung mit der Forderung und Einrichtung eines allgemeinen Schulwesens. Bis zum ausgehenden 19. Jahrhundert stand im Vordergrund der Schulgartenarbeit der Erwerb von Alltagswissen und biologischen Grundkenntnissen. Der Schulgarten galt überwiegend als Lehrgarten. Eine stärkere Betonung der erzieherischen Elemente erfolgte in der Reformpädagogik, die ihn als Lern- und Arbeitsgarten verstand. Begriffe wie Selbsttätigkeit, Kindgemäßheit und Arbeit traten in den Vordergrund. Mit der Aufnahme reformpädagogischer Gedanken durch die in den 60er Jahren einsetzende Grundschulreform zeigte sich, daß die Schulgartenarbeit die neuen grundschuldidaktischen Prinzipien brennglasartig bündelt. Die Umweltdiskussion und die Forderung nach Umwelterziehung förderte ebenso die Wiederbelebung der Schulgartenarbeit.

Im Schulgarten können die Kinder

- handelnd
- erfahrungsoffen, entdeckend
- ganzheitlich und lebensnah
- alle ihre Sinne aktivierend, ihre verschiedenen Kräfte anspannend
- in Gemeinschaft
- sich selbst und dieser Gemeinschaft verantwortlich, aber auch Verantwortung gegenüber der Natur übernehmend

lernen.

Die Schulgartenarbeit ist fächerübergreifend, sie vermag die Fächer Sachunterricht und Deutsch, häufig auch Kunst und Musik, mitunter Mathematik zu integrieren. Sie ermöglicht gemeinsam geplante umfassende Klassenvorhaben ebenso wie selbstorganisierte Kleingruppenarbeit.

Mit der Anlage eines Schulgartens ist das folgende Ziel verbunden: Umgestaltung des Schulgeländes zu einer naturnah gestalteten Fläche, die Kindern Lern- und Erfahrungsraum, aber auch Spiel- und Ruhezone bietet. Der eigentliche Nutzgarten sollte in diese Gesamtkonzeption eingebunden sein. Als Handlungsfelder bieten sich an:

- Entdecken vorhandener Pflanzen und Tiere und ihrer Beziehungen zu- und untereinander,
- Naturerfahrungs- und -erlebnisspiele,
- Beobachten, Dokumentieren und Deuten von Wachstumsvorgängen,
- Anlage und Pflege besonderer Biotope (z. B. Wiese, Hecke, Teich, Trockenmauer),
- Anbringen von Nisthilfen für Vögel und Insekten,
- Anlage eines Nutzgartens. Er sollte ökologisch bewirtschaftet sein (hacken statt graben, Verzicht auf chemische Pflanzenschutzmittel, Kompostdüngung, evtl. ergänzt durch Pflanzenjauchen, Pflanzung standortangepaßter Pflanzen in Mischkultur). Er sollte sowohl ausdauernde Pflanzen (Blumen, Teekräuter, Erdbeeren) als auch jährlich wechselnde, wenig pflegeintensive Pflanzen enthalten.
- Nutzung zur Gestaltung des Schullebens (Teepausen, gemeinsam kochen und essen, besondere Feste zu einzelnen Pflanzen oder zum Schulgartenjahr, Ausstellungen von Produkten und Dokumentation von Arbeitsergebnissen).

Beim Aufbau und bei der Unterhaltung können Eltern, örtliche Vereine und Verbände oder Schulträger und Kommunen, Forstämter helfen. Kinder und Lehrer/innen lernen gemeinsam im Schulgarten die Wechselwirkungen zwischen Mensch und Natur handelnd zu begreifen sowie ihre Beziehungen zur natürlichen, technischen und sozialen Umwelt zu erforschen und sorgsam mitzugestalten.

Gertrud Müllensiefen

Literatur: Grundschule 3/1992. Themenheft: Viele kleine Schritte: Umwelterziehung • *Mozer, N.:* Der Schulgarten. Frankfurt 1989 • *Winkler, G.:* Das Schulgartenhandbuch. Velber 1985

Schulgartenunterricht: Schulgärten in der ehemaligen DDR waren Einrichtungen, in denen die Klassen eins bis vier (bis 1968 auch fünf und sechs) im Fach Schulgartenunterricht unterrichtet wurden. Vielfach werden sie auch nach der Wende noch für Schulgartenunterricht genutzt. Seine Zielstellungen ordneten sich in das Gesamtanliegen aller polytechnischen Fächer ein (Schulgartenunterricht und Werken in der Unterstufe; Einführung in die sozialistische Produktion, Technisches Zeichnen, Unterrichtstag in der Produktion, wissenschaftlich-praktische Arbeit). Erklärtes Ziel dieser Fächer war die Vorbereitung der Schüler auf die Arbeit in der sozialistischen Produktion. Deshalb waren praktische und weitgehend gesellschaftlich nützliche Tätigkeiten der Schüler und Schülerinnen in den Mittelpunkt des polytechnischen Unterrichtes zu stellen. Das waren im Schulgarten der Umgang mit Naturobjekten, speziell der Anbau ausgewählter Nutz- und Zierpflanzen wie Gemüse und Blumen unter Beachtung der jeweiligen Ansprüche an Standort- und Wachstumsbedingungen wie Boden, Klima und Temperatur, Wasser, Licht, Nährstoffe. Um den Schülern den gesellschaftlichen Produktionsprozeß nahezubringen, nahmen sie analogisch an den einzelnen Phasen der Pflanzenproduktion mit zunehmender Selbständigkeit, Aktivität und Verantwortlichkeit teil: Planung

(Anbauplanung unter Beachtung der pflanzlichen Ansprüche, Absatzmöglichkeiten, Saat- und Pflanzgutbedarf); Vorbereitung (Bodenvorbereitung, Saat- und Pflanzgutbeschaffung, Jungpflanzenanzucht); Durchführung mit Bestellung (aussäen, pflanzen); Pflege (jäten, hakken, wässern, düngen) und Ernte.
Eine kritische Wertung der durchgeführten Arbeitsschritte und der erzielten Produktionsergebnisse erfolgte in jeder Klasse nach Abschluß des Vegetationsjahres. Für den Anbau im folgenden Jahr wurden Folgerungen gezogen. Gemäß den genannten Produktionsabschnitten waren die Lehrpläne für alle Klassen aufgebaut. Jeder Abschnitt ließ von Klasse zu Klasse steigende Anforderungen an die physischen und psychischen Voraussetzungen und Fähigkeiten erkennen. Der Lehrplan wies für die einzelnen Phasen des Arbeitsprozesses die zu erwerbenden Arbeitskenntnisse und -fertigkeiten, die zum Verständnis der Arbeiten und zur Ausführung derselben erforderlich waren, aus.
Im Vordergrund der Arbeit im Schulgarten und auf dem Schulgelände stand das Entwickeln von Freude und Interesse an der Arbeit und an der unmittelbar erlebbaren Natur. Vielseitige und erlebnisbetonte Unterrichtsgestaltung und das Bewußtmachen des Wertes der erfüllten Aufgaben galten als methodisches Prinzip. So war Schulgartenunterricht ein beliebtes Fach der Unterstufenkinder. Dazu trug auch das gemeinschaftliche Tätigsein bei. Es hatte die Ausprägung vieler positiver Einstellungen zur Arbeit und entsprechender Verhaltensweisen zur Folge, wie Ordnung am Arbeitsplatz halten, diszipliniertes Arbeiten, gegenseitiges Helfen, bereitwillig auch problematische Arbeiten übernehmen. Die Größe der Schulgärten basierte auf 3 m^2 pro Schüler, um die Anforderungen des Lehrplanes an die Bildung und Erziehung des Faches methodisch-pädagogisch und arbeitsorganisatorisch zu gewährleisten. Die Flächen gehörten zur Ausstattung jeder polytechnischen Oberschule in der DDR.
Edith Kahlow

Schulkindergarten: Seit der Jahrhundertwende gibt es pädagogische Einrichtungen, die die schulpflichtigen, aber noch nicht schulfähigen Kinder angemessen fördern sollen. Die erste entstand im Jahre 1906 in Berlin–Charlottenburg und nannte sich Schulkindergarten. Neben dieser Bezeichnung finden sich auch andere, z. B. Reifungsklasse, Förderklasse, Vorklasse. Im amtlichen Sprachgebrauch hat sich heute vorwiegend der Name Schulkindergarten durchgesetzt. Organisatorisch ist er der Grundschule angegliedert. Wie in der Grundschule steht die Förderung der Entwicklung der gesamten Persönlichkeit des einzelnen Kindes – je nach seinen individuellen Möglichkeiten – im Mittelpunkt der pädagogischen Arbeit. Um die Kinder bis zur Schulfähigkeit zu fördern, muß es allerdings im Rahmen der allgemeinen Zielsetzung vorrangig darum gehen, Entwicklungsrückstände bzw. Störungen im sozialen, motorischen oder kognitiven Bereich aufzuarbeiten.
Der Auftrag des Schulkindergartens gründet in der vermittelnden Funktion zwischen der ich-bezogenen Erlebnisweise des Kleinkindes und der mehr sach- und wir-bezogenen des Schulkindes. Der Vorgriff auf eindeutig schulische Arbeitsweisen kann nicht die Aufgabe des Schulkindergartens sein. Vielmehr muß durch situationsorientierte Verknüpfung der Lernbereiche Natur- und Sachbegegnung, Bewegungsförderung, bildnerisches Gestalten, Erfahrungen mit Mengen, Formen, Größen, Zahlen, Sprechen

und Hören, Vorbereitung auf das Lesen und Schreiben sowie religiöse Erziehung in Formen offenen Lernens kontinuierlich versucht werden, auf die Bedürfnisse und Besonderheiten jedes einzelnen Kindes einzugehen und dabei die Lebenswelten von Kindern unterschiedlicher kultureller Herkunft zu berücksichtigen. In dem umfassenden Ansatz kindzentrierter Förderung sollte auch das Spiel als die dem Kind gemäße grundlegende Form des Lernens einen entsprechenden Raum einnehmen. Nach diesen Richtlinien sind in den Schulkindergärten nur Kinder aufzunehmen, die erwarten lassen, daß sie innerhalb eines Jahres ihre Defizite kompensieren können. Kinder mit größeren Entwicklungsrückständen oder Störungen müssen in einem Sonderkindergarten gefördert werden.

Nach den vorliegenden Erhebungen ist davon auszugehen, daß ein vergleichsweise hoher Prozentsatz (7–12%) von schulpflichtigen Kindern die Schulfähigkeit nicht mitbringt. Die Aufgabe der Einschulung stellt deswegen ein erhebliches schulorganisatorisches Problem dar, insbesondere im Hinblick auf ausländische Kinder. Diese erfahren ihre Sozialisation bis zur Einschulung primär im Umfeld ihrer Familien, deren Erziehungsziele und -stile nicht immer denen des Aufnahmelandes entsprechen. Ein Hindernis für eine erfolgreiche Einschulung ist hier immer wieder die mangelnde Sprachkompetenz. Diese darf aber nicht allein der Grund für eine Zurückstellung sein. Auch hier müssen Lernfähigkeit, Ausdauer, Konzentrationsfähigkeit, Entwicklungsstand im bildnerischen Gestalten, soziales Verhalten und soziale Lernfähigkeit, zusammen mit Sprachkompetenz über Zurückstellung und Einweisung in den Schulkindergarten entscheiden. Kooperation mit den Eltern ist hier unverzichtbar.

Karl Neumann

Literatur: *Faust-Siehl, G.* u. a. (Hg.): Kinder heute – Herausforderung für die Schule. Frankfurt 1990 • *Franke, U./Ulischberger, G.* – Niedersächsisches Kulturministerium: Empfehlungen für die Arbeit im Schulkindergarten. Hannover 1990 • *Willgeroth, M.* (Hg.): Bildungsplan für Schulkindergärten. Verband Bildung und Erziehung. Hamm 1991

Schulkultur: Das Schulwesen hat nach traditionellem Verständnis die Aufgabe, Vermittlungsinstanz des überkommenen Kulturerbes zu sein (Roloff 1914). Als drei elementare Bereiche der Kulturtradition gelten in der neuzeitlich-westlichen Orientierung Theorie („das Wahre"), Moral („das Gute") und Kunst („das Schöne"). Dieser Dreiteilung entsprechen die Lern- bzw. Lehrdimensionen Kognition (Verstand/Vernunft), Emotion (Gefühl/Gemüt) und Pragmatik (Wille/Handlung). Daseins-Erhellung, Daseins-Erfüllung und Daseins-Bewältigung sind die anthropologisch-kulturellen Ziele der entsprechenden Bildungsbemühungen (vgl. Curriculumtheorie nach Robinsohn 1967).

Die Schulen leisten einen wesentlichen Beitrag zum menschlichen Kulturschaffen, indem sie die heranwachsenden Generationen befähigen, ihr Leben im Einklang mit den universellen Lebensgesetzen zu führen. Der Unterrichts- und Erziehungsprozeß ist ein wesentliches Element im kulturellen Leben einer Gesellschaft. Das schulische Leben und Lernen selbst ist kulturschöpferisch. Alle individuellen wie auch sozialen Lern- und Lebensakte in der Schule sind Kulturträger. Deshalb ist ein Selbstverständnis von Schule im Sinne der institutionellen „Vorbereitung für das spätere Leben" ein Mißverständnis gegenüber der tatsächlichen Funktion von Schule als Stätte der Kultur einer Gesellschaft.

Schulen, einseitig verstanden als „Lehranstalten" oder „im Dienste" gesellschaftspolitischer Vorgaben, sind auf ihre tatsächlichen sozio-kulturellen Wirkungsdimensionen hin zu hinterfragen. Schöpferische Räume einer menschenwürdigen Kulturbegründung sind Schulen nur dann, wenn in ihnen genug Freiraum für die menschliche Selbstverwirklichung gewährleistet ist. Aus dieser Sicht haben Kulturkritik und Schulkritik die gemeinsame Aufgabe, die lebendige Offenheit der Beziehungen zwischen Mensch und Mensch(en), Menschen(en) und Wirklichkeit(en) anzustreben.

Wenig förderlich für die sinnvolle Fortentwicklung unserer gegenwärtigen Lebenskultur ist es, wenn den schulischen Institutionen jene Aufgaben bildungspolitisch oktroyiert werden, die die Gesellschaftspolitik selbst nicht bewältigen kann (z. B. Umwelterziehung, Gesundheitserziehung, Sparsamkeitserziehung). Aufgabe der Bildungsplaner ist es, die Inhalte der Schulbildung mit den sich wandelnden Lebensbedingungen unserer zivilisatorischen Gesellschaft (global) neu zu bestimmen (Bäuml-Roßnagl 1990). Die wachsende Indifferenz gegenüber den tradierten Werten verursacht Leerräume, die durch neue Lebensordnungen mit Sinn gefüllt werden müssen. Entgegen einer konformen Massenkultur und einer schulischen Masseninformation ist auch durch schulische Bildungsbemühungen ein neues Lebensethos zu entwickeln, das im Vergleich mit kulturellen Traditionen die Lebensmöglichkeiten in unserer Zeit zu entfalten hilft.

Bildung und auch Schulbildung als Kultur-„gut“ sind kein vom Menschen isolierbares, objektives „Gut“, das wie eine „Ware“ transferiert werden könnte. Eine Kultur der Schule und die gegenwärtig allerorts intensiven Bemühungen um eine „neue Schulkultur“ sind ein lebendiges Geschehen zwischen Menschen und Gegenständen ihrer Lebenswelt. Geteiltes und mitgeteiltes Leben schafft eine menschenwürdige Lebenskultur.

Maria-Anna Bäuml-Roßnagl

Literatur: *Bäuml-Roßnagl, M.-A.:* Leben mit Sinnen und Sinn in der heutigen Lebenswelt. Wege in eine zeitgerechte pädagogische Soziologie. Regensburg 1990 • *Bäuml-Roßnagl, M.-A.* (Hg.): Lebenswerte (in einer neuen) Schulkultur. Braunschweig 1993 • *Roloff, E. M.* (Hg.): Lexikon der Pädagogik. Freiburg 1914 • *Nostitz-Rieneck, R. v.:* Kultur und Schule • *Robinsohn, B. S.:* Bildungsreform als Revision des Curriculums. Neuwied/Berlin 1967

Schullandheim: Schullandheimaufenthalte sind ein- bis mehrwöchige schulische Veranstaltungen, bei denen der Erziehungs- und Bildungsauftrag der Schule bewußt im Gegensatz zu sonst vorherrschenden Schulsituationen vorwiegend als offener Unterricht (Gruppenunterricht, Projektunterricht, Freiarbeit, Freizeitangebote) realisiert wird. Für die Grundschule wird das Programm Schwerpunkte in den Bereichen Heimatkunde und musisch-ästhetische Erziehung bieten, daneben stehen ökologische Aspekte und soziales Lernen im Mittelpunkt.

Als Schullandheim eignen sich z. B. in ländlicher Umgebung gelegene Jugendherbergen oder die z. T. selbstbewirtschafteten Häuser der mehr als 400 im Verband Deutscher Schullandheime organisierten Träger. Mindestvoraussetzung für ein effektives Arbeiten im Schullandheim sind Gemeinschafts- und Gruppenräume sowie ein entsprechendes Freigelände.

Schullandheime gehen auf die Reformpädagogik zurück, sind jedoch nicht zu verwechseln mit den ebenfalls in dieser Zeit entstandenen Landschulheimen (Reformschulen mit Ganztagsbetreuung bzw. Internat), denen sie gleichwohl manche Anregung verdanken. Die heutigen Schullandheim-Konzepte sind von

einer seit 1969 geführten Diskussion um die aktuellen Aufgaben von Schullandheim als ergänzender Lernort von Schulen geprägt.
Die Vorbereitung von Schullandheim-Aufenthalten erfolgt ähnlich wie bei einer Klassenfahrt. Der Programmplanung ist dabei noch größere Aufmerksamkeit zu widmen. Mögliche Themenbereiche (die auch kombiniert werden können) für die Grundschule:

- Umweltschutz, Mülltrennung und -vermeidung, Waldsterben;
- gefährdete Pflanzen und Tiere, Leben und Arbeiten in / mit der Natur;
- Begegnung mit einer Partnerklasse, Zusammenleben mit ausländischen Mitschülern;
- gemeinsames Singen, Werken, Zeichnen, Malen, Erarbeiten eines Theaterstückes, Schullandheim-Olympiade (mit zusätzlichen Disziplinen: z. B. Jonglieren, Seiltanz); Lehrpfade, Haus-, Wald- und Wiesen-Rallye;
- Sensibilisierung: Farben, Formen, Strukturen, Gerüche usw. wahrnehmen, tasten, riechen, schmecken ...

Zu jedem Schullandheim-Aufenthalt gehören Spieleabende. Auch für Regentage sind ausreichend Gruppenspiele, Gesellschaftsspiele, Bücher, Bastelmaterialien usw. mitzubringen bzw. vorzubereiten.
Wegen der langfristigen Planung, der zeitaufwendigen Vorbereitung und der mit der Aufsichtspflicht verbundenen Rechtsunsicherheit wird oft auf eine Fahrt ins Schullandheim und damit für Lehrer/innen und Schüler/innen wichtige Erfahrungen verzichtet. Von der aktuellen reformpädagogischen Diskussion (offener Unterricht, Ökopädagogik) sind jedoch motivierende Impulse zu erwarten.
Jörg Knobloch

Literatur: *Menze H. u. F.* : Schullandheim und Gruppenfahrt. Lichtenau 1992 • Verband Deutscher Schullandheime (Hg.): Pädagogik im Schullandheim. Handbuch. Regensburg 1975

Schulleben: Schulleben ist ein reformpädagogischer Schlüsselbegriff, der kritisch gegen die Verengung der Schule auf (mehr oder minder) rigiden Unterricht gewendet ist. Schulleben umfaßt alle Maßnahmen, die geeignet sind, die Lebensferne der Lernschule zu überwinden, die Einheit von Erziehung und Unterricht herzustellen, die Schule zu einem kind- bzw. jugendgemäßen Lernort zu gestalten, in dem emotionales, sittliches und ästhetisches Lernen nicht zu kurz kommen. Am deutlichsten ist das Schulleben in den sog. „Lebensgemeinschaftsschulen“ der 20er Jahre ausgeprägt, in denen Kinder, Lehrer bzw. Lehrerinnen und Eltern eine Gemeinschaft unter der Idee der Erziehung bilden. P. Petersen (1884–1952) meint, es genüge zu einer wirklichen Schulreform nicht eine Änderung des Schulwesens oder der Unterrichtsmethoden, vielmehr sei das Schulleben von Grund auf zu ändern. Dort hinein sei dann der Unterricht zu setzen, und es sei zu prüfen und zu erproben, wie unter den das Schulleben leitenden Ideen der Unterricht sich ändern werde. Spielt man mit den Begriffsbestandteilen „Schule“ und „Leben“, sind drei Dimensionen zu erkennen:

- Das Leben in der Schule, das sind die Fragen des Verhältnisses von Erziehung und Unterricht, der Formen und Inhalte des Miteinander-Umgehens von Lehrern und Schülern, des Verhältnisses von Freizügigkeit und Ordnung, der Mitwirkung und Mitgestaltung von Schülern und Eltern, der Mitbestimmung der Lehrerschaft in Fragen der Schulorganisation und Verwaltung, des kollegialen Umgangs, der Werte, an denen das Leben in der Schule orientiert ist.
- Die Frage ist sodann, inwieweit die Schule in das Leben hinausgeht, ihren Lernort außerhalb aufsucht, aus sich selbst herausgehen muß, um nicht in sich selbst aufzugehen.

• Daraus ergibt sich die übergreifende Fragestellung nach dem Zusammenhang von Schule und Leben, ob Schule ein vom Leben sorgfältig separierter Raum sein kann, welche Bezüge sie zum gegenwärtigen und zukünftigen Leben der Schüler und Schülerinnen hat, welche Erscheinungen, Sachverhalte, Erfahrungen in die Schule einzubringen sind.

Schulleben soll also das schulische Lernen von der wissenschaftlich-künstlichen und administrativen Zurüstung lediglich auf Unterricht befreien, den Rahmen setzen, innerhalb dessen Lernen als Kontinuum erlebbar und der Zusammenhang unterschiedlicher Sozialisationseinwirkungen kenntlich wird.

Ausdrücklich oder unter anderen Begriffen wie Schulprogramm oder Schulkultur oder aber unausgesprochen ist die gegenwärtige Grundschulreform in ihrer Gesamtheit von den hier skizzierten Gedanken geleitet, insofern Grundschule verstanden wird als kindorientierter Lern-, Lebens- und Handlungsraum in dem grundlegende Bildung sich vollzieht (Lichtenstein-Rother/Röbe).

Uwe Sandfuchs

Literatur: *Keck, R. W./Sandfuchs, U.* (Hg.): Schulleben konkret. Bad Heilbrunn 1979 • *Lichtenstein-Rother, I./Röbe, E.:* Grundschule. Der pädagogische Raum für Grundlegung der Bildung. Weinheim 1991 • *Wittenbruch, W.* (Hg.): Das pädagogische Profil der Grundschule. Heinsberg [2]1989

Schulleitung: Grundschulen werden immer häufiger von Frauen geleitet, wir gebrauchen deshalb hier bewußt den Begriff „Schulleiterin“. In großen Schulsystemen tragen sie die Amtsbezeichnung „Rektorin“, in kleineren Schulen „Hauptlehrerin“. Bei der Beschreibung der Aufgaben ist zu beachten, daß die Stellung der Schulleiterin in den einzelnen Bundesländern durch unterschiedliche Rechtsbestimmungen festgelegt ist; einige übereinstimmende Grundsätze lassen sich aber herausstellen: Selbst in kleineren Grundschulen ist der Schulleiterin eine Reihe von Verwaltungsaufgaben gestellt, doch wird sie dabei nie übersehen dürfen, daß ihre eigentliche und hauptsächliche Aufgabe im pädagogischen Bereich liegt. Wie kaum eine andere Schulform lebt die Grundschule von einer kreativen Bewegung im pädagogischen Schaffen: Neben größeren Strukturveränderungen, wie sie sich heute beispielsweise in der Umwandlung der Grundschule zur vollen Halbtagsschule vollziehen, und neben grundlegenden didaktisch-methodischen Entscheidungen, wie etwa der Hinwendung zum offenen Unterricht, sind dies vor allem auch die kleineren pädagogischen Schritte im Schulalltag – zur Gestaltung eines lebendigen Schullebens oder eines kindgemäßen Unterrichtsgeschehens. Hier fällt der Schulleiterin die Aufgabe zu, innovative Ansätze zu stärken, Ideen zu entwickeln, Anregungen aufzuzeigen und weiterzugeben, Initiativen zu bündeln. Ihrer Gesamtverantwortung für die Schule wird sie hier vor allem dadurch gerecht, daß sie bemüht sein muß, alle Lehrkräfte zu motivieren, zu stärken, das Lehrerkollegium beispielsweise durch Konferenzarbeit und Fortbildungsangebote zu interessieren und zur Mitarbeit zu aktivieren. Aus dieser Gesamtverantwortung leiten sich darüber hinaus weitere Pflichten und Aufgabenstellungen ab: Als Repräsentantin der Schule ist sie für die Öffentlichkeitsarbeit zuständig, sie hält Kontakte zu außerschulischen Arbeitspartnern und Institutionen, zum Schulträger, zu den Schulbehörden und auch zur Presse. Unterrichtsbesuche bei Lehrkräften geben ihr Gelegenheit zu beraten und zugleich Einblicke zu gewinnen, die es ermöglichen, Überein-

stimmungen in der erziehlichen und unterrichtlichen Arbeit zu entwickeln.
Durch die pädagogische Freiheit sind die Grenzen der Einflußnahme dabei deutlich gesetzt: die Schulleiterin darf das Recht der Lehrerinnen und Lehrer, didaktische und methodische Entscheidungen in eigener Verantwortung zu treffen, nicht durch Weisungen eingrenzen. Besonders in der Grundschule soll dadurch gesichert sein, daß die schülerorientierte Arbeit der einzelnen Lehrkraft nicht durch generalisierende Anordnungen zementiert wird. In diesem Zusammenhang ist auch ihre Aufgabe zu sehen, die Zusammenarbeit mit den gewählten Elternvertretungen und darüber hinaus zwischen Schule und Elternhaus zu fördern und die Eltern weitestmöglich an die Schule zu binden. Gegenüber den Lehrkräften und den übrigen Mitarbeitern der Schule ist sie weisungsbefugt und zur Kontrolle verpflichtet, damit die Schule ihren Erziehungs- und Bildungsauftrag erfüllen kann.
Gegenüber der Konferenz hat die Schulleiterin kein Weisungsrecht. Wenn die pädagogische Arbeit und das Miteinander in der Schule gelingen sollen, ist ein intensives und sachbezogenes Zusammenwirken von Schulleitung und Konferenz von außerordentlicher Bedeutung. Die Schulleiterin hat ein Einspruchsrecht, wenn Beschlüsse der Konferenz die Rechtsvorgaben überschreiten. Daneben steht ihr auch das Recht zu, bei Eilbedürftigkeit Entscheidungen zu treffen, die eigentlich von Konferenzbeschlüssen gestützt werden müßten (Notkompetenz). Die Schulleiterin wird bei Abwesenheit von ihrer Stellvertreterin, der Konrektorin, vertreten; sie ist ständig eigenverantwortlich mit jenen Leitungsaufgaben befaßt, die von der Schulleiterin an sie delegiert sind. In kleineren Grundschulen, denen keine Konrektorenstelle zusteht, wird die Vertretung in der Regel von der dienstältesten Lehrkraft wahrgenommen.

Günter Heizmann

Literatur: *Bessoth, R./Schmidt, H.-J.* (Hg.): Schulleitung – ein Lernsystem. 4 Bände. Neuwied 1978 ff.

Schulpflicht: In den Schulgesetzen der Bundesländer ist allen Kindern und Jugendlichen die Pflicht auferlegt, für eine festgelegte Zeitdauer eine Schule zu besuchen. Grundsätzlich dauert diese Schulpflicht zwölf Jahre, sie kann in begründeten Fällen verlängert oder verkürzt werden, in Ausnahmesituationen auch ruhen. Im allgemeinen erfüllen Schülerinnen und Schüler ihre Schulpflicht durch den neunjährigen Besuch der Schulen des Primar- und Sekundarbereichs I (Grundschule, Orientierungsstufe, Hauptschule, Realschule, Sonderschule, Gymnasium, Gesamtschule) und einen dreijährigen Besuch von Schulen des Sekundarbereichs II (Berufsbildende Schulen, Gymnasium). Die Schulpflicht beginnt für die Kinder in der Regel mit dem sechsten Lebensjahr. Schulpflichtige, die noch nicht genügend entwickelt sind, um erfolgreich am Unterricht einer Grund- oder Sonderschule teilzunehmen, können vom Schulbesuch zurückgestellt und in einen Schulkindergarten eingewiesen werden. Das Jahr der Zurückstellung kann auf die Dauer der Schulzeit angerechnet werden. In begründeten Ausnahmefällen kann die Schulbehörde eine Verkürzung oder auch Verlängerung der Schulbesuchszeit verfügen. Die Schulpflicht ruht für Behinderte, die weder in einer Sonderschule noch durch Sonderunterricht gefördert werden können. Sie ruht u. a. auch für eine schulpflichtige Mutter zeitbegrenzt vor und nach der Geburt ihres

Kindes. Die Erziehungsberechtigten sind für die Erfüllung der Schulpflicht verantwortlich, als Volljährige tragen die Schülerinnen und Schüler diese Verantwortung selbst. Schulpflichtverletzungen können durch Ordnungswidrigkeitsmaßnahmen geahndet werden. Es besteht die Möglichkeit, Schülerinnen und Schüler der Schule zwangsweise zuzuführen. Außerdem kann die Schule beim Schulträger ein Bußgeldverfahren beantragen, durch das die Erziehungsberechtigten zur Zahlung eines Bußgeldes verpflichtet werden. Zeitbegrenzte Schulversäumnisse müssen von den Erziehungsberechtigten oder den Volljährigen selbst begründet (entschuldigt) werden. Dic Schulpflicht beschränkt sich nicht allein auf die Teilnahme am Unterricht, sie umfaßt alle weiteren schulischen Veranstaltungen, wie z. B. Schulfeste, gemeinsame Theaterbesuche, u. ä.

Günter Heizmann

Literatur: *Heckel, H./Avenarius, H.:* Schulrechtskunde. Neuwied 1986

Schulprogramm – Schulprofil: Schulprogramm und Schulprofil haben insbesondere nach der Einführung der Grundschul-Richtlinien von 1985 in Nordrhein-Westfalen in der pädagogischen Diskussion einen festen Platz gefunden. Sie sind zwar eng miteinander verknüpft, sollten aber dennoch exakt unterschieden werden.

Jede Schule hat ihr eigenes unverwechselbares Profil. Es entsteht aus der Summe aller schulischen Aktivitäten. Dazu gehört der Unterricht ebenso wie außerunterrichtliche Veranstaltungen, da das Schulgebäude und seine Einrichtung ebenso wie die Gestaltung des Pausenhofes und der Pausen. Alle in und an der Schule tätigen Personen, Lehrerinnen und Lehrer, Schulleitung und Hausmeister, Schülerinnen, Schüler und Eltern formen das Profil ihrer Schule. Unabhängig davon, ob dieses Profil positiv oder negativ empfunden wird, ob es eine starke oder schwache Außenwirkung hat, es unterscheidet diese eine Schule von allen anderen. Es ist nicht ein für allemal festgefügt, sondern es verändert sich, oft unmerklich und langsam z. B. durch Verschiebungen in der Schülerstruktur oder durch den Wandel der gesellschaftlichen Gegebenheiten des Ortes, manchmal rasant und radikal durch den Wechsel im Kollegium der Lehrer/innen, der Schulleitung oder durch Umzug in ein anderes Gebäude.

Das Schulprogramm dagegen hat eine Schule nicht von sich aus, sondern es muß erst entwickelt und gestaltet werden.

Zunächst erscheint der Begriff Programm, wenn er mit Schule in Verbindung gebracht wird, eher negativ befrachtet zu sein, als eine Festlegung, etwas Starres, Unverrückbares, das in der pädagogischen Arbeit hemmend und einengend wirkt. Dies aber ist unter Schulprogramm nicht zu verstehen. Vielmehr wird das Profil der Schule bewußt in den Blick genommen und pädagogisch kritisch reflektiert. Alle Aktivitäten der einzelnen Schule, alle Verhaltensweisen von Lehrern, Schülern und – besonders in der Grundschule – auch Eltern, alle äußeren Gegebenheiten werden bewußt und unter pädagogischen Gesichtspunkten miteinander in Beziehung gesetzt. Schule wird so als ein pädagogisches Ganzes gestaltet. Dabei bleibt die Individualität der einzelnen Schule erhalten, ihre gewachsenen Traditionen werden einbezogen, das schulische Umfeld mit seinen regionalen Ausprägungen und gesellschaftlichen Bedeutsamkeiten wird berücksichtigt. Das Schulprogramm zu entwickeln, ist

gemeinsame Aufgabe eines jeden Kollegiums. Ihre Umsetzung ist nicht in einem einzigen Arbeitsgang zu leisten. Viele kleine Schritte sind notwendig und immer wieder neu zu gehen. So ist ein Schulprogramm nie „fertig", sondern bleibt permanente Aufgabe einer jeden Schule.
Erich Pohle

Literatur: *Wittenbruch, W.* (Hg.): Das pädagogische Profil der Grundschule. Heinsberg [2]1989 • Grundschule 7-8/1992. Themenheft: Eine neue Schulkultur

Schulpsychologische Beratung: Die schulpsychologische Beratung bezieht sich auf die Untersuchung und Beratung schulischer Problemkreise. Sie stellt eine pädagogisch-psychologische Hilfeleistung für Schüler/innen, Eltern und Lehrer/innen bzw. für die Schule als Institution dar. Das Ziel schulpsychologischer Beratung besteht in der Verbesserung und Weiterentwicklung der Schule und leistet einen Beitrag zur Schul-Humanisierung. Die Träger der Beratung sind ausgebildete Schulpsycholog/inn/en, Lehrer/innen und Beratungslehrer/innen (je nach Länderregelung). Sie arbeiten mit anderen Stellen, wie z. B. Erziehungsberatungsstellen, Jugend- und Sozialämtern, Sonderschullehrer/innen, Sozialpädagog/inn/en, Sprachtherapeut/inn/en, psychotherapeutischen und ärztlichen Praxen sowie der Berufsberatung zusammen.
Die schulpsychologische Beratung wird in den alten Ländern der Bundesrepublik Deutschland durch zentrale regionale Dienste geleistet. Im Gegensatz zu anderen (außer-)europäischen Ländern begann in Deutschland die Einrichtung schulpsychologischer Beratung relativ spät, nämlich nach dem ersten Weltkrieg. Schulpsycholog/inn/en sind einer erheblichen Arbeitsbelastung ausgesetzt, weil zu viele Schüler/innen von einem Schulpsychologen betreut werden. Ein für 1985 von der Kultusministerkonferenz angestrebtes Ziel, eine Schulpsychologin möge für 5000 Schüler und Schülerinnen zuständig sein, wurde auf 1 : 10 000 relativiert. Aktuelle Zahlen der verschiedenen Bundesländer weisen eine Schwankungsbreite zwischen 1 : 3000 und 1 : 50 000 auf.
Das Ziel schulpsychologischer Beratung besteht auf seiten der Lehrkraft darin, ihre pädagogisch-psychologischen Funktionen zu stärken, zu unterstützen und zu differenzieren. Auf Schülerseite geht es um Aufdeckung und Verstärkung positiven Verhaltens, Einsatz von Fördermaßnahmen, Erhöhung der Leistungsmotivation und Konzentration etc. Der Erfolg schulpsychologischer Beratung ist darin zu sehen, daß befürchtete Ereignisse (wie Schulversagen oder Persönlichkeitsstörungen) beim Schulkind nicht eintreten.
Die Aufgabengebiete schulpsychologischer Beratung sind die Einzelfallhilfe, die Schullaufbahnberatung und die Systemberatung. Zur Einzelfallhilfe zählen Unterrichts- und lernspezifische Problemaufarbeitungen (z. B. Einleitung von Fördermaßnahmen bei Legasthenie, mathematische Unterstützung, Vermittlung von Lernstrategien, sonderpädagogische Beratung). Wesentliches Element der Einzelfallhilfe ist eine möglichst genaue, objektiv ausgerichtete Erfassung des Schülerverhaltens auf elterlichem und schulischem Hintergrund. Die Schullaufbahnberatung umfaßt Bildungsinformationen und berufsbezogene Beratung. Im Grundschulbereich ist diese Beratung als Prophylaxe zu sehen (z. B. langfristige Vermeidung von Schullaufbahn-Fehlentscheidungen). Zur systembezogenen Beratung zählt z. B. die Verwirklichung

von Schulreformen (Gesamtschulkonzepte u. ä.). Sie hat unterstützende Aufgaben, wie Elternarbeit, schulin- und -externe Lehrerfortbildung, Zusammenarbeit mit Institutionen, Beteiligung an wissenschaftlichen Untersuchungen.
Die jeweiligen Methoden der schulpsychologischen Beratung müssen den Anlässen adäquat, vielfältig, person- und problemzentriert, kurativ und präventiv sein.
Marion Tacke

Literatur: *Gaude, P.:* Beobachten, Beurteilen und Beraten von Schülern. Frankfurt/M. 1989 • *Heyse, H.* (Hg.): Erziehung in der Schule – Eine Herausforderung für die Schulpsychologie. Bonn 1986 • *Kuntze, E.:* Probleme im Schulalltag. Die Tätigkeit der Schulpsychologen. München 1982 • *Tymister, H.J.* (Hg.): Individualpsychologisch-pädagogische Beratung. Grundlagen und Praxis. München 1990

Schulrecht: Mit dem Begriff „Schulrecht" sind die Rechtsnormen bezeichnet, die das Schulwesen im Ganzen regeln. Im föderativen System der Bundesrepublik sind die Länder im Rahmen der Kulturhoheit für die Gesetzgebung ihres Bildungswesens allein zuständig. Das Schulgesetz ist dabei die hauptsächliche Rechtsgrundlage. In ihm sind vor allem die Erziehungs- und Bildungsziele beschrieben, Struktur und Gliederung des Schulwesens nach Bereichen und Schulformen festgelegt, Regelungen zur Schulpflicht und Schulentwicklungsplanung getroffen, die Zuständigkeiten der Konferenzen, der Schulleitung, der Schulbehörden und des Schulträgers definiert und die Rechte und Pflichten aller an der Schule Beteiligten sowie Formen ihrer Zusammenarbeit aufgezeigt. Im Rahmen gesetzlicher Ermächtigungen erläßt das Kultusministerium Rechtsverordnungen, durch die Einzelheiten zur Ausgestaltung des Bildungswesens geregelt werden. Mit Erlassen und Verfügungen (Verwaltungsvorschriften) geben die Schulbehörden Anordnungen zur Organisation, Gestaltung und Durchführung der Bildungs- und Erziehungsarbeit in der Schule. Schulgesetz, Verordnungen und Verwaltungsvorschriften setzen einen verbindlichen und festen Rahmen, in dem der Schule aber Raum gegeben ist, ihre pädagogische Arbeit so zu entfalten, daß bei Beachtung der jeweils verschiedenartigen örtlichen Gegebenheiten die unterschiedlichen Lernvoraussetzungen der Schülerinnen und Schüler und ihre individuellen Erwartungen, Interessen und Bedürfnisse Berücksichtigung finden können. In unserem demokratischen Schulwesen schaffen Rechtsvorschriften vor allem die erforderliche Transparenz und Vergleichbarkeit und dadurch Sicherheit. Rechtliche Vorgaben, die nicht starr reglementieren, die den Beteiligten vielmehr Gelegenheit zur Mitwirkung und -gestaltung einräumen, fordern eine lebendige Schule und lassen den Pädagogen die Möglichkeit, die Erziehungs- und Bildungsarbeit in eigener Verantwortung schülerorientiert zu gestalten.
Günter Heizmann

Literatur: *Heckel, H./Avenarius, H.:* Schulrechtskunde. Neuwied 1986

Schulreform – Schulversuche: Pädagogische Reformideen liegen seit dem ausgehenden Mittelalter vor, verstärkt durch die Reformation und vor allem durch den Pietismus. Öffentlich kontrollierte Schulversuche gibt es im deutschen Sprachraum aber erst seit der Gründung des Philanthropins 1774 in Dessau. Hier entwickelt sich der Typus einer individuellen Schulreform, die wohl mäzeniert wird, aber sich im wesentlichen auf private Initiativen beschränkt. Davon zu unterscheiden ist die staatliche Schulreform, der Haupttypus von Reform, der mit dem Preußischen Allgemeinen Landrecht von 1794 inauguriert wurde und die Vereinheitlichung des Bildungswesens bewirkte.

Im Anschluß an die Versuche der Reformpädagogik ist die staatliche Schulreform weitgehend von außen angeregt und beeinflußt worden, aber die elementare Reformtatsache im 19. Jahrhundert liegt im staatlich kontrollierten Aufbau der öffentlichen Bildung, ohne die eine nennenswerte Verschulung der Gesellschaft nicht hätte stattfinden können.

Seit Beginn des 20. Jahrhunderts haben im wesentlichen private Schulreformen das pädagogische Interesse fasziniert. Das gilt für die Schulmodelle der deutschen Reformpädagogik, also etwa die privaten „Landerziehungsheime“, aber mehr noch für die internationalen Paradigmata, A. S. Neills „Summerhill“, R. Steiners Waldorf-Schulen, die Montessori-Schulen oder die Experimente in der amerikanischen Free-School-Bewegung. Entscheidend für die publizistische Wirksamkeit war immer der Gegensatz zur Staatsschule oder die radikale Alternative, die möglichst mit allem brechen sollte, was unter staatlicher Verschulung verstanden wurde.

Die Reform des 19. war so das Objekt der Kritik im 20. Jahrhundert, während doch zentrale Reformen weiterhin von staatlichen Instanzen durchgeführt wurden, etwa die Wiener Schulreform nach 1918, die Schulversuche in der Weimarer Republik oder auch die Laborschule der Universität Bielefeld nach 1968. Diese Versuche waren ebenfalls Ansätze zur Entschulung der Schule, ohne darin bislang nennenswert erfolgreich gewesen zu sein. Die Beispiele stehen weitgehend für sich, während die Transfereffekte offenbar schwer abzuschätzen sind.

Die Grenzen der Reform lassen sich aus der historischen Erfahrung heraus in dreifacher Weise bestimmen: Schulreformen betrafen noch nie den gesamten Bildungsbereich, sondern immer nur Teile, nicht zufällig nach oben hin abnehmend. Die typischen Reformmuster entstammen der Volksschulpädagogik, wurden durch die reformpädagogischen Experimente auf dieser Ebene verstärkt und sind erst nach 1968 auch auf den höheren Niveaus des Bildungssystems diskursbestimmend geworden. Die Partikularität der Reform steht in Widerspruch mit der Universalität der eigenen Semantik. Die Reformsprache soll für alle gleich gelten, obwohl sich das Bildungssystem immer mehr differenziert hat. Mit identischen Postulaten werden offenbar hochgradig verschiedene Effekte erzielt, so daß es kaum eine einheitliche Reform geben kann, wie die Schulkritik aber immer unterstellt hat.

Die Notwendigkeit von Schulreform läßt sich daher auch nicht aus der Sprache der Pädagogik ableiten, die ständig Defizite beschreibt, aber immer nur einheitliche Lösungen vorsieht. Warum es aber eine „kindorientierte“ Schule, eine Schule der Selbsttätigkeit oder der aktiven Arbeit geben soll, folgt nicht aus diesen Postulaten selbst. Vielmehr sind gesellschaftliche Differenzierungen der Hauptgrund für den Zerfall des Paradigmas der einheitlichen staatlichen Bildungsorganisation.

Mit diesen Differenzierungen sind starke Interessenunterschiede verbunden, aus denen Initiativen entstehen, „andere“ Schulen zu entwickeln als die, die der Staat vorgesehen hat. Aus historischen Gründen ist die private Initiative in Deutschland bislang eher schwach, aber alle internationalen Vergleiche verweisen in diese Richtung. Ohne private Konkurrenz gibt es auch in diesem Bereich keine Bewegung.

Die positiven Züge der Schulreform sind wiederum mit drei Kriterien zu beschreiben, eine Orientierung an der Klientel, ein attraktives Angebot und zugleich ein bildungstheoretisches Anliegen. Schulen, die in Zukunft den Wettbewerb mit den Medien bestehen wollen, müssen mehr tun, als nur die historischen Modelle der Schulkritik zu erneuern. Sie müssen voraussetzen, daß das staatliche Schulmonopol ins Wanken gerät und allein dadurch der Zwang zunimmt, sich an der Klientel, also an den Schülern und den Eltern, zu orientieren. Das geschieht in Konkurrenz zu den Medien, also mit einem unterscheidbaren Angebot und einer eigenen Form. Das Angebot definiert sich von dem her, was die Medienunterhaltung oder die Alltagserfahrung nicht bieten, Wissen und Können gehobener und exklusiver Ansprüche. Das Kriterium der Reform des Angebotes ist aber nicht einfach das Bedürfnis der Lernenden, sondern die Bildung ihrer Interessen. Nur dann sind Schulen als Schulen unterscheidbar.

„Schulreform" ist also mehr als Kindorientierung, Selbsttätigkeit oder Erfahrungslernen. Diese Konzepte der inneren Veränderung ergeben nur Sinn, wenn die Schule als Institution ein unterscheidbarer Lernort ist, der eine eigene Attraktivität gewinnt oder erhält. Dabei muß die Reform ihren Zweck bestimmen, nämlich nicht einfach die Vermittlung von Erlebnissen oder von sinnvollen Tätigkeiten, sondern deren Verknüpfung mit Gehalten der Bildung, mit Wissen und Können, deretwegen sich moderne Gesellschaften teure Schulen leisten.

„Reform" ist in diesem Sinne nicht Privatsache, sondern steht unter öffentlicher Kontrolle. Das verlangt ständige Versuche, weil kein Zustand denkbar ist, an dem die Schule keine Defizite produziert. Aber auf der anderen Seite werden die Effektivitätsansprüche zunehmen und wird die Bildungsökonomie zu einer entscheidenden Größe jeder weiteren Reformdiskussion. Die Schulen müssen unter Beweis stellen können, daß sich die öffentlichen Investitionen lohnen. Die klassische Sprache der Reform hat sich demgegenüber abgenutzt und ist in ihrer moralisierenden Tendenz zu leicht durchschaubar, um wirklich die Alternative der Zukunft bestimmen zu können. „Schulreform" wird also schon aus Kostengründen anders aussehen als die bekannten Beispiele der Reformpädagogik.

Das wirft ein neues Licht auf die staatlichen Leistungen, die sich kaum mehr als Gegenreform denunzieren lassen, wenn die gesellschaftlichen Verteilungskämpfe das bisherige Niveau der Ausstattung des Unterhalts in Frage stellen. Dadurch wird der Status Quo aufgewertet und die Radikalität der Reform gebremst. Die Kleinarbeit der großen Entwürfe erscheint als einzige Möglichkeit, Schulreform fortzusetzen, während die große Alternative woanders stattfindet. Aber auch die private Konkurrenz wird keinen Urknall erzeugen, sondern sich wie die staatliche Schule an den grundlegend veränderten gesellschaftlichen Bedingungen von Erziehung abarbeiten müssen. Der Kampf wird darum gehen, die Perspektive von Schulreform zu erhalten, obwohl es längst andere Medien des Lernens gibt, die „Schule" wie eine archaische Institution aussehen lassen.

Jürgen Oelkers

Sekundarstufe: Der Begriff Sekundarstufe beginnt sich Ende der 60er Jahre in der bildungspolitischen Diskussion durchzusetzen (Die KMK spricht 1969 von der Hauptschule als einer Sekundarschule). Weite Verbreitung findet der neue Fachbegriff durch die Veröffentlichung des „Strukturplanes" (1970). Der Deutsche Bildungsrat faßt hierin die auf einem breiten Konsens beruhenden Reformvorstellungen zusammen und beschreibt darin ein horizontal gegliedertes Bildungssystem mit folgenden Bereichen/Stufen: Elementarbereich (vorschulischer Bereich), Primarbereich (Grundschule, erste bis vierte/sechste Klasse), Sekundarstufe I (umfaßt die Schulformen Hauptschule, Realschule, Gymnasium, Gesamtschule, fünfte/siebte bis zehnte Klasse) und die Sekundarstufe II (Oberstufe des Gymnasiums und der Berufsbildung). Die Sekundarstufe I, um die es im folgenden geht, liegt also zwischen dem Primar- und dem Sekundarstufe-II-Bereich. Nach den Vorstellungen des Deutschen Bildungsrates sollte am Ende des 10. Schuljahres ein eigenständiger, qualifizierter Abschluß stehen, der dann die vielfältigen Wege in die Sekundarstufe II ermöglicht. Die gewählten Begriffe wurden den international üblichen Bezeichnungen im englischen Sprachraum angepaßt (z. B. primary school, secondary school). Darüber hinaus signalisiert dieser Entwurf mit den neuen Bezeichnungen aber auch ein anderes Verständnis: Das überholte vertikal gegliederte Schulsystem des 19. Jahrhunderts sollte den Erfordernissen einer demokratischen Gesellschaft entsprechend in ein einheitlich gestuftes, horizontal gegliedertes allgemeinbildendes Schulsystem umgewandelt, die Curricula modernisiert, die individuellen Begabungen durch Differenzierung gefördert und die Trennung von allgemein- und berufsbildenden Ausbildungsgängen aufgehoben werden. Auch wenn es nach 1945 immer wieder Ansätze zu einer Reform der Sekundarstufe I gegeben hat (Empfehlungen des Deutschen Ausschusses, des Bildungsrates, der BLK), so bleibt festzuhalten, daß alle Bemühungen bisher gescheitert sind. Auch die Chancen für einen Neuanfang bei der Vereinigung der deutschen Staaten wurden vertan. Das „Hamburger Abkommen" von 1964 (in der die traditionelle Dreigliedrigkeit festgeschrieben ist) ist nach wie vor gültig. In den Bundesländern gibt es inzwischen eine unendliche Vielfalt, mache sprechen auch von Chaos, in der Sekundarstufe I. Zur Sekundarstufe I gehören heute auch die Orientierungsstufe, die Mittelschule (Sachsen), die Sekundarschule (Sachsen-Anhalt) und die Regelschule (Thüringen), wobei die letztgenannten Bundesländer einen Trend zu einer Zweigliedrigkeit andeuten. In diesem „Zwei-Wege-Modell" sind die Haupt- und Realschule – aber mit jeweils eigenen Abschlüssen – zusammengefaßt. Solange das Gymnasium nach der Grundschule beginnt, bleibt der Zwang zur Selektion und beeinflußt damit auch stark die Arbeit in der Grundschule. Die Notwendigkeit zu einer grundsätzlichen Reform der Sekundarstufe I wird aber stärker werden, weil die nicht aufhebbaren Probleme der Hauptschule dies erforderlich machen. Mit einer wie auch immer gestalteten Sekundarstufe I („Zwei-Wege-Modell" oder Gesamtschule) stellt sich dann auch die Frage nach einer neuen Lehrer/innen-Ausbildung.

Hubert Lohrenz

Literatur: Deutscher Bildungsrat. Empfehlungen der Bildungskommission: Strukturplan für das Bildungswesen. Stuttgart 1970 • *Rolff, H. G.* u. a. (Hg.): Jahrbuch der Schulentwicklung. Weinheim und München 1990

Selbsttätigkeit: Da die Erfindung des „Nürnberger Trichters" bis heute aussteht, muß daran festgehalten werden, daß Lernen nur in eigener Anstrengung, d. h. nur als selbsttätiger Prozeß stattfinden kann. Selbsttätigkeit stellt demnach eine denknotwendige Voraussetzung, ein Prinzip des Lernens dar. Gleich, ob im Zusammenhang mit den jeweiligen Aufgaben des Unterrichts etwas erkannt, beurteilt oder entschieden werden soll, stets ist dies nur in eigener, selbstbestimmter und selbständig gestalteter Lernaktivität möglich. Neuere Unterrichtskonzepte bzw. -vorstellungen versuchen, diesen Gedanken zunehmend zur Geltung zu bringen: offener Unterricht, handlungsorientiertes Lehren und Lernen, projektorientierter Unterricht, Freiarbeit.

Zwar findet sich der Gedanke, daß das Lernen nur als selbsttätiger Prozeß statthaben kann, bereits im Mittelalter, etwa in den „confessiones" des Augustinus. Aber im wesentlichen bestand das Lernen im Mittelalter nur aus Speicherung des bereits geordneten Wissens, das als „Buchwissen" unverändert über Jahrhunderte hinweg tradiert wurde. Erst mit der Auflösung mittelalterlicher Ordnungen in der Epoche der Aufklärung wird der Gedanke der Selbsttätigkeit ausdrücklich als ein „Sich-Ordnen" im Prozeß des Lernens verstanden. So fordert Kant „den Mut, sich seines eigenen Verstandes zu bedienen", Rousseaus Emile soll durch eigene Beobachtungs- und Denktätigkeit zur Klugheit kommen, Pestalozzi setzt auf die planmäßige Entfaltung der „Selbstkraft", und bei J. F. Herbart ist „Handeln das Prinzip des Charakters". In unserem Jahrhundert werden diese Gedanken in der Reformpädagogik wieder aufgegriffen, etwa von M. Montessori, die dem Kind die pädagogische Aufforderung in den Mund legt: „Hilf mir, es selbst zu tun".

Wie auch immer in neueren pädagogischen Entwürfen das Prinzip der Selbsttätigkeit in praktischer Hinsicht entfaltet wird, stets ist damit auch der erzieherische Aspekt des Unterrichts angesprochen. Denn Selbsttätigkeit bedeutet nicht zuerst, daß die Schüler und Schülerinnen manuell-praktisch tätig werden, also etwas heraussuchen, nachschlagen, aufschreiben, sammeln, ausschneiden, aufkleben sollen. Vielmehr bedeutet Selbsttätigkeit, daß die Schüler mit der eigenständigen Bestimmung und Klärung einer Sache zugleich sich selbst bestimmen und klären sollen, um so am Ende eine eigene Identität zu gewinnen.

Wenn Selbsttätigkeit im Unterricht ermöglicht werden soll, dann gehört dazu zum einen ein geeignetes „didaktisches Material", das die Lernaktivität der Schüler/innen anregt bzw. herausfordert, und zum anderen eine Lernberatung, die vorrangig auf den Prozeß des Lernens und weniger auf sein Ergebnis abgestellt ist.

Jürgen Rekus

Literatur: *Benner, D.:* Allgemeine Pädagogik. Weinheim und München 1987 • *Glöckel, H.:* Vom Unterricht. Bad Heilbrunn 1990 • *Mollenhauer, K.:* Vergessene Zusammenhänge. München 1983

Sexualerziehung: Bezugsbegriffe sind Sexualkunde, Sexualwissenschaft, Sexologie. Es reicht nicht, den Körper als sexuelles Objekt zu begreifen, der Mensch ist stets Subjekt sexueller Beziehungen. Im Mittelpunkt steht das Verständnis für den eigenen Körper und das Begreifen des jeweils anderen. Auf den kommunikativen Aspekt kommt es an. Für Sexualerziehung bedeutet das, daß es nicht nur um den Körper, sondern um die Beziehung selbst geht. Sexualität muß verstanden werden als eine der Quellen von Lust und Lebensfreude. Sie muß in der Erziehung junger Menschen ausdrücklich Anerkennung finden. Die positiven Strukturen sind herauszuarbeiten, denn eine Sexualerziehung, die von Verboten lebt und nur das Negative her-

ausstellt, die sich abschirmt oder unterdrückt, kann den Anforderungen unserer Zeit nicht mehr genügen. Das Lernziel „Zärtlichkeit“ muß gerade im Bereich der Grundschule Vorrang bekommen vor dem Lernziel „Verantwortungsbereitschaft“. Sexualerziehung selbst ist explizit Schul- und Familialerziehung.
In historischer Sicht wurde Sexualerziehung als Aufgabe der Familie verstanden, und bis heute werden immer wieder juristische Instanzen angesprochen, um die Rechtmäßigkeit einer Sexualerziehung durch die Schule infrage zu stellen. Eine erste bildungspolitische Entscheidung traf die KMK am 3. 10. 1968. Sie bestätigte die wissenschaftlich fundierte schulische Sexualerziehung als normalen Bestandteil der Gesamterziehung.
Im Urteil vom 21. 12. 1977 schließt sich das Bundesverfassungsgericht dieser Auffassung an.
Neuere Konzepte zur Sexualerziehung wollen zwischen Elternhaus und Schule vermitteln, doch fehlen ausreichend gesicherte Erkenntnisse über die sexuelle Entwicklung des Kindes, Normen für sexuelles Verhalten in unserer pluralistischen Gesellschaft und Beispiele einer positiven Sexualerziehung, die im Ziel ein erfülltes Sexualleben sehen. Zusätzlich wird die Sexualerziehung von der Aids-Angst in gravierender Weise überschattet.
Kinder haben eine gesunde Neugier und ein Vorwissen durch die Medien. Oft ist dies jedoch nur „Halbwissen“. Die Schule muß ihnen offene, ehrliche, aber auch sensible und behutsame Antworten geben.
Kinder im Grundschulalter besitzen Schamgefühl und Scheu vor unverhüllter eigener wie fremder Körperlichkeit. Dieses Schamgefühl ist im Interesse der Ich-Findung als ein möglicher Faktor des psychischen und physischen Selbstschutzes zu respektieren.
Jungen und Mädchen erleben Sexualität zuerst als Gefühl der zärtlichen Hinwendung. Eine Propagierung von Lustgewinn an beliebig auswechselbaren Objekten – wie in den Medien häufig üblich – zerstört die emotionalen Grundlagen wertvoller sozialer Verhaltensformen.
Kinder erfahren eigenes Glück durch das Glück des anderen. Sie entwickeln dabei ein für Erwachsene oft erstaunliches Maß an Hingabe und Hilfsbereitschaft, das es zu bewahren und zu pflegen gilt. Die sexuellen Entgleisungen zeigen in erschreckendem Maße die Fehlentwicklungen auf.
„Nicht mehr die Befreiung des kindlichen Trieblebens oder die Vermeidung von Angst sollten im Mittelpunkt des pädagogischen Bemühens stehen, sondern die Stärkung des kindlichen ICH.“ (A. Freud)
Sexualerziehung wird zunächst als Sexualkunde der Biologie, der Religion und dem Sport zugewiesen. Soziale und psychische Komponenten sollen angeschlossen werden. Vernachlässigt werden Gespräche über die eigene Sexualität, der Austausch von Erlebnissen auf der Ebene sexueller Gefühle und Bedürfnisse und der Bezug auf Zuwendung und Erleben von Lust. Zu den traditionellen Sexualkundethemen gehören als biologische Grundlagen: Empfängnisverhütung, Geschlechtsorgane, Zeugung und Geburt, Menstruation. Wissensvermittlung ist notwendig, doch ist der Rahmen weiter zu ziehen. Sexualkunde sollte zur Sexualerziehung führen, bei der es zu bedenken gilt:
- „Statt sexual-biologischer Kunde, fachübergreifende, mehrperspektivische, sozialverpflichtete Sexualerziehung als Teil einer umfassenden, ganzheitlichen Persönlichkeitsbildung;
- statt methodischer Vorherrschaft von Belehrungen, Erkundungen in Projekten,

Anschauung, Begegnung, Gespräch, Pflege des Körperbewußtseins, u. a. durch Rollenspiele;

- statt vorrangiger Begriffsorientierung, Erweiterung der sozialen Verhaltenskompetenzen mit dem Ziel des Erlebens angstfreier Sinnlichkeit und Zärtlichkeit bei gegenseitiger Achtung;
- statt Eingrenzung auf bestimmte Fächer, Orientierung an sozialpädagogischen Handlungsprinzipien wie Angebotsvielfalt, Wahlfreiheit und Freiwilligkeit der Teilnahme;
- statt isolierter Sexualerziehung mit Schülern als Objekte der Lehrer, Arbeit mit Eltern und generationsübergreifenden Spiel- und Arbeitsgruppen in Gemeinden oder Stadtteilen." (Wilms)

Siegfried Aust

Literatur: *Hopf, A.* (Hg.): Theorie und Praxis der Sexualkunde. Dortmund 1986 • *Kluge, N.* (Hg.): Praxisfelder und Medien. In: Handbuch der Sexualpädagogik, Band 2. 1984 • *Nägele, H.:* Literatur zur Sexualaufklärung für Kinder und Jugendliche. Frankfurt/M. 1990 • *Wilms, W.-R.:* Das Subjekt der Begierde. In: demokratische Erziehung. 12/1986

Sexueller Mißbrauch: Sexueller Mißbrauch kann (neben emotionalem und körperlichem) als eine Form von Kindesmißhandlung, als sexuelle Ausbeutung oder als (sexuelle) Gewalt begriffen werden. Schon Babies, Kindergarten- und Grundschulkinder werden Opfer außerfamiliärer und vor allem innerfamiliärer sexueller Übergriffe. Ein Kind wird oft über Jahre sexuell mißhandelt; auf ihm lastet der Druck, diese Tatsache geheimzuhalten. Es möchte die sexuelle Ausbeutung beenden, hat aber (für sich selbst und die Familienmitglieder) Angst vor den Folgen der Aufdeckung. Sexueller Mißbrauch ist ein extremer Angriff auf den Körper und die Seele des Kindes. Es wird in seiner Entwicklung erschüttert und blockiert, entwickelt oft Mißtrauen, Angst, Scham- und Schuldgefühle, Rückzug in sich selbst oder andere Überlebensmechanismen. Sexueller Mißbrauch kann zu Langzeitfolgen führen, die sich erst im Erwachsenenalter zeigen.

An die Grundschule wird der Anspruch herangetragen, im Rahmen einer „Präventionsarbeit" den Gefahren sexueller Ausbeutung entgegenzuwirken. Vorliegende Materialien basieren auf „Schlüsseleinsichten", nämlich auf der Unterscheidung von guten, schlechten und unangenehmen Berührungen, auf Informationen über die Rechte von Kindern (auf den eigenen Körper, „nein" zu sagen, „schlechte" Geheimnisse weiterzusagen und sich Hilfe zu holen), auf Ermutigungen (der eigenen Intuition zu trauen, wegzulaufen, sich zu wehren) und auf Informationen über mögliche Täter. Sie werden aufgrund der weitgehenden Aussparung innerfamiliären sexuellen Mißbrauchs, zumeist eingebunden in Pflegehandlungen, der Nichtbeachtung der realen Abhängigkeitsverhältnisse zwischen Erwachsenen und Kindern, der Leugnung von Sexualität kritisiert. Zugleich basieren sie nicht auf angemessenem Wissen über kindliches Lernen. Ihre Wirksamkeit kann empirisch nicht belegt werden. Präventionsarbeit mit Kindern, die diese indirekt für ihren eigenen Schutz für zuständig und verantwortlich hält, wird daher zunehmend problematisiert. In den Begleitprogrammen für Erwachsene fehlt die Auseinandersetzung mit erotischen und sexuellen Gefühlen gegenüber Kindern. Es bleibt ausgeblendet, daß Eltern oder Professionelle Kinder sexuell ausbeuten können.

Lehrer/innen sollten fähig werden, Signale, die auf sexuellen Mißbrauch verweisen, zu dechiffrieren, mit Kindern

über sexuellen Mißbrauch ins Gespräch zu kommen und – unter Rückgriff auf auszubauende Netze der Beratung, Therapie und alternativer Wohnmöglichkeiten – Strategien für Schutz und Überleben zu entfalten.
Hanna Kiper

Literatur: *Braecker, S./Wirtz-Weinrich, W.:* Sexueller Mißbrauch von Mädchen und Jungen. Handbuch für Interventions- und Präventionsmöglichkeiten. Weinheim und Basel 1991 • *Steinhage, R.:* Sexueller Mißbrauch an Mädchen. Ein Handbuch für Beratung und Therapie. Reinbek 1989

Sinnliches Lernen: Daß „der Anfang allen Wissens vom Sinnlichen" ausgeht, wurde zwar vom ersten Didaktiker der abendländischen Schulgeschichte Comenius im 17. Jahrhundert erstmalig so formuliert, aber das sinnenhafte Lernen selbst ist so alt wie die Kulturgeschichte der Menschheit. Höhlenzeichnungen, Rechenbretter, Landkartenreliefs, biologische Modelle und figürliche Darstellungen vielfältiger Art bezeugen die kulturhistorischen Wurzeln des „Lernens mit allen Sinnen".
Anschauung mit dem optischen Sinn sowie Beobachtung und Untersuchung mit dem Tastsinn sind die originären Methoden der Umwelterforschung des Menschen – fortentwickelt mit technologischen Hilfsmitteln, bis heute. Die ursprünglichen Orientierungssinne des Gehörs und des Geruchs haben im Prozeß der Umweltaneignung weniger Bedeutung erlangt. Auch der Geschmackssinn hat primär subjektbezogene Funktionen erhalten und ist dem Lernen als Qualifikation für die Daseinsbewältigung kaum zugeordnet. Die unmittelbaren und vielfältigen Sinneseindrücke sind vor allem im Schulunterricht reduziert auf jene Sinneserfahrungen, die einer „Veranschaulichung" abstrakter Kenntnisse dienen. Die sinnlichen Anschauungen als Fundament der Erkenntnis zu machen und nicht umgekehrt die abstrakten Lehrinhalte an sinnennahen Beispielen zu verdeutlichen, war für die schulischen Bildungsprozesse jahrhundertelang ein unlösbares Problem, auf das nahezu alle großen Pädagogen und Didaktiker verweisen.
Die Ergebnisse der modernen Kognitionspsychologie haben der Sinnestätigkeit beim kindlichen Lern- und Entwicklungsprozeß eine wichtige Funktion zugesprochen. Auch die viel diskutierte Wahrnehmungskrise unserer modernen Lebenswelt hat die Bedeutung der multisensorischen Eigentätigkeit für die individuelle Selbstverwirklichung wie auch für die soziokulturelle Umweltgestaltung aufgezeigt. Vollzieht sich das Lernen und Leben „im eigenen Leibe" und „mit allen Sinnen", könnte so mancher psychosomatisch belastende Konflikt zwischen Selbst- und Welterfahrung gelöst werden. Auch die von der Lebenswirklichkeit entfremdende sekundäre Weltvermittlung durch audiovisuelle Medien fordert zumindest eine engagierte, sinnenhaft-anschauliche Unterrichtsmethodik, basierend auf den Alltagserfahrungen der Kinder und sensibilisierend für vertiefte sinnliche Erfahrungen mit den Lerngegenständen.
Zumindest seit den 80er Jahren ist in unserem (grundlegenden) Bildungswesen die Diskussion um eine von den Sinnen entfremdete und deshalb auch sinnarme Schule nicht mehr abgeebbt. Alle neueren Lehrpläne fordern mehr Anschaulichkeit, Selbsttätigkeit, Erfahrungsöffnung des Unterrichts und gezielte Sinnestätigkeit. Entsprechend ist auch die Einsicht gewachsen, daß die Lerngegenstände „vor Ort" kennengelernt werden sollen. Der Unterrichtsgang und außerschulische Lebens- und Lernsituationen erhielten hohe Wertschät-

zung. Unterrichtsinhalte als „Phänomene der Lebenswelt" zu verstehen, hat das Ernstnehmen der jeweiligen Umwelt zur Folge. Im Prozeß der Verinnerlichung von sinnlichen Erfahrungsqualitäten vollzieht sich auch die Sprachentwicklung. Das ist eine grundlegende Bildungsaufgabe, insbesondere in unserer Zeit, wo Begriffsgebrauch und Sprachfertigkeit oft von der „wirklichen Wirklichkeit" abstrahiert sind. Der Wechsel zwischen Sinnlichkeit und Abstraktion ist ein kulturschaffender Faktor. Das „Lernen mit allen Sinnen" ist in unserer entsinnlichten Zivilisation deshalb nicht nur ein schulmethodisches Vehikel zur sicheren Aneignung von Kenntnissen und Fertigkeiten, sondern ein soziokulturelles Bildungsziel.

Maria-Anna Bäuml-Roßnagl

Literatur: *Bäuml-Roßnagl, M.-A.:* Sachunterricht. Bildungsprinzipien in Geschichte und Gegenwart. Bad Heilbrunn ²1990 • Grundschule 5/1991. Themenheft: Mit allen Sinnen lernen • *Zacharias, W.:* Plädoyer für sinnliche Erfahrung … die fällige Tendenzwende pädagogischen Handelns als Chance einer neuen Kulturpädagogik. In: Kultur auf der Kippe. Hochschule der Künste. Berlin 1985

Sitzenbleiben: Sitzenbleiben ist der umgangssprachliche Begriff für die Wiederholung einer Jahrgangsstufe, die jeweils am Ende eines Schuljahres angeordnet wird, wenn ein Kind das im Lehrplan festgelegte Pensum nicht bewältigt hat. Wiederholungsanordnungen sind ein formales Mittel zur Homogenisierung der Leistungsstreuung in einer Jahrgangsklasse, orientiert am fiktiven zu erwartenden Leistungsdurchschnitt der jeweiligen Gleichaltrigengruppe. Anfang der siebziger Jahre erreichte in der Bundesrepublik jedes 20. Grundschulkind am Ende der ersten Jahrgangsstufe nicht das Klassenziel, knapp drei Viertel aller Wiederholungsanordnungen entfielen auf die ersten vier Schuljahre. Gegenwärtig ist eine gegenläufige Tendenz festzustellen. Die Sitzenbleiberquoten im Primarbereich haben in den letzten beiden Jahrzehnten konsequent abgenommen; dafür ist der Repetentenanteil in der Sekundarstufe I erheblich gestiegen.

Hinterfragt wird heute die Wirksamkeit von Wiederholungsanordnungen im Hinblick auf die individuelle Leistungs- und Lernbiographie und die Zuverlässigkeit vermeintlich objektiver Leistungsbewertung und Zensurengebung. So dürfte der überdurchschnittlich hohe Repetentenanteil unter den ausländischen Grundschulkindern durch den undifferenzierten Leistungsvergleich deutscher und ausländischer Bezugsgruppen mit unterschiedlichen sprachlichen und soziokulturellen Lernvoraussetzungen gefördert werden.

Pädagogische Argumente für eine Abschaffung oder Reduzierung des Sitzenbleibens stützen sich auf Forschungsergebnisse zur Selbstkonzept- und Leistungsentwicklung: Klassenwiederholungen beeinflussen das Selbstwertgefühl von Kindern und führen vielfach zu familiären Konflikten. Nicht belegt werden konnte bislang zudem der leistungssteigernde Effekt eines Wiederholungsjahrs. Vergleichende Untersuchungen von Sitzenbleibern und gleich leistungsstarken Vorrückern verweisen vielmehr auf geringe Differenzen der Leistungsentwicklung beider Gruppen. Klassenwiederholung ohne gezielte individuelle Förderung der Repetenten in ihren Problemfächern scheint sich zudem häufig als zeitliche und finanzielle Fehlinvestition mit fragwürdigen Folgen für die Lernmotivation in den Fächern zu erweisen, in denen das Klassenziel erreicht wurde.

Edith Glumpler

Literatur: *Einsiedler, W./Glumpler, E.:* Analysen zur Entwicklung des Sitzenbleibens (unter besonderer Berücksichtigung der Grundschule). In: Die Deutsche Schule 2/1989

Sonderschulen:

Sonderschulen sind Schulen für Kinder und Jugendliche mit Behinderungen. Es gibt verschiedene Arten von Sonderschulen, solche für Blinde und Sehbehinderte, Gehörlose und Schwerhörige, für Schüler mit geistiger Behinderung, Körperbehinderung, Lernbehinderung, Sprachbehinderung oder Verhaltensstörung. Etwa 8 % aller Schulpflichtigen besuchen Sonderschulen. Mit ca. 85 % haben die Schüler/innen der Schule für Lernbehinderte den größten Anteil. Die Zahl der Kinder mit organischen Beeinträchtigungen beträgt lediglich etwa 0,5 %. Zum Besuch von Sonderschulen sind Kinder und Jugendliche verpflichtet, die in der Regelschule nicht oder nicht hinreichend gefördert werden können. Mit dieser Formulierung in den Schulpflichtgesetzen kommt zum Ausdruck, daß vor allem die Grundschule mit ihrer derzeitigen Lehr-/Lernorganisation nicht in der Lage ist, dem Anspruch, eine Schule für alle Kinder zu sein, zu genügen. Im Zusammenhang mit der Integrationsdiskussion und dem Anspruch auf Gleichwertigkeit aller Menschen sowie der Anerkennung individueller Verschiedenartigkeit stellt sich heute nicht mehr die Frage nach der Förderungsfähigkeit oder -unfähigkeit der Schüler und Schülerinnen, sondern der Schule. Auch in Sonderschulen gibt es das Problem des Sitzenbleibens, der Leistungsselektion und Entlassungen ohne Schulabschluß. Darüber hinaus kommen für Sonderschüler negative Erfahrungen wie der Verlust der bisherigen personalen und sozialen Identität, Stigmatisierungs- und Diskriminierungseffekte sowie geringere Berufsaussichten hinzu. Es besteht heute die große Chance, den historischen Fehler zu korrigieren, der vor rund 120 Jahren mit der Gründung eigenständiger Sonderschulen begangen wurde, indem man bestimmte Kinder aus den zu großen Klassen der Grundschule ausgesondert und damit äußere Differenzierung praktiziert hat, statt die Unterrichtsstrukturen der Regelschule zu verändern. Bei der Überweisung von Schülern in Sonderschulen stand immer schon die Entlastung der allgemeinen Schule im Vordergrund und weniger das Erfordernis einer besseren Alternative für Kinder mit Lernproblemen. Frontalunterricht und Jahrgangsklassensystem, die die Vorstellung von einem hypothetischen Durchschnittsschüler beinhalten, wurden durch die Aussonderung potentieller Sonderschüler begünstigt und verstärkt. Es bestand jetzt nicht mehr die Notwendigkeit, die Klassenfrequenzen zu reduzieren und hinsichtlich der unterschiedlichen Lernvoraussetzungen der Schüler/innen zu differenzieren und zu individualisieren. Grundschulen müssen personell und materiell so ausgestattet werden, daß künftig alle Kinder hinreichend gefördert werden können und somit Sonderschuleinweisungen vermieden werden.

Hans Eberwein

Soziales Lernen:

Der Begriff soziales Lernen betont ausdrücklich den sozialen Aspekt des Lernprozesses. Er verweist darauf, daß individuelles Lernen allemal eine soziale Voraussetzung hat: Niemand kann allein lernen; jeder ist auf Lernhilfen – in welcher Form auch immer – angewiesen. Mit sozialem Lernen ist deshalb die erzieherische Vorstellung verknüpft, daß die Sorge für das individuelle Lernen eine Sozialverpflichtung darstellt. In der Schule bedeutet das,

daß jeder Schüler das Lernen seiner Mitschüler nach Kräften unterstützen und sich zugleich von seinen Mitschülern beim eigenen Lernen helfen lassen soll.
In der Grundschule wird diese Sozialverpflichtung noch am ehesten, in den weiterführenden Schulen weniger eingelöst. Die Ursache dafür hängt im wesentlichen mit den Qualifikations- und Selektionserwartungen an die Schule zusammen. Sie führen dazu, daß der Frontalunterricht und die Einzelarbeit oft einen höheren Stellenwert als etwa Partner- und Gruppenarbeit haben, daß die Einzelleistung Vorrang vor der Gruppenleistung hat, daß der einzelne Schüler sich im Unterricht oft nur gegen seine Mitschüler anstatt mit ihnen profilieren muß. Inzwischen gewinnen aber sogenannte Schlüsselqualifikationen wie Kooperationsbereitschaft und Mitverantwortung eine zunehmende gesellschaftliche Bedeutung, so daß sich hier die Erwartungen tendenziell ändern.
Im Hinblick auf das gerade in der Grundschule angestrebte Ziel einer sozialen Integration von Schülern und Schülerinnen unterschiedlicher Begabung und Herkunft sollten deshalb Unterrichtsformen bevorzugt werden, die dem gemeinsamen Lernen und dem Lernen in gegenseitiger Verantwortung besondere Chancen einräumen. Dazu gehört vorzugsweise der projektorientierte Unterricht (Projektunterricht). Denn in ihm werden Mitentscheidung und Mitverantwortung der Schüler/innen ausdrücklich gefordert, und sie erleben ihn gerade dann als Erfolg, wenn sie zum Lernen voneinander und miteinander bereit sind. In dieser Unterrichtsform können sie Sozialtugenden, wie Kooperationsbereitschaft, Toleranz, Höflichkeit, Rücksicht, Wertschätzung, praktizieren und zugleich deren Wert erleben.
Darüber hinaus kann das soziale Lernen auch durch die Wahl bestimmter Sozialformen begünstigt werden. Dazu gehören vor allen Dingen die Partner- und Gruppenarbeit, die eine sozialerzieherische Lernaufgabe darstellen. Denn eine Zusammenarbeit gelingt nur, wenn sich die Mitlernenden gegenseitig akzeptieren, und die erforderliche Kritik auf die Sache, aber niemals auf die Person bezogen wird. Eine sorgfältige Unterrichtsvorbereitung, damit die Aufgaben für die Gruppen bzw. Partner leicht zu überschauen und Übereinkünfte rasch möglich sind, eine kontinuierliche Lernberatung, damit die Zusammenarbeit nicht an scheinbar unlösbaren Problemen scheitert, und vor allen Dingen sehr viel Geduld tragen am ehesten zum Gelingen des sozialen Lernens bei.
Jürgen Rekus

Literatur: *Grillenberger, A.:* Soziales Lernen (k)ein neues Schulfach. Frankfurt/M. 1980 • *Oelkers, J./Prior, H.:* Soziales Lernen in der Schule. Königstein/Ts. 1982 • *Rekus, J.:* Soziales Lernen – Vom Konflikt zur Sozialverpflichtung. Hildesheim/Zürich/New York 1985

Soziokulturelle Bedingungen:
Wenn Unterricht als intentional und planmäßig angelegter Lehr-/Lernprozeß zwischen Lehrpersonen und Schüler/innen im Rahmen der Institution Schule verstanden wird, dann ist die Erhebung der Ausgangsbedingungen, unter denen sich Lehren und Lernen vollziehen, von Bedeutung. Die Begriffe der „anthropogenen" und „sozial-kulturellen Voraussetzungen" entstammen der lern(lehr)-theoretischen Didaktik von P. Heimann/G. Otto/W. Schulz (1965), die in ihrem Analyse- und Planungsschema das „Gesamtphänomen Unterricht" mit allen ihn bedingenden Faktoren erfassen wollten. Dabei sind die Faktoren, die immer begründet entschieden werden müssen (Ziele, Inhalte, Methodik, Medien) von

denen zu unterscheiden, die vorfindbar sind (Voraussetzungen, Bedingungen) und auf die Entscheidungsfelder Einfluß nehmen (Prinzip der Interdependenz). Während die anthroprogenen Voraussetzungen sich in erster Linie auf die „Vorgeprägtheit" der am Unterricht beteiligten Personen (Lehrer/innen, Schüler/innen) bezieht, beinhalten die soziokulturellen Bedingungen vor allem die Zusammensetzung einer konkreten Klasse und deren gruppendynamische Auswirkungen (Rangplätze, Kooperations-, Konkurrenzformen ...) und die institutionellen Rahmenbedingungen. Die letztgenannten Voraussetzungen werden in der didaktischen Literatur am stärksten beachtet, weil die personalen Aspekte der Zusammensetzung der Klasse nicht trennscharf von den „anthropogenen" Bedingungen unterschieden werden können. W. Jank/H. Meyer sprechen deshalb auch bei den soziokulturellen Bedingungen von einer „Restekategorie", die alle nicht-personalen Faktoren enthält. Dazu zählen insbesondere:

- die bildungspolitisch-schulrechtlichen Aspekte (Erlasse, die die Inhalts- und Zielebene von Schulen betreffen, Rechte und Pflichten der am Unterricht beteiligten Personen festlegen, finanzielle Zuwendungen, Ausstattungen ...),
- strukturell-organisatorische Aspekte (die vorgegebene Schulstruktur ermöglichen oder verhindern, z. B. Chancengleichheit, die Form der Jahrgangsklassen, Differenzierungsformen ...),
- räumliche Aspekte (Architektur der Schule: Größe der Klassen, Fach-, Gruppenräume, Mobiliar ...),
- zeitliche Aspekte (Schuldauer, Dauer der Arbeitseinheiten, Halbtags-, Ganztagsschule ...).

Auch W. Klafki hat in seiner Weiterentwicklung der Didaktischen Analyse zu einer „kritisch-konstruktiven Didaktik" die Bedingungsanalyse der Unterrichtsplanung vorangestellt, während W. Schulz in seinem „Hamburger Modell der Unterrichtsplanung" die Erhebung der Ausgangslage nicht mehr „streng analytisch", sondern eher querliegend zur „planerischen Interaktion" zwischen Lehrenden und Lernenden sieht.

Auch wenn die Erhebung der soziokulturellen Bedingungen im Rahmen einer Bedingungsanalyse unstrittig ist, so bleibt – wegen der Komplexität von Unterricht – doch letztendlich unklar, wie das jeweilige Wirkungsgefüge der Faktoren untereinander im Unterricht aussieht.

Hubert Lohrenz

Literatur: *Adl-Amini, B./Künzli, R.* (Hg.): Didaktische Modelle und Unterrichtsplanung. München 1980 • *Heimann, P./Otto, G./Schulz, W.:* Unterricht – Analyse und Planung. Hannover 1965 • *Jank, W./Meyer, H.:* Didaktische Modelle. Frankfurt/M. 1991 • *Scholz, G./Bielefeldt, H.:* Schuldidaktik. München 1978

Spiel – Spielen: Spielen ist – ebenso wie Lernen – ein unscharfer Begriff der Alltagssprache: wir spielen mit dem Feuer, setzen alles aufs Spiel, machen gute Miene zum bösen Spiel oder haben die Hand im Spiel. Manche spielen mit dem Leben oder spielen ein doppeltes Spiel. Auch Geld spielt eine Rolle, wenn wir genügend Spielraum haben wollen.

Begriffe, die so vielfältig in unsere Umgangssprache eingegangen sind, zeigen meist an, daß sie Teil unseres Lebens sind. Eben das haben Spielen und Lernen gemeinsam. Könnte es damit zusammenhängen, daß Spiel und Schule sich bis heute zuweilen noch fremd geblieben sind? Etwa so: Dort der Spaß, hier der Ernst?

Spiel und Spielen gehören zu denjenigen Tätigkeiten, die den Menschen von Anfang an einen Zugang zur Welt schaffen, diese begreiflich und nach und nach auch begrifflich faßbar machen. Es ist schwer zu definieren, was Spiel „ist"; das sollte an anderer Stelle nachgelesen werden (Hielscher 1981; Kreuzer 1983; Fritz 1991). Fest steht, daß Spielen nicht nur Spaß macht, sondern auch für das Lernen große Bedeutung hat. Gemeint sind insbesondere motorische Abläufe, sozial-emotionale Qualifikationen und kognitives Lernen.

Das freie Spielen wird in der Schule nur im Anfangsunterricht seinen Platz haben können. Dort hat es einen wichtigen Platz bei der Kooperation mit vorschulischen Einrichtungen. Von Beginn an werden neben dem freien Spielen andere Spielformen Bedeutung haben: Interaktionsspiele, Rollenspiele und Regelspiele. Vom dritten Schuljahr an werden Strategie- und Denkspiele bedeutsam sein. Erst im vierten Schuljahr sollten Planspiele durchgeführt werden, vor allem im Sachunterricht.

Eine besondere Rolle „spielen" die sogenannten Lernspiele. Es sind eigentlich schulische Übungen, die jedoch so „verpackt" sind, daß sie wie Spiele erscheinen. Wenn sie den Kindern Spaß machen, sie motivieren und ihr fachbezogenes Lernen befördern, so haben sie mit Recht einen Platz in der Grundschule.

Über Zusammenhänge zwischen Spielen und Lernen besteht eine breit angelegte Literatur. Es kann als bewiesen gelten, daß durch Spielen neben sozial-emotionalen Qualifikationen auch das Abstraktionsvermögen und das problemlösende, begriffliche und strategische Denken gefördert wird. Hier bedarf es jedoch der Hilfen des Lehrers, um strukturelle Lernübertragungen auf Lebenssituationen zu ermöglichen. Spielen kann in didaktischer Hinsicht vielfältige Plätze im Unterricht der Grundschule haben. Es dient der Selbstorganisation von Lernprozessen, der Individualisierung und inneren Differenzierung, der Öffnung des Unterrichts hin auf außerschulische Lernorte und der Kreativitätsförderung. Besondere Bedeutung besitzen die „Spielräume", die es verhindern, daß Spielen in der Grundschule nur eine „Dessert-Funktion" zugewiesen bekommt. Falls der Klassenraum zu klein ist, sollten eigene Räume mit Aktivitäts- und Ruhezonen, mit Materialien (z. B. Rollenspielutensilien) und mit Bewegungsgeräten (z. B. Pedalos) vorhanden sein.

Spielen in der Schule setzt voraus, daß auch die Eltern einbezogen werden. Hier gibt es viele praxisbezogene Beispiele.

Hans Hielscher

Literatur: *Einsiedler, W.:* Das Spiel der Kinder. Zur Pädagogik und Psychologie des Kinderspiels. Bad Heilbrunn 1991 • *Fritz, J.:* Theorie und Pädagogik des Spiels. Weinheim-München 1991 • *Hielscher, H.:* Spielen macht Schule. Heidelberg 1981 • *Kreuzer, K. J.* (Hg.): Handbuch der Spielpädagogik. 4 Bände. Düsseldorf 1984 • *Retter, H.:* Spielmittel im Erstunterricht. Weinheim 1984

Sport: Der Begriff Sport ist eine zwar umgangssprachlich fast ausnahmslos gebräuchliche, dennoch aber nicht immer zutreffende Umschreibung für (fast) alle Bewegungsaktivitäten, die nicht der Alltags- und Arbeitswelt zuzurechnen sind und somit eine hohe Affinität zum Freizeitverhalten aufweisen.

Handbücher und Lexika verweisen zumeist auf das äußerst heterogene und widersprüchliche Erscheinungsbild des modernen Sports, der – traditionell in Sportarten (wie Leichtathletik, Turnen, Fußball oder Rudern) betrieben und in Vereinen organisiert – seine Teilnehmer (je nach Klassifikationskriterium und/ oder Sinnzuschreibung) im Breiten-, Freizeit-, Leistungs- oder Spitzensport,

im Kinder- oder Behindertensport, im Ausgleichs-, Gesundheits- oder Fitneßsport, im Schul-, Vereins- oder Betriebssport u. v. a. m. aktiv bindet und ebenso (vor allem im Hochleistungssport) passiv fasziniert, so daß definitorische Fixierungen so unzureichend wie unzutreffend bleiben müßten.
Seine moderne Prägung erfuhr der Sport zu Beginn des 19. Jahrhunderts vor dem Hintergrund des durch den Rationalismus geprägten Welt- und Menschenbildes, der (gesundheitlichen) Aufklärung, eines neuen Freiheitsstrebens und Naturgefühls im Sinne Rousseaus bzw. der durch Wettbewerb, Leistungsoptimierung und Fortschrittsglauben bedingten Industrialisierung.
Insofern ist der Sport wesentlicher Bestandteil, ein bedeutsamer Faktor und getreues Abbild der modernen Gesellschaft, zugleich aber auch deren kulturkritisches Korrektiv, indem er in einer zunehmend fremdbestimmten (Arbeits-)-Welt Möglichkeiten physischen Ausgleichs, sozialen Kontakts und individueller Sinnfindung bietet. Anders als soziologische und historische Deutungen gehen bewegungsorientierte Ansätze davon aus, daß auch der Sport ein eigenständiges System von Bewegungshandlungen darstellt, allerdings allein solch künstlicher und zumeist tradierter, die ohne jede Bedeutsamkeit für das Alltags- und Arbeitsleben durch „Willkürlichkeit“ und „Folgelosigkeit“ charakterisiert sind. Sportliche Handlungen sind demzufolge Lösungsversuche künstlich geschaffener Bewegungs-Probleme mit dem Erfolgskriterium des Überbietens (höher, schneller, weiter) auf eng begrenzten Lösungswegen, die zu keinen materiellen Veränderungen führen und somit ihren Sinn allein im Vollzug selbst tragen.
Vom menschlichen „Seinsphänomen Spiel“, dessen Subsystem oder Variante er darstellt, unterscheidet sich der Sport allerdings wesentlich durch seine, die Freiheit des Spiels einschränkende, Wettbewerb und Vergleichbarkeit fordernde „kollektive Leistungsorientierung“ zu Lasten von Spontaneität und Kreativität.
Im pädagogischen Bezug, insbesondere im Primar- und mehr noch im Elementar- bzw. Sonderschul-Bereich ist der Sport deshalb nicht unumstritten; spielnähere Inhalte der Bewegungserziehung gelten aufgrund des jeweiligen Entwicklungsstandes dieser Kinder als angemessener.
Jürgen Bielefeld

Literatur: *Hägele, W.:* Konstitutionsprinzipien von Spiel und Sport. München 1990 • *Steinkamp, E.:* Was ist eigentlich Sport? Wuppertal 1983 • *Volkamer, M.:* Zur Definition des Begriffs „Sport“. In: Sportwissenschaft 2/1984

Sprachbuch: Das Sprachbuch wird im Deutschunterricht vom zweiten Schuljahr an für die Lernziele der Lernbereiche mündliche und schriftliche Kommunikation, Grammatik und Rechtschreiben eingesetzt. Da das Medium Sprachbuch in der Regel nicht übereignet, sondern ausgeliehen wird, ist es kein Verbrauchsmaterial.
Aufgrund der Forderung nach einem verbundenen oder integrativen Deutschunterricht in fast allen Lehrplänen gibt es für die Grundschule in der Mehrzahl lernbereichsintegrierende Sprachbücher. Diese Bücher sind im Unterschied zu den streng lernzielorientierten Sprachbüchern der 70er Jahre nicht nach Lernbereichen oder gar einzelnen Lernzielen gegliedert; vielmehr werden im Rahmen von thematischen, an der Erfahrungswelt der Kinder orientierten Lerneinheiten Inhalte der verschiedenen Lernbereiche behandelt. Unterschiede ergeben sich in der Länge der Einheiten, in evtl. vorhan-

denen systematischen Übungsteilen (mindestens für den Lernbereich Rechtschreiben), in der Berücksichtigung von Systematik, Progression, Übungsverteilung sowie in der Art der Integration (werden die Inhalte der verschiedenen Lernbereiche eher additiv oder wo möglich funktional miteinander verbunden?).
In den letzten Jahren haben sich Konzepte durchgesetzt, die zum Sprachbuch ein „passendes" Lesebuch anbieten; Tendenzen in Richtung einer Verzahnung mit dem Sachunterricht sind sichtbar. Entscheidungskriterien für die Anschaffung eines Sprachbuches können sein:
• Konzeption: lernbereichsorientiert oder lernbereichsintegrierend oder lernbereichsintegrierend mit zusätzlichen Übungsteilen zu einzelnen Lernbereichen • Gewichtung der Lernbereiche • Gewichtung der Ziele: mündliche und schriftliche Sprachkompetenz, Einsicht in die Sprachverwendung, grammatisches Regelwissen, systematische Grundwortschatzarbeit … • Quantität und Verständlichkeit der Aufgaben • Angebote für Hausaufgaben • Vermittlung von Arbeitstechniken • Texte verfassen: Schreibhilfen, Angebote für freies Schreiben • Grammatik: altersgerechte Reflexion über Sprache, funktionaler Sprachgebrauch, spielerischer Umgang mit Sprache • Rechtschreiben: Aufbau eines Grundwortschatzes, Vermeiden von Gegenüberstellungen ähnlicher Schreibweisen • Zusammenfassungen • Übungen/Wiederholungen • Gliederung, Strukturierung der Seiten • Zusatzmaterialien, z. B. in Form von Arbeitsheften oder Kopiervorlagen im Lehrerband.
Ulrike Jürgens

Literatur: *Baurmann, J./Hoppe, O.:* Handbuch für Deutschlehrer. Stuttgart 1984 • *Conrady, P./Rademacher, G.* (Hg.): Sprachunterricht in der Grundschule. Sprachbücher und Alternativen. Essen 1990 • *Good, B.:* Das Sprachbuch im Deutschunterricht. Tübingen 1982

Sprachstörungen: Sammelbegriff für vielfältige Phänomene sprachlicher Auffälligkeiten, die durch physisch-organische, psychisch-persönlichkeitsbezogene und/oder sozial-umweltbedingte Faktoren verursacht sein können.
In der klinischen Literatur werden Sprachstörungen in zwei Gruppen zusammengefaßt:
• Organische Störungen werden unterteilt in periphere, Artikulation, Stimme und Gehör betreffende und in zentrale. Als zentrale gelten Störungen der Sprechmotorik, der Sprachproduktion, der auditiven Wahrnehmung sowie semantisch-grammatische Fähigkeiten, insbesondere Aphasien.
• Als psychosoziale Störungen gelten psychisch- und milieubedingte, kommunikationsrelevante sowie Folge- und Begleiterscheinungen organischer Erkrankungen. Die diagnostisch-therapeutische Abgrenzung beider Störungsbereiche ist nicht immer eindeutig möglich (Huber 1988).
Die neuere Rehabilitationspädagogik/Sprachtherapie unterteilt nach Störungs- bzw. Behandlungsfeldern: Aussprache, Semantik, Grammatik, Redefähigkeit, zentrale Sprach- und Sprechstörungen, Stimmstörungen, Begleit- und Folgestörungen.
Beide Systematiken setzen voraus die grundlegende Unterscheidung zwischen entwicklungsbedingten Störungen und solchen, die nach abgeschlossenem Spracherwerb auftreten oder manifest werden. Diese Differenzierung ist besonders für die Grundschulzeit bedeutsam. In der Kindersprachforschung gilt beim Schulstart die Phase des Erwerbs zwar als durchlaufen, aber keineswegs als abgeschlossen, sondern als instabil, labil. Das Auftreten entwicklungsbedingter Auffälligkeiten in diesem Alter, wie z. B. Stammeln (Lispeln), Poltersprache, dysgrammatische Ausdrucksfor-

men u. a., ist also an sich nicht ungewöhnlich. Aber bei Kindern mit labiler, weil verzögerter Sprachentwicklung kann der bei der Konfrontation mit der Schriftsprache zu erwartende qualitative Entwicklungssprung durchaus ins Negative umschlagen: Verursacht durch die ungewohnten Belastungen des Schullebens können entwicklungsbedingte und in der Regel sich zurückbildende Phänomene sich zu Symptomen resistenter Sprach- und Kommunikationsstörungen verfestigen, z. B. Sigmatismus, Stottern, Dysgrammatismus. Um dieses Risiko zu vermindern, sollte bei der Einschulung jedes in der beschriebenen Weise auffällige Kind zur präzisen Abklärung einer Differentialdiagnose unterzogen werden. Die diagnostischen und therapeutischen Möglichkeiten sind so vielfältig wie das gesamte Feld der Sprachstörungen, mit dem sich Neurologen, Psychiater/Psychologen, HNO-Ärzte (Phoniater), Logopäden, Sprachtherapeuten/Sonderschullehrer und Linguisten beschäftigen. Dringende Empfehlung: grundsätzlich fachlich einschlägig ausgewiesene Institutionen zu Rate ziehen, wie Beratungsstellen für (Sprach)behinderte, Pädaudiologische und Phoniatrische Abteilungen in HNO-Kliniken.

Inge Schleier

Literatur: *Grohnfeldt, M.* (Hg.): Handbuch der Sprachtherapie. 8 Bände. 1–4 erschienen. Köln 1989 ff. • *Huber, W./Springer, L.:* Sprachstörungen und Sprachtherapie. In: *Ungeheuer, G./Steger, H.* (Hg.): Handbücher zur Sprach- und Kommunikationswissenschaft, Band 3: Soziolinguistik. Berlin 1988 • *Wirth, G.:* Sprachstörungen – Sprechstörungen – Kindliche Hörstörungen. Lehrbuch für Ärzte, Logopäden und Sprachheilpädagogen. Köln ³1990

Stundentafel: Stundentafeln regeln den Anteil der Unterrichtszeit für alle Fächer oder Lernbereiche der Schule. Sie geben gemeinsam mit der festgelegten Länge einer Unterrichtsstunde (Einheitsmaß 45 Minuten) ein zeitliches Raster für die Erstellung von Stundenplänen für einzelne Klassen vor und sind struktureller Teil der amtlichen Lehrpläne. Auf ihrer Grundlage werden die Lehrer/innen den einzelnen Schulen zugewiesen; sie haben erheblichen Einfluß auf die Baurichtlinien, etwa auf das Verhältnis von Klassen-, Fach- und Nebenräumen in Relation zur Schulgröße.

In Begleittexten zur Stundentafel (Verordnungen, Erlasse) werden Rahmenbedingungen für den Unterricht abgesteckt: z. B. Unterrichtsgestaltung in den ersten Schuljahren, Pausenregelung und Pausendauer, zu besonders ausgewiesenen Verfügungs- und Ergänzungsstunden und über die Schülerwochenstundenzahl hinaus – zusätzliche Lehrer/innenstunden für gezielte Fördermaßnahmen.

Damit spiegelt die Stundentafel bildungspolitische Entscheidungen (öffentlich-rechtlich verantwortet) und pädagogische Erwägungen wider (z. B. die je aktuelle Rangordnung der Fächer/Lernbereiche als „Haupt- und Nebenfächer"). Andererseits akzentuiert die Stundentafel besondere Schwerpunkte einer je aktuellen pädagogischen Konzeption für die Grundschule und skizziert damit auch den Rahmen für pädagogische Handlungsfreiheit.

Im Stundenplan jeder Klasse manifestiert sich die jeweils situationsbezogene Umsetzung der Stundentafel. Dabei erhalten aktuelle Bedingungen vor Ort (Fehlstunden, nicht besetzte Stellen, Stundenüberhänge), spezifische räumliche Bedingungen (verfügbare Turnhallenzeiten und Fachraumstunden) sowie arbeitsphysiologische, psychohygienische Faktoren und persönliche Bedürfnisse, Interessen und Gewohnheiten des je einzelnen Lehrer/innenkollegiums oft eine größere Bedeutung als pädagogische Erwägungen. Den genannten verschiedenen Faktoren kann nur selten in gleicher Weise entsprochen werden; häufig erweisen sie sich als unvereinbar. Schulorganisatorische Gründe (äußerlich wahrnehmbare „Stabilität") überwiegen; aktuelle „Störgrößen" wie Krankheit, dienstliche Abwesenheit, Unterrichtsgänge, Wanderungen, Schwangerschaft lassen Vertretungspläne, die nur zur aktuellen „Lösung" gedacht sind, zum „Normalfall" werden. Größere Schulsysteme scheinen dies zu begünstigen; Folgen eines ausufernden Fachlehrer/innenprinzips deuten in die gleiche Richtung.

Neuere Überlegungen fassen Stundentafeln nur mehr als organisatorisch und bildungspolitisch notwendige Grundstrukturen auf, aber nicht zugleich als Grundmaße und Zeittakte für Lernprozesse von Kindern. Der flexibilisierte und rhythmisierte (an den Lernrhythmen der Kinder orientierte) Schulvormittag oder -tag wird als Ganzes gesehen, der seine zeitliche, pädagogisch begründete Binnenstruktur nur jeweils in der einzelnen Klasse erhalten kann. Zur Einsicht in die Individualität von Schule kommt die Einsicht in die Individualität jeder Klasse (Lerngruppe) hinzu und begründet für die Grundschule ein Überwiegen des Klassenlehrer/innen/prinzips und/ oder eines Team-Kleingruppen-Modells mit dezentralisierten Entscheidungsabläufen in der Einzelschule.

In diesem Zusammenhang hat die Stundentafel die Funktion eines langfristig wirksamen und auch langfristig zu verantwortenden Steuerfaktors.

Von einer modernen Stundentafel müssen außer schulorganisatorischen Richtmaßen reformpädagogische Impulse erwartet werden, die es jeder Schule gestatten, daran orientiert ihr individuelles Profil auszuprägen. Dazu gehören: flexible Zeitgliederung, flexible Schülergruppierung, situationsspezifische und individualisierende Lernangebote und defizitausgleichender Förderunterricht, Auswahl-, Mitplanungs- und Initiativmöglichkeiten für alle Kinder.

Claus Claussen

Literatur: *Claussen, C.:* Stundentafel/Stundenplan. In: *Kochan, B./Neuhaus-Siemon, E.:* Taschenlexikon Grundschule. Königstein 1979

Tafelbild: Die Tafel ist bis heute zentrales Medium im Unterricht (Meyer 1991). Der Qualität der Tafelarbeit kommt somit eine hohe Bedeutung zu. Die Gestaltung des Tafelbilds kann dabei eine Vielzahl didaktisch-methodischer Funktionen erfüllen. Hierbei sind zwei Aspekte analytisch zu unterscheiden:

- Das Tafelbild als fast künstlerische Tafelzeichnung: Das in diesem Sinn verstandene Tafelbild soll vor allem motivieren, veranschaulichen und illustrieren. Dies setzt allerdings etwas künstlerisches Geschick voraus. Das Tafelbild soll schnell entstehen und ästhetisch ansprechend sein. Die dafür notwendigen Voraussetzungen vermittelt z. B. ein Kurs von R. Bühs (1986). Dabei geht es darum, Menschen, Tiere, Pflanzen, Perspektiven, Landschaften und Innenräume, aber auch Diagramme und Schemata zeichnen zu können. Diese Form des Tafelbilds tritt also gewissermaßen in Konkurrenz zu dem reichhaltigen Angebot an perfektionierten Arbeitstransparenten, hat diesen gegenüber aber den Vorteil, genau auf die jeweilige Lernsituation bezogen werden zu können. Gerade in der Grundschule besitzt eine derartige Gestaltungskompetenz hohe Relevanz.
- Das Tafelbild als dienende Maßnahme der didaktisch-methodischen Gestaltung des Unterrichtsprozesses: Im schul-

alltäglichen Gebrauch spielt die Tafel neben dem Overheadprojektor eine große Rolle. So gilt das folgende auch für die Arbeit mit diesem, obwohl er daneben spezifische Möglichkeiten besitzt. Mit strukturierten Tafelbildern lassen sich Impulse geben, Phasenübergänge gestalten, Schüleräußerungen sammeln, Ergebnisse festhalten, Beiträge ordnen, Tafelprotokolle, Schaubilder, Skizzen, Diagramme und Tabellen erarbeiten, Texte geben und Aufgaben stellen. Es wird deutlich, daß das Tafelbild eine wichtige Planungsaufgabe ist. Das muß nicht immer bedeuten, daß an der Tafel etwas vorstrukturiert ist. In der Primarstufe empfiehlt sich aber häufig eine Vorbereitung des Tafelbilds im Sinne einer allmählichen Verringerung der Lernhilfen. Das Tafelbild wird im Unterricht gemeinsam mit den Kindern erarbeitet, es entsteht also vor den Augen der Kinder (dynamisches Tafelbild). Auf keinen Fall darf es ein Zufallsprodukt sein. Für die Grundschularbeit sind folgende Planungsgrundsätze relevant: Überschrift und Datum, sinnvolle Platzeinteilung, Tabellen, Schaubilder und Diagramme vorstrukturieren, Texte in gut lesbarer Schrift verfassen, farbige Kreide benutzen, darauf achten, daß alle Kinder das Tafelbild gut sehen können. Wenn das Tafelbild, oder Teile davon, von den Kindern übertragen werden sollen, ist genügend Zeit einzuplanen.

Bei all dem gilt es, die Möglichkeiten der Tafel zu nutzen. Bei der allgemein üblichen Klapptafel stehen sechs gleichgroße Felder zur Verfügung. Das Tafelbild ist so anzulegen, daß ein Auf- und Zuklappen der verschiedenen Flügel sinnvoll genutzt werden kann. Oft ist es ratsam, auf der linken aufgeklappten Seite zu beginnen, statt in der Mitte, weil so die Tafelfläche effektiver genutzt werden kann. Das Tafelbild ist so auch immer gemäß der Leserichtung angelegt, gerade in den Anfangsschuljahren ist dies von Bedeutung. Abschließend einige Ausblicke: Tafelarbeit scheint immer in enger Verschränkung mit dem Frontalunterricht zu stehen. Dies ist zwar eine naheliegende, aber keine notwendige Verknüpfung. Eine Tafelarbeit an Seitentafeln und kleinen Stelltafeln, die Schüler und Schülerinnen in der Gruppenarbeit zur Verfügung haben, um beispielsweise ihre Arbeitsergebnisse für eine sich anschließende Plenumsphase des Unterrichts zu fixieren, weist über den Frontalunterricht hinaus. Ferner kommen Tafeln Grundschülern aufgrund ihres höheren Schreibwiderstandes feinmotorisch entgegen. Schließlich können so eingesetzte Tafeln z. B. dazu dienen, Kindern das Zeichnen zu ermöglichen, um Zusammenhänge aus dem naturwissenschaftlich-technischen Bereich des Sachunterrichts zu erarbeiten. Grundschüler brauchen zwischen dem konkreten Handeln (enaktive Ebene) und dem Versprachlichen (symbolische Ebene) eine Zwischenstufe, um einen Sachverhalt zu verstehen. Dabei kommt der Schülerzeichnung (ikonische Ebene) große Bedeutung zu (Biester 1991). Hier liegt für die Tafelarbeit in der Grundschule noch offenes Potential.

Bernd Feige

Literatur: *Biester, W.* (Hg.): Denken über Natur und Technik. Zum Sachunterricht in der Grundschule. Bad Heilbrunn/Obb. 1991 • *Bönsch, M.:* Die Wandtafel als Arbeitsmittel im Unterricht. Hannover 1972 • *Bühs, R.:* Tafelzeichnen kann man lernen. Hamburg 1986 • *Meyer, H.:* Unterrichtsmethoden. 2 Bde. Frankfurt a. M. [4]1991

Team-Teaching: Eine Lehrerin bittet die Zweitkläßler in einen Stuhlkreis; ihr assistiert eine zweite, die wiederum einzelnen Kindern hilft und gleich das Tafelbild anfertigen wird. Ein

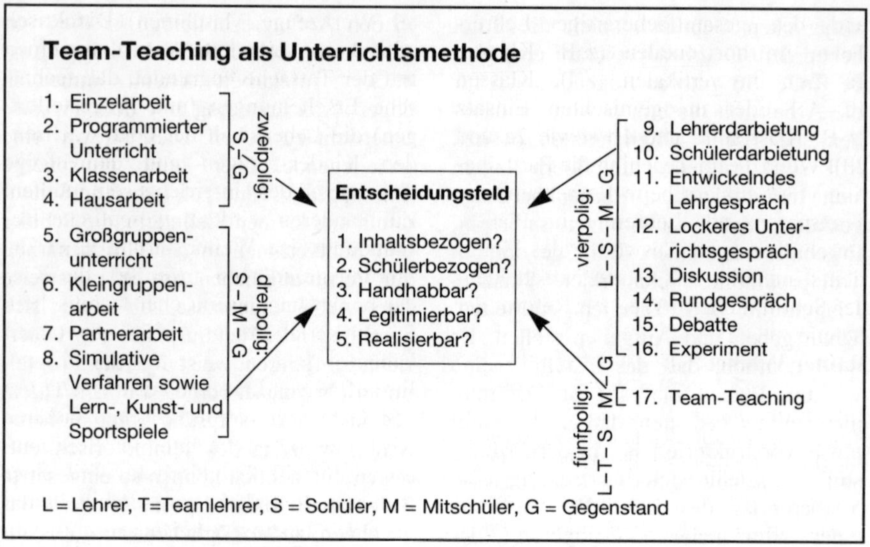

Junge ist sehr aggressiv und tobt herum, und der dritte im Team, ausgebildeter Sonderschullehrer und in dieser Klasse mit fünf Wochenstunden „abgeordnet", versucht ihn zu beruhigen. Vergebens: Die beiden gehen hinaus, werden auf dem Schulhof ein wenig herumtoben, bis das Kind wieder lernen und d. h. zuhören, denken und konstruktiv arbeiten kann. Das idealtypische Beziehungsgeflecht beim Team-Teaching läßt sich wie folgt definieren: Team-Teaching ist die gemeinsame Vorbereitung, Durchführung und Auswertung schulisch-unterrichtlicher Prozesse durch eine Gruppe von Lehrenden inmitten flexibler Schülergruppierungen.

Idealiter kooperieren mehrere Lehrer/innen mit der ganzen Klasse, einer Schülergruppe, einzelnen Schülern bzw. umgekehrt; aber auch die Schüler und Schülerinnen untereinander können paar- oder gruppenweise sowie zwischen den Tischgruppen zusammenarbeiten; und schließlich befinden sich die Lehrer/innen selbst in einem flexiblen Kommunikations- und Kooperationsverhältnis. Team-Teaching kann also einmal eine Form der inneren und äußeren Differenzierung sein und zum anderen eine von insgesamt 17 Unterrichtsmethoden (s. Abb. oben). Wenn man diese nämlich nach ihrer möglichen Poligkeit auflistet, dann ergeben sich zunächst zweipolige Unterrichtsmethoden, bei denen „nur" Schüler und Schülerinnen mit bestimmten Gegenständen (Problemen, Fakten, Curricula usw.) kommunizieren; sodann können Schüler, Mitschüler und Gegenstände in einen Austauschprozeß eintreten; drittens vermögen Lehrer, Schüler, Mitschüler und Gegenstände den Lehr-Lernprozeß zu konstituieren; und schließlich interagieren Lehrer, Teamlehrer, Schüler, Mitschüler und Gegenstände beim sog. Team-Teaching, Team Planing und Team Evaluating.

Darüber hinaus unterscheidet die schulpädagogische Forschung, aber auch die Praxis des Team-Teaching, des Team-Kleingruppen-Modells und des Two-Teacher-System insgesamt neun verschiedene Team-Teaching-Modelle: Das fachspezifische, das fächerübergreifende und das gesamtfächerartige Lehrer-Team im horizontalen (z. B. Klassen 2a – 2c), im vertikalen (z. B. Klassen 1c – 4c) oder im gemischten Einsatz (z. B. Klassen 1a und 1b sowie 2a und 2b). Wenn Team-Teaching die Partizipation von Schülern beim Lernen und die Transparenz von Lehrern beim Planen, Durchführen und Auswerten des Unterrichts intendiert, ist es ein entscheidender Schritt auf dem Weg zur Reform der Schule.

Rainer Winkel

Literatur: *Brandt, H./Liebau, E.:* Das Team-Kleingruppen-Modell. München 1978 • *Gudjons, H.* u. a. (Hg.): Unterrichtsmethoden. Hamburg ^{3}1991 • *Meyer, E./Winkel, R.* (Hg.): Unser Konzept: Lernen in Gruppen. Baltmannsweiler 1991 • *Winkel, R.:* Theorie und Praxis des Team Teaching. Braunschweig 1974

Technikunterricht: Dieser Unterricht ist ein inhaltlich veränderter bzw. weiterentwickelter Werkunterricht, der teils als dessen Teilbereich (als technisches Werken) oder als in den Sachunterricht eingegliedertes Lern- und Erfahrungsfeld Technik konstituiert wird.
Ursprüngliche Vorstellungen von einem eigenen Fach bzw. Lernbereich im Angebotskanon der Grundschule führten letztlich nur zur Einbeziehung neuer, „modernisierter" Inhalte in bereits bestehende. Durch gesellschaftliche Veränderungen bedingt (rascher Wechsel von eher handwerklich zu eher industriell und technikdominierter Arbeit) soll der diesem Wechsel folgende veränderte Inhaltekatalog gleichwohl eine ähnliche Funktion übernehmen wie der herkömmliche Werkunterricht: mehr oder weniger systematische Anleitung zur zweckbestimmten Herstellung von Gegenständen (verschiedene Materialien und Techniken) mit oder ohne Hilfsmittel (Werkzeuge, Maschinen). Didaktisch wird dieser veränderte Ansatz zum einen mit der Tatsache begründet, daß technische Erscheinungen (und Fragestellungen) die Lebenswelt der heranwachsenden Kinder prägen und demzufolge Gegenstand des Unterrichts sein müßten. Zum anderen wird als wesentliche Begründung eine Weiterführung jener Erfahrungsgrundlagen angeführt, die Kinder beim Umgang mit eher technischem Spielmaterial und -gerät gewonnen haben.
Ihr auffälliges Interesse am Umgang mit und Gebrauch von technischen Geräten wird ebenfalls genannt. In Lehrplantexten für die Grundschule wird einer isolierten, lediglich vom unmittelbaren Sachreiz bestimmten Behandlung von technischen Sachverhalten dadurch vorgebeugt, daß sie in eher integrative, d. h. hier fächerübergreifende Lehrplanstrukturen eingeordnet werden. Damit soll erreicht werden, daß sie in gesellschaftlichen Zusammenhängen gesehen werden. Mit den Anfängen des Technikunterrichts in den 70er Jahren wurde bereits versucht, ein kritisches Bewußtsein anzubahnen, um Auswirkungen der Technik angemessen einschätzen zu können (Probleme der Umweltbelastung, des Massenkonsums, der Arbeitswelt), und zwar als Wechselwirkungszusammenhänge. Als neue, den Technikunterricht kennzeichnende Erfahrungsfelder wurden sogenannte technische Grundsachverhalte wie Maschinen und Fahrzeuge, Bauen in modernen Erscheinungsformen, Werkzeuge, Geräte, Spielzeuge (wobei anstelle von herkömmlichen Werkstoffen wie etwa Pappe Styropor verwendet wird), einfachste Elektrotechnik sowie Arbeitsplatzerkundungen (mit überwiegend technischem Gepräge, d. h. etwa mit Fließbandarbeit) vorgeschlagen. Die Zielsetzungen in diesen Erfahrungsfeldern beziehen sich im wesent-

lichen auf das Lösen von technischen Problemen (z. B. ein Fahrzeug lenkbar machen) durch zweckorientiertes Konstruieren bzw. Nacherfinden auf elementare Weise, in dessen Verlauf Wirkungszusammenhänge und Prinzipien technischer Art erkannt und Verfahren der Werkstoffbearbeitung sowie Geräte und Werkzeuge dazu kennengelernt werden. Entsprechende Arbeitsformen werden zugeordnet: Zumeist spielerisches Konstruieren, Ausprobieren, Entdecken von technischen Möglichkeiten, Gestalten mit ungeformtem wie mit vorgeformtem Material (z. B. technische Baukästen).

Wie beim tradierten Werkunterricht ist auch der Technikunterricht in der Grundschule als dessen modernisierte Form im Zusammenhang mit der weiterführenden polytechnischen Erziehung (Arbeitslehre) zu sehen.

Allerdings ist eine kontinuierliche Linie von Grundschule über Hauptschule und die nachfolgenden beruflichen Schulen, die ähnlich wie beim tradierten Werkunterricht vermutet werden könnte, nicht zu sehen. Vor allem in der Grundschule ist es bisher nicht gelungen, die Neuorientierung von Werkunterricht und Sachunterricht bezüglich technischer Lernanlässe inhaltlich überzeugend zu gestalten. Im übrigen hat die Kontroverse im Bereich der Sekundarstufe über die Zuordnung von technischen Lernanlässen zu den einzelnen Naturwissenschaften bzw. die Neukonstituierung interdisziplinären Unterrichts wenig für die Klärung des Technikunterrichts in der Grundschule erbracht. Die bisher vorliegenden praxisrelevanten Vorschläge zum Technikunterricht in der Grundschule stellen sich vielfach noch als relativ naive Beiträge im Sinne einer Optimierung der Reproduktion menschlichen Lebens und einer risikolosen Sicherung menschlicher Existenz dar; technisches, zweckorientiertes Handeln erscheint als ungebrochen grenzenlos. Kinder erfahren in erster Linie die allfällige „Machbarkeit“, deren Grenzen allenfalls in der jeweils eigenen, noch nicht überwundenen „Ungeschicklichkeit“ (d. h. technischen Ungebildetheit) liegen. In der Schulpraxis (weniger im lehrplantheoretischen Zusammenhang) wird eine angemessene und zukunftsorientierte Auseinandersetzung mit technischen Lernanlässen immer noch dadurch behindert, daß Technik vielfach als „Jungensache“ gilt. Generelle Aversionen gegen Technisches treffen sich mit typischen Folgen aus der Lerngeschichte der an Zahl weit überwiegenden Grundschullehrerinnen, denen Zugänge zu elementaren technischen Zusammenhängen verwehrt worden sind. Die daraus folgende Mißachtung von technischen Lernanlässen aus der Erlebnis- und Erfahrungswelt der Grundschulkinder erscheint symptomatisch. Durch spezifische Aspekte der Umwelterziehung wird sicherlich erneut eine Diskussion um den Technikunterricht entstehen, die eine Auseinandersetzung mit Technik in einer „Risikogesellschaft“ (Beck) zum Inhalt hat und neue Ansätze für die Grundschule erbringen dürfte.

Claus Claussen

Literatur: *Beck, G./Claussen, C.:* Einführung in Probleme des Sachunterrichts. Frankfurt [4]1991 • *Schitzel, C.* u. a.: Erste Schritte in die Welt der Technik. Ravensburg 1976 • *Ullrich, H.:* Technik im Unterricht der Primarstufe. Ravensburg 1973

Test: Nach C. A. Lienert (1969) ist ein Test „ein wissenschaftliches Routineverfahren zur Untersuchung eines oder mehrerer empirisch abgrenzbarer Persönlichkeitsmerkmale mit dem Ziel einer möglichst quantitativen Aussage über den relativen Grad der individuellen Merkmalsausprägung“. Er soll objektiv, relia-

bel (zuverlässig) und valide (gültig) sein. Diese Forderungen werden Testgütekriterien genannt.
Ein Test ist dann objektiv, wenn die Meßergebnisse unabhängig von der Person des Testleiters sind. Der Test enthält deshalb für die Durchführung, Auswertung und Interpretation der Ergebnisse so genaue Handlungsanweisungen, daß eine subjektive Einflußnahme durch den Testleiter weitgehend ausgeschlossen wird. Ein Test wird dann als zuverlässig bezeichnet, wenn er das zu messende Merkmal genau mißt. Das Ausmaß an Meßgenauigkeit sollte sich im Prinzip durch den Vergleich der Meßergebnisse bei wiederholter Testanwendung feststellen lassen. Anders als bei der Messung der meisten physikalischen Größen ist jedoch für die Untersuchung menschlichen Verhaltens und Erlebens bei mehrfacher Testanwendung allein aufgrund der Effekte von Übung und Erfahrung bzw. Ermüdung mit voneinander abweichenden Testergebnissen zu rechnen. Daher erfordert die Reliabilitätsprüfung verschiedene methodische Zugänge (z.B. Testhalbierung), durch die unterschiedliche Aspekte (z.B. die Homogenität der Testaufgaben oder die Stabilität des untersuchten Merkmals) der Zuverlässigkeit erfaßt werden. Die Validität eines Tests gibt an, in welchem Maße der Test dasjenige Merkmal mißt, das er zu messen vorgibt. Es werden verschiedene Aspekte der Validität voneinander unterschieden. Für einen Rechentest wäre zu prüfen, ob die im Test gestellten Aufgaben den im Unterricht angestrebten Lehrzielen entsprechen (inhaltliche oder logische Validität). Abhängig vom angestrebten Einsatzbereich können verschiedene Aspekte der Validität im Vordergrund stehen. So wird von einem Schulfähigkeitstest erwartet, daß er den späteren Schulerfolg hinreichend genau vorhersagen kann (prognostische Gültigkeit). Um eine objektive Interpretation des unter den Bedingungen des Tests beobachteten Verhaltens zu gewährleisten, ist die Orientierung an einer Norm notwendig, so daß eine objektive Einordnung der individuellen Testwerte möglich wird. In diesem Sinne sind Tests künstlich geschaffene Standardsituationen, in denen das Verhalten von Personen unter genau definierten Bedingungen beobachtet, registriert und interpretiert wird. Hinsichtlich ihrer Konstruktionseigenschaften und der Bezugspunkte für die Interpretation der Beobachtungen lassen sich Tests in Kategorien einteilen. Weithin gebräuchlich ist die Klassifikation in normbezogene Tests, kriterienbezogene Tests und die Unterscheidung zwischen formellen und informellen Tests. Norm- und kriterienbezogene Tests unterscheiden sich in der Wahl des Bezugspunktes, der für die Interpretation der Testergebnisse herangezogen wird. Beim normorientierten Test werden die individuellen Testergebnisse mit den Durchschnittswerten einer angemessen ausgewählten Vergleichsgruppe (Eichstichprobe) verglichen. Die Leistung eines einzelnen Schülers oder einer Schülerin wird beispielsweise durch den Abstand zu den durchschnittlichen Leistungen einer vergleichbaren Personengruppe interpretiert. Aufgrund des Vergleichs mit einer sozialen Gruppe spricht man deshalb auch von einer sozialen Norm. Dieser soziale Vergleich ist für die Unterrichtssteuerung häufig wenig informativ, da er keinen Aufschluß über den erzielten Unterrichtserfolg und gegebenenfalls notwendige Fördermaßnahmen gibt. Diese Ziele können mit einem kriteriumsorientierten Test eher erreicht werden. Beim kriteriumsorientierten Test wird die Leistung eines Schülers bzw. einer Schülerin durch den Abstand zu einem Kriterium, nämlich eines Lehrziels (synonym verwendet: Lernziel)

definiert. Man spricht deshalb auch von lehr- oder lernzielorientierter Leistungsmessung. Aufgabe des lehrzielorientierten Tests ist es anzugeben, ob ein Lernender ein vom Lehrenden angestrebtes Lehrziel erreicht hat. Wichtigste Aufgaben bei der lehrzielorientierten Testkonstruktion sind die genaue Umschreibung des Lehrziels und die Sicherung einer hinreichend genauen Repräsentation des Lehrziels durch die Testaufgaben.

Zwischen formellen und informellen Tests wird anhand des bei der Testkonstruktion betriebenen Aufwands unterschieden. Der für die Interpretation gewählte Bezugspunkt bleibt dabei unberücksichtigt, weshalb beide Testarten sowohl vergleichsorientiert als auch kriterienorientiert angelegt sein können. Der formelle Test ist für eine überregionale Anwendung konzipiert. Demgegenüber kann der durch methodisch anspruchslosere Konstruktionsverfahren gekennzeichnete informelle Test an speziellen, lokal vom Lehrer formulierten Lehrzielen bzw. den durchschnittlichen Leistungen einer Klasse bzw. von Parallelklassen orientiert sein. Hinweise für den Einsatz von formellen Tests und die Konstruktion informeller Tests werden bei A. Heller (1984) gegeben. Als Alternative zum punktuellen Einsatz von Tests zur Feststellung eines momentan bestehenden Lernzustandes werden seit dem Ende der 60er Jahre unter den Begriffen Lerntest (Kormann 1979) und Prozeßdiagnose Verfahren entwickelt, durch die der Lernzuwachs erfaßt und so der Lernweg begleitet bzw. gesteuert werden soll.

Godehard Henze

Literatur: *Heller, A.* (Hg:): Leistungsdiagnostik in der Schule. Bern 1984 • *Henze, G./Nauck, J.:* Testen und Beurteilen. Bad Heilbrunn 1985 • *Kormann, A.:* Lerntests als Alternative zu herkömmlichen Schultests. In: *Bolscho, D./Schwarzer, C.* (Hg.): Beurteilen in der Grundschule • *Lienert, C. A.:* Testaufbau und Testanalyse. Weinheim [3]1969

Texte verfassen: Das Verfassen von Texten meint alle schriftsprachlichen Tätigkeiten von Kindern, die zu zusammenhängenden schriftlichen Äußerungen führen und zunehmend vom unmittelbaren situativen Kontext losgelöst existieren. Solche Schreibversuche reichen vom Festhalten erster kurzer Äußerungen bis hin zum Erzählen, Berichten, Beschreiben oder Erörtern. Kinder halten dabei Erfahrenes, Gewünschtes oder Ausgedachtes fest, das sich inhaltlich auf ihre konkrete Lebenssituation bezieht. Adressaten können Lehrer/innen und Eltern, Mitschüler/innen oder auch Kinder anderer Klassen sein.

Dem schriftlichen Austausch mit anderen und dem auch äußerlich oder handwerklich gelungenen Veröffentlichen des Geschriebenen kommt besondere Bedeutung zu. Eigentlich kann in dem hier skizzierten Zusammenhang auch vom Aufsatzschreiben gesprochen werden, wenn die Bezeichnung „Aufsatz" nicht auf den benoteten Klassenaufsatz eingeengt wird (Ludwig 1988).

Das Verfassen von Texten als komplexe Form des schulischen Schreibens ist aus schreibtheoretischer und -didaktischer Sicht eng mit dem Schriftspracherwerb und dem Rechtschreiben verbunden; eine rigide Trennung ist im Unterricht weder möglich noch sachangemessen. Der Erwerb von Schrift und Schriftlichkeit läßt sich nämlich nicht aufteilen in eine Vermittlung isolierter anspruchsloserer Kulturtechniken und der daran anzuschließenden Hinführung zu komplexer Textproduktion. Es geht stets um die sinnhafte, zunehmend eigenständigere und schöpferische Aneignung anspruchsvoller Teilhandlungen sowie deren Koordination im Symbolsystem „Schrift". Äußerstenfalls können einzelne Teilaufgaben aufgrund didaktisch-methodischer Erwägungen vorüberge-

hend besonders betont, andere hingegen zurückgestellt werden.
Vor diesem Hintergrund hat die neuere Schreibforschung ihr Augenmerk besonders auf den Schreibprozeß (und nicht nur auf die Ergebnisse des Schreibens) gerichtet. Modellhaft läßt sich der Gesamtvorgang so skizzieren (vgl. Baurmann 1990): Beim Verfassen eines Textes wirken konzeptionelle, innersprachliche und motorische Teiltätigkeiten zusammen. Diese Vorgänge werden durch situative und motivationale Bedingungen beeinflußt, zudem durch das beim Schreiber vorhandenen Wissen und dessen Schreibfähigkeiten getragen. Die Entwicklung eines Schreibziels und die gedankliche Konzeption für den Text, die eigentliche Text- und Satzbildung bereiten vielen Kindern in der Grundschule noch erhebliche Schwierigkeiten. Infolgedessen ist es verständlich, daß Lehrerinnen und Lehrer neben dem freien Schreiben immer wieder ganz genaue Aufgaben vorgeben oder auf traditionelle Formen und Muster wie Erzählung, Bericht oder Beschreibung zurückgreifen. Hilfreich sind solche formalen Vorgaben nur dann, wenn sie über reine Merkmalslisten hinausgehen und im Unterricht induktiv erarbeitet werden (vgl. Beck/Hofen 1990).
Auf verschiedene Weise können die Kinder bei den motorischen Prozessen entlastet werden (etwa durch die Trennung von Formulieren und Aufschreiben, durch geeignete technische Hilfen wie Stempelkasten, Schreibmaschine, Klassendruckerei oder Computer). Auch Grundschulkinder können schon zum Überarbeiten ihrer Texte angeregt und angeleitet werden, wobei sich die Formen (Nachträge, Korrekturen/Verbesserungen, Umsetzungen und Neufassungen) im Schwierigkeitsgrad deutlich unterscheiden. Das resultiert aus der Tatsache, daß die genannten Modi des Überarbeitens unterschiedlich komplex sind und verschieden „tief" in den gesamten Schreibvorgang hineinreichen. Anspruchsvolles Verfassen eines Textes macht Schreiberinnen und Schreibern sprachliche Prozesse zunehmend bewußter, ist es doch immer wieder notwendig, das Beabsichtigte mit dem Realisierten zu vergleichen. Daraus ergibt es sich, daß anspruchsvolles Schreiben das Beurteilen des Geschriebenen einschließt. Das Verfassen von Texten ist also nicht – wie bisher häufig praktiziert – von deren Beurteilung zu trennen. Schreiber/innen müssen lernen, zunehmend selbst ihre Texte zu überprüfen und zu beurteilen. So gesehen ist dann die Fremdbeurteilung durch Lehrer/innen oder Mitschüler/innen ein Schritt auf dem Weg zu jener Form der Selbstbeurteilung, die zu einer umfassenden schriftsprachlichen Befähigung gehört und zunehmend die Beurteilung durch andere überflüssig macht. Die Beschränkung auf das Erteilen von Aufsatznoten gefährdet allerdings dieses Ziel.
Kinder beim Aufsatzschreiben sachkundig zu begleiten setzt Kenntnisse über die Schreibentwicklung voraus. Am Beginn der Entwicklung steht das assoziativ-expressive Schreiben. Das Kind schreibt nieder, was ihm spontan einfällt. Assoziativ sind die Gedanken, expressiv ist die Funktion des Schreibens. Häufig sind die Geschichten, die Kinder in diesem Stadium schreiben, deshalb der gesprochenen Sprache nahe. Wenn Kinder diese Art des Schreibens beherrschen, dann orientieren sie sich zunehmend an den Konventionen geschriebener Sprache. Sie wollen nun orthographisch und grammatisch möglichst korrekt und stilistisch auch „schön" schreiben: Das Wissen um solche Normen (deshalb normorientiertes Schreiben)verbindet sich mit dem Assoziativ-Expressiven.

Frühestens gegen Ende der Grundschulzeit – und damit erheblich später als häufig angenommen – wird der reale Lesende vom schreibenden Kind ausdrücklich mitgedacht. Dieses kommunikative Schreiben, das nicht mit dem aufsatzdidaktischen Konzept der 70er und 80er Jahre verwechselt werden darf, setzt voraus, daß die bisher erworbenen Fähigkeiten (Festhalten von Assoziationen, zumindest in Ansätzen Beachten der schriftsprachlichen Konventionen und erste Vertrautheit mit Funktionen des Schreibens) grundgelegt sind.

Jürgen Baurmann

Literatur: *Baurmann, J.:* Aufsatzunterricht als Schreibunterricht. In: Praxis Deutsch 104/1990 • *Baurmann, J./Ludwig, O.:* Aufsätze vorbereiten – Schreiben lernen. In: Praxis Deutsch 80/1986 • *Beck, O./Hofen, N.:* Aufsatzunterricht Grundschule. Handbuch für Lehrende und Studierende. Hohengehren 1990 • *Ludwig, O.:* Der Schulaufsatz. Seine Geschichte in Deutschland. Berlin, New York 1988

Textilarbeit: Textilien begleiten uns in unserer Umwelt als Gegenstände mit praktischem Nutzen, als Ausdrucksmittel und gestaltbare Materialien. Grundschulkindern diese Umwelt zu erschließen beinhaltet, sie zu verständnisvollem Umgang (auch in ökologischer Sicht), phantasievollem Einsatz, sensiblem und sachbezogenem Herstellen und Gestalten zu befähigen. Dabei erfüllt die Förderung intellektueller wie sensumotorischer Fähigkeiten und emotionaler Kräfte den Anspruch ganzheitlichen Lernens.

Spezifische Interessen von Jungen und Mädchen in ihrer Lebens- und Spielwelt sind aufzunehmen und beiden Geschlechtern zu erschließen. Z. B. könnte im Bereich Kleiden neben einem ästhetischen Schwerpunkt („Schöne Kleidung zum Sommerfest", Stoffcollagen für eine Kindermodenzeitung) ein funktionaler Schwerpunkt („Gute Fahrt mit dem Fahrrad-Schutzhelm", Warentest) stehen.

Eine kompensatorische Förderung der Motorik sollte gewährleisten, daß die Mädchen auch an Arbeiten mit gröberen Materialien (z. B. Schnüre, Seile, Rupfen), die Jungen an solche mit feineren Materialien (z. B. Tüll, Seidenband, Perlen) herangeführt werden.

Die Themen lassen bereits Bezüge zum Deutsch- und Sachunterricht erkennen. „Wie Menschen wohnen" kann z. B. zusammen mit Sach- und Technikunterricht erschlossen werden, wobei ggf. der Erfahrungsbereich ausländischer Mitschüler/innen im Sinne interkulturellen Lernens einzubeziehen ist. Projekte zu Theater- und Puppenspiel können die Fächer Deutsch, Musik, Textilarbeit, Sport, Kunst und Technik zusammenführen.

Handlungsorientierung prägt die Textilarbeit bei Wahrnehmungsspielen, Materialuntersuchungen, experimentellem Gestalten, beim Nacherfinden oder/und Erlernen einer Technik, beim Gestalten eines Gegenstandes. Erfolgreiche Lernprozesse setzen voraus, daß Spielregeln des gemeinsamen Arbeitens (für Einzel-, Partner-, Gruppenarbeit sowie offenen Unterricht) festgelegt und geübt werden und daß vielfältige Arbeitsmaterialien und gut funktionierende Werkzeuge bereitgestellt werden. Projektorientiertes Lernen (z. B. „Von der Wollfaser zum fertigen Stoff") weckt Interesse für das Erschließen von Zusammenhängen auch in anderen Bereichen der textilen Welt. Je mehr Möglichkeiten zum entdeckenden Lernen gegeben werden (Gewinnung der Wolle vom Schaf – Bildung eines Fadens aus Fasern – Aufbau eines Gewebes u. a.), um so eigenständiger können die Schüler/innen in ihrem Lernverhalten werden.

Traute El-Ghebali-Rüter/
Elisabeth Oeding

Literatur: *Beyer, B.:* Beispiele für material- und warenkundliche Aufgaben im Unterricht der Grundschule. In: *Beyer, B./Kafka, H.* (Hg.): Textilarbeit in Unterrichtsbeispielen. Bd. 3. Baltmannsweiler 1987 • *Bleckwenn, R.:* Textilgestaltung in der Grundschule. Limburg 1980 • *Immenroth, L./Herzog, M.:* Pädagogische und didaktische Leitgedanken zu einem ästhetisch-kulturell bildenden Textilunterricht in der Grundschule. In: Textilarbeit und Unterricht 1/1985

Übergänge: In einem gestuften Schulsystem müssen Schüler und Schülerinnen mehrere Übergänge meistern: vom Kindergarten zur Schule, von der Grundschule zur Sekundarstufe, sowie in allen Ländern mit einer Orientierungsstufe von dieser zu einer der weiterführenden Schulen. Gemeinsam ist allen Übergängen, daß strukturell bedingte Veränderungen der Lernmodi, der sozialen Umgebung, der Lernorganisation und der Anforderungen zu zeitweiligen Irritationen, oft sogar zu dauerhaften Lern- und Verhaltensstörungen führen können. Da Individuen auf Veränderungen und Herausforderungen ganz unterschiedlich reagieren, sind solche Störungen allerdings nicht zwangsläufig. Zur Vermeidung von Diskontinuität an diesen Nahtstellen sind die Vertreter der beteiligten Institutionen durch ministerielle Empfehlungen und Erlasse gehalten, den Übergang durch gezielte Maßnahmen für die Betroffenen zu erleichtern.

Beim Übergang vom Kindergarten zur Grundschule arbeiten demgemäß Erzieher/innen und Lehrer/innen zusammen. Sie organisieren gegenseitige Besuche und führen gemeinsame Veranstaltungen durch. Im Mittelpunkt steht dabei die Intention, den Übertretenden schon vor Eintritt in die Schule viele und vielseitige Informationen über die neue Institution zukommen zu lassen, um dadurch Angst abzubauen und Vertrautheit zu schaffen (Phase der Kooperation).

Besondere Aufmerksamkeit kommt in diesem Zusammenhang auch der Schulanfangsphase zu. Unter dem Gesichtspunkt der Kontinuität wird in dieser Etappe eine Reihe von Elementen des letzten Kindergartenjahres beibehalten: ein stärker situationsorientierter Unterricht, Spielecken, spielbetonte Szenen, lebensweltliche Ausrichtung der Lernumwelt u. v. m. Obgleich viele praktische Anregungen für die Gestaltung der Eingangsphase existieren, bedarf diese Etappe einer weiteren Konkretisierung, v. a. im Blick auf die Einführung der Kulturtechniken.

Ganz ähnliche Bemühungen stehen beim Übergang zur Sekundarstufe auf dem Programm. Vielfältige Übergangsaktivitäten der Instanzen sind hier aber noch nicht selbstverständlich. Deshalb sollte der erste Übergang zu einem Erfahrungsmodell auch für den zweiten werden. Insbesondere die Eingangsphase der Sekundarstufe bzw. der Orientierungsstufe müßte in diesem Zusammenhang neu gestaltet werden – im Sinne einer kontinuitätsgerechten Übergangsphase.

Ursprünglich sollte die Übergangsproblematik strukturell, d. h. schulorganisatorisch, gelöst werden: Man wollte eine Art Übergangstufe, sowohl die Eingangs- als auch die Orientierungsstufe waren ursprünglich konzipiert, um Übergänge im Bildungswesen gezielter vorzubereiten und zu vollziehen.

Hartmut Hacker

Literatur: *Hacker, H.:* Vom Kindergarten zur Grundschule. Theorie und Praxis eines kindgerechten Übergangs. Bad Heilbrunn 1992 • *Susteck, H.:* Kindgerechter Schulanfang. Königstein/Ts. 1982

Übung: Die Übung ist ein notwendiger Bestandteil allen Lernens. In ihr werden in aller Regel bereits erlernte Teilfertigkeiten und -fähigkeiten gefestigt und automatisiert.

In zweierlei Hinsicht ist die Übung falsch verstanden, mißbraucht worden und damit in das Kreuzfeuer der pädagogischen Kritik geraten: Erstens wird dem Begriff der Übung aus vielfältigen Schulerfahrungen heraus von einigen Lehrenden heute ein Netz negativer Assoziationen übergeworfen, da das Üben im Gegensatz zu stehen scheint zu Lernzielen wie Kritikfähigkeit und Kreativität und da es dem entdeckenden Lernen zu widersprechen scheint. Der Übung haftet noch immer vielfach der alte Schulstubengeruch von Autorität und Paukerei an. Zweitens gerät die Übung bei anderen Lehrenden immer wieder in Gefahr, überbetont und falsch verstanden zu werden; man setzt Hoffnungen in das Üben, die es nicht erfüllen kann, und übt doch das Üben selbst nicht so, daß es effektiv wird.

Allem Üben geht etwas voraus: eine Teilfertigkeit, eine Erkenntnis. Sinnvoll geübt werden können dann jeweils nur Einzelfunktionen, die dem Übenden bekannt sein müssen, bei deren Realisierung er aber noch Probleme hat. Soll z. B. eine Liste von Analogiewörtern mit Doppelkonsonanten (ll, mm, nn usf.) geübt werden, so wäre eine wichtige Voraussetzung für effektives Üben die vorausgehende Einsicht, daß diese Wörter von einem Kurzvokal bestimmt sind. Soll das sinngestaltende Vorlesen eines kleinen Lesestückes geübt werden, so müssen zuvor die Techniken des Unterstreichens von Sinnwörtern und Einfügen von Pausenzeichen gelernt worden sein. Dann müssen die Wörter zunächst einmal visuell erfaßt werden, bzw. man muß sich mit der Geschichte leise lesend bekannt gemacht haben. Danach erst kann man die Wörter oder das Lesestück üben. Das sogenannte „Übungsdiktat“, dessen Wörter sogleich zu vermeintlichem Übungszweck diktiert werden – ohne vorausgehende Problemkenntnis und das Lesen der Wörter, ist ein Abrufen von schon (oder noch nicht), Gekonntem) – aber kein Üben.

Ähnlich beim Reihumlesen von unbekannten Texten: es fördert nur das zutage, was man schon kann, übt aber nicht. Das Üben besteht dann im Gewinn von Sicherheit durch Überwindung von Lernklippen, die dieser Sicherheit entgegenstehen. Diese Klippen muß der Übende jedoch kennen (etwa, daß er bestimmte Wörter immer wieder falsch schreibt – oder: daß er immer wieder in Gefahr ist, das letzte Wort eines Satzes zu betonen). Das heißt nichts anderes, als daß nur diejenigen Lernklippen durch Üben überwunden werden können, derer man sich bewußt ist; andernfalls übt man blind und automatisiert u. U. ständig nur schon Gekonntes, was ebenfalls die Bezeichnung Übung nicht verdient.

Die Übung muß also im Unterricht auf die Belange des einzelnen Kindes zugeschnitten sein. Erst wenn man die Lernklippen eines Schülers oder einer Schülerin ermittelt hat, kann man ihm individuelle Übungsaufgaben stellen. Man kann aber auch Übungsvarianten zur Verfügung stellen, aus denen das Kind mehrere Aufgaben selbst auswählt, die ihm besonders angemessen erscheinen. Übungsblätter sollten daher für ein und dasselbe Lernproblem stets mehrere Lösungsmöglichkeiten zur Verfügung stellen.

Das hat auch den Vorzug, daß die Übungsmotivation erhalten bleibt. Üben ist ein ernsthaftes und anstrengendes Geschäft, das ermüdet und rasch zur Demotivation führen kann. Man sollte dem Übenden nicht die Illusion vermitteln, daß Üben durchweg Vergnügen bereiten müsse. Aber es gibt Übungsmaße, deren Einhaltung motivierend sein kann: die zeitliche Begrenzung einer Übung oder die Menge der zu bewältigenden Einheiten. Es gibt vergnüg-

liche Übungsarten: etwa das Schreiben der Wörter einer Wortliste in komischen Zusammenhängen bzw. das Üben des betonenden Lesens in witzigen Texten. Und es gibt den Übungserfolg, der unbedingt zu bestätigen ist. Er ist es wahrscheinlich, der die nachhaltigste Motivation für das Üben darstellt.
Geübt werden im Unterricht vornehmlich Fertigkeiten wie das Schreiben der lateinischen oder vereinfachten Ausgangsschrift. Die Übungen dienen dabei der Wiederholung und Automatisierung von einmal erlernten Tätigkeiten. Geübt werden können aber auch Fähigkeiten wie das Nachschlagen in einem Wörterbuch, die noch nicht vollkommen gesichert sind oder durch Übung aufrecht erhalten werden sollen. Ferner können Kenntnisse geübt werden wie die Großschreibung von Nomen, zu deren Sicherung Transferleistungen auf unterschiedlichste Kontexte und am Beispiel inhaltlich verschiedener Sätze notwendig sind. Und letztlich können – und müssen auch Einstellungen geübt werden wie das lesbare und geordnete Schreiben für einen Leser, wobei man sich immer wieder klar machen muß, daß Schreiben auch in Verantwortung dem Partner gegenüber geübt werden muß.
Für alle kreativen Prozesse ist die Übung eine notwendige Voraussetzung. Entdeckendes Lernen und Üben schließen sich nicht aus, und bei der Erfindung von Lese- oder Rechtschreibübungen für Partner, zu denen der Unterricht leider viel zu wenig anregt, sind selbst kreative Leistungen nötig. Die sozialen Übungsformen von der Partnerarbeit über die Patenhilfe, die Gruppenübung bis hin zum vergnüglichen Gruppenwettstreit, deren wir uns im Unterricht vielfältig bedienen, zeigen, daß das Üben miteinander sehr motivierend sein und zu gegenseitiger Bestätigung und individuellen Erfolgen führen kann.
In Konkurrenz zu anderen allerdings übt es sich schlecht. Und so sei noch einmal auf die Gefahr des Übens hingewiesen, die vor allem in einigen der verbreiteten Übungsformen des Unterrichts liegen: dem „Fehlerlesen“ und ähnlichen Fehlformen, die jene benachteiligen, die die Übung am nötigsten hätten. Übungen sollen den individuellen Lernfortschritt sichern. Sobald sie zu Vergleichen mit anderen herausfordern, geschieht das Schlimmste, was einer Übung passieren kann: sie wird demotivierend und ineffektiv.
Wolfgang Menzel

Umwelterziehung: Spätestens seit der KMK-Erklärung über die Aufgaben der Schule im Bereich der Umwelterziehung (1980) gilt Umwelterziehung von Amts wegen als Bestandteil des Lehrplans aller Schulstufen, wenn auch der ihr eingeräumte Ort weder nach Umfang noch der Zuordnung zu Fächern und Lernbereichen nach genau bestimmt ist. Trotz zahlreich vorhandener Handreichungen und Unterrichtshilfen wird die Umwelt-Thematik allem Anschein nach von den Lehrerinnen und Lehrern im Unterricht nur zögernd bearbeitet. Eine bundesweit durchgeführte Bestandsaufnahme ergab 1986, daß im statistischen Mittel des vierten Schuljahres (ebenso wie im neunten und zwölften Schuljahr) nur vier Stunden des gesamten Jahres der Umwelt-Thematik gewidmet waren. Die Bereitschaft, sich im Unterricht mit dem vergleichsweise jungen und kontroversen Gebiet der Umwelterziehung einzulassen, ist offenbar in geringerem Maße von der aktuellen Bedeutung der Umweltproblematik in der öffentlichen Diskussion abhängig als von der Möglichkeit, auf einen gesicherten Fundus an Inhalten und Methoden zurückgreifen zu können. Während sich bestimmte Themenkomplexe in der Praxis bereits als „tragende Säulen" herausgebildet haben – dazu gehören etwa „Wasser", „Müll" und „Umweltverhalten" – fehlt es gegenwärtig noch an einer didaktisch verbindlichen Struktur, die geeignet wäre, dem Bereich überzeugende eigene Konturen zu geben. Konzepte von allgemeinem Geltungsanspruch wie „Situationsbezug", „Problemorientierung", „Handlungsorientierung" usw. können dies nicht leisten, weil sie auf durchgängig geltende Ausrichtungen des Unterrichts zielen.

Ein erster Schritt zur Lösung der Aufgabe der Strukturierung kann darin bestehen, den „Ort" einer Sache innerhalb des Lehrplans zu bestimmen. Für die Grundschule liegt zunächst die Zuschreibung zum Lernbereich Sachunterricht nahe; sie wird bereits im Bericht des Bundesministers des Innern vom Oktober 1977 festgestellt: „Im Primarbereich sind Themen der Umwelterziehung … vor allem Gegenstand des Unterrichtsfaches Sachunterricht." Didaktisch wurde diese Zuordnung mit Hilfe einer Vorstellung abgesichert, die den Lehrplan in Zentrierungs- und Komplementärfächer einteilt. Diese Einteilung ist mit dem Argument kritisiert worden, die Betonung der naturwissenschaftlich-technischen Seite leiste einer technizistisch verkürzten Sicht der Umweltproblematik Vorschub; gesellschaftspolitische und moralische Aspekte kämen zu kurz, weshalb die Ausweitung auf andere Fächer und Lernbereiche zu fordern sei. Tatsächlich belegt eine neuere empirische Untersuchung die Tendenz, daß Themen der Umwelterziehung außer im Sachunterricht auch in den Lernbereichen „Religion", „Sprache" und „Kunst" bearbeitet werden.

Gleichwohl ist die Förderung der naturwissenschaftlich-kognitiven Betrachtung, wie sie vor allem in die Domäne des Sachunterrichts fällt, angesichts der besonderen Natur der modernen Umweltprobleme unverzichtbar. Es ist für die gegebene Umwelt-Situation charakteristisch, daß Zerstörungsprozesse auf eine den Sinnen nicht direkt zugängliche, meist zudem unsichtbare Weise verlaufen. Dies gilt beispielsweise für den sauren Regen, den Nitratgehalt der Nahrungsmittel, die Pestizide im Trinkwasser und die allgegenwärtigen allergieerzeugenden und die gefürchteten radioaktiven Substanzen. Und wie soll jemand die Folgen etwa des eigenen Konsumverhaltens einschätzen können, ohne die Pfade der Verwandlung von Rohstoffen zu kennen, in die er mit seinem Verhalten eingebunden ist? Man vergleiche etwa eine Scheibe Toastbrot und einen Filzschreiber im Hinblick auf die jeweiligen Pfade, die ihnen eingeschrieben sind: Woher kommen die Stoffe? Welche Substanzen sind in ihnen enthalten? Was geschieht mit diesen Substanzen, wenn ich die Dinge verbraucht habe?

Derartige Vorgänge und Erscheinungen erklären sich nicht von selbst. Die Umweltproblematik stellt für den Sachunterricht demzufolge eine didaktische Herausforderung dar, die zur Erneuerung des Lernbereichs beitragen kann, insbesondere dann, wenn es gelingt, die Alltagserfahrungen der Kinder mit naturwissenschaftlichen Konzepten so in Verbindung zu bringen, daß eine Aufklärung über die Lebens- und Umweltsituation erreicht wird.

Doch kann sich der Anspruch von Umwelterziehung in solcher Aufklärungsarbeit nicht erschöpfen. Didaktische Entwürfe, die das Lebensalter der Kinder und Heranwachsenden berücksichtigen, pflegen für das Grundschulalter gerade solche Momente herauszustellen, die einseitig kognitive Lernformen in affektive und praktische Formen einbinden. G. Winkel etwa hat vorgeschlagen, im ersten und zweiten Schuljahr durch Tätigkeiten wie „das Aufziehen einer Schmetterlingsraupe, das Begleiten einer Mäuseaufzucht, das Heranwachsenlassen eines Salatkopfes" ein „ökologisch geprägtes Zeitverständnis" anzustreben. Im dritten und vierten Schuljahr soll dann der „realistischen Weltzuwendung" durch Handlungen des Pflegens und Versorgens von Tieren und Pflanzen Rechnung getragen werden. Und W. B. Stapp/D. A. Cox leiten ihr Handbuch mit Aktivitäten zur Umwelterziehung mit einer Überlegung ein, derzufolge in der Grundschulzeit vor allem die Sensibilität für die Umwelt geübt werden soll, selbst wenn es letztendlich um eine Aufgabe geht, der sich die Lernenden jeder Altersstufe verpflichten sollen: eine „Planet-Erde-Philosophie" zu entwikkeln. In dieser Hinsicht überschreitet der Anspruch der Umwelterziehung den Anspruch eines Lernbereichs Sachunterricht, der vor allem als „wissenschaftsorientiert" wahrgenommen wird.

Die von J.B. Cornell entwickelten Übungen zur Sinneswahrnehmung – „Mit Kindern die Natur erleben" – scheinen zu einem zentral bedeutsamen Bestandteil der Umwelterziehung geworden zu sein, die „draußen vor der Schultür" auf Klassenausflügen und bei Aufenthalten im Schullandheim inszeniert werden. Sie laufen auf ein Natur-Erlebnis hinaus, das mit allen Sinnen erfahren wird, aber nicht ohne das Gefühl einer tiefen Verbundenheit mit der natürlichen Umwelt. Neben der Kategorie der „Begegnung" werden hier ästhetische Momente ins Bewußtsein gehoben, die im Klassenzimmer durch das Herstellen von Naturdrucken oder von anderen Arrangements (etwa von Teppichklebeband-Bildern) vertieft und künstlerisch bearbeitet werden können.

Die Verbindung zwischen der Erfahrung des „Naturschönen" und der Förderung des ethisch-moralischen Verhaltens ist von I. Kant dargestellt worden. Für die didaktischen Absichten der Umwelterziehung hat G. Schneider dies philosophische Argument entwickelt. Es ist darüber hinaus versucht worden, mit Kindern die ethischen Fragen im Gespräch zu bearbeiten, die das an Kontroversen reiche Feld des Verhältnisses Gesellschaft-Natur bietet: Inwieweit ist es z. B. zu rechtfertigen, daß Tiere getötet, daß Bäume gefällt, daß Massentierhaltung getrieben wird? Obwohl für derartige „Gespräche zum Nachdenken" manchmal Verbindungen zum Religionsunterricht – etwa zu einer neuen Interpretation der Schöpfungsgeschichte – gezogen werden können, liegt der Kern doch eher in einer nicht von vornherein religiös gebundenen Ethik, für die in den Lehrplänen einzelner Länder am Anfang der neunziger Jahre ein eigener Platz eingeräumt wird.

Was hält die fächerübergreifende Umwelterziehung der Grundschule mit ihren kognitiven und ästhetischen und ethischen Dimensionen zusammen? Gibt es einen gemeinsamen Nenner für die vielfältigen mit ihr gegebenen Tätigkeiten und Formen, die hier nur en passant erwähnt wurden? Der Vorschlag, mit der Formel „Von der Umwelt zur Mitwelt!" einen Akzent zu setzen, mag dem Gebiet für die Grundschule eine erste eigene Kontur geben. Das Konzept „Mitwelt" unterscheidet sich von dem „Umwelt"-Begriff derart, daß die spezifisch grundschulpädagogischen Möglichkeiten – das Überschreiten einer kognitiv-erkenntnisbezogenen Zielsetzung, die gleichwohl nicht aufgegeben wird, die Sensibilisierung für den Zusammenhang des Ganzen der Natur durch die Kategorien „Pflege" und „Begegnung", die Verbindung ästhetischer Arbeitsformen mit der Förderung von Nachdenklichkeit – auf leichtere Weise ins Spiel gebracht werden können.

Helmut Schreier

Literatur: *Bolscho, D./Eulefeld, G./Seybold, H.:* Umwelterziehung. Neue Aufgaben für die Schule. München 1980 • Bundesminister des Innern (Hg.): Nationaler Bericht über die gegenwärtige Situation der Umwelterziehung in der Bundesrepublik Deutschland. Bonn 1977 • Bundesminister für Bildung und Wissenschaft (Hg.): Zukunftsaufgabe Umweltbildung. Dokumentation des BMBW-Symposiums vom 24. bis 26. 9. 1986 in Bonn. Bonn 1987 • *Cornell, J. B.:* Mit Kindern die Natur erleben. Soyen 1979 • *Gesing, H./Lob, R.* (Hg.): Umwelterziehung in der Primarstufe. Heinsberg 1991 • *Schreier, H.* (Hg.): Kinder auf dem Wege zur Achtung vor der Mitwelt. Heinsberg 1992 • *Stapp, W. B./Cox, D. A.:* Environmental Education Activities Manual. Farmington Hills, MI [4]1981 • *Stipproweit, A.:* Situationsbild: Umwelterziehung in der Grundschule. In: Grundschule 3/1992 • *Winkel, G.:* Leitlinien der Natur- und Umwelterziehung. Gesammelte Beiträge aus dem Schulbiologiezentrum Hannover. Hannover 1990

Unterrichtsforschung: Das Gebiet der Unterrichtsforschung ist komplex und widersprüchlich, was theoretische Annahmen, Inhalte, Methoden und Ergebnisse betrifft. Da Unterrichtsforschung für Theoriebildung, Unterrichtspraxis, Schulentwicklung und Lehrer/innenausbildung grundlegende Bedeutung hat, ist diesem Bereich – auch im internationalen Vergleich – verstärktes Gewicht zu geben (Projektförderung).

Am Beginn der Unterrichtsforschung steht im deutschsprachigen Raum die Pädagogische Tatsachenforschung (P. Petersen in Zusammenarbeit mit E. Müller-Petersen und E. Köhler) an der Universitätsübungsschule in Jena (ab 1934). Dem Forschungsansatz Petersens waren frühere Versuche in der Aufklärungspädagogik (Experimentierschulen in Halle und Göttingen) vorausgegangen. Den Ausgangspunkt der Tatsachenforschung stellt eine miterlebte „pädagogische Situation“ dar, in die sich der Beobachter „einleben“ muß, ehe er protokolliert und analysiert. Die Bezeichnung „Tatsache“ gibt lediglich den Hinweis, daß die Forschung ihren Ausgangspunkt unmittelbar in der Erziehungswirklichkeit hat. Die Bestimmung dessen, was eine Tatsache ist, sowie die anschließende Aufnahme und sinnerschließende Auswertung und Darstellung setzen pädagogische Fragestellungen und damit Theorie voraus.

Die Forschungen Petersens sind besonders dadurch interessant, daß Lehrer/innen und Studierende einbezogen wurden, die über ihre Forschungsteilnahme zur Durchführung neuer Unterrichtsformen befähigt werden sollten. Auch andere reformpädagogisch orientierte Lehrergruppen versuchten damals methodische Neuansätze (z. B. freie Unterrichtsgespräche) durch begleitende Unterrichtsbeobachtung abzusichern. Ziel war nicht empirische Exaktheit, sondern Befähigung zum reflektierten Unterrichten in innovativer Absicht.

Eine Fortentwicklung der pädagogischen Tatsachenforschung läßt sich über eine Verfeinerung des methodischen Instrumentariums bereits beim Petersen-Schüler F. Winnefeld, sodann durch die Erfassung von Einzeldimensionen anstelle von Totalerfassung verfolgen bis hin zu systematischer Unterrichtsbeobachtung über mehrdimensionale Kategoriensysteme (z. B. zur Erfassung der Lehrer-Schüler-Interaktion). Bei ehemaligen DDR-Pädagogen (K. Schrader, W. Radzioch) wird Unterrichtsforschung in den Dienst des Leistungsprinzips gestellt („Leistungsaufforderungsstruktur beim Lehrer“ und „Leistungsstruktur beim Schüler“) und treten stoffgebundene Prozesse unter Aufnahme sowjetischer Forschungen in den Mittelpunkt.

Wie sehr die Unterrichtsforschung in der BRD nach 1945 an amerikanischen Forschungen orientiert war, zeigt die deutsche Bearbeitung des Handbook of Research on Teaching von N. L. Gage, in drei Bänden von K. H. Ingenkamp und E. Parey 1970 herausgegeben. Die Dominanz der geisteswissenschaftlichen Tradition hatte einer „realistischen Wende" (H. Roth) und eigenständiger Unterrichtsforschung erst in den 60er Jahren eine breitere Chance gegeben.

Naiver Gebrauch quantitativer empirischer Verfahren verkennt, daß Unterrichtswirklichkeit einen komplexen Zusammenhang darstellt, der über Einzelfakten hinausreicht, Intentionalität besitzt, von subjektivem Vorverständnis und Interessen her erschlossen wird und auch nicht von seinem soziokulturellen Kontext losgelöst werden kann. Empirische Methoden und ihre Ergebnisse können das Verstehen (hermeneutische Erkenntnisgewinnung) anreichern und handlungspraktische Konsequenzen vorbereiten, jedoch nicht hinreichend begründen.

Mit dem Ziel der Erfassung von Verstehens- und Handlungsstrukturen von Unterricht bieten sich ergänzend qualitative Methoden, Situations- und Fallbeschreibungen sowie Fallstudien an. Situations- und Fallbeschreibungen wählen aus Unterrichtsverläufen Situationen aus und beschreiben sie als „typisch", d. h. Einzelfälle werden durch intuitiven Vergleich auf allgemeinere Zusammenhänge und Erkenntnisse hin gedeutet. Der Blick und die reflexive Interpretation richtet sich auf Wesentliches und auf das, was auf analoge Situationen übertragbar ist.

Die Fallstudienmethode (pädagogische Kasuistik) geht darüber hinaus und bringt Theorie und Praxis in ein „reflexives Gleichgewicht". Sie ist die Kunst, eine Fallbeobachtung in eine Falldarstellung zu überführen und mit einer Fallanalyse zu verbinden. Beobachtung, Beschreibung – unter Einbeziehung szenischer und narrativer Elemente – und Interpretation verbinden sich zu „Erfahrungserkenntnis". Persönliche Alltagserfahrungen können artikuliert und in ihrer Wirkung rekonstruiert werden. Den Gütekriterien empirischer Forschung (Objektivität, Reliabilität, Validität) wird das Erfahrungsurteil des reflektierenden Praktikers vorgeordnet und zur Beurteilung von Ergebnissen empirischer Untersuchungen und pädagogischer Theorien mit herangezogen.

Am Unterrichtsprozeß beteiligte Personen – Lehrer und Schüler – werden als kompetente Subjekte ernst genommen und nicht zu Forschungsobjekten oder zu Abnehmern gemacht. Diese Grundposition kommt vor allem in Ansätzen der Handlungsforschung (an „action-research" orientiert) zum Tragen. Ein wesentliches Motiv für Handlungsforschung besteht darin, Lehrern bzw. Lehrergruppen zu helfen, Probleme der Praxis selbst zu bewältigen und die Qualität von Lehren und Lernen in der Schule zu verbessern. Indem Lehrerinnen und Lehrer Forschungs- und Entwicklungsarbeit für ihre Schule leisten, erweitern sie ihr Wissen und ihre Handlungskompetenz (Fortbildungsaspekt) und tragen zugleich zur Weiterentwicklung einer praxisrelevanten pädagogischen Theorie bei.

Handlungsforschung arbeitet mit einem Repertoire an einfachen Methoden. Dazu gehören • Führung von Tagebüchern • direkte und indirekte (z. B. über Video-Aufzeichungen) Beobachtung und Dokumentation von Unterrichtsverläufen • Gespräche, Befragungen, Interviews • Methodenkombinationen aus der eigenen Perspektive, der Perspektive von Schülern und neutraler Dritter.

Ergebnisse müssen immer wieder in Handeln einmünden und dort ein kritisches Korrektiv finden. Die Einwände mangelnder Distanz und Verallgemeinerbarkeit sind damit allerdings nicht entkräftet. Dies weist auch darauf hin, daß „klassische" empirische Forschung und Handlungsforschung keine Alternativen darstellen können. Zu den Beispielen für eine problemangemessene Kombination von Forschungsmethoden zählt u. a. das Marburger Grundschulprojekt (W. Klafki u. a. 1982). Vor allem im Hinblick auf innovative Grundschularbeit und deren Weiterentwicklung sind neue Wege der Unterrichtsforschung angezeigt.

Hildegard Kasper

Literatur: *Altrichter, H./Posch, P.*: Lehrer erforschen ihren Unterricht. Eine Einführung in Methoden der Aktionsforschung. Bad Heilbrunn 1990 • *Klafki, W.* u. a.: Schulnahe Curriculumentwicklung und Handlungsforschung. Forschungsbericht des Marburger Grundschulprojekts. Weinheim 1982 • Trendbericht: 20 Jahre empirisch-pädagogische Forschung. Weinheim 1992

Unterrichtsgespräch: Von Gesprächen in Alltagssituationen unterscheidet sich wohl zumindest seit Sokrates (Mäeutik) das international auf Belehrung zugeschnittene Gespräch zwischen einem Wissenden (Lehrer/in) und einem Noch-nicht-Wissenden (Schüler/in). Radikal gegen die bis dahin übliche Unterrichtspraxis als freies Unterrichtsgespräch akzentuiert hat zu Beginn des 20. Jahrhunderts B. Otto das Unterrichtsgespräch erneut ins Bewußtsein didaktischer Reflexionen gehoben. Im außerschulischen Zusammenhang entwickelte sich eine auf zwischenmenschliche Interaktion gerichtete Kommunikationstheorie (z. B. P. Watzlawick), die heute vor allem im psychotherapeutischen Sektor folgenreich ist (z. B. C. Rogers). Kardinalkriterium des Unterrichtsgesprächs ist das o. g. Grundmuster (Lehrender/Lernender bzw. Schülergruppe). Je nach dem wie groß nun die jeweiligen Anteile dieser beiden Partner am Unterrichtsgespräch sind, läßt dieses sich als ein Lehrgespräch resp. als ein Schülergespräch identifizieren. Demnach stellt das sokratische Gespräch eine lehrerzentrierte Form des Unterrichtsgesprächs dar. Weitere Arten von Lehrgesprächen sind: das gelenkte Unterrichtsgespräch (Thiele 1981), das fragend-entwickelnde Verfahren, das meist im Zusammenhang mit dem sokratischen Gespräch genannt wird, und das Prüfungsgespräch. Gemeinsam ist diesen Gesprächsformen, daß der Lehrer/die Lehrerin einen hohen Lenkungsanteil hat und überwiegend zielgerichtet, wobei Umwege durchaus eingerichtet werden können, auf ein Ergebnis hin zusteuert. Der Lehrer oder die Lehrerin strukturiert hierbei das Unterrichtsgespräch stark, gibt Informationen, setzt Impulse, stellt Fragen, gibt Aufgaben und faßt zusammen. Dies muß nun nicht zwangsläufig bedeuten, daß über die Köpfe der Schüler/innen hinweg unterrichtet wird; denn durch die ständig beim Kind eingeforderte Rückmeldung erhält der Lehrende stets genaue Kenntnis vom Informationsgrad und Verständnisstand der Lerngruppe.

Dennoch bleibt dem Schüler/der Schülerin, selbst wenn der Lehrer/die Lehrerin versiert genug diese Formen des Unterrichtsgesprächs beherrscht, fast immer nur der reaktive Part. Wünschenswert sind daher Formen des Unterrichtsgesprächs, die mehr Teilhabe der Schüler/innen am Gesprächsverlauf zulassen. B. Ottos Ansatz des freien Unterrichtsgesprächs stellt dann auch eine dezidierte schülerzentrierte Ausprägung des Gespräches im Unterricht dar.

Daneben werden Partner- und Kleingruppengespräche, der Erzählkreis, die Diskussion und die Debatte als Schülergespräche charakterisiert. Je nach Könnensstand der Schüler und Schülerinnen zieht sich der Lehrende bei diesen Unterrichtsgesprächen entsprechend weit zurück, ohne jedoch aufzuhören zu lehren; das Grundmuster (Lehrender/Lernender) bleibt im schulischen Kontext auch hier erhalten. Das angemessene Lehrverhalten besteht nunmehr darin, aufmerksam zuzuhören, dezent zu moderieren, zurückhaltend zu unterstützen und ermutigend und behutsam zu beraten. Einen weiteren Aspekt des schülerorientierten Gespräches streicht G. Ritz-Fröhlich heraus: Kinder sollten in der Schule nachhaltig ermuntert werden, wie sie dies in ihrer vorschulischen Kindheit von sich aus machen, wieder selbst verstärkt Fragen zu stellen, um deren Klärung Lehrer und Mitschüler sich dann mühen. Damit wäre das an sich paradoxe Muster (der Wissende fragt, der Unwissende muß antworten) wenigstens ein Stück weit suspendiert (Ritz-Fröhlich 1992). Das Unterrichtsgespräch, ob nun lehrer- oder schülerzentriert, zielt in jedem Falle entschieden auf kognitives und soziales Lernen, z. B. durch die Selbstverpflichtung auf Gesprächsregeln, ab. Im Kognitiven soll Wissen erarbeitet und erweitert werden, Probleme sollen bewußt und geklärt werden, Sachverhalte sollen untersucht, Informationen verarbeitet und Lösungen herausgearbeitet werden. Auf der sozialen Ebene müssen die Teilnehmer sich aufeinander einlassen. Dazu gehört, sich gegenseitig zuzuhören, den anderen ausreden zu lassen, Empathie aufzubringen, sachlich zu argumentieren und dem anderen auch mal Recht geben zu können usw. Deutlich wird: Ein Unterrichtsgespräch, das den Boden eines dilettantischen Abfragens oder der Beliebigkeit des Herumredens verläßt, verlangt vom Lehrer professionelles didaktisch-methodisches Know-how und vom Schüler ein hohes Maß an kognitiver und sozialer Anstrengungsbereitschaft. Wegen seines hohen pädagogischen Wertes sollte daher das gemeinsame und zusammenführende Gespräch gerade auch angesichts offenerer und stärker individualisierender Unterrichtsformen fester Bestandteil schulischer Arbeit sein.

Bernd Feige

Literatur: *Otto, B.:* Die Reformation der Schule. Groß-Lichterfelde 1912 • *Ritz-Fröhlich, G.:* Das Gespräch im Unterricht. Anleitung, Phasen, Verlaufsformen. Bad Heilbrunn/Obb. ²1982 • *Ritz-Fröhlich, G.:* Kinderfragen im Unterricht. Bad Heilbrunn/Obb. 1992 • *Rogers, C.:* Entwicklung der Persönlichkeit. Stuttgart ⁷1989 • *Thiele, H.:* Lehren und Lernen im Gespräch. Gesprächsführung im Unterricht. Bad Heilbrunn/Obb. 1981 • *Thiele, H.:* Trainingsprogramm Gesprächsführung im Unterricht. Kognitives Lehrtraining zum Selbststudium. Bad Heilbrunn/Obb. 1983 • *Watzlawick, P./Beavin, J. H./Jäckson, D. D.:* Menschliche Kommunikation. Formen, Störungen, Paradoxien. Bern/Stuttgart/Toronto ⁵1985

Unterrichtsmethoden: Unterricht ist planmäßiges, systematisches Lehren und Lernen. Um Inhalte vermitteln und Ziele erreichen zu können, braucht es Schritte, Techniken, Verfahren, Maßnahmen, Mittel und Prinzipien der Vermittlung. Diese sind Gegenstand der Unterrichtsmethodik (von methodos [griech.] = einen Weg entlang). Unterrichtsmethodisches Denken ist die Analyse der Lehr- und Lernprozesse sowie der Unterrichtsinhalte, um so die Schritte, Mittel und Maßnahmen zum Erreichen der Lernziele zu identifizieren. Methodisches Handeln ist das Herstellen, Gestalten und Reflektieren von Lehr-/Lernsituationen. Die Suche nach „der" Methode, die auf alle Inhalte gleichermaßen angewandt und erfolgreich praktiziert werden sollte, hat sich als vergeblich erwiesen, weil die ihr zugrundeliegende Vorstellung genereller psychischer

Vorgänge beim Lernen und Lehren die Komplexität unterrichtlicher Situationen nicht einrechnete. Gleichwohl ist empirisch eine methodische Monokultur im Lehrerhandeln erwiesen: Lehrer/innen reduzieren die Komplexität unterrichtlicher Situationen, indem sie fast immer auf einen eng umgrenzten Fundus von in der eigenen Berufserfahrung als erfolgreich erlebten Maßnahmen zurückgreifen. Sowohl das methodische Handeln im Alltag als auch die Literatur zur Unterrichtsmethodik sind von persönlichen Erfahrungen mitbestimmt. Beide sind zwar (in unterschiedlichem Maße) theoriegeleitet; die Ergebnisse empirischer Unterrichtsforschung aber sind vor allem wegen der Komplexität unterrichtlicher Situationen nur in Teilen hilfreich, so daß methodisches Denken und Handeln „pädagogischen Takt" (Herbart) braucht. Takt meint soviel wie Gespür, Intuition, Fähigkeit zu differenziertem, einfühlsamem Denken, Fähigkeit zu situationsangemessener Variation im Handeln. Unterrichten wird daher auch als Lehrkunst, Unterrichtstheorie als Kunstlehre verstanden. Vor dem Hintergrund allgemeiner Dispositionen, wie Intelligenz und Einfühlsamkeit, ist methodisches Denken und Handeln professionell, also lehr- und lernbar.

P. Heimann (1962) nennt als methodische Entwicklungsstruktur: die Artikulation des Unterrichts in Stufen, Phasen, Schritten; die Gruppen- und Raumorganisation, die sich in Sitzordnungen und Sozialformen (Einzel-, Gruppen-, Klassenunterricht) manifestiert; die Lehr- und Lernweisen (z. B. Gespräch, Vortrag Experiment); methodische Modelle (z. B. ganzheitliches oder exemplarisches Vorgehen), an denen sich der Unterricht insgesamt orientiert; Prinzipien (z. B. Anschaulichkeit, Selbsttätigkeit), die das Handeln leiten. – Diese methodischen Strukturfelder sind interdependent, d. h. sie bestimmen einander, jede methodische Entscheidung in einem Feld hat Konsequenzen für die anderen. Ein Streitpunkt ist dabei der Zusammenhang oder Vorrang von Inhalten, Zielen und Methoden. Er ist vorläufig entschieden durch den „Primat der Zielentscheidungen" (Klafki). Das heißt: Die gewählte Methode ist daran zu messen, ob die Unterrichtsziele erreicht werden.

H. Meyer (1987) definiert Unterrichtsmethoden als „Formen und Verfahren, in denen sich Lehrer und Schüler die ... Wirklichkeit unter institutionellen Rahmenbedingungen aneignen". Er hebt damit u. a. zwei bedeutsame Gesichtspunkte der neueren Diskussion hervor: die Eingrenzung durch die Institution Schule, ihre Funktionen, Möglichkeiten und Zwänge sowie die Aufgabe, die Lernenden nicht nur als Objekt sondern als möglichst mitgestaltendes, weil zur Selbständigkeit zu führendes Subjekt des unterrichtlichen Handelns zu sehen. Meyers Systematik ist stringent und anschaulich. Er unterscheidet:

- zeitlich begrenzte Handlungssituationen wie: eine Frage stellen, einen Impuls geben, einen Arbeitsauftrag formulieren;
- komplexere Handlungsmuster: Lehrervortrag, Gespräch, Referat, Experiment u. a. m.;
- Unterrichtsschritte: z. B. Einstieg, Hinführung, Erarbeitung, Veröffentlichung usw. (also kein Stufenschema!);
- Sozialformen wie Klassenunterricht, Partnerarbeit usw.;
- methodische Großformen wie Projekt, Lehrgang, Trainingsprogramm, Workshop usw.

Die Struktur des Unterrichtsprozesses ist hier vereinfacht folgende:

- Die Beziehungsstruktur wird geregelt durch die Sozialformen. Sie verfestigen sich zu schulischen Integrations- und Differenzierungsformen (Jahrgangsklassen, Kurse usw.).

• Die Handlungsstruktur des Unterrichts wird durch die den Unterricht vorantreibenden Handlungsmuster geregelt, die zu methodischen Großformen zusammenfließen.

• Die Prozeß-Struktur (zeitlicher Ablauf, methodischer Gang) wird durch die Unterrichtsschritte geregelt, die zu individuellen Verlaufsformen des Unterrichts weiterentwickelt werden.

Die Gesamtorientierung methodischen Handelns erfolgt an prinzipiell angelegten Unterrichts- oder Methodenkonzepten, z. B. Offenheit des Unterrichts, Entwicklungsgemäßheit des Lernangebots, Individualisierung der Lernwege. Diese sind, wie alle anderen Strukturelemente der Methode, stetem Wandel unterworfen. P. Heimann bezeichnet Methoden als „Erfindungen", also produktive Leistungen, denen die konstruierende Phantasie stets neue hinzufügen könne.

Uwe Sandfuchs

Literatur: *Einsiedler, W.:* Lehrmethoden. München 1981 • *Heimann, P.:* Didaktik als Theorie und Lehre. In: Die Deutsche Schule 1962 • *Klingberg, L.:* Einführung in die allgemeine Didaktik. Berlin [7]1989 • *Meyer, H.:* Unterrichtsmethoden, 2 Bände. Frankfurt/M. [2]1988 • *Schulze, Th.:* Methoden und Medien der Erziehung. München 1978

Unterrichtsorganisation: Mit diesem schulpädagogischen Begriff wird angezeigt, daß schulisches Lernen in kleinen oder großen Lerngruppen (Klassen) organisatorischer Strukturen bedarf, die von den öffentlich-rechtlich vorgegebenen Rahmenbedingungen und Schulbaurichtlinien bis hin zu Stundentafel, Stundenplänen und Pausenordnungen und weiter bis zum Lerngeschehen in einer einzelnen Klasse reichen.

Unterrichtsorganisation orientiert sich an Grundmodellen (z. B. Demokratiemodell oder Bürokratiemodell). Für die Schule und auch für die Grundschule gilt immer noch ein hierarchisch gegliedertes Bürokratiemodell, das schon P. Fürstenau 1977 als nicht mehr zeitgemäß beschrieb. Es ist durch hierarchisch geordnete Entscheidungsbefugnisse strukturengebend bezüglich Gliederung des Unterrichtsvormittags, Stundentafeln, Fachanteilen am gesamten Unterricht, Zeitdauer von Pausen und Unterrichtsstunden, Schüler- und Lehrerwochenstunden, Lehrbücherauswahl, Aufsichtsregelungen.

Schulorganisation (d. h. der äußere Rahmen) und Unterrichtsorganisation (d. h. der innere Rahmen) stehen in einem deutlich erkennbaren Wechselverhältnis (so dominiert die Grundrecheneinheit von 45 Minuten bis heute als wesentliche Vorgabe die Lernprozesse in der Grundschule). Öffnung von Unterricht muß sich deshalb auf Schul- und Unterrichtsorganisation deutlich auswirken.

Unterrichtsorganisation soll systematisch, planmäßig und kontinuierlich folgendes unterstützen bzw. garantieren:

• eine grundlegende Bildung und Erziehung für alle Kinder als einheitliche Zielsetzung – das Gleichartige;

• eine differenzierende Förderung von unterschiedlichen Lernwegen, Interessen, Neigungen, Lernbedürfnissen – das Unterschiedliche, aber Gleichwertige.

Unterrichtsorganisation als Anleitung zum und Steuerung von planmäßigem Lernen in der Grundschule, und darüber hinaus steht sie deshalb in Abhängigkeit von fundamentalen pädagogischen Annahmen, Entscheidungen und Handlungen in der Schule und in der Klasse.

Zwei gegensätzliche Auffassungen von Unterrichtsorganisation kennzeichnen die gegenwärtige Diskussion:

• Wenn das Verständnis von Unterricht als Vermittlung von Kenntnissen und fachspezifischen Fertigkeiten überwiegt, dann ergibt sich daraus eine deutliche

Dominanz von Lehrer/inne/n, die aus lernökonomischen Gründen alle wesentlichen Entscheidungen selber treffen und „zeitraubende Abwege“ zu vermeiden trachten. Dem entsprechen u. a. vorbereitete Ablaufs- und Planungsschemata, in denen Unterricht überwiegend gleichschrittig für alle verläuft.

• Wenn das Verständnis von Unterricht als Anregung und Anleitung von Lernprozessen überwiegt, wenn eine aktiv lernende Auseinandersetzung der Kinder mit der Welt und ihren Sachen und Problemen angestrebt wird und eher auf die Entwicklung von Qualifikationen und Kompetenzen geachtet wird, dann ergibt sich daraus, daß im Unterricht eher Voraussetzungen für kontinuierliches individuelles wie gemeinsames, jedoch graduell lehrerunabhängiges und nicht eng und dominant geführtes Lernen geschaffen werden müssen. Ein solcher Unterricht kann durch Differenzierung hinsichtlich der Lernzeit, der Lernpartner, aber auch hinsichtlich der Ziele charakterisiert werden, der sich deutlich zu den realen Lernprozessen der Kinder hin öffnet, offenere und freiere Formen favorisiert (z. B. Wochenplanarbeit, Unterrichtsgespräch, freie Arbeit, Projekte), d. h. als schülerzentriert gelten kann und eher dem entdeckenden Lernen Raum gibt.

Heterogenität der Lerngruppe gilt als Normalität. Jedes Kind gilt eher als „offene Frage“; Kontinuität bezieht sich auf individuelle und kollektive Lerngeschichten (Ich in meiner Klasse; wir in unserer Klasse) und auf die Entwicklung der Persönlichkeiten.

Grundschulreformerische Bemühungen haben in jüngster Zeit eine deutliche Verlagerung des Schwergewichts mit sich gebracht. Unterrichtsorganisation ist nicht mehr überwiegend Lehrer/innensache, sondern zu einer eher dialogischen Angelegenheit zwischen Kindern und Lehrer/inne/n geworden. Es werden Wege der Mitgestaltung, Mitplanung und Mitentscheidung, des aktiven Lernens und Handelns eingeschlagen, es wird das gemeinsame Auffinden und Verfolgen von Handlungszielen praktiziert sowie eine Differenzierung nach Selbsteinschätzung der Kinder. Unterrichtsorganisation wird als Koordinationsaufgabe auf einer vielfältigen und facettenreichen kommunikativen Vermittlungsebene in der Schulklasse begriffen.

Klasseninterne Organisationsstrukturen (z. B. verabredete Funktionen, verabredete Regeln, Veranstaltungsformen und -gremien) werden zusammen mit den Kindern aufgebaut. Prinzipiell wird den Kindern mehr Verantwortung für ihr eigenes Lernen zugemutet und übertragen.

Claus Claussen

Literatur: *Fürstenau, P.:* Neuere Entwicklungen der Bürokratieforschung und das Schulwesen. 1972 • *Hopf, D.:* Flexible Unterrichtsorganisation: Möglichkeiten und Grenzen. 1975 • *Grell, J.:* Techniken des Lehrerverhaltens. Weinheim 1977

Unterrichtsplanung: Als Unterrichtsplanung bezeichnen wir alle dem Unterricht vorausgehenden Maßnahmen, die Lehren und Lernen im Unterricht selbst optimieren sollen. Das schließt neben der Planung im engeren Sinne den Erwerb von unterrichtlichen Kompetenzen im weitesten Sinne, mithin jede Form der Beschäftigung mit Unterricht ein, also auch dessen Nachbereitung. Unterricht als zielgerichtetes Lehren und Lernen ist ein hochkomplexer Prozeß, zu dessen Gelingen Planung eine notwendige Voraussetzung ist. Wegen dieser Komplexität sind unterrichtliche Abläufe nur begrenzt zu antizipieren. Unterricht vollzieht sich stets zwischen

Planungsabsichten und situationsangemessener Improvisation. Daß Unterricht verläuft wie geplant, gibt also nicht in jedem Falle Auskunft über seine Qualität. Idealiter sieht eine Unterrichtsplanung Alternativen vor.

Unterrichtsplanung wird von Lehrern und Lehrerinnen auf verschiedenen Ebenen vollzogen:

- Planung für größere Zeiträume in einer Klasse, einem Fach oder in einer Fächergruppe, die Jahres-, Halbjahres- oder Quartalsplanung,
- Planung einer Unterrichtseinheit, eines abgeschlossenen Themas im fachlichen oder überfachlichen Unterricht,
- Vorbereitung einzelner Unterrichtsstunden,
- Planung von kurzzeitigen Sequenzen, z. B. Übungsphasen.

Dimensionen der Unterrichtsplanung sind die soziokulturellen und anthropologischen Voraussetzungen, die Lehren und Lernen, Lehrer/innen und Schüler/innen determinieren; Lehr-/Lernziele, die angestrebt werden; die Auswahl und Anordnung der Inhalte; die Methoden der Vermittlung; die Unterrichtsmittel (Lehr-, Lern- und Arbeitsmittel, Arbeitsmaterialien) und die Sicherung der organisatorischen Voraussetzungen.

Bedeutsam ist, daß im Planungsprozeß der Zusammenhang dieser Dimensionen (Prinzip der Interdependenz) gewahrt bleibt.

Die Leitfragen der Unterrichtsvorbereitung (vgl. Klafki 1991) richten sich auf Gegenwartsbedeutung, vermutete Zukunftbedeutung, exemplarische Bedeutung, thematische Strukturierung und Teillernziele, Erweisbarkeit und Überprüfbarkeit des Gelernten, Möglichkeiten des Zugangs und der Darstellung, methodische Strukturierung des Lehr-Lern-Prozesses.

Die Fragen sind zu beantworten vor dem Hintergrund des Bildungsbegriffs und der Analyse der soziokulturellen und anthropologischen Bedingungen. Die Orientierung an den jeweiligen Lehrplänen/Richtlinien ist dabei eine inhaltliche Vorgabe.

In der Literatur zur Unterrichtsplanung sind eine Reihe von Planungsschemata vorgelegt worden. Sie sind gedacht als Hilfe für Studierende und junge Lehrer/innen, die die wichtigsten Gesichtspunkte der Unterrichtsplanung übersichtlich zusammenfaßt. Diese Schemata können aber nur Ausgangspunkt für eigene situationsangemessene Formen schriftlicher Vorbereitung sein. Tatsächlich entsteht eine Unterrichtsvorbereitung auf verschlungenen Wegen, die meist von den Unterrichtsmaterialien ausgehen. Ein wesentlicher Schritt der Unterrichtsplanung ist daher auch die Sichtung bereits vorliegender Materialien und Unterrichtsentwürfe.

Form und Umfang schriftlicher Unterrichtsvorbereitungen sind grundsätzlich der jeweiligen Situation und der Erfahrung des Lehrenden anzupassen. Müssen am Anfang didaktisch-methodische Überlegungen in umfassend angelegten Vorbereitungen erstellt werden, so genügen später oft knappe Skizzen. Eine höhere Stundenzahl macht zudem eine ökonomische Arbeitshaltung notwendig. Gesichtspunkte für eine Unterrichtsvorbereitung in Kurzform können sein: Thema, Angabe des zentralen Stundenziels, Verlauf in Stichworten, Medien/Organisatorisches, Hausaufgaben, ggf. Tafelbild/Tafeltext oder Impulse.

Bei den Formen offenen Unterrichts rückt die präzise Prozeßplanung in den Hintergrund. Die Unterrichtsplanung wird konzentriert auf die Herstellung, Prüfung und Bereitstellung von Lernmaterialien, z. B. für Wochenplan- und Freiarbeit. Dies ist immer auch eine Antizipation der Arbeits- und Lernprozesse der Schüler und Schülerinnen und

schließt die Gestaltung der Lernumgebung, vor allem die des Klassenraumes, ein.
Da sich offene Lernsituationen an den Lerninteressen und an der Lernentwicklung jedes einzelnen Kindes orientieren, ergibt sich die Unterrichtsplanung auch aus der Durchsicht von Schülerarbeiten oder aus der Schülerbeobachtung. Um tatsächlich eine zielstrebige, kontinuierliche und individuelle Lernentwicklung zu gewährleisten, spielt bei der Planung offener Lernsituationen das strategische Moment eine größere Rolle. Über das dem Außenstehenden teilweise zufällig oder ungeordnet erscheinende Unterrichtsgeschehen hat idealiter die Lehrende Überblick und Durchsicht; obwohl in vielen Einzelmaßnahmen unmittelbar der Situation angepaßt und jede Gängelung vermeidend, folgt es doch einem langfristigen Plan.
In der Unterrichtsvorbereitung treffen die „Grundprobleme der Schulpädagogik wie in einem Brennpunkt" (Klafki) zusammen. Aus diesem Grunde fällt sie fast nie leicht. Planerische Phantasie und Fähigkeit zur produktiven Reflexion von Unterrichtserfahrungen entwickeln sich in einem langen Prozeß des Erwerbs erziehungswissenschaftlicher und fachdidaktischer Kenntnisse sowie praktischer Erfahrungen. Diesen Prozeß zu fördern, ist wesentliche Aufgabe der Lehrer/innen-Ausbildung.
Uwe Sandfuchs

Literatur: *Klafki, W.:* Didaktische Analyse als Kern der Unterrichtsvorbereitung. In: *Roth, H./ Blumenthal, A.* (Hg.): Didaktische Analyse. Hannover 1964 • *Klafki, W.:* Neue Studien zur Bildungstheorie und Didaktik. Weinheim ^{2}1991 • *Meyer, H.:* Leitfaden zur Unterrichtsvorbereitung. Königstein/ Ts. 1980 • *Peterßen, W.:* Handbuch Unterrichtsplanung. München ^{5}1992 • *Sandfuchs, U.:* Unterrichtsvorbereitung – Bedeutung und Probleme, Hinweise und Ratschläge. In: Praxis Deutsch. Sonderheft 1982: Unterricht planen und vorbereiten

Unterrichtsprinzipien: Unterrichtsprinzipien sind Grundsätze oder Maßgaben, die die konkrete Unterrichtsplanung im Hinblick auf die Bildung der Schüler/innen „regulieren" sollen. Dazu gehören etwa „Selbsttätigkeit" und „Anschaulichkeit", die in der Literatur am häufigsten genannt werden. Unter ihrem Anspruch soll das Lernen in eigener Aktivität und aus eigenen Anschauungen oder Motiven heraus erfolgen. Diese Ansprüche gelten prinzipiell.
Allerdings geben Unterrichtsprinzipien noch keine Handlungsanweisungen vor. Sie stellen weder Regeln noch Unterrichtsrezepte dar. Vielmehr werden nach ihrer Maßgabe eigenständige und verantwortliche Entscheidungen gemäß der jeweiligen Lehr-Lern-Situation fällig. Prinzipien bieten dafür jedoch die notwendigen pädagogischen Entscheidungsorientierungen. Anders verhält es sich bei aktuellen Erwartungen an den Unterricht, die in einem weniger strengen Sinne häufig auch als „Prinzipien" ausgewiesen werden, z. B. Umwelterziehung, Medienerziehung, Sexualerziehung. Hier handelt es sich um fachübergreifende, inhaltliche Anprüche an den Unterricht, die einem historisch-gesellschaftlichen Wandel unterliegen.
Angesichts der Vielfalt und Heterogenität von Ansprüchen, die mit der Bezeichnung „Unterrichtsprinzip" an Lehrer/innen gerichtet werden, bleibt ihnen die Selbstreflexion über die für ihren eigenen Unterricht maßgeblichen Grundsätze nicht erspart. Die pädagogische Theorie kann dafür zwar Anregungen, aber letztlich keine Vorschriften geben.
Jürgen Rekus

Literatur: *Bäuml-Roßnagl, M.-A.:* Sachunterricht. Bildungsprinzipien in Geschichte und Gegenwart. Bad Heilbrunn 1988 • *Brunnhuber, P.:* Prinzipien effektiver Unterrichtsgestaltung. Donauwörth 1971 • *Glöckel, H.:* Vom Unterricht. Bad Heilbrunn 1990

Unterrichtsstörungen: Die Klagen von Lehrerinnen und Lehrern über Kinder, die den Unterricht stören, sind in letzten Jahren immer lauter geworden. Dies wirft einige Fragen auf, etwa die, ob der Unterricht so strukturiert ist, daß er sich kindlichen Bedürfnissen annähert. Können die Kinder die an sie gestellten Anforderungen – stillzusitzen, konzentriert zuzuhören, nicht spontan etwas für sie Wichtiges zu erzählen, Rücksicht auf die anderen in der Lerngruppe zu nehmen – überhaupt erfüllen? Stört ein Kind wirklich den Unterricht? Ist ein/e Lehrer/in möglicherweise aus anderen Gründen überfordert? Was sind überhaupt Unterrichtsstörungen?

Die ältere Schul- bzw. Unterrichtsforschung (einschließlich der sie fundierenden Psychologie und Soziologie) hat fast jedes auffällige Verhalten als „anormal" deklariert, als normabweichend und entweder den betreffenden Täter pathologisiert (und damit letztlich der Psychiatrie überantwortet) oder kriminalisiert (und das hieß im Endeffekt einer Bestrafung zugeführt). Lehrende, die mit solchen „Störenfrieden" nicht fertig wurden, galten als Versager, die eben keine Disziplin halten konnten …

Dieser (täterorientierte) Theorie- und Praxisstand ist mittlerweile gründlich überwunden und von einer völlig neuen Herangehensweise ersetzt worden, den man als Entzifferungsparadigma bezeichnen kann. Ohne ihn hier im einzelnen entfalten zu können, läuft er im Kern auf folgende Erkenntnisse hinaus:

Unterricht ist zuallererst ein Kommunikationsprozeß mit sprachlichen und nicht-sprachlichen Anteilen, der unter vier Gesichtspunkten analysiert werden kann: dem Inhalts-, dem Beziehungs-, dem Selbstoffenbarungs- und dem Appellaspekt. Konkret: Eine Schülerin dokumentiert auf der Inhaltsebene in der Tat das, was ihre Lehrerin realiter hört: glucksend-gurgelnde Laute. Bleibt das Entzifferungsohr jedoch ausschließlich auf diese Ebene fixiert, kann es die übrigen Botschaften eben nicht mithören und damit das Störverhalten der Schülerin nicht verstehen. Denn während sie diese seltsamen Geräusche macht, knabbert sie gleichzeitig an den Fingernägeln bzw. -kuppen, lenkt also verborgene Aggressionen gegen das eigene Ich, den eigenen Körper und verrät damit eine problematische Beziehung – zu ihrer Mutter, die (so hat es ein Hausbesuch ermittelt) ihr Kind bis heute als ein „ungewolltes Kind" deklariert. Damit aber offenbart die Schülerin eine innere Not: die quälende Frage nämlich, ob auch ihre Lehrerin sie ablehnt bzw. nur dann mag, wenn sie sich angepaßt verhält. Und so läßt sich die latente Botschaft hinter dem manifesten Symptom des Störens in folgenden Appell transkribieren: „Hab' mich bitte auch dann lieb, wenn ich mich nicht so benehme, wie du es erwartest!"

Die Lehrerin wird also in der Tat provoziert, herausgerufen aus ihrer Distanz, aber nicht im Sinne des ihr persönlich etwas Antun-Wollens, sondern mit der Absicht, sie auf den Kern ihrer Persönlichkeit hin zu befragen und damit die Beziehung zu ihr zu klären. Und solange diese Beziehungsprobleme ungelöst bleiben und die Lernprobleme quasi überlagern bzw. verbergen, wird der Weg zur Sonderschule vielen wohl nicht erspart bleiben. Helfen kann ihnen hier wie dort nur ein pädagogisch-therapeutisches Handeln, das zumindest vier theoretische Erkenntnisse einlöst: Jedes auffällige Verhalten will etwas sagen, will auf etwas hinweisen und muß auf diese Botschaft hin entschlüsselt werden. In der Regel dominiert eine der vier möglichen Kommunikationsebenen. Helfen können jedoch weder moralische Appelle noch Schuldvorwürfe, weder Ausbrüche noch resignative Kapitulationen, sondern nur Entzifferungen, Deutungen und die damit verbundenen Konfliktlösungen. Und schließlich sind alle Unterrichtsstörungen auch unter systemischen Gesichtspunkten zu betrachten: Wechselseitige Hospitationen z. B. erleichtern die Analyse, und kollegiumsinterne Fortbildungen professionalisieren die Therapie. Ein solcher Umgang mit Unterrichtsstörungen und schwierigen Schülern macht das Lehren zwar nicht störungsfrei und das Lernen nicht zum ausschließlichen Vergnügen, aber er hilft, Kindern konstruktive Lösungen ihrer Probleme anzutragen.

Rainer Winkel

Literatur: *Schulz von Thun, F.:* Miteinander reden: Störungen und Klärungen. Reinbek 1981 • *Watzlawick, P.* u. a.: Menschliche Kommunikation. Bern/Stuttgart ^{8}1990 • *Winkel, R.:* Der gestörte Unterricht. Bochum ^{5}1992 • *Winkel, R.:* Pädagogische Psychiatrie für Eltern, Lehrer und Erzieher. Baltmannsweiler 1991.

Unterstufe: Mit der Gründung der ehemaligen DDR 1949 sah deren Schulgesetzgebung die achtjährige Grundschule mit der Zweiteilung in Unterstufe (erste bis vierte Klasse) und Mittelstufe (fünfte bis achte Klasse) vor. Die Schüler wurden nach Vollendung des sechsten Lebensjahres eingeschult.

Ab 1959/60 wurde von der SED-Führung mit dem „Gesetz über die sozialistische Entwicklung des Schulwesens in der DDR“ die „Zehnklassige allgemeinbildende polytechnische Oberschule“ eingeführt. Diese Einheitsschule hatte eine Unterstufe (erste bis vierte Klasse) und eine Oberstufe (fünfte bis zehnte Klasse). Schulpflicht bestand ab dem siebten Lebensjahr.

In den 80er Jahren umfaßte die Unterstufe nur noch die ersten drei Jahrgänge. Die vierte Klasse geriet in eine Zwischenstellung. Ihr besonderer Charakter bestand darin, daß sie mit der inhaltlichen Konzeption der Unterstufe, deren Fächerkanon und deren Lehrereinsatz noch eng verbunden blieb, aber bereits zur Mittelstufe gezählt wurde, um den Übergang zu ihr zu „erleichtern“.

In der Unterstufe begann aufbauend auf die Vorschule (Kindergarten) die Bildung und Erziehung in den Fächern Deutsch, Mathematik, Werken, Schulgarten, Musik, Zeichnen und Sport nach einem für alle Schüler/innen und Lehrer/innen einheitlichen und verbindlichen Lehrplan, der neben der Sicherung fester Grundkenntnisse und Grundfertigkeiten im Lesen, Schreiben, Rechtschreiben und Rechnen, die Aneignung von Grundkenntnissen über das Leben in der sozialistischen Gesellschaft, über die Arbeit und die Natur zum Inhalt hatte. Letzteres sollte vor allem der Heimatkundeunterricht leisten. Zunehmend wurde die ganztägige Bildung und Erziehung propagiert. Über zwei Drittel der Unterstufenkinder besuchten den Schulhort.

Der Lehrplan war allumfassend SED-ideologisch ausgerichtet, enthielt eine zu große Stoffülle und zahlreiche Überhöhungen für diese Alterstufe. Restriktive Unterrichtsmethoden gaben wenig Freiraum für individuellen, differenzierten und kindgemäßen Unterricht. In erster Linie wurde frontal unterrichtet, lehrerzentriert und nach administrativen Ordnungs-, Disziplin- und Kontrollvorschriften. Lehrplaninhalte und Methoden waren eingebunden in ein System politischer Indoktrination.

Die Ausbildung zum Lehrer für die Unterstufe erfolgte an „Instituten für Lehrerbildung“, die den Status einer Fachschule hatten. Das Fachschulstudium umfaßte innerhalb der vierjährigen Ausbildung zum Unterstufenlehrer die

Fächer Deutsch und Mathematik sowie ein Wahlfach (s. o.). Zu den obligatorischen Fächern gehörten neben den Fachwissenschaften die Fachmethodik, Psychologie, Pädagogik, Sprecherziehung und Marxismus-Leninismus.
Mit der staatlichen Einheit Deutschlands wurde in den neuen Bundesländern die Grundschule wieder eingeführt, die die ersten vier (bzw. sechs) Klassen aufnimmt.
Ortrud Mentzel

Literatur: Gesetzblatt der DDR. Teil I. Nr. 67. Berlin (Ost) 7. 12. 1959 • Pädagogisches Wörterbuch. Berlin (Ost) 1987

Verkehrserziehung: Verkehrserziehung ist mehr als das Lernen von Regeln. Für die Kinder geht es um Selbstsicherung und prosoziales Handeln. Führerschein-Kenntnisse des Lehrers reichen in keiner Weise aus. Die Fahrschul-Magnettafel ist in der Schule längst überholt. Erst in den siebziger Jahren gaben pädagogisch konzipierte Unterrichtwerke die funktionalen Begründungen für die Straßenverkehrsordnung und Erfahrungsregeln. Die Schulen griffen die Empfehlungen der Kultusministerkonferenz von 1972 nur zögernd auf. Damals galten Lehrer/innen, die sich für Verkehrssicherheit einsetzten, oft als Außenseiter.
Auch heute noch wird in der Lehrerbildung eine pflichtgemäße Wahrnehmung dieses lebensnotwendigen Wissenszweiges vernachlässigt. Info-Material, Lehr- und Lernmittel werden häufig noch von außerschulischen Organisationen (Deutsche Verkehrswacht, Allgemeiner Deutscher Automobilclub, Sponsoren) zur Verfügung gestellt. In keinem anderen Fachgebiet ist das Selbststudium des Pädagogen für die Unterrichtsqualität derart ausschlaggebend. Von allen Schulstufen arbeitet die Grundschule hier am intensivsten. Im Sachunterricht wird das Mitdenken und das funktionale Handeln mit speziellen Unterrichtswerken, Overheadfolien und Arbeitsblättern zu fördern versucht. Der Verkehrssinn muß gebildet werden. Realistische Kenntnisse über die Möglichkeiten aller, auch der motorisierten Partner sind erforderlich. Da sich der Verkehrsablauf primär als ein visuelles Phänomen darstellt, ist deutliches Verhalten lebenswichtig: vorausberechenbares Handeln und Gesehenwerden. Im Deutschunterricht wird über Erlebnisse aus der Verkehrswirklichkeit berichtet. Im musischen Bereich kann themenorientiert gezeichnet und gesungen werden. Der Sportunterricht ist für das psychomotorische Training sehr gut geeignet: bewußtes Handeln auch bei Ablenkung. Die motorische Beherrschung des Fahrrades sollte auf gesichertem Raum, etwa auf dem Schulhof, geübt werden: Bremsproben auf trockenem, nassem und sandigem Untergrund, einhändiges Fahren, dabei Umsehen usw. Zu bedenken ist, daß die einfache Beherrschung des Rades für die sichere Verkehrsteilnahme keineswegs ausreicht. Nach mentalem und motorischem Radfahrtraining wird in Zusammenarbeit mit der Polizei heute auch zunehmend auf öffentlichen Straßen geübt. Ansprechpartner sind dafür: Deutsche Verkehrswacht (Bonn), Allgemeiner Deutscher Fahrrad-Club (Bremen), Allgemeiner Deutscher Automobil-Club (München), Deutscher Verkehrssicherheitsrat (Bonn).
Karl-August Blendermann

Literatur: *Blendermann, K.-A.:* Radfahrer sichere Dich. Braunschweig 1990 • Partner auf der Straße. Unterrichtswerk Bonn. Stuttgart/München 1990 • Praxis Verkehrserziehung, Arbeitshilfen. Braunschweig

Vorschulerziehung: Erziehung der kleinen Kinder vor der Schule umfaßt den Bereich der privaten Erziehung in der Familie und den der Erziehung in unterschiedlichen Institutionen und Betreuungsarrangements, die in der Mehrzahl als familienergänzende Einrichtungen oder Maßnahmen fungieren. Im engeren Sinne wird unter Vorschulerziehung das Praxisfeld des Elementarbereichs, d.h. der öffentlichen Erziehung von (etwa) drei- bis sechsjährigen Kindern im Kindergarten und anderen vorschulischen Einrichtungen (z.B. Vorklassen oder Eingangsstufenklassen) verstanden, die anschließt an die institutionalisierte Kleinkindpädagogik (vor allem die Krippenerziehung) und übergeht in den Primarbereich.

Die öffentliche Erziehung kleiner Kinder ist seit ihrem Beginn zu Anfang des 19. Jahrhunderts durch eine Vielfalt pädagogischer Konzepte und institutioneller Formen (z.B. Kleinkinderschule, Spiel- oder Warteschule, Kleinkinderbewahranstalt) gekennzeichnet. Ganz abgesehen von den unterschiedlichen, vor allem durch Eltern organisierten Betreuungseinrichtungen wie Kinderläden oder Eltern-Kind-Gruppen ist auch heute noch für den Vorschulbereich eine große Institutionenvielfalt typisch. Angestrebt wird eine Vereinheitlichung unter dem Begriff „Tageseinrichtung für Kinder", so auch mit dem 1990 verabschiedeten Kinder- und Jugendhilfegesetz (KJHG). Tageseinrichtungen für Kinder können sein, je nach Alter der Kinder, Kinderkrippen für Säuglinge his zu einem Jahr, Krabbelstuben für Kleinkinder von ein bis drei Jahren, Kindergärten für Kinder von drei Jahren bis zur Schulpflicht und Horte für Kinder von sechs bis fünfzehn (manchmal auch bis zwölf) Jahren. Die Einrichtungen bilden, in unterschiedlicher Kombination, immer häufiger eine organisatorische Einheit, weil die Zusammenfassung der verschiedenen Altersstufen unter dem Dach eines „Hauses für Kinder" zunehmend als pädagogisch günstig eingeschätzt wird. Fast alle Einrichtungen arbeiten mit altersgemischten Gruppen, jedoch gibt es große Unterschiede hinsichtlich der Breite der altersgemischten Zusammensetzung.

Verantwortlich für das pädagogische Konzept, die Einstellung der Mitarbeiter/innen, die Organisationsstruktur und die Öffnungszeiten ist, abgesehen von den dem Primarbereich angegliederten Institutionen (Vor- und Eingangsklassen, Schulkindergarten), der Träger der Tageseinrichtung für Kinder. Der Bereich der Vorschulerziehung ist also im wesentlichen dem subsidiär organisierten System der Jugendhilfe, nicht dem öffentlichen Bildungssystem zugeordnet. Dem Kindergarten als der wichtigsten vorschulischen Institution ist im Rahmen der Verfassung des Grundgesetzes (Artikel 1 III, Artikel 6 GG) der Charakter eines die Familie ergänzenden und von ihr freiwillig anzunehmenden Erziehungs- und Bildungsangebotes der Jugendhilfe zugewiesen worden. Etwa 70 Prozent aller Kindergärten arbeiten unter der Trägerschaft eines freien, meist kirchlichen Trägers, nur knapp 30 Prozent haben einen öffentlichen Träger. Die (Landes-)Jugendämter üben eine generelle Aufsichtspflicht über alle Einrichtungen der Jugendhilfe aus. Seit 1970 haben immer mehr Bundesländer den Bereich der Vorschulerziehung durch spezielle Gesetze für die Tageseinrichtungen für Kinder geregelt.

Die Geschichte der vorschulischen Einrichtungen ist bis in die Gegenwart durch das „sozialpädagogische Doppelmotiv" (Reyer) geprägt, den Müttern eine berufliche Arbeit zu ermöglichen und gleichzeitig die kleinen Kinder nach trägerspezifischen Ordnungsvorstellungen zu erziehen. Dieses sozialfürsorgerische Grundmotiv ist seit Fröbels 1840 erfolgter Gründung des Kindergartens mit dem Gedanken des Bildungsauftrags institutioneller Vorschulerziehung verknüpft und nachhaltig geprägt worden. Ausgehend von der Bedeutsamkeit und Besonderheit der frühen Kindheit wird hier der eigene Bildungsauftrag der Kindergartenerziehung für die Kinder aller gesellschaftlichen Schichten gefordert und verknüpft mit dem familienpädagogischen Prinzip einer gemeindeintegrierten wie auch die Gemeinde integrierenden Stätte für Pflege und Spiel, für die Begegnung von Familien und Kindern.

In der traditionellen Vorschulerziehung dominierte das Prinzip der Herstellbarkeit kindgemäßer Lebens- und Lernbedingungen in einer Institution auf dem Wege methodisch-didaktischer Arrangements. Erst in jüngster Zeit ist der familien- und gemeindeorientierte Ansatz wieder in den Vordergrund der konzeptionellen Diskussion gerückt, weil Familien nicht nur Plätze für Kinder in Institutionen suchen, sondern auch unterschiedliche Unterstützungsressourcen beim Aufbau eigenständiger sozialer Netze. Zwischen Mitte und Ende der 70er Jahre brachen größere Teile der Erzieherschaft, viele Eltern, die Träger und Verbände sowie die zuständigen Ressorts der meisten Länder und des Bundes mit dem in den 60er Jahren im Rahmen der Bildungsreform noch einmal verstärkten Verständnis von Kindheit als veranstalteter Lernwelt und formulierten im Rahmen von zahlreichen Modellversuchen die neue als Situationsansatz bezeichnete sozialpädagogische Konzeption der Kindergartenerziehung.

Parallel zur Diskussion des am 1. 1. 1991 in Kraft getretenen Kinder- und Jugendhilfegesetzes, das einen eigenen Abschnitt zur Förderung von Kindern in Tageseinrichtungen enthält, ist der Situationsansatz weiterentwickelt worden, z. B. in einem Projekt, das die Institutionen der Vorschulerziehung als „Orte für Kinder" begreift und entsprechende Forderungen in den kommunalpolitischen Raum einbringt. Altersgruppenmischung und Alterserweiterung, Flexibilität in den Betreuungszeiten, Angebote für alle Kinder im Wohnumfeld, Möglichkeiten der Angebotserweiterung, informelle Angebote aus der Familienselbsthilfe, Vernetzung in der Gemeinde und Vereinbarkeit von Arbeitsleben und Zusammenleben mit Kindern – nur bei Berücksichtigung dieser Faktoren kann institutionelle Vorschulerziehung heute die individueller werdenden Lebensmuster von Eltern und Kindern angemessen berücksichtigen und Kindern eine pädagogisch verantwortbare Sozialisationsumwelt verschaffen.

Karl Neumann

Literatur: *Colberg-Schrader, H./Krug, M./Pelzer, S.:* Soziales Lernen im Kindergarten. München 1991 • *Erning, G./Neumann, K./Reyer, J.* (Hg.): Geschichte des Kindergartens. 2 Bände. Freiburg 1987 • *Meiers, K.* (Hg.): Vorschulerziehung. Bad Heilbrunn 1973 • *Zimmer, J.* (Hg.): Erziehung in früher Kindheit. Enzyklopädie Erziehungswissenschaft. Bd. 6. Stuttgart 1984

Waldorfpädagogik: Die von R. Steiner (1861–1925) begründete Waldorfpädagogik begreift Schule fundamental anders als die traditionelle Unterweisung in den meisten staatlichen Regelschulen, aber auch teilweise anders als in den übrigen reformpädagogischen und alternativen (Freien) Schulen – gleichwohl sie tief in der (deutschen) Reformpädagogik wurzelt. Schon ihre Anthropologie ist anders, nämlich anthroposophisch: Sie will den Menschen (anthropos) über bestimmte Entwicklungsstufen zur Weisheit (sophia)

führen, so daß er teilhat an den übersinnlichen Erkenntnissen des Welten-Geistes. Die Abbildung oben verdeutlicht diese Umwandlungspädagogik und macht verständlich, daß die Erziehungs- bzw. Schulpraxis anders sein muß.

In mehr oder weniger starker Ausprägung weisen die weltweit über 400 Waldorfschulen folgende 16 Merkmale auf: Sie sind erziehende Schulen auf anthroposophischer Grundlage; sie sind gesamtschulartig und private Ersatzschulen; im Hauptunterricht wird epochal gearbeitet, und die erste Fremdsprache wird ab dem ersten Schuljahr unterrichtet; es dominiert das Klassenlehrerprinzip, der künstlerische, eurhythmische und handwerkliche Unterricht; auf Ziffernzensuren wird zugunsten von Lernberichten ebenso verzichtet wie auf das Sitzenbleiben, eine hierarchische Schulleitung und moderne Medien, unnatürliche Kost sowie Kleidung; und die Räumlichkeiten entsprechen (von der Architektur bis zu den Farben) den von Steiner entwickelten ästhetischen Kriterien. Weit über die Schulen hinaus hat die Anthroposophie zu vergleichbaren Praxisfeldern in Kindergärten, Krankenhäusern, Landwirtschaften oder auch Universitäten (etwa in Witten-Herdecke) geführt. So eindrucksvoll die dort zu sehende Praxis ist, so umstritten bleibt die sie begründende Theorie, deren kritische Fortentwicklung allein ihre partielle Dogmatisierung verhindern kann.

Rainer Winkel

Literatur: *Hansmann, O.* (Hg.): Pro und Contra Waldorfpädagogik. Würzburg 1987 • *Steiner, R.:* Gesamtausgabe. Bisher 354 Bde. Dornach 1955 ff. • *Wehr, G.:* Rudolf Steiner. München 1987 • *Winkel, R.:* Rudolf Steiner und die nach ihm benannten Schulen. In: Zeitschrift Pädagogik 6/1992

Weiterführendes Lesen: Lesen ist eine vielfältige, geistig anspruchsvolle Tätigkeit. Vor allem der Deutschunterricht fördert diese Befähigung, die Kinder in der Schule und darüber hinaus benötigen. In der Schule wird weiterführendes Lesen als ein Abschnitt verstanden, der sich ans Erstlesen anschließt und auf den Literaturunterricht vorbereitet. Zwischen den Phasen (Erstlesen, weiterführendes Lesen und Literaturunterricht) bestehen fließende Übergänge. Weiterführendes Lesen setzt voraus, daß bei Kindern die ursprüngliche Neugier auf Geschriebenes und die Freude am Lesen vorhanden ist, daß Kinder Wörter und einfache Sätze präzise erfassen und deren Inhalt verstehen sowie sinngestaltend vorlesen können. Vor dem Hintergrund dieser grundlegenden Befähigungen sind dann jene Weiterführungen zu entwickeln und zu entfalten, die die sinnliche und gedankliche Auseinandersetzung mit Geschriebenem vertiefen. Vielfältige „Textumgangsformen“ (Kügler 1984) vermögen dies zu leisten. Ohne Vollständigkeit anzustreben, sind im Rahmen des weiterführenden Lesens folgende Textumgangsformen mit ihren jeweiligen Funktionen herauszustellen:

- einen Text vortragen: artikuliertes und gegliedertes Lesen eines Textes; Klanggestaltung, orientiert an Merkmalen des Textes
- einen Text spielen: Erkennen und Umsetzung der Handlung und Personenkonstellation unter Einsatz sprecherischer sowie mimisch-gestischer Mittel
- einen Text nacherzählen: Inhalt, Aufbau und Sprache eines Textes erfassen, behalten und wiedergeben
- zu einem Text malen: Umsetzen eines sukzessiv-linearen Textes in ein simultan-ganzheitliches Bild bzw. in eine Folge von Bildern
- zu einem Text singen: Erfassen des Zusammenhangs zwischen Text und Melodie, Orientierung an den liedhaften Elementen einer Textvorgabe (etwa Rhythmus, Reim, Strophe)
- einen Text befragen: durch Fragen die Hauptinformationen eines Textes erfassen
- nach einem Text handeln: Nachvollziehen von Aufforderungen, die einem Text zu entnehmen sind
- Texte vergleichen: inhaltliche und sprachliche Gemeinsamkeiten von Texten erkennen, Parallel- oder Gegentexte einander zuordnen oder gegenüberstellen
- Texte umformen: vorgegebene Texte aufgrund eigener Erfahrungen, Wünsche und Einfälle umgestalten, insbesondere umschreiben.

Diese und vergleichbare Formen des Umgangs mit Texten sind konkrete Tätigkeiten, die sich auf die unterschiedlichsten Texte und Textsorten richten können. Die mancherorts immer noch durchgängig vorherrschende Besprechung, Analyse und Interpretation hat übrigens im Ensemble der aufgeführten Leseweisen noch keinen Platz. Beim Umgang mit Geschichten, Gedichten oder Szenen in der Grundschule kommt es noch nicht darauf an herauszustellen, was der Verfasser intendiert; entscheidend ist, was Kinder konkret mit einem Text tun (vgl. Kügler 1984).

Dieser zunehmend selbständige, auch reflektierte Umgang mit Texten setzt einiges an Leseerfahrung und das Vertrautsein mit bestimmten Lesepraktiken voraus. K. Meiers (1986) nennt in diesem Zusammenhang das laute und das stille Lesen, das informierende, das überfliegende und detailsuchende sowie das schweifende und vertiefende Lesen. Diese Lesepraktiken werden im Unterricht durch Übungen auf verschiedenen Sprachebenen (Wort, Satz und Text) vorbereitet. Aufgaben, die sich auf Wörter beziehen, sichern das präzise Erlesen

von Buchstaben, Buchstabenkombinationen und Wortteilen, lenken die Aufmerksamkeit der Kinder auf die Beziehungen zwischen Buchstaben und Lauten sowie auf die Binnengliederung von Wörtern. Auf der Satzebene steht das wortübergreifende Lesen im Vordergrund, das auf den Sinnkern hin orientiert wird. Auch die typographische Anordnung von Sätzen kann das Vertrautwerden mit den Lesepraktiken stützen oder weiter fördern (etwa die notwendige Erweiterung der Blickspanne durch Pyramidentexte oder das zeilenübergreifende Lesen durch den allmählichen Übergang vom Flattersatz zum Blocksatz). Was die Textebene betrifft, werden die Kinder zunehmend lernen, eine Geschichte oder ein Gedicht beim Lesen und Vorlesen zu gliedern und inhaltliche Informationen zu entnehmen. Übungen, die Lesepraktiken fundieren, sollten im Unterricht inhaltlich eingebettet werden oder einen spielerischen Umgang mit geschriebener Sprache nahelegen.
Verfremdungen von Wörtern, Sätzen oder Texten bieten besondere Leseanreize: Sie verlangen eine intensive Auseinandersetzung mit dem Geschriebenen und führen zum Erfolg, weil sie Neugier, Motivation und stete Aufmerksamkeit der Kinder herausfordern. Darüber hinaus tragen Arbeitstechniken wie das Unterstreichen, das Numerieren von Zeilen oder Abschnitten, das Notieren am Zeilenrand u. dgl. zum Gelingen bei – insbesondere dann, wenn sie durch regelmäßiges Tun den Kindern vertraut sind. Ein auf einzelne Kinder abgestimmter Schwierigkeitsgrad der Übungen, der weder unter- noch überfordert, ist ebenso wichtig wie eine angemessene Rückmeldung (durch Mitschüler/innen oder Lehrer/innen, durch die Gestaltung des Lesematerials selbst).
Jürgen Baurmann

Literatur: *Kügler, H.:* Grundschullesebuch und Textumgangsformen. In: *Baurmann, J./Hoppe, O.* (Hg.): Handbuch für Deutschlehrer. Stuttgart 1984 • *Meiers, K.:* Freude am Lesen. Zum pädagogischen und didaktischen Konzept des Umgangs mit Texten. In: Grundschule 10/1986 • *Ritz-Fröhlich, G.:* Weiterführender Leseunterricht in der Grundschule. Bad Heilbrunn ^{4}1978

Werkunterricht: Werkunterricht (Werken) ist gegenwärtig im Bereich der Grundschule kaum systematisch didaktisch zu verorten. Werken ist ein Fach, in dem sich höchst unterschiedliche, teils sich inhaltlich ausschließende Konzepte bzw. Lehrabsichten treffen (siehe dazu auch Technikunterricht), zwischen denen seit längerem kein Konsens mehr gesucht wird.
Sowohl die sog. Integration des traditionellen Werkunterrichts in den Sachunterricht (Ullrich 1973) als Lern- oder Erfahrungsfeld Technik wie auch die Konstituierung eines um neue Inhalte (andere Materialien oder Fertigungstechniken) ergänzten technischen Werkens, die Beibehaltung eines unter „nostalgischen“ oder umweltbezogenen oder historischen (d. h. z. B. museumspädagogischen) völlig neu begründeten Werkens im Sinne von Ur-Produktion (Weben, Töpfern, Filzen, Bauen usw.) – im Sinne von handlungsorientiertem und praktischem Lernen läßt sich nachweisen, wie übrigens die immer noch nachwirkende tradierte Begründung der „Knaben-Handarbeit“ (mit strickendenden und häkelnden Mädchen zeitlich parallel in der Nachbarklasse) und die prinzipielle wechselseitige Öffnung von traditionellem Werken und traditioneller Textilbearbeitung für Mädchen und Jungen, teils auch verbunden mit jahreszeitlich gebundenem „Basteln“ mit teils brauchtumsorientierter Zwecksetzung.
Die riesige Fülle von unterrichtspraktischen Vorschlägen steht im umgekehr-

ten Verhältnis zu didaktisch-systematischen Aussagen, die Klarheit darüber schaffen könnten, warum Werken einen (möglicherweise) unverzichtbaren Platz im Angebotskanon der Grundschule haben sollte.

Werkunterricht in der Grundschule kann, sofern er überwiegend traditionell begründet wird, derzeit nur im Zusammenhang mit den – die begonnenen Aktivitäten kontinuierlich weiterführenden – Fächern der Sekundarstufe I eingeordnet werden.

Wird Werkunterricht im Zusammenhang mit einer ihm folgenden (und damit auch auf ihn zurückwirkenden) polytechnischen Erziehung (Arbeitslehre), d. h. mit Blick auf die in Zukunft zu leistende Arbeit als basale „Grundlegung" begriffen (im weitesten Sinne berufsvorbereitende Funktion), dann zielt er letztlich auf die allseitige Ausbildung aller Fähigkeiten an Material und geeigneten Problemstellungen; d. h. hier: auf die herkömmlichen „Arbeitstugenden" wie Ausdauer, Sorgfalt, Sauberkeit, Ordnung, Fleiß, Disziplin, handwerkliche Kompetenz bis hin zur „Betriebstreue" bzw. auf die sog. fertigungsprozeßunabhängigen Fähigkeiten wie Zuverlässigkeit, Genauigkeit, ständige hohe Konzentration, Flexibilität, Mobilität, technisches Verständnis usw. Das möglichst genaue Ausführen von Vorgaben überwiegt dabei.

Damit ist insbesondere der didaktische Zusammenhang zwischen Grundschule und Hauptschule bzw. der an sie anschließenden beruflichen Schulen erkennbar. Die „Vielseitigkeit der technischen Tätigkeiten", ihre „praktische Erfahrbarkeit" und die „Beteiligung an produktiver Arbeit" (Klafki 1966) als Grundprinzipien von Arbeitslehre gelten überwiegend für die Hauptschule, für die Gesamtschule, weniger für Realschulen und noch weniger für Gymnasien, d. h. nur für einen Teil der Heranwachsenden. Die Ausweitung des Erfahrungsfeldes Wirtschaft, Produktion, Dienstleistung, Technik usw. für alle ist bislang nicht gelungen. Für die Grundschule als eine Schule „für alle Kinder des Volkes" ist daraus auch die nachrangige Bedeutung (Nebenfach) von Werkunterricht ableitbar.

Wird Werkunterricht eher im Zusammenhang mit ästhetischen Erfahrungen der Kinder gesehen, wird ein seit längerem bekanntes Zuordnungsproblem (Werken versus Kunsterziehung), aber auch ein Wechsel der pädagogischen Blickrichtung sichtbar.

Im Zusammenhang mit einer relativ komplizierten und noch nicht abgeschlossenen Diskussionslage zur musisch-ästhetischen Elementarerziehung in der Grundschule (Bräuer 1988) als fächerübergreifendes Prinzip (Schneider 1988) wird weniger auf eine polare Spannung zwischen der Realität des Arbeitsprozesses und einer schöpferisch-kreativen Selbst-Entfesselung (Arbeitszeit versus Freizeit) hingedacht, sondern eher eine grundsätzlich gegensätzliche Blickrichtung eingenommen. Nicht die von außen gesetzte Orientierung an einer beruflichen Zukunft (Erziehung durch Material und Aufgabenstellung), sondern individuelle Persönlichkeitsentwicklung gilt hier als Leitidee (offener Dialog mit dem Material, den bildnerischen Mitteln, individuelle Zugänge zu gestalterischen Aufgabenstellungen und Zielsetzungen, Eigeninitiative).

In diesem Zusammenhang erhalten auch individuelle Zugänge der Kinder, d. h. individuelle Erlebnisse und Erfahrungen aus ihrer Lebenswelt, vorrangige Bedeutung: spielerische Herangehensweisen an Material, Spiel mit den bildnerischen Mitteln (Röttger), Entwicklung schöpferischer Kräfte wie Fantasie, Erfindungsgabe, Gefühle, Traum, Intuition. Offe-

nes, kreatives Entdecken von Gestaltungsmöglichkeiten steht gegen möglichst genaues Imitieren. Praktische, handlungsorientierte Lernweisen und Tätigkeiten und die Ermutigung, mit den eigenen Händen und aus eigener Kraft etwas zu (er-)schaffen, was nicht an einem Vor-Bild gemessen wird, steht im Mittelpunkt.
Ob und wie die Vermittlung der beiden grundsätzlichen Positionen im Fach Werken (oder ganz außerhalb!) gelingen könnte, läßt sich derzeit noch nicht einschätzen.
Claus Claussen

Literatur: *Aissen-Crewett, M.:* Musisch-ästhetische Erziehung in der Grundschule. In: Grundschule 7-8/1987 • *Bräuer, G.:* Zugänge zur ästhetischen Elementarerziehung. In: *Bräuer, G.* u. a.: Musisch-ästhetische Erziehung in der Grundschule. Tübingen 1988 • *Klafki, W.:* Polytechnische Erziehung und Arbeitslehre – Einige Thesen und offene Fragen. Referat vor dem Ettlinger Kreis 1966 • *Schneider, G.:* Ästhetische Erziehung in der Grundschule – Argumente für ein fächerübergreifendes Unterrichtsprinzip. Weinheim 1988 • *Ullrich, H.:* Technik im Unterricht der Primarstufe. Ravensburg 1973

Wissenschaftsorientierung:

Der Begriff der Wissenschaftsorientierung wurde 1970 durch den „Strukturplan für das Bildungswesen" des Deutschen Bildungsrates in die didaktische Diskussion eingeführt: „Das Kriterium des ‚Kindgemäßen' reicht nicht mehr aus, um Maßstäbe für den Unterricht in der Schule setzen zu können. … Eine für den Primarbereich neue Akzentuierung ist die prinzipielle wissenschaftliche Orientierung der Lerninhalte und Lernprozesse."
Eröffnet wird damit eine Dimension, die dem Volksschulunterricht, speziell in der Unterstufe, bis in die 60er Jahre gefehlt hat und die unter den Bedingungen unserer technischen Zivilisation dringend erforderlich geworden war.
Das Bestreben nach Wissenschaftsorientierung führte am Beginn der 70er Jahre zu einer stärkeren Ausprägung der Einzelfächer und zu deren Ausrichtung auf entsprechende Disziplinen moderner Wissenschaft: Das Fach Rechnen wurde auf Mathematik umgestellt, ein auf Natur- und Sozialwissenschaften bezogener Sachunterricht löste die Heimatkunde ab. Man versuchte Curricula zu entwickeln, die wissenschaftliche Begriffe, Verfahren und Arbeitsweisen in elementar-propädeutischer Weise schon dem Grundschulkind zugänglich machen sollten.
Der Bezug auf Wissenschaft erschien nötig, weil sie in unserer Kultur diejenige Institution ist, mit deren Hilfe wir die Welt besser zu erkennen und uns damit neue Möglichkeiten und Hinweise für unser Handeln zu eröffnen hoffen. Die Wissenschaften geben eine gewisse Sicherheit für eine über den Common sense hinaus tragfähige Darstellung und Deutung der Welt. Deshalb dürfen die Lehraussagen der Schule wissenschaftlichen Erkenntnissen nicht widersprechen, sondern müssen in Übereinstimmung mit ihnen sein.
Eine Wissenschaft hat eine theoriebezogene Struktur (Frage-, Begriffs- und Methodenstruktur). Für Grundschüler/innen bleiben diese Strukturen verborgen. Insofern ist Wissenschaft in den unteren Schulstufen noch nicht möglich. Aber Kinder erfahren in einem auf aktives Erarbeiten angelegten Unterricht einige dieser Strukturelemente in vorwissenschaftlichen Zusammenhängen, die ausbaufähig und in wissenschaftliches Denken einbaufähig sind, z. B. experimentelles Handeln in einfachen Fällen und die damit verbundene Frageweise.
Die Vereinfachung geeigneter wissenschaftlicher Aussagen, daß sie für Kinder faßlich werden, aber wahr bleiben,

geschieht durch das Verfahren der didaktischen Reduktion. So erfahren die Kinder Grundlegendes über Drehmomente (Hebelgesetz) im spielerischen Umgang mit der Wippe, wenn ihr spontanes Handeln (z.B. weiter „nach innen“ rücken) im Gespräch bewußt gemacht wird; im Umgang mit natürlichen Zahlen nehmen sie schon intuitiv das Kommutativgesetz vorweg.

Das Prinzip der Wissenschaftsorientierung verlangt nicht allein die Korrektheit der vereinfachten Lehrausagen und Erkenntnisverfahren, sondern darüber hinaus eine Orientierung an jenen Haltungen, die mit wissenschaftlichem Arbeiten verbunden werden: beharrliches Bemühen um Erkenntnis und Verstehen, reflektierte Sachlichkeit, Nachvollziehbarkeit und Überprüfbarkeit der Erkenntniswege, kritische Rationalität und Verantwortungsbereitschaft. Wissenschaftsorientierung bezieht sich also nicht allein auf Inhalte und Verfahren des Unterrichts, sondern auch auf Haltungen; sie wird erzieherisch relevant, wo sie das Bedürfnis nach Klarheit und Verstehen weckt und fördert.

Ein wissenschaftsorientiertes Curriculum ist auf einen kontinuierlichen Aufbau des Wissens, Könnens und Verstehens gerichtet. Bevorzugte Inhalte sind solche, die grundlegend und im Sinne der fachlichen Bezüge weiterführend sind sowie generelle Bedeutung haben. Außerdem sollen die Kinder Verfahrensabläufe erarbeiten, die möglichst universell anwendbar sind: Erkennen und Erfassen eines Problems, Ausbilden von plausiblen Vermutungen über mögliche Lösungen und Zusammenhänge, Sammeln von Fakten (z. B. durch Versuche, Befragungen), Auswerten der Daten und Rückbezug auf die Fragestellung. Wichtig sind außerdem auf Erkenntnis gerichtete Arbeitstechniken, wie z. B. Umgang mit der Lupe, Erstellen von Tabellen und Grafiken, Nachschlagen in Lexika und Sachbüchern usw.

Wissenschaftsorientierung ist ein genetischer Begriff; er bedeutet, daß der Unterricht Wege zu den Wissenschaften aufsuchen soll. Damit ist keine eindimensionale Ausrichtung gemeint, denn das Prinzip der Wissenschaftsorientierung steht in konstruktiver Spannung zu anderen Unterrichtsprinzipien, insbesondere zu Kindgemäßheit und Lebensweltbezug. – Durch das Erfordernis der Kindgemäßheit wird Wissenschaftsorientierung mit den Bedürfnissen der Kinder verbunden: Berücksichtigung ihres Lernstandes und Verstehenshorizontes, ihrer Motive, Interessen und Erfahrungen, der Freude am Tun, am Entdecken und an Ergebnissen. – Der Lebensweltbezug verlangt die Relevanz des Lernens in der Praxis des gesellschaftlichen Umfeldes. Damit liegt der Ansatzpunkt eines kindgemäßen wissenschaftsorientierten Unterrichts in praktischen Problemen aus dem Erfahrungsfeld der Kinder und nicht bei den Ergebnissen fortgeschrittener Wissenschaft.

Wissenschaftsorientierter Grundschulunterricht beginnt bei Sachverhalten, die das Suchen der Kinder antreiben, und er dient ihrer Selbständigkeitsentwicklung. Er geht „mit dem Kinde von der Sache aus, die für das Kind die Sache ist“, denn Kinder „sind schon von sich aus ‚wissenschaftsorientiert‘ und bleiben es, wenn wir ihnen nicht den Wind aus den Segeln nehmen durch ein Übermaß an Belehrung“ (Wagenschein 1973).

Walter Köhnlein

Literatur: *Klafki, W.:* Thesen zur „Wissenschaftsorientierung“ des Unterrichts. In: Pädagogische Rundschau 38 (1984) • *Klafki, W.:* Neue Studien zur Bildungstheorie und Didaktik. Weinheim [2]1991 • *Soostmeyer, M.:* Zur Sache Sachunterricht. Frankfurt/M. [2]1992 • *Wagenschein, M.* u. a.: Kinder auf dem Wege zur Physik. Stuttgart 1973, Neuausgabe Weinheim 1990

Wochenplan: Mit Wochenplan wird eine Unterrichtsform bezeichnet, die den Kindern in der Grundschule zunehmend selbsttätigeres und selbständigeres Arbeiten ermöglichen soll. Die mit ihm verknüpften, jeweils genau bestimmbaren graduellen Freiräume für aktives Entscheiden und Handeln (und zunehmend auch Planen) sollen bewirken, daß die Kinder schrittweise immer selbständiger lernen können.
Wochenplan ist ein flexibel handhabbares unterrichtsorganisatorisches Konzept. Wochenplanarbeit stützt sich auf • einen schriftlich fixierten Arbeitsplan mit unterschiedlichen Aufgaben • einen Zeitrahmen, der für die Bearbeitung dieser Aufgaben in jeder Woche gewährleistet ist • eine vorbereitete Lernumgebung, die durch verschiedene, klar inhaltlich definierte und räumlich konturierte Arbeitsbereiche mit zugeordneten Arbeitsmaterialien selbständiges, d. h. lehrerunabhängiges Arbeiten zuläßt • Lern-, Übungs- und Arbeitsmittel, die so vorbereitet sind, daß die Kinder weitgehend selbständig damit arbeiten können, und die so im Klassenraum angeboten werden, daß sie jederzeit über sie verfügen können • Kommunikations- und Ordnungssysteme (Organisationshilfen), die den Kindern Orientierung, Übersicht und Klarheit vermitteln • Formen von Eigen- und Fremdkontrolle (Partner, Lehrer/in), die Rückmeldungen über Lernwege und -ergebnisse geben • Auswertungsgespräche, in denen Kinder und Lehrer/innen Erfahrungen über das Lernen (Lernprozesse, Lernergebnisse, Lernprobleme) der jeweils zurückliegenden Arbeitsphase austauschen • Planungsgespräche und -verfahren, in denen die zunehmende Beteiligung der Kinder an der eigenen Lernplanung entwickelt und organisiert wird • soziale Regelungen, die unterschiedliche Lernaktivitäten im gleichen Raum, zur gleichen Zeit und in einer für alle akzeptablen Arbeitsatmosphäre gewährleisten.
Mit Wochenplänen wird Lernen vorgeplant: Am Wochenanfang (oder zur Wochenmitte) erhalten die Kinder einen Arbeitsplan, der unterschiedliche Aufgaben enthält.
Gemäß der jeweils gewonnenen Selbständigkeit können in Wochenplänen folgende Aufgabenkategorien enthalten sein: • vorgegebene Pflichtaufgaben, die prinzipiell für alle Kinder verbindlich sind (mit differenzierenden Hilfen) • vorgegebene oder gemeinsam geplante Wahlpflichtaufgaben, aus deren Anzahl eine ebenfalls verabredete Anzahl ausgewählt werden muß • ein „vorsorglich“ konzipiertes Angebot von frei auswählbaren Aufgaben, Aktivitäten und Vorschlägen für den Fall, daß Kinder in der für alle zugemessenen Zeitspanne für Wochenplan freie Zeit für sich selbst „herauswirtschaften“ (nicht die einzige Gelegenheit für freie Arbeit!).
Pflichtteil, Wahlpflichtteil und Angebotsteil der Wochenpläne beziehen sich in der Regel auf das schulische Curriculum; im Angebotsteil wird aber zunehmend Gelegenheit geschaffen, dieses um eigene Initiativen und selbstgewählte Lerngegenstände (eigene Ideen, Neigungen, Interessen und Zielsetzungen) zu erweitern.
Für den jeweiligen Wochenplan steht ein verabredeter Zeitrahmen zur Verfügung. In dieser Zeit bearbeiten die Kinder einer Klasse ihre Aufgaben in einer Reihenfolge und in einer Sozialform (Partner- bzw. Kleingruppe), die sie selbst wählen, die ihrem Arbeitsrhythmus entspricht.
Die Aufgaben, die Wochenpläne enthalten, entstammen mehreren Fächern; sie können auch fächerübergreifend sein. Je nach dem Entwicklungsstand in der jeweiligen Klasse (erreichter Grad der Selbständigkeit beim Lernen und der

Fähigkeit zur Lernplanung und -organisation) verändern sich auch die Aufgaben: Zu Beginn sind es zumeist einfache Übungsaufgaben; später wird die Zahl der Wahlpflichtaufgaben und Angebote größer, es werden Bezüge zu Projekten, zu Eigeninitiativen, zu komplizierteren Aufgaben, zu vorbereitenden Aufgaben (Sammeln, gezieltes Recherchieren usw.) hergestellt.

Zeit für Wochenplan ist kein Bestandteil der Stundentafel, wohl aber des Klassenstundenplans. Sie kann mehrere Stunden umfassen; die Zeitanteile werden aus den in der Stundentafel vertretenen Zeitanteilen für die Fächer genommen.

Während des Wochenplans übernimmt der Lehrer oder die Lehrerin eine andere Rolle als im Frontalunterricht. Sie führen den Unterricht nicht mehr eng und stehen nicht mehr im Mittelpunkt, sondern beraten und helfen bei einzelnen Kindern, lösen Schwierigkeiten, geben Bestätigungen und Korrekturen, beobachten, verwirklichen das dialogische Prinzip. Andererseits verlegen sie einen hohen Anteil ihrer Tätigkeit auf die Vorbereitung und Planung des für zunehmend selbständigeres Lernen graduell freigegebenen und geöffneten Unterrichts.

Claus Claussen

Literatur: *Claussen, C.:* Wochenplanarbeit in der Grundschule. In: *Haarmann, D.* (Hg.): Grundschulhandbuch. Weinheim und Basel 1992 • Claussen, C. u. a.: Wochenplan- und Freiarbeit. Braunschweig 1993 • *Haschke, P./Mangelsdorf, M.:* Wochenplan-Unterricht. Weinheim und Basel 1988 • *Mangelsdorf, M./Claussen, C.:* Wochenplan-Unterricht. In: Praxis Grundschule 2/1989 • *Strote, I.:* Das Wochenplanbuch für die Grundschule. Heinsberg 1985

Zensuren: Die Grundschule braucht keine Zensuren, denn sie verhindern die pädagogische Ausgestaltung zu einer kindorientierten, leistungsfähigen Schule. Und so sieht der Mängelkatalog aus:

- Zensuren sind Rangplätze; die Leistung hängt von der zufälligen Zugehörigkeit zu einer bestimmten Klasse ab.
- Die Sechserskala ist sehr grob. Für unterschiedliche Leistungen gibt es dieselbe Zensur (die Drei: von einer schwachen Zwei bis zur guten Vier).
- Gleiche Leistungen werden verschieden bewertet: z. B. Mädchen oftmals günstiger als Jungen, Angepaßte besser als Schwierige, verschiedene Fächer unterschiedlich streng.
- Zensuren sagen nichts über die Leistungsfähigkeit, besondere Stärken und Schwächen, wo besonderer Förderbedarf besteht.
- Zensuren schlagen alle über einen Leisten; dem individuellen Lernfortschritt werden sie nicht gerecht.
- Zensuren verbreiten Angst und blokkieren das Lernen. Lernschwache werden entmutigt und gedemütigt. Anstrengungsbereitschaft, Lernfreude und Zuversicht werden zerstört.
- Zensuren führen letztlich zu falschen Beweggründen: Lernen nicht um der Sache willen, aus Neugier oder Wissensdrang, sondern wegen guter Zensuren; rivalisierendes Denken statt solidarisches Verhalten.

Zensuren sind folglich kein geeignetes Mittel, Lernfähigkeit grundzulegen und zur Leistungsbereitschaft zu erziehen.

Obwohl Zensuren weder objektiv noch informativ und insgesamt nicht pädagogisch sind, werden sie ab der dritten Klasse (in einigen Bundesländern ab der zweiten oder auch nach der vierten Klasse) verbindlich.

Bei aller Fragwürdigkeit der Zensurengebung bleibt es Aufgabe der Grundschule, die Leistungen innerhalb des rechtlichen Rahmens pädagogisch verantwortlich zu beurteilen. Angesichts der unauflösbaren Spannung zwischen individueller Förderung und normorien-

tierter Zensurengebung kann sich die Lehrerin oder der Lehrer nur mit Behelfen helfen.
Nach dem Beschluß der KMK sind die Zensuren anforderungsbezogen definiert:

Die Note	wenn die Leistungen den Anforderungen
sehr gut	in besonderem Maße
gut	voll
befriedigend	im allgemeinen
ausreichend	(zwar mit Mängeln) im ganzen noch
mangelhaft	nicht mehr (aber nachholbar)
ungenügend	nicht (in absehbarer Zeit nicht behebbar)
wird erteilt,	entsprechen.

Für die Beurteilung gilt zunächst der individualbezogene Maßstab. (Hat das Kind geleistet, wozu es mit seinen Fähigkeiten in der Lage ist?) Allmählich tritt der anforderungsbezogene hinzu; er gilt mit der Einführung der Zensuren.
Die Anforderungen sind in den Lehrplänen auf allgemeinem Niveau formuliert. Alle haben Anspruch darauf, mit Erfolg tragfähige Grundlagen zu erwerben. Am Ende der vierten Klasse muß jedes Kind im Bereich der grundlegenden Anforderungen (entspricht etwa befriedigend) sicher sein. Anforderungen haben eine für die Persönlichkeitsentwicklung wichtige Funktion. Sie sind Bedingung dafür, daß Kinder sich entfalten, etwas leisten, sich herausgefordert fühlen.
Erzieherisch wirken sie nur, wenn sie auch erreichbar sind; deshalb müssen sie auch in Klassenarbeiten differenziert gestellt werden. Ziel ist nicht eine gemeinsame Decke, sondern der gemeinsame Boden, auf den hin gezielt insbesondere die Lernschwachen und über den hinaus die Leistungsstärkeren gefördert werden müssen.

Wenn die Grundschule im Rahmen ihrer Leistungserziehung den Kindern Mut und Zuversicht, Lernfreude und Leistungsbereitschaft vermitteln will, dann ist diese Aufgabe im Rahmen der Zensurengebung nur realisierbar, wenn die Lehrerinnen und Lehrer die Individualität der Kinder achten und die Anforderungen in differenzierter Form in einem Vertrauensverhältnis zum Kind pädagogisch verantworten.
Reinhold Christiani

Literatur: *Bartnitzky, H./Christiani, R.:* Zeugnisschreiben in der Grundschule. Heinsberg 1990 • *Ingenkamp, K.* (Hg.): Die Fragwürdigkeit der Zensurengebung. Weinheim [8]1989

Zeugnis: Für die Einführung der Schulzeugnisse im 19. Jahrhundert gab es keine pädagogischen Beweggründe. Vielmehr wollte der Staat für den Zugang zu seinem Laufbahn- und Berechtigungswesen objektive, damit also auch von der persönlichen Herkunft unabhängige Einstellungskriterien schaffen. Selbst das Grundschulzeugnis erfüllt heute noch (in den meisten Bundesländern) eine Selektionsfunktion: zum einen die jährlichen Versetzungsentscheidungen, zum anderen die Übergangsentscheidung für den Besuch von Realschule oder Gymnasium. Das Zeugnis erfüllt im Sinne des pädagogischen Leistungsbegriffs seine Funktion, wenn es Aussagen macht zum individuellen Lernfortschritt, zur Entwicklung der Selbsttätigkeit und zum Lernverhalten im sozialen Zusammenhang in einer Form, die insgesamt zu weiterem Lernen ermutigt. Pädagogisch verantwortliche Aussagen zur Lern- und Leistungsentwicklung setzen – wie bei jeder gezielten Förderung überhaupt – die genaue Kenntnis des einzelnen Kindes voraus.

Hierzu gehört, was im Laufe des Schuljahres an Beobachtungen und Beurteilungen zusammengestellt wurde:

- Lernvoraussetzungen: Wo stand das Kind? Unter welchen Bedingungen lebt und lernt es zu Hause und in der Klasse? Was hat zum Erfolg / zu den Schwierigkeiten geführt?
- Lernfortschritt: Der jeweilige Lernstand ergibt sich aus den Beiträgen der Kinder, den täglichen Übungen, den Klassenarbeiten. Wie weit ist das Kind – bezogen auf die grundlegenden Anforderungen – gekommen? Was ist an zusätzlicher Förderung nötig? Welche Fähigkeiten, Interessen, Lücken, Lernprobleme sind hervorzuheben?
- Verhaltensbereich: Welche Entwicklungsprozesse im Arbeits- und Sozialverhalten waren besonders kennzeichnend? Was konnte – besonders bei Problemkindern – günstig beeinflußt werden? Was bleibt zu tun?

Berichtszeugnisse (Zeugnisse ohne Zensuren in der ersten Klasse, in einigen Bundesländern auch in der zweiten Klasse oder sogar – auf Antrag – erst in der dritten und vierten Klasse) haben zwei Rubriken: Hinweise zum Lernverhalten (auch Arbeits- und Sozialverhalten) und Hinweise zu den Fächern. Auch Zensurenzeugnisse können meist durch zusätzliche Hinweise ergänzt werden. Bei allen Aussagen in Berichtsform ist zu beachten, daß die Zeugnisse für Eltern und Kinder geschrieben sind; sie müssen klar und verständlich sein: keine Fachausdrücke (frustriert, Legastheniker), keine pauschalierenden (ist normal begabt) oder diskriminierenden Formulierungen (faul, Egoist), keine Vergleiche mit Mitschüler/inne/n (schneller als), keine feinsinnigen Abstufungen (überwiegend, in der Regel) und negativen Prognosen (wird stets Probleme haben).

In den Hinweisen zu den Fächern sollte nicht versucht werden, Leistungsstand und -entwicklung der Kinder total zu erfassen. Andererseits sollten nicht nur Deutsch und Mathematik, sondern auch besondere Fähigkeiten und Interessen in anderen Fächern berücksichtigt werden. Auf Lehrplandetails (kann geübte Texte fließend lesen), die Eltern nicht einordnen können, und auf fachdidaktische Feinheiten (kann Rechengesetze zum vorteilhaften Rechnen nutzen) sollte verzichtet werden. Überhaupt sollten nicht buchhalterisch Einzelheiten aufgelistet werden; sie verzerren das Gesamtbild der Leistung. Alle Aussagen zum Verhalten sind im Imperfekt abzufassen, das Präsens (das nicht die Entwicklung, sondern den Zustand ausdrückt) allenfalls bei erreichtem Lernziel (beherrscht das kleine Einmaleins). Eltern – und auch die Kinder – wollen über die Leistung wahrheitsgetreu informiert sein. Die Skepsis gegenüber Berichtszeugnissen entspringt vielfach der Befürchtung, sie könnten den Überblick über die tatsächliche Leistungsentwicklung ihrer Kinder verlieren. Beschönigende Zeugnisse, die über Schwächen und Probleme hinwegtäuschen, sind keine Hilfe, fördern hingegen das Mißtrauen in die Beratungs- und Beurteilungskompetenz der Grundschule. Lern- und Verhaltensprobleme müssen also deutlich und in der erforderlichen Behutsamkeit beim Namen genannt werden – mit konkreten Vorschlägen, wie das Kind weiter gefördert wird. Zensuren können nicht differenzierter sein, als es der Unterricht selbst ist. So werden bei lehrerzentriertem Vorgehen für die Persönlichkeitsentwicklung wichtige Fähigkeiten (Zeit einteilen, Arbeit planen, Ziele setzen, mit anderen zusammenarbeiten, selbständig Aufgaben lösen, Interessen nachgehen) im Unterricht nicht gefördert; im Zeugnis bleiben sie entsprechend unberücksichtigt.

Mit dem Zeugnis zensiert sich die Lehrerin/der Lehrer also immer auch selbst.

Schreibt man Zeugnisse in Briefform, fällt es erfahrungsgemäß leichter, von der amtlichen und normorientierten Sprache weg – und hin zu einer auf die Individualität des Kindes und auf den Leser bezogenen lebendigen Sprache zu kommen. Der Duktus wird nicht nur lesbarer, sondern auch persönlicher. Die Eltern sind damit einverstanden, weil sie feststellen, daß die Zeugnisse eindeutiger, weil ohne Stereotypen, sowie Eltern und Kinder gleichermaßend ansprechender formuliert sind. Zudem wird die positive Reaktion der Kinder begrüßt,zu denen – und nicht mehr über die – jetzt im Zeugnis gesprochen wird.

Das Notenzeugnis ist so fragwürdig, wie es die Zensurengebung insgesamt ist. Die Praxis, aus den wenigen Zensuren der Klassenarbeiten Durchschnittswerte für das Zeugnis zu errechnen, wird der erforderlichen Gesamtbeurteilung des Kindes nicht gerecht – und ist im übrigen auch statistisch unsinnig. Die Zensur auf dem Zeugnis kommt – orientiert an den grundlegenden Anforderungen – unter Würdigung aller im Unterricht erbrachten Leistungen (mündliche, praktische Leistungen, tägliche Übungen, Lernkontrollen; dann auch – mit begrenztem Stellenwert – die verbindlichen Klassenarbeiten) sowie des individuellen Lernfortschritts. Das Zensurenzeugnis sollte durch einen zusätzlichen Brief an das Kind ergänzt werden.

Das „besondere Zeugnis“, außerhalb der Reihe als Rückmeldung über Fortschritte, Anstrengungen, gelungene Ergebnisse, hat sich als förderliche Ermutigung bewährt.

Berichtszeugnisse treffen eine bewußte Auswahl in bezug auf erreichte Lernziele und Entwicklung im Verhaltensbereich. Manches Konkretisierende, Differenzierende bleibt ungesagt; das trifft für Zensurenzeugnisse in besonderer Weise zu. Zensuren bleiben in ihren Aussagen zwangsläufig lückenhaft – nicht zuletzt deshalb sollten sie im Rahmen eines Gesprächs mit den Eltern (und den Kindern) ausgeteilt werden. Dabei können einzelne Aussagen verdeutlicht oder um weitere Aspekte ergänzt, Förderabsichten benannt und abgesprochen werden. Hier hat das Zeugnis, das bei kontinuierlichen Elternkontakten ohnedies keine Überraschung bietet, seine pädagogische Funktion als Gesprächsgrundlage, Anlaß zu Rückschau und Besinnung.

Reinhold Christiani

Literatur: *Bartnitzky, H./Christiani, R.:* Zeugnisschreiben in der Grundschule. Heinsberg 1990

Sachwortverzeichnis